法律政策全书
系列

法律政策全书

2024年版

安全生产

全面准确收录

合理分类检索

含法律、法规、司法解释、
典型案例及相关文书

中国法制出版社
CHINA LEGAL PUBLISHING HOUSE

导　　读

　　近年来，我国积极推进安全生产法规建设，完善相关法律法规体系，并成立应急管理部，指导安全生产类、自然灾害类应急救援，承担国家应对特别重大灾害指挥部工作，指导火灾、水旱灾害、地质灾害等防治，同时负责安全生产综合监督管理和工矿商贸行业安全生产监督管理等。① 由于我国安全生产相关法律条文散见于《中华人民共和国安全生产法》《中华人民共和国突发事件应对法》《中华人民共和国消防法》等法律之中，本书对这些关涉安全生产的法律、法规、司法解释等规定进行系统梳理，通过合理明晰的分类，分专题予以收录，方便读者查阅。

　　本书分为十三个部分：

　　第一部分"综合"。本部分收录了安全生产领域的综合性法律文件及政策文件。关于安全生产，最基本的一部法律就是《中华人民共和国安全生产法》，该法系统规范了生产经营单位的安全生产保障、从业人员的安全生产权利义务、安全生产的监督管理、生产安全事故的应急救援与调查处理以及相关法律责任。同时收录《安全生产许可证条例》等关联度较高的行政法规。

　　第二部分为"煤矿及非煤矿山安全"。该部分聚焦煤矿安全及非煤矿山安全法规政策。煤矿生产领域向来是安全生产事故的高发、易发和频发的领域，一旦发生事故，其损失往往较重。本部分以《中华人民共和国矿产资源法》《中华人民共和国煤炭法》为核

---

　　① 应急管理部主要职责详见应急管理部网站，https：//www.mem.gov.cn/jg/，最后访问时间：2023年11月6日。

心，收录《国务院关于预防煤矿生产安全事故的特别规定》等相关法律文件。此外，严防煤矿事故的同时还要严防火灾、透水、爆炸、尾矿库溃坝等典型非煤矿山事故，故收录涉相关类型非煤矿山事故有关规定。

第三部分为"交通运输安全"。本书将该部分细化为航空运输安全、铁路运输安全、道路交通运输安全等。收录包括《中华人民共和国民用航空法》《中华人民共和国铁路法》《中华人民共和国道路交通安全法》《中华人民共和国海上交通安全法》等核心法律在内的有关规范。

第四部分为"建筑施工安全"。本部分围绕《中华人民共和国建筑法》这一核心规范，将相关规章进行梳理整合。

第五部分为"消防安全"。该部分聚焦消防安全与森林防火，以《中华人民共和国消防法》为主线，同时收录了相关法律规范。

第六部分为"危险化学品安全"。危险化学品因其特有的化学特性，其运输、存储有更高标准的要求，由于这类化学品一旦发生火灾，可能伴随爆炸事故，所以从业人员必须熟悉并掌握有关法律政策。

第七部分为"核安全"。这部分内容收录了包括《中华人民共和国核安全法》和《核动力厂营运单位核安全报告规定》在内的相关规定。

第八部分为"水文及水利设施安全"。水文事业是国民经济和社会发展的基础性公益事业，而水利设施的兴建和运行则着眼于提升江河调控能力和供水保障能力，改善水生态环境质量，该部分收录了《水库大坝安全管理条例》等相关规范。

第九部分为"民用爆炸物品安全"。加强民用爆炸物品安全管理，预防爆炸事故发生，是保障公民生命、财产安全和公共安全的重要举措。该部分收录的法规政策主要涉及民用爆炸物品的生产、销售与购买、运输、爆破作业和储存等相关内容。

　　第十部分为"石油天然气安全"。国内石油天然气生产是保障国家能源安全的"压舱石"，在提高储能的同时也不可以忽视安全。该部分主要围绕《中华人民共和国石油天然气管道保护法》，收录了相关规定。

　　第十一部分为"劳动安全保护"。该部分主要从劳动职业风险和环境暴露入手，收录涉及职业病防治、特定作业场所保护等方面的相关规定。同时涉及特殊劳动群体，如对女职工的特别保护。

　　第十二部分为" 应急管理 "。该部分收录的规范主要涉及突发事件的应急准备、应急救援和相应法律责任。

　　第十三部分为"安全监管"。该部分聚焦安全事故责任追究机制，收录包括《安全生产监管执法监督办法》在内的相关法规政策，以进一步明确责任主体，夯实监管责任，确保减少和杜绝安全事故的发生。

目　录

一、综　合

---

① 本目录中的时间为法律文件的公布时间或最后一次修正、修订公布时间。

二、煤矿及非煤矿山安全

（一）综　　合

（二）煤矿安全

（三）非煤矿山安全

三、交通运输安全

（一）　航空运输安全

（二）　铁路运输安全

（三）道路交通运输安全

（四）水路运输安全

（五）　危险物品运输安全

四、建筑施工安全

五、消防安全

六、危险化学品安全

七、核安全

八、水文与水利设施安全

九、民用爆炸物品安全

十、石油天然气安全

十一、劳动安全保护

十二、应急管理

十三、安全监管

附　　录

（一）典型案例

（二）相关文书

一 综　合

中华人民共和国安全生产法

（2002 年 6 月 29 日第九届全国人民代表大会常务委员会第二十八次会议通过　根据 2009 年 8 月 27 日第十一届全国人民代表大会常务委员会第十次会议《关于修改部分法律的决定》第一次修正　根据 2014 年 8 月 31 日第十二届全国人民代表大会常务委员会第十次会议《关于修改〈中华人民共和国安全生产法〉的决定》第二次修正　根据 2021 年 6 月 10 日第十三届全国人民代表大会常务委员会第二十九次会议《关于修改〈中华人民共和国安全生产法〉的决定》第三次修正）

目　录

第一章 总 则

第一条 【立法目的】① 为了加强安全生产工作，防止和减少生产安全事故，保障人民群众生命和财产安全，促进经济社会持续健康发展，制定本法。

第二条 【适用范围】 在中华人民共和国领域内从事生产经营活动的单位（以下统称生产经营单位）的安全生产，适用本法；有关法律、行政法规对消防安全和道路交通安全、铁路交通安全、水上交通安全、民用航空安全以及核与辐射安全、特种设备安全另有规定的，适用其规定。

第三条 【工作方针】 安全生产工作坚持中国共产党的领导。

安全生产工作应当以人为本，坚持人民至上、生命至上，把保护人民生命安全摆在首位，树牢安全发展理念，坚持安全第一、预防为主、综合治理的方针，从源头上防范化解重大安全风险。

安全生产工作实行管行业必须管安全、管业务必须管安全、管生产经营必须管安全，强化和落实生产经营单位主体责任与政府监管责任，建立生产经营单位负责、职工参与、政府监管、行业自律和社会监督的机制。

第四条 【生产经营单位基本义务】 生产经营单位必须遵守本法和其他有关安全生产的法律、法规，加强安全生产管理，建立健全全员安全生产责任制和安全生产规章制度，加大对安全生产资金、物资、技术、人员的投入保障力度，改善安全生产条件，加强安全生产标准化、信息化建设，构建安全风险分级管控和隐患排查治理双重预防机制，健全风险防范化解机制，提高安全生产水平，确保安全生产。

平台经济等新兴行业、领域的生产经营单位应当根据本行业、

---

① 条文主旨为编者所加，下同。

领域的特点，建立健全并落实全员安全生产责任制，加强从业人员安全生产教育和培训，履行本法和其他法律、法规规定的有关安全生产义务。

第五条 【单位主要负责人主体责任】生产经营单位的主要负责人是本单位安全生产第一责任人，对本单位的安全生产工作全面负责。其他负责人对职责范围内的安全生产工作负责。

第六条 【从业人员安全生产权利义务】生产经营单位的从业人员有依法获得安全生产保障的权利，并应当依法履行安全生产方面的义务。

第七条 【工会职责】工会依法对安全生产工作进行监督。

生产经营单位的工会依法组织职工参加本单位安全生产工作的民主管理和民主监督，维护职工在安全生产方面的合法权益。生产经营单位制定或者修改有关安全生产的规章制度，应当听取工会的意见。

第八条 【各级人民政府安全生产职责】国务院和县级以上地方各级人民政府应当根据国民经济和社会发展规划制定安全生产规划，并组织实施。安全生产规划应当与国土空间规划等相关规划相衔接。

各级人民政府应当加强安全生产基础设施建设和安全生产监管能力建设，所需经费列入本级预算。

县级以上地方各级人民政府应当组织有关部门建立完善安全风险评估与论证机制，按照安全风险管控要求，进行产业规划和空间布局，并对位置相邻、行业相近、业态相似的生产经营单位实施重大安全风险联防联控。

第九条 【安全生产监督管理职责】国务院和县级以上地方各级人民政府应当加强对安全生产工作的领导，建立健全安全生产工作协调机制，支持、督促各有关部门依法履行安全生产监督管理职责，及时协调、解决安全生产监督管理中存在的重大问题。

乡镇人民政府和街道办事处，以及开发区、工业园区、港区、风景区等应当明确负责安全生产监督管理的有关工作机构及其职责，加强安全生产监管力量建设，按照职责对本行政区域或者管理区域内生产经营单位安全生产状况进行监督检查，协助人民政府有关部门或者按照授权依法履行安全生产监督管理职责。

第十条　【安全生产监督管理体制】国务院应急管理部门依照本法，对全国安全生产工作实施综合监督管理；县级以上地方各级人民政府应急管理部门依照本法，对本行政区域内安全生产工作实施综合监督管理。

国务院交通运输、住房和城乡建设、水利、民航等有关部门依照本法和其他有关法律、行政法规的规定，在各自的职责范围内对有关行业、领域的安全生产工作实施监督管理；县级以上地方各级人民政府有关部门依照本法和其他有关法律、法规的规定，在各自的职责范围内对有关行业、领域的安全生产工作实施监督管理。对新兴行业、领域的安全生产监督管理职责不明确的，由县级以上地方各级人民政府按照业务相近的原则确定监督管理部门。

应急管理部门和对有关行业、领域的安全生产工作实施监督管理的部门，统称负有安全生产监督管理职责的部门。负有安全生产监督管理职责的部门应当相互配合、齐抓共管、信息共享、资源共用，依法加强安全生产监督管理工作。

第十一条　【安全生产有关标准】国务院有关部门应当按照保障安全生产的要求，依法及时制定有关的国家标准或者行业标准，并根据科技进步和经济发展适时修订。

生产经营单位必须执行依法制定的保障安全生产的国家标准或者行业标准。

第十二条　【安全生产强制性国家标准的制定】国务院有关部门按照职责分工负责安全生产强制性国家标准的项目提出、组织起草、征求意见、技术审查。国务院应急管理部门统筹提出安全生产强制性国家标准的立项计划。国务院标准化行政主管部门负责安全生产强制性国家标准的立项、编号、对外通报和授权批准发布工作。国务院标准化行政主管部门、有关部门依据法定职责对安全生产强制性国家标准的实施进行监督检查。

第十三条 【安全生产宣传教育】各级人民政府及其有关部门应当采取多种形式，加强对有关安全生产的法律、法规和安全生产知识的宣传，增强全社会的安全生产意识。

第十四条 【协会组织职责】有关协会组织依照法律、行政法规和章程，为生产经营单位提供安全生产方面的信息、培训等服务，发挥自律作用，促进生产经营单位加强安全生产管理。

第十五条 【安全生产技术、管理服务中介机构】依法设立的为安全生产提供技术、管理服务的机构，依照法律、行政法规和执业准则，接受生产经营单位的委托为其安全生产工作提供技术、管理服务。

生产经营单位委托前款规定的机构提供安全生产技术、管理服务的，保证安全生产的责任仍由本单位负责。

第十六条 【事故责任追究制度】国家实行生产安全事故责任追究制度，依照本法和有关法律、法规的规定，追究生产安全事故责任单位和责任人员的法律责任。

第十七条 【安全生产权力和责任清单】县级以上各级人民政府应当组织负有安全生产监督管理职责的部门依法编制安全生产权力和责任清单，公开并接受社会监督。

第十八条 【安全生产科学技术研究】国家鼓励和支持安全生产科学技术研究和安全生产先进技术的推广应用，提高安全生产水平。

第十九条 【奖励】国家对在改善安全生产条件、防止生产安全事故、参加抢险救护等方面取得显著成绩的单位和个人，给予奖励。

第二章 生产经营单位的安全生产保障

第二十条 【安全生产条件】生产经营单位应当具备本法和有关法律、行政法规和国家标准或者行业标准规定的安全生产条件；不具备安全生产条件的，不得从事生产经营活动。

第二十一条 【单位主要负责人安全生产职责】生产经营单位的主要负责人对本单位安全生产工作负有下列职责：

（一）建立健全并落实本单位全员安全生产责任制，加强安全生产标准化建设；

（二）组织制定并实施本单位安全生产规章制度和操作规程；

（三）组织制定并实施本单位安全生产教育和培训计划；

（四）保证本单位安全生产投入的有效实施；

（五）组织建立并落实安全风险分级管控和隐患排查治理双重预防工作机制，督促、检查本单位的安全生产工作，及时消除生产安全事故隐患；

（六）组织制定并实施本单位的生产安全事故应急救援预案；

（七）及时、如实报告生产安全事故。

第二十二条 【全员安全生产责任制】生产经营单位的全员安全生产责任制应当明确各岗位的责任人员、责任范围和考核标准等内容。

生产经营单位应当建立相应的机制，加强对全员安全生产责任制落实情况的监督考核，保证全员安全生产责任制的落实。

第二十三条 【保证安全生产资金投入】生产经营单位应当具备的安全生产条件所必需的资金投入，由生产经营单位的决策机构、主要负责人或者个人经营的投资人予以保证，并对由于安全生产所必需的资金投入不足导致的后果承担责任。

有关生产经营单位应当按照规定提取和使用安全生产费用，专门用于改善安全生产条件。安全生产费用在成本中据实列支。安全生产费用提取、使用和监督管理的具体办法由国务院财政部门会同国务院应急管理部门征求国务院有关部门意见后制定。

第二十四条 【安全生产管理机构及人员】矿山、金属冶炼、建筑施工、运输单位和危险物品的生产、经营、储存、装卸单位，应当设置安全生产管理机构或者配备专职安全生产管理人员。

前款规定以外的其他生产经营单位，从业人员超过一百人的，应当设置安全生产管理机构或者配备专职安全生产管理人员；从业人员在一百人以下的，应当配备专职或者兼职的安全生产管理人员。

第二十五条 【安全生产管理机构及人员的职责】生产经营单位的安全生产管理机构以及安全生产管理人员履行下列职责：

（一）组织或者参与拟订本单位安全生产规章制度、操作规程和生产安全事故应急救援预案；

（二）组织或者参与本单位安全生产教育和培训，如实记录安全生产教育和培训情况；

（三）组织开展危险源辨识和评估，督促落实本单位重大危险源的安全管理措施；

（四）组织或者参与本单位应急救援演练；

（五）检查本单位的安全生产状况，及时排查生产安全事故隐患，提出改进安全生产管理的建议；

（六）制止和纠正违章指挥、强令冒险作业、违反操作规程的行为；

（七）督促落实本单位安全生产整改措施。

生产经营单位可以设置专职安全生产分管负责人，协助本单位主要负责人履行安全生产管理职责。

第二十六条 【履职要求与履职保障】生产经营单位的安全生产管理机构以及安全生产管理人员应当恪尽职守，依法履行职责。

生产经营单位作出涉及安全生产的经营决策，应当听取安全生产管理机构以及安全生产管理人员的意见。

生产经营单位不得因安全生产管理人员依法履行职责而降低其工资、福利等待遇或者解除与其订立的劳动合同。

危险物品的生产、储存单位以及矿山、金属冶炼单位的安全生产管理人员的任免，应当告知主管的负有安全生产监督管理职责的部门。

第二十七条　【安全生产知识与管理能力】生产经营单位的主要负责人和安全生产管理人员必须具备与本单位所从事的生产经营活动相应的安全生产知识和管理能力。

危险物品的生产、经营、储存、装卸单位以及矿山、金属冶炼、建筑施工、运输单位的主要负责人和安全生产管理人员，应当由主管的负有安全生产监督管理职责的部门对其安全生产知识和管理能力考核合格。考核不得收费。

危险物品的生产、储存、装卸单位以及矿山、金属冶炼单位应当有注册安全工程师从事安全生产管理工作。鼓励其他生产经营单位聘用注册安全工程师从事安全生产管理工作。注册安全工程师按专业分类管理，具体办法由国务院人力资源和社会保障部门、国务院应急管理部门会同国务院有关部门制定。

第二十八条　【安全生产教育和培训】生产经营单位应当对从业人员进行安全生产教育和培训，保证从业人员具备必要的安全生产知识，熟悉有关的安全生产规章制度和安全操作规程，掌握本岗位的安全操作技能，了解事故应急处理措施，知悉自身在安全生产方面的权利和义务。未经安全生产教育和培训合格的从业人员，不得上岗作业。

生产经营单位使用被派遣劳动者的，应当将被派遣劳动者纳入本单位从业人员统一管理，对被派遣劳动者进行岗位安全操作规程和安全操作技能的教育和培训。劳务派遣单位应当对被派遣劳动者进行必要的安全生产教育和培训。

生产经营单位接收中等职业学校、高等学校学生实习的，应当对实习学生进行相应的安全生产教育和培训，提供必要的劳动防护用品。学校应当协助生产经营单位对实习学生进行安全生产教育和培训。

生产经营单位应当建立安全生产教育和培训档案，如实记录安全生产教育和培训的时间、内容、参加人员以及考核结果等情况。

第二十九条 【技术更新的教育和培训】生产经营单位采用新工艺、新技术、新材料或者使用新设备，必须了解、掌握其安全技术特性，采取有效的安全防护措施，并对从业人员进行专门的安全生产教育和培训。

第三十条 【特种作业人员从业资格】生产经营单位的特种作业人员必须按照国家有关规定经专门的安全作业培训，取得相应资格，方可上岗作业。

特种作业人员的范围由国务院应急管理部门会同国务院有关部门确定。

第三十一条 【建设项目安全设施"三同时"】生产经营单位新建、改建、扩建工程项目（以下统称建设项目）的安全设施，必须与主体工程同时设计、同时施工、同时投入生产和使用。安全设施投资应当纳入建设项目概算。

第三十二条 【特殊建设项目安全评价】矿山、金属冶炼建设项目和用于生产、储存、装卸危险物品的建设项目，应当按照国家有关规定进行安全评价。

第三十三条 【特殊建设项目安全设计审查】建设项目安全设施的设计人、设计单位应当对安全设施设计负责。

矿山、金属冶炼建设项目和用于生产、储存、装卸危险物品的建设项目的安全设施设计应当按照国家有关规定报经有关部门审查，审查部门及其负责审查的人员对审查结果负责。

第三十四条 【特殊建设项目安全设施验收】矿山、金属冶炼建设项目和用于生产、储存、装卸危险物品的建设项目的施工单位必须按照批准的安全设施设计施工，并对安全设施的工程质量负责。

矿山、金属冶炼建设项目和用于生产、储存、装卸危险物品的建设项目竣工投入生产或者使用前，应当由建设单位负责组织对安全设施进行验收；验收合格后，方可投入生产和使用。负有安全生产监督管理职责的部门应当加强对建设单位验收活动和验收结果的监督核查。

第三十五条 【安全警示标志】生产经营单位应当在有较大危险因素的生产经营场所和有关设施、设备上，设置明显的安全警示标志。

第三十六条 【安全设备管理】安全设备的设计、制造、安装、使用、检测、维修、改造和报废，应当符合国家标准或者行业标准。

生产经营单位必须对安全设备进行经常性维护、保养，并定期检测，保证正常运转。维护、保养、检测应当作好记录，并由有关人员签字。

生产经营单位不得关闭、破坏直接关系生产安全的监控、报警、防护、救生设备、设施，或者篡改、隐瞒、销毁其相关数据、信息。

餐饮等行业的生产经营单位使用燃气的，应当安装可燃气体报警装置，并保障其正常使用。

第三十七条 【特殊特种设备的管理】生产经营单位使用的危险物品的容器、运输工具，以及涉及人身安全、危险性较大的海洋石油开采特种设备和矿山井下特种设备，必须按照国家有关规定，由专业生产单位生产，并经具有专业资质的检测、检验机构检测、检验合格，取得安全使用证或者安全标志，方可投入使用。检测、检验机构对检测、检验结果负责。

第三十八条 **【淘汰制度】**国家对严重危及生产安全的工艺、设备实行淘汰制度，具体目录由国务院应急管理部门会同国务院有关部门制定并公布。法律、行政法规对目录的制定另有规定的，适用其规定。

省、自治区、直辖市人民政府可以根据本地区实际情况制定并公布具体目录，对前款规定以外的危及生产安全的工艺、设备予以淘汰。

生产经营单位不得使用应当淘汰的危及生产安全的工艺、设备。

第三十九条 **【危险物品的监管】**生产、经营、运输、储存、使用危险物品或者处置废弃危险物品的，由有关主管部门依照有关法律、法规的规定和国家标准或者行业标准审批并实施监督管理。

生产经营单位生产、经营、运输、储存、使用危险物品或者处置废弃危险物品，必须执行有关法律、法规和国家标准或者行业标准，建立专门的安全管理制度，采取可靠的安全措施，接受有关主管部门依法实施的监督管理。

第四十条 **【重大危险源的管理和备案】**生产经营单位对重大危险源应当登记建档，进行定期检测、评估、监控，并制定应急预案，告知从业人员和相关人员在紧急情况下应当采取的应急措施。

生产经营单位应当按照国家有关规定将本单位重大危险源及有关安全措施、应急措施报有关地方人民政府应急管理部门和有关部门备案。有关地方人民政府应急管理部门和有关部门应当通过相关信息系统实现信息共享。

第四十一条 **【安全风险管控制度和事故隐患治理制度】**生产经营单位应当建立安全风险分级管控制度，按照安全风险分级采取相应的管控措施。

生产经营单位应当建立健全并落实生产安全事故隐患排查治理制度，采取技术、管理措施，及时发现并消除事故隐患。事故隐患排查治理情况应当如实记录，并通过职工大会或者职工代表大会、信息公示栏等方式向从业人员通报。其中，重大事故隐患排查治理情况应当及时向负有安全生产监督管理职责的部门和职工大会或者职工代表大会报告。

县级以上地方各级人民政府负有安全生产监督管理职责的部门应当将重大事故隐患纳入相关信息系统，建立健全重大事故隐患治理督办制度，督促生产经营单位消除重大事故隐患。

第四十二条 【生产经营场所和员工宿舍安全要求】生产、经营、储存、使用危险物品的车间、商店、仓库不得与员工宿舍在同一座建筑物内，并应当与员工宿舍保持安全距离。

生产经营场所和员工宿舍应当设有符合紧急疏散要求、标志明显、保持畅通的出口、疏散通道。禁止占用、锁闭、封堵生产经营场所或者员工宿舍的出口、疏散通道。

第四十三条 【危险作业的现场安全管理】生产经营单位进行爆破、吊装、动火、临时用电以及国务院应急管理部门会同国务院有关部门规定的其他危险作业，应当安排专门人员进行现场安全管理，确保操作规程的遵守和安全措施的落实。

第四十四条 【从业人员的安全管理】生产经营单位应当教育和督促从业人员严格执行本单位的安全生产规章制度和安全操作规程；并向从业人员如实告知作业场所和工作岗位存在的危险因素、防范措施以及事故应急措施。

生产经营单位应当关注从业人员的身体、心理状况和行为习惯，加强对从业人员的心理疏导、精神慰藉，严格落实岗位安全生产责任，防范从业人员行为异常导致事故发生。

第四十五条 【劳动防护用品】生产经营单位必须为从业人员提供符合国家标准或者行业标准的劳动防护用品，并监督、教育从业人员按照使用规则佩戴、使用。

第四十六条 【安全检查和报告义务】生产经营单位的安全生

产管理人员应当根据本单位的生产经营特点，对安全生产状况进行经常性检查；对检查中发现的安全问题，应当立即处理；不能处理的，应当及时报告本单位有关负责人，有关负责人应当及时处理。检查及处理情况应当如实记录在案。

生产经营单位的安全生产管理人员在检查中发现重大事故隐患，依照前款规定向本单位有关负责人报告，有关负责人不及时处理的，安全生产管理人员可以向主管的负有安全生产监督管理职责的部门报告，接到报告的部门应当依法及时处理。

第四十七条　【安全生产经费保障】生产经营单位应当安排用于配备劳动防护用品、进行安全生产培训的经费。

第四十八条　【安全生产协作】两个以上生产经营单位在同一作业区域内进行生产经营活动，可能危及对方生产安全的，应当签订安全生产管理协议，明确各自的安全生产管理职责和应当采取的安全措施，并指定专职安全生产管理人员进行安全检查与协调。

第四十九条　【生产经营项目、施工项目的安全管理】生产经营单位不得将生产经营项目、场所、设备发包或者出租给不具备安全生产条件或者相应资质的单位或者个人。

生产经营项目、场所发包或者出租给其他单位的，生产经营单位应当与承包单位、承租单位签订专门的安全生产管理协议，或者在承包合同、租赁合同中约定各自的安全生产管理职责；生产经营单位对承包单位、承租单位的安全生产工作统一协调、管理，定期进行安全检查，发现安全问题的，应当及时督促整改。

矿山、金属冶炼建设项目和用于生产、储存、装卸危险物品的建设项目的施工单位应当加强对施工项目的安全管理，不得倒卖、出租、出借、挂靠或者以其他形式非法转让施工资质，不得将其承包的全部建设工程转包给第三人或者将其承包的全部建设工程支解以后以分包的名义分别转包给第三人，不得将工程分包给不具备相应资质条件的单位。

第五十条 **【单位主要负责人组织事故抢救职责】**生产经营单位发生生产安全事故时，单位的主要负责人应当立即组织抢救，并不得在事故调查处理期间擅离职守。

第五十一条 **【工伤保险和安全生产责任保险】**生产经营单位必须依法参加工伤保险，为从业人员缴纳保险费。

国家鼓励生产经营单位投保安全生产责任保险；属于国家规定的高危行业、领域的生产经营单位，应当投保安全生产责任保险。具体范围和实施办法由国务院应急管理部门会同国务院财政部门、国务院保险监督管理机构和相关行业主管部门制定。

第三章　从业人员的安全生产权利义务

第五十二条 **【劳动合同的安全条款】**生产经营单位与从业人员订立的劳动合同，应当载明有关保障从业人员劳动安全、防止职业危害的事项，以及依法为从业人员办理工伤保险的事项。

生产经营单位不得以任何形式与从业人员订立协议，免除或者减轻其对从业人员因生产安全事故伤亡依法应承担的责任。

第五十三条 **【知情权和建议权】**生产经营单位的从业人员有权了解其作业场所和工作岗位存在的危险因素、防范措施及事故应急措施，有权对本单位的安全生产工作提出建议。

第五十四条 **【批评、检举、控告、拒绝权】**从业人员有权对本单位安全生产工作中存在的问题提出批评、检举、控告；有权拒绝违章指挥和强令冒险作业。

生产经营单位不得因从业人员对本单位安全生产工作提出批评、检举、控告或者拒绝违章指挥、强令冒险作业而降低其工资、福利等待遇或者解除与其订立的劳动合同。

第五十五条 **【紧急处置权】**从业人员发现直接危及人身安全的紧急情况时，有权停止作业或者在采取可能的应急措施后撤离作业场所。

生产经营单位不得因从业人员在前款紧急情况下停止作业或者采取紧急撤离措施而降低其工资、福利等待遇或者解除与其订立的劳动合同。

第五十六条 【事故后的人员救治和赔偿】生产经营单位发生生产安全事故后，应当及时采取措施救治有关人员。

因生产安全事故受到损害的从业人员，除依法享有工伤保险外，依照有关民事法律尚有获得赔偿的权利的，有权提出赔偿要求。

第五十七条 【落实岗位安全责任和服从安全管理】从业人员在作业过程中，应当严格落实岗位安全责任，遵守本单位的安全生产规章制度和操作规程，服从管理，正确佩戴和使用劳动防护用品。

第五十八条 【接受安全生产教育和培训义务】从业人员应当接受安全生产教育和培训，掌握本职工作所需的安全生产知识，提高安全生产技能，增强事故预防和应急处理能力。

第五十九条 【事故隐患和不安全因素的报告义务】从业人员发现事故隐患或者其他不安全因素，应当立即向现场安全生产管理人员或者本单位负责人报告；接到报告的人员应当及时予以处理。

第六十条 【工会监督】工会有权对建设项目的安全设施与主体工程同时设计、同时施工、同时投入生产和使用进行监督，提出意见。

工会对生产经营单位违反安全生产法律、法规，侵犯从业人员合法权益的行为，有权要求纠正；发现生产经营单位违章指挥、强令冒险作业或者发现事故隐患时，有权提出解决的建议，生产经营单位应当及时研究答复；发现危及从业人员生命安全的情况时，有权向生产经营单位建议组织从业人员撤离危险场所，生产经营单位必须立即作出处理。

工会有权依法参加事故调查，向有关部门提出处理意见，并要求追究有关人员的责任。

第六十一条　【被派遣劳动者的权利义务】生产经营单位使用被派遣劳动者的，被派遣劳动者享有本法规定的从业人员的权利，并应当履行本法规定的从业人员的义务。

第四章　安全生产的监督管理

第六十二条　【安全生产监督检查】县级以上地方各级人民政府应当根据本行政区域内的安全生产状况，组织有关部门按照职责分工，对本行政区域内容易发生重大生产安全事故的生产经营单位进行严格检查。

应急管理部门应当按照分类分级监督管理的要求，制定安全生产年度监督检查计划，并按照年度监督检查计划进行监督检查，发现事故隐患，应当及时处理。

第六十三条　【安全生产事项的审批、验收】负有安全生产监督管理职责的部门依照有关法律、法规的规定，对涉及安全生产的事项需要审查批准（包括批准、核准、许可、注册、认证、颁发证照等，下同）或者验收的，必须严格依照有关法律、法规和国家标准或者行业标准规定的安全生产条件和程序进行审查；不符合有关法律、法规和国家标准或者行业标准规定的安全生产条件的，不得批准或者验收通过。对未依法取得批准或者验收合格的单位擅自从事有关活动的，负责行政审批的部门发现或者接到举报后应当立即予以取缔，并依法予以处理。对已经依法取得批准的单位，负责行政审批的部门发现其不再具备安全生产条件的，应当撤销原批准。

第六十四条　【审批、验收的禁止性规定】负有安全生产监督管理职责的部门对涉及安全生产的事项进行审查、验收，不得收取费用；不得要求接受审查、验收的单位购买其指定品牌或者指定生产、销售单位的安全设备、器材或者其他产品。

第六十五条　【监督检查的职权范围】应急管理部门和其他负

有安全生产监督管理职责的部门依法开展安全生产行政执法工作，对生产经营单位执行有关安全生产的法律、法规和国家标准或者行业标准的情况进行监督检查，行使以下职权：

（一）进入生产经营单位进行检查，调阅有关资料，向有关单位和人员了解情况；

（二）对检查中发现的安全生产违法行为，当场予以纠正或者要求限期改正；对依法应当给予行政处罚的行为，依照本法和其他有关法律、行政法规的规定作出行政处罚决定；

（三）对检查中发现的事故隐患，应当责令立即排除；重大事故隐患排除前或者排除过程中无法保证安全的，应当责令从危险区域内撤出作业人员，责令暂时停产停业或者停止使用相关设施、设备；重大事故隐患排除后，经审查同意，方可恢复生产经营和使用；

（四）对有根据认为不符合保障安全生产的国家标准或者行业标准的设施、设备、器材以及违法生产、储存、使用、经营、运输的危险物品予以查封或者扣押，对违法生产、储存、使用、经营危险物品的作业场所予以查封，并依法作出处理决定。

监督检查不得影响被检查单位的正常生产经营活动。

第六十六条　【生产经营单位的配合义务】生产经营单位对负有安全生产监督管理职责的部门的监督检查人员（以下统称安全生产监督检查人员）依法履行监督检查职责，应当予以配合，不得拒绝、阻挠。

第六十七条　【监督检查的要求】安全生产监督检查人员应当忠于职守，坚持原则，秉公执法。

安全生产监督检查人员执行监督检查任务时，必须出示有效的行政执法证件；对涉及被检查单位的技术秘密和业务秘密，应当为其保密。

第六十八条　【监督检查的记录与报告】安全生产监督检查人

员应当将检查的时间、地点、内容、发现的问题及其处理情况，作出书面记录，并由检查人员和被检查单位的负责人签字；被检查单位的负责人拒绝签字的，检查人员应当将情况记录在案，并向负有安全生产监督管理职责的部门报告。

第六十九条 【监督检查的配合】负有安全生产监督管理职责的部门在监督检查中，应当互相配合，实行联合检查；确需分别进行检查的，应当互通情况，发现存在的安全问题应当由其他有关部门进行处理的，应当及时移送其他有关部门并形成记录备查，接受移送的部门应当及时进行处理。

第七十条 【强制停止生产经营活动】负有安全生产监督管理职责的部门依法对存在重大事故隐患的生产经营单位作出停产停业、停止施工、停止使用相关设施或者设备的决定，生产经营单位应当依法执行，及时消除事故隐患。生产经营单位拒不执行，有发生生产安全事故的现实危险的，在保证安全的前提下，经本部门主要负责人批准，负有安全生产监督管理职责的部门可以采取通知有关单位停止供电、停止供应民用爆炸物品等措施，强制生产经营单位履行决定。通知应当采用书面形式，有关单位应当予以配合。

负有安全生产监督管理职责的部门依照前款规定采取停止供电措施，除有危及生产安全的紧急情形外，应当提前二十四小时通知生产经营单位。生产经营单位依法履行行政决定、采取相应措施消除事故隐患的，负有安全生产监督管理职责的部门应当及时解除前款规定的措施。

第七十一条 【安全生产监察】监察机关依照监察法的规定，对负有安全生产监督管理职责的部门及其工作人员履行安全生产监督管理职责实施监察。

第七十二条 【中介机构的条件和责任】承担安全评价、认证、检测、检验职责的机构应当具备国家规定的资质条件，并对其作出的安全评价、认证、检测、检验结果的合法性、真实性负责。

资质条件由国务院应急管理部门会同国务院有关部门制定。

承担安全评价、认证、检测、检验职责的机构应当建立并实施服务公开和报告公开制度，不得租借资质、挂靠、出具虚假报告。

第七十三条　【安全生产举报制度】负有安全生产监督管理职责的部门应当建立举报制度，公开举报电话、信箱或者电子邮件地址等网络举报平台，受理有关安全生产的举报；受理的举报事项经调查核实后，应当形成书面材料；需要落实整改措施的，报经有关负责人签字并督促落实。对不属于本部门职责，需要由其他有关部门进行调查处理的，转交其他有关部门处理。

涉及人员死亡的举报事项，应当由县级以上人民政府组织核查处理。

第七十四条　【违法举报和公益诉讼】任何单位或者个人对事故隐患或者安全生产违法行为，均有权向负有安全生产监督管理职责的部门报告或者举报。

因安全生产违法行为造成重大事故隐患或者导致重大事故，致使国家利益或者社会公共利益受到侵害的，人民检察院可以根据民事诉讼法、行政诉讼法的相关规定提起公益诉讼。

第七十五条　【居委会、村委会的监督】居民委员会、村民委员会发现其所在区域内的生产经营单位存在事故隐患或者安全生产违法行为时，应当向当地人民政府或者有关部门报告。

第七十六条　【举报奖励】县级以上各级人民政府及其有关部门对报告重大事故隐患或者举报安全生产违法行为的有功人员，给予奖励。具体奖励办法由国务院应急管理部门会同国务院财政部门制定。

第七十七条　【舆论监督】新闻、出版、广播、电影、电视等单位有进行安全生产公益宣传教育的义务，有对违反安全生产法律、法规的行为进行舆论监督的权利。

第七十八条　【安全生产违法行为信息库】负有安全生产监督

管理职责的部门应当建立安全生产违法行为信息库，如实记录生产经营单位及其有关从业人员的安全生产违法行为信息；对违法行为情节严重的生产经营单位及其有关从业人员，应当及时向社会公告，并通报行业主管部门、投资主管部门、自然资源主管部门、生态环境主管部门、证券监督管理机构以及有关金融机构。有关部门和机构应当对存在失信行为的生产经营单位及其有关从业人员采取加大执法检查频次、暂停项目审批、上调有关保险费率、行业或者职业禁入等联合惩戒措施，并向社会公示。

负有安全生产监督管理职责的部门应当加强对生产经营单位行政处罚信息的及时归集、共享、应用和公开，对生产经营单位作出处罚决定后七个工作日内在监督管理部门公示系统予以公开曝光，强化对违法失信生产经营单位及其有关从业人员的社会监督，提高全社会安全生产诚信水平。

第五章　生产安全事故的应急救援与调查处理

第七十九条　**【事故应急救援队伍与信息系统】**国家加强生产安全事故应急能力建设，在重点行业、领域建立应急救援基地和应急救援队伍，并由国家安全生产应急救援机构统一协调指挥；鼓励生产经营单位和其他社会力量建立应急救援队伍，配备相应的应急救援装备和物资，提高应急救援的专业化水平。

国务院应急管理部门牵头建立全国统一的生产安全事故应急救援信息系统，国务院交通运输、住房和城乡建设、水利、民航等有关部门和县级以上地方人民政府建立健全相关行业、领域、地区的生产安全事故应急救援信息系统，实现互联互通、信息共享，通过推行网上安全信息采集、安全监管和监测预警，提升监管的精准化、智能化水平。

第八十条　**【事故应急救援预案与体系】**县级以上地方各级人民政府应当组织有关部门制定本行政区域内生产安全事故应急救援

预案，建立应急救援体系。

乡镇人民政府和街道办事处，以及开发区、工业园区、港区、风景区等应当制定相应的生产安全事故应急救援预案，协助人民政府有关部门或者按照授权依法履行生产安全事故应急救援工作职责。

第八十一条　【事故应急救援预案的制定与演练】生产经营单位应当制定本单位生产安全事故应急救援预案，与所在地县级以上地方人民政府组织制定的生产安全事故应急救援预案相衔接，并定期组织演练。

第八十二条　【高危行业的应急救援要求】危险物品的生产、经营、储存单位以及矿山、金属冶炼、城市轨道交通运营、建筑施工单位应当建立应急救援组织；生产经营规模较小的，可以不建立应急救援组织，但应当指定兼职的应急救援人员。

危险物品的生产、经营、储存、运输单位以及矿山、金属冶炼、城市轨道交通运营、建筑施工单位应当配备必要的应急救援器材、设备和物资，并进行经常性维护、保养，保证正常运转。

第八十三条　【单位报告和组织抢救义务】生产经营单位发生生产安全事故后，事故现场有关人员应当立即报告本单位负责人。

单位负责人接到事故报告后，应当迅速采取有效措施，组织抢救，防止事故扩大，减少人员伤亡和财产损失，并按照国家有关规定立即如实报告当地负有安全生产监督管理职责的部门，不得隐瞒不报、谎报或者迟报，不得故意破坏事故现场、毁灭有关证据。

第八十四条　【安全监管部门的事故报告】负有安全生产监督管理职责的部门接到事故报告后，应当立即按照国家有关规定上报事故情况。负有安全生产监督管理职责的部门和有关地方人民政府对事故情况不得隐瞒不报、谎报或者迟报。

第八十五条　【事故抢救】有关地方人民政府和负有安全生产监督管理职责的部门的负责人接到生产安全事故报告后，应当按照生产安全事故应急救援预案的要求立即赶到事故现场，组织事故抢救。

参与事故抢救的部门和单位应当服从统一指挥，加强协同联动，采取有效的应急救援措施，并根据事故救援的需要采取警戒、疏散等措施，防止事故扩大和次生灾害的发生，减少人员伤亡和财产损失。

事故抢救过程中应当采取必要措施，避免或者减少对环境造成的危害。

任何单位和个人都应当支持、配合事故抢救，并提供一切便利条件。

第八十六条　【事故调查处理】事故调查处理应当按照科学严谨、依法依规、实事求是、注重实效的原则，及时、准确地查清事故原因，查明事故性质和责任，评估应急处置工作，总结事故教训，提出整改措施，并对事故责任单位和人员提出处理建议。事故调查报告应当依法及时向社会公布。事故调查和处理的具体办法由国务院制定。

事故发生单位应当及时全面落实整改措施，负有安全生产监督管理职责的部门应当加强监督检查。

负责事故调查处理的国务院有关部门和地方人民政府应当在批复事故调查报告后一年内，组织有关部门对事故整改和防范措施落实情况进行评估，并及时向社会公开评估结果；对不履行职责导致事故整改和防范措施没有落实的有关单位和人员，应当按照有关规定追究责任。

第八十七条　【责任追究】生产经营单位发生生产安全事故，经调查确定为责任事故的，除了应当查明事故单位的责任并依法予以追究外，还应当查明对安全生产的有关事项负有审查批准和监督职责的行政部门的责任，对有失职、渎职行为的，依照本法第九十条的规定追究法律责任。

第八十八条　【事故调查处理不得干涉】任何单位和个人不得阻挠和干涉对事故的依法调查处理。

第八十九条　【事故定期统计分析和定期公布制度】县级以上地方各级人民政府应急管理部门应当定期统计分析本行政区域内发生生产安全事故的情况，并定期向社会公布。

第六章　法 律 责 任

第九十条　【监管部门工作人员违法责任】负有安全生产监督管理职责的部门的工作人员，有下列行为之一的，给予降级或者撤职的处分；构成犯罪的，依照刑法有关规定追究刑事责任：

（一）对不符合法定安全生产条件的涉及安全生产的事项予以批准或者验收通过的；

（二）发现未依法取得批准、验收的单位擅自从事有关活动或者接到举报后不予取缔或者不依法予以处理的；

（三）对已经依法取得批准的单位不履行监督管理职责，发现其不再具备安全生产条件而不撤销原批准或者发现安全生产违法行为不予查处的；

（四）在监督检查中发现重大事故隐患，不依法及时处理的。

负有安全生产监督管理职责的部门的工作人员有前款规定以外的滥用职权、玩忽职守、徇私舞弊行为的，依法给予处分；构成犯罪的，依照刑法有关规定追究刑事责任。

第九十一条　【监管部门违法责任】负有安全生产监督管理职责的部门，要求被审查、验收的单位购买其指定的安全设备、器材或者其他产品的，在对安全生产事项的审查、验收中收取费用的，由其上级机关或者监察机关责令改正，责令退还收取的费用；情节严重的，对直接负责的主管人员和其他直接责任人员依法给予处分。

第九十二条　【中介机构违法责任】承担安全评价、认证、检测、检验职责的机构出具失实报告的，责令停业整顿，并处三万元以上十万元以下的罚款；给他人造成损害的，依法承担赔偿责任。

承担安全评价、认证、检测、检验职责的机构租借资质、挂靠、出具虚假报告的，没收违法所得；违法所得在十万元以上的，并处违法所得二倍以上五倍以下的罚款，没有违法所得或者违法所得不足十万元的，单处或者并处十万元以上二十万元以下的罚款；对其直接负责的主管人员和其他直接责任人员处五万元以上十万元以下的罚款；给他人造成损害的，与生产经营单位承担连带赔偿责任；构成犯罪的，依照刑法有关规定追究刑事责任。

对有前款违法行为的机构及其直接责任人员，吊销其相应资质和资格，五年内不得从事安全评价、认证、检测、检验等工作；情节严重的，实行终身行业和职业禁入。

第九十三条　【资金投入违法责任】生产经营单位的决策机构、主要负责人或者个人经营的投资人不依照本法规定保证安全生产所必需的资金投入，致使生产经营单位不具备安全生产条件的，责令限期改正，提供必需的资金；逾期未改正的，责令生产经营单位停产停业整顿。

有前款违法行为，导致发生生产安全事故的，对生产经营单位的主要负责人给予撤职处分，对个人经营的投资人处二万元以上二十万元以下的罚款；构成犯罪的，依照刑法有关规定追究刑事责任。

第九十四条　【单位主要负责人违法责任】生产经营单位的主要负责人未履行本法规定的安全生产管理职责的，责令限期改正，处二万元以上五万元以下的罚款；逾期未改正的，处五万元以上十万元以下的罚款，责令生产经营单位停产停业整顿。

生产经营单位的主要负责人有前款违法行为，导致发生生产安全事故的，给予撤职处分；构成犯罪的，依照刑法有关规定追究刑事责任。

生产经营单位的主要负责人依照前款规定受刑事处罚或者撤职处分的，自刑罚执行完毕或者受处分之日起，五年内不得担任任何生产经营单位的主要负责人；对重大、特别重大生产安全事故负有责任的，终身不得担任本行业生产经营单位的主要负责人。

第九十五条　【对单位主要负责人罚款】生产经营单位的主要负责人未履行本法规定的安全生产管理职责，导致发生生产安全事故的，由应急管理部门依照下列规定处以罚款：

（一）发生一般事故的，处上一年年收入百分之四十的罚款；

（二）发生较大事故的，处上一年年收入百分之六十的罚款；

（三）发生重大事故的，处上一年年收入百分之八十的罚款；

（四）发生特别重大事故的，处上一年年收入百分之一百的罚款。

第九十六条　【单位安全生产管理人员违法责任】生产经营单位的其他负责人和安全生产管理人员未履行本法规定的安全生产管理职责的，责令限期改正，处一万元以上三万元以下的罚款；导致发生生产安全事故的，暂停或者吊销其与安全生产有关的资格，并处上一年年收入百分之二十以上百分之五十以下的罚款；构成犯罪的，依照刑法有关规定追究刑事责任。

第九十七条　【生产经营单位安全管理违法责任（一）】生产经营单位有下列行为之一的，责令限期改正，处十万元以下的罚款；逾期未改正的，责令停产停业整顿，并处十万元以上二十万元以下的罚款，对其直接负责的主管人员和其他直接责任人员处二万元以上五万元以下的罚款：

（一）未按照规定设置安全生产管理机构或者配备安全生产管理人员、注册安全工程师的；

（二）危险物品的生产、经营、储存、装卸单位以及矿山、金属冶炼、建筑施工、运输单位的主要负责人和安全生产管理人员未按照规定经考核合格的；

（三）未按照规定对从业人员、被派遣劳动者、实习学生进行安全生产教育和培训，或者未按照规定如实告知有关的安全生产事项的；

（四）未如实记录安全生产教育和培训情况的；

（五）未将事故隐患排查治理情况如实记录或者未向从业人员通报的；

（六）未按照规定制定生产安全事故应急救援预案或者未定期组织演练的；

（七）特种作业人员未按照规定经专门的安全作业培训并取得相应资格，上岗作业的。

第九十八条　【建设项目违法责任】生产经营单位有下列行为之一的，责令停止建设或者停产停业整顿，限期改正，并处十万元以上五十万元以下的罚款，对其直接负责的主管人员和其他直接责任人员处二万元以上五万元以下的罚款；逾期未改正的，处五十万元以上一百万元以下的罚款，对其直接负责的主管人员和其他直接责任人员处五万元以上十万元以下的罚款；构成犯罪的，依照刑法有关规定追究刑事责任：

（一）未按照规定对矿山、金属冶炼建设项目或者用于生产、储存、装卸危险物品的建设项目进行安全评价的；

（二）矿山、金属冶炼建设项目或者用于生产、储存、装卸危险物品的建设项目没有安全设施设计或者安全设施设计未按照规定报经有关部门审查同意的；

（三）矿山、金属冶炼建设项目或者用于生产、储存、装卸危险物品的建设项目的施工单位未按照批准的安全设施设计施工的；

（四）矿山、金属冶炼建设项目或者用于生产、储存、装卸危险物品的建设项目竣工投入生产或者使用前，安全设施未经验收合格的。

第九十九条　【生产经营单位安全管理违法责任（二）】生

产经营单位有下列行为之一的，责令限期改正，处五万元以下的罚款；逾期未改正的，处五万元以上二十万元以下的罚款，对其直接负责的主管人员和其他直接责任人员处一万元以上二万元以下的罚款；情节严重的，责令停产停业整顿；构成犯罪的，依照刑法有关规定追究刑事责任：

（一）未在有较大危险因素的生产经营场所和有关设施、设备上设置明显的安全警示标志的；

（二）安全设备的安装、使用、检测、改造和报废不符合国家标准或者行业标准的；

（三）未对安全设备进行经常性维护、保养和定期检测的；

（四）关闭、破坏直接关系生产安全的监控、报警、防护、救生设备、设施，或者篡改、隐瞒、销毁其相关数据、信息的；

（五）未为从业人员提供符合国家标准或者行业标准的劳动防护用品的；

（六）危险物品的容器、运输工具，以及涉及人身安全、危险性较大的海洋石油开采特种设备和矿山井下特种设备未经具有专业资质的机构检测、检验合格，取得安全使用证或者安全标志，投入使用的；

（七）使用应当淘汰的危及生产安全的工艺、设备的；

（八）餐饮等行业的生产经营单位使用燃气未安装可燃气体报警装置的。

第一百条　【违法经营危险物品】未经依法批准，擅自生产、经营、运输、储存、使用危险物品或者处置废弃危险物品的，依照有关危险物品安全管理的法律、行政法规的规定予以处罚；构成犯罪的，依照刑法有关规定追究刑事责任。

第一百零一条　【生产经营单位安全管理违法责任（三）】生产经营单位有下列行为之一的，责令限期改正，处十万元以下的罚款；逾期未改正的，责令停产停业整顿，并处十万元以上二十万元以下的罚款，对其直接负责的主管人员和其他直接责任人员处二万元以上五万元以下的罚款；构成犯罪的，依照刑法有关规定追究刑事责任：

（一）生产、经营、运输、储存、使用危险物品或者处置废弃危险物品，未建立专门安全管理制度、未采取可靠的安全措施的；

（二）对重大危险源未登记建档，未进行定期检测、评估、监控，未制定应急预案，或者未告知应急措施的；

（三）进行爆破、吊装、动火、临时用电以及国务院应急管理部门会同国务院有关部门规定的其他危险作业，未安排专门人员进行现场安全管理的；

（四）未建立安全风险分级管控制度或者未按照安全风险分级采取相应管控措施的；

（五）未建立事故隐患排查治理制度，或者重大事故隐患排查治理情况未按照规定报告的。

第一百零二条　【未采取措施消除事故隐患违法责任】生产经营单位未采取措施消除事故隐患的，责令立即消除或者限期消除，处五万元以下的罚款；生产经营单位拒不执行的，责令停产停业整顿，对其直接负责的主管人员和其他直接责任人员处五万元以上十万元以下的罚款；构成犯罪的，依照刑法有关规定追究刑事责任。

第一百零三条　【违法发包、出租和违反项目安全管理的法律责任】生产经营单位将生产经营项目、场所、设备发包或者出租给不具备安全生产条件或者相应资质的单位或者个人的，责令限期改正，没收违法所得；违法所得十万元以上的，并处违法所得二倍以上五倍以下的罚款；没有违法所得或者违法所得不足十万元的，单处或者并处十万元以上二十万元以下的罚款；对其直接负责的主管人员和其他直接责任人员处一万元以上二万元以下的罚款；导致发生生产安全事故给他人造成损害的，与承包方、承租方承担连带赔偿责任。

生产经营单位未与承包单位、承租单位签订专门的安全生产管理协议或者未在承包合同、租赁合同中明确各自的安全生产管理职责，或者未对承包单位、承租单位的安全生产统一协调、管理的，责令限期改正，处五万元以下的罚款，对其直接负责的主管人员和其他直接责任人员处一万元以下的罚款；逾期未改正的，责令停产停业整顿。

矿山、金属冶炼建设项目和用于生产、储存、装卸危险物品的建设项目的施工单位未按照规定对施工项目进行安全管理的，责令限期改正，处十万元以下的罚款，对其直接负责的主管人员和其他直接责任人员处二万元以下的罚款；逾期未改正的，责令停产停业整顿。以上施工单位倒卖、出租、出借、挂靠或者以其他形式非法转让施工资质的，责令停产停业整顿，吊销资质证书，没收违法所得；违法所得十万元以上的，并处违法所得二倍以上五倍以下的罚款，没有违法所得或者违法所得不足十万元的，单处或者并处十万元以上二十万元以下的罚款；对其直接负责的主管人员和其他直接责任人员处五万元以上十万元以下的罚款；构成犯罪的，依照刑法有关规定追究刑事责任。

第一百零四条 　**【同一作业区域安全管理违法责任】**两个以上生产经营单位在同一作业区域内进行可能危及对方安全生产的生产经营活动，未签订安全生产管理协议或者未指定专职安全生产管理人员进行安全检查与协调的，责令限期改正，处五万元以下的罚款，对其直接负责的主管人员和其他直接责任人员处一万元以下的罚款；逾期未改正的，责令停产停业。

第一百零五条 　**【生产经营场所和员工宿舍违法责任】**生产经营单位有下列行为之一的，责令限期改正，处五万元以下的罚款，对其直接负责的主管人员和其他直接责任人员处一万元以下的罚款；逾期未改正的，责令停产停业整顿；构成犯罪的，依照刑法有关规定追究刑事责任：

（一）生产、经营、储存、使用危险物品的车间、商店、仓库与员工宿舍在同一座建筑内，或者与员工宿舍的距离不符合安全要求的；

（二）生产经营场所和员工宿舍未设有符合紧急疏散需要、标志明显、保持畅通的出口、疏散通道，或者占用、锁闭、封堵生产经营场所或者员工宿舍出口、疏散通道的。

第一百零六条　【免责协议违法责任】生产经营单位与从业人员订立协议，免除或者减轻其对从业人员因生产安全事故伤亡依法应承担的责任的，该协议无效；对生产经营单位的主要负责人、个人经营的投资人处二万元以上十万元以下的罚款。

第一百零七条　【从业人员违章操作的法律责任】生产经营单位的从业人员不落实岗位安全责任，不服从管理，违反安全生产规章制度或者操作规程的，由生产经营单位给予批评教育，依照有关规章制度给予处分；构成犯罪的，依照刑法有关规定追究刑事责任。

第一百零八条　【生产经营单位不服从监督检查违法责任】违反本法规定，生产经营单位拒绝、阻碍负有安全生产监督管理职责的部门依法实施监督检查的，责令改正；拒不改正的，处二万元以上二十万元以下的罚款；对其直接负责的主管人员和其他直接责任人员处一万元以上二万元以下的罚款；构成犯罪的，依照刑法有关规定追究刑事责任。

第一百零九条　【未投保安全生产责任保险的违法责任】高危行业、领域的生产经营单位未按照国家规定投保安全生产责任保险的，责令限期改正，处五万元以上十万元以下的罚款；逾期未改正的，处十万元以上二十万元以下的罚款。

第一百一十条　【单位主要负责人事故处理违法责任】生产经营单位的主要负责人在本单位发生生产安全事故时，不立即组织抢救或者在事故调查处理期间擅离职守或者逃匿的，给予降级、撤职的处分，并由应急管理部门处上一年年收入百分之六十至百分之一百的罚款；对逃匿的处十五日以下拘留；构成犯罪的，依照刑法有关规定追究刑事责任。

生产经营单位的主要负责人对生产安全事故隐瞒不报、谎报或者迟报的，依照前款规定处罚。

第一百一十一条 **【政府部门未按规定报告事故违法责任】** 有关地方人民政府、负有安全生产监督管理职责的部门，对生产安全事故隐瞒不报、谎报或者迟报的，对直接负责的主管人员和其他直接责任人员依法给予处分；构成犯罪的，依照刑法有关规定追究刑事责任。

第一百一十二条 **【按日连续处罚】** 生产经营单位违反本法规定，被责令改正且受到罚款处罚，拒不改正的，负有安全生产监督管理职责的部门可以自作出责令改正之日的次日起，按照原处罚数额按日连续处罚。

第一百一十三条 **【生产经营单位安全管理违法责任（四）】** 生产经营单位存在下列情形之一的，负有安全生产监督管理职责的部门应当提请地方人民政府予以关闭，有关部门应当依法吊销其有关证照。生产经营单位主要负责人五年内不得担任任何生产经营单位的主要负责人；情节严重的，终身不得担任本行业生产经营单位的主要负责人：

（一）存在重大事故隐患，一百八十日内三次或者一年内四次受到本法规定的行政处罚的；

（二）经停产停业整顿，仍不具备法律、行政法规和国家标准或者行业标准规定的安全生产条件的；

（三）不具备法律、行政法规和国家标准或者行业标准规定的安全生产条件，导致发生重大、特别重大生产安全事故的；

（四）拒不执行负有安全生产监督管理职责的部门作出的停产停业整顿决定的。

第一百一十四条 　**【对事故责任单位罚款】** 发生生产安全事故，对负有责任的生产经营单位除要求其依法承担相应的赔偿等责任外，由应急管理部门依照下列规定处以罚款：

（一）发生一般事故的，处三十万元以上一百万元以下的罚款；

（二）发生较大事故的，处一百万元以上二百万元以下的罚款；

（三）发生重大事故的，处二百万元以上一千万元以下的罚款；

（四）发生特别重大事故的，处一千万元以上二千万元以下的罚款。

发生生产安全事故，情节特别严重、影响特别恶劣的，应急管理部门可以按照前款罚款数额的二倍以上五倍以下对负有责任的生产经营单位处以罚款。

第一百一十五条 　**【行政处罚决定机关】** 本法规定的行政处罚，由应急管理部门和其他负有安全生产监督管理职责的部门按照职责分工决定；其中，根据本法第九十五条、第一百一十条、第一百一十四条的规定应当给予民航、铁路、电力行业的生产经营单位及其主要负责人行政处罚的，也可以由主管的负有安全生产监督管理职责的部门进行处罚。予以关闭的行政处罚，由负有安全生产监督管理职责的部门报请县级以上人民政府按照国务院规定的权限决定；给予拘留的行政处罚，由公安机关依照治安管理处罚的规定决定。

第一百一十六条 　**【生产经营单位赔偿责任】** 生产经营单位发生生产安全事故造成人员伤亡、他人财产损失的，应当依法承担赔偿责任；拒不承担或者其负责人逃匿的，由人民法院依法强制执行。

生产安全事故的责任人未依法承担赔偿责任，经人民法院依法采取执行措施后，仍不能对受害人给予足额赔偿的，应当继续履行赔偿义务；受害人发现责任人有其他财产的，可以随时请求人民法院执行。

第七章 附 则

第一百一十七条 **【用语解释】**本法下列用语的含义：

危险物品，是指易燃易爆物品、危险化学品、放射性物品等能够危及人身安全和财产安全的物品。

重大危险源，是指长期地或者临时地生产、搬运、使用或者储存危险物品，且危险物品的数量等于或者超过临界量的单元（包括场所和设施）。

第一百一十八条 **【事故、隐患分类判定标准的制定】**本法规定的生产安全一般事故、较大事故、重大事故、特别重大事故的划分标准由国务院规定。

国务院应急管理部门和其他负有安全生产监督管理职责的部门应当根据各自的职责分工，制定相关行业、领域重大危险源的辨识标准和重大事故隐患的判定标准。

第一百一十九条 **【生效日期】**本法自 2002 年 11 月 1 日起施行。

安全生产许可证条例

（2004 年 1 月 13 日中华人民共和国国务院令第 397 号公布 根据 2013 年 7 月 18 日《国务院关于废止和修改部分行政法规的决定》第一次修订 根据 2014 年 7 月 29 日《国务院关于修改部分行政法规的决定》第二次修订）

第一条 为了严格规范安全生产条件，进一步加强安全生产监督管理，防止和减少生产安全事故，根据《中华人民共和国安全生产法》的有关规定，制定本条例。

第二条 国家对矿山企业、建筑施工企业和危险化学品、烟花爆竹、民用爆炸物品生产企业（以下统称企业）实行安全生产许可制度。

企业未取得安全生产许可证的，不得从事生产活动。

第三条 国务院安全生产监督管理部门负责中央管理的非煤矿矿山企业和危险化学品、烟花爆竹生产企业安全生产许可证的颁发和管理。

省、自治区、直辖市人民政府安全生产监督管理部门负责前款规定以外的非煤矿矿山企业和危险化学品、烟花爆竹生产企业安全生产许可证的颁发和管理，并接受国务院安全生产监督管理部门的指导和监督。

国家煤矿安全监察机构负责中央管理的煤矿企业安全生产许可证的颁发和管理。

在省、自治区、直辖市设立的煤矿安全监察机构负责前款规定以外的其他煤矿企业安全生产许可证的颁发和管理，并接受国家煤矿安全监察机构的指导和监督。

第四条 省、自治区、直辖市人民政府建设主管部门负责建筑施工企业安全生产许可证的颁发和管理，并接受国务院建设主管部门的指导和监督。

第五条 省、自治区、直辖市人民政府民用爆炸物品行业主管部门负责民用爆炸物品生产企业安全生产许可证的颁发和管理，并接受国务院民用爆炸物品行业主管部门的指导和监督。

第六条 企业取得安全生产许可证，应当具备下列安全生产条件：

（一）建立、健全安全生产责任制，制定完备的安全生产规章制度和操作规程；

（二）安全投入符合安全生产要求；

（三）设置安全生产管理机构，配备专职安全生产管理人员；

（四）主要负责人和安全生产管理人员经考核合格；

（五）特种作业人员经有关业务主管部门考核合格，取得特种作业操作资格证书；

（六）从业人员经安全生产教育和培训合格；

（七）依法参加工伤保险，为从业人员缴纳保险费；

（八）厂房、作业场所和安全设施、设备、工艺符合有关安全生产法律、法规、标准和规程的要求；

（九）有职业危害防治措施，并为从业人员配备符合国家标准或者行业标准的劳动防护用品；

（十）依法进行安全评价；

（十一）有重大危险源检测、评估、监控措施和应急预案；

（十二）有生产安全事故应急救援预案、应急救援组织或者应急救援人员，配备必要的应急救援器材、设备；

（十三）法律、法规规定的其他条件。

第七条　企业进行生产前，应当依照本条例的规定向安全生产许可证颁发管理机关申请领取安全生产许可证，并提供本条例第六条规定的相关文件、资料。安全生产许可证颁发管理机关应当自收到申请之日起 45 日内审查完毕，经审查符合本条例规定的安全生产条件的，颁发安全生产许可证；不符合本条例规定的安全生产条件的，不予颁发安全生产许可证，书面通知企业并说明理由。

煤矿企业应当以矿（井）为单位，依照本条例的规定取得安全生产许可证。

第八条　安全生产许可证由国务院安全生产监督管理部门规定统一的式样。

第九条　安全生产许可证的有效期为 3 年。安全生产许可证有效期满需要延期的，企业应当于期满前 3 个月向原安全生产许可证颁发管理机关办理延期手续。

企业在安全生产许可证有效期内，严格遵守有关安全生产的法律法规，未发生死亡事故的，安全生产许可证有效期届满时，经原安全生产许可证颁发管理机关同意，不再审查，安全生产许可证有效期延期3年。

第十条 安全生产许可证颁发管理机关应当建立、健全安全生产许可证档案管理制度，并定期向社会公布企业取得安全生产许可证的情况。

第十一条 煤矿企业安全生产许可证颁发管理机关、建筑施工企业安全生产许可证颁发管理机关、民用爆炸物品生产企业安全生产许可证颁发管理机关，应当每年向同级安全生产监督管理部门通报其安全生产许可证颁发和管理情况。

第十二条 国务院安全生产监督管理部门和省、自治区、直辖市人民政府安全生产监督管理部门对建筑施工企业、民用爆炸物品生产企业、煤矿企业取得安全生产许可证的情况进行监督。

第十三条 企业不得转让、冒用安全生产许可证或者使用伪造的安全生产许可证。

第十四条 企业取得安全生产许可证后，不得降低安全生产条件，并应当加强日常安全生产管理，接受安全生产许可证颁发管理机关的监督检查。

安全生产许可证颁发管理机关应当加强对取得安全生产许可证的企业的监督检查，发现其不再具备本条例规定的安全生产条件的，应当暂扣或者吊销安全生产许可证。

第十五条 安全生产许可证颁发管理机关工作人员在安全生产许可证颁发、管理和监督检查工作中，不得索取或者接受企业的财物，不得谋取其他利益。

第十六条 监察机关依照《中华人民共和国行政监察法》的规定，对安全生产许可证颁发管理机关及其工作人员履行本条例规定的职责实施监察。

第十七条 任何单位或者个人对违反本条例规定的行为，有权向安全生产许可证颁发管理机关或者监察机关等有关部门举报。

第十八条 安全生产许可证颁发管理机关工作人员有下列行为之一的，给予降级或者撤职的行政处分；构成犯罪的，依法追究刑事责任：

（一）向不符合本条例规定的安全生产条件的企业颁发安全生产许可证的；

（二）发现企业未依法取得安全生产许可证擅自从事生产活动，不依法处理的；

（三）发现取得安全生产许可证的企业不再具备本条例规定的安全生产条件，不依法处理的；

（四）接到对违反本条例规定行为的举报后，不及时处理的；

（五）在安全生产许可证颁发、管理和监督检查工作中，索取或者接受企业的财物，或者谋取其他利益的。

第十九条 违反本条例规定，未取得安全生产许可证擅自进行生产的，责令停止生产，没收违法所得，并处 10 万元以上 50 万元以下的罚款；造成重大事故或者其他严重后果，构成犯罪的，依法追究刑事责任。

第二十条 违反本条例规定，安全生产许可证有效期满未办理延期手续，继续进行生产的，责令停止生产，限期补办延期手续，没收违法所得，并处 5 万元以上 10 万元以下的罚款；逾期仍不办理延期手续，继续进行生产的，依照本条例第十九条的规定处罚。

第二十一条 违反本条例规定，转让安全生产许可证的，没收违法所得，处 10 万元以上 50 万元以下的罚款，并吊销其安全生产许可证；构成犯罪的，依法追究刑事责任；接受转让的，依照本条例第十九条的规定处罚。

冒用安全生产许可证或者使用伪造的安全生产许可证的，依照本条例第十九条的规定处罚。

第二十二条　本条例施行前已经进行生产的企业，应当自本条例施行之日起1年内，依照本条例的规定向安全生产许可证颁发管理机关申请办理安全生产许可证；逾期不办理安全生产许可证，或者经审查不符合本条例规定的安全生产条件，未取得安全生产许可证，继续进行生产的，依照本条例第十九条的规定处罚。

第二十三条　本条例规定的行政处罚，由安全生产许可证颁发管理机关决定。

第二十四条　本条例自公布之日起施行。

安全生产培训管理办法

（2012年1月19日国家安全生产监督管理总局令第44号公布　根据2013年8月29日国家安全生产监督管理总局令第63号第一次修订　根据2015年5月29日国家安全监管总局令第80号第二次修订）

第一章　总　　则

第一条　为了加强安全生产培训管理，规范安全生产培训秩序，保证安全生产培训质量，促进安全生产培训工作健康发展，根据《中华人民共和国安全生产法》和有关法律、行政法规的规定，制定本办法。

第二条　安全培训机构、生产经营单位从事安全生产培训（以下简称安全培训）活动以及安全生产监督管理部门、煤矿安全监察机构、地方人民政府负责煤矿安全培训的部门对安全培训工作实施监督管理，适用本办法。

第三条　本办法所称安全培训是指以提高安全监管监察人员、生产经营单位从业人员和从事安全生产工作的相关人员的安全素质为目的的教育培训活动。

前款所称安全监管监察人员是指县级以上各级人民政府安全生产监督管理部门、各级煤矿安全监察机构从事安全监管监察、行政执法的安全生产监管人员和煤矿安全监察人员；生产经营单位从业人员是指生产经营单位主要负责人、安全生产管理人员、特种作业人员及其他从业人员；从事安全生产工作的相关人员是指从事安全教育培训工作的教师、危险化学品登记机构的登记人员和承担安全评价、咨询、检测、检验的人员及注册安全工程师、安全生产应急救援人员等。

第四条 安全培训工作实行统一规划、归口管理、分级实施、分类指导、教考分离的原则。

国家安全生产监督管理总局（以下简称国家安全监管总局）指导全国安全培训工作，依法对全国的安全培训工作实施监督管理。

国家煤矿安全监察局（以下简称国家煤矿安监局）指导全国煤矿安全培训工作，依法对全国煤矿安全培训工作实施监督管理。

国家安全生产应急救援指挥中心指导全国安全生产应急救援培训工作。

县级以上地方各级人民政府安全生产监督管理部门依法对本行政区域内的安全培训工作实施监督管理。

省、自治区、直辖市人民政府负责煤矿安全培训的部门、省级煤矿安全监察机构（以下统称省级煤矿安全培训监管机构）按照各自工作职责，依法对所辖区域煤矿安全培训工作实施监督管理。

第五条 安全培训的机构应当具备从事安全培训工作所需要的条件。从事危险物品的生产、经营、储存单位以及矿山、金属冶炼单位的主要负责人和安全生产管理人员，特种作业人员以及注册安全工程师等相关人员培训的安全培训机构，应当将教师、教学和实习实训设施等情况书面报告所在地安全生产监督管理部门、煤矿安全培训监管机构。

安全生产相关社会组织依照法律、行政法规和章程，为生产经营单位提供安全培训有关服务，对安全培训机构实行自律管理，促进安全培训工作水平的提升。

第二章 安 全 培 训

第六条 安全培训应当按照规定的安全培训大纲进行。

安全监管监察人员，危险物品的生产、经营、储存单位与非煤矿山、金属冶炼单位的主要负责人和安全生产管理人员、特种作业人员以及从事安全生产工作的相关人员的安全培训大纲，由国家安全监管总局组织制定。

煤矿企业的主要负责人和安全生产管理人员、特种作业人员的培训大纲由国家煤矿安监局组织制定。

除危险物品的生产、经营、储存单位和矿山、金属冶炼单位以外其他生产经营单位的主要负责人、安全生产管理人员及其他从业人员的安全培训大纲，由省级安全生产监督管理部门、省级煤矿安全培训监管机构组织制定。

第七条 国家安全监管总局、省级安全生产监督管理部门定期组织优秀安全培训教材的评选。

安全培训机构应当优先使用优秀安全培训教材。

第八条 国家安全监管总局负责省级以上安全生产监督管理部门的安全生产监管人员、各级煤矿安全监察机构的煤矿安全监察人员的培训工作。

省级安全生产监督管理部门负责市级、县级安全生产监督管理部门的安全生产监管人员的培训工作。

生产经营单位的从业人员的安全培训，由生产经营单位负责。

危险化学品登记机构的登记人员和承担安全评价、咨询、检测、检验的人员及注册安全工程师、安全生产应急救援人员的安全培训，按照有关法律、法规、规章的规定进行。

　　第九条　对从业人员的安全培训，具备安全培训条件的生产经营单位应当以自主培训为主，也可以委托具备安全培训条件的机构进行安全培训。

　　不具备安全培训条件的生产经营单位，应当委托具有安全培训条件的机构对从业人员进行安全培训。

　　生产经营单位委托其他机构进行安全培训的，保证安全培训的责任仍由本单位负责。

　　第十条　生产经营单位应当建立安全培训管理制度，保障从业人员安全培训所需经费，对从业人员进行与其所从事岗位相应的安全教育培训；从业人员调整工作岗位或者采用新工艺、新技术、新设备、新材料的，应当对其进行专门的安全教育和培训。未经安全教育和培训合格的从业人员，不得上岗作业。

　　生产经营单位使用被派遣劳动者的，应当将被派遣劳动者纳入本单位从业人员统一管理，对被派遣劳动者进行岗位安全操作规程和安全操作技能的教育和培训。劳务派遣单位应当对被派遣劳动者进行必要的安全生产教育和培训。

　　生产经营单位接收中等职业学校、高等学校学生实习的，应当对实习学生进行相应的安全生产教育和培训，提供必要的劳动防护用品。学校应当协助生产经营单位对实习学生进行安全生产教育和培训。

　　从业人员安全培训的时间、内容、参加人员以及考核结果等情况，生产经营单位应当如实记录并建档备查。

　　第十一条　生产经营单位从业人员的培训内容和培训时间，应当符合《生产经营单位安全培训规定》和有关标准的规定。

　　第十二条　中央企业的分公司、子公司及其所属单位和其他生产经营单位，发生造成人员死亡的生产安全事故的，其主要负责人和安全生产管理人员应当重新参加安全培训。

　　特种作业人员对造成人员死亡的生产安全事故负有直接责任

的，应当按照《特种作业人员安全技术培训考核管理规定》重新参加安全培训。

第十三条　国家鼓励生产经营单位实行师傅带徒弟制度。

矿山新招的井下作业人员和危险物品生产经营单位新招的危险工艺操作岗位人员，除按照规定进行安全培训外，还应当在有经验的职工带领下实习满2个月后，方可独立上岗作业。

第十四条　国家鼓励生产经营单位招录职业院校毕业生。

职业院校毕业生从事与所学专业相关的作业，可以免予参加初次培训，实际操作培训除外。

第十五条　安全培训机构应当建立安全培训工作制度和人员培训档案。安全培训相关情况，应当如实记录并建档备查。

第十六条　安全培训机构从事安全培训工作的收费，应当符合法律、法规的规定。法律、法规没有规定的，应当按照行业自律标准或者指导性标准收费。

第十七条　国家鼓励安全培训机构和生产经营单位利用现代信息技术开展安全培训，包括远程培训。

第三章　安全培训的考核

第十八条　安全监管监察人员、从事安全生产工作的相关人员、依照有关法律法规应当接受安全生产知识和管理能力考核的生产经营单位主要负责人和安全生产管理人员、特种作业人员的安全培训的考核，应当坚持教考分离、统一标准、统一题库、分级负责的原则，分步推行有远程视频监控的计算机考试。

第十九条　安全监管监察人员，危险物品的生产、经营、储存单位及非煤矿山、金属冶炼单位主要负责人、安全生产管理人员和特种作业人员，以及从事安全生产工作的相关人员的考核标准，由国家安全监管总局统一制定。

煤矿企业的主要负责人、安全生产管理人员和特种作业人员的考核标准，由国家煤矿安监局制定。

除危险物品的生产、经营、储存单位和矿山、金属冶炼单位以外其他生产经营单位主要负责人、安全生产管理人员及其他从业人员的考核标准，由省级安全生产监督管理部门制定。

第二十条　国家安全监管总局负责省级以上安全生产监督管理部门的安全生产监管人员、各级煤矿安全监察机构的煤矿安全监察人员的考核；负责中央企业的总公司、总厂或者集团公司的主要负责人和安全生产管理人员的考核。

省级安全生产监督管理部门负责市级、县级安全生产监督管理部门的安全生产监管人员的考核；负责省属生产经营单位和中央企业分公司、子公司及其所属单位的主要负责人和安全生产管理人员的考核；负责特种作业人员的考核。

市级安全生产监督管理部门负责本行政区域内除中央企业、省属生产经营单位以外的其他生产经营单位的主要负责人和安全生产管理人员的考核。

省级煤矿安全培训监管机构负责所辖区域内煤矿企业的主要负责人、安全生产管理人员和特种作业人员的考核。

除主要负责人、安全生产管理人员、特种作业人员以外的生产经营单位的其他从业人员的考核，由生产经营单位按照省级安全生产监督管理部门公布的考核标准，自行组织考核。

第二十一条　安全生产监督管理部门、煤矿安全培训监管机构和生产经营单位应当制定安全培训的考核制度，建立考核管理档案备查。

第四章　安全培训的发证

第二十二条　接受安全培训人员经考核合格的，由考核部门在考核结束后 10 个工作日内颁发相应的证书。

第二十三条　安全生产监管人员经考核合格后，颁发安全生产监管执法证；煤矿安全监察人员经考核合格后，颁发煤矿安全监察执法证；危险物品的生产、经营、储存单位和矿山、金属冶炼单位主要负责人、安全生产管理人员经考核合格后，颁发安全合格证；特种作业人员经考核合格后，颁发《中华人民共和国特种作业操作证》（以下简称特种作业操作证）；危险化学品登记机构的登记人员经考核合格后，颁发上岗证；其他人员经培训合格后，颁发培训合格证。

第二十四条　安全生产监管执法证、煤矿安全监察执法证、安全合格证、特种作业操作证和上岗证的式样，由国家安全监管总局统一规定。培训合格证的式样，由负责培训考核的部门规定。

第二十五条　安全生产监管执法证、煤矿安全监察执法证、安全合格证的有效期为3年。有效期届满需要延期的，应当于有效期届满30日前向原发证部门申请办理延期手续。

特种作业人员的考核发证按照《特种作业人员安全技术培训考核管理规定》执行。

第二十六条　特种作业操作证和省级安全生产监督管理部门、省级煤矿安全培训监管机构颁发的主要负责人、安全生产管理人员的安全合格证，在全国范围内有效。

第二十七条　承担安全评价、咨询、检测、检验的人员和安全生产应急救援人员的考核、发证，按照有关法律、法规、规章的规定执行。

第五章　监　督　管　理

第二十八条　安全生产监督管理部门、煤矿安全培训监管机构应当依照法律、法规和本办法的规定，加强对安全培训工作的监督管理，对生产经营单位、安全培训机构违反有关法律、法规和本办法的行为，依法作出处理。

省级安全生产监督管理部门、省级煤矿安全培训监管机构应当定期统计分析本行政区域内安全培训、考核、发证情况，并报国家安全监管总局。

第二十九条 安全生产监督管理部门和煤矿安全培训监管机构应当对安全培训机构开展安全培训活动的情况进行监督检查，检查内容包括：

（一）具备从事安全培训工作所需要的条件的情况；

（二）建立培训管理制度和教师配备的情况；

（三）执行培训大纲、建立培训档案和培训保障的情况；

（四）培训收费的情况；

（五）法律法规规定的其他内容。

第三十条 安全生产监督管理部门、煤矿安全培训监管机构应当对生产经营单位的安全培训情况进行监督检查，检查内容包括：

（一）安全培训制度、年度培训计划、安全培训管理档案的制定和实施的情况；

（二）安全培训经费投入和使用的情况；

（三）主要负责人、安全生产管理人员接受安全生产知识和管理能力考核的情况；

（四）特种作业人员持证上岗的情况；

（五）应用新工艺、新技术、新材料、新设备以及转岗前对从业人员安全培训的情况；

（六）其他从业人员安全培训的情况；

（七）法律法规规定的其他内容。

第三十一条 任何单位或者个人对生产经营单位、安全培训机构违反有关法律、法规和本办法的行为，均有权向安全生产监督管理部门、煤矿安全监察机构、煤矿安全培训监管机构报告或者举报。

接到举报的部门或者机构应当为举报人保密，并按照有关规定对举报进行核查和处理。

第三十二条 监察机关依照《中华人民共和国行政监察法》等

法律、行政法规的规定，对安全生产监督管理部门、煤矿安全监察机构、煤矿安全培训监管机构及其工作人员履行安全培训工作监督管理职责情况实施监察。

第六章 法 律 责 任

第三十三条 安全生产监督管理部门、煤矿安全监察机构、煤矿安全培训监管机构的工作人员在安全培训监督管理工作中滥用职权、玩忽职守、徇私舞弊的，依照有关规定给予处分；构成犯罪的，依法追究刑事责任。

第三十四条 安全培训机构有下列情形之一的，责令限期改正，处 1 万元以下的罚款；逾期未改正的，给予警告，处 1 万元以上 3 万元以下的罚款：

（一）不具备安全培训条件的；

（二）未按照统一的培训大纲组织教学培训的；

（三）未建立培训档案或者培训档案管理不规范的；

安全培训机构采取不正当竞争手段，故意贬低、诋毁其他安全培训机构的，依照前款规定处罚。

第三十五条 生产经营单位主要负责人、安全生产管理人员、特种作业人员以欺骗、贿赂等不正当手段取得安全合格证或者特种作业操作证的，除撤销其相关证书外，处 3000 元以下的罚款，并自撤销其相关证书之日起 3 年内不得再次申请该证书。

第三十六条 生产经营单位有下列情形之一的，责令改正，处 3 万元以下的罚款：

（一）从业人员安全培训的时间少于《生产经营单位安全培训规定》或者有关标准规定的；

（二）矿山新招的井下作业人员和危险物品生产经营单位新招的危险工艺操作岗位人员，未经实习期满独立上岗作业的；

（三）相关人员未按照本办法第十二条规定重新参加安全培

训的。

第三十七条 生产经营单位存在违反有关法律、法规中安全生产教育培训的其他行为的，依照相关法律、法规的规定予以处罚。

第七章 附 则

第三十八条 本办法自 2012 年 3 月 1 日起施行。2004 年 12 月 28 日公布的《安全生产培训管理办法》（原国家安全生产监督管理局〈国家煤矿安全监察局〉令第 20 号）同时废止。

安全生产严重失信主体名单管理办法（节录）

（2023 年 8 月 8 日应急管理部令第 11 号发布 自 2023 年 10 月 1 日起施行）

……

第二章 列入条件和管理措施

第六条 下列发生生产安全事故的生产经营单位及其有关人员应当列入严重失信主体名单：

（一）发生特别重大、重大生产安全事故的生产经营单位及其主要负责人，以及经调查认定对该事故发生负有责任，应当列入名单的其他单位和人员；

（二）12 个月内累计发生 2 起以上较大生产安全事故的生产经营单位及其主要负责人；

（三）发生生产安全事故，情节特别严重、影响特别恶劣，依照《中华人民共和国安全生产法》第一百一十四条的规定被处以罚款数额 2 倍以上 5 倍以下罚款的生产经营单位及其主要负责人；

（四）瞒报、谎报生产安全事故的生产经营单位及其有关责任人员；

（五）发生生产安全事故后，不立即组织抢救或者在事故调查处理期间擅离职守或者逃匿的生产经营单位主要负责人。

第七条 下列未发生生产安全事故，但因安全生产违法行为，受到行政处罚的生产经营单位或者机构及其有关人员，应当列入严重失信主体名单：

（一）未依法取得安全生产相关许可或者许可被暂扣、吊销期间从事相关生产经营活动的生产经营单位及其主要负责人；

（二）承担安全评价、认证、检测、检验职责的机构及其直接责任人员租借资质、挂靠、出具虚假报告或者证书的；

（三）在应急管理部门作出行政处罚后，有执行能力拒不执行或者逃避执行的生产经营单位及其主要负责人；

（四）其他违反安全生产法律法规受到行政处罚，且性质恶劣、情节严重的。

第八条 应急管理部门对被列入严重失信主体名单的对象（以下简称被列入对象）可以采取下列管理措施：

（一）在国家有关信用信息共享平台、国家企业信用信息公示系统和部门政府网站等公示相关信息；

（二）加大执法检查频次、暂停项目审批、实施行业或者职业禁入；

（三）不适用告知承诺制等基于诚信的管理措施；

（四）取消参加应急管理部门组织的评先评优资格；

（五）在政府资金项目申请、财政支持等方面予以限制；

（六）法律、行政法规和党中央、国务院政策文件规定的其他管理措施。

第三章　列入和移出程序

第九条　应急管理部门作出列入严重失信主体名单书面决定前，应当告知当事人。告知内容应当包括列入时间、事由、依据、管理措施提示以及依法享有的权利等事项。

第十条　应急管理部门作出列入严重失信主体名单决定的，应当出具书面决定。书面决定内容应当包括市场主体名称、统一社会信用代码、有关人员姓名和有效身份证件号码、列入时间、事由、依据、管理措施提示、信用修复条件和程序、救济途径等事项。

告知、送达、异议处理等程序参照《中华人民共和国行政处罚法》有关规定执行。

第十一条　应急管理部门应当自作出列入严重失信主体名单决定后 3 个工作日内将相关信息录入安全生产信用信息管理系统；自作出列入严重失信主体名单决定后 20 个工作日内，通过国家有关信用信息共享平台、国家企业信用信息公示系统和部门政府网站等公示严重失信主体信息。

第十二条　被列入对象公示信息包括市场主体名称、登记注册地址、统一社会信用代码、有关人员姓名和有效身份证件号码、管理期限、作出决定的部门等事项。用于对社会公示的信息，应当加强对信息安全、个人隐私和商业秘密的保护。

第十三条　严重失信主体名单管理期限为 3 年。管理期满后由作出列入严重失信主体名单决定的应急管理部门负责移出，并停止公示和解除管理措施。

被列入对象自列入严重失信主体名单之日起满 12 个月，可以申请提前移出。依照法律、行政法规或者国务院规定实施职业或者行业禁入期限尚未届满的不予提前移出。

第十四条　在作出移出严重失信主体名单决定后 3 个工作日内，负责移出的应急管理部门应当在安全生产信用信息管理系统修改有关信息，并在 10 个工作日内停止公示和解除管理措施。

第十五条　列入严重失信主体名单的依据发生变化的，应急管理部门应当重新进行审核认定。不符合列入严重失信主体名单情形的，作出列入决定的应急管理部门应当撤销列入决定，立即将当事人移出严重失信主体名单并停止公示和解除管理措施。

第十六条　被列入对象对列入决定不服的，可以依法申请行政复议或者提起行政诉讼。

第四章　信用修复

第十七条　鼓励被列入对象进行信用修复，纠正失信行为、消除不良影响。符合信用修复条件的，应急管理部门应当按照有关规定将其移出严重失信主体名单并解除管理措施。

第十八条　被列入对象列入严重失信主体名单满 12 个月并符合下列条件的，可以向作出列入决定的应急管理部门提出提前移出申请：

（一）已经履行行政处罚决定中规定的义务；

（二）已经主动消除危害后果或者不良影响；

（三）未再发生本办法第六条、第七条规定的严重失信行为。

第十九条　被列入对象申请提前移出严重失信主体名单的，应当向作出列入决定的应急管理部门提出申请。申请材料包括申请书和本办法第十八条规定的相关证明材料。

应急管理部门应当在收到提前移出严重失信主体名单申请后 5 个工作日内作出是否受理的决定。申请材料齐全、符合条件的，应当予以受理。

第二十条　应急管理部门自受理提前移出严重失信主体名单申请之日起 20 个工作日内进行核实，决定是否准予提前移出。制作决定书并按照有关规定送达被列入对象；不予提前移出的，应当说明理由。

设区的市级、县级应急管理部门作出准予提前移出严重失信主体名单决定的，应当通过安全生产信用信息管理系统报告上一级应急管理部门。

第二十一条 应急管理部门发现被列入对象申请提前移出严重失信主体名单存在隐瞒真实情况、弄虚作假情形的，应当撤销提前移出决定，恢复列入状态。名单管理期自恢复列入状态之日起重新计算。

第二十二条 被列入对象对不予提前移出决定不服的，可以依法申请行政复议或者提起行政诉讼。

……

最高人民法院、最高人民检察院关于办理
危害生产安全刑事案件适用法律
若干问题的解释

（2015 年 11 月 9 日最高人民法院审判委员会第 1665 次会议、2015 年 12 月 9 日最高人民检察院第十二届检察委员会第 44 次会议通过　2015 年 12 月 14 日最高人民法院、最高人民检察院公告公布　自 2015 年 12 月 16 日起施行　法释〔2015〕22 号）

为依法惩治危害生产安全犯罪，根据刑法有关规定，现就办理此类刑事案件适用法律的若干问题解释如下：

第一条 刑法第一百三十四条第一款规定的犯罪主体，包括对生产、作业负有组织、指挥或者管理职责的负责人、管理人员、实际控制人、投资人等人员，以及直接从事生产、作业的人员。

第二条 刑法第一百三十四条第二款规定的犯罪主体，包括对

生产、作业负有组织、指挥或者管理职责的负责人、管理人员、实际控制人、投资人等人员。

第三条 刑法第一百三十五条规定的"直接负责的主管人员和其他直接责任人员",是指对安全生产设施或者安全生产条件不符合国家规定负有直接责任的生产经营单位负责人、管理人员、实际控制人、投资人,以及其他对安全生产设施或者安全生产条件负有管理、维护职责的人员。

第四条 刑法第一百三十九条之一规定的"负有报告职责的人员",是指负有组织、指挥或者管理职责的负责人、管理人员、实际控制人、投资人,以及其他负有报告职责的人员。

第五条 明知存在事故隐患、继续作业存在危险,仍然违反有关安全管理的规定,实施下列行为之一的,应当认定为刑法第一百三十四条第二款规定的"强令他人违章冒险作业":

(一)利用组织、指挥、管理职权,强制他人违章作业的;

(二)采取威逼、胁迫、恐吓等手段,强制他人违章作业的;

(三)故意掩盖事故隐患,组织他人违章作业的;

(四)其他强令他人违章作业的行为。

第六条 实施刑法第一百三十二条、第一百三十四条第一款、第一百三十五条、第一百三十五条之一、第一百三十六条、第一百三十九条规定的行为,因而发生安全事故,具有下列情形之一的,应当认定为"造成严重后果"或者"发生重大伤亡事故或者造成其他严重后果",对相关责任人员,处三年以下有期徒刑或者拘役:

(一)造成死亡一人以上,或者重伤三人以上的;

(二)造成直接经济损失一百万元以上的;

(三)其他造成严重后果或者重大安全事故的情形。

实施刑法第一百三十四条第二款规定的行为,因而发生安全事故,具有本条第一款规定情形的,应当认定为"发生重大伤亡事故或者造成其他严重后果",对相关责任人员,处五年以下有期徒刑或者拘役。

实施刑法第一百三十七条规定的行为，因而发生安全事故，具有本条第一款规定情形的，应当认定为"造成重大安全事故"，对直接责任人员，处五年以下有期徒刑或者拘役，并处罚金。

实施刑法第一百三十八条规定的行为，因而发生安全事故，具有本条第一款第一项规定情形的，应当认定为"发生重大伤亡事故"，对直接责任人员，处三年以下有期徒刑或者拘役。

第七条 实施刑法第一百三十二条、第一百三十四条第一款、第一百三十五条、第一百三十五条之一、第一百三十六条、第一百三十九条规定的行为，因而发生安全事故，具有下列情形之一的，对相关责任人员，处三年以上七年以下有期徒刑：

（一）造成死亡三人以上或者重伤十人以上，负事故主要责任的；

（二）造成直接经济损失五百万元以上，负事故主要责任的；

（三）其他造成特别严重后果、情节特别恶劣或者后果特别严重的情形。

实施刑法第一百三十四条第二款规定的行为，因而发生安全事故，具有本条第一款规定情形的，对相关责任人员，处五年以上有期徒刑。

实施刑法第一百三十七条规定的行为，因而发生安全事故，具有本条第一款规定情形的，对直接责任人员，处五年以上十年以下有期徒刑，并处罚金。

实施刑法第一百三十八条规定的行为，因而发生安全事故，具有下列情形之一的，对直接责任人员，处三年以上七年以下有期徒刑：

（一）造成死亡三人以上或者重伤十人以上，负事故主要责任的；

（二）具有本解释第六条第一款第一项规定情形，同时造成直接经济损失五百万元以上并负事故主要责任的，或者同时造成恶劣社会影响的。

第八条 在安全事故发生后，负有报告职责的人员不报或者谎报事故情况，贻误事故抢救，具有下列情形之一的，应当认定为刑法第一百三十九条之一规定的"情节严重"：

（一）导致事故后果扩大，增加死亡一人以上，或者增加重伤三人以上，或者增加直接经济损失一百万元以上的；

（二）实施下列行为之一，致使不能及时有效开展事故抢救的：

1. 决定不报、迟报、谎报事故情况或者指使、串通有关人员不报、迟报、谎报事故情况的；

2. 在事故抢救期间擅离职守或者逃匿的；

3. 伪造、破坏事故现场，或者转移、藏匿、毁灭遇难人员尸体，或者转移、藏匿受伤人员的；

4. 毁灭、伪造、隐匿与事故有关的图纸、记录、计算机数据等资料以及其他证据的；

（三）其他情节严重的情形。

具有下列情形之一的，应当认定为刑法第一百三十九条之一规定的"情节特别严重"：

（一）导致事故后果扩大，增加死亡三人以上，或者增加重伤十人以上，或者增加直接经济损失五百万元以上的；

（二）采用暴力、胁迫、命令等方式阻止他人报告事故情况，导致事故后果扩大的；

（三）其他情节特别严重的情形。

第九条 在安全事故发生后，与负有报告职责的人员串通，不报或者谎报事故情况，贻误事故抢救，情节严重的，依照刑法第一百三十九条之一的规定，以共犯论处。

第十条 在安全事故发生后，直接负责的主管人员和其他直接责任人员故意阻挠开展抢救，导致人员死亡或者重伤，或者为了逃避法律追究，对被害人进行隐藏、遗弃，致使被害人因无法得到救助而死亡或者重度残疾的，分别依照刑法第二百三十二条、第二百三十四条的规定，以故意杀人罪或者故意伤害罪定罪处罚。

第十一条 生产不符合保障人身、财产安全的国家标准、行业标准的安全设备，或者明知安全设备不符合保障人身、财产安全的国家标准、行业标准而进行销售，致使发生安全事故，造成严重后果的，依照刑法第一百四十六条的规定，以生产、销售不符合安全标准的产品罪定罪处罚。

第十二条 实施刑法第一百三十二条、第一百三十四条至第一百三十九条之一规定的犯罪行为，具有下列情形之一的，从重处罚：

（一）未依法取得安全许可证件或者安全许可证件过期、被暂扣、吊销、注销后从事生产经营活动的；

（二）关闭、破坏必要的安全监控和报警设备的；

（三）已经发现事故隐患，经有关部门或者个人提出后，仍不采取措施的；

（四）一年内曾因危害生产安全违法犯罪活动受过行政处罚或者刑事处罚的；

（五）采取弄虚作假、行贿等手段，故意逃避、阻挠负有安全监督管理职责的部门实施监督检查的；

（六）安全事故发生后转移财产意图逃避承担责任的；

（七）其他从重处罚的情形。

实施前款第五项规定的行为，同时构成刑法第三百八十九条规定的犯罪的，依照数罪并罚的规定处罚。

第十三条 实施刑法第一百三十二条、第一百三十四条至第一百三十九条之一规定的犯罪行为，在安全事故发生后积极组织、参与事故抢救，或者积极配合调查、主动赔偿损失的，可以酌情从轻处罚。

第十四条 国家工作人员违反规定投资入股生产经营，构成本解释规定的有关犯罪的，或者国家工作人员的贪污、受贿犯罪行为与安全事故发生存在关联性的，从重处罚；同时构成贪污、受贿犯罪和危害生产安全犯罪的，依照数罪并罚的规定处罚。

第十五条　国家机关工作人员在履行安全监督管理职责时滥用职权、玩忽职守，致使公共财产、国家和人民利益遭受重大损失的，或者徇私舞弊，对发现的刑事案件依法应当移交司法机关追究刑事责任而不移交，情节严重的，分别依照刑法第三百九十七条、第四百零二条的规定，以滥用职权罪、玩忽职守罪或者徇私舞弊不移交刑事案件罪定罪处罚。

公司、企业、事业单位的工作人员在依法或者受委托行使安全监督管理职责时滥用职权或者玩忽职守，构成犯罪的，应当依照《全国人民代表大会常务委员会关于〈中华人民共和国刑法〉第九章渎职罪主体适用问题的解释》的规定，适用渎职罪的规定追究刑事责任。

第十六条　对于实施危害生产安全犯罪适用缓刑的犯罪分子，可以根据犯罪情况，禁止其在缓刑考验期限内从事与安全生产相关联的特定活动；对于被判处刑罚的犯罪分子，可以根据犯罪情况和预防再犯罪的需要，禁止其自刑罚执行完毕之日或者假释之日起三年至五年内从事与安全生产相关的职业。

第十七条　本解释自 2015 年 12 月 16 日起施行。本解释施行后，《最高人民法院、最高人民检察院关于办理危害矿山生产安全刑事案件具体应用法律若干问题的解释》（法释〔2007〕5 号）同时废止。最高人民法院、最高人民检察院此前发布的司法解释和规范性文件与本解释不一致的，以本解释为准。

最高人民法院、最高人民检察院关于办理危害
生产安全刑事案件适用法律若干问题的解释（二）

（2022 年 9 月 19 日最高人民法院审判委员会第 1875
次会议、2022 年 10 月 25 日由最高人民检察院第十三届检
察委员会第一百零六次会议通过　2022 年 12 月 15 日最高
人民法院、最高人民检察院公告公布　自 2022 年 12 月 19
日起施行　法释〔2022〕19 号）

为依法惩治危害生产安全犯罪，维护公共安全，保护人民群众
生命安全和公私财产安全，根据《中华人民共和国刑法》《中华人
民共和国刑事诉讼法》和《中华人民共和国安全生产法》等规定，
现就办理危害生产安全刑事案件适用法律的若干问题解释如下：

第一条　明知存在事故隐患，继续作业存在危险，仍然违反有
关安全管理的规定，有下列情形之一的，属于刑法第一百三十四条
第二款规定的"强令他人违章冒险作业"：

（一）以威逼、胁迫、恐吓等手段，强制他人违章作业的；

（二）利用组织、指挥、管理职权，强制他人违章作业的；

（三）其他强令他人违章冒险作业的情形。

明知存在重大事故隐患，仍然违反有关安全管理的规定，不排
除或者故意掩盖重大事故隐患，组织他人作业的，属于刑法第一百
三十四条第二款规定的"冒险组织作业"。

第二条　刑法第一百三十四条之一规定的犯罪主体，包括对生
产、作业负有组织、指挥或者管理职责的负责人、管理人员、实际
控制人、投资人等人员，以及直接从事生产、作业的人员。

第三条　因存在重大事故隐患被依法责令停产停业、停止施

工、停止使用有关设备、设施、场所或者立即采取排除危险的整改措施，有下列情形之一的，属于刑法第一百三十四条之一第二项规定的"拒不执行"：

（一）无正当理由故意不执行各级人民政府或者负有安全生产监督管理职责的部门依法作出的上述行政决定、命令的；

（二）虚构重大事故隐患已经排除的事实，规避、干扰执行各级人民政府或者负有安全生产监督管理职责的部门依法作出的上述行政决定、命令的；

（三）以行贿等不正当手段，规避、干扰执行各级人民政府或者负有安全生产监督管理职责的部门依法作出的上述行政决定、命令的。

有前款第三项行为，同时构成刑法第三百八十九条行贿罪、第三百九十三条单位行贿罪等犯罪的，依照数罪并罚的规定处罚。

认定是否属于"拒不执行"，应当综合考虑行政决定、命令是否具有法律、行政法规等依据，行政决定、命令的内容和期限要求是否明确、合理，行为人是否具有按照要求执行的能力等因素进行判断。

第四条 刑法第一百三十四条第二款和第一百三十四条之一第二项规定的"重大事故隐患"，依照法律、行政法规、部门规章、强制性标准以及有关行政规范性文件进行认定。

刑法第一百三十四条之一第三项规定的"危险物品"，依照安全生产法第一百一十七条的规定确定。

对于是否属于"重大事故隐患"或者"危险物品"难以确定的，可以依据司法鉴定机构出具的鉴定意见、地市级以上负有安全生产监督管理职责的部门或者其指定的机构出具的意见，结合其他证据综合审查，依法作出认定。

第五条 在生产、作业中违反有关安全管理的规定，有刑法第一百三十四条之一规定情形之一，因而发生重大伤亡事故或者造成其他严重后果，构成刑法第一百三十四条、第一百三十五条至第一百三十九条等规定的重大责任事故罪、重大劳动安全事故罪、危险物品肇事罪、工程重大安全事故罪等犯罪的，依照该规定定罪处罚。

第六条 承担安全评价职责的中介组织的人员提供的证明文件有下列情形之一的，属于刑法第二百二十九条第一款规定的"虚假证明文件"：

（一）故意伪造的；

（二）在周边环境、主要建（构）筑物、工艺、装置、设备设施等重要内容上弄虚作假，导致与评价期间实际情况不符，影响评价结论的；

（三）隐瞒生产经营单位重大事故隐患及整改落实情况、主要灾害等级等情况，影响评价结论的；

（四）伪造、篡改生产经营单位相关信息、数据、技术报告或者结论等内容，影响评价结论的；

（五）故意采用存疑的第三方证明材料、监测检验报告，影响评价结论的；

（六）有其他弄虚作假行为，影响评价结论的情形。

生产经营单位提供虚假材料、影响评价结论，承担安全评价职责的中介组织的人员对评价结论与实际情况不符无主观故意的，不属于刑法第二百二十九条第一款规定的"故意提供虚假证明文件"。

有本条第二款情形，承担安全评价职责的中介组织的人员严重不负责任，导致出具的证明文件有重大失实，造成严重后果的，依照刑法第二百二十九条第三款的规定追究刑事责任。

第七条 承担安全评价职责的中介组织的人员故意提供虚假证明文件，有下列情形之一的，属于刑法第二百二十九条第一款规定的"情节严重"：

（一）造成死亡一人以上或者重伤三人以上安全事故的；

（二）造成直接经济损失五十万元以上安全事故的；

（三）违法所得数额十万元以上的；

（四）两年内因故意提供虚假证明文件受过两次以上行政处罚，又故意提供虚假证明文件的；

（五）其他情节严重的情形。

在涉及公共安全的重大工程、项目中提供虚假的安全评价文件，有下列情形之一的，属于刑法第二百二十九条第一款第三项规定的"致使公共财产、国家和人民利益遭受特别重大损失"：

（一）造成死亡三人以上或者重伤十人以上安全事故的；

（二）造成直接经济损失五百万元以上安全事故的；

（三）其他致使公共财产、国家和人民利益遭受特别重大损失的情形。

承担安全评价职责的中介组织的人员有刑法第二百二十九条第一款行为，在裁量刑罚时，应当考虑其行为手段、主观过错程度、对安全事故的发生所起作用大小及其获利情况、一贯表现等因素，综合评估社会危害性，依法裁量刑罚，确保罪责刑相适应。

第八条 承担安全评价职责的中介组织的人员，严重不负责任，出具的证明文件有重大失实，有下列情形之一的，属于刑法第二百二十九条第三款规定的"造成严重后果"：

（一）造成死亡一人以上或者重伤三人以上安全事故的；

（二）造成直接经济损失一百万元以上安全事故的；

（三）其他造成严重后果的情形。

第九条 承担安全评价职责的中介组织犯刑法第二百二十九条规定之罪的，对该中介组织判处罚金，并对其直接负责的主管人员和其他直接责任人员，依照本解释第七条、第八条的规定处罚。

第十条 有刑法第一百三十四条之一行为，积极配合公安机关或者负有安全生产监督管理职责的部门采取措施排除事故隐患，确有悔改表现，认罪认罚的，可以依法从宽处罚；犯罪情节轻微不需要判处刑罚的，可以不起诉或者免予刑事处罚；情节显著轻微危害不大的，不作为犯罪处理。

第十一条 有本解释规定的行为，被不起诉或者免予刑事处罚，需要给予行政处罚、政务处分或者其他处分的，依法移送有关主管机关处理。

第十二条 本解释自 2022 年 12 月 19 日起施行。最高人民法院、最高人民检察院此前发布的司法解释与本解释不一致的，以本解释为准。

应急管理部关于加强安全生产执法工作的意见（节录）

（2021 年 3 月 29 日　应急〔2021〕23 号）

中国地震局、国家矿山安监局，各省、自治区、直辖市应急管理厅（局），新疆生产建设兵团应急管理局，部消防救援局、森林消防局，部机关各司局，国家安全生产应急救援中心：

为加强安全生产执法工作，提高运用法治思维和法治方式解决安全生产问题的能力和水平，有力有效防范化解安全风险、消除事故隐患，切实维护人民群众生命财产安全和社会稳定，推动实现更为安全的发展，根据中共中央办公厅、国务院办公厅印发的《关于深化应急管理综合行政执法改革的意见》提出的"突出加强安全生产执法工作，有效防范遏制生产安全事故发生"原则要求，现提出以下意见：

……

二、坚持精准执法，着力提高执法质量

（一）明确层级职责。地方各级应急管理部门对辖区内安全生产执法工作负总责，承担本级法定执法职责和对下级执法工作的监督指导、抽查检查以及跨区域执法的组织协调等工作。各省级应急管理部门要在统筹分析辖区内行业领域安全风险状况、企业规模、执法难度以及各层级执法能力水平等情况的基础上，明确省市县三级执法管辖权限，确定各级执法管辖企业名单，原则上一家企业对应一个层级的执法主体，下级应急管理部门不对上级部门负责的企业开展执法活动。对下级部门难以承担的执法案件或管辖有争议的案件，上级部门可依照程序进行管辖或指定管辖；对重大和复杂案件，要及时报告上级部门立案查处。

（二）科学确定重点检查企业。完善执法计划制度，地方各级应急管理部门要将矿山、危险化学品、烟花爆竹、金属冶炼、涉爆粉尘等重点行业领域安全风险等级较高的企业纳入年度执法计划，确定为重点检查企业，每年至少进行一次"全覆盖"执法检查，其他企业实行"双随机、一公开"执法抽查。对近三年内曾发生生产安全亡人事故、一年内因重大事故隐患被应急管理部门实施过行政处罚、存在重大事故隐患未按期整改销号、纳入失信惩戒名单、停产整顿、技改基建、关闭退出以及主要负责人安全"红线"意识不牢、责任不落实等企业单位，要纳入重点检查企业范围，在正常执法计划的基础上实施动态检查，年度内检查次数至少增加一次。对于安全生产标准化一级企业或三年以上未发生事故等守法守信的重点检查企业，可纳入执法抽查。对典型事故等暴露出的严重违法行为或落实临时性重点任务以及通过投诉举报、转办交办、动态监测等发现的问题，要及时开展执法检查，不受执法计划、固定执法时间和对象限制，确保执法检查科学有效。

（三）聚焦执法检查重点事项。依据重点行业领域重大事故隐患判定标准，分行业领域建立执法检查重点事项清单并动态更新。围绕重点事项开展有针对性的执法检查，确保企业安全风险突出易发生事故的关键环节、要害岗位、重点设施检查到位。执法检查要坚持问题导向、目标导向、结果导向，实施精准执法，防止一般化、简单化、"大呼隆"等粗放式检查扰乱企业生产经营，以防风险、除隐患、遏事故的执法检查实效优化营商环境。

三、坚持严格执法，着力提升执法效能

（四）严格执法处罚。针对执法检查中发现的各类违法行为，要盯住不放，督促企业彻底整改，严格执法闭环管理。对于严重违法行为，要求企业主要负责人牵头负责整改落实，压实整改责任。严格依据法律法规进行处罚，不得以责令限期改正等措施代替处罚，对存在多种违法行为的案件要分别裁量、合并处罚，不得选择性处罚。对违法行为逾期未整改或整改不到位的，以及同一违法行为反复出现的，要依法严肃查处、从重处罚，坚决防止执法"宽松软"。

（五）建立典型执法案例定期报告制度。各省级、市级、县级应急管理部门分别按照每半年、每季度和每两个月的时间周期，直接向应急管理部至少报送一个执法案例，市、县两级同时抄报上一级应急管理部门。执法案例须聚焦执法检查重点事项，从执法严格、程序规范并由本级直接作出行政处罚的案件中选取。应急管理部建立典型执法案例数据库，健全案例汇总、筛选、发布和奖惩机制，选取优秀执法案例，对有关单位和执法人员依据有关规定给予记功和嘉奖；对执法不严格、程序不规范的案例将适时进行通报。

（六）密切行刑衔接。严格贯彻实施《刑法修正案（十一）》，加大危险作业行为刑事责任追究力度。发现在生产、作业中有关闭、破坏直接关系生产安全的设备设施，或篡改、隐瞒、销毁其相关数据信息，或拒不执行因存在重大事故隐患被依法责令停产停业、停止使用设备设施场所、立即采取整改措施的执法决定，或未经依法批准或许可擅自从事高度危险的生产作业活动等违反有关安全管理规定的情形，具有导致重大伤亡事故或者其他严重后果的现实危险行为，各级应急管理部门及消防救援机构要按照《安全生产

行政执法与刑事司法衔接工作办法》（应急〔2019〕54号），及时移送司法机关，依法追究刑事责任，不得以行政处罚代替移送，坚决纠正有案不送、以罚代刑等问题。对其他涉及刑事责任的违法行为，按照有关法律法规和程序，及时移交查办。

（七）加强失信联合惩戒。严格执行安全生产失信行为联合惩戒制度，对于存在严重违法行为的失信主体要及时纳入安全生产失信惩戒名单，提高执法工作严肃性和震慑力。对于列入严重失信惩戒名单的企业和人员，将相关信息推送全国信用信息共享平台，按照《关于对安全生产领域失信生产经营单位及其有关人员开展联合惩戒的合作备忘录》（发改财金〔2016〕1001号）要求，实施联合惩戒。

（八）建立联合执法机制。结合贯彻落实中共中央办公厅、国务院办公厅印发的《关于深化消防执法改革的意见》，加强地方应急管理部门与消防救援机构的协调联动，创新执法方式，强化优势互补，建立安全生产执法与消防执法联合执法机制，加强信息共享，形成执法合力。

四、规范执法行为，着力强化执法权威

（九）全面落实行政执法"三项制度"。严格落实行政执法公示制度，按照"谁执法谁公示"的原则，及时通过各级应急管理部门政府网站和政务新媒体、服务窗口等平台向社会公开行政执法基本信息和结果信息；建立健全执法决定信息公开发布、撤销和更新机制，严格按照相关规定对执法决定信息进行公开，公开期满要及时撤下。落实执法全过程记录制度，全面配备使用执法记录仪，综合运用文字记录、音像记录等方式，实现现场执法和案件办理全过程留痕和可回溯管理。严格执行重大执法决定法制审核制度，明确审核机构、审核范围、审核内容、审核责任。

（十）规范执法程序。严格规范日常执法检查、专项执法、明查暗访、交叉互检等工作方式，坚持严格执法与指导服务相结合，在对重点检查企业的检查中实行"执法告知、现场检查、交流反馈""企业主要负责人、安全管理人员、岗位操作员工全过程在场"和"执法+专家"的执法工作模式。提前做好现场检查方案，检查前进行执法告知；检查中企业有关人员必须全过程在场，客观规范记录检查情况，对重大事故隐患排除前或者排除过程中无法保证安全的依法采取现场处理措施，对依法应当给予行政处罚的要及时立案，全面客观公正开展调查、收集证据；检查后进行交流反馈，开展"说理式"执法，注重适用法律答疑解惑，提供安全咨询和整改指导。存在法定不予处罚、从轻处罚、减轻处罚情形的，应依法执行，防止执法乱收费、乱罚款等现象。对检查中发现存在的安全问题应当由其他有关部门进行处理的，应当及时移送并形成记录备查；对需要地方政府和上级应急管理部门研究解决的重大风险和突出隐患问题，要及时报告。要综合运用约谈、警示、通报和考核巡查等手段，及时督促有关地方政府和部门单位落实安全防范措施。

（十一）加强案卷评查和执法评议考核。以执法质量作为案卷评查重点，定期对行政处罚、行政强制等执法案卷开展评查，以评查促规范，持续提高执法能力和办案水平。以落实行政执法责任制为重点，建立健全执法评议考核制度，从执法力度、办案质量、工作成效、指导服务等方面对执法工作开展评议考核，依法依规责令改正存在违法、不当情形的行政处罚。强化考核结果运用，将执法评议考核作为年度工作考核的重要指标。

......

二 煤矿及非煤矿山安全

（一）综　　合

中华人民共和国矿山安全法

（1992 年 11 月 7 日第七届全国人民代表大会常务委员会第二十八次会议通过　根据 2009 年 8 月 27 日第十一届全国人民代表大会常务委员会第十次会议《关于修改部分法律的决定》修正）

目　　录

第一章　总　　则

第一条　为了保障矿山生产安全，防止矿山事故，保护矿山职工人身安全，促进采矿业的发展，制定本法。

第二条　在中华人民共和国领域和中华人民共和国管辖的其他海域从事矿产资源开采活动，必须遵守本法。

第三条　矿山企业必须具有保障安全生产的设施，建立、健全安全管理制度，采取有效措施改善职工劳动条件，加强矿山安全管理工作，保证安全生产。

第四条　国务院劳动行政主管部门对全国矿山安全工作实施统一监督。

县级以上地方各级人民政府劳动行政主管部门对本行政区域内的矿山安全工作实施统一监督。

县级以上人民政府管理矿山企业的主管部门对矿山安全工作进行管理。

第五条　国家鼓励矿山安全科学技术研究，推广先进技术，改进安全设施，提高矿山安全生产水平。

第六条　对坚持矿山安全生产，防止矿山事故，参加矿山抢险救护，进行矿山安全科学技术研究等方面取得显著成绩的单位和个人，给予奖励。

第二章　矿山建设的安全保障

第七条　矿山建设工程的安全设施必须和主体工程同时设计、同时施工、同时投入生产和使用。

第八条　矿山建设工程的设计文件，必须符合矿山安全规程和行业技术规范，并按照国家规定经管理矿山企业的主管部门批准；不符合矿山安全规程和行业技术规范的，不得批准。

矿山建设工程安全设施的设计必须有劳动行政主管部门参加

审查。

矿山安全规程和行业技术规范，由国务院管理矿山企业的主管部门制定。

第九条 矿山设计下列项目必须符合矿山安全规程和行业技术规范：

（一）矿井的通风系统和供风量、风质、风速；

（二）露天矿的边坡角和台阶的宽度、高度；

（三）供电系统；

（四）提升、运输系统；

（五）防水、排水系统和防火、灭火系统；

（六）防瓦斯系统和防尘系统；

（七）有关矿山安全的其他项目。

第十条 每个矿井必须有两个以上能行人的安全出口，出口之间的直线水平距离必须符合矿山安全规程和行业技术规范。

第十一条 矿山必须有与外界相通的、符合安全要求的运输和通讯设施。

第十二条 矿山建设工程必须按照管理矿山企业的主管部门批准的设计文件施工。

矿山建设工程安全设施竣工后，由管理矿山企业的主管部门验收，并须有劳动行政主管部门参加；不符合矿山安全规程和行业技术规范的，不得验收，不得投入生产。

第三章　矿山开采的安全保障

第十三条 矿山开采必须具备保障安全生产的条件，执行开采不同矿种的矿山安全规程和行业技术规范。

第十四条 矿山设计规定保留的矿柱、岩柱，在规定的期限内，应当予以保护，不得开采或者毁坏。

第十五条 矿山使用的有特殊安全要求的设备、器材、防护用品和安全检测仪器，必须符合国家安全标准或者行业安全标准；不符合国家安全标准或者行业安全标准的，不得使用。

第十六条 矿山企业必须对机电设备及其防护装置、安全检测仪器，定期检查、维修，保证使用安全。

第十七条 矿山企业必须对作业场所中的有毒有害物质和井下空气含氧量进行检测，保证符合安全要求。

第十八条 矿山企业必须对下列危害安全的事故隐患采取预防措施：

（一）冒顶、片帮、边坡滑落和地表塌陷；

（二）瓦斯爆炸、煤尘爆炸；

（三）冲击地压、瓦斯突出、井喷；

（四）地面和井下的火灾、水害；

（五）爆破器材和爆破作业发生的危害；

（六）粉尘、有毒有害气体、放射性物质和其他有害物质引起的危害；

（七）其他危害。

第十九条 矿山企业对使用机械、电气设备，排土场、矸石山、尾矿库和矿山闭坑后可能引起的危害，应当采取预防措施。

第四章　矿山企业的安全管理

第二十条 矿山企业必须建立、健全安全生产责任制。

矿长对本企业的安全生产工作负责。

第二十一条 矿长应当定期向职工代表大会或者职工大会报告安全生产工作，发挥职工代表大会的监督作用。

第二十二条 矿山企业职工必须遵守有关矿山安全的法律、法规和企业规章制度。

矿山企业职工有权对危害安全的行为，提出批评、检举和控告。

第二十三条 矿山企业工会依法维护职工生产安全的合法权

益，组织职工对矿山安全工作进行监督。

第二十四条 矿山企业违反有关安全的法律、法规，工会有权要求企业行政方面或者有关部门认真处理。

矿山企业召开讨论有关安全生产的会议，应当有工会代表参加，工会有权提出意见和建议。

第二十五条 矿山企业工会发现企业行政方面违章指挥、强令工人冒险作业或者生产过程中发现明显重大事故隐患和职业危害，有权提出解决的建议；发现危及职工生命安全的情况时，有权向矿山企业行政方面建议组织职工撤离危险现场，矿山企业行政方面必须及时作出处理决定。

第二十六条 矿山企业必须对职工进行安全教育、培训；未经安全教育、培训的，不得上岗作业。

矿山企业安全生产的特种作业人员必须接受专门培训，经考核合格取得操作资格证书的，方可上岗作业。

第二十七条 矿长必须经过考核，具备安全专业知识，具有领导安全生产和处理矿山事故的能力。

矿山企业安全工作人员必须具备必要的安全专业知识和矿山安全工作经验。

第二十八条 矿山企业必须向职工发放保障安全生产所需的劳动防护用品。

第二十九条 矿山企业不得录用未成年人从事矿山井下劳动。

矿山企业对女职工按照国家规定实行特殊劳动保护，不得分配女职工从事矿山井下劳动。

第三十条 矿山企业必须制定矿山事故防范措施，并组织落实。

第三十一条 矿山企业应当建立由专职或者兼职人员组成的救护和医疗急救组织，配备必要的装备、器材和药物。

第三十二条 矿山企业必须从矿产品销售额中按照国家规定提

取安全技术措施专项费用。安全技术措施专项费用必须全部用于改善矿山安全生产条件，不得挪作他用。

第五章　矿山安全的监督和管理

第三十三条　县级以上各级人民政府劳动行政主管部门对矿山安全工作行使下列监督职责：

（一）检查矿山企业和管理矿山企业的主管部门贯彻执行矿山安全法律、法规的情况；

（二）参加矿山建设工程安全设施的设计审查和竣工验收；

（三）检查矿山劳动条件和安全状况；

（四）检查矿山企业职工安全教育、培训工作；

（五）监督矿山企业提取和使用安全技术措施专项费用的情况；

（六）参加并监督矿山事故的调查和处理；

（七）法律、行政法规规定的其他监督职责。

第三十四条　县级以上人民政府管理矿山企业的主管部门对矿山安全工作行使下列管理职责：

（一）检查矿山企业贯彻执行矿山安全法律、法规的情况；

（二）审查批准矿山建设工程安全设施的设计；

（三）负责矿山建设工程安全设施的竣工验收；

（四）组织矿长和矿山企业安全工作人员的培训工作；

（五）调查和处理重大矿山事故；

（六）法律、行政法规规定的其他管理职责。

第三十五条　劳动行政主管部门的矿山安全监督人员有权进入矿山企业，在现场检查安全状况；发现有危及职工安全的紧急险情时，应当要求矿山企业立即处理。

第六章　矿山事故处理

第三十六条　发生矿山事故，矿山企业必须立即组织抢救，防止事故扩大,减少人员伤亡和财产损失,对伤亡事故必须立即如实报告劳动行政主管部门和管理矿山企业的主管部门。

第三十七条 发生一般矿山事故,由矿山企业负责调查和处理。

发生重大矿山事故,由政府及其有关部门、工会和矿山企业按照行政法规的规定进行调查和处理。

第三十八条 矿山企业对矿山事故中伤亡的职工按照国家规定给予抚恤或者补偿。

第三十九条 矿山事故发生后,应当尽快消除现场危险,查明事故原因,提出防范措施。现场危险消除后,方可恢复生产。

第七章 法 律 责 任

第四十条 违反本法规定,有下列行为之一的,由劳动行政主管部门责令改正,可以并处罚款;情节严重的,提请县级以上人民政府决定责令停产整顿;对主管人员和直接责任人员由其所在单位或者上级主管机关给予行政处分:

(一)未对职工进行安全教育、培训,分配职工上岗作业的;

(二)使用不符合国家安全标准或者行业安全标准的设备、器材、防护用品、安全检测仪器的;

(三)未按照规定提取或者使用安全技术措施专项费用的;

(四)拒绝矿山安全监督人员现场检查或者在被检查时隐瞒事故隐患、不如实反映情况的;

(五)未按照规定及时、如实报告矿山事故的。

第四十一条 矿长不具备安全专业知识的,安全生产的特种作业人员未取得操作资格证书上岗作业的,由劳动行政主管部门责令限期改正;逾期不改正的,提请县级以上人民政府决定责令停产,调整配备合格人员后,方可恢复生产。

第四十二条 矿山建设工程安全设施的设计未经批准擅自施工

的，由管理矿山企业的主管部门责令停止施工；拒不执行的，由管理矿山企业的主管部门提请县级以上人民政府决定由有关主管部门吊销其采矿许可证和营业执照。

第四十三条 矿山建设工程的安全设施未经验收或者验收不合格擅自投入生产的，由劳动行政主管部门会同管理矿山企业的主管部门责令停止生产，并由劳动行政主管部门处以罚款；拒不停止生产的，由劳动行政主管部门提请县级以上人民政府决定由有关主管部门吊销其采矿许可证和营业执照。

第四十四条 已经投入生产的矿山企业，不具备安全生产条件而强行开采的，由劳动行政主管部门会同管理矿山企业的主管部门责令限期改进；逾期仍不具备安全生产条件的，由劳动行政主管部门提请县级以上人民政府决定责令停产整顿或者由有关主管部门吊销其采矿许可证和营业执照。

第四十五条 当事人对行政处罚决定不服的，可以在接到处罚决定通知之日起十五日内向作出处罚决定的机关的上一级机关申请复议；当事人也可以在接到处罚决定通知之日起十五日内直接向人民法院起诉。

复议机关应当在接到复议申请之日起六十日内作出复议决定。当事人对复议决定不服的，可以在接到复议决定之日起十五日内向人民法院起诉。复议机关逾期不作出复议决定的，当事人可以在复议期满之日起十五日内向人民法院起诉。

当事人逾期不申请复议也不向人民法院起诉、又不履行处罚决定的，作出处罚决定的机关可以申请人民法院强制执行。

第四十六条 矿山企业主管人员违章指挥、强令工人冒险作业，因而发生重大伤亡事故的，依照刑法有关规定追究刑事责任。

第四十七条 矿山企业主管人员对矿山事故隐患不采取措施，因而发生重大伤亡事故的，依照刑法有关规定追究刑事责任。

第四十八条 矿山安全监督人员和安全管理人员滥用职权、玩忽职守、徇私舞弊，构成犯罪的，依法追究刑事责任；不构成犯罪的，给予行政处分。

第八章　附　　则

第四十九条　国务院劳动行政主管部门根据本法制定实施条例，报国务院批准施行。

省、自治区、直辖市人民代表大会常务委员会可以根据本法和本地区的实际情况，制定实施办法。

第五十条　本法自 1993 年 5 月 1 日起施行。

中华人民共和国矿产资源法（节录）

（1986 年 3 月 19 日第六届全国人民代表大会常务委员会第十五次会议通过　根据 1996 年 8 月 29 日第八届全国人民代表大会常务委员会第二十一次会议《关于修改〈中华人民共和国矿产资源法〉的决定》第一次修正　根据 2009 年 8 月 27 日第十一届全国人民代表大会常务委员会第十次会议《关于修改部分法律的决定》第二次修正）

……

第二章　矿产资源勘查的登记和开采的审批

第十二条　国家对矿产资源勘查实行统一的区块登记管理制度。矿产资源勘查登记工作，由国务院地质矿产主管部门负责；特定矿种的矿产资源勘查登记工作，可以由国务院授权有关主管部门负责。矿产资源勘查区块登记管理办法由国务院制定。

第十三条　国务院矿产储量审批机构或者省、自治区、直辖市矿产储量审批机构负责审查批准供矿山建设设计使用的勘探报告，并在规定的期限内批复报送单位。勘探报告未经批准，不得作为矿山建设设计的依据。

第十四条 矿产资源勘查成果档案资料和各类矿产储量的统计资料，实行统一的管理制度，按照国务院规定汇交或者填报。

第十五条 设立矿山企业，必须符合国家规定的资质条件，并依照法律和国家有关规定，由审批机关对其矿区范围、矿山设计或者开采方案、生产技术条件、安全措施和环境保护措施等进行审查；审查合格的，方予批准。

第十六条 开采下列矿产资源的，由国务院地质矿产主管部门审批，并颁发采矿许可证：

（一）国家规划矿区和对国民经济具有重要价值的矿区内的矿产资源；

（二）前项规定区域以外可供开采的矿产储量规模在大型以上的矿产资源；

（三）国家规定实行保护性开采的特定矿种；

（四）领海及中国管辖的其他海域的矿产资源；

（五）国务院规定的其他矿产资源。

开采石油、天然气、放射性矿产等特定矿种的，可以由国务院授权的有关主管部门审批，并颁发采矿许可证。

开采第一款、第二款规定以外的矿产资源，其可供开采的矿产的储量规模为中型的，由省、自治区、直辖市人民政府地质矿产主管部门审批和颁发采矿许可证。

开采第一款、第二款和第三款规定以外的矿产资源的管理办法，由省、自治区、直辖市人民代表大会常务委员会依法制定。

依照第三款、第四款的规定审批和颁发采矿许可证的，由省、自治区、直辖市人民政府地质矿产主管部门汇总向国务院地质矿产主管部门备案。

矿产储量规模的大型、中型的划分标准，由国务院矿产储量审批机构规定。

第十七条 国家对国家规划矿区、对国民经济具有重要价值的矿区和国家规定实行保护性开采的特定矿种，实行有计划的开采；未经国务院有关主管部门批准，任何单位和个人不得开采。

第十八条 国家规划矿区的范围、对国民经济具有重要价值的矿区的范围、矿山企业矿区的范围依法划定后，由划定矿区范围的主管机关通知有关县级人民政府予以公告。

矿山企业变更矿区范围，必须报请原审批机关批准，并报请原颁发采矿许可证的机关重新核发采矿许可证。

第十九条 地方各级人民政府应当采取措施，维护本行政区域内的国有矿山企业和其他矿山企业矿区范围内的正常秩序。

禁止任何单位和个人进入他人依法设立的国有矿山企业和其他矿山企业矿区范围内采矿。

第二十条 非经国务院授权的有关主管部门同意，不得在下列地区开采矿产资源：

（一）港口、机场、国防工程设施圈定地区以内；

（二）重要工业区、大型水利工程设施、城镇市政工程设施附近一定距离以内；

（三）铁路、重要公路两侧一定距离以内；

（四）重要河流、堤坝两侧一定距离以内；

（五）国家划定的自然保护区、重要风景区，国家重点保护的不能移动的历史文物和名胜古迹所在地；

（六）国家规定不得开采矿产资源的其他地区。

第二十一条 关闭矿山，必须提出矿山闭坑报告及有关采掘工程、不安全隐患、土地复垦利用、环境保护的资料，并按照国家规定报请审查批准。

第二十二条 勘查、开采矿产资源时，发现具有重大科学文化价值的罕见地质现象以及文化古迹，应当加以保护并及时报告有关部门。

第三章　矿产资源的勘查

第二十三条　区域地质调查按照国家统一规划进行。区域地质调查的报告和图件按照国家规定验收，提供有关部门使用。

第二十四条　矿产资源普查在完成主要矿种普查任务的同时，应当对工作区内包括共生或者伴生矿产的成矿地质条件和矿床工业远景作出初步综合评价。

第二十五条　矿床勘探必须对矿区内具有工业价值的共生和伴生矿产进行综合评价，并计算其储量。未作综合评价的勘探报告不予批准。但是，国务院计划部门另有规定的矿床勘探项目除外。

第二十六条　普查、勘探易损坏的特种非金属矿产、流体矿产、易燃易爆易溶矿产和含有放射性元素的矿产，必须采用省级以上人民政府有关主管部门规定的普查、勘探方法，并有必要的技术装备和安全措施。

第二十七条　矿产资源勘查的原始地质编录和图件，岩矿心、测试样品和其他实物标本资料，各种勘查标志，应当按照有关规定保护和保存。

第二十八条　矿床勘探报告及其他有价值的勘查资料，按照国务院规定实行有偿使用。

第四章　矿产资源的开采

第二十九条　开采矿产资源，必须采取合理的开采顺序、开采方法和选矿工艺。矿山企业的开采回采率、采矿贫化率和选矿回收率应当达到设计要求。

第三十条　在开采主要矿产的同时，对具有工业价值的共生和伴生矿产应当统一规划，综合开采，综合利用，防止浪费；对暂时不能综合开采或者必须同时采出而暂时还不能综合利用的矿产以及含有有用组分的尾矿，应当采取有效的保护措施，防止损失破坏。

第三十一条 开采矿产资源，必须遵守国家劳动安全卫生规定，具备保障安全生产的必要条件。

第三十二条 开采矿产资源，必须遵守有关环境保护的法律规定，防止污染环境。

开采矿产资源，应当节约用地。耕地、草原、林地因采矿受到破坏的，矿山企业应当因地制宜地采取复垦利用、植树种草或者其他利用措施。

开采矿产资源给他人生产、生活造成损失的，应当负责赔偿，并采取必要的补救措施。

第三十三条 在建设铁路、工厂、水库、输油管道、输电线路和各种大型建筑物或者建筑群之前，建设单位必须向所在省、自治区、直辖市地质矿产主管部门了解拟建工程所在地区的矿产资源分布和开采情况。非经国务院授权的部门批准，不得压覆重要矿床。

第三十四条 国务院规定由指定的单位统一收购的矿产品，任何其他单位或者个人不得收购；开采者不得向非指定单位销售。

第五章　集体矿山企业和个体采矿

第三十五条 国家对集体矿山企业和个体采矿实行积极扶持、合理规划、正确引导、加强管理的方针，鼓励集体矿山企业开采国家指定范围内的矿产资源，允许个人采挖零星分散资源和只能用作普通建筑材料的砂、石、粘土以及为生活自用采挖少量矿产。

矿产储量规模适宜由矿山企业开采的矿产资源、国家规定实行保护性开采的特定矿种和国家规定禁止个人开采的其他矿产资源，个人不得开采。

国家指导、帮助集体矿山企业和个体采矿不断提高技术水平、资源利用率和经济效益。

地质矿产主管部门、地质工作单位和国有矿山企业应当按照积极支持、有偿互惠的原则向集体矿山企业和个体采矿提供地质资料和技术服务。

第三十六条 国务院和国务院有关主管部门批准开办的矿山企业矿区范围内已有的集体矿山企业，应当关闭或者到指定的其他地点开采，由矿山建设单位给予合理的补偿，并妥善安置群众生活；也可以按照该矿山企业的统筹安排，实行联合经营。

第三十七条 集体矿山企业和个体采矿应当提高技术水平，提高矿产资源回收率。禁止乱挖滥采，破坏矿产资源。

集体矿山企业必须测绘井上、井下工程对照图。

第三十八条 县级以上人民政府应当指导、帮助集体矿山企业和个体采矿进行技术改造，改善经营管理，加强安全生产。

……

中华人民共和国矿山安全法实施条例（节录）

（1996 年 10 月 11 日国务院批准 1996 年 10 月 30 日劳动部令第 4 号发布 自发布之日起施行）

……

第二章 矿山建设的安全保障

第五条 矿山设计使用的地质勘探报告书，应当包括下列技术资料：

（一）较大的断层、破碎带、滑坡、泥石流的性质和规模；

（二）含水层（包括溶洞）和隔水层的岩性、层厚、产状，含水层之间、地面水和地下水之间的水力联系，地下水的潜水位、水质、水量和流向，地面水流系统和有关水利工程的疏水能力以及当地历年降水量和最高洪水位；

（三）矿山设计范围内原有小窑、老窑的分布范围、开采深度和积水情况；

（四）沼气、二氧化碳赋存情况，矿物自然发火和矿尘爆炸的可能性；

（五）对人体有害的矿物组份、含量和变化规律，勘探区至少一年的天然放射性本底数据；

（六）地温异常和热水矿区的岩石热导率、地温梯度、热水来源、水温、水压和水量，以及圈定的热害区范围；

（七）工业、生活用水的水源和水质；

（八）钻孔封孔资料；

（九）矿山设计需要的其他资料。

第六条 编制矿山建设项目的可行性研究报告和总体设计，应当对矿山开采的安全条件进行论证。

矿山建设项目的初步设计，应当编制安全专篇。安全专篇的编写要求，由国务院劳动行政主管部门规定。

第七条 根据《矿山安全法》第八条的规定，矿山建设单位在向管理矿山企业的主管部门报送审批矿山建设工程安全设施设计文件时，应当同时报送劳动行政主管部门审查；没有劳动行政主管部门的审查意见，管理矿山企业的主管部门不得批准。

经批准的矿山建设工程安全设施设计需要修改时，应当征求原参加审查的劳动行政主管部门的意见。

第八条 矿山建设工程应当按照经批准的设计文件施工，保证施工质量；工程竣工后，应当按照国家有关规定申请验收。

建设单位应当在验收前 60 日向管理矿山企业的主管部门、劳动行政主管部门报送矿山建设工程安全设施施工、竣工情况的综合报告。

第九条 管理矿山企业的主管部门、劳动行政主管部门应当自收到建设单位报送的矿山建设工程安全设施施工、竣工情况的综合报告之日起 30 日内，对矿山建设工程的安全设施进行检查；不符合矿山安全规程、行业技术规范的，不得验收，不得投入生产或者使用。

第十条 矿山应当有保障安全生产、预防事故和职业危害的安全设施，并符合下列基本要求：

（一）每个矿井至少有两个独立的能行人的直达地面的安全出口。矿井的每个生产水平（中段）和各个采区（盘区）至少有两个能行人的安全出口，并与直达地面的出口相通。

（二）每个矿井有独立的采用机械通风的通风系统，保证井下作业场所有足够的风量；但是，小型非沼气矿井在保证井下作业场所所需风量的前提下，可以采用自然通风。

（三）井巷断面能满足行人、运输、通风和安全设施、设备的安装、维修及施工需要。

（四）井巷支护和采场顶板管理能保证作业场所的安全。

（五）相邻矿井之间、矿井与露天矿之间、矿井与老窑之间留有足够的安全隔离矿柱。矿山井巷布置留有足够的保障井上和井下安全的矿柱或者岩柱。

（六）露天矿山的阶段高度、平台宽度和边坡角能满足安全作业和边坡稳定的需要。船采沙矿的采池边界与地面建筑物、设备之间有足够的安全距离。

（七）有地面和井下的防水、排水系统，有防止地表水泄入井下和露天采场的措施。

（八）溜矿井有防止和处理堵塞的安全措施。

（九）有自然发火可能性的矿井，主要运输巷道布置在岩层或者不易自然发火的矿层内，并采用预防性灌浆或者其他有效的预防自然发火的措施。

（十）矿山地面消防设施符合国家有关消防的规定。矿井有防灭火设施和器材。

（十一）地面及井下供配电系统符合国家有关规定。

（十二）矿山提升运输设备、装置及设施符合下列要求：

1. 钢丝绳、连接装置、提升容器以及保险链有足够的安全系数；

2. 提升容器与井壁、罐道梁之间及两个提升容器之间有足够的间隙；

3. 提升绞车和提升容器有可靠的安全保护装置；

4. 电机车、架线、轨道的选型能满足安全要求；

5. 运送人员的机械设备有可靠的安全保护装置；

6. 提升运输设备有灵敏可靠的信号装置。

（十三）每个矿井有防尘供水系统。地面和井下所有产生粉尘的作业地点有综合防尘措施。

（十四）有瓦斯、矿尘爆炸可能性的矿井，采用防爆电器设备，并采取防尘和隔爆措施。

（十五）开采放射性矿物的矿井，符合下列要求：

1. 矿井进风量和风质能满足降氡的需要，避免串联通风和污风循环；

2. 主要进风道开在矿脉之外，穿矿脉或者岩体裂隙发育的进风巷道有防止氡析出的措施；

3. 采用后退式回采；

4. 能防止井下污水散流，并采取封闭的排放污水系统。

（十六）矿山储存爆破材料的场所符合国家有关规定。

（十七）排土场、矸石山有防止发生泥石流和其他危害的安全措施，尾矿库有防止溃坝等事故的安全设施。

（十八）有防止山体滑坡和因采矿活动引起地表塌陷造成危害的预防措施。

（十九）每个矿井配置足够数量的通风检测仪表和有毒有害气体与井下环境检测仪器。开采有瓦斯突出的矿井，装备监测系统或者检测仪器。

（二十）有与外界相通的、符合安全要求的运输设施和通讯设施。

（二十一）有更衣室、浴室等设施。

第三章　矿山开采的安全保障

第十一条　采掘作业应当编制作业规程，规定保证作业人员安全的技术措施和组织措施，并在情况变化时及时予以修改和补充。

第十二条　矿山开采应当有下列图纸资料：

（一）地质图（包括水文地质图和工程地质图）；

（二）矿山总布置图和矿井井上、井下对照图；

（三）矿井、巷道、采场布置图；

（四）矿山生产和安全保障的主要系统图。

第十三条　矿山企业应当在采矿许可证批准的范围开采，禁止越层、越界开采。

第十四条　矿山使用的下列设备、器材、防护用品和安全检测仪器，应当符合国家安全标准或者行业安全标准；不符合国家安全标准或者行业安全标准的，不得使用：

（一）采掘、支护、装载、运输、提升、通风、排水、瓦斯抽放、压缩空气和起重设备；

（二）电动机、变压器、配电柜、电器开关、电控装置；

（三）爆破器材、通讯器材、矿灯、电缆、钢丝绳、支护材料、防火材料；

（四）各种安全卫生检测仪器仪表；

（五）自救器、安全帽、防尘防毒口罩或者面罩、防护服、防护鞋等防护用品和救护设备；

（六）经有关主管部门认定的其他有特殊安全要求的设备和器材。

第十五条 矿山企业应当对机电设备及其防护装置、安全检测仪器定期检查、维修，并建立技术档案，保证使用安全。

非负责设备运行的人员，不得操作设备。非值班电气人员，不得进行电气作业。操作电气设备的人员，应当有可靠的绝缘保护。检修电气设备时，不得带电作业。

第十六条 矿山作业场所空气中的有毒有害物质的浓度，不得超过国家标准或者行业标准；矿山企业应当按照国家规定的方法，按照下列要求定期检测：

（一）粉尘作业点，每月至少检测两次；

（二）三硝基甲苯作业点，每月至少检测一次；

（三）放射性物质作业点，每月至少检测三次；

（四）其他有毒有害物质作业点，井下每月至少检测一次，地面每季度至少检测一次；

（五）采用个体采样方法检测呼吸性粉尘的，每季度至少检测一次。

第十七条 井下采掘作业，必须按照作业规程的规定管理顶帮。采掘作业通过地质破碎带或者其他顶帮破碎地点时，应当加强支护。

露天采剥作业，应当按照设计规定，控制采剥工作面的阶段高度、宽度、边坡角和最终边坡角。采剥作业和排土作业，不得对深部或者邻近井巷造成危害。

第十八条 煤矿和其他有瓦斯爆炸可能性的矿井，应当严格执行瓦斯检查制度，任何人不得携带烟草和点火用具下井。

第十九条 在下列条件下从事矿山开采，应当编制专门设计文件，并报管理矿山企业的主管部门批准：

（一）有瓦斯突出的；

（二）有冲击地压的；

（三）在需要保护的建筑物、构筑物和铁路下面开采的；

（四）在水体下面开采的；

（五）在地温异常或者有热水涌出的地区开采的。

第二十条 有自然发火可能性的矿井，应当采取下列措施：

（一）及时清出采场浮矿和其他可燃物质，回采结束后及时封闭采空区；

（二）采取防火灌浆或者其他有效的预防自然发火的措施；

（三）定期检查井巷和采区封闭情况，测定可能自然发火地点的温度和风量；定期检测火区内的温度、气压和空气成份。

第二十一条 井下采掘作业遇下列情形之一时，应当探水前进：

（一）接近承压含水层或者含水的断层、流砂层、砾石层、溶洞、陷落柱时；

（二）接近与地表水体相通的地质破碎带或者接近连通承压层的未封钻孔时；

（三）接近积水的老窑、旧巷或者灌过泥浆的采空区时；

（四）发现有出水征兆时；

（五）掘开隔离矿柱或者岩柱放水时。

第二十二条 井下风量、风质、风速和作业环境的气候，必须符合矿山安全规程的规定。

采掘工作面进风风流中，按照体积计算，氧气不得低于20%，二氧化碳不得超过0.5%。

井下作业地点的空气温度不得超过28℃；超过时，应当采取降温或者其他防护措施。

第二十三条 开采放射性矿物的矿井，必须采取下列措施，减少氡气析出量：

（一）及时封闭采空区和已经报废或者暂时不用的井巷；

（二）用留矿法作业的采场采用下行通风；

（三）严格管理井下污水。

第二十四条 矿山的爆破作业和爆破材料的制造、储存、运输、试验及销毁，必须严格执行国家有关规定。

第二十五条 矿山企业对地面、井下产生粉尘的作业，应当采取综合防尘措施，控制粉尘危害。

井下风动凿岩，禁止干打眼。

第二十六条 矿山企业应当建立、健全对地面陷落区、排土场、矸石山、尾矿库的检查和维护制度；对可能发生的危害，应当采取预防措施。

第二十七条 矿山企业应当按照国家有关规定关闭矿山，对关闭矿山后可能引起的危害采取预防措施。关闭矿山报告应当包括下列内容：

（一）采掘范围及采空区处理情况；

（二）对矿井采取的封闭措施；

（三）对其他不安全因素的处理办法。

第四章　矿山企业的安全管理

第二十八条 矿山企业应当建立、健全下列安全生产责任制：

（一）行政领导岗位安全生产责任制；

（二）职能机构安全生产责任制；

（三）岗位人员的安全生产责任制。

第二十九条 矿长（含矿务局局长、矿山公司经理，下同）对本企业的安全生产工作负有下列责任：

（一）认真贯彻执行《矿山安全法》和本条例以及其他法律、法规中有关矿山安全生产的规定；

（二）制定本企业安全生产管理制度；

（三）根据需要配备合格的安全工作人员，对每个作业场所进行跟班检查；

（四）采取有效措施，改善职工劳动条件，保证安全生产所需要的材料、设备、仪器和劳动防护用品的及时供应；

（五）依照本条例的规定，对职工进行安全教育、培训；

（六）制定矿山灾害的预防和应急计划；

（七）及时采取措施，处理矿山存在的事故隐患；

（八）及时、如实向劳动行政主管部门和管理矿山企业的主管部门报告矿山事故。

第三十条 矿山企业应当根据需要，设置安全机构或者配备专职安全工作人员。专职安全工作人员应当经过培训，具备必要的安全专业知识和矿山安全工作经验，能胜任现场安全检查工作。

第三十一条 矿长应当定期向职工代表大会或者职工大会报告下列事项，接受民主监督：

（一）企业安全生产重大决策；

（二）企业安全技术措施计划及其执行情况；

（三）职工安全教育、培训计划及其执行情况；

（四）职工提出的改善劳动条件的建议和要求的处理情况；

（五）重大事故处理情况；

（六）有关安全生产的其他重要事项。

第三十二条 矿山企业职工享有下列权利：

（一）有权获得作业场所安全与职业危害方面的信息；

（二）有权向有关部门和工会组织反映矿山安全状况和存在的问题；

（三）对任何危害职工安全健康的决定和行为，有权提出批评、检举和控告。

第三十三条 矿山企业职工应当履行下列义务：

（一）遵守有关矿山安全的法律、法规和企业规章制度；

（二）维护矿山企业的生产设备、设施；

（三）接受安全教育和培训；

（四）及时报告危险情况，参加抢险救护。

第三十四条 矿山企业工会有权督促企业行政方面加强职工的安全教育、培训工作，开展安全宣传活动，提高职工的安全生产意识和技术素质。

第三十五条 矿山企业应当按照下列规定对职工进行安全教育、培训：

（一）新进矿山的井下作业职工，接受安全教育、培训的时间不得少于 72 小时，考试合格后，必须在有安全工作经验的职工带领下工作满 4 个月，然后经再次考核合格，方可独立工作；

（二）新进露天矿的职工，接受安全教育、培训的时间不得少于 40 小时，经考试合格后，方可上岗作业；

（三）对调换工种和采用新工艺作业的人员，必须重新培训，经考试合格后，方可上岗作业；

（四）所有生产作业人员，每年接受在职安全教育、培训的时间不少于 20 小时。

职工安全教育、培训期间，矿山企业应当支付工资。

职工安全教育、培训情况和考核结果，应当记录存档。

第三十六条 矿山企业对职工的安全教育、培训，应当包括下列内容：

（一）《矿山安全法》及本条例赋予矿山职工的权利与义务；

（二）矿山安全规程及矿山企业有关安全管理的规章制度；

（三）与职工本职工作有关的安全知识；

（四）各种事故征兆的识别、发生紧急危险情况时的应急措施和撤退路线；

（五）自救装备的使用和有关急救方面的知识；

（六）有关主管部门规定的其他内容。

第三十七条 瓦斯检查工、爆破工、通风工、信号工、拥罐工、电工、金属焊接（切割）工、矿井泵工、瓦斯抽放工、主扇风机操作工、主提升机操作工、绞车操作工、输送机操作工、尾矿工、安全检查工和矿内机动车司机等特种作业人员应当接受专门技术培训，经考核合格取得操作资格证书后，方可上岗作业。特种作业人员的考核、发证工作按照国家有关规定执行。

第三十八条 对矿长安全资格的考核，应当包括下列内容：

（一）《矿山安全法》和有关法律、法规及矿山安全规程；

（二）矿山安全知识；

（三）安全生产管理能力；

（四）矿山事故处理能力；

（五）安全生产业绩。

第三十九条 矿山企业向职工发放的劳动防护用品应当是经过鉴定和检验合格的产品。劳动防护用品的发放标准由国务院劳动行政主管部门制定。

第四十条 矿山企业应当每年编制矿山灾害预防和应急计划；在每季度末，应当根据实际情况对计划及时进行修改，制定相应的措施。

矿山企业应当使每个职工熟悉矿山灾害预防和应急计划，并且每年至少组织 1 次矿山救灾演习。

矿山企业应当根据国家有关规定，按照不同作业场所的要求，设置矿山安全标志。

第四十一条 矿山企业应当建立由专职的或者兼职的人员组成的矿山救护和医疗急救组织。不具备单独建立专业救护和医疗急救组织的小型矿山企业，除应当建立兼职的救护和医疗急救组织外，还应当与邻近的有专业的救护和医疗急救组织的矿山企业签订救护和急救协议，或者与邻近的矿山企业联合建立专业救护和医疗急救组织。

矿山救护和医疗急救组织应当有固定场所、训练器械和训练场地。

矿山救护和医疗急救组织的规模和装备标准，由国务院管理矿山企业的有关主管部门规定。

第四十二条 矿山企业必须按照国家规定的安全条件进行生产，并安排一部分资金，用于下列改善矿山安全生产条件的项目：

（一）预防矿山事故的安全技术措施；

（二）预防职业危害的劳动卫生技术措施；

（三）职工的安全培训；

（四）改善矿山安全生产条件的其他技术措施。

前款所需资金，由矿山企业按矿山维简费的20%的比例具实列支；没有矿山维简费的矿山企业，按固定资产折旧费的20%的比例具实列支。

第五章　矿山安全的监督和管理

第四十三条 县级以上各级人民政府劳动行政主管部门，应当根据矿山安全监督工作的实际需要，配备矿山安全监督人员。

矿山安全监督人员必须熟悉矿山安全技术知识，具有矿山安全工作经验，能胜任矿山安全检查工作。

矿山安全监督证件和专用标志由国务院劳动行政主管部门统一制作。

第四十四条 矿山安全监督人员在执行职务时，有权进入现场检查，参加有关会议，无偿调阅有关资料，向有关单位和人员了解情况。

矿山安全监督人员进入现场检查，发现有危及职工安全健康的情况时，有权要求矿山企业立即改正或者限期解决；情况紧急时，有权要求矿山企业立即停止作业，从危险区内撤出作业人员。

劳动行政主管部门可以委托检测机构对矿山作业场所和危险性较大的在用设备、仪器、器材进行抽检。

劳动行政主管部门对检查中发现的违反《矿山安全法》和本条例以及其他法律、法规有关矿山安全的规定的情况，应当依法提出处理意见。

第四十五条 矿山安全监督人员执行公务时，应当出示矿山安全监督证件，秉公执法，并遵守有关规定。

第六章　矿山事故处理

第四十六条 矿山发生事故后，事故现场有关人员应当立即报告矿长或者有关主管人员；矿长或者有关主管人员接到事故报告后，必须立即采取有效措施，组织抢救，防止事故扩大，尽力减少人员伤亡和财产损失。

第四十七条 矿山发生重伤、死亡事故后，矿山企业应当在24小时内如实向劳动行政主管部门和管理矿山企业的主管部门报告。

第四十八条 劳动行政主管部门和管理矿山企业的主管部门接到死亡事故或者一次重伤3人以上的事故报告后，应当立即报告本级人民政府，并报各自的上一级主管部门。

第四十九条 发生伤亡事故，矿山企业和有关单位应当保护事故现场；因抢救事故，需要移动现场部分物品时，必须作出标志，绘制事故现场图，并详细记录；在消除现场危险，采取防范措施后，方可恢复生产。

第五十条 矿山事故发生后，有关部门应当按照国家有关规定，进行事故调查处理。

第五十一条 矿山事故调查处理工作应当自事故发生之日起90日内结束；遇有特殊情况，可以适当延长，但是不得超过180日。矿山事故处理结案后，应当公布处理结果。

……

（二）煤矿安全

中华人民共和国煤炭法（节录）

（1996 年 8 月 29 日第八届全国人民代表大会常务委员会第二十一次会议通过　根据 2009 年 8 月 27 日第十一届全国人民代表大会常务委员会第十次会议《关于修改部分法律的决定》第一次修正　根据 2011 年 4 月 22 日第十一届全国人民代表大会常务委员会第二十次会议《关于修改〈中华人民共和国煤炭法〉的决定》第二次修正　根据 2013 年 6 月 29 日第十二届全国人民代表大会常务委员会第三次会议《关于修改〈中华人民共和国文物保护法〉等十二部法律的决定》第三次修正　根据 2016 年 11 月 7 日第十二届全国人民代表大会常务委员会第二十四次会议《关于修改〈中华人民共和国对外贸易法〉等十二部法律的决定》第四次修正）

......

第二章　煤炭生产开发规划与煤矿建设

第十四条　国务院煤炭管理部门根据全国矿产资源勘查规划编制全国煤炭资源勘查规划。

第十五条　国务院煤炭管理部门根据全国矿产资源规划规定的煤炭资源，组织编制和实施煤炭生产开发规划。

省、自治区、直辖市人民政府煤炭管理部门根据全国矿产资源规划规定的煤炭资源，组织编制和实施本地区煤炭生产开发规划，并报国务院煤炭管理部门备案。

第十六条 煤炭生产开发规划应当根据国民经济和社会发展的需要制定，并纳入国民经济和社会发展计划。

第十七条 国家制定优惠政策，支持煤炭工业发展，促进煤矿建设。

煤矿建设项目应当符合煤炭生产开发规划和煤炭产业政策。

第十八条 煤矿建设使用土地，应当依照有关法律、行政法规的规定办理。征收土地的，应当依法支付土地补偿费和安置补偿费，做好迁移居民的安置工作。

煤矿建设应当贯彻保护耕地、合理利用土地的原则。

地方人民政府对煤矿建设依法使用土地和迁移居民，应当给予支持和协助。

第十九条 煤矿建设应当坚持煤炭开发与环境治理同步进行。煤矿建设项目的环境保护设施必须与主体工程同时设计、同时施工、同时验收、同时投入使用。

第三章　煤炭生产与煤矿安全

第二十条 煤矿投入生产前，煤矿企业应当依照有关安全生产的法律、行政法规的规定取得安全生产许可证。未取得安全生产许可证的，不得从事煤炭生产。

第二十一条 对国民经济具有重要价值的特殊煤种或者稀缺煤种，国家实行保护性开采。

第二十二条 开采煤炭资源必须符合煤矿开采规程，遵守合理的开采顺序，达到规定的煤炭资源回采率。

煤炭资源回采率由国务院煤炭管理部门根据不同的资源和开采条件确定。

国家鼓励煤矿企业进行复采或者开采边角残煤和极薄煤。

第二十三条　煤矿企业应当加强煤炭产品质量的监督检查和管理。煤炭产品质量应当按照国家标准或者行业标准分等论级。

第二十四条　煤炭生产应当依法在批准的开采范围内进行，不得超越批准的开采范围越界、越层开采。

采矿作业不得擅自开采保安煤柱，不得采用可能危及相邻煤矿生产安全的决水、爆破、贯通巷道等危险方法。

第二十五条　因开采煤炭压占土地或者造成地表土地塌陷、挖损，由采矿者负责进行复垦，恢复到可供利用的状态；造成他人损失的，应当依法给予补偿。

第二十六条　关闭煤矿和报废矿井，应当依照有关法律、法规和国务院煤炭管理部门的规定办理。

第二十七条　国家建立煤矿企业积累煤矿衰老期转产资金的制度。

国家鼓励和扶持煤矿企业发展多种经营。

第二十八条　国家提倡和支持煤矿企业和其他企业发展煤电联产、炼焦、煤化工、煤建材等，进行煤炭的深加工和精加工。

国家鼓励煤矿企业发展煤炭洗选加工，综合开发利用煤层气、煤矸石、煤泥、石煤和泥炭。

第二十九条　国家发展和推广洁净煤技术。

国家采取措施取缔土法炼焦。禁止新建土法炼焦窑炉；现有的土法炼焦限期改造。

第三十条　县级以上各级人民政府及其煤炭管理部门和其他有关部门，应当加强对煤矿安全生产工作的监督管理。

第三十一条　煤矿企业的安全生产管理，实行矿务局长、矿长负责制。

第三十二条　矿务局长、矿长及煤矿企业的其他主要负责人必须遵守有关矿山安全的法律、法规和煤炭行业安全规章、规程，加强对煤矿安全生产工作的管理，执行安全生产责任制度，采取有效措施，防止伤亡和其他安全生产事故的发生。

第三十三条 煤矿企业应当对职工进行安全生产教育、培训；未经安全生产教育、培训的，不得上岗作业。

煤矿企业职工必须遵守有关安全生产的法律、法规、煤炭行业规章、规程和企业规章制度。

第三十四条 在煤矿井下作业中，出现危及职工生命安全并无法排除的紧急情况时，作业现场负责人或者安全管理人员应当立即组织职工撤离危险现场，并及时报告有关方面负责人。

第三十五条 煤矿企业工会发现企业行政方面违章指挥、强令职工冒险作业或者生产过程中发现明显重大事故隐患，可能危及职工生命安全的情况，有权提出解决问题的建议，煤矿企业行政方面必须及时作出处理决定。企业行政方面拒不处理的，工会有权提出批评、检举和控告。

第三十六条 煤矿企业必须为职工提供保障安全生产所需的劳动保护用品。

第三十七条 煤矿企业应当依法为职工参加工伤保险缴纳工伤保险费。鼓励企业为井下作业职工办理意外伤害保险，支付保险费。

第三十八条 煤矿企业使用的设备、器材、火工产品和安全仪器，必须符合国家标准或者行业标准。

第四章 煤 炭 经 营

第三十九条 煤炭经营企业从事煤炭经营，应当遵守有关法律、法规的规定，改善服务，保障供应。禁止一切非法经营活动。

第四十条 煤炭经营应当减少中间环节和取消不合理的中间环节，提倡有条件的煤矿企业直销。

煤炭用户和煤炭销区的煤炭经营企业有权直接从煤矿企业购进煤炭。在煤炭产区可以组成煤炭销售、运输服务机构，为中小煤矿办理经销、运输业务。

禁止行政机关违反国家规定擅自设立煤炭供应的中间环节和额外加收费用。

第四十一条 从事煤炭运输的车站、港口及其他运输企业不得利用其掌握的运力作为参与煤炭经营、谋取不正当利益的手段。

第四十二条 国务院物价行政主管部门会同国务院煤炭管理部门和有关部门对煤炭的销售价格进行监督管理。

第四十三条 煤矿企业和煤炭经营企业供应用户的煤炭质量应当符合国家标准或者行业标准，质级相符，质价相符。用户对煤炭质量有特殊要求的，由供需双方在煤炭购销合同中约定。

煤矿企业和煤炭经营企业不得在煤炭中掺杂、掺假，以次充好。

第四十四条 煤矿企业和煤炭经营企业供应用户的煤炭质量不符合国家标准或者行业标准，或者不符合合同约定，或者质级不符、质价不符，给用户造成损失的，应当依法给予赔偿。

第四十五条 煤矿企业、煤炭经营企业、运输企业和煤炭用户应当依照法律、国务院有关规定或者合同约定供应、运输和接卸煤炭。

运输企业应当将承运的不同质量的煤炭分装、分堆。

第四十六条 煤炭的进出口依照国务院的规定，实行统一管理。

具备条件的大型煤矿企业经国务院对外经济贸易主管部门依法许可，有权从事煤炭出口经营。

第四十七条 煤炭经营管理办法，由国务院依照本法制定。

第五章 煤矿矿区保护

第四十八条 任何单位或者个人不得危害煤矿矿区的电力、通讯、水源、交通及其他生产设施。

禁止任何单位和个人扰乱煤矿矿区的生产秩序和工作秩序。

第四十九条 对盗窃或者破坏煤矿矿区设施、器材及其他危及煤矿矿区安全的行为，一切单位和个人都有权检举、控告。

第五十条 未经煤矿企业同意，任何单位或者个人不得在煤矿企业依法取得土地使用权的有效期间内在该土地上种植、养殖、取土或者修建建筑物、构筑物。

第五十一条 未经煤矿企业同意，任何单位或者个人不得占用煤矿企业的铁路专用线、专用道路、专用航道、专用码头、电力专用线、专用供水管路。

第五十二条 任何单位或者个人需要在煤矿采区范围内进行可能危及煤矿安全的作业时，应当经煤矿企业同意，报煤炭管理部门批准，并采取安全措施后，方可进行作业。

在煤矿矿区范围内需要建设公用工程或者其他工程的，有关单位应当事先与煤矿企业协商并达成协议后，方可施工。

......

国务院关于预防煤矿生产安全事故的特别规定

（2005 年 9 月 3 日中华人民共和国国务院令第 446 号公布 根据 2013 年 7 月 18 日《国务院关于废止和修改部分行政法规的决定》修订）

第一条 为了及时发现并排除煤矿安全生产隐患，落实煤矿安全生产责任，预防煤矿生产安全事故发生，保障职工的生命安全和煤矿安全生产，制定本规定。

第二条 煤矿企业是预防煤矿生产安全事故的责任主体。煤矿企业负责人（包括一些煤矿企业的实际控制人，下同）对预防煤矿生产安全事故负主要责任。

第三条　国务院有关部门和地方各级人民政府应当建立并落实预防煤矿生产安全事故的责任制，监督检查煤矿企业预防煤矿生产安全事故的情况，及时解决煤矿生产安全事故预防工作中的重大问题。

第四条　县级以上地方人民政府负责煤矿安全生产监督管理的部门、国家煤矿安全监察机构设在省、自治区、直辖市的煤矿安全监察机构（以下简称煤矿安全监察机构），对所辖区域的煤矿重大安全生产隐患和违法行为负有检查和依法查处的职责。

县级以上地方人民政府负责煤矿安全生产监督管理的部门、煤矿安全监察机构不依法履行职责，不及时查处所辖区域的煤矿重大安全生产隐患和违法行为的，对直接责任人和主要负责人，根据情节轻重，给予记过、记大过、降级、撤职或者开除的行政处分；构成犯罪的，依法追究刑事责任。

第五条　煤矿未依法取得采矿许可证、安全生产许可证、营业执照和矿长未依法取得矿长资格证、矿长安全资格证的，煤矿不得从事生产。擅自从事生产的，属非法煤矿。

负责颁发前款规定证照的部门，一经发现煤矿无证照或者证照不全从事生产的，应当责令该煤矿立即停止生产，没收违法所得和开采出的煤炭以及采掘设备，并处违法所得1倍以上5倍以下的罚款；构成犯罪的，依法追究刑事责任；同时于2日内提请当地县级以上地方人民政府予以关闭，并可以向上一级地方人民政府报告。

第六条　负责颁发采矿许可证、安全生产许可证、营业执照和矿长资格证、矿长安全资格证的部门，向不符合法定条件的煤矿或者矿长颁发有关证照的，对直接责任人，根据情节轻重，给予降级、撤职或者开除的行政处分；对主要负责人，根据情节轻重，给予记大过、降级、撤职或者开除的行政处分；构成犯罪的，依法追究刑事责任。

前款规定颁发证照的部门，应当加强对取得证照煤矿的日常监督管理，促使煤矿持续符合取得证照应当具备的条件。不依法履行日常监督管理职责的，对主要负责人，根据情节轻重，给予记过、记大过、降级、撤职或者开除的行政处分；构成犯罪的，依法追究刑事责任。

第七条 在乡、镇人民政府所辖区域内发现有非法煤矿并且没有采取有效制止措施的，对乡、镇人民政府的主要负责人以及负有责任的相关负责人，根据情节轻重，给予降级、撤职或者开除的行政处分；在县级人民政府所辖区域内 1 个月内发现有 2 处或者 2 处以上非法煤矿并且没有采取有效制止措施的，对县级人民政府的主要负责人以及负有责任的相关负责人，根据情节轻重，给予降级、撤职或者开除的行政处分；构成犯罪的，依法追究刑事责任。

其他有关机关和部门对存在非法煤矿负有责任的，对主要负责人，属于行政机关工作人员的，根据情节轻重，给予记过、记大过、降级或者撤职的行政处分；不属于行政机关工作人员的，建议有关机关和部门给予相应的处分。

第八条 煤矿的通风、防瓦斯、防水、防火、防煤尘、防冒顶等安全设备、设施和条件应当符合国家标准、行业标准，并有防范生产安全事故发生的措施和完善的应急处理预案。

煤矿有下列重大安全生产隐患和行为的，应当立即停止生产，排除隐患：

（一）超能力、超强度或者超定员组织生产的；

（二）瓦斯超限作业的；

（三）煤与瓦斯突出矿井，未依照规定实施防突出措施的；

（四）高瓦斯矿井未建立瓦斯抽放系统和监控系统，或者瓦斯监控系统不能正常运行的；

（五）通风系统不完善、不可靠的；

（六）有严重水患，未采取有效措施的；

（七）超层越界开采的；

（八）有冲击地压危险，未采取有效措施的；

（九）自然发火严重，未采取有效措施的；

（十）使用明令禁止使用或者淘汰的设备、工艺的；

（十一）年产 6 万吨以上的煤矿没有双回路供电系统的；

（十二）新建煤矿边建设边生产，煤矿改扩建期间，在改扩建的区域生产，或者在其他区域的生产超出安全设计规定的范围和规模的；

（十三）煤矿实行整体承包生产经营后，未重新取得安全生产许可证，从事生产的，或者承包方再次转包的，以及煤矿将井下采掘工作面和井巷维修作业进行劳务承包的；

（十四）煤矿改制期间，未明确安全生产责任人和安全管理机构的，或者在完成改制后，未重新取得或者变更采矿许可证、安全生产许可证和营业执照的；

（十五）有其他重大安全生产隐患的。

第九条 煤矿企业应当建立健全安全生产隐患排查、治理和报告制度。煤矿企业应当对本规定第八条第二款所列情形定期组织排查，并将排查情况每季度向县级以上地方人民政府负责煤矿安全生产监督管理的部门、煤矿安全监察机构写出书面报告。报告应当经煤矿企业负责人签字。

煤矿企业未依照前款规定排查和报告的，由县级以上地方人民政府负责煤矿安全生产监督管理的部门或者煤矿安全监察机构责令限期改正；逾期未改正的，责令停产整顿，并对煤矿企业负责人处3 万元以上 15 万元以下的罚款。

第十条 煤矿有本规定第八条第二款所列情形之一，仍然进行生产的，由县级以上地方人民政府负责煤矿安全生产监督管理的部门或者煤矿安全监察机构责令停产整顿，提出整顿的内容、时间等具体要求，处 50 万元以上 200 万元以下的罚款；对煤矿企业负责人处 3 万元以上 15 万元以下的罚款。

对 3 个月内 2 次或者 2 次以上发现有重大安全生产隐患，仍然进行生产的煤矿，县级以上地方人民政府负责煤矿安全生产监督管理的部门、煤矿安全监察机构应当提请有关地方人民政府关闭该煤矿，并由颁发证照的部门立即吊销矿长资格证和矿长安全资格证，该煤矿的法定代表人和矿长 5 年内不得再担任任何煤矿的法定代表人或者矿长。

第十一条 对被责令停产整顿的煤矿，颁发证照的部门应当暂扣采矿许可证、安全生产许可证、营业执照和矿长资格证、矿长安全资格证。

被责令停产整顿的煤矿应当制定整改方案，落实整改措施和安全技术规定；整改结束后要求恢复生产的，应当由县级以上地方人民政府负责煤矿安全生产监督管理的部门自收到恢复生产申请之日起 60 日内组织验收完毕；验收合格的，经组织验收的地方人民政府负责煤矿安全生产监督管理的部门的主要负责人签字，并经有关煤矿安全监察机构审核同意，报请有关地方人民政府主要负责人签字批准，颁发证照的部门发还证照，煤矿方可恢复生产；验收不合格的，由有关地方人民政府予以关闭。

被责令停产整顿的煤矿擅自从事生产的，县级以上地方人民政府负责煤矿安全生产监督管理的部门、煤矿安全监察机构应当提请有关地方人民政府予以关闭，没收违法所得，并处违法所得 1 倍以上 5 倍以下的罚款；构成犯罪的，依法追究刑事责任。

第十二条 对被责令停产整顿的煤矿，在停产整顿期间，由有关地方人民政府采取有效措施进行监督检查。因监督检查不力，煤矿在停产整顿期间继续生产的，对直接责任人，根据情节轻重，给予降级、撤职或者开除的行政处分；对有关负责人，根据情节轻重，给予记大过、降级、撤职或者开除的行政处分；构成犯罪的，依法追究刑事责任。

第十三条　对提请关闭的煤矿，县级以上地方人民政府负责煤矿安全生产监督管理的部门或者煤矿安全监察机构应当责令立即停止生产；有关地方人民政府应当在 7 日内作出关闭或者不予关闭的决定，并由其主要负责人签字存档。对决定关闭的，有关地方人民政府应当立即组织实施。

关闭煤矿应当达到下列要求：

（一）吊销相关证照；

（二）停止供应并处理火工用品；

（三）停止供电，拆除矿井生产设备、供电、通讯线路；

（四）封闭、填实矿井井筒，平整井口场地，恢复地貌；

（五）妥善遣散从业人员。

关闭煤矿未达到前款规定要求的，对组织实施关闭的地方人民政府及其有关部门的负责人和直接责任人给予记过、记大过、降级、撤职或者开除的行政处分；构成犯罪的，依法追究刑事责任。

依照本条第一款规定决定关闭的煤矿，仍有开采价值的，经依法批准可以进行拍卖。

关闭的煤矿擅自恢复生产的，依照本规定第五条第二款规定予以处罚；构成犯罪的，依法追究刑事责任。

第十四条　县级以上地方人民政府负责煤矿安全生产监督管理的部门或者煤矿安全监察机构，发现煤矿有本规定第八条第二款所列情形之一的，应当将情况报送有关地方人民政府。

第十五条　煤矿存在瓦斯突出、自然发火、冲击地压、水害威胁等重大安全生产隐患，该煤矿在现有技术条件下难以有效防治的，县级以上地方人民政府负责煤矿安全生产监督管理的部门、煤矿安全监察机构应当责令其立即停止生产，并提请有关地方人民政府组织专家进行论证。专家论证应当客观、公正、科学。有关地方人民政府应当根据论证结论，作出是否关闭煤矿的决定，并组织实施。

第十六条　煤矿企业应当依照国家有关规定对井下作业人员进行安全生产教育和培训，保证井下作业人员具有必要的安全生产知识，熟悉有关安全生产规章制度和安全操作规程，掌握本岗位的安全操作技能，并建立培训档案。未进行安全生产教育和培训或者经教育和培训不合格的人员不得下井作业。

县级以上地方人民政府负责煤矿安全生产监督管理的部门应当对煤矿井下作业人员的安全生产教育和培训情况进行监督检查；煤矿安全监察机构应当对煤矿特种作业人员持证上岗情况进行监督检查。发现煤矿企业未依照国家有关规定对井下作业人员进行安全生产教育和培训或者特种作业人员无证上岗的，应当责令限期改正，处 10 万元以上 50 万元以下的罚款；逾期未改正的，责令停产整顿。

县级以上地方人民政府负责煤矿安全生产监督管理的部门、煤矿安全监察机构未履行前款规定的监督检查职责的，对主要负责人，根据情节轻重，给予警告、记过或者记大过的行政处分。

第十七条　县级以上地方人民政府负责煤矿安全生产监督管理的部门、煤矿安全监察机构在监督检查中，1 个月内 3 次或者 3 次以上发现煤矿企业未依照国家有关规定对井下作业人员进行安全生产教育和培训或者特种作业人员无证上岗的，应当提请有关地方人民政府对该煤矿予以关闭。

第十八条　煤矿拒不执行县级以上地方人民政府负责煤矿安全生产监督管理的部门或者煤矿安全监察机构依法下达的执法指令的，由颁发证照的部门吊销矿长资格证和矿长安全资格证；构成违反治安管理行为的，由公安机关依照治安管理的法律、行政法规的规定处罚；构成犯罪的，依法追究刑事责任。

第十九条　县级以上地方人民政府负责煤矿安全生产监督管理的部门、煤矿安全监察机构对被责令停产整顿或者关闭的煤矿，应当自煤矿被责令停产整顿或者关闭之日起 3 日内在当地主要媒体公告。

被责令停产整顿的煤矿经验收合格恢复生产的，县级以上地方人民政府负责煤矿安全生产监督管理的部门、煤矿安全监察机构应当自煤矿验收合格恢复生产之日起 3 日内在同一媒体公告。

县级以上地方人民政府负责煤矿安全生产监督管理的部门、煤矿安全监察机构未依照本条第一款、第二款规定进行公告的，对有关负责人，根据情节轻重，给予警告、记过、记大过或者降级的行政处分。

公告所需费用由同级财政列支。

第二十条 国家机关工作人员和国有企业负责人不得违反国家规定投资入股煤矿（依法取得上市公司股票的除外），不得对煤矿的违法行为予以纵容、包庇。

国家行政机关工作人员和国有企业负责人违反前款规定的，根据情节轻重，给予降级、撤职或者开除的处分；构成犯罪的，依法追究刑事责任。

第二十一条 煤矿企业负责人和生产经营管理人员应当按照国家规定轮流带班下井，并建立下井登记档案。

县级以上地方人民政府负责煤矿安全生产监督管理的部门或者煤矿安全监察机构发现煤矿企业在生产过程中，1 周内其负责人或者生产经营管理人员没有按照国家规定带班下井，或者下井登记档案虚假的，责令改正，并对该煤矿企业处 3 万元以上 15 万元以下的罚款。

第二十二条 煤矿企业应当免费为每位职工发放煤矿职工安全手册。

煤矿职工安全手册应当载明职工的权利、义务，煤矿重大安全生产隐患的情形和应急保护措施、方法以及安全生产隐患和违法行为的举报电话、受理部门。

煤矿企业没有为每位职工发放符合要求的职工安全手册的，由县级以上地方人民政府负责煤矿安全生产监督管理的部门或者煤矿安全监察机构责令限期改正；逾期未改正的，处 5 万元以下的罚款。

第二十三条 任何单位和个人发现煤矿有本规定第五条第一款和第八条第二款所列情形之一的，都有权向县级以上地方人民政府负责煤矿安全生产监督管理的部门或者煤矿安全监察机构举报。

受理的举报经调查属实的，受理举报的部门或者机构应当给予最先举报人 1000 元至 1 万元的奖励，所需费用由同级财政列支。

县级以上地方人民政府负责煤矿安全生产监督管理的部门或者煤矿安全监察机构接到举报后，应当及时调查处理；不及时调查处理的，对有关责任人，根据情节轻重，给予警告、记过、记大过或者降级的行政处分。

第二十四条 煤矿有违反本规定的违法行为，法律规定由有关部门查处的，有关部门应当依法进行查处。但是，对同一违法行为不得给予两次以上罚款的行政处罚。

第二十五条 国家行政机关工作人员、国有企业负责人有违反本规定的行为，依照本规定应当给予处分的，由监察机关或者任免机关依法作出处分决定。

国家行政机关工作人员、国有企业负责人对处分决定不服的，可以依法提出申诉。

第二十六条 当事人对行政处罚决定不服的，可以依法申请行政复议，或者依法直接向人民法院提起行政诉讼。

第二十七条 省、自治区、直辖市人民政府可以依据本规定制定具体实施办法。

第二十八条 本规定自公布之日起施行。

煤矿企业安全生产许可证实施办法（节录）

（2016 年 2 月 16 日国家安全生产监督管理总局令第 86 号公布　根据 2017 年 3 月 6 日《国家安全监管总局关于修改和废止部分规章及规范性文件的决定》修订）

……

第二章　安全生产条件

第六条　煤矿企业取得安全生产许可证，应当具备下列安全生产条件：

（一）建立、健全主要负责人、分管负责人、安全生产管理人员、职能部门、岗位安全生产责任制；制定安全目标管理、安全奖惩、安全技术审批、事故隐患排查治理、安全检查、安全办公会议、地质灾害普查、井下劳动组织定员、矿领导带班下井、井工煤矿入井检身与出入井人员清点等安全生产规章制度和各工种操作规程；

（二）安全投入满足安全生产要求，并按照有关规定足额提取和使用安全生产费用；

（三）设置安全生产管理机构，配备专职安全生产管理人员；煤与瓦斯突出矿井、水文地质类型复杂矿井还应设置专门的防治煤与瓦斯突出管理机构和防治水管理机构；

（四）主要负责人和安全生产管理人员的安全生产知识和管理能力经考核合格；

（五）参加工伤保险，为从业人员缴纳工伤保险费；

（六）制定重大危险源检测、评估和监控措施；

（七）制定应急救援预案，并按照规定设立矿山救护队，配备救护装备；不具备单独设立矿山救护队条件的煤矿企业，所属煤矿应当设立兼职救护队，并与邻近的救护队签订救护协议；

（八）制定特种作业人员培训计划、从业人员培训计划、职业危害防治计划；

（九）法律、行政法规规定的其他条件。

第七条 煤矿除符合本实施办法第六条规定的条件外，还必须符合下列条件：

（一）特种作业人员经有关业务主管部门考核合格，取得特种作业操作资格证书；

（二）从业人员进行安全生产教育培训，并经考试合格；

（三）制定职业危害防治措施、综合防尘措施，建立粉尘检测制度，为从业人员配备符合国家标准或者行业标准的劳动防护用品；

（四）依法进行安全评价；

（五）制定矿井灾害预防和处理计划；

（六）依法取得采矿许可证，并在有效期内。

第八条 井工煤矿除符合本实施办法第六条、第七条规定的条件外，其安全设施、设备、工艺还必须符合下列条件：

（一）矿井至少有 2 个能行人的通达地面的安全出口，各个出口之间的距离不得小于 30 米；井下每一个水平到上一个水平和各个采（盘）区至少有两个便于行人的安全出口，并与通达地面的安全出口相连接；采煤工作面有两个畅通的安全出口，一个通到进风巷道，另一个通到回风巷道。在用巷道净断面满足行人、运输、通风和安全设施及设备安装、检修、施工的需要；

（二）按规定进行瓦斯等级、煤层自燃倾向性和煤尘爆炸危险性鉴定；

（三）矿井有完善的独立通风系统。矿井、采区和采掘工作面的供风能力满足安全生产要求，矿井使用安装在地面的矿用主要通风机进行通风，并有同等能力的备用主要通风机，主要通风机按规定进行性能检测；生产水平和采区实行分区通风；高瓦斯和煤与瓦斯突出矿井、开采容易自燃煤层的矿井、煤层群联合布置矿井的每个采区设置专用回风巷，掘进工作面使用专用局部通风机进行通风，矿井有反风设施；

（四）矿井有安全监控系统，传感器的设置、报警和断电符合规定，有瓦斯检查制度和矿长、技术负责人瓦斯日报审查签字制度，配备足够的专职瓦斯检查员和瓦斯检测仪器；按规定建立瓦斯抽采系统，开采煤与瓦斯突出危险煤层的有预测预报、防治措施、效果检验和安全防护的综合防突措施；

（五）有防尘供水系统，有地面和井下排水系统；有水害威胁的矿井还应有专用探放水设备；

（六）制定井上、井下防火措施；有地面消防水池和井下消防管路系统，井上、井下有消防材料库；开采容易自燃和自燃煤层的矿井还应有防灭火专项设计和综合预防煤层自然发火的措施；

（七）矿井有两回路电源线路；严禁井下配电变压器中性点直接接地；井下电气设备的选型符合防爆要求，有短路、过负荷、接地、漏电等保护，掘进工作面的局部通风机按规定采用专用变压器、专用电缆、专用开关，实现风电、瓦斯电闭锁；

（八）运送人员的装置应当符合有关规定。使用检测合格的钢丝绳；带式输送机采用非金属聚合物制造的输送带的阻燃性能和抗静电性能符合规定，设置安全保护装置；

（九）有通信联络系统，按规定建立人员位置监测系统；

（十）按矿井瓦斯等级选用相应的煤矿许用炸药和电雷管，爆破工作由专职爆破工担任；

（十一）不得使用国家有关危及生产安全淘汰目录规定的设备及生产工艺；使用的矿用产品应有安全标志；

（十二）配备足够数量的自救器，自救器的选用型号应与矿井灾害类型相适应，按规定建立安全避险系统；

（十三）有反映实际情况的图纸：矿井地质图和水文地质图，井上下对照图，巷道布置图，采掘工程平面图，通风系统图，井下运输系统图，安全监控系统布置图和断电控制图，人员位置监测系统图，压风、排水、防尘、防火注浆、抽采瓦斯等管路系统图，井下通信系统图，井上、下配电系统图和井下电气设备布置图，井下避灾路线图。采掘工作面有符合实际情况的作业规程。

第九条 露天煤矿除符合本实施办法第六条、第七条规定的条件外，其安全设施、设备、工艺还必须符合下列条件：

（一）按规定设置栅栏、安全挡墙、警示标志；

（二）露天采场最终边坡的台阶坡面角和边坡角符合最终边坡设计要求；

（三）配电线路、电动机、变压器的保护符合安全要求；

（四）爆炸物品的领用、保管和使用符合规定；

（五）有边坡工程、地质勘探工程、岩土物理力学试验和稳定性分析，有边坡监测措施；

（六）有防排水设施和措施；

（七）地面和采场内的防灭火措施符合规定；开采有自然发火倾向的煤层或者开采范围内存在火区时，制定专门防灭火措施；

（八）有反映实际情况的图纸：地形地质图，工程地质平面图、断面图、综合水文地质图，采剥、排土工程平面图和运输系统图，供配电系统图，通信系统图，防排水系统图，边坡监测系统平面图，井工采空区与露天矿平面对照图。

第三章 安全生产许可证的申请和颁发

第十条 煤矿企业依据本实施办法第五条的规定向安全生产许可证颁发管理机关申请领取安全生产许可证。

第十一条　申请领取安全生产许可证应当提供下列文件、资料：

（一）煤矿企业提供的文件、资料：

1. 安全生产许可证申请书；

2. 主要负责人安全生产责任制材料（复制件），各分管负责人、安全生产管理人员以及职能部门负责人安全生产责任制目录清单；

3. 安全生产规章制度目录清单；

4. 设置安全生产管理机构、配备专职安全生产管理人员的文件（复制件）；

5. 主要负责人、安全生产管理人员安全生产知识和管理能力考核合格的证明材料；

6. 特种作业人员培训计划，从业人员安全生产教育培训计划；

7. 为从业人员缴纳工伤保险费的有关证明材料；

8. 重大危险源检测、评估和监控措施；

9. 事故应急救援预案，设立矿山救护队的文件或者与专业救护队签订的救护协议。

（二）煤矿提供的文件、资料和图纸：

1. 安全生产许可证申请书；

2. 采矿许可证（复制件）；

3. 主要负责人安全生产责任制（复制件），各分管负责人、安全生产管理人员以及职能部门负责人安全生产责任制目录清单；

4. 安全生产规章制度和操作规程目录清单；

5. 设置安全生产管理机构和配备专职安全生产管理人员的文件（复制件）；

6. 矿长、安全生产管理人员安全生产知识和管理能力考核合格的证明材料；

7. 特种作业人员操作资格证书的证明材料；

8. 从业人员安全生产教育培训计划和考试合格的证明材料；

9. 为从业人员缴纳工伤保险费的有关证明材料；

10. 具备资质的中介机构出具的安全评价报告；

11. 矿井瓦斯等级鉴定文件；高瓦斯、煤与瓦斯突出矿井瓦斯参数测定报告，煤层自燃倾向性和煤尘爆炸危险性鉴定报告；

12. 矿井灾害预防和处理计划；

13. 井工煤矿采掘工程平面图，通风系统图；

14. 露天煤矿采剥工程平面图，边坡监测系统平面图；

15. 事故应急救援预案，设立矿山救护队的文件或者与专业矿山救护队签订的救护协议；

16. 井工煤矿主要通风机、主提升机、空压机、主排水泵的检测检验合格报告。

第十二条 安全生产许可证颁发管理机关对申请人提交的申请书及文件、资料，应当按照下列规定处理：

（一）申请事项不属于本机关职权范围的，即时作出不予受理的决定，并告知申请人向有关行政机关申请；

（二）申请材料存在可以当场更正的错误的，允许或者要求申请人当场更正，并即时出具受理的书面凭证，通过互联网申请的，符合要求后即时提供电子受理回执；

（三）申请材料不齐全或者不符合要求的，应当当场或者在5个工作日内一次告知申请人需要补正的全部内容，逾期不告知的，自收到申请材料之日起即为受理；

（四）申请材料齐全、符合要求或者按照要求全部补正的，自收到申请材料或者全部补正材料之日起为受理。

第十三条 煤矿企业应当对其向安全生产许可证颁发管理机关提交的文件、资料和图纸的真实性负责。

从事安全评价、检测检验的机构应当对其出具的安全评价报告、检测检验结果负责。

第十四条　对已经受理的申请，安全生产许可证颁发管理机关应当指派有关人员对申请材料进行审查；对申请材料实质内容存在疑问，认为需要到现场核查的，应当到现场进行核查。

第十五条　负责审查的有关人员提出审查意见。

安全生产许可证颁发管理机关应当对有关人员提出的审查意见进行讨论，并在受理申请之日起 45 个工作日内作出颁发或者不予颁发安全生产许可证的决定。

对决定颁发的，安全生产许可证颁发管理机关应当自决定之日起 10 个工作日内送达或者通知申请人领取安全生产许可证；对不予颁发的，应当在 10 个工作日内书面通知申请人并说明理由。

第十六条　经审查符合本实施办法规定的，安全生产许可证颁发管理机关应当分别向煤矿企业及其所属煤矿颁发安全生产许可证。

第十七条　安全生产许可证的有效期为 3 年。安全生产许可证有效期满需要延期的，煤矿企业应当于期满前 3 个月按照本实施办法第十条的规定，向原安全生产许可证颁发管理机关提出延期申请，并提交本实施办法第十一条规定的文件、资料和安全生产许可证正本、副本。

第十八条　对已经受理的延期申请，安全生产许可证颁发管理机关应当按照本实施办法的规定办理安全生产许可证延期手续。

第十九条　煤矿企业在安全生产许可证有效期内符合下列条件，在安全生产许可证有效期届满时，经原安全生产许可证颁发管理机关同意，不再审查，直接办理延期手续：

（一）严格遵守有关安全生产的法律法规和本实施办法；

（二）接受安全生产许可证颁发管理机关及煤矿安全监察机构的监督检查；

（三）未因存在严重违法行为纳入安全生产不良记录"黑名单"管理；

（四）未发生生产安全死亡事故；

（五）煤矿安全质量标准化等级达到二级及以上。

第二十条 煤矿企业在安全生产许可证有效期内有下列情形之一的，应当向原安全生产许可证颁发管理机关申请变更安全生产许可证：

（一）变更主要负责人的；

（二）变更隶属关系的；

（三）变更经济类型的；

（四）变更煤矿企业名称的；

（五）煤矿改建、扩建工程经验收合格的。

变更本条第一款第一、二、三、四项的，自工商营业执照变更之日起10个工作日内提出申请；变更本条第一款第五项的，应当在改建、扩建工程验收合格后10个工作日内提出申请。

申请变更本条第一款第一项的，应提供变更后的工商营业执照副本和主要负责人任命文件（或者聘书）；申请变更本条第一款第二、三、四项的，应提供变更后的工商营业执照副本；申请变更本条第一款第五项的，应提供改建、扩建工程安全设施及条件竣工验收合格的证明材料。

第二十一条 对于本实施办法第二十条第一款第一、二、三、四项的变更申请，安全生产许可证颁发管理机关在对申请人提交的相关文件、资料审核后，即可办理安全生产许可证变更。

对于本实施办法第二十条第一款第五项的变更申请，安全生产许可证颁发管理机关应当按照本实施办法第十四条、第十五条的规定办理安全生产许可证变更。

第二十二条 经安全生产许可证颁发管理机关审查同意延期、变更安全生产许可证的，安全生产许可证颁发管理机关应当收回原安全生产许可证正本，换发新的安全生产许可证正本；在安全生产许可证副本上注明延期、变更内容，并加盖公章。

第二十三条　煤矿企业停办、关闭的，应当自停办、关闭决定之日起 10 个工作日内向原安全生产许可证颁发管理机关申请注销安全生产许可证，并提供煤矿开采现状报告、实测图纸和遗留事故隐患的报告及防治措施。

第二十四条　安全生产许可证分为正本和副本，具有同等法律效力，正本为悬挂式，副本为折页式。

安全生产许可证颁发管理机关应当在安全生产许可证正本、副本上载明煤矿企业名称、主要负责人、注册地址、隶属关系、经济类型、有效期、发证机关、发证日期等内容。

安全生产许可证正本、副本的式样由国家煤矿安全监察局制定。

安全生产许可证相关的行政许可文书由国家煤矿安全监察局规定统一的格式。

第四章　安全生产许可证的监督管理

第二十五条　煤矿企业取得安全生产许可证后，应当加强日常安全生产管理，不得降低安全生产条件。

第二十六条　煤矿企业不得转让、冒用、买卖、出租、出借或者使用伪造的安全生产许可证。

第二十七条　安全生产许可证颁发管理机关应当坚持公开、公平、公正的原则，严格依照本实施办法的规定审查、颁发安全生产许可证。

安全生产许可证颁发管理机关工作人员在安全生产许可证颁发、管理和监督检查工作中，不得索取或者接受煤矿企业的财物，不得谋取其他利益。

第二十八条　安全生产许可证颁发管理机关发现有下列情形之一的，应当撤销已经颁发的安全生产许可证：

（一）超越职权颁发安全生产许可证的；

（二）违反本实施办法规定的程序颁发安全生产许可证的；

（三）不具备本实施办法规定的安全生产条件颁发安全生产许可证的；

（四）以欺骗、贿赂等不正当手段取得安全生产许可证的。

第二十九条 取得安全生产许可证的煤矿企业有下列情形之一的，安全生产许可证颁发管理机关应当注销其安全生产许可证：

（一）终止煤炭生产活动的；

（二）安全生产许可证被依法撤销的；

（三）安全生产许可证被依法吊销的；

（四）安全生产许可证有效期满未申请办理延期手续。

第三十条 煤矿企业隐瞒有关情况或者提供虚假材料申请安全生产许可证的，安全生产许可证颁发管理机关不予受理，且在一年内不得再次申请安全生产许可证。

第三十一条 安全生产许可证颁发管理机关应当每年向社会公布一次煤矿企业取得安全生产许可证的情况。

第三十二条 安全生产许可证颁发管理机关应当将煤矿企业安全生产许可证颁发管理情况通报煤矿企业所在地市级以上人民政府及其指定的负责煤矿安全监管工作的部门。

第三十三条 安全生产许可证颁发管理机关应当建立、健全安全生产许可证档案管理制度。

第三十四条 省级安全生产许可证颁发管理机关应当于每年1月15日前将所负责行政区域内上年度煤矿企业安全生产许可证颁发和管理情况报国家煤矿安全监察局，同时通报本级安全生产监督管理部门。

第三十五条 任何单位或者个人对违反《安全生产许可证条例》和本实施办法规定的行为，有权向安全生产许可证颁发管理机关或者监察机关等有关部门举报。

……

煤矿重大事故隐患判定标准

（2020 年 11 月 20 日应急管理部令第 4 号公布　自 2021 年 1 月 1 日起施行）

第一条　为了准确认定、及时消除煤矿重大事故隐患，根据《中华人民共和国安全生产法》和《国务院关于预防煤矿生产安全事故的特别规定》（国务院令第 446 号）等法律、行政法规，制定本标准。

第二条　本标准适用于判定各类煤矿重大事故隐患。

第三条　煤矿重大事故隐患包括下列 15 个方面：

（一）超能力、超强度或者超定员组织生产；

（二）瓦斯超限作业；

（三）煤与瓦斯突出矿井，未依照规定实施防突出措施；

（四）高瓦斯矿井未建立瓦斯抽采系统和监控系统，或者系统不能正常运行；

（五）通风系统不完善、不可靠；

（六）有严重水患，未采取有效措施；

（七）超层越界开采；

（八）有冲击地压危险，未采取有效措施；

（九）自然发火严重，未采取有效措施；

（十）使用明令禁止使用或者淘汰的设备、工艺；

（十一）煤矿没有双回路供电系统；

（十二）新建煤矿边建设边生产，煤矿改扩建期间，在改扩建的区域生产，或者在其他区域的生产超出安全设施设计规定的范围和规模；

（十三）煤矿实行整体承包生产经营后，未重新取得或者及时变更安全生产许可证而从事生产，或者承包方再次转包，以及将井下采掘工作面和井巷维修作业进行劳务承包；

（十四）煤矿改制期间，未明确安全生产责任人和安全管理机构，或者在完成改制后，未重新取得或者变更采矿许可证、安全生产许可证和营业执照；

（十五）其他重大事故隐患。

第四条 "超能力、超强度或者超定员组织生产"重大事故隐患，是指有下列情形之一的：

（一）煤矿全年原煤产量超过核定（设计）生产能力幅度在10%以上，或者月原煤产量大于核定（设计）生产能力的10%的；

（二）煤矿或其上级公司超过煤矿核定（设计）生产能力下达生产计划或者经营指标的；

（三）煤矿开拓、准备、回采煤量可采期小于国家规定的最短时间，未主动采取限产或者停产措施，仍然组织生产的（衰老煤矿和地方人民政府计划停产关闭煤矿除外）；

（四）煤矿井下同时生产的水平超过 2 个，或者一个采（盘）区内同时作业的采煤、煤（半煤岩）巷掘进工作面个数超过《煤矿安全规程》规定的；

（五）瓦斯抽采不达标组织生产的；

（六）煤矿未制定或者未严格执行井下劳动定员制度，或者采掘作业地点单班作业人数超过国家有关限员规定20%以上的。

第五条 "瓦斯超限作业"重大事故隐患，是指有下列情形之一的：

（一）瓦斯检查存在漏检、假检情况且进行作业的；

（二）井下瓦斯超限后继续作业或者未按照国家规定处置继续进行作业的；

（三）井下排放积聚瓦斯未按照国家规定制定并实施安全技术

措施进行作业的。

第六条 "煤与瓦斯突出矿井，未依照规定实施防突出措施"重大事故隐患，是指有下列情形之一的：

（一）未设立防突机构并配备相应专业人员的；

（二）未建立地面永久瓦斯抽采系统或者系统不能正常运行的；

（三）未按照国家规定进行区域或者工作面突出危险性预测的（直接认定为突出危险区域或者突出危险工作面的除外）；

（四）未按照国家规定采取防治突出措施的；

（五）未按照国家规定进行防突措施效果检验和验证，或者防突措施效果检验和验证不达标仍然组织生产建设，或者防突措施效果检验和验证数据造假的；

（六）未按照国家规定采取安全防护措施的；

（七）使用架线式电机车的。

第七条 "高瓦斯矿井未建立瓦斯抽采系统和监控系统，或者系统不能正常运行"重大事故隐患，是指有下列情形之一的：

（一）按照《煤矿安全规程》规定应当建立而未建立瓦斯抽采系统或者系统不正常使用的；

（二）未按照国家规定安设、调校甲烷传感器，人为造成甲烷传感器失效，或者瓦斯超限后不能报警、断电或者断电范围不符合国家规定的。

第八条 "通风系统不完善、不可靠"重大事故隐患，是指有下列情形之一的：

（一）矿井总风量不足或者采掘工作面等主要用风地点风量不足的；

（二）没有备用主要通风机，或者两台主要通风机不具有同等能力的；

（三）违反《煤矿安全规程》规定采用串联通风的；

（四）未按照设计形成通风系统，或者生产水平和采（盘）区未实现分区通风的；

（五）高瓦斯、煤与瓦斯突出矿井的任一采（盘）区，开采容易自燃煤层、低瓦斯矿井开采煤层群和分层开采采用联合布置的采（盘）区，未设置专用回风巷，或者突出煤层工作面没有独立的回风系统的；

（六）进、回风井之间和主要进、回风巷之间联络巷中的风墙、风门不符合《煤矿安全规程》规定，造成风流短路的；

（七）采区进、回风巷未贯穿整个采区，或者虽贯穿整个采区但一段进风、一段回风，或者采用倾斜长壁布置，大巷未超前至少2个区段构成通风系统即开掘其他巷道的；

（八）煤巷、半煤岩巷和有瓦斯涌出的岩巷掘进未按照国家规定装备甲烷电、风电闭锁装置或者有关装置不能正常使用的；

（九）高瓦斯、煤（岩）与瓦斯（二氧化碳）突出矿井的煤巷、半煤岩巷和有瓦斯涌出的岩巷掘进工作面采用局部通风时，不能实现双风机、双电源且自动切换的；

（十）高瓦斯、煤（岩）与瓦斯（二氧化碳）突出建设矿井进入二期工程前，其他建设矿井进入三期工程前，没有形成地面主要通风机供风的全风压通风系统的。

第九条 "有严重水患，未采取有效措施"重大事故隐患，是指有下列情形之一的：

（一）未查明矿井水文地质条件和井田范围内采空区、废弃老窑积水等情况而组织生产建设的；

（二）水文地质类型复杂、极复杂的矿井未设置专门的防治水机构、未配备专门的探放水作业队伍，或者未配齐专用探放水设备的；

（三）在需要探放水的区域进行采掘作业未按照国家规定进行探放水的；

（四）未按照国家规定留设或者擅自开采（破坏）各种防隔水

煤（岩）柱的；

（五）有突（透、溃）水征兆未撤出井下所有受水患威胁地点人员的；

（六）受地表水倒灌威胁的矿井在强降雨天气或其来水上游发生洪水期间未实施停产撤人的；

（七）建设矿井进入三期工程前，未按照设计建成永久排水系统，或者生产矿井延深到设计水平时，未建成防、排水系统而违规开拓掘进的；

（八）矿井主要排水系统水泵排水能力、管路和水仓容量不符合《煤矿安全规程》规定的；

（九）开采地表水体、老空水淹区域或者强含水层下急倾斜煤层，未按照国家规定消除水患威胁的。

第十条 "超层越界开采"重大事故隐患，是指有下列情形之一的：

（一）超出采矿许可证载明的开采煤层层位或者标高进行开采的；

（二）超出采矿许可证载明的坐标控制范围进行开采的；

（三）擅自开采（破坏）安全煤柱的。

第十一条 "有冲击地压危险，未采取有效措施"重大事故隐患，是指有下列情形之一的：

（一）未按照国家规定进行煤层（岩层）冲击倾向性鉴定，或者开采有冲击倾向性煤层未进行冲击危险性评价，或者开采冲击地压煤层，未进行采区、采掘工作面冲击危险性评价的；

（二）有冲击地压危险的矿井未设置专门的防冲机构、未配备专业人员或者未编制专门设计的；

（三）未进行冲击地压危险性预测，或者未进行防冲措施效果检验以及防冲措施效果检验不达标仍组织生产建设的；

（四）开采冲击地压煤层时，违规开采孤岛煤柱，采掘工作面位置、间距不符合国家规定，或者开采顺序不合理、采掘速度不符合国家规定、违反国家规定布置巷道或者留设煤（岩）柱造成应力集中的；

（五）未制定或者未严格执行冲击地压危险区域人员准入制度的。

第十二条　"自然发火严重，未采取有效措施"重大事故隐患，是指有下列情形之一的：

（一）开采容易自燃和自燃煤层的矿井，未编制防灭火专项设计或者未采取综合防灭火措施的；

（二）高瓦斯矿井采用放顶煤采煤法不能有效防治煤层自然发火的；

（三）有自然发火征兆没有采取相应的安全防范措施继续生产建设的；

（四）违反《煤矿安全规程》规定启封火区的。

第十三条　"使用明令禁止使用或者淘汰的设备、工艺"重大事故隐患，是指有下列情形之一的：

（一）使用被列入国家禁止井工煤矿使用的设备及工艺目录的产品或者工艺的；

（二）井下电气设备、电缆未取得煤矿矿用产品安全标志的；

（三）井下电气设备选型与矿井瓦斯等级不符，或者采（盘）区内防爆型电气设备存在失爆，或者井下使用非防爆无轨胶轮车的；

（四）未按照矿井瓦斯等级选用相应的煤矿许用炸药和雷管、未使用专用发爆器，或者裸露爆破的；

（五）采煤工作面不能保证2个畅通的安全出口的；

（六）高瓦斯矿井、煤与瓦斯突出矿井、开采容易自燃和自燃煤层（薄煤层除外）矿井，采煤工作面采用前进式采煤方法的。

第十四条　"煤矿没有双回路供电系统"重大事故隐患，是指有下列情形之一的：

（一）单回路供电的；

（二）有两回路电源线路但取自一个区域变电所同一母线段的；

（三）进入二期工程的高瓦斯、煤与瓦斯突出、水文地质类型为复杂和极复杂的建设矿井，以及进入三期工程的其他建设矿井，未形成两回路供电的。

第十五条 "新建煤矿边建设边生产，煤矿改扩建期间，在改扩建的区域生产，或者在其他区域的生产超出安全设施设计规定的范围和规模"重大事故隐患，是指有下列情形之一的：

（一）建设项目安全设施设计未经审查批准，或者审查批准后作出重大变更未经再次审查批准擅自组织施工的；

（二）新建煤矿在建设期间组织采煤的（经批准的联合试运转除外）；

（三）改扩建矿井在改扩建区域生产的；

（四）改扩建矿井在非改扩建区域超出设计规定范围和规模生产的。

第十六条 "煤矿实行整体承包生产经营后，未重新取得或者及时变更安全生产许可证而从事生产，或者承包方再次转包，以及将井下采掘工作面和井巷维修作业进行劳务承包"重大事故隐患，是指有下列情形之一的：

（一）煤矿未采取整体承包形式进行发包，或者将煤矿整体发包给不具有法人资格或者未取得合法有效营业执照的单位或者个人的；

（二）实行整体承包的煤矿，未签订安全生产管理协议，或者未按照国家规定约定双方安全生产管理职责而进行生产的；

（三）实行整体承包的煤矿，未重新取得或者变更安全生产许可证进行生产的；

（四）实行整体承包的煤矿，承包方再次将煤矿转包给其他单位或者个人的；

（五）井工煤矿将井下采掘作业或者井巷维修作业（井筒及井下新水平延深的井底车场、主运输、主通风、主排水、主要机电硐室开拓工程除外）作为独立工程发包给其他企业或者个人的，以及转包井下新水平延深开拓工程的。

第十七条 "煤矿改制期间，未明确安全生产责任人和安全管理机构，或者在完成改制后，未重新取得或者变更采矿许可证、安全生产许可证和营业执照"重大事故隐患，是指有下列情形之一的：

（一）改制期间，未明确安全生产责任人进行生产建设的；

（二）改制期间，未健全安全生产管理机构和配备安全管理人员进行生产建设的；

（三）完成改制后，未重新取得或者变更采矿许可证、安全生产许可证、营业执照而进行生产建设的。

第十八条 "其他重大事故隐患"，是指有下列情形之一的：

（一）未分别配备专职的矿长、总工程师和分管安全、生产、机电的副矿长，以及负责采煤、掘进、机电运输、通风、地测、防治水工作的专业技术人员的；

（二）未按照国家规定足额提取或者未按照国家规定范围使用安全生产费用的；

（三）未按照国家规定进行瓦斯等级鉴定，或者瓦斯等级鉴定弄虚作假的；

（四）出现瓦斯动力现象，或者相邻矿井开采的同一煤层发生了突出事故，或者被鉴定、认定为突出煤层，以及煤层瓦斯压力达到或者超过 0.74MPa 的非突出矿井，未立即按照突出煤层管理并在国家规定期限内进行突出危险性鉴定的（直接认定为突出矿井的除外）；

（五）图纸作假、隐瞒采掘工作面，提供虚假信息、隐瞒下井人数，或者矿长、总工程师（技术负责人）履行安全生产岗位责任制及管理制度时伪造记录，弄虚作假的；

（六）矿井未安装安全监控系统、人员位置监测系统或者系统不能正常运行，以及对系统数据进行修改、删除及屏蔽，或者煤与瓦斯突出矿井存在第七条第二项情形的；

（七）提升（运送）人员的提升机未按照《煤矿安全规程》规定安装保护装置，或者保护装置失效，或者超员运行的；

（八）带式输送机的输送带入井前未经过第三方阻燃和抗静电性能试验，或者试验不合格入井，或者输送带防打滑、跑偏、堆煤等保护装置或者温度、烟雾监测装置失效的；

（九）掘进工作面后部巷道或者独头巷道维修（着火点、高温点处理）时，维修（处理）点以里继续掘进或者有人员进入，或者采掘工作面未按照国家规定安设压风、供水、通信线路及装置的；

（十）露天煤矿边坡角大于设计最大值，或者边坡发生严重变形未及时采取措施进行治理的；

（十一）国家矿山安全监察机构认定的其他重大事故隐患。

第十九条 本标准所称的国家规定，是指有关法律、行政法规、部门规章、国家标准、行业标准，以及国务院及其应急管理部门、国家矿山安全监察机构依法制定的行政规范性文件。

第二十条 本标准自 2021 年 1 月 1 日起施行。原国家安全生产监督管理总局 2015 年 12 月 3 日公布的《煤矿重大生产安全事故隐患判定标准》（国家安全生产监督管理总局令第 85 号）同时废止。

（三）　非煤矿山安全

中华人民共和国电力法（节录）

（1995 年 12 月 28 日第八届全国人民代表大会常务委员会第十七次会议通过　根据 2009 年 8 月 27 日第十一届全国人民代表大会常务委员会第十次会议《关于修改部分法律的决定》第一次修正　根据 2015 年 4 月 24 日第十二届全国人民代表大会常务委员会第十四次会议《关于修改〈中华人民共和国电力法〉等六部法律的决定》第二次修正　根据 2018 年 12 月 29 日第十三届全国人民代表大会常务委员会第七次会议《关于修改〈中华人民共和国电力法〉等四部法律的决定》第三次修正）

……

第三章　电力生产与电网管理

第十八条　电力生产与电网运行应当遵循安全、优质、经济的原则。

电网运行应当连续、稳定，保证供电可靠性。

第十九条　电力企业应当加强安全生产管理，坚持安全第一、预防为主的方针，建立、健全安全生产责任制度。

电力企业应当对电力设施定期进行检修和维护，保证其正常运行。

第二十条　发电燃料供应企业、运输企业和电力生产企业应当依照国务院有关规定或者合同约定供应、运输和接卸燃料。

第二十一条 电网运行实行统一调度、分级管理。任何单位和个人不得非法干预电网调度。

第二十二条 国家提倡电力生产企业与电网、电网与电网并网运行。具有独立法人资格的电力生产企业要求将生产的电力并网运行的，电网经营企业应当接受。

并网运行必须符合国家标准或者电力行业标准。

并网双方应当按照统一调度、分级管理和平等互利、协商一致的原则，签订并网协议，确定双方的权利和义务；并网双方达不成协议的，由省级以上电力管理部门协调决定。

第二十三条 电网调度管理办法，由国务院依照本法的规定制定。

......

第七章　电力设施保护

第五十二条 任何单位和个人不得危害发电设施、变电设施和电力线路设施及其有关辅助设施。

在电力设施周围进行爆破及其他可能危及电力设施安全的作业的，应当按照国务院有关电力设施保护的规定，经批准并采取确保电力设施安全的措施后，方可进行作业。

第五十三条 电力管理部门应当按照国务院有关电力设施保护的规定，对电力设施保护区设立标志。

任何单位和个人不得在依法划定的电力设施保护区内修建可能危及电力设施安全的建筑物、构筑物，不得种植可能危及电力设施安全的植物，不得堆放可能危及电力设施安全的物品。

在依法划定电力设施保护区前已经种植的植物妨碍电力设施安全的，应当修剪或者砍伐。

第五十四条 任何单位和个人需要在依法划定的电力设施保护

区内进行可能危及电力设施安全的作业时，应当经电力管理部门批准并采取安全措施后，方可进行作业。

第五十五条 电力设施与公用工程、绿化工程和其他工程在新建、改建或者扩建中相互妨碍时，有关单位应当按照国家有关规定协商，达成协议后方可施工。

……

电力安全事故应急处置和调查处理条例（节录）

（2011 年 6 月 15 日国务院第 159 次常务会议通过
2011 年 7 月 7 日中华人民共和国国务院令第 599 号公布
自 2011 年 9 月 1 日起施行）

……

第二章 事 故 报 告

第八条 事故发生后，事故现场有关人员应当立即向发电厂、变电站运行值班人员、电力调度机构值班人员或者本企业现场负责人报告。有关人员接到报告后，应当立即向上一级电力调度机构和本企业负责人报告。本企业负责人接到报告后，应当立即向国务院电力监管机构设在当地的派出机构（以下称事故发生地电力监管机构）、县级以上人民政府安全生产监督管理部门报告；热电厂事故影响热力正常供应的，还应当向供热管理部门报告；事故涉及水电厂（站）大坝安全的，还应当同时向有管辖权的水行政主管部门或者流域管理机构报告。

电力企业及其有关人员不得迟报、漏报或者瞒报、谎报事故情况。

第九条 事故发生地电力监管机构接到事故报告后，应当立即核实有关情况，向国务院电力监管机构报告；事故造成供电用户停电的，应当同时通报事故发生地县级以上地方人民政府。

对特别重大事故、重大事故，国务院电力监管机构接到事故报告后应当立即报告国务院，并通报国务院安全生产监督管理部门、国务院能源主管部门等有关部门。

第十条 事故报告应当包括下列内容：

（一）事故发生的时间、地点（区域）以及事故发生单位；

（二）已知的电力设备、设施损坏情况，停运的发电（供热）机组数量、电网减供负荷或者发电厂减少出力的数值、停电（停热）范围；

（三）事故原因的初步判断；

（四）事故发生后采取的措施、电网运行方式、发电机组运行状况以及事故控制情况；

（五）其他应当报告的情况。

事故报告后出现新情况的，应当及时补报。

第十一条 事故发生后，有关单位和人员应当妥善保护事故现场以及工作日志、工作票、操作票等相关材料，及时保存故障录波图、电力调度数据、发电机组运行数据和输变电设备运行数据等相关资料，并在事故调查组成立后将相关材料、资料移交事故调查组。

因抢救人员或者采取恢复电力生产、电网运行和电力供应等紧急措施，需要改变事故现场、移动电力设备的，应当作出标记、绘制现场简图，妥善保存重要痕迹、物证，并作出书面记录。

任何单位和个人不得故意破坏事故现场，不得伪造、隐匿或者毁灭相关证据。

第三章 事故应急处置

第十二条 国务院电力监管机构依照《中华人民共和国突发事

件应对法》和《国家突发公共事件总体应急预案》，组织编制国家处置电网大面积停电事件应急预案，报国务院批准。

有关地方人民政府应当依照法律、行政法规和国家处置电网大面积停电事件应急预案，组织制定本行政区域处置电网大面积停电事件应急预案。

处置电网大面积停电事件应急预案应当对应急组织指挥体系及职责，应急处置的各项措施，以及人员、资金、物资、技术等应急保障作出具体规定。

第十三条 电力企业应当按照国家有关规定，制定本企业事故应急预案。

电力监管机构应当指导电力企业加强电力应急救援队伍建设，完善应急物资储备制度。

第十四条 事故发生后，有关电力企业应当立即采取相应的紧急处置措施，控制事故范围，防止发生电网系统性崩溃和瓦解；事故危及人身和设备安全的，发电厂、变电站运行值班人员可以按照有关规定，立即采取停运发电机组和输变电设备等紧急处置措施。

事故造成电力设备、设施损坏的，有关电力企业应当立即组织抢修。

第十五条 根据事故的具体情况，电力调度机构可以发布开启或者关停发电机组、调整发电机组有功和无功负荷、调整电网运行方式、调整供电调度计划等电力调度命令，发电企业、电力用户应当执行。

事故可能导致破坏电力系统稳定和电网大面积停电的，电力调度机构有权决定采取拉限负荷、解列电网、解列发电机组等必要措施。

第十六条 事故造成电网大面积停电的，国务院电力监管机构和国务院其他有关部门、有关地方人民政府、电力企业应当按照国家有关规定，启动相应的应急预案，成立应急指挥机构，尽快恢复电网运行和电力供应，防止各种次生灾害的发生。

第十七条 事故造成电网大面积停电的，有关地方人民政府及有关部门应当立即组织开展下列应急处置工作：

（一）加强对停电地区关系国计民生、国家安全和公共安全的重点单位的安全保卫，防范破坏社会秩序的行为，维护社会稳定；

（二）及时排除因停电发生的各种险情；

（三）事故造成重大人员伤亡或者需要紧急转移、安置受困人员的，及时组织实施救治、转移、安置工作；

（四）加强停电地区道路交通指挥和疏导，做好铁路、民航运输以及通信保障工作；

（五）组织应急物资的紧急生产和调用，保证电网恢复运行所需物资和居民基本生活资料的供给。

第十八条 事故造成重要电力用户供电中断的，重要电力用户应当按照有关技术要求迅速启动自备应急电源；启动自备应急电源无效的，电网企业应当提供必要的支援。

事故造成地铁、机场、高层建筑、商场、影剧院、体育场馆等人员聚集场所停电的，应当迅速启用应急照明，组织人员有序疏散。

第十九条 恢复电网运行和电力供应，应当优先保证重要电厂厂用电源、重要输变电设备、电力主干网架的恢复，优先恢复重要电力用户、重要城市、重点地区的电力供应。

第二十条 事故应急指挥机构或者电力监管机构应当按照有关规定，统一、准确、及时发布有关事故影响范围、处置工作进度、预计恢复供电时间等信息。

第四章 事故调查处理

第二十一条 特别重大事故由国务院或者国务院授权的部门组织事故调查组进行调查。

重大事故由国务院电力监管机构组织事故调查组进行调查。

较大事故、一般事故由事故发生地电力监管机构组织事故调查组进行调查。国务院电力监管机构认为必要的，可以组织事故调查组对较大事故进行调查。

未造成供电用户停电的一般事故，事故发生地电力监管机构也可以委托事故发生单位调查处理。

第二十二条 根据事故的具体情况，事故调查组由电力监管机构、有关地方人民政府、安全生产监督管理部门、负有安全生产监督管理职责的有关部门派人组成；有关人员涉嫌失职、渎职或者涉嫌犯罪的，应当邀请监察机关、公安机关、人民检察院派人参加。

根据事故调查工作的需要，事故调查组可以聘请有关专家协助调查。

事故调查组组长由组织事故调查组的机关指定。

第二十三条 事故调查组应当按照国家有关规定开展事故调查，并在下列期限内向组织事故调查组的机关提交事故调查报告：

（一）特别重大事故和重大事故的调查期限为 60 日；特殊情况下，经组织事故调查组的机关批准，可以适当延长，但延长的期限不得超过 60 日。

（二）较大事故和一般事故的调查期限为 45 日；特殊情况下，经组织事故调查组的机关批准，可以适当延长，但延长的期限不得超过 45 日。

事故调查期限自事故发生之日起计算。

第二十四条 事故调查报告应当包括下列内容：

（一）事故发生单位概况和事故发生经过；

（二）事故造成的直接经济损失和事故对电网运行、电力（热力）正常供应的影响情况；

（三）事故发生的原因和事故性质；

（四）事故应急处置和恢复电力生产、电网运行的情况；

（五）事故责任认定和对事故责任单位、责任人的处理建议；

（六）事故防范和整改措施。

事故调查报告应当附具有关证据材料和技术分析报告。事故调查组成员应当在事故调查报告上签字。

第二十五条 事故调查报告报经组织事故调查组的机关同意，事故调查工作即告结束；委托事故发生单位调查的一般事故，事故调查报告应当报经事故发生地电力监管机构同意。

有关机关应当依法对事故发生单位和有关人员进行处罚，对负有事故责任的国家工作人员给予处分。

事故发生单位应当对本单位负有事故责任的人员进行处理。

第二十六条 事故发生单位和有关人员应当认真吸取事故教训，落实事故防范和整改措施，防止事故再次发生。

电力监管机构、安全生产监督管理部门和负有安全生产监督管理职责的有关部门应当对事故发生单位和有关人员落实事故防范和整改措施的情况进行监督检查。

⋯⋯

非煤矿矿山企业安全生产
许可证实施办法（节录）

（2009 年 6 月 8 日国家安全生产监管总局令第 20 号公布 根据 2015 年 5 月 26 日《国家安全监管总局关于废止和修改非煤矿矿山领域九部规章的决定》修订）

⋯⋯

第二章 安全生产条件和申请

第六条 非煤矿矿山企业取得安全生产许可证，应当具备下列安全生产条件：

（一）建立健全主要负责人、分管负责人、安全生产管理人员、职能部门、岗位安全生产责任制；制定安全检查制度、职业危害预防制度、安全教育培训制度、生产安全事故管理制度、重大危险源监控和重大隐患整改制度、设备安全管理制度、安全生产档案管理制度、安全生产奖惩制度等规章制度；制定作业安全规程和各工种操作规程；

（二）安全投入符合安全生产要求，依照国家有关规定足额提取安全生产费用；

（三）设置安全生产管理机构，或者配备专职安全生产管理人员；

（四）主要负责人和安全生产管理人员经安全生产监督管理部门考核合格，取得安全资格证书；

（五）特种作业人员经有关业务主管部门考核合格，取得特种作业操作资格证书；

（六）其他从业人员依照规定接受安全生产教育和培训，并经考试合格；

（七）依法参加工伤保险，为从业人员缴纳保险费；

（八）制定防治职业危害的具体措施，并为从业人员配备符合国家标准或者行业标准的劳动防护用品；

（九）新建、改建、扩建工程项目依法进行安全评价，其安全设施经验收合格；

（十）危险性较大的设备、设施按照国家有关规定进行定期检测检验；

（十一）制定事故应急救援预案，建立事故应急救援组织，配备必要的应急救援器材、设备；生产规模较小可以不建立事故应急救援组织的，应当指定兼职的应急救援人员，并与邻近的矿山救护队或者其他应急救援组织签订救护协议；

（十二）符合有关国家标准、行业标准规定的其他条件。

第七条 海洋石油天然气企业申请领取安全生产许可证，向国家安全生产监督管理总局提出申请。

本条第一款规定以外的其他非煤矿矿山企业申请领取安全生产许可证，向企业所在地省级安全生产许可证颁发管理机关或其委托的设区的市级安全生产监督管理部门提出申请。

第八条 非煤矿矿山企业申请领取安全生产许可证，应当提交下列文件、资料：

（一）安全生产许可证申请书；

（二）工商营业执照复印件；

（三）采矿许可证复印件；

（四）各种安全生产责任制复印件；

（五）安全生产规章制度和操作规程目录清单；

（六）设置安全生产管理机构或者配备专职安全生产管理人员的文件复印件；

（七）主要负责人和安全生产管理人员安全资格证书复印件；

（八）特种作业人员操作资格证书复印件；

（九）足额提取安全生产费用的证明材料；

（十）为从业人员缴纳工伤保险费的证明材料；因特殊情况不能办理工伤保险的，可以出具办理安全生产责任保险的证明材料；

（十一）涉及人身安全、危险性较大的海洋石油开采特种设备和矿山井下特种设备由具备相应资质的检测检验机构出具合格的检测检验报告，并取得安全使用证或者安全标志；

（十二）事故应急救援预案，设立事故应急救援组织的文件或者与矿山救护队、其他应急救援组织签订的救护协议；

（十三）矿山建设项目安全设施验收合格的书面报告。

第九条 非煤矿矿山企业总部申请领取安全生产许可证，不需要提交本实施办法第八条第（三）、（八）、（九）、（十）、（十一）、

（十二）、（十三）项规定的文件、资料。

第十条　金属非金属矿山企业从事爆破作业的，除应当依照本实施办法第八条的规定提交相应文件、资料外，还应当提交《爆破作业单位许可证》。

第十一条　尾矿库申请领取安全生产许可证，不需要提交本实施办法第八条第（三）项规定的文件、资料。

第十二条　地质勘探单位申请领取安全生产许可证，不需要提交本实施办法第八条第（三）、（九）、（十三）项规定的文件、资料，但应当提交地质勘查资质证书复印件；从事爆破作业的，还应当提交《爆破作业单位许可证》。

第十三条　采掘施工企业申请领取安全生产许可证，不需要提交本实施办法第八条第（三）、（九）、（十三）项规定的文件、资料，但应当提交矿山工程施工相关资质证书复印件；从事爆破作业的，还应当提交《爆破作业单位许可证》。

第十四条　石油天然气勘探单位申请领取安全生产许可证，不需要提交本实施办法第八条第（三）、（十三）项规定的文件、资料；石油天然气管道储运单位申请领取安全生产许可证不需要提交本实施办法第八条第（三）项规定的文件、资料。

第十五条　非煤矿矿山企业应当对其向安全生产许可证颁发管理机关提交的文件、资料实质内容的真实性负责。

从事安全评价、检测检验的中介机构应当对其出具的安全评价报告、检测检验结果负责。

第三章　受理、审核和颁发

第十六条　安全生产许可证颁发管理机关对非煤矿矿山企业提交的申请书及文件、资料，应当依照下列规定分别处理：

（一）申请事项不属于本机关职权范围的，应当即时作出不予受理的决定，并告知申请人向有关机关申请；

（二）申请材料存在可以当场更正的错误的，应当允许或者要求申请人当场更正，并即时出具受理的书面凭证；

（三）申请材料不齐全或者不符合要求的，应当当场或者在5个工作日内一次性书面告知申请人需要补正的全部内容，逾期不告知的，自收到申请材料之日起即为受理；

（四）申请材料齐全、符合要求或者依照要求全部补正的，自收到申请材料或者全部补正材料之日起为受理。

第十七条 安全生产许可证颁发管理机关应当依照本实施办法规定的法定条件组织，对非煤矿矿山企业提交的申请材料进行审查，并在受理申请之日起45日内作出颁发或者不予颁发安全生产许可证的决定。安全生产许可证颁发管理机关认为有必要到现场对非煤矿矿山企业提交的申请材料进行复核的，应当到现场进行复核。复核时间不计算在本款规定的期限内。

对决定颁发的，安全生产许可证颁发管理机关应当自决定之日起10个工作日内送达或者通知申请人领取安全生产许可证；对决定不予颁发的，应当在10个工作日内书面通知申请人并说明理由。

第十八条 安全生产许可证颁发管理机关应当依照下列规定颁发非煤矿矿山企业安全生产许可证：

（一）对金属非金属矿山企业，向企业及其所属各独立生产系统分别颁发安全生产许可证；对于只有一个独立生产系统的企业，只向企业颁发安全生产许可证；

（二）对中央管理的陆上石油天然气企业，向企业总部直接管理的分公司、子公司以及下一级与油气勘探、开发生产、储运直接相关的生产作业单位分别颁发安全生产许可证；对设有分公司、子公司的地方石油天然气企业，向企业总部及其分公司、子公司颁发安全生产许可证；对其他陆上石油天然气企业，向具有法人资格的企业颁发安全生产许可证；

（三）对海洋石油天然气企业，向企业及其直接管理的分公司、子公司以及下一级与油气开发生产直接相关的生产作业单位、独立生产系统分别颁发安全生产许可证；对其他海洋石油天然气企业，向具有法人资格的企业颁发安全生产许可证；

（四）对地质勘探单位，向最下级具有企事业法人资格的单位颁发安全生产许可证。对采掘施工企业，向企业颁发安全生产许可证；

（五）对尾矿库单独颁发安全生产许可证。

第四章　安全生产许可证延期和变更

第十九条　安全生产许可证的有效期为 3 年。安全生产许可证有效期满后需要延期的，非煤矿矿山企业应当在安全生产许可证有效期届满前 3 个月向原安全生产许可证颁发管理机关申请办理延期手续，并提交下列文件、资料：

（一）延期申请书；

（二）安全生产许可证正本和副本；

（三）本实施办法第二章规定的相应文件、资料。

金属非金属矿山独立生产系统和尾矿库，以及石油天然气独立生产系统和作业单位还应当提交由具备相应资质的中介服务机构出具的合格的安全现状评价报告。

金属非金属矿山独立生产系统和尾矿库在提出延期申请之前 6 个月内经考评合格达到安全标准化等级的，可以不提交安全现状评价报告，但需要提交安全标准化等级的证明材料。

安全生产许可证颁发管理机关应当依照本实施办法第十六条、第十七条的规定，对非煤矿矿山企业提交的材料进行审查，并作出是否准予延期的决定。决定准予延期的，应当收回原安全生产许可证，换发新的安全生产许可证；决定不准予延期的，应当书面告知申请人并说明理由。

第二十条　非煤矿矿山企业符合下列条件的，当安全生产许可证有效期届满申请延期时，经原安全生产许可证颁发管理机关同意，不再审查，直接办理延期手续：

（一）严格遵守有关安全生产的法律法规的；

（二）取得安全生产许可证后，加强日常安全生产管理，未降低安全生产条件，并达到安全标准化等级二级以上的；

（三）接受安全生产许可证颁发管理机关及所在地人民政府安全生产监督管理部门的监督检查的；

（四）未发生死亡事故的。

第二十一条 非煤矿矿山企业在安全生产许可证有效期内有下列情形之一的，应当自工商营业执照变更之日起 30 个工作日内向原安全生产许可证颁发管理机关申请变更安全生产许可证：

（一）变更单位名称的；

（二）变更主要负责人的；

（三）变更单位地址的；

（四）变更经济类型的；

（五）变更许可范围的。

第二十二条 非煤矿矿山企业申请变更安全生产许可证时，应当提交下列文件、资料：

（一）变更申请书；

（二）安全生产许可证正本和副本；

（三）变更后的工商营业执照、采矿许可证复印件及变更说明材料。

变更本实施办法第二十一条第（二）项的，还应当提交变更后的主要负责人的安全资格证书复印件。

对已经受理的变更申请，安全生产许可证颁发管理机关对申请人提交的文件、资料审查无误后，应当在 10 个工作日内办理变更手续。

第二十三条 安全生产许可证申请书、审查书、延期申请书和变更申请书由国家安全生产监督管理总局统一格式。

第二十四条　非煤矿矿山企业安全生产许可证分为正本和副本，正本和副本具有同等法律效力，正本为悬挂式，副本为折页式。

非煤矿矿山企业安全生产许可证由国家安全生产监督管理总局统一印制和编号。

第五章　安全生产许可证的监督管理

第二十五条　非煤矿矿山企业取得安全生产许可证后，应当加强日常安全生产管理，不得降低安全生产条件，并接受所在地县级以上安全生产监督管理部门的监督检查。

第二十六条　地质勘探单位、采掘施工单位在登记注册的省、自治区、直辖市以外从事作业的，应当向作业所在地县级以上安全生产监督管理部门书面报告。

第二十七条　非煤矿矿山企业不得转让、冒用、买卖、出租、出借或者使用伪造的安全生产许可证。

第二十八条　非煤矿矿山企业发现在安全生产许可证有效期内采矿许可证到期失效的，应当在采矿许可证到期前15日内向原安全生产许可证颁发管理机关报告，并交回安全生产许可证正本和副本。

采矿许可证被暂扣、撤销、吊销和注销的，非煤矿矿山企业应当在暂扣、撤销、吊销和注销后5日内向原安全生产许可证颁发管理机关报告，并交回安全生产许可证正本和副本。

第二十九条　安全生产许可证颁发管理机关应当坚持公开、公平、公正的原则，严格依照本实施办法的规定审查、颁发安全生产许可证。

安全生产许可证颁发管理机关工作人员在安全生产许可证颁发、管理和监督检查工作中，不得索取或者接受非煤矿矿山企业的财物，不得谋取其他利益。

第三十条 安全生产许可证颁发管理机关发现有下列情形之一的，应当撤销已经颁发的安全生产许可证：

（一）超越职权颁发安全生产许可证的；

（二）违反本实施办法规定的程序颁发安全生产许可证的；

（三）不具备本实施办法规定的安全生产条件颁发安全生产许可证的；

（四）以欺骗、贿赂等不正当手段取得安全生产许可证的。

第三十一条 取得安全生产许可证的非煤矿矿山企业有下列情形之一的，安全生产许可证颁发管理机关应当注销其安全生产许可证：

（一）终止生产活动的；

（二）安全生产许可证被依法撤销的；

（三）安全生产许可证被依法吊销的。

第三十二条 非煤矿矿山企业隐瞒有关情况或者提供虚假材料申请安全生产许可证的，安全生产许可证颁发管理机关不予受理，该企业在 1 年内不得再次申请安全生产许可证。

非煤矿矿山企业以欺骗、贿赂等不正当手段取得安全生产许可证后被依法予以撤销的，该企业 3 年内不得再次申请安全生产许可证。

第三十三条 县级以上地方人民政府安全生产监督管理部门负责本行政区域内取得安全生产许可证的非煤矿矿山企业的日常监督检查，并将监督检查中发现的问题及时报告安全生产许可证颁发管理机关。中央管理的非煤矿矿山企业由设区的市级以上地方人民政府安全生产监督管理部门负责日常监督检查。

国家安全生产监督管理总局负责取得安全生产许可证的中央管理的非煤矿矿山企业总部和海洋石油天然气企业的日常监督检查。

第三十四条 安全生产许可证颁发管理机关每 6 个月向社会公

布取得安全生产许可证的非煤矿矿山企业名单。

第三十五条 安全生产许可证颁发管理机关应当将非煤矿矿山企业安全生产许可证颁发管理情况通报非煤矿矿山企业所在地县级以上地方人民政府及其安全生产监督管理部门。

第三十六条 安全生产许可证颁发管理机关应当加强对非煤矿矿山企业安全生产许可证的监督管理，建立、健全非煤矿矿山企业安全生产许可证信息管理制度。

省级安全生产许可证颁发管理机关应当在安全生产许可证颁发之日起 1 个月内将颁发和管理情况录入到全国统一的非煤矿矿山企业安全生产许可证管理系统。

第三十七条 任何单位或者个人对违反《安全生产许可证条例》和本实施办法规定的行为，有权向安全生产许可证颁发管理机关或者监察机关等有关部门举报。

……

尾矿库安全监督管理规定（节录）

（2011 年 5 月 4 日国家安全生产监督管理总局令第 38 号公布 根据 2015 年 5 月 26 日《国家安全监管总局关于废止和修改非煤矿矿山领域九部规章的决定》修订）

……

第二章 尾矿库建设

第九条 尾矿库建设项目包括新建、改建、扩建以及回采、闭库的尾矿库建设工程。

尾矿库建设项目安全设施设计审查与竣工验收应当符合有关法

律、行政法规的规定。

第十条 尾矿库的勘察单位应当具有矿山工程或者岩土工程类勘察资质。设计单位应当具有金属非金属矿山工程设计资质。安全评价单位应当具有尾矿库评价资质。施工单位应当具有矿山工程施工资质。施工监理单位应当具有矿山工程监理资质。

尾矿库的勘察、设计、安全评价、施工、监理等单位除符合前款规定外，还应当按照尾矿库的等别符合下列规定：

（一）一等、二等、三等尾矿库建设项目，其勘察、设计、安全评价、监理单位具有甲级资质，施工单位具有总承包一级或者特级资质；

（二）四等、五等尾矿库建设项目，其勘察、设计、安全评价、监理单位具有乙级或者乙级以上资质，施工单位具有总承包三级或者三级以上资质，或者专业承包一级、二级资质。

第十一条 尾矿库建设项目应当进行安全设施设计，对尾矿库库址及尾矿坝稳定性、尾矿库防洪能力、排洪设施和安全观测设施的可靠性进行充分论证。

第十二条 尾矿库库址应当由设计单位根据库容、坝高、库区地形条件、水文地质、气象、下游居民区和重要工业构筑物等情况，经科学论证后，合理确定。

第十三条 尾矿库建设项目应当进行安全设施设计并经安全生产监督管理部门审查批准后方可施工。无安全设施设计或者安全设施设计未经审查批准的，不得施工。

严禁未经设计并审查批准擅自加高尾矿库坝体。

第十四条 尾矿库施工应当执行有关法律、行政法规和国家标准、行业标准的规定，严格按照设计施工，确保工程质量，并做好施工记录。

生产经营单位应当建立尾矿库工程档案和日常管理档案，特别是隐蔽工程档案、安全检查档案和隐患排查治理档案，并长期保存。

第十五条 施工中需要对设计进行局部修改的，应当经原设计单位同意；对涉及尾矿库库址、等别、排洪方式、尾矿坝坝型等重大设计变更的，应当报原审批部门批准。

第十六条 尾矿库建设项目安全设施试运行应当向安全生产监督管理部门书面报告，试运行时间不得超过 6 个月，且尾砂排放不得超过初期坝坝顶标高。试运行结束后，建设单位应当组织安全设施竣工验收，并形成书面报告备查。

安全生产监督管理部门应当加强对建设单位验收活动和验收结果的监督核查。

第十七条 尾矿库建设项目安全设施经验收合格后，生产经营单位应当及时按照《非煤矿矿山企业安全生产许可证实施办法》的有关规定，申请尾矿库安全生产许可证。未依法取得安全生产许可证的尾矿库，不得投入生产运行。

生产经营单位在申请尾矿库安全生产许可证时，对于验收申请时已提交的符合颁证条件的文件、资料可以不再提交；安全生产监督管理部门在审核颁发安全生产许可证时，可以不再审查。

第三章　尾矿库运行

第十八条 对生产运行的尾矿库，未经技术论证和安全生产监督管理部门的批准，任何单位和个人不得对下列事项进行变更：

（一）筑坝方式；

（二）排放方式；

（三）尾矿物化特性；

（四）坝型、坝外坡坡比、最终堆积标高和最终坝轴线的位置；

（五）坝体防渗、排渗及反滤层的设置；

（六）排洪系统的型式、布置及尺寸；

（七）设计以外的尾矿、废料或者废水进库等。

第十九条　尾矿库应当每三年至少进行一次安全现状评价。安全现状评价应当符合国家标准或者行业标准的要求。

尾矿库安全现状评价工作应当有能够进行尾矿坝稳定性验算、尾矿库水文计算、构筑物计算的专业技术人员参加。

上游式尾矿坝堆积至二分之一至三分之二最终设计坝高时，应当对坝体进行一次全面勘察，并进行稳定性专项评价。

第二十条　尾矿库经安全现状评价或者专家论证被确定为危库、险库和病库的，生产经营单位应当分别采取下列措施：

（一）确定为危库的，应当立即停产，进行抢险，并向尾矿库所在地县级人民政府、安全生产监督管理部门和上级主管单位报告；

（二）确定为险库的，应当立即停产，在限定的时间内消除险情，并向尾矿库所在地县级人民政府、安全生产监督管理部门和上级主管单位报告；

（三）确定为病库的，应当在限定的时间内按照正常库标准进行整治，消除事故隐患。

第二十一条　生产经营单位应当建立健全防汛责任制，实施24小时监测监控和值班值守，并针对可能发生的垮坝、漫顶、排洪设施损毁等生产安全事故和影响尾矿库运行的洪水、泥石流、山体滑坡、地震等重大险情制定并及时修订应急救援预案，配备必要的应急救援器材、设备，放置在便于应急时使用的地方。

应急预案应当按照规定报相应的安全生产监督管理部门备案，并每年至少进行一次演练。

第二十二条　生产经营单位应当编制尾矿库年度、季度作业计划，严格按照作业计划生产运行，做好记录并长期保存。

第二十三条　生产经营单位应当建立尾矿库事故隐患排查治理制度，按照本规定和《尾矿库安全技术规程》的规定，及时发现并消除事故隐患。事故隐患排查治理情况应当如实记录，建立隐患排查治理档案，并向从业人员通报。

第二十四条 尾矿库出现下列重大险情之一的，生产经营单位应当按照安全监管权限和职责立即报告当地县级安全生产监督管理部门和人民政府，并启动应急预案，进行抢险：

（一）坝体出现严重的管涌、流土等现象的；

（二）坝体出现严重裂缝、坍塌和滑动迹象的；

（三）库内水位超过限制的最高洪水位的；

（四）在用排水井倒塌或者排水管（洞）坍塌堵塞的；

（五）其他危及尾矿库安全的重大险情。

第二十五条 尾矿库发生坝体坍塌、洪水漫顶等事故时，生产经营单位应当立即启动应急预案，进行抢险，防止事故扩大，避免和减少人员伤亡及财产损失，并立即报告当地县级安全生产监督管理部门和人民政府。

第二十六条 未经生产经营单位进行技术论证并同意，以及尾矿库建设项目安全设施设计原审批部门批准，任何单位和个人不得在库区从事爆破、采砂、地下采矿等危害尾矿库安全的作业。

第四章　尾矿库回采和闭库

第二十七条 尾矿回采再利用工程应当进行回采勘察、安全预评价和回采设计，回采设计应当包括安全设施设计，并编制安全专篇。

回采安全设施设计应当报安全生产监督管理部门审查批准。

生产经营单位应当按照回采设计实施尾矿回采，并在尾矿回采期间进行日常安全管理和检查，防止尾矿回采作业对尾矿坝安全造成影响。

尾矿全部回采后不再进行排尾作业的，生产经营单位应当及时报安全生产监督管理部门履行尾矿库注销手续。具体办法由省级安全生产监督管理部门制定。

第二十八条 尾矿库运行到设计最终标高或者不再进行排尾作

业的，应当在一年内完成闭库。特殊情况不能按期完成闭库的，应当报经相应的安全生产监督管理部门同意后方可延期，但延长期限不得超过 6 个月。

库容小于 10 万立方米且总坝高低于 10 米的小型尾矿库闭库程序，由省级安全生产监督管理部门根据本地实际制定。

第二十九条 尾矿库运行到设计最终标高的前 12 个月内，生产经营单位应当进行闭库前的安全现状评价和闭库设计，闭库设计应当包括安全设施设计。

闭库安全设施设计应当经有关安全生产监督管理部门审查批准。

第三十条 尾矿库闭库工程安全设施验收，应当具备下列条件：

（一）尾矿库已停止使用；

（二）尾矿库闭库工程安全设施设计已经有关安全生产监督管理部门审查批准；

（三）有完备的闭库工程安全设施施工记录、竣工报告、竣工图和施工监理报告等；

（四）法律、行政法规和国家标准、行业标准规定的其他条件。

第三十一条 尾矿库闭库工程安全设施验收应当审查下列内容及资料：

（一）尾矿库库址所在行政区域位置、占地面积及尾矿库下游村庄、居民等情况；

（二）尾矿库建设和运行时间以及在建设和运行中曾经出现过的重大问题及其处理措施；

（三）尾矿库主要技术参数，包括初期坝结构、筑坝材料、堆坝方式、坝高、总库容、尾矿坝外坡坡比、尾矿粒度、尾矿堆积量、防洪排水型式等；

（四）闭库工程安全设施设计及审批文件；

（五）闭库工程安全设施设计的主要工程措施和闭库工程施工概况；

（六）闭库工程安全验收评价报告；

（七）闭库工程安全设施竣工报告及竣工图；

（八）施工监理报告；

（九）其他相关资料。

第三十二条 尾矿库闭库工作及闭库后的安全管理由原生产经营单位负责。对解散或者关闭破产的生产经营单位，其已关闭或者废弃的尾矿库的管理工作，由生产经营单位出资人或其上级主管单位负责；无上级主管单位或者出资人不明确的，由安全生产监督管理部门提请县级以上人民政府指定管理单位。

第五章　监 督 管 理

第三十三条 安全生产监督管理部门应当严格按照有关法律、行政法规、国家标准、行业标准以及本规定要求和"分级属地"的原则，进行尾矿库建设项目安全设施设计审查；不符合规定条件的，不得批准。审查不得收取费用。

第三十四条 安全生产监督管理部门应当建立本行政区域内尾矿库安全生产监督检查档案，记录监督检查结果、生产安全事故及违法行为查处等情况。

第三十五条 安全生产监督管理部门应当加强对尾矿库生产经营单位安全生产的监督检查，对检查中发现的事故隐患和违法违规生产行为，依法作出处理。

第三十六条 安全生产监督管理部门应当建立尾矿库安全生产举报制度，公开举报电话、信箱或者电子邮件地址，受理有关举报；对受理的举报，应当认真调查核实；经查证属实的，应当依法作出处理。

第三十七条 安全生产监督管理部门应当加强本行政区域内生产经营单位应急预案的备案管理，并将尾矿库事故应急救援纳入地方各级人民政府应急救援体系。

　　……

最高人民法院、最高人民检察院
关于办理非法采矿、破坏性采矿刑事案件
适用法律若干问题的解释

（2016 年 9 月 26 日最高人民法院审判委员会第 1694 次会议、2016 年 11 月 4 日最高人民检察院第十二届检察委员会第 57 次会议通过　2016 年 11 月 28 日最高人民法院、最高人民检察院公告公布　自 2016 年 12 月 1 日起施行　法释〔2016〕25 号）

为依法惩处非法采矿、破坏性采矿犯罪活动，根据《中华人民共和国刑法》《中华人民共和国刑事诉讼法》的有关规定，现就办理此类刑事案件适用法律的若干问题解释如下：

第一条　违反《中华人民共和国矿产资源法》《中华人民共和国水法》等法律、行政法规有关矿产资源开发、利用、保护和管理的规定的，应当认定为刑法第三百四十三条规定的"违反矿产资源法的规定"。

第二条　具有下列情形之一的，应当认定为刑法第三百四十三条第一款规定的"未取得采矿许可证"：

（一）无许可证的；

（二）许可证被注销、吊销、撤销的；

（三）超越许可证规定的矿区范围或者开采范围的；

（四）超出许可证规定的矿种的（共生、伴生矿种除外）；

（五）其他未取得许可证的情形。

第三条　实施非法采矿行为，具有下列情形之一的，应当认定为刑法第三百四十三条第一款规定的"情节严重"：

（一）开采的矿产品价值或者造成矿产资源破坏的价值在十万

元至三十万元以上的；

（二）在国家规划矿区、对国民经济具有重要价值的矿区采矿，开采国家规定实行保护性开采的特定矿种，或者在禁采区、禁采期内采矿，开采的矿产品价值或者造成矿产资源破坏的价值在五万元至十五万元以上的；

（三）二年内曾因非法采矿受过两次以上行政处罚，又实施非法采矿行为的；

（四）造成生态环境严重损害的；

（五）其他情节严重的情形。

实施非法采矿行为，具有下列情形之一的，应当认定为刑法第三百四十三条第一款规定的"情节特别严重"：

（一）数额达到前款第一项、第二项规定标准五倍以上的；

（二）造成生态环境特别严重损害的；

（三）其他情节特别严重的情形。

第四条　在河道管理范围内采砂，具有下列情形之一，符合刑法第三百四十三条第一款和本解释第二条、第三条规定的，以非法采矿罪定罪处罚：

（一）依据相关规定应当办理河道采砂许可证，未取得河道采砂许可证的；

（二）依据相关规定应当办理河道采砂许可证和采矿许可证，既未取得河道采砂许可证，又未取得采矿许可证的。

实施前款规定行为，虽不具有本解释第三条第一款规定的情形，但严重影响河势稳定，危害防洪安全的，应当认定为刑法第三百四十三条第一款规定的"情节严重"。

第五条　未取得海砂开采海域使用权证，且未取得采矿许可证，采挖海砂，符合刑法第三百四十三条第一款和本解释第二条、第三条规定的，以非法采矿罪定罪处罚。

实施前款规定行为，虽不具有本解释第三条第一款规定的情形，但造成海岸线严重破坏的，应当认定为刑法第三百四十三条第一款规定的"情节严重"。

第六条　造成矿产资源破坏的价值在五十万元至一百万元以上，或者造成国家规划矿区、对国民经济具有重要价值的矿区和国家规定实行保护性开采的特定矿种资源破坏的价值在二十五万元至五十万元以上的，应当认定为刑法第三百四十三条第二款规定的"造成矿产资源严重破坏"。

第七条　明知是犯罪所得的矿产品及其产生的收益，而予以窝藏、转移、收购、代为销售或者以其他方法掩饰、隐瞒的，依照刑法第三百一十二条的规定，以掩饰、隐瞒犯罪所得、犯罪所得收益罪定罪处罚。

实施前款规定的犯罪行为，事前通谋的，以共同犯罪论处。

第八条　多次非法采矿、破坏性采矿构成犯罪，依法应当追诉的，或者二年内多次非法采矿、破坏性采矿未经处理的，价值数额累计计算。

第九条　单位犯刑法第三百四十三条规定之罪的，依照本解释规定的相应自然人犯罪的定罪量刑标准，对直接负责的主管人员和其他直接责任人员定罪处罚，并对单位判处罚金。

第十条　实施非法采矿犯罪，不属于"情节特别严重"，或者实施破坏性采矿犯罪，行为人系初犯，全部退赃退赔，积极修复环境，并确有悔改表现的，可以认定为犯罪情节轻微，不起诉或者免予刑事处罚。

第十一条　对受雇佣为非法采矿、破坏性采矿犯罪提供劳务的人员，除参与利润分成或者领取高额固定工资的以外，一般不以犯罪论处，但曾因非法采矿、破坏性采矿受过处罚的除外。

第十二条　对非法采矿、破坏性采矿犯罪的违法所得及其收益，应当依法追缴或者责令退赔。

对用于非法采矿、破坏性采矿犯罪的专门工具和供犯罪所用的本人财物，应当依法没收。

第十三条　非法开采的矿产品价值，根据销赃数额认定；无销赃数额，销赃数额难以查证，或者根据销赃数额认定明显不合理的，根据矿产品价格和数量认定。

矿产品价值难以确定的，依据下列机构出具的报告，结合其他证据作出认定：

（一）价格认证机构出具的报告；

（二）省级以上人民政府国土资源、水行政、海洋等主管部门出具的报告；

（三）国务院水行政主管部门在国家确定的重要江河、湖泊设立的流域管理机构出具的报告。

第十四条　对案件所涉的有关专门性问题难以确定的，依据下列机构出具的鉴定意见或者报告，结合其他证据作出认定：

（一）司法鉴定机构就生态环境损害出具的鉴定意见；

（二）省级以上人民政府国土资源主管部门就造成矿产资源破坏的价值、是否属于破坏性开采方法出具的报告；

（三）省级以上人民政府水行政主管部门或者国务院水行政主管部门在国家确定的重要江河、湖泊设立的流域管理机构就是否危害防洪安全出具的报告；

（四）省级以上人民政府海洋主管部门就是否造成海岸线严重破坏出具的报告。

第十五条　各省、自治区、直辖市高级人民法院、人民检察院，可以根据本地区实际情况，在本解释第三条、第六条规定的数额幅度内，确定本地区执行的具体数额标准，报最高人民法院、最高人民检察院备案。

第十六条　本解释自 2016 年 12 月 1 日起施行。本解释施行后，《最高人民法院关于审理非法采矿、破坏性采矿刑事案件具体应用法律若干问题的解释》（法释〔2003〕9 号）同时废止。

交通运输安全

（一）航空运输安全

中华人民共和国民用航空法（节录）

（1995年10月30日第八届全国人民代表大会常务委员会第十六次会议通过　根据2009年8月27日第十一届全国人民代表大会常务委员会第十次会议《关于修改部分法律的决定》第一次修正　根据2015年4月24日第十二届全国人民代表大会常务委员会第十四次会议《关于修改〈中华人民共和国计量法〉等五部法律的决定》第二次修正　根据2016年11月7日第十二届全国人民代表大会常务委员会第二十四次会议《关于修改〈中华人民共和国对外贸易法〉等十二部法律的决定》第三次修正　根据2017年11月4日第十二届全国人民代表大会常务委员会第三十次会议《关于修改〈中华人民共和国会计法〉等十一部法律的决定》第四次修正　根据2018年12月29日第十三届全国人民代表大会常务委员会第七次会议《关于修改〈中华人民共和国劳动法〉等七部法律的决定》第五次修正　根据2021年4月29日第十三届全国人民代表大会

常务委员会第二十八次会议《关于修改〈中华人民共和国道路交通安全法〉等八部法律的决定》第六次修正)

......

第九章　公共航空运输

第一节　一般规定

第一百零六条　本章适用于公共航空运输企业使用民用航空器经营的旅客、行李或者货物的运输，包括公共航空运输企业使用民用航空器办理的免费运输。

本章不适用于使用民用航空器办理的邮件运输。

对多式联运方式的运输，本章规定适用于其中的航空运输部分。

第一百零七条　本法所称国内航空运输，是指根据当事人订立的航空运输合同，运输的出发地点、约定的经停地点和目的地点均在中华人民共和国境内的运输。

本法所称国际航空运输，是指根据当事人订立的航空运输合同，无论运输有无间断或者有无转运，运输的出发地点、目的地点或者约定的经停地点之一不在中华人民共和国境内的运输。

第一百零八条　航空运输合同各方认为几个连续的航空运输承运人办理的运输是一项单一业务活动的，无论其形式是以一个合同订立或者数个合同订立，应当视为一项不可分割的运输。

第二节　运输凭证

第一百零九条　承运人运送旅客，应当出具客票。旅客乘坐民用航空器，应当交验有效客票。

第一百一十条　客票应当包括的内容由国务院民用航空主管部门规定，至少应当包括以下内容：

（一）出发地点和目的地点；

（二）出发地点和目的地点均在中华人民共和国境内，而在境外有一个或者数个约定的经停地点的，至少注明一个经停地点；

（三）旅客航程的最终目的地点、出发地点或者约定的经停地点之一不在中华人民共和国境内，依照所适用的国际航空运输公约的规定，应当在客票上声明此项运输适用该公约的，客票上应当载有该项声明。

第一百一十一条 客票是航空旅客运输合同订立和运输合同条件的初步证据。

旅客未能出示客票、客票不符合规定或者客票遗失，不影响运输合同的存在或者有效。

在国内航空运输中，承运人同意旅客不经其出票而乘坐民用航空器的，承运人无权援用本法第一百二十八条有关赔偿责任限制的规定。

在国际航空运输中，承运人同意旅客不经其出票而乘坐民用航空器的，或者客票上未依照本法第一百一十条第（三）项的规定声明的，承运人无权援用本法第一百二十九条有关赔偿责任限制的规定。

第一百一十二条 承运人载运托运行李时，行李票可以包含在客票之内或者与客票相结合。除本法第一百一十条的规定外，行李票还应当包括下列内容：

（一）托运行李的件数和重量；

（二）需要声明托运行李在目的地点交付时的利益的，注明声明金额。

行李票是行李托运和运输合同条件的初步证据。

旅客未能出示行李票、行李票不符合规定或者行李票遗失，不影响运输合同的存在或者有效。

在国内航空运输中，承运人载运托运行李而不出具行李票的，承运人无权援用本法第一百二十八条有关赔偿责任限制的规定。

在国际航空运输中，承运人载运托运行李而不出具行李票的，或者行李票上未依照本法第一百一十条第（三）项的规定声明的，承运人无权援用本法第一百二十九条有关赔偿责任限制的规定。

第一百一十三条 承运人有权要求托运人填写航空货运单，托运人有权要求承运人接受该航空货运单。托运人未能出示航空货运单、航空货运单不符合规定或者航空货运单遗失，不影响运输合同的存在或者有效。

第一百一十四条 托运人应当填写航空货运单正本一式三份，连同货物交给承运人。

航空货运单第一份注明"交承运人"，由托运人签字、盖章；第二份注明"交收货人"，由托运人和承运人签字、盖章；第三份由承运人在接受货物后签字、盖章，交给托运人。

承运人根据托运人的请求填写航空货运单的，在没有相反证据的情况下，应当视为代托运人填写。

第一百一十五条 航空货运单应当包括的内容由国务院民用航空主管部门规定，至少应当包括以下内容：

（一）出发地点和目的地点；

（二）出发地点和目的地点均在中华人民共和国境内，而在境外有一个或者数个约定的经停地点的，至少注明一个经停地点；

（三）货物运输的最终目的地点、出发地点或者约定的经停地点之一不在中华人民共和国境内，依照所适用的国际航空运输公约的规定，应当在货运单上声明此项运输适用该公约的，货运单上应当载有该项声明。

第一百一十六条 在国内航空运输中，承运人同意未经填具航空货运单而载运货物的，承运人无权援用本法第一百二十八条有关赔偿责任限制的规定。

在国际航空运输中，承运人同意未经填具航空货运单而载运货物的，或者航空货运单上未依照本法第一百一十五条第（三）项的规定声明的，承运人无权援用本法第一百二十九条有关赔偿责任限制的规定。

第一百一十七条 托运人应当对航空货运单上所填关于货物的说明和声明的正确性负责。

因航空货运单上所填的说明和声明不符合规定、不正确或者不完全，给承运人或者承运人对之负责的其他人造成损失的，托运人应当承担赔偿责任。

第一百一十八条 航空货运单是航空货物运输合同订立和运输条件以及承运人接受货物的初步证据。

航空货运单上关于货物的重量、尺寸、包装和包装件数的说明具有初步证据的效力。除经过承运人和托运人当面查对并在航空货运单上注明经过查对或者书写关于货物的外表情况的说明外，航空货运单上关于货物的数量、体积和情况的说明不能构成不利于承运人的证据。

第一百一十九条 托运人在履行航空货物运输合同规定的义务的条件下，有权在出发地机场或者目的地机场将货物提回，或者在途中经停时中止运输，或者在目的地点或者途中要求将货物交给非航空货运单上指定的收货人，或者要求将货物运回出发地机场；但是，托运人不得因行使此种权利而使承运人或者其他托运人遭受损失，并应当偿付由此产生的费用。

托运人的指示不能执行的，承运人应当立即通知托运人。

承运人按照托运人的指示处理货物，没有要求托运人出示其所收执的航空货运单，给该航空货运单的合法持有人造成损失的，承运人应当承担责任，但是不妨碍承运人向托运人追偿。

收货人的权利依照本法第一百二十条规定开始时，托运人的权利即告终止；但是，收货人拒绝接受航空货运单或者货物，或者承运人无法同收货人联系的，托运人恢复其对货物的处置权。

第一百二十条 除本法第一百一十九条所列情形外，收货人于货物到达目的地点，并在缴付应付款项和履行航空货运单上所列运输条件后，有权要求承运人移交航空货运单并交付货物。

除另有约定外，承运人应当在货物到达后立即通知收货人。

承运人承认货物已经遗失，或者货物在应当到达之日起七日后仍未到达的，收货人有权向承运人行使航空货物运输合同所赋予的权利。

第一百二十一条 托运人和收货人在履行航空货物运输合同规定的义务的条件下，无论为本人或者他人的利益，可以以本人的名义分别行使本法第一百一十九条和第一百二十条所赋予的权利。

第一百二十二条 本法第一百一十九条、第一百二十条和第一百二十一条的规定，不影响托运人同收货人之间的相互关系，也不影响从托运人或者收货人获得权利的第三人之间的关系。

任何与本法第一百一十九条、第一百二十条和第一百二十一条规定不同的合同条款，应当在航空货运单上载明。

第一百二十三条 托运人应当提供必需的资料和文件，以便在货物交付收货人前完成法律、行政法规规定的有关手续；因没有此种资料、文件，或者此种资料、文件不充足或者不符合规定造成的损失，除由于承运人或者其受雇人、代理人的过错造成的外，托运人应当对承运人承担责任。

除法律、行政法规另有规定外，承运人没有对前款规定的资料或者文件进行检查的义务。

第三节　承运人的责任

第一百二十四条 因发生在民用航空器上或者在旅客上、下民用航空器过程中的事件，造成旅客人身伤亡的，承运人应当承担责任；但是，旅客的人身伤亡完全是由于旅客本人的健康状况造成的，承运人不承担责任。

第一百二十五条 因发生在民用航空器上或者在旅客上、下民用航空器过程中的事件，造成旅客随身携带物品毁灭、遗失或者损坏的，承运人应当承担责任。因发生在航空运输期间的事件，造成旅客的托运行李毁灭、遗失或者损坏的，承运人应当承担责任。

旅客随身携带物品或者托运行李的毁灭、遗失或者损坏完全是由于行李本身的自然属性、质量或者缺陷造成的，承运人不承担责任。

本章所称行李，包括托运行李和旅客随身携带的物品。

因发生在航空运输期间的事件，造成货物毁灭、遗失或者损坏的，承运人应当承担责任；但是，承运人证明货物的毁灭、遗失或者损坏完全是由于下列原因之一造成的，不承担责任：

（一）货物本身的自然属性、质量或者缺陷；

（二）承运人或者其受雇人、代理人以外的人包装货物的，货物包装不良；

（三）战争或者武装冲突；

（四）政府有关部门实施的与货物入境、出境或者过境有关的行为。

本条所称航空运输期间，是指在机场内、民用航空器上或者机场外降落的任何地点，托运行李、货物处于承运人掌管之下的全部期间。

航空运输期间，不包括机场外的任何陆路运输、海上运输、内河运输过程；但是，此种陆路运输、海上运输、内河运输是为了履行航空运输合同而装载、交付或者转运，在没有相反证据的情况下，所发生的损失视为在航空运输期间发生的损失。

第一百二十六条 旅客、行李或者货物在航空运输中因延误造成的损失，承运人应当承担责任；但是，承运人证明本人或者其受雇人、代理人为了避免损失的发生，已经采取一切必要措施或者不可能采取此种措施的，不承担责任。

第一百二十七条　在旅客、行李运输中，经承运人证明，损失是由索赔人的过错造成或者促成的，应当根据造成或者促成此种损失的过错的程度，相应免除或者减轻承运人的责任。旅客以外的其他人就旅客死亡或者受伤提出赔偿请求时，经承运人证明，死亡或者受伤是旅客本人的过错造成或者促成的，同样应当根据造成或者促成此种损失的过错的程度，相应免除或者减轻承运人的责任。

在货物运输中，经承运人证明，损失是由索赔人或者代行权利人的过错造成或者促成的，应当根据造成或者促成此种损失的过错的程度，相应免除或者减轻承运人的责任。

第一百二十八条　国内航空运输承运人的赔偿责任限额由国务院民用航空主管部门制定，报国务院批准后公布执行。

旅客或者托运人在交运托运行李或者货物时，特别声明在目的地点交付时的利益，并在必要时支付附加费的，除承运人证明旅客或者托运人声明的金额高于托运行李或者货物在目的地点交付时的实际利益外，承运人应当在声明金额范围内承担责任；本法第一百二十九条的其他规定，除赔偿责任限额外，适用于国内航空运输。

第一百二十九条　国际航空运输承运人的赔偿责任限额按照下列规定执行：

（一）对每名旅客的赔偿责任限额为 16600 计算单位；但是，旅客可以同承运人书面约定高于本项规定的赔偿责任限额。

（二）对托运行李或者货物的赔偿责任限额，每公斤为 17 计算单位。旅客或者托运人在交运托运行李或者货物时，特别声明在目的地点交付时的利益，并在必要时支付附加费的，除承运人证明旅客或者托运人声明的金额高于托运行李或者货物在目的地点交付时的实际利益外，承运人应当在声明金额范围内承担责任。

托运行李或者货物的一部分或者托运行李、货物中的任何物件毁灭、遗失、损坏或者延误的，用以确定承运人赔偿责任限额的重量，仅为该一包件或者数包件的总重量；但是，因托运行李或者货物的一部分或者托运行李、货物中的任何物件的毁灭、遗失、损坏或者延误，影响同一份行李票或者同一份航空货运单所列其他包件的价值的，确定承运人的赔偿责任限额时，此种包件的总重量也应当考虑在内。

（三）对每名旅客随身携带的物品的赔偿责任限额为 332 计算单位。

第一百三十条 任何旨在免除本法规定的承运人责任或者降低本法规定的赔偿责任限额的条款，均属无效；但是，此种条款的无效，不影响整个航空运输合同的效力。

第一百三十一条 有关航空运输中发生的损失的诉讼，不论其根据如何，只能依照本法规定的条件和赔偿责任限额提出，但是不妨碍谁有权提起诉讼以及他们各自的权利。

第一百三十二条 经证明，航空运输中的损失是由于承运人或者其受雇人、代理人的故意或者明知可能造成损失而轻率地作为或者不作为造成的，承运人无权援用本法第一百二十八条、第一百二十九条有关赔偿责任限制的规定；证明承运人的受雇人、代理人有此种作为或者不作为的，还应当证明该受雇人、代理人是在受雇、代理范围内行事。

第一百三十三条 就航空运输中的损失向承运人的受雇人、代理人提起诉讼时，该受雇人、代理人证明他是在受雇、代理范围内行事的，有权援用本法第一百二十八条、第一百二十九条有关赔偿责任限制的规定。

在前款规定情形下，承运人及其受雇人、代理人的赔偿总额不得超过法定的赔偿责任限额。

经证明，航空运输中的损失是由于承运人的受雇人、代理人的故意或者明知可能造成损失而轻率地作为或者不作为造成的，不适用本条第一款和第二款的规定。

第一百三十四条 旅客或者收货人收受托运行李或者货物而未

提出异议，为托运行李或者货物已经完好交付并与运输凭证相符的初步证据。

托运行李或者货物发生损失的，旅客或者收货人应当在发现损失后向承运人提出异议。托运行李发生损失的，至迟应当自收到托运行李之日起七日内提出；货物发生损失的，至迟应当自收到货物之日起十四日内提出。托运行李或者货物发生延误的，至迟应当自托运行李或者货物交付旅客或者收货人处置之日起二十一日内提出。

任何异议均应当在前款规定的期间内写在运输凭证上或者另以书面提出。

除承运人有欺诈行为外，旅客或者收货人未在本条第二款规定的期间内提出异议的，不能向承运人提出索赔诉讼。

第一百三十五条　航空运输的诉讼时效期间为二年，自民用航空器到达目的地点、应当到达目的地点或者运输终止之日起计算。

第一百三十六条　由几个航空承运人办理的连续运输，接受旅客、行李或者货物的每一个承运人应当受本法规定的约束，并就其根据合同办理的运输区段作为运输合同的订约一方。

对前款规定的连续运输，除合同明文约定第一承运人应当对全程运输承担责任外，旅客或者其继承人只能对发生事故或者延误的运输区段的承运人提起诉讼。

托运行李或者货物的毁灭、遗失、损坏或者延误，旅客或者托运人有权对第一承运人提起诉讼，旅客或者收货人有权对最后承运人提起诉讼，旅客、托运人和收货人均可以对发生毁灭、遗失、损坏或者延误的运输区段的承运人提起诉讼。上述承运人应当对旅客、托运人或者收货人承担连带责任。

第四节　实际承运人履行航空运输的特别规定

第一百三十七条　本节所称缔约承运人，是指以本人名义与旅客或者托运人，或者与旅客或者托运人的代理人，订立本章调整的航空运输合同的人。

本节所称实际承运人，是指根据缔约承运人的授权，履行前款全部或者部分运输的人，不是指本章规定的连续承运人；在没有相反证明时，此种授权被认为是存在的。

第一百三十八条　除本节另有规定外，缔约承运人和实际承运人都应当受本章规定的约束。缔约承运人应当对合同约定的全部运输负责。实际承运人应当对其履行的运输负责。

第一百三十九条　实际承运人的作为和不作为，实际承运人的受雇人、代理人在受雇、代理范围内的作为和不作为，关系到实际承运人履行的运输的，应当视为缔约承运人的作为和不作为。

缔约承运人的作为和不作为，缔约承运人的受雇人、代理人在受雇、代理范围内的作为和不作为，关系到实际承运人履行的运输的，应当视为实际承运人的作为和不作为；但是，实际承运人承担的责任不因此种作为或者不作为而超过法定的赔偿责任限额。

任何有关缔约承运人承担本章未规定的义务或者放弃本章赋予的权利的特别协议，或者任何有关依照本法第一百二十八条、第一百二十九条规定所作的在目的地点交付时利益的特别声明，除经实际承运人同意外，均不得影响实际承运人。

第一百四十条　依照本章规定提出的索赔或者发出的指示，无论是向缔约承运人还是向实际承运人提出或者发出的，具有同等效力；但是，本法第一百一十九条规定的指示，只在向缔约承运人发出时，方有效。

第一百四十一条　实际承运人的受雇人、代理人或者缔约承运人的受雇人、代理人，证明他是在受雇、代理范围内行事的，就实际承运人履行的运输而言，有权援用本法第一百二十八条、第一百二十九条有关赔偿责任限制的规定，但是依照本法规定不得援用赔偿责任限制规定的除外。

第一百四十二条 对于实际承运人履行的运输，实际承运人、缔约承运人以及他们的在受雇、代理范围内行事的受雇人、代理人的赔偿总额不得超过依照本法得以从缔约承运人或者实际承运人获得赔偿的最高数额；但是，其中任何人都不承担超过对他适用的赔偿责任限额。

第一百四十三条 对实际承运人履行的运输提起的诉讼，可以分别对实际承运人或者缔约承运人提起，也可以同时对实际承运人和缔约承运人提起；被提起诉讼的承运人有权要求另一承运人参加应诉。

第一百四十四条 除本法第一百四十三条规定外，本节规定不影响实际承运人和缔约承运人之间的权利、义务。

第十章 通 用 航 空

第一百四十五条 通用航空，是指使用民用航空器从事公共航空运输以外的民用航空活动，包括从事工业、农业、林业、渔业和建筑业的作业飞行以及医疗卫生、抢险救灾、气象探测、海洋监测、科学实验、教育训练、文化体育等方面的飞行活动。

第一百四十六条 从事通用航空活动，应当具备下列条件：

（一）有与所从事的通用航空活动相适应，符合保证飞行安全要求的民用航空器；

（二）有必需的依法取得执照的航空人员；

（三）符合法律、行政法规规定的其他条件。

从事经营性通用航空，限于企业法人。

第一百四十七条 从事非经营性通用航空的，应当向国务院民用航空主管部门备案。

从事经营性通用航空的，应当向国务院民用航空主管部门申请领取通用航空经营许可证。

第一百四十八条 通用航空企业从事经营性通用航空活动，应当与用户订立书面合同，但是紧急情况下的救护或者救灾飞行除外。

第一百四十九条 组织实施作业飞行时，应当采取有效措施，保证飞行安全，保护环境和生态平衡，防止对环境、居民、作物或者牲畜等造成损害。

第一百五十条 从事通用航空活动的，应当投保地面第三人责任险。

第十一章 搜寻援救和事故调查

第一百五十一条 民用航空器遇到紧急情况时，应当发送信号，并向空中交通管制单位报告，提出援救请求；空中交通管制单位应当立即通知搜寻援救协调中心。民用航空器在海上遇到紧急情况时，还应当向船舶和国家海上搜寻援救组织发送信号。

第一百五十二条 发现民用航空器遇到紧急情况或者收听到民用航空器遇到紧急情况的信号的单位或者个人，应当立即通知有关的搜寻援救协调中心、海上搜寻援救组织或者当地人民政府。

第一百五十三条 收到通知的搜寻援救协调中心、地方人民政府和海上搜寻援救组织，应当立即组织搜寻援救。

收到通知的搜寻援救协调中心，应当设法将已经采取的搜寻援救措施通知遇到紧急情况的民用航空器。

搜寻援救民用航空器的具体办法，由国务院规定。

第一百五十四条 执行搜寻援救任务的单位或者个人，应当尽力抢救民用航空器所载人员，按照规定对民用航空器采取抢救措施并保护现场，保存证据。

第一百五十五条 民用航空器事故的当事人以及有关人员在接受调查时，应当如实提供现场情况和与事故有关的情节。

第一百五十六条 民用航空器事故调查的组织和程序，由国务院规定。

第十二章　对地面第三人损害的赔偿责任

第一百五十七条　因飞行中的民用航空器或者从飞行中的民用航空器上落下的人或者物，造成地面（包括水面，下同）上的人身伤亡或者财产损害的，受害人有权获得赔偿；但是，所受损害并非造成损害的事故的直接后果，或者所受损害仅是民用航空器依照国家有关的空中交通规则在空中通过造成的，受害人无权要求赔偿。

前款所称飞行中，是指自民用航空器为实际起飞而使用动力时起至着陆冲程终了时止；就轻于空气的民用航空器而言，飞行中是指自其离开地面时起至其重新着地时止。

第一百五十八条　本法第一百五十七条规定的赔偿责任，由民用航空器的经营人承担。

前款所称经营人，是指损害发生时使用民用航空器的人。民用航空器的使用权已经直接或者间接地授予他人，本人保留对该民用航空器的航行控制权的，本人仍被视为经营人。

经营人的受雇人、代理人在受雇、代理过程中使用民用航空器，无论是否在其受雇、代理范围内行事，均视为经营人使用民用航空器。

民用航空器登记的所有人应当被视为经营人，并承担经营人的责任；除非在判定其责任的诉讼中，所有人证明经营人是他人，并在法律程序许可的范围内采取适当措施使该人成为诉讼当事人之一。

第一百五十九条　未经对民用航空器有航行控制权的人同意而使用民用航空器，对地面第三人造成损害的，有航行控制权的人除证明本人已经适当注意防止此种使用外，应当与该非法使用人承担连带责任。

第一百六十条　损害是武装冲突或者骚乱的直接后果，依照本章规定应当承担责任的人不承担责任。

依照本章规定应当承担责任的人对民用航空器的使用权业经国家机关依法剥夺的，不承担责任。

第一百六十一条 依照本章规定应当承担责任的人证明损害是完全由于受害人或者其受雇人、代理人的过错造成的，免除其赔偿责任；应当承担责任的人证明损害是部分由于受害人或者其受雇人、代理人的过错造成的，相应减轻其赔偿责任。但是，损害是由于受害人的受雇人、代理人的过错造成时，受害人证明其受雇人、代理人的行为超出其所授权的范围的，不免除或者不减轻应当承担责任的人的赔偿责任。

一人对另一人的死亡或者伤害提起诉讼，请求赔偿时，损害是该另一人或者其受雇人、代理人的过错造成的，适用前款规定。

第一百六十二条 两个以上的民用航空器在飞行中相撞或者相扰，造成本法第一百五十七条规定的应当赔偿的损害，或者两个以上的民用航空器共同造成此种损害的，各有关民用航空器均应当被认为已经造成此种损害，各有关民用航空器的经营人均应当承担责任。

第一百六十三条 本法第一百五十八条第四款和第一百五十九条规定的人，享有依照本章规定经营人所能援用的抗辩权。

第一百六十四条 除本章有明确规定外，经营人、所有人和本法第一百五十九条规定的应当承担责任的人，以及他们的受雇人、代理人，对于飞行中的民用航空器或者从飞行中的民用航空器上落下的人或者物造成的地面上的损害不承担责任，但是故意造成此种损害的人除外。

第一百六十五条 本章不妨碍依照本章规定应当对损害承担责任的人向他人追偿的权利。

第一百六十六条 民用航空器的经营人应当投保地面第三人责任险或者取得相应的责任担保。

第一百六十七条 保险人和担保人除享有与经营人相同的抗辩

权，以及对伪造证件进行抗辩的权利外，对依照本章规定提出的赔偿请求只能进行下列抗辩：

（一）损害发生在保险或者担保终止有效后；然而保险或者担保在飞行中期满的，该项保险或者担保在飞行计划中所载下一次降落前继续有效，但是不得超过二十四小时；

（二）损害发生在保险或者担保所指定的地区范围外，除非飞行超出该范围是由于不可抗力、援助他人所必需，或者驾驶、航行或者领航上的差错造成的。

前款关于保险或者担保继续有效的规定，只在对受害人有利时适用。

第一百六十八条 仅在下列情形下，受害人可以直接对保险人或者担保人提起诉讼，但是不妨碍受害人根据有关保险合同或者担保合同的法律规定提起直接诉讼的权利：

（一）根据本法第一百六十七条第（一）项、第（二）项规定，保险或者担保继续有效的；

（二）经营人破产的。

除本法第一百六十七条第一款规定的抗辩权，保险人或者担保人对受害人依照本章规定提起的直接诉讼不得以保险或者担保的无效或者追溯力终止为由进行抗辩。

第一百六十九条 依照本法第一百六十六条规定提供的保险或者担保，应当被专门指定优先支付本章规定的赔偿。

第一百七十条 保险人应当支付给经营人的款项，在本章规定的第三人的赔偿请求未满足前，不受经营人的债权人的扣留和处理。

第一百七十一条 地面第三人损害赔偿的诉讼时效期间为二年，自损害发生之日起计算；但是，在任何情况下，时效期间不得超过自损害发生之日起三年。

第一百七十二条 本章规定不适用于下列损害：

（一）对飞行中的民用航空器或者对该航空器上的人或者物造成的损害；

（二）为受害人同经营人或者同发生损害时对民用航空器有使用权的人订立的合同所约束，或者为适用两方之间的劳动合同的法律有关职工赔偿的规定所约束的损害；

（三）核损害。

……

中华人民共和国民用航空安全保卫条例（节录）

（1996 年 7 月 6 日中华人民共和国国务院令第 201 号发布　根据 2011 年 1 月 8 日《国务院关于废止和修改部分行政法规的决定》修订）

……

第二章　民用机场的安全保卫

第九条　民用机场（包括军民合用机场中的民用部分，下同）的新建、改建或者扩建，应当符合国务院民用航空主管部门关于民用机场安全保卫设施建设的规定。

第十条　民用机场开放使用，应当具备下列安全保卫条件：

（一）设有机场控制区并配备专职警卫人员；

（二）设有符合标准的防护围栏和巡逻通道；

（三）设有安全保卫机构并配备相应的人员和装备；

（四）设有安全检查机构并配备与机场运输量相适应的人员和检查设备；

（五）设有专职消防组织并按照机场消防等级配备人员和设备；

（六）订有应急处置方案并配备必要的应急援救设备。

第十一条 机场控制区应当根据安全保卫的需要，划定为候机隔离区、行李分检装卸区、航空器活动区和维修区、货物存放区等，并分别设置安全防护设施和明显标志。

第十二条 机场控制区应当有严密的安全保卫措施，实行封闭式分区管理。具体管理办法由国务院民用航空主管部门制定。

第十三条 人员与车辆进入机场控制区，必须佩带机场控制区通行证并接受警卫人员的检查。

机场控制区通行证，由民航公安机关按照国务院民用航空主管部门的有关规定制发和管理。

第十四条 在航空器活动区和维修区内的人员、车辆必须按照规定路线行进，车辆、设备必须在指定位置停放，一切人员、车辆必须避让航空器。

第十五条 停放在机场的民用航空器必须有专人警卫；各有关部门及其工作人员必须严格执行航空器警卫交接制度。

第十六条 机场内禁止下列行为：

（一）攀（钻）越、损毁机场防护围栏及其他安全防护设施；

（二）在机场控制区内狩猎、放牧、晾晒谷物、教练驾驶车辆；

（三）无机场控制区通行证进入机场控制区；

（四）随意穿越航空器跑道、滑行道；

（五）强行登、占航空器；

（六）谎报险情，制造混乱；

（七）扰乱机场秩序的其他行为。

第三章　民用航空营运的安全保卫

第十七条 承运人及其代理人出售客票，必须符合国务院民用航空主管部门的有关规定；对不符合规定的，不得售予客票。

第十八条 承运人办理承运手续时，必须核对乘机人和行李。

第十九条 旅客登机时，承运人必须核对旅客人数。

对已经办理登机手续而未登机的旅客的行李，不得装入或者留在航空器内。

旅客在航空器飞行中途中止旅行时，必须将其行李卸下。

第二十条 承运人对承运的行李、货物，在地面存储和运输期间，必须有专人监管。

第二十一条 配制、装载供应品的单位对装入航空器的供应品，必须保证其安全性。

第二十二条 航空器在飞行中的安全保卫工作由机长统一负责。

航空安全员在机长领导下，承担安全保卫的具体工作。

机长、航空安全员和机组其他成员，应当严格履行职责，保护民用航空器及其所载人员和财产的安全。

第二十三条 机长在执行职务时，可以行使下列权力：

（一）在航空器起飞前，发现有关方面对航空器未采取本条例规定的安全措施的，拒绝起飞；

（二）在航空器飞行中，对扰乱航空器内秩序，干扰机组人员正常工作而不听劝阻的人，采取必要的管束措施；

（三）在航空器飞行中，对劫持、破坏航空器或者其他危及安全的行为，采取必要的措施；

（四）在航空器飞行中遇到特殊情况时，对航空器的处置作最后决定。

第二十四条 禁止下列扰乱民用航空营运秩序的行为：

（一）倒卖购票证件、客票和航空运输企业的有效订座凭证；

（二）冒用他人身份证件购票、登机；

（三）利用客票交运或者捎带非旅客本人的行李物品；

（四）将未经安全检查或者采取其他安全措施的物品装入航空器。

第二十五条　航空器内禁止下列行为：

（一）在禁烟区吸烟；

（二）抢占座位、行李舱（架）；

（三）打架、酗酒、寻衅滋事；

（四）盗窃、故意损坏或者擅自移动救生物品和设备；

（五）危及飞行安全和扰乱航空器内秩序的其他行为。

第四章　安 全 检 查

第二十六条　乘坐民用航空器的旅客和其他人员及其携带的行李物品，必须接受安全检查；但是，国务院规定免检的除外。

拒绝接受安全检查的，不准登机，损失自行承担。

第二十七条　安全检查人员应当查验旅客客票、身份证件和登机牌，使用仪器或者手工对旅客及其行李物品进行安全检查，必要时可以从严检查。

已经安全检查的旅客应当在候机隔离区等待登机。

第二十八条　进入候机隔离区的工作人员（包括机组人员）及其携带的物品，应当接受安全检查。

接送旅客的人员和其他人员不得进入候机隔离区。

第二十九条　外交邮袋免予安全检查。外交信使及其随身携带的其他物品应当接受安全检查；但是，中华人民共和国缔结或者参加的国际条约另有规定的除外。

第三十条　空运的货物必须经过安全检查或者对其采取的其他安全措施。

货物托运人不得伪报品名托运或者在货物中夹带危险物品。

第三十一条　航空邮件必须经过安全检查。发现可疑邮件时，安全检查部门应当会同邮政部门开包查验处理。

第三十二条　除国务院另有规定的外，乘坐民用航空器的，禁止随身携带或者交运下列物品：

（一）枪支、弹药、军械、警械；

（二）管制刀具；

（三）易燃、易爆、有毒、腐蚀性、放射性物品；

（四）国家规定的其他禁运物品。

第三十三条 除本条例第三十二条规定的物品外，其他可以用于危害航空安全的物品，旅客不得随身携带，但是可以作为行李交运或者按照国务院民用航空主管部门的有关规定由机组人员带到目的地后交还。

对含有易燃物质的生活用品实行限量携带。限量携带的物品及其数量，由国务院民用航空主管部门规定。

......

公共航空运输企业航空安全保卫规则（节录）

（2016 年 4 月 21 日交通运输部令 2016 年第 49 号公布
根据 2018 年 11 月 16 日《交通运输部关于修改〈公共
航空运输企业航空安全保卫规则〉的决定》修正）

......

第二章 一般规定

第一节 组织和管理

第六条 公共航空运输企业应当指定一名负责航空安保工作的副总经理，负责协调有关部门执行航空安保方案。

公共航空运输企业应当设置专门的航空安保机构，具体负责协调本企业航空安保工作。

公共航空运输企业应当设置满足航空安保工作需要的岗位并配

备足够的人员。

第七条　公共航空运输企业的分公司应当设立相应的航空安保机构，基地等分支机构也应当设置相应机构或配备人员履行航空安保职责。

第八条　公共航空运输企业承担航空安保职责的人员应当按照《国家民用航空安全保卫培训方案》规定经过相应的培训，并培训合格。

第九条　公共航空运输企业应当在通航的机场指定或通过航空安保协议指定一名航空安保协调员，履行航空安保协调、信息通报等职责。

第十条　机长是航空器飞行中安全保卫工作的负责人，代表公共航空运输企业履行其航空安保方案中规定的相关职责。

第二节　航空安保管理体系

第十一条　公共航空运输企业应当建立、运行并维护符合民航局要求的航空安保管理体系，其内容应当包括目标管理体系、组织保障体系、风险管理体系和质量控制体系。

第十二条　航空安保管理体系应当在本企业航空安保方案中作出规定。

第十三条　公共航空运输企业应当根据其运行的实际情况，适时组织评估航空安保管理体系的符合性和有效性，及时调整完善。

第三节　质量控制

第十四条　公共航空运输企业应当按照《国家民用航空安全保卫质量控制计划》，制定、维护和执行本企业航空安保质量控制方案，并在航空安保方案中列明。

第十五条　公共航空运输企业应当按照民航局背景调查规定制定程序和措施，并在安保方案中列明。

第十六条　公共航空运输企业应当按照《国家民用航空安全保

卫培训方案》要求，制定、维护和执行本企业安保培训方案，并在航空安保方案中列明。

第十七条 公共航空运输企业应当组织航空安保管理人员和新招录航空安保人员进行岗前培训，并定期进行岗位培训。

第十八条 公共航空运输企业从事航空安保培训的部门或委托的机构、教员和课程应当符合《国家民用航空安全保卫培训方案》的要求。

第四节 经费保障

第十九条 公共航空运输企业应当建立航空安保经费投入和保障制度，并在航空安保方案中列明。

第二十条 公共航空运输企业的经费保障应当满足航空安保运行、演练、培训以及设施设备等方面的需要。

第三章 航空安保方案

第一节 航空安保方案的制定

第二十一条 公共航空运输企业运行应当根据本规则及其他航空安保法规标准制定航空安保方案，并适时修订。

公共航空运输企业分公司应当根据公共航空运输企业的航空安保方案，制定相应的实施程序。

第二十二条 从事国际、地区和特殊管理航线运营的公共航空运输企业，其航空安保方案还应当符合相应规定。

第二节 航空安保方案的形式和内容

第二十三条 公共航空运输企业航空安保方案应当由企业法定代表人或其授权人员签署，并以书面形式独立成册、采用易于修订的活页形式，在修订过的每一页上注有最后一次修订的日期。

第二十四条 航空安保方案的内容应当包括：

（一）公共航空运输企业的基本情况；

（二）航空安保组织机构及职责，包括负责航空安保工作的公司副总经理及其替代人员、航空安保机构负责人的姓名，以及 24 小时联系方式；

（三）为满足本规则第二章、第三章、第四章、第五章规定内容所制定的制度及程序；

（四）为满足民用航空货物运输安保工作要求所制定的制度及程序；

（五）为满足其他航空安保法规标准要求所制定的制度及程序。

第三节 航空安保方案的报送

第二十五条 公共航空运输企业的航空安保方案应当符合民航局和民航地区管理局的规定。

第二十六条 公共航空运输企业分公司为执行本企业航空安保方案制定的实施程序应当报分公司所在地民航地区管理局备案。

第二十七条 新成立的公共航空运输企业的航空安保方案应当在申请运行合格证时一并报送。

第二十八条 民航地区管理局审查公共航空运输企业运行合格证时，一并审查公共航空运输企业安保方案。

第二十九条 民航局接到民航地区管理局审查意见后，应当在 20 个工作日内予以备案。

第三十条 航空安保方案具有约束力，公共航空运输企业及有关单位应当执行。

第四节 航空安保方案的修订

第三十一条 公共航空运输企业应当在下列情形下对航空安保方案进行修订，以确保其持续有效：

（一）负责公共航空运输企业安保工作的组织机构或其职责发生重大变更的；

（二）发生重大威胁或事件的；

（三）航空安保法规标准发生重大变化的。

第三十二条 为了保护国家安全和公共利益的需要，民航局可以要求公共航空运输企业对其航空安保方案作出紧急修订。公共航空运输企业应当在收到通知后 10 个工作日内完成修订。

第三十三条 公共航空运输企业根据本规则第三十一条、第三十二条对航空安保方案作出修订的，应当在修订内容实施前至少 5 个工作日报民航地区管理局备案。

公共航空运输企业对航空安保方案作出其他修订的，应当在修订内容实施前至少 20 个工作日报民航地区管理局备案。

第五节 航空安保方案的保存和分发

第三十四条 公共航空运输企业在其运营基地至少保存一份完整的航空安保方案，在其每个通航的机场有一份可供随时查阅的航空安保方案或者相关部分。

第三十五条 公共航空运输企业应当向其通航的机场管理机构提交其航空安保方案的有关部分。

第三十六条 公共航空运输企业应当根据工作需要，将航空安保方案的相关内容分发给公共航空运输企业相关部门以及其他有安保业务关系的单位。

第三十七条 公共航空运输企业将安保业务外包给航空安保服务机构的，应当将方案中与外包安保业务相关的部分提供给航空安保服务机构。

第三十八条 公共航空运输企业应当将航空安保方案文本保存在便于安保工作人员查阅的地方。

第三十九条 航空安保方案为敏感信息，应当对其进行编号并做好登记，妥善保存。

第四十条 航空安保方案的分发、查阅范围必须受到限制，只限于履行职责需要此种信息的应知人员。

第六节　航空安保协议

第四十一条　公共航空运输企业应当与通航的境内机场、航空配餐、地面服务代理等签订航空安保协议，以便本企业航空安保方案中列明的措施和程序得到有效执行。

第四十二条　公共航空运输企业将安保业务外包的，应当签订航空安保协议，内容至少包括：

（一）航空安保责任的划分；

（二）对有关工作人员的安保要求；

（三）监督检查和质量控制程序。

公共航空运输企业签订的代码共享、湿租等协议，应当包含以上内容。

第四十三条　航空安保协议应当妥善保存，以便民航局、民航地区管理局检查。

第四章　运行安保措施

第一节　旅客订座和离港信息

第四十四条　公共航空运输企业应当将使用的旅客订座和离港信息系统的类型、供应商信息向民航地区管理局备案。

第四十五条　旅客订座和离港信息应当受到保护，不得被随意对外提供。

公共航空运输企业应当采取相应安保措施，防止旅客信息被窃取或非法泄露。

第四十六条　公共航空运输企业旅客订座系统应当按规定设置获取旅客身份证件信息的程序。

第二节　办理乘机手续

第四十七条　旅客办理乘机手续时，公共航空运输企业及其代理人应当采取措施核对乘机人的身份证件和行李。

第四十八条　公共航空运输企业应当制定程序，核对加入机组人员的身份证件、工作证件和乘机证明文件，确保人证相符。

第四十九条　旅客办理乘机手续时，公共航空运输企业及其代理人应当告知其相关安全保卫规定。

第三节　旅客及其手提行李

第五十条　公共航空运输企业应当制定程序，确保旅客及其手提行李在登机前经过安全检查。

第五十一条　公共航空运输企业不得运输拒绝接受安全检查的旅客，不得违反航空安保法规标准运输未经安全检查的行李。

第五十二条　旅客登机时，公共航空运输企业或其地面服务代理应当查验登机凭证，核对旅客人数。

第五十三条　已经安全检查和未经安全检查的人员不得相混或接触。如发生相混或接触，公共航空运输企业应当要求机场管理机构采取以下措施：

（一）对相应隔离区进行清场和检查；

（二）对相应旅客及其手提行李再次进行安全检查；

（三）如果旅客已进入航空器，应当对该航空器客舱实施安保搜查。

第五十四条　公共航空运输企业应当采取措施，防止旅客下机时将物品遗留在航空器上。

第四节　托运行李

第五十五条　公共航空运输企业应当确保只接收旅客本人的托运行李，以及公共航空运输企业的代理人或授权代表接收的托运行李。

第五十六条　对通过安全检查的托运行李，公共航空运输企业应当采取措施或要求机场管理机构采取措施，防止未经授权的人员接触，直至在目的地交还旅客或移交给另一承运人。

第五十七条　在机场办理乘机手续柜台以外地点托运的行李，已经过安全检查的，必须从托运地点开始实施安保控制直至装上航空器，防止未经授权的人员接触；未经过安全检查的，应当在机场采取相应的安检措施。

第五十八条　公共航空运输企业应当采取措施，对已经过安全检查的托运行李在地面存储和运输期间，保证有专人监管，防止未经授权的人员接触。

第五十九条　公共航空运输企业和机场管理机构应当采取措施，确保行李分拣、存放、装卸区仅允许授权人员持证进入，在装机前应当核对行李标签及数量，防止非本航班承运的行李装上航空器。

第六十条　公共航空运输企业及其地面服务代理人对转机的托运行李应当采取安保控制措施。

第六十一条　错运行李和无人认领行李的存放场所应当采取安保控制措施，直到行李被运走、认领或者处理完毕。

对国际航班到达的错运行李和无人认领行李在存放和装机前，应当进行安全检查。

第六十二条　公共航空运输企业对已经办理乘机手续而未登机旅客的行李，不得装入或者留在航空器上。旅客在航空器飞行中途中止旅行时，必须将其行李卸下。

第六十三条　对非旅客本人原因产生的无人陪伴行李经过安全检查后，承运人可以运输。

第六十四条　因安保原因或因拒绝接受安全检查而不准登机的旅客，其托运行李应当从航空器上卸下。

第五节　托运枪支弹药

第六十五条　无枪支运输许可证件的，公共航空运输企业不得接收托运枪支弹药。

第六十六条 公共航空运输企业运输托运的枪支弹药时应当：

（一）查验枪支弹药准运凭证；

（二）确认枪支和弹药分离；

（三）确认枪支弹药放置在安全可靠的封闭包装中，并保持锁闭；

（四）弹药运输应当符合危险品运输条件。

第六十七条 托运的枪支弹药在装卸期间实行专人全程安保监控，在运输途中应当存放在旅客接触不到的区域。

第六节　押解和遣返人员

第六十八条 公共航空运输企业运输因司法或行政强制措施而被押解的人员，应按照国家有关规定执行。

第六十九条 机场公安机关应当提前将押解计划通知公共航空运输企业航空安保部门。

第七十条 公共航空运输企业应当制定程序，确保：

（一）在接到押解计划后及时将该信息通报机长；

（二）被押解人员在其他旅客登机前登机，在其他旅客下机后下机；

（三）被押解人员的座位应当安排在客舱后部，位于押解人员之间，且不得靠近过道、紧急出口等位置；

（四）在航空器内不向被押解人员提供金属餐具和含酒精饮料；未经押解人员允许，不向被押解人员提供食品、饮料。

第七十一条 公共航空运输企业应当对遣返非法入境人员的运输申请进行安保评估，决定是否运输或是否在运输中采取额外的航空安保措施。

对不准入境人员的遣返运输，应当采取必要的航空安保措施。

运送遣返人员，应当在运输 24 小时前通知公共航空运输企业。

第七节　携带武器乘机

第七十二条 公共航空运输企业应当按照航空安保方案规定的

程序，防止未经授权人员携带武器乘机。

第七十三条　除非同时满足以下条件，任何人员不得携带武器乘机：

（一）经国家警卫部门确定的警卫对象的警卫人员；

（二）持有工作证、持枪证、持枪证明信。

第七十四条　在接到警卫人员乘坐航空器的通知后，公共航空运输企业应当做好下列工作：

（一）在登机前告知警卫人员必须随时保管好其武器，不得将武器放在行李箱内，并遵守携带武器乘机的相关规定；

（二）通知机长航空器上警卫人员的数量及每个警卫人员的位置；

（三）不得向警卫人员提供含酒精饮料。

外方警卫人员在没有中方人员陪同乘坐境内公共航空运输企业航班的，应当遵守携带武器乘机的相关规定。

第八节　过站和转机

第七十五条　公共航空运输企业在其航空安保方案中应当包括适当措施，管控过站和转机旅客及其手提行李，防止过站和转机旅客将物品遗留在航空器上。

第七十六条　公共航空运输企业应当采取措施，防止过站和转机的人员与未经安全检查的其他人员接触。如果发生接触，则相关人员重新登机前必须再次经过安全检查。

第七十七条　乘坐国际、地区航线班机在境内机场过站和转机的人员及其行李，应当进行安全检查。但与中国签订互认航空安保标准条款的除外。

第九节　航空器地面的安保措施

第七十八条　公共航空运输企业应当采取措施，以便航空器执行飞行任务期间在地面停放时得到有效监护，监护措施及监护机构应当在其航空安保方案或者安保协议中列明。

第七十九条 公共航空运输企业应当采取措施，以便航空器在机场过夜或未执行航班飞行任务停放期间得到有效守护，守护机构及守护措施应当在其航空安保方案或者安保协议中列明。

第八十条 公共航空运输企业应当与航空器监护部门、机务维修部门、武警守卫部队等单位之间建立航空器监护和守护交接制度，并在其航空安保方案中列明。

第八十一条 对于未使用而长期停场的航空器，应当将所有进出口关闭，将舱口梯或者旅客登机桥撤走，防止未经授权人员接触航空器。

第八十二条 公共航空运输企业应当采取适当措施，确保每日始发和每航段的航空器经过航空器安保检查。

第十节 航空器清洁工作的安保措施

第八十三条 公共航空运输企业航空器清洁部门应当制定航空安保措施，其内容主要包括：

（一）对工作人员的安保培训；

（二）对清洁用品的安保措施；

（三）明确重点部位及检查程序；

（四）对旅客遗留物品的检查程序；

（五）发现可疑情况时的报告程序。

第八十四条 航空器清洁工作外包的，外包协议中应当包含上述安保要求，并存档备查。

　　……

第八十七条 航空配餐企业航空安保措施的内容主要包括：

（一）对配餐工作区域实行分区封闭管理和通行管制，并实施有效监控，对进入人员、物品应当进行安全检查；

（二）对成餐和送餐库实施安保控制；

（三）提供航空配餐的企业应当对其采购的原材料和供应品实施安全检查；

（四）机上餐车应当加签封，封条应当有编号；运输餐食、供应品的车辆在运输过程中应当全程锁闭加签封，并有专人押运；

（五）地处机场控制区外的航空配餐企业应当采取航空安保措施，确保配餐供应品在制作、存储、运往机场途中受到保护。

第八十八条 机上供应品的储存和配送应采取相应的航空安保措施。

……

第十二节 航线评估

第九十条 公共航空运输企业开通国际航线的，应当对拟飞往机场的安全状况作出安保评估，并报民航地区管理局备案。

第九十一条 公共航空运输企业应当对开航的国外机场进行持续的安保评估，根据评估，补充修改航空安保方案。

第九十二条 公共航空运输企业驻外运营机构应当密切关注通航机场安保情况，并及时上报公共航空运输企业。

第十三节 对外国航空运输企业的安保要求

第九十三条 通航我国的外国航空运输企业应当遵守双边通航协议中设定的航空安保条款。

第九十四条 通航我国的外国航空运输企业应当根据我国航空安保法规标准，制定本企业飞往中国境内航线航班的航空安保方案，并将方案及其中文版本报通航机场所在地民航地区管理局审查，民航地区管理局审查通过后报民航局备案。

第九十五条 外国航空运输企业空中安全保卫人员执行通航中国航班任务，按照双方签订的安保合作协议执行。

第九十六条 民航局、民航地区管理局应当依据面临的安保威胁，对通航我国的外国航空运输企业及相关机场实施持续的安保考察和评估。

第十四节 信息报告

第九十七条 公共航空运输企业应当建立航空安保信息报告制度。

第九十八条 发生以下情况之一，公共航空运输企业应当立即报告民航地区管理局：

（一）非法干扰事件；

（二）因安保原因造成的安全事故；

（三）重要威胁信息；

（四）重大空防安全隐患；

（五）其他紧急事件。

上述情况处理完毕后，公共航空运输企业应当在 15 个工作日内按照相关规定书面报告民航地区管理局。

第九十九条 公共航空运输企业应当每月向民航地区管理局报告以下情况：

（一）安保运行情况；

（二）非法干扰行为、扰乱行为以及其他违规行为情况；

（三）航空安保方案的执行和修订状况；

（四）其他应当报告的内容。

第一百条 公共航空运输企业在运行中发现机场、空管等单位不符合安保标准或要求，或者安保设施达不到标准时，应当及时通报机场管理机构、空管部门并报告其所在地民航地区管理局。

第十五节 其他规定

第一百零一条 公共航空运输企业承担的安全检查工作，按照《中国民用航空安全检查规则》执行。

第一百零二条 航空器驾驶舱和客舱的安保应当按照《公共航空旅客运输飞行中安全保卫规则》及公共航空运输企业航空安保方

案规定的程序规定执行。

第一百零三条 威胁增加时的航空安保措施，按照安保等级管理有关规定执行。

第一百零四条 公共航空运输企业接受国际组织或机构、外国政府部门安保审计、评估、考察的，应当在活动开始前至少 20 个工作日内报告民航局，并按照局方有关规定执行。

公共航空运输企业接受外国航空运输企业、机场安保考察的，应当在活动开始前至少 20 个工作日内报告民航地区管理局，并按照局方有关规定执行。

公共航空运输企业应当在活动结束后 15 个工作日内将相关情况上报。

第五章　安保应急处置

第一百零五条 公共航空运输企业应当制定安保应急处置预案，并保证实施预案所需的设备、人员、资金等条件。

公共航空运输企业应当确保预案中包含的所有信息及时更新，并将更新内容告知相关单位、人员；公共航空运输企业应当按照其航空安保方案的规定，定期演练应急处置预案。

第一百零六条 公共航空运输企业应当制定程序，按照本企业所在地区和航线航班飞往地区的威胁等级，启动相应级别的航空安保措施。

第一百零七条 航空器受到非法干扰威胁时，公共航空运输企业应当采取以下措施：

（一）立即将威胁信息、对威胁的初步评估以及将要采取的措施通知给民航局和民航地区管理局、相关机场管理机构和相关航班机长；

（二）要求机长将威胁信息、对威胁的评估以及将要采取的措施通知所有机组成员；

（三）航空器降落后，立即通知机场管理机构组织对航空器实施安保搜查。

第一百零八条 民航局根据威胁评估结果或针对民用航空的具体威胁，有权发布安保指令和信息通告，采取应对措施。

公共航空运输企业应当遵守并执行民航局发布的安保指令和信息通告。

公共航空运输企业在收到安保指令和信息通告后，应当制定执行安保指令和信息通告各项措施的具体方法。

第一百零九条 公共航空运输企业没有能力执行安保指令中的措施的，应当在安保指令规定的时间内向民航地区管理局提交替代措施。

第一百一十条 公共航空运输企业可以向民航局提交相关证明材料，对安保指令提出修改意见。

第一百一十一条 公共航空运输企业以及收到安保指令或信息通告的人员应当对安保指令或信息通告中所含限制性信息采取保密措施，未经民航局书面同意，不得把安保指令、信息通告中所含信息透露给无关人员。

第一百一十二条 民航局发现有危及航空运输安全、需要立即采取行动的紧急情况，可以发布特别工作措施。

第一百一十三条 公共航空运输企业应当制定传递非法干扰行为机密信息的程序，不得擅自泄露信息。

第一百一十四条 公共航空运输企业应当采取适当措施，确保受到非法干扰的航空器上的旅客和机组的安全，直到其能够继续旅行。

第六章 监督管理

第一百一十五条 民航局、民航地区管理局依据职责对公共航空运输企业实施监督检查，以确保其符合：

（一）本规则的规定；

（二）本企业航空安保方案的规定；

（三）其他法规标准中有关航空安保的规定。

第一百一十六条 民航局、民航地区管理局实施监督检查，应当遵循公平、公正、公开的原则，不得妨碍公共航空运输企业正常的经营活动，不得索取或者收受公共航空运输企业的财物或者谋取其他利益，不得泄漏公共航空运输企业的商业秘密。

第一百一十七条 公共航空运输企业应当对民航局、民航地区管理局执法人员的监督检查给予积极配合，不得向执法人员隐瞒情况或者提供虚假情况。

第一百一十八条 民航局、民航地区管理局在对公共航空运输企业进行监督检查的过程中，发现其违反本规则有关规定的，可以先行召集其有关部门负责人进行警示谈话，或者行政约见其主要负责人或上级主管部门负责人。

第一百一十九条 民航局、民航地区管理局在检查中发现存在事故隐患的，依照《中华人民共和国安全生产法》规定执行。

第一百二十条 任何单位或者个人发现公共航空运输企业未按照规定执行航空安保措施的，均有权向民航局、民航地区管理局报告或者举报。

……

民用航空运输机场
航空安全保卫规则（节录）

（2016 年 4 月 21 日交通运输部令 2016 年第 48 号公布
自 2016 年 5 月 22 日起施行）

......

第三章 航空安保方案

第一节 航空安保方案的制定

第二十二条 机场运行应当具备符合规定的航空安保方案。

第二十三条 航空安保方案应当根据本规则及其他航空安保法规标准制定并适时修订。

第二节 航空安保方案的形式和内容

第二十四条 航空安保方案应当由机场法定代表人或者其授权人员签署，并以书面形式独立成册、采用易于修订的活页形式，在修订过的每一页上注有最后一次修订的日期。

第二十五条 航空安保方案的内容应当包括：

（一）机场及机场管理机构的基本情况；

（二）机场管理机构及有关航空安保部门的职责及分工；

（三）负责航空安保工作的副总经理及其替代人员，航空安保机构的设置及其负责人的姓名和 24 小时联系方式；

（四）机场航空安保委员会的组成、章程及成员名单和联系方式；

（五）为满足本规则第二章、第三章、第四章和第五章规定内容所制定的制度及程序；

（六）为满足《中国民用航空安全检查规则》规定内容所制定的制度及程序；

（七）为满足民用航空货物运输安保工作要求所制定的制度及程序；

（八）为满足其他航空安保法规标准要求所制定的制度及程序。

第三节　航空安保方案的报送

第二十六条　机场的航空安保方案应当符合民航局和民航地区管理局的规定。

第二十七条　新建或改扩建的机场的航空安保方案应当在机场开放使用前，与机场使用许可的申请材料共同报送民航地区管理局。

第二十八条　民航地区管理局审查机场使用许可申请时，一并审查机场安保方案。

第二十九条　航空安保方案具有约束力，机场管理机构及有关单位应当执行。

第四节　航空安保方案的修订

第三十条　机场管理机构应当在下列情形下对航空安保方案进行修订，以确保其持续有效：

（一）负责机场安保工作的组织机构或者其职责发生重大变更的；

（二）发生重大威胁或事件的；

（三）航空安保法规标准发生重大变化的。

第三十一条　为了保护国家安全和公共利益的需要，民航局可要求机场对其航空安保方案作出紧急修订，机场管理机构应当在收到通知后 10 个工作日内完成修订。

第三十二条　机场管理机构根据本规则第三十条、第三十一条对航空安保方案作出修订的，应当在修订内容实施前至少 5 个工作日报民航地区管理局备案。

机场管理机构对航空安保方案作出其他修订的，应当在修订内容实施前至少 20 个工作日报民航地区管理局备案。

第五节　航空安保方案的保存和分发

第三十三条　机场管理机构应当根据工作需要，将航空安保方案的相关部分分发给机场相关部门以及有关驻场单位。

第三十四条　机场管理机构将安保业务外包给航空安保服务机构的，应当将航空安保方案中与外包安保业务相关的部分提供给航空安保服务机构。

第三十五条　机场管理机构应当将航空安保方案文本保存在便于安保工作人员查阅的地方。

第三十六条　航空安保方案为敏感信息文件，应当进行编号并做好登记，妥善保存。

第三十七条　航空安保方案的分发、查阅范围必须受到限制，只限于履行职责需要此种信息的应知人员。

第六节　航空安保协议

第三十八条　机场管理机构应当与公共航空运输企业、通用航空企业、航空配餐企业以及地面服务代理等机构签订航空安保协议，以便本机场航空安保方案中列明的措施和程序得到有效执行。

第三十九条　机场管理机构将安保业务外包的，应当签订航空安保协议，内容至少包括：

（一）航空安保责任的划分；

（二）对有关工作人员的安保要求；

（三）监督检查和质量控制程序；

（四）其他需要明确的事项。

第四十条　航空安保协议应当妥善保存，以便民航地区管理局检查。

第四章　运行航空安保措施

第一节　机场开放使用的安保要求

第四十一条　机场根据年旅客吞吐量以及受威胁程度划分安保等级，实行分级管理。

第四十二条　机场的新建、改建和扩建，应当符合《民用航空运输机场安全保卫设施》（MH/T7003）规定。

第四十三条　机场的开放使用，应当满足下列安保条件：

（一）设有机场控制区以及符合标准的防护围栏、巡逻通道，并配备专门的值守人员；

（二）派驻有机场公安机构并配备与机场运输量相适应的人员和装备；

（三）设有安全检查机构并配备与机场运输量相适应的人员和设备；

（四）设有专职消防组织并按照机场消防等级配备人员和设备；

（五）制定有航空安保应急处置预案并配备必要的设施设备；

（六）具有符合规定的航空安保方案；

（七）其他应当具备的条件。

第四十四条　申请换发民用机场使用许可证，应当同时报送下列文件资料：

（一）符合规定的航空安保方案；

（二）航空安保审计结论为符合的证明文件；

（三）其他需要报送的文件资料。

第二节　机场控制区的划分

第四十五条　机场管理机构应当按照规定，会同相关驻场单位划定机场控制区。

第四十六条　机场控制区根据安保需要，划分为候机隔离区、行李分拣装卸区、航空器活动区和维修区、货物存放区等。机场控制区的具体划分情况应当在航空安保方案中列明。

第四十七条　机场控制区应当有严密的航空安保措施，实行封闭式分区管理。

从航空器维修区、货物存放区通向其他控制区的道口，应当采取相应的安保控制措施。

第四十八条　机场管理机构应当设置受到非法干扰威胁的航空器隔离停放区，并在航空安保方案中列明。

第三节　机场控制区的安保设施

第四十九条　机场管理机构应当保持机场控制区防护围栏处于持续良好状态，并配备相应人员进行巡逻检查，及时发现并消除安全隐患。

第五十条　进出机场控制区的道口应当具有与防护围栏同等隔离效果的设施保护。

第五十一条　进出机场控制区道口的安全检查应当符合民航局及民航地区管理局的相关规定。

第五十二条　机场控制区的安保设施设备应当符合《民用航空运输机场安全保卫设施》（MH/T7003）及相关规定的要求。

第四节　机场控制区通行证

第五十三条　机场控制区应当实行通行管制，进入机场控制区的工作人员、车辆应当持有机场控制区通行证。

第五十四条　机场控制区人员通行证应当包含以下信息：

（一）持证人近期照片；

（二）有效起止日期；

（三）可进入的控制区区域；

（四）持证人姓名；

（五）持证人单位；

（六）证件编号；

（七）发证机构；

（八）防伪标识等其他技术要求。

第五十五条 申办机场控制区人员通行证，应当同时具备下列条件：

（一）确需进入机场控制区工作；

（二）通过背景调查；

（三）由所在单位提出书面申请。

申办控制区通行证人员应当通过证件使用和管理的培训。

第五十六条 对因工作需要一次性进入机场控制区的人员，凭驻场接待单位出具的证明信，经发证机构审查合格后为其办理一次性通行证。

申办一次性通行证的人员范围、管理程序及证件信息应当在航空安保方案中列明。

第五十七条 因工作需要进入机场航空器活动区的车辆，应当办理机场控制区车辆通行证，车辆通行证应当包含以下信息：

（一）车辆类型及牌号；

（二）有效起止日期；

（三）可进入的控制区区域；

（四）准许通行的道口；

（五）车辆使用单位；

（六）证件编号；

（七）发证机构；

（八）其他技术要求。

第五十八条 机场控制区人员、车辆通行证的制作应符合有关制作技术标准。

机场控制区人员、车辆通行证使用期限一般不超过3年。

第五十九条 发证机构应当按照民航局及民航地区管理局的有

关规定对办证申请进行审核，严格控制证件发放范围和数量，防止无关人员、车辆进入机场控制区。

第六十条 发证机构应当定期核查持证人背景调查资料，确保持证人员持续符合要求。

发证机构应当保存持证人员的申办资料备查，保存期限一般不低于 4 年。

第六十一条 机场控制区人员、车辆通行证的发证机构和管理规定，应当在航空安保方案中列明。

第五节 机场控制区通行管制

第六十二条 机场管理机构应当制定措施和程序，并配备符合标准的人员和设施设备，对进入机场控制区的人员、车辆进行安全检查，防止未经许可的人员、车辆进入。

第六十三条 乘机旅客应当通过安全检查通道进入指定的区域候机和登机。

工作人员进入机场控制区应当佩戴机场控制区通行证件，经过核对及安全检查，方可进入指定的控制区域。

第六十四条 民用航空监察员凭民航局或地区管理局颁发的通行证进入机场控制区。

第六十五条 空勤人员执行飞行任务时凭空勤登机证进入机场控制区。

第六十六条 持机场控制区一次性通行证的人员，应当在发证机构指定人员引领下进入机场控制区。

第六十七条 车辆进入机场控制区应当停车接受道口值守人员对车辆、驾驶员、搭乘人员和车辆证件及所载物品的检查。

机场控制区车辆通行证应当置于明显位置。

第六十八条 进入机场控制区的车辆应当由合格的驾驶员驾驶，在机场控制区内行驶的车辆应当按照划定的路线行驶，在划定的位置停放。

第六十九条 对进入机场控制区的工具、物料和器材应当实施安保控制措施。道口和安检通道值守人员应当对工作人员进出机场控制区所携带的工具、物料和器材进行检查、核对和登记，带出时予以核销。使用单位应当明确专人负责工具、物料和器材在机场控制区内的管理。

控制区内使用的刀具等对航空安全有潜在威胁的物品，应当编号并登记造册。

第七十条 运输航空配餐和机上供应品的车辆进入机场控制区应当全程签封，道口安检人员应当查验签封是否完好并核对签封编号。

第六节 候机隔离区的航空安保措施

第七十一条 候机隔离区应当封闭管理，凡与非隔离区相毗邻的门、窗、通道等部位，应采取有效的隔离措施。

第七十二条 机场应当配备与旅客吞吐量相适应的安检通道及安检人员和设备，确保所有进入候机隔离区的人员及物品经过安全检查。

第七十三条 机场应当建立符合标准的安检信息管理系统，及时收集、存储旅客安检信息。

第七十四条 已经通过安全检查的人员离开候机隔离区再次进入的，应当重新接受安全检查。

第七十五条 已经通过安全检查和未经安全检查的人员不得相混或接触。如发生相混或接触，机场管理机构应当采取以下措施：

（一）对相应隔离区进行清场和检查；

（二）对相应出港旅客及其手提行李再次进行安全检查；

（三）如旅客已进入航空器，对该航空器客舱进行安保搜查。

第七十六条 机场管理机构应当采取措施，确保过站和转机旅客受到有效的安保控制。

机场管理机构应当制定程序，确保乘坐入境航班在境内机场过站或转机的旅客及其行李，在未重新进行安全检查前，不得与其他出港旅客接触。但是，与中国签订互认航空安保标准条款的除外。

第七十七条 机场受公共航空运输企业委托，开展值机、托运行李、过站等地面代理服务的，其航空安保措施应当符合《公共航空运输企业航空安全保卫规则》相关规定。

第七十八条 安全检查业务外包的，机场管理机构应当与服务提供商签订安保协议，并对候机隔离区实施有效控制。

第七节 携带武器乘机或托运枪支弹药的航空安保措施

第七十九条 除非同时满足以下条件，任何人员不得携带武器乘机：

（一）经国家警卫部门确定的警卫对象的警卫人员；

（二）持有工作证、持枪证、持枪证明信。

第八十条 对警卫人员随身携带的武器进行安全检查时，应当：

（一）查验工作证、持枪证、持枪证明信；

（二）书面通知公共航空运输企业。

第八十一条 对公共航空运输企业收运的枪支弹药进行安全检查时，应当确认枪支和弹药分离。

第八节 航空器在地面的航空安保措施

第八十二条 航空器在地面的安保应当明确划分责任，并分别在机场、公共航空运输企业航空安保方案中列明。

第八十三条 执行航班飞行任务的民用航空器在机坪短暂停留期间，由机场管理机构负责监护。

航空器在机场过夜或未执行航班飞行任务停放期间，应当由专人守护。

第八十四条　航空器监护人员接收和移交监护任务时，应当与机务人员办理交接手续，填写记录，双方签字。

第八十五条　航空器停放区域应当有充足的照明，确保守护人员及巡逻人员能够及时发现未经授权的非法接触。

航空器隔离停放位置的照明应当充足且不间断。

第八十六条　当发生下列情况时，机场管理机构应组织机场公安、安检等相关部门对航空器进行安保搜查：

（一）航空器停场期间被非法接触；

（二）有合理理由怀疑该航空器在机场被放置违禁物品或者爆炸装置；

（三）其他需要进行安保搜查的情形。

机场管理机构应当对实施安保搜查的人员开展相关业务培训。

第九节　要害部位的航空安保措施

第八十七条　下列设施和部位应划定为要害部位，并实施相应的航空安保措施：

（一）塔台、区域管制中心；

（二）导航设施；

（三）机场供油设施；

（四）机场主备用电源；

（五）其他如遭受破坏将对机场功能产生重大损害的设施和部位。

第八十八条　要害部位的安全保卫应当明确主责单位，并由其制定安保制度和应急处置预案，采取相应的航空安保措施。

要害部位的航空安保措施应当在机场航空安保方案中列明。

第八十九条　要害部位应当至少采取下列航空安保措施：

（一）对塔台、区域管制中心等对空指挥要害部位应当实行严密的航空安保措施，非工作需要或未经授权者严禁入内；

（二）对进入或接近要害部位的人员应当采取通行管制等航空安保措施；

（三）导航设施和其他要害部位应当有足够的安全防护设施或人员保护；

（四）在威胁增加情况下，应当及时通知有关单位强化航空安保措施，并按应急处置预案做好备用设备的启动准备。

第十节 机场非控制区的航空安保措施

第九十条 机场非控制区的航空安保措施应当符合航空安保法规标准的要求，其内容应当纳入机场、公共航空运输企业航空安保方案。

第九十一条 机场公安机关应当保持足够警力在机场候机楼、停车场等公共区域巡逻。

第九十二条 候机楼前人行道应当设置相应的安全防护设施，防止车辆冲击候机楼。

第九十三条 候机楼内售票柜台及其他办理登机手续设施的结构应当能够防止旅客和公众进入工作区。所有客票和登机牌、行李标牌等应当采取航空安保措施，防止被盗或者滥用。

第九十四条 候机楼广播、电视系统应定时通告，告知旅客和公众应当遵守的基本安保事项和程序。在候机楼内、售票处、办理乘机手续柜台、安检通道等位置应当设置适当的安保告示牌。

第九十五条 设在候机楼内的小件物品寄存场所，其寄存的物品应当经过安全检查。

第九十六条 无人看管行李、无人认领行李和错运行李应存放在机场的指定区域，并采取相应的航空安保措施。

第九十七条 机场管理机构应当对保洁员等候机楼内工作人员进行培训，制定对候机楼内卫生间、垃圾箱等隐蔽部位的检查措施以及发现可疑物品的报告程序。

第九十八条　机场管理机构应当组织制定对候机楼、停车场等公共区域发现的无主可疑物或可疑车辆的处置程序并配备相应的防爆设备。

第九十九条　候机楼地下不得设置公共停车场；候机楼地下已设有公共停车场的，应在入口处配置爆炸物探测设备，对进入车辆进行安全检查。

第一百条　机场非控制区可以俯视航空器、安检现场的区域以及穿越机场控制区下方的通道，应当采取以下措施：

（一）配备相应的视频监控系统，并适时有人员巡查；

（二）设置物理隔离措施，防止未经许可进入或者向停放的航空器或安保控制区域投掷物体；

（三）对可以观看到安全检查现场的区域应当采取非透明隔离措施。

第一百零一条　机场要客服务区域应当采取适当的航空安保措施，防止未经授权人员进入。

第十一节　机场租户的航空安保措施

第一百零二条　机场租户应当与机场管理机构签订航空安保协议，协议中应当包含以下内容：

（一）安保责任的划分；

（二）航空安保措施和程序；

（三）对租户工作人员的安保培训；

（四）质量控制措施；

（五）其他需要明确的事项。

第一百零三条　机场租户应当根据机场航空安保方案，制定相应的航空安保措施，并报机场管理机构备案。

第一百零四条　机场租户人员、物品进入机场控制区，应当经过安全检查。

机场租户应明确专人负责保管控制区内使用的刀具及其他对航空安全有潜在威胁的物品。

第一百零五条 机场租户应当履行所在机场航空安保方案所规定的责任，对员工进行航空安保法规标准培训。

第一百零六条 机场租户所租地构成控制区与非控制区界线的一部分，或者经其可以从非控制区进入控制区者，应当配合机场管理机构对通过其区域的进出实施控制，防止未经授权和未经安全检查的人员、物品进入控制区。

第十二节 驻场单位的航空安保措施

第一百零七条 机场联检部门应当对工作人员进行航空安保法规标准的培训，维护民用航空安全。其工作场地构成控制区与非控制区界线的一部分，或经其可从非控制区进入控制区者，应当负责对通过其区域的进出实施控制，防止未经授权和未经安全检查的人员、物品进入控制区。

第一百零八条 空管部门、航空油料和地面服务代理等其他驻场民航单位应当制定并实施相应的航空安保方案，并报机场所在地民航地区管理局备案。

第十三节 信息报告

第一百零九条 机场管理机构应当建立航空安保信息报告制度，发生以下情况应当立即报告民航地区管理局：

（一）非法干扰事件；

（二）因安保原因造成的安全事故；

（三）重要威胁信息；

（四）重大空防安全隐患；

（五）其他紧急事件。

上述情况处理完毕后，机场管理机构应当在 15 个工作日内按相关规定书面报告民航地区管理局。

第一百一十条 机场管理机构应当每月向民航地区管理局报告以下情况：

（一）安保运行情况；

（二）非法干扰行为、扰乱行为及其他违规行为情况；

（三）航空安保方案的执行和修订情况；

（四）其他应当报告的内容。

第一百一十一条 机场管理机构在运行中发现公共航空运输企业、空管部门等单位的航空安保措施或安保设施不符合法规标准要求的，应当及时通报公共航空运输企业、空管部门并报告民航地区管理局。

第十四节　其他规定

第一百一十二条 机场管理机构接受国际组织或机构、外国政府部门航空安保审计、评估、考察的，应当在活动开始前至少 20 个工作日内报告民航局，并按照局方有关规定执行。

机场管理机构接受外国航空运输企业、机场航空安保考察的，应当在活动开始前至少 20 个工作日内报告民航地区管理局，并按照局方有关规定执行。

机场管理机构应当在活动结束后 15 个工作日内将相关情况上报。

第一百一十三条 机场安全检查工作，按照有关安全检查规定执行。

第一百一十四条 威胁增加时的航空安保措施，按照威胁等级管理办法的有关规定执行。

第五章　安保应急处置

第一百一十五条 机场管理机构应当制定安保应急处置预案，并保证实施预案所需的设备、人员、资金等条件。

机场管理机构应当确保预案中包含的所有信息及时更新，并将更新内容告知相关单位、人员。

机场管理机构应当按照航空安保方案的规定，定期演练应急处置预案。

第一百一十六条 安保应急处置预案应当包含按民航局、民航地区管理局要求，启动相应等级应急处置预案的程序。

第一百一十七条 机场管理机构应当制定程序，按照本机场所在地区的威胁等级，启动相应级别的航空安保措施。

根据民航局、民航地区管理局发布的威胁评估结果，机场管理机构对从高风险机场出发的进港航班旅客及其行李，可以采取必要的航空安保措施。

第一百一十八条 机场管理机构接到航空器受到炸弹威胁或劫机威胁的消息时，应当采取以下措施：

（一）立即通知民航地区管理局、公共航空运输企业等单位关于威胁的情况、对威胁的初步评估以及将采取的措施；

（二）引导航空器在隔离停放区停放；

（三）按照安保应急处置预案，采取相应航空安保措施。

第一百一十九条 机场公安机关、驻场民航单位等部门应当按照职责制定各自的安保应急处置预案。

第一百二十条 民航局根据威胁评估结果或针对民用航空的具体威胁，有权发布安保指令和信息通告，规定应对措施。

机场管理机构应当执行民航局向机场管理机构发布的安保指令和信息通告。

机场管理机构在收到安保指令和信息通告后，应当制定执行安保指令和信息通告各项措施的具体办法。

第一百二十一条 机场管理机构没有能力执行安保指令中的措施的，应当在安保指令规定的时间内向民航地区管理局提交替代措施。

第一百二十二条 机场管理机构可以通过向民航局提交数据、

观点或论证，对安保指令提出意见。民航局可以根据收到的意见修改安保指令，但是提交的意见并不改变安保指令的生效。

第一百二十三条　机场管理机构以及收到安保指令或信息通告的人员应当对安保指令或信息通告中所含限制性信息采取保密措施，未经民航局书面同意，不得把安保指令、信息通告中所含信息透露给无关人员。

第一百二十四条　民航局发现有危及航空运输安全，需要立即采取行动的紧急情况，可以发布特别工作措施。

第一百二十五条　机场管理机构应当制定传递非法干扰行为机密信息的程序，不得擅自泄露信息。

第一百二十六条　机场管理机构应当采取适当措施，保证受到非法干扰的航空器上的旅客和机组能够继续行程。

第六章　监　督　管　理

第一百二十七条　民航局、民航地区管理局依据职责对机场管理机构实施监督检查，以确保其符合：

（一）本规则的规定；

（二）本单位航空安保方案的规定；

（三）其他法规标准中有关航空安保的规定。

第一百二十八条　民航局、民航地区管理局实施监督检查，应当遵循公平、公正、公开的原则，不得妨碍机场管理机构正常的经营活动，不得索取或者收受机场管理机构的财物或者谋取其他利益，不得泄漏机场管理机构的商业秘密。

第一百二十九条　机场管理机构应当对民航局、民航地区管理局执法人员的监督检查给予积极配合，不得向执法人员隐瞒情况或者提供虚假情况。

第一百三十条　民航局、民航地区管理局应加强机场安保工作的检查，发现机场管理机构和驻场民航单位违反本规则有关内容的，可以先行召集其负责人进行警示谈话，或者由民航局、民航地区管理局行政约见其主要负责人或上级主管部门负责人。

第一百三十一条 民航局、民航地区管理局在检查中发现存在事故隐患的，依照《中华人民共和国安全生产法》规定执行。

第一百三十二条 任何单位或者个人发现机场管理机构未按规定执行航空安保措施的，均有权向民航局、民航地区管理局报告或者举报。

民用航空安全管理规定

（2018 年 2 月 13 日交通运输部令 2018 年第 3 号公布自 2018 年 3 月 16 日起施行）

第一章 总 则

第一条 为了实施系统、有效的民用航空安全管理，保证民用航空安全、正常运行，依据《中华人民共和国民用航空法》《中华人民共和国安全生产法》等国家有关法律、行政法规，制定本规定。

第二条 本规定适用于中华人民共和国领域内民用航空生产经营活动的安全管理。

第三条 民用航空安全管理应当坚持安全第一、预防为主、综合治理的工作方针。

第四条 中国民用航空局（以下简称民航局）对全国民用航空安全实施统一监督管理。中国民用航空地区管理局（以下简称民航地区管理局）对辖区内的民用航空安全实施监督管理。

民航局和民航地区管理局，以下统称民航行政机关。

第二章　安全管理要求

第一节　安全管理体系

第五条　民航生产经营单位应当依法建立并运行有效的安全管理体系。相关规定中未明确要求建立安全管理体系的，应当建立等效的安全管理机制。

第六条　安全管理体系应当至少包括以下四个组成部分共计十二项要素：

（一）安全政策和目标，包括：

1. 安全管理承诺与责任；

2. 安全问责制；

3. 任命关键的安全人员；

4. 应急预案的协调；

5. 安全管理体系文件。

（二）安全风险管理，包括：

1. 危险源识别；

2. 安全风险评估与缓解措施。

（三）安全保证，包括：

1. 安全绩效监测与评估；

2. 变更管理；

3. 持续改进。

（四）安全促进，包括：

1. 培训与教育；

2. 安全交流。

第七条　安全管理体系、等效的安全管理机制至少应当具备以下功能：

（一）查明危险源及评估相关风险；

（二）制定并实施必要的预防和纠正措施以保持可接受的安全

绩效水平；

（三）持续监测与定期评估安全管理活动的适宜性和有效性。

第八条 民航生产经营单位的安全管理体系应当依法经民航行政机关审定。等效的安全管理机制应当报民航地区管理局或者其授权的机构备案。

第九条 民航生产经营单位应当建立安全管理体系、等效的安全管理机制的持续完善制度，以确保其持续满足相关要求，且工作绩效满足安全管理相关要求。

第十条 民航生产经营单位安全管理体系或者等效的安全管理机制的运行应当接受民航行政机关的持续监督，以确保其有效性。

第二节 安全绩效管理

第十一条 民航生产经营单位应当实施安全绩效管理，并接受民航行政机关的监督。

第十二条 民航生产经营单位应当建立与本单位运行类型、规模和复杂程度相适应的安全绩效指标，以监测生产运行风险。

第十三条 民航生产经营单位应当依据民航局制定的年度行业安全目标制定本单位安全绩效目标。安全绩效目标应当等于或者优于行业安全目标。

第十四条 民航生产经营单位应当根据安全绩效目标制定行动计划，并报所在辖区民航地区管理局备案。

第十五条 民航生产经营单位应当对实际安全绩效实施持续监测，按需要调整行动计划以确保实现安全绩效目标。

第十六条 民航生产经营单位应当在每年 7 月 15 日前及次年 1 月 15 日前分别将半年和全年安全绩效统计分析报告报所在辖区民航地区管理局备案。

第三节 安全管理制度

第十七条 民航生产经营单位应当依法建立安全生产管理机构

或者配备安全生产管理人员，满足安全管理的所有岗位要求。

第十八条 民航生产经营单位应当保证本单位安全生产投入的有效实施，以具备国家有关法律、行政法规和规章规定的安全生产条件。安全生产投入至少应当包括以下方面：

（一）制定完备的安全生产规章制度和操作规程；

（二）从业人员安全教育和培训；

（三）安全设施、设备、工艺符合有关安全生产法律、行政法规、标准和规章的要求；

（四）安全生产检查与评价；

（五）重大危险源、重大安全隐患的评估、整改、监控；

（六）安全生产突发事件应急预案、应急组织、应急演练，配备必要的应急器材、设备；

（七）满足法律、行政法规和规章规定的与安全生产直接相关的其他要求。

第十九条 民航生产经营单位应当建立安全检查制度和程序，定期开展安全检查。

第二十条 民航生产经营单位应当建立安全隐患排查治理制度和程序，及时发现、消除安全隐患。

第二十一条 民航生产经营单位应当建立内部审核、内部评估制度和程序，定期对安全管理体系或者等效的安全管理机制的实施情况进行评审。

第二十二条 民航生产经营单位应当建立安全培训和考核制度，培训和考核的内容应当与岗位安全职责相适应。

第二十三条 民航生产经营单位应当建立应急处置机制，制定统一管理、综合协调的安全生产突发事件应急预案。

第四节 人员培训

第二十四条 民航生产经营单位的主要负责人、分管安全生产的负责人和安全管理人员应当按规定完成必需的安全管理培训，并定期参加复训。

第二十五条　民航生产经营单位应当针对生产运行相关岗位人员制定安全培训大纲和年度安全培训计划，其内容和质量应当满足相应的要求。

第二十六条　民航生产经营单位应当组织开展安全培训，建立培训档案，定期组织复训和考核。未经安全教育和培训，或者经教育和培训后考核不合格的人员，不得上岗作业。

第二十七条　民航生产经营单位应当对安全培训质量实行监督，确保培训目的、内容和质量满足相关要求。

第五节　事故和事故征候处理

第二十八条　发生事故或者事故征候的民航生产经营单位应当依法及时报告。

第二十九条　与事故或者事故征候有关的民航生产经营单位，应当依法封存、妥善保管并提供有关资料，保护事发现场，积极配合事故和事故征候调查。

第三十条　发生事故或者事故征候的民航生产经营单位，应当依据调查结果，查找系统缺陷，制定纠正措施，预防事故或者事故征候再次发生。

第三章　安全数据和安全信息的利用

第一节　行业安全数据和安全信息管理

第三十一条　民航局建立安全数据收集和处理系统，并实现安全数据整合或者互访功能。

第三十二条　民航局建立基于安全信息分析的安全项目工作机制，包括但不限于以下内容：

（一）开展行业安全信息分析，确定重点风险领域，提出民用航空安全项目建议；

（二）组建民用航空安全咨询专家组，系统研究并提出风险控制方案；

（三）对风险控制措施的实施及效果进行持续监控。

第三十三条 安全数据和安全信息应当用于调查事故或者事故征候原因，提出安全建议，预防事故或者事故征候发生。

第三十四条 安全数据和安全信息保护的条件和范围另行规定。

第三十五条 民航局建立安全信息交流、发布的机制和程序。

第三十六条 安全信息的发布应当遵循以下原则：

（一）对调整安全管理政策、规章和措施是必要的；

（二）不影响信息报告的积极性；

（三）隐去识别信息，一般采用概述或者综述的形式。

第二节 民航生产经营单位安全数据利用

第三十七条 民航生产经营单位应当根据本单位运行类型、规模和复杂程度，以及相应的安全管理需求，建立适宜的安全数据收集和处理系统。

第三十八条 民航生产经营单位应当充分利用收集的安全数据，开展安全现状分析和趋势预测，不得将安全数据用于除改进航空安全以外的其他任何目的。

第三十九条 安全数据的来源包括但不限于以下渠道：

（一）安全报告，包括强制报告、自愿报告和举报等；

（二）事件调查；

（三）安全检查、审核和评估；

（四）航空器持续适航有关的报告；

（五）飞行品质监控。

第四章　安全监督管理

第一节　中国民航航空安全方案

第四十条　民航局编制和实施中国民航航空安全方案，以使民用航空安全绩效达到可接受的水平。

第四十一条　中国民航航空安全方案包括四个组成部分共计十一项要素：

（一）安全政策与目标，包括：

1. 安全立法框架；

2. 安全责任和问责制；

3. 事故和事故征候调查；

4. 执法政策。

（二）安全风险管理，包括：

1. 对民航生产经营单位安全管理体系的要求；

2. 对民航生产经营单位安全绩效的认可。

（三）安全保证，包括：

1. 安全监督；

2. 安全数据的收集、分析和交换；

3. 基于安全数据确定重点监管领域。

（四）安全促进，包括：

1. 内部培训、交流和发布信息；

2. 外部培训、交流和发布信息。

第四十二条　民航局制定行业可接受的安全绩效水平，包括安全绩效指标及其目标值、预警值，用于衡量并监测行业安全水平。

第四十三条　中国民航航空安全方案应当与民用航空活动规模和复杂性相一致。民航局负责对其适用性、有效性进行定期评估。

第二节　安全监管实施

第四十四条　民航局建立安全监管制度，保证安全监管全面、有效开展。安全监管制度包括：

（一）基本民用航空法律和法规。参与航空立法，以使安全监管活动得到充分的法律保障，实现依法治理。

（二）具体运行规章。依法制定行业运行规章，实现民用航空生产运行标准化、规范化管理，防范安全风险。

（三）安全监管机构、人员及职能。建立与民用航空运行规模和复杂程度相适应的安全监管机构，协调有关部门配备数量足够的合格人员以及必要的财政经费，以保证安全监管职能得到有效履行、安全监管目标得以实现。

（四）监察员资质和培训。规定监察员最低资格要求，建立初始培训、复训以及培训记录制度。

（五）提供技术指导、工具及重要的安全信息。向监察员提供必要的监管工具、技术指导材料、关键安全信息，使其按规定程序有效履行安全监管职能；向行业提供执行相关规章的技术指导。

（六）颁发执照、合格审定、授权或者批准。通过制定并实施特定的程序，以确保从事民用航空活动的人员和单位只有在符合相关规章之后，方可从事执照、许可证、授权或者批准所包含的相关民用航空活动。

（七）监察。通过制定并实施持续的检查、审计和监测计划，对民用航空活动进行监察，确保航空执照、许可证、授权或者批准的持有人持续符合规章要求，其中包括对民航行政机关指定的代其履行安全监督职能的人员进行监察。

（八）解决安全问题。制定并使用规范的程序，用于采取包括强制措施在内的整改行动，以解决查明的安全问题；通过对整改情况的监测和记录，确保查明的安全问题得到及时解决。

第四十五条 民航局制定年度可接受的安全绩效水平，确定重点安全工作任务。民航局各职能部门制定下发行政检查大纲或者行政检查要求。民航地区管理局开展辖区民用航空运行安全监管工作。

第四十六条 民航局对民航生产经营单位安全管理体系或者等效的安全管理机制进行持续监督，以确保其运行的有效性。

第四十七条 民航行政机关依法综合运用多种监管手段强化民航生产经营单位的安全生产主体责任，加强安全隐患监督管理，预防事故发生。

第五章 法律责任

第四十八条 民航生产经营单位有下列行为之一的，由民航行政机关责令其限期改正；逾期未改正的，给予警告，并处一万元以上三万元以下的罚款：

（一）违反本规定第五条，未建立并运行安全管理体系或者等效的安全管理机制的；

（二）违反本规定第八条，建立的安全管理体系未经民航行政机关审定或者建立的等效的安全管理机制未备案的；

（三）违反本规定第九条，未建立安全管理体系或者等效的安全管理机制的持续完善制度的；

（四）违反本规定第十一条至第十三条，未开展安全绩效管理工作、未制定适宜的安全绩效指标或者安全绩效目标劣于行业安全目标的；

（五）违反本规定第十四条、第十五条，未制定行动计划、未按规定向所在辖区民航地区管理局备案行动计划、未实施安全绩效监测或者未按需要调整行动计划的；

（六）违反本规定第十六条，未按规定向所在辖区民航地区管理局备案安全绩效统计分析报告的；

（七）违反本规定第二十一条至第二十三条，未建立相关安全管理制度的；

（八）违反本规定第二十四条，民航生产经营单位主要负责人、分管安全生产的负责人和安全管理人员未按要求完成培训的；

（九）违反本规定第二十五条、第二十七条，未按要求制定安全培训大纲、年度安全培训计划或者未进行培训质量监督的；

（十）违反本规定第三十条，未按要求查找系统缺陷、制定预防与纠正措施的。

第四十九条 民航生产经营单位有下列行为之一的，依照《中华人民共和国安全生产法》第九十四条，由民航行政机关责令其限期改正，可以处五万元以下的罚款；逾期未改正的，责令停产停业整顿，并处五万元以上十万元以下的罚款，对其直接负责的主管人员和其他直接责任人员处一万元以上二万元以下的罚款：

（一）违反本规定第十七条，未依法建立安全生产管理机构或者配备安全生产管理人员的；

（二）违反本规定第二十六条，未按要求组织对相关人员进行安全生产培训的。

第五十条 民航生产经营单位安全生产所必需的资金投入不足，致使其不具备安全生产条件的，依照《中华人民共和国安全生产法》第九十条进行处罚。

第五十一条 民航生产经营单位违反本规定第二十条，未建立安全隐患排查治理制度或者未采取措施消除安全隐患的，由民航行政机关给予警告或者处一万元以上三万元以下的罚款。

第五十二条 民航生产经营单位违反本规定第二十九条，未依法妥善保护资料的，由民航行政机关给予警告或者处一万元以上三万元以下的罚款。

第五十三条 民航行政机关工作人员有滥用职权、玩忽职守行为的，由有关部门依法予以处分。

第五十四条 违反本规定，构成犯罪的，依法追究刑事责任。

第六章　附　则

第五十五条　对民航生产经营单位的行政处罚等处理措施及其执行情况记入守法信用信息记录，并按照有关规定进行公示。

第五十六条　本规定涉及相关定义如下：

（一）民航生产经营单位，是指在中华人民共和国境内依法设立的民用航空器经营人、飞行训练单位、维修单位、航空产品型号设计或者制造单位、空中交通管理运行单位、民用机场（包括军民合用机场民用部分）以及地面服务保障等单位。

（二）民航航空安全方案，是指旨在提高安全的一套完整的法律、行政法规、规章和活动。

（三）安全管理体系，是指管理安全的系统做法，包括必要的组织机构、问责制、政策和程序。

（四）安全绩效，是指安全管理体系的运行效果，用一套安全绩效指标衡量。

（五）安全绩效指标，是指用于监测和评估安全绩效的以数据为基础的参数。

（六）安全绩效目标，是指安全绩效指标在一个特定时期的计划或者预期目标。

（七）行动计划，是指为了保证安全目标的实现而确定的一系列活动及其实施计划。

（八）安全数据，是指为实现安全管理目的，用于识别危险源和安全缺陷，而从不同来源收集的事实或者数值。通常采取主动或者被动方式进行收集。包括但不限于：事故调查数据、不安全事件强制报告数据、自愿报告数据、持续适航报告数据、运行绩效监测数据、安全风险评估数据、审计结果或者报告数据、安全研究或者检查数据或者安全管理的任何其他监管数据。

（九）安全信息，是指用于安全管理共享、交换或者保存为目的的、经过处理和整理过的安全数据。

（十）可接受的安全绩效水平，是指以安全绩效目标和安全绩效指标表示的，按照中国民航航空安全方案中规定的，或者民航生产经营单位按照其安全管理体系中规定的安全绩效的最低水平。

第五十七条 本规定自 2018 年 3 月 16 日起施行。

民用航空安全检查规则（节录）

（2016 年 9 月 2 日交通运输部令 2016 年第 76 号公布
自 2017 年 1 月 1 日起施行）

……

第五章 民航安检工作实施

第一节 一般性规定

第二十五条 民航安检机构应当按照本机构民航安检工作运行管理文件组织实施民航安检工作。

第二十六条 公共航空运输企业、民用运输机场管理机构应当在售票、值机环节和民航安检工作现场待检区域，采用多媒体、实物展示等多种方式，告知公众民航安检工作的有关要求、通告。

第二十七条 民航安检机构应当按照民航局要求，实施民航安全检查安全信用制度。对有民航安检违规记录的人员和单位进行安全检查时，采取从严检查措施。

第二十八条 民航安检机构设立单位应当在民航安检工作现场设置禁止拍照、摄像警示标识。

第二节 旅客及其行李物品的安全检查

第二十九条 旅客及其行李物品的安全检查包括证件检查、人身检查、随身行李物品检查、托运行李检查等。安全检查方式包括设备检查、手工检查及民航局规定的其他安全检查方式。

第三十条 旅客不得携带或者在行李中夹带民航禁止运输物品，不得违规携带或者在行李中夹带民航限制运输物品。民航禁止运输物品、限制运输物品的具体内容由民航局制定并发布。

第三十一条 乘坐国内航班的旅客应当出示有效乘机身份证件和有效乘机凭证。对旅客、有效乘机身份证件、有效乘机凭证信息一致的，民航安检机构应当加注验讫标识。

有效乘机身份证件的种类包括：中国大陆地区居民的居民身份证、临时居民身份证、护照、军官证、文职干部证、义务兵证、士官证、文职人员证、职工证、武警警官证、武警士兵证、海员证，香港、澳门地区居民的港澳居民来往内地通行证，台湾地区居民的台湾居民来往大陆通行证；外籍旅客的护照、外交部签发的驻华外交人员证、外国人永久居留证；民航局规定的其他有效乘机身份证件。

十六周岁以下的中国大陆地区居民的有效乘机身份证件，还包括出生医学证明、户口簿、学生证或户口所在地公安机关出具的身份证明。

第三十二条 旅客应当依次通过人身安检设备接受人身检查。对通过人身安检设备检查报警的旅客，民航安全检查员应当对其采取重复通过人身安检设备或手工人身检查的方法进行复查，排除疑点后方可放行。对通过人身安检设备检查不报警的旅客可以随机抽查。

旅客在接受人身检查前，应当将随身携带的可能影响检查效果的物品，包括金属物品、电子设备、外套等取下。

第三十三条 手工人身检查一般由与旅客同性别的民航安全检查员实施；对女性旅客的手工人身检查，应当由女性民航安全检查员实施。

第三十四条 残疾旅客应当接受与其他旅客同样标准的安全检查。接受安全检查前，残疾旅客应当向公共航空运输企业确认具备乘机条件。

残疾旅客的助残设备、服务犬等应当接受安全检查。服务犬接受安全检查前，残疾旅客应当为其佩戴防咬人、防吠叫装置。

第三十五条 对要求在非公开场所进行安全检查的旅客，如携带贵重物品、植入心脏起搏器的旅客和残疾旅客等，民航安检机构可以对其实施非公开检查。检查一般由两名以上与旅客同性别的民航安全检查员实施。

第三十六条 对有下列情形的，民航安检机构应当实施从严检查措施：

（一）经过人身检查复查后仍有疑点的；

（二）试图逃避安全检查的；

（三）旅客有其他可疑情形，正常检查无法排除疑点的。

从严检查措施应当由两名以上与旅客同性别的民航安全检查员在特别检查室实施。

第三十七条 旅客的随身行李物品应当经过民航行李安检设备检查。发现可疑物品时，民航安检机构应当实施开箱包检查等措施，排除疑点后方可放行。对没有疑点的随身行李物品可以实施开箱包抽查。实施开箱包检查时，旅客应当在场并确认箱包归属。

第三十八条 旅客的托运行李应当经过民航行李安检设备检查。发现可疑物品时，民航安检机构应当实施开箱包检查等措施，排除疑点后方可放行。对没有疑点的托运行李可以实施开箱包抽查。实施开箱包检查时旅客应当在场并确认箱包归属，但是公共航空运输企业与旅客有特殊约定的除外。

第三十九条 根据国家有关法律法规和民航危险品运输管理规定等相关要求，属于经公共航空运输企业批准方能作为随身行李物品或者托运行李运输的特殊物品，旅客凭公共航空运输企业同意承运证明，经安全检查确认安全后放行。

公共航空运输企业应当向旅客通告特殊物品目录及批准程序，并与民航安检机构明确特殊物品批准和信息传递程序。

第四十条 对液体、凝胶、气溶胶等液态物品的安全检查，按照民航局规定执行。

第四十一条 对禁止旅客随身携带但可以托运的物品，民航安检机构应当告知旅客可作为行李托运、自行处置或者暂存处理。

对于旅客提出需要暂存的物品，民用运输机场管理机构应当为其提供暂存服务。暂存物品的存放期限不超过 30 天。

民用运输机场管理机构应当提供条件，保管或处理旅客在民航安检工作中暂存、自弃、遗留的物品。

第四十二条 对来自境外，且在境内民用运输机场过站或中转的旅客及其行李物品，民航安检机构应当实施安全检查。但与中国签订互认航空安保标准条款的除外。

第四十三条 对来自境内，且在境内民用运输机场过站或中转的旅客及其行李物品，民航安检机构不再实施安全检查。但旅客及其行李物品离开候机隔离区或与未经安全检查的人员、物品相混或者接触的除外。

第四十四条 经过安全检查的旅客进入候机隔离区以前，民航安检机构应当对候机隔离区实施清场，实施民用运输机场控制区 24 小时持续安保管制的机场除外。

第三节 航空货物、航空邮件的安全检查

第四十五条 航空货物应当依照民航局规定，经过安全检查或者采取其他安全措施。

第四十六条 对航空货物实施安全检查前，航空货物托运人、航空货运销售代理人应当提交航空货物安检申报清单和经公共航空运输企业或者其地面服务代理人审核的航空货运单等民航局规定的

航空货物运输文件资料。

第四十七条 航空货物应当依照航空货物安检要求通过民航货物安检设备检查。检查无疑点的，民航安检机构应当加注验讫标识放行。

第四十八条 对通过民航货物安检设备检查有疑点、图像不清或者图像显示与申报不符的航空货物，民航安检机构应当采取开箱包检查等措施，排除疑点后加注验讫标识放行。无法排除疑点的，应当加注退运标识作退运处理。

开箱包检查时，托运人或者其代理人应当在场。

第四十九条 对单体超大、超重等无法通过航空货物安检设备检查的航空货物，装入航空器前应当采取隔离停放至少 24 小时安全措施，并实施爆炸物探测检查。

第五十条 对航空邮件实施安全检查前，邮政企业应当提交经公共航空运输企业或其地面服务代理人审核的邮包路单和详细邮件品名、数量清单等文件资料或者电子数据。

第五十一条 航空邮件应当依照航空邮件安检要求通过民航货物安检设备检查，检查无疑点的，民航安检机构应当加注验讫标识放行。

第五十二条 航空邮件通过民航货物安检设备检查有疑点、图像不清或者图像显示与申报不符的，民航安检机构应当会同邮政企业采取开箱包检查等措施，排除疑点后加注验讫标识放行。无法开箱包检查或无法排除疑点的，应当加注退运标识退回邮政企业。

第四节　其他人员、物品及车辆的安全检查

第五十三条 进入民用运输机场控制区的其他人员、物品及车辆，应当接受安全检查。拒绝接受安全检查的，不得进入民用运输机场控制区。

对其他人员及物品的安全检查方法与程序应当与对旅客及行李

物品检查方法和程序一致，有特殊规定的除外。

第五十四条　对进入民用运输机场控制区的工作人员，民航安检机构应当核查民用运输机场控制区通行证件，并对其人身及携带物品进行安全检查。

第五十五条　对进入民用运输机场控制区的车辆，民航安检机构应当核查民用运输机场控制区车辆通行证件，并对其车身、车底及车上所载物品进行安全检查。

第五十六条　对进入民用运输机场控制区的工具、物料或者器材，民航安检机构应当根据相关单位提交的工具、物料或者器材清单进行安全检查、核对和登记，带出时予以核销。工具、物料和器材含有民航禁止运输物品或限制运输物品的，民航安检机构应当要求其同时提供民用运输机场管理机构同意证明。

第五十七条　执行飞行任务的机组人员进入民用运输机场控制区的，民航安检机构应当核查其民航空勤通行证件和民航局规定的其他文件，并对其人身及物品进行安全检查。

第五十八条　对进入民用运输机场控制区的民用航空监察员，民航安检机构应当核查其民航行政机关颁发的通行证并对其人身及物品进行安全检查。

第五十九条　对进入民用运输机场控制区的航空配餐和机上供应品，民航安检机构应当核查车厢是否锁闭，签封是否完好，签封编号与运输台账记录是否一致。必要时可以进行随机抽查。

第六十条　民用运输机场管理机构应当对进入民用运输机场控制区的商品进行安全备案并进行监督检查，防止进入民用运输机场控制区内的商品含有危害民用航空安全的物品。

对进入民用运输机场控制区的商品，民航安检机构应当核对商品清单和民用运输机场商品安全备案目录一致，并对其进行安全检查。

第六章　民航安检工作特殊情况处置

第六十一条　民航安检机构应当依照本机构突发事件处置预案，定期实施演练。

第六十二条　已经安全检查的人员、行李、物品与未经安全检查的人员、行李、物品不得相混或接触。如发生相混或接触，民用运输机场管理机构应当采取以下措施：

（一）对民用运输机场控制区相关区域进行清场和检查；

（二）对相关出港旅客及其随身行李物品再次安全检查；

（三）如旅客已进入航空器，应当对航空器客舱进行航空器安保检查。

第六十三条　有下列情形之一的，民航安检机构应当报告公安机关：

（一）使用伪造、变造的乘机身份证件或者乘机凭证的；

（二）冒用他人乘机身份证件或者乘机凭证的；

（三）随身携带或者托运属于国家法律法规规定的危险品、违禁品、管制物品的；

（四）随身携带或者托运本条第三项规定以外民航禁止运输、限制运输物品，经民航安检机构发现提示仍拒不改正，扰乱秩序的；

（五）在行李物品中隐匿携带本条第三项规定以外民航禁止运输、限制运输物品，扰乱秩序的；

（六）伪造、变造、冒用危险品航空运输条件鉴定报告或者使用伪造、变造的危险品航空运输条件鉴定报告的；

（七）伪报品名运输或者在航空货物中夹带危险品、违禁品、管制物品的；

（八）在航空邮件中隐匿、夹带运输危险品、违禁品、管制物品的；

（九）故意散播虚假非法干扰信息的；

（十）对民航安检工作现场及民航安检工作进行拍照、摄像，经民航安检机构警示拒不改正的；

（十一）逃避安全检查或者殴打辱骂民航安全检查员或者其他妨碍民航安检工作正常开展，扰乱民航安检工作现场秩序的；

（十二）清场、航空器安保检查、航空器安保搜查中发现可疑人员或者物品的；

（十三）发现民用机场公安机关布控的犯罪嫌疑人的；

（十四）其他危害民用航空安全或者违反治安管理行为的。

第六十四条 有下列情形之一的，民航安检机构应当采取紧急处置措施，并立即报告公安机关：

（一）发现爆炸物品、爆炸装置或者其他重大危险源的；

（二）冲闯、堵塞民航安检通道或者民用运输机场控制区安检道口的；

（三）在民航安检工作现场向民用运输机场控制区内传递物品的；

（四）破坏、损毁、占用民航安检设备设施、场地的；

（五）其他威胁民用航空安全，需要采取紧急处置措施行为的。

第六十五条 有下列情形之一的，民航安检机构应当报告有关部门处理：

（一）发现涉嫌走私人员或者物品的；

（二）发现违规运输航空货物的；

（三）发现不属于公安机关管理的危险品、违禁品、管制物品的。

第六十六条 威胁增加时，民航安检机构应当按照威胁等级管理办法的有关规定调整安全检查措施。

第六十七条 民航安检机构应当根据本机构实际情况，与相关单位建立健全应急信息传递及报告工作程序，并建立记录。

（二）铁路运输安全

中华人民共和国铁路法（节录）

（1990 年 9 月 7 日第七届全国人民代表大会常务委员会第十五次会议通过　根据 2009 年 8 月 27 日第十一届全国人民代表大会常务委员会第十次会议《关于修改部分法律的决定》第一次修正　根据 2015 年 4 月 24 日第十二届全国人民代表大会常务委员会第十四次会议《关于修改〈中华人民共和国义务教育法〉等五部法律的决定》第二次修正）

……

第四章　铁路安全与保护

第四十二条　铁路运输企业必须加强对铁路的管理和保护，定期检查、维修铁路运输设施，保证铁路运输设施完好，保障旅客和货物运输安全。

第四十三条　铁路公安机关和地方公安机关分工负责共同维护铁路治安秩序。车站和列车内的治安秩序，由铁路公安机关负责维护；铁路沿线的治安秩序，由地方公安机关和铁路公安机关共同负责维护，以地方公安机关为主。

第四十四条　电力主管部门应当保证铁路牵引用电以及铁路运营用电中重要负荷的电力供应。铁路运营用电中重要负荷的供应范围由国务院铁路主管部门和国务院电力主管部门商定。

第四十五条　铁路线路两侧地界以外的山坡地由当地人民政府

作为水土保持的重点进行整治。铁路隧道顶上的山坡地由铁路运输企业协助当地人民政府进行整治。铁路地界以内的山坡地由铁路运输企业进行整治。

第四十六条 在铁路线路和铁路桥梁、涵洞两侧一定距离内，修建山塘、水库、堤坝，开挖河道、干渠，采石挖砂，打井取水，影响铁路路基稳定或者危害铁路桥梁、涵洞安全的，由县级以上地方人民政府责令停止建设或者采挖、打井等活动，限期恢复原状或者责令采取必要的安全防护措施。

在铁路线路上架设电力、通讯线路，埋置电缆、管道设施，穿凿通过铁路路基的地下坑道，必须经铁路运输企业同意，并采取安全防护措施。

在铁路弯道内侧、平交道口和人行过道附近，不得修建妨碍行车瞭望的建筑物和种植妨碍行车瞭望的树木。修建妨碍行车瞭望的建筑物的，由县级以上地方人民政府责令限期拆除。种植妨碍行车瞭望的树木的，由县级以上地方人民政府责令有关单位或者个人限期迁移或者修剪、砍伐。

违反前三款的规定，给铁路运输企业造成损失的单位或者个人，应当赔偿损失。

第四十七条 禁止擅自在铁路线路上铺设平交道口和人行过道。

平交道口和人行过道必须按照规定设置必要的标志和防护设施。

行人和车辆通过铁路平交道口和人行过道时，必须遵守有关通行的规定。

第四十八条 运输危险品必须按照国务院铁路主管部门的规定办理，禁止以非危险品品名托运危险品。

禁止旅客携带危险品进站上车。铁路公安人员和国务院铁路主管部门规定的铁路职工，有权对旅客携带的物品进行运输安全检查。实施运输安全检查的铁路职工应当佩戴执勤标志。

危险品的品名由国务院铁路主管部门规定并公布。

第四十九条 对损毁、移动铁路信号装置及其他行车设施或者在铁路线路上放置障碍物的，铁路职工有权制止，可以扭送公安机关处理。

第五十条 禁止偷乘货车、攀附行进中的列车或者击打列车。对偷乘货车、攀附行进中的列车或者击打列车的，铁路职工有权制止。

第五十一条 禁止在铁路线路上行走、坐卧。对在铁路线路上行走、坐卧的，铁路职工有权制止。

第五十二条 禁止在铁路线路两侧二十米以内或者铁路防护林地内放牧。对在铁路线路两侧二十米以内或者铁路防护林地内放牧的，铁路职工有权制止。

第五十三条 对聚众拦截列车或者聚众冲击铁路行车调度机构的，铁路职工有权制止；不听制止的，公安人员现场负责人有权命令解散；拒不解散的，公安人员现场负责人有权依照国家有关规定决定采取必要手段强行驱散，并对拒不服从的人员强行带离现场或者予以拘留。

第五十四条 对哄抢铁路运输物资的，铁路职工有权制止，可以扭送公安机关处理；现场公安人员可以予以拘留。

第五十五条 在列车内，寻衅滋事，扰乱公共秩序，危害旅客人身、财产安全的，铁路职工有权制止，铁路公安人员可以予以拘留。

第五十六条 在车站和旅客列车内，发生法律规定需要检疫的传染病时，由铁路卫生检疫机构进行检疫；根据铁路卫生检疫机构的请求，地方卫生检疫机构应予协助。

货物运输的检疫，依照国家规定办理。

第五十七条 发生铁路交通事故，铁路运输企业应当依照国务院和国务院有关主管部门关于事故调查处理的规定办理，并及时恢复正常行车，任何单位和个人不得阻碍铁路线路开通和列车运行。

第五十八条 因铁路行车事故及其他铁路运营事故造成人身伤亡的，铁路运输企业应当承担赔偿责任；如果人身伤亡是因不可抗力或者由于受害人自身的原因造成的，铁路运输企业不承担赔偿责任。

违章通过平交道口或者人行过道，或者在铁路线路上行走、坐卧造成的人身伤亡，属于受害人自身的原因造成的人身伤亡。

第五十九条 国家铁路的重要桥梁和隧道，由中国人民武装警察部队负责守卫。

……

铁路交通事故应急救援
和调查处理条例（节录）

（2007 年 7 月 11 日中华人民共和国国务院令第 501 号公布　根据 2012 年 11 月 9 日《国务院关于修改和废止部分行政法规的决定》修订）

……

第四章　事故应急救援

第十八条 事故发生后，列车司机或者运转车长应当立即停车，采取紧急处置措施；对无法处置的，应当立即报告邻近铁路车站、列车调度员进行处置。

为保障铁路旅客安全或者因特殊运输需要不宜停车的，可以不停车；但是，列车司机或者运转车长应当立即将事故情况报告邻近铁路车站、列车调度员，接到报告的邻近铁路车站、列车调度员应当立即进行处置。

第十九条 事故造成中断铁路行车的，铁路运输企业应当立即组织抢修，尽快恢复铁路正常行车；必要时，铁路运输调度指挥部门应当调整运输径路，减少事故影响。

第二十条 事故发生后，国务院铁路主管部门、铁路管理机构、事故发生地县级以上地方人民政府或者铁路运输企业应当根据事故等级启动相应的应急预案；必要时，成立现场应急救援机构。

第二十一条 现场应急救援机构根据事故应急救援工作的实际需要，可以借用有关单位和个人的设施、设备和其他物资。借用单位使用完毕应当及时归还，并支付适当费用；造成损失的，应当赔偿。

有关单位和个人应当积极支持、配合救援工作。

第二十二条 事故造成重大人员伤亡或者需要紧急转移、安置铁路旅客和沿线居民的，事故发生地县级以上地方人民政府应当及时组织开展救治和转移、安置工作。

第二十三条 国务院铁路主管部门、铁路管理机构或者事故发生地县级以上地方人民政府根据事故救援的实际需要，可以请求当地驻军、武装警察部队参与事故救援。

第二十四条 有关单位和个人应当妥善保护事故现场以及相关证据，并在事故调查组成立后将相关证据移交事故调查组。因事故救援、尽快恢复铁路正常行车需要改变事故现场的，应当做出标记、绘制现场示意图、制作现场视听资料，并做出书面记录。

任何单位和个人不得破坏事故现场，不得伪造、隐匿或者毁灭相关证据。

第二十五条 事故中死亡人员的尸体经法定机构鉴定后，应当及时通知死者家属认领；无法查找死者家属的，按照国家有关规定处理。

......

铁路安全管理条例（节录）

（2013 年 7 月 24 日国务院第 18 次常务会议通过
2013 年 8 月 17 日中华人民共和国国务院令第 639 号公布
自 2014 年 1 月 1 日起施行）

……

第五章　铁路运营安全

第五十六条　铁路运输企业应当依照法律、行政法规和国务院铁路行业监督管理部门的规定，制定铁路运输安全管理制度，完善相关作业程序，保障铁路旅客和货物运输安全。

第五十七条　铁路机车车辆的驾驶人员应当参加国务院铁路行业监督管理部门组织的考试，考试合格方可上岗。具体办法由国务院铁路行业监督管理部门制定。

第五十八条　铁路运输企业应当加强铁路专业技术岗位和主要行车工种岗位从业人员的业务培训和安全培训，提高从业人员的业务技能和安全意识。

第五十九条　铁路运输企业应当加强运输过程中的安全防护，使用的运输工具、装载加固设备以及其他专用设施设备应当符合国家标准、行业标准和安全要求。

第六十条　铁路运输企业应当建立健全铁路设施设备的检查防护制度，加强对铁路设施设备的日常维护检修，确保铁路设施设备性能完好和安全运行。

铁路运输企业的从业人员应当按照操作规程使用、管理铁路设施设备。

第六十一条 在法定假日和传统节日等铁路运输高峰期或者恶劣气象条件下，铁路运输企业应当采取必要的安全应急管理措施，加强铁路运输安全检查，确保运输安全。

第六十二条 铁路运输企业应当在列车、车站等场所公告旅客、列车工作人员以及其他进站人员遵守的安全管理规定。

第六十三条 公安机关应当按照职责分工，维护车站、列车等铁路场所和铁路沿线的治安秩序。

第六十四条 铁路运输企业应当按照国务院铁路行业监督管理部门的规定实施火车票实名购买、查验制度。

实施火车票实名购买、查验制度的，旅客应当凭有效身份证件购票乘车；对车票所记载身份信息与所持身份证件或者真实身份不符的持票人，铁路运输企业有权拒绝其进站乘车。

铁路运输企业应当采取有效措施为旅客实名购票、乘车提供便利，并加强对旅客身份信息的保护。铁路运输企业工作人员不得窃取、泄露旅客身份信息。

第六十五条 铁路运输企业应当依照法律、行政法规和国务院铁路行业监督管理部门的规定，对旅客及其随身携带、托运的行李物品进行安全检查。

从事安全检查的工作人员应当佩戴安全检查标志，依法履行安全检查职责，并有权拒绝不接受安全检查的旅客进站乘车和托运行李物品。

第六十六条 旅客应当接受并配合铁路运输企业在车站、列车实施的安全检查，不得违法携带、夹带管制器具，不得违法携带、托运烟花爆竹、枪支弹药等危险物品或者其他违禁物品。

禁止或者限制携带的物品种类及其数量由国务院铁路行业监督管理部门会同公安机关规定，并在车站、列车等场所公布。

第六十七条 铁路运输托运人托运货物、行李、包裹，不得有下列行为：

（一）匿报、谎报货物品名、性质、重量；

（二）在普通货物中夹带危险货物，或者在危险货物中夹带禁止配装的货物；

（三）装车、装箱超过规定重量。

第六十八条 铁路运输企业应当对承运的货物进行安全检查，并不得有下列行为：

（一）在非危险货物办理站办理危险货物承运手续；

（二）承运未接受安全检查的货物；

（三）承运不符合安全规定、可能危害铁路运输安全的货物。

第六十九条 运输危险货物应当依照法律法规和国家其他有关规定使用专用的设施设备，托运人应当配备必要的押运人员和应急处理器材、设备以及防护用品，并使危险货物始终处于押运人员的监管之下；危险货物发生被盗、丢失、泄漏等情况，应当按照国家有关规定及时报告。

第七十条 办理危险货物运输业务的工作人员和装卸人员、押运人员，应当掌握危险货物的性质、危害特性、包装容器的使用特性和发生意外的应急措施。

第七十一条 铁路运输企业和托运人应当按照操作规程包装、装卸、运输危险货物，防止危险货物泄漏、爆炸。

第七十二条 铁路运输企业和托运人应当依照法律法规和国家其他有关规定包装、装载、押运特殊药品，防止特殊药品在运输过程中被盗、被劫或者发生丢失。

第七十三条 铁路管理信息系统及其设施的建设和使用，应当符合法律法规和国家其他有关规定的安全技术要求。

铁路运输企业应当建立网络与信息安全应急保障体系，并配备相应的专业技术人员负责网络和信息系统的安全管理工作。

第七十四条 禁止使用无线电台（站）以及其他仪器、装置干扰铁路运营指挥调度无线电频率的正常使用。

铁路运营指挥调度无线电频率受到干扰的，铁路运输企业应当立即采取排查措施并报告无线电管理机构、铁路监管部门；无线电管理机构、铁路监管部门应当依法排除干扰。

第七十五条 电力企业应当依法保障铁路运输所需电力的持续供应，并保证供电质量。

铁路运输企业应当加强用电安全管理，合理配置供电电源和应急自备电源。

遇有特殊情况影响铁路电力供应的，电力企业和铁路运输企业应当按照各自职责及时组织抢修，尽快恢复正常供电。

第七十六条 铁路运输企业应当加强铁路运营食品安全管理，遵守有关食品安全管理的法律法规和国家其他有关规定，保证食品安全。

第七十七条 禁止实施下列危害铁路安全的行为：

（一）非法拦截列车、阻断铁路运输；

（二）扰乱铁路运输指挥调度机构以及车站、列车的正常秩序；

（三）在铁路线路上放置、遗弃障碍物；

（四）击打列车；

（五）擅自移动铁路线路上的机车车辆，或者擅自开启列车车门、违规操纵列车紧急制动设备；

（六）拆盗、损毁或者擅自移动铁路设施设备、机车车辆配件、标桩、防护设施和安全标志；

（七）在铁路线路上行走、坐卧或者在未设道口、人行过道的铁路线路上通过；

（八）擅自进入铁路线路封闭区域或者在未设置行人通道的铁路桥梁、隧道通行；

（九）擅自开启、关闭列车的货车阀、盖或者破坏施封状态；

（十）擅自开启列车中的集装箱箱门，破坏箱体、阀、盖或者施封状态；

（十一）擅自松动、拆解、移动列车中的货物装载加固材料、装置和设备；

（十二）钻车、扒车、跳车；

（十三）从列车上抛扔杂物；

（十四）在动车组列车上吸烟或者在其他列车的禁烟区域吸烟；

（十五）强行登乘或者以拒绝下车等方式强占列车；

（十六）冲击、堵塞、占用进出站通道或者候车区、站台。

......

铁路旅客运输安全检查管理办法

（2014 年 12 月 8 日交通运输部令 2014 年第 21 号公布 自 2015 年 1 月 1 日起施行）

第一条 为了保障铁路运输安全和旅客生命财产安全，加强和规范铁路旅客运输安全检查工作，根据《中华人民共和国铁路法》、《铁路安全管理条例》等法律、行政法规和国家有关规定，制定本办法。

第二条 本办法所称铁路旅客运输安全检查是指铁路运输企业在车站、列车对旅客及其随身携带、托运的行李物品进行危险物品检查的活动。

前款所称危险物品是指易燃易爆物品、危险化学品、放射性物品和传染病病原体及枪支弹药、管制器具等可能危及生命财产安全的器械、物品。禁止或者限制携带物品的种类及其数量由国家铁路局会同公安部规定并发布。

第三条 铁路运输企业应当在车站和列车等服务场所内，通过多种方式公告禁止或者限制携带物品种类及其数量。

第四条 铁路运输企业是铁路旅客运输安全检查的责任主体，应当按照法律、行政法规、规章和国家铁路局有关规定，组织实施铁路旅客运输安全检查工作，制定安全检查管理制度，完善作业程序，落实作业标准，保障旅客运输安全。

第五条 铁路运输企业应当在铁路旅客车站和列车配备满足铁路运输安全检查需要的设备，并根据车站和列车的不同情况，制定并落实安全检查设备的配备标准，使用符合国家标准、行业标准和安全、环保等要求的安全检查设备，并加强设备维护检修，保障其性能稳定，运行安全。

第六条 铁路运输企业应当在铁路旅客车站和列车配备满足铁路运输安全检查需要的人员，并加强识别和处置危险物品等相关专业知识培训。从事安全检查的人员应当统一着装，佩戴安全检查标志，依法履行安全检查职责，爱惜被检查的物品。

第七条 旅客应当接受并配合铁路运输企业的安全检查工作。拒绝配合的，铁路运输企业应当拒绝其进站乘车和托运行李物品。

第八条 铁路运输企业可以采取多种方式检查旅客及其随身携带或者托运的物品。

对旅客进行人身检查时，应当依法保障旅客人身权利不受侵害；对女性旅客进行人身检查，应当由女性安全检查人员进行。

第九条 安全检查人员发现可疑物品时可以当场开包检查。开包检查时，旅客应当在场。

安全检查人员认为不适合当场开包检查或者旅客申明不宜公开检查的，可以根据实际情况，移至适当场合检查。

第十条 铁路运输企业应当采取有效措施，加强旅客车站安全管理，为安全检查提供必要的场地和作业条件，提供专门处置危险物品的场所。

第十一条 铁路运输企业应当制定并实施应对客流高峰、恶劣气象及设备故障等突发情况下的安全检查应急措施，保证安全检查通道畅通。

第十二条 铁路运输企业在旅客进站或托运人托运前查出的危险物品，或旅客携带禁止携带物品、超过规定数量的限制携带物品的，可由旅客或托运人选择交送行人员带回或自弃交车站处理。

第十三条 对怀疑为危险物品，但受客观条件限制又无法认定其性质的，旅客或托运人又不能提供该物品性质和可以经旅客列车运输的证明时，铁路运输企业有权拒绝其进站乘车或托运。

第十四条 安全检查中发现携带枪支弹药、管制器具、爆炸物品等危险物品，或者旅客声称本人随身携带枪支弹药、管制器具、爆炸物品等危险物品的，铁路运输企业应当交由公安机关处理，并采取必要的先期处置措施。

第十五条 列车上发现的危险物品应当妥善处置，并移交前方停车站。鞭炮、发令纸、摔炮、拉炮等易爆物品应当立即浸湿处理。

第十六条 铁路运输企业在安全检查过程中，对扰乱安全检查工作秩序、妨碍安全检查人员正常工作的，应当予以制止；不听劝阻的，交由公安机关处理。

第十七条 公安机关应当按照职责分工，维护车站、列车等铁路场所和铁路沿线的治安秩序。

旅客违法携带、夹带管制器具或者违法携带、托运烟花爆竹、枪支弹药等危险物品或者其他违禁物品的，由公安机关依法给予治安管理处罚；构成犯罪的，依法追究刑事责任。

第十八条 铁路监管部门应当对铁路运输企业落实旅客运输安全检查管理制度情况加强监督检查，依法查处违法违规行为。

第十九条 铁路运输企业及其工作人员违反有关安全检查管理规定的，铁路监管部门应当责令改正。

第二十条 铁路监管部门的工作人员对旅客运输安全检查情况实施监督检查、处理投诉举报时，应当恪尽职守，廉洁自律，秉公执法。对失职、渎职、滥用职权、玩忽职守的，依法给予行政处分；构成犯罪的，依法追究刑事责任。

第二十一条 随旅客列车运输的包裹的安全检查，参照本办法执行。

第二十二条 本办法自 2015 年 1 月 1 日起施行。

公路水路关键信息基础设施
安全保护管理办法（节录）

（2023 年 4 月 24 日交通运输部令 2023 年第 4 号公布　自 2023 年 6 月 1 日起施行）

……

第三章　运营者责任义务

第十条 新建、改建、扩建或者升级改造公路水路关键信息基础设施的，安全保护措施应当与公路水路关键信息基础设施同步规划、同步建设、同步使用。

运营者应当按照国家有关规定对安全保护措施予以验证。

第十一条 运营者应当建立健全网络安全保护制度和责任制，保障人力、财力、物力投入。运营者的主要负责人对公路水路关键信息基础设施安全保护负总责，领导关键信息基础设施安全保护和重大网络安全事件处置工作，组织研究解决重大网络安全问题。

运营者应当明确管理本单位公路水路关键信息基础设施安全保护工作的具体负责人。

第十二条 运营者应当设置专门安全管理机构，明确负责人和关键岗位人员并进行安全背景审查和安全技能培训，符合要求的人员方能上岗。鼓励网络安全专门人才从事公路水路关键信息基础设施安全保护工作。

运营者应当保障专门安全管理机构的人员配备，开展与网络安全和信息化有关的决策应当有专门安全管理机构人员参与。

专门安全管理机构的负责人和关键岗位人员的身份、安全背景等发生变化或者必要时，运营者应当重新进行安全背景审查。

第十三条 运营者应当保障专门安全管理机构的运行经费，并依法依规严格规范经费使用和管理，防止资金挤占挪用。

重要网络设施和安全设备达到使用期限的，运营者应当优先保障设施设备更新经费。

第十四条 运营者应当加强公路水路关键信息基础设施供应链安全管理，应当采购依法通过检测认证的网络关键设备和网络安全专用产品，优先采购安全可信的网络产品和服务；采购网络产品和服务可能影响国家安全的，应当按照国家网络安全规定通过安全审查。

鼓励运营者从已通过云计算服务安全评估的云计算服务平台中采购云计算服务。

第十五条 运营者应当加强公路水路关键信息基础设施个人信息和数据安全保护，将在我国境内运营中收集和产生的个人信息和重要数据存储在境内。因业务需要，确需向境外提供数据的，应当按照国家相关规定进行安全评估；法律、行政法规另有规定的，依照其规定执行。

第十六条 公路水路关键信息基础设施的网络安全保护等级应当不低于第三级。

运营者应当在网络安全等级保护的基础上，对公路水路关键信息基础设施实行重点保护，采取技术保护措施和其他必要措施，应对网络安全事件，防范网络攻击和违法犯罪活动，保障公路水路关键信息基础设施安全稳定运行，维护数据的完整性、保密性和可用性。

第十七条　运营者应当自行或者委托网络安全服务机构对公路水路关键信息基础设施每年至少进行一次网络安全检测和风险评估，对发现的安全问题及时整改。部级设施的运营者应当直接向交通运输部报送相关情况；省级设施的运营者应当将相关情况报经省级人民政府交通运输主管部门审核后报送交通运输部。

第十八条　法律、行政法规和国家有关规定要求使用商用密码进行保护的公路水路关键信息基础设施，其运营者应当使用商用密码进行保护，自行或者委托商用密码检测机构每年至少开展一次商用密码应用安全性评估。

商用密码应用安全性评估应当与公路水路关键信息基础设施安全检测评估、网络安全等级测评制度相衔接，避免重复评估、测评。

第十九条　运营者应当加强保密管理，按照国家有关规定与网络产品和服务提供者等必要人员签订安全保密协议，明确提供者等必要人员的技术支持和安全保密义务与责任，并对义务与责任履行情况进行监督。

第二十条　运营者应当制定网络安全教育培训制度，定期开展网络安全教育培训和技能考核。教育培训的具体内容和学时应当遵守国家有关规定。

第二十一条　运营者应当建设本单位网络安全监测系统，对公路水路关键信息基础设施开展全天候监测和值班值守。

运营者应当加强本单位网络安全信息通报预警力量建设，依托国家网络与信息安全信息通报机制，及时收集、汇总、分析各方网络安全信息，组织开展网络安全威胁分析和态势研判，及时通报预警和处置。

第二十二条　运营者应当按照国家有关要求制定网络安全事件应急预案，建立网络安全事件应急处置机制，加强应急力量建设和应急资源储备，每年至少开展一次应急演练，并针对应急演练发现的突出问题和漏洞隐患，及时整改加固，完善保护措施。

第二十三条 部级设施发生重大网络安全事件或者发现重大网络安全威胁时，运营者应当直接向交通运输部、公安机关报告，并立即启动本单位网络安全事件应急预案。

省级设施发生重大网络安全事件或者发现重大网络安全威胁时，运营者应当立即向省级人民政府交通运输主管部门、公安机关报告，并启动本单位网络安全事件应急预案。省级人民政府交通运输主管部门应当将相关情况及时报告交通运输部。

公路水路关键信息基础设施发生特别重大网络安全事件或者发现特别重大网络安全威胁时，交通运输部应当在收到报告后，及时向国家网信部门、国务院公安部门报告。

第四章 保障和监督

第二十四条 交通运输部应当制定公路水路关键信息基础设施安全规划，明确保护目标、基本要求、工作任务、具体措施。

交通运输主管部门、运营者应当严格落实公路水路关键信息基础设施安全规划。

第二十五条 交通运输部应当建立公路水路关键信息基础设施网络安全监测预警制度，充分利用网络安全信息共享机制，及时掌握公路水路关键信息基础设施运行状况、安全态势，预警通报网络安全威胁和隐患，指导做好安全防范工作。

省级人民政府交通运输主管部门应当及时掌握省级设施的运行状况、安全态势，并组织做好预警通报和安全防范工作。

第二十六条 交通运输部应当按照国家网络安全事件应急预案的要求，建立健全公路水路网络安全事件应急预案，定期组织应急演练；指导运营者做好网络安全事件应对处置，并根据需要组织提供技术支持与协助。

省级人民政府交通运输主管部门应当依据前款规定组织做好本

行政区域内公路水路网络安全事件应急预案、应急演练相关工作，并将应急预案、应急演练情况及时报告交通运输部。省级人民政府交通运输主管部门应当指导省级设施运营者做好网络安全事件应对处置，并根据需要组织提供技术支持与协助。

第二十七条 交通运输主管部门应当定期组织开展公路水路关键信息基础设施网络安全检查检测，指导监督运营者建立问题台账，制定整改方案，及时整改安全隐患、完善安全措施。省级人民政府交通运输主管部门应当将检查检测情况及时报告交通运输部。

公路水路关键信息基础设施网络安全检查检测应当在国家网信部门的统筹协调下开展，避免不必要的检查和交叉重复检查。检查工作不得收取费用，不得要求被检查单位购买指定品牌或者指定生产、销售单位的产品和服务。

第二十八条 运营者对交通运输主管部门开展的网络安全检查检测工作，以及公安、国家安全、保密行政管理、密码管理等有关部门依法开展的公路水路关键信息基础设施网络安全检查工作应当予以配合，并如实提供网络安全管理制度、重要资产清单、网络日志等必要的资料。

第二十九条 交通运输主管部门按照国家有关规定，对网络安全工作不力、重大安全问题隐患久拖不改，或者存在重大网络安全风险、发生重大网络安全事件的运营者，约谈单位负责人，并加大网络安全监督检查力度。

第三十条 交通运输主管部门、网络安全服务机构及其工作人员对于在公路水路关键信息基础设施安全保护过程中获取的信息，只能用于维护网络安全，并严格按照有关法律、行政法规的要求确保信息安全，不得泄露、出售或者非法向他人提供。

......

最高人民法院关于审理铁路运输人身损害赔偿纠纷案件适用法律若干问题的解释

（2010 年 1 月 4 日最高人民法院审判委员会第 1482 次会议通过　根据 2020 年 12 月 23 日最高人民法院审判委员会第 1823 次会议通过的《最高人民法院关于修改〈最高人民法院关于在民事审判工作中适用《中华人民共和国工会法》若干问题的解释〉等二十七件民事类司法解释的决定》第一次修正　根据 2021 年 11 月 24 日最高人民法院审判委员会第 1853 次会议通过的《最高人民法院关于修改〈最高人民法院关于审理铁路运输人身损害赔偿纠纷案件适用法律若干问题的解释〉的决定》第二次修正　2021 年 12 月 8 日最高人民法院公告公布　该修正自 2022 年 1 月 1 日起施行　法释〔2021〕19 号）

为正确审理铁路运输人身损害赔偿纠纷案件，依法维护各方当事人的合法权益，根据《中华人民共和国民法典》《中华人民共和国铁路法》《中华人民共和国民事诉讼法》等法律的规定，结合审判实践，就有关适用法律问题作如下解释：

第一条　人民法院审理铁路行车事故及其他铁路运营事故造成的铁路运输人身损害赔偿纠纷案件，适用本解释。

铁路运输企业在客运合同履行过程中造成旅客人身损害的赔偿纠纷案件，不适用本解释；与铁路运输企业建立劳动合同关系或者形成劳动关系的铁路职工在执行职务中发生的人身损害，依照有关调整劳动关系的法律规定及其他相关法律规定处理。

第二条　铁路运输人身损害的受害人以及死亡受害人的近亲属

为赔偿权利人，有权请求赔偿。

第三条 赔偿权利人要求对方当事人承担侵权责任的，由事故发生地、列车最先到达地或者被告住所地铁路运输法院管辖。

前款规定的地区没有铁路运输法院的，由高级人民法院指定的其他人民法院管辖。

第四条 铁路运输造成人身损害的，铁路运输企业应当承担赔偿责任；法律另有规定的，依照其规定。

第五条 铁路行车事故及其他铁路运营事故造成人身损害，有下列情形之一的，铁路运输企业不承担赔偿责任：

（一）不可抗力造成的；

（二）受害人故意以卧轨、碰撞等方式造成的；

（三）法律规定铁路运输企业不承担赔偿责任的其他情形造成的。

第六条 因受害人的过错行为造成人身损害，依照法律规定应当由铁路运输企业承担赔偿责任的，根据受害人的过错程度可以适当减轻铁路运输企业的赔偿责任，并按照以下情形分别处理：

（一）铁路运输企业未充分履行安全防护、警示等义务，铁路运输企业承担事故主要责任的，应当在全部损害的百分之九十至百分之六十之间承担赔偿责任；铁路运输企业承担事故同等责任的，应当在全部损害的百分之六十至百分之五十之间承担赔偿责任；铁路运输企业承担事故次要责任的，应当在全部损害的百分之四十至百分之十之间承担赔偿责任；

（二）铁路运输企业已充分履行安全防护、警示等义务，受害人仍施以过错行为的，铁路运输企业应当在全部损害的百分之十以内承担赔偿责任。

铁路运输企业已充分履行安全防护、警示等义务，受害人不听从值守人员劝阻强行通过铁路平交道口、人行过道，或者明知危险后果仍然无视警示规定沿铁路线路纵向行走、坐卧故意造成人身损害的，铁路运输企业不承担赔偿责任，但是有证据证明并非受害人故意造成损害的除外。

第七条　铁路运输造成无民事行为能力人人身损害的，铁路运输企业应当承担赔偿责任；监护人有过错的，按照过错程度减轻铁路运输企业的赔偿责任。

铁路运输造成限制民事行为能力人人身损害的，铁路运输企业应当承担赔偿责任；监护人或者受害人自身有过错的，按照过错程度减轻铁路运输企业的赔偿责任。

第八条　铁路机车车辆与机动车发生碰撞造成机动车驾驶人员以外的人人身损害的，由铁路运输企业与机动车一方对受害人承担连带赔偿责任。铁路运输企业与机动车一方之间的责任份额根据各自责任大小确定；难以确定责任大小的，平均承担责任。对受害人实际承担赔偿责任超出应当承担份额的一方，有权向另一方追偿。

铁路机车车辆与机动车发生碰撞造成机动车驾驶人员人身损害的，按照本解释第四条至第六条的规定处理。

第九条　在非铁路运输企业实行监护的铁路无人看守道口发生事故造成人身损害的，由铁路运输企业按照本解释的有关规定承担赔偿责任。道口管理单位有过错的，铁路运输企业对赔偿权利人承担赔偿责任后，有权向道口管理单位追偿。

第十条　对于铁路桥梁、涵洞等设施负有管理、维护等职责的单位，因未尽职责使该铁路桥梁、涵洞等设施不能正常使用，导致行人、车辆穿越铁路线路造成人身损害的，铁路运输企业按照本解释有关规定承担赔偿责任后，有权向该单位追偿。

第十一条　有权作出事故认定的组织依照《铁路交通事故应急救援和调查处理条例》等有关规定制作的事故认定书，经庭审质证，对于事故认定书所认定的事实，当事人没有相反证据和理由足以推翻的，人民法院应当作为认定事实的根据。

第十二条　在专用铁路及铁路专用线上因运输造成人身损害，依法应当由肇事工具或者设备的所有人、使用人或者管理人承担赔偿责任的，适用本解释。

第十三条　本院以前发布的司法解释与本解释不一致的，以本解释为准。

（三）道路交通运输安全

中华人民共和国道路交通安全法（节录）

（2003年10月28日第十届全国人民代表大会常务委员会第五次会议通过　根据2007年12月29日第十届全国人民代表大会常务委员会第三十一次会议《关于修改〈中华人民共和国道路交通安全法〉的决定》第一次修正　根据2011年4月22日第十一届全国人民代表大会常务委员会第二十次会议《关于修改〈中华人民共和国道路交通安全法〉的决定》第二次修正　根据2021年4月29日第十三届全国人民代表大会常务委员会第二十八次会议《关于修改〈中华人民共和国道路交通安全法〉等八部法律的决定》第三次修正）

……

第四章　道路通行规定

第一节　一般规定

第三十五条　【右侧通行】机动车、非机动车实行右侧通行。

第三十六条 【车道划分和通行规则】根据道路条件和通行需要，道路划分为机动车道、非机动车道和人行道的，机动车、非机动车、行人实行分道通行。没有划分机动车道、非机动车道和人行道的，机动车在道路中间通行，非机动车和行人在道路两侧通行。

第三十七条 【专用车道只准许规定车辆通行】道路划设专用车道的，在专用车道内，只准许规定的车辆通行，其他车辆不得进入专用车道内行驶。

第三十八条 【遵守交通信号】车辆、行人应当按照交通信号通行；遇有交通警察现场指挥时，应当按照交通警察的指挥通行；在没有交通信号的道路上，应当在确保安全、畅通的原则下通行。

第三十九条 【交通管理部门可根据情况采取管理措施并提前公告】公安机关交通管理部门根据道路和交通流量的具体情况，可以对机动车、非机动车、行人采取疏导、限制通行、禁止通行等措施。遇有大型群众性活动、大范围施工等情况，需要采取限制交通的措施，或者作出与公众的道路交通活动直接有关的决定，应当提前向社会公告。

第四十条 【交通管制】遇有自然灾害、恶劣气象条件或者重大交通事故等严重影响交通安全的情形，采取其他措施难以保证交通安全时，公安机关交通管理部门可以实行交通管制。

第四十一条 【授权国务院规定道路通行的其他具体规定】有关道路通行的其他具体规定，由国务院规定。

第二节 机动车通行规定

第四十二条 【机动车行驶速度】机动车上道路行驶，不得超过限速标志标明的最高时速。在没有限速标志的路段，应当保持安全车速。

夜间行驶或者在容易发生危险的路段行驶，以及遇有沙尘、冰雹、雨、雪、雾、结冰等气象条件时，应当降低行驶速度。

第四十三条　**【不得超车的情形】**同车道行驶的机动车，后车应当与前车保持足以采取紧急制动措施的安全距离。有下列情形之一的，不得超车：

（一）前车正在左转弯、掉头、超车的；

（二）与对面来车有会车可能的；

（三）前车为执行紧急任务的警车、消防车、救护车、工程救险车的；

（四）行经铁路道口、交叉路口、窄桥、弯道、陡坡、隧道、人行横道、市区交通流量大的路段等没有超车条件的。

第四十四条　**【交叉路口通行规则】**机动车通过交叉路口，应当按照交通信号灯、交通标志、交通标线或者交通警察的指挥通过；通过没有交通信号灯、交通标志、交通标线或者交通警察指挥的交叉路口时，应当减速慢行，并让行人和优先通行的车辆先行。

第四十五条　**【交通不畅条件下的行驶】**机动车遇有前方车辆停车排队等候或者缓慢行驶时，不得借道超车或者占用对面车道，不得穿插等候的车辆。

在车道减少的路段、路口，或者在没有交通信号灯、交通标志、交通标线或者交通警察指挥的交叉路口遇到停车排队等候或者缓慢行驶时，机动车应当依次交替通行。

第四十六条　**【铁路道口通行规则】**机动车通过铁路道口时，应当按照交通信号或者管理人员的指挥通行；没有交通信号或者管理人员的，应当减速或者停车，在确认安全后通过。

第四十七条　**【避让行人】**机动车行经人行横道时，应当减速行驶；遇行人正在通过人行横道，应当停车让行。

机动车行经没有交通信号的道路时，遇行人横过道路，应当避让。

第四十八条　**【机动车载物】**机动车载物应当符合核定的载质量，严禁超载；载物的长、宽、高不得违反装载要求，不得遗洒、飘散载运物。

机动车运载超限的不可解体的物品，影响交通安全的，应当按照公安机关交通管理部门指定的时间、路线、速度行驶，悬挂明显标志。在公路上运载超限的不可解体的物品，并应当依照公路法的规定执行。

机动车载运爆炸物品、易燃易爆化学物品以及剧毒、放射性等危险物品，应当经公安机关批准后，按指定的时间、路线、速度行驶，悬挂警示标志并采取必要的安全措施。

第四十九条 【机动车载人】机动车载人不得超过核定的人数，客运机动车不得违反规定载货。

第五十条 【货运车运营规则】禁止货运机动车载客。

货运机动车需要附载作业人员的，应当设置保护作业人员的安全措施。

第五十一条 【安全带及安全头盔的使用】机动车行驶时，驾驶人、乘坐人员应当按规定使用安全带，摩托车驾驶人及乘坐人员应当按规定戴安全头盔。

第五十二条 【机动车故障处置】机动车在道路上发生故障，需要停车排除故障时，驾驶人应当立即开启危险报警闪光灯，将机动车移至不妨碍交通的地方停放；难以移动的，应当持续开启危险报警闪光灯，并在来车方向设置警告标志等措施扩大示警距离，必要时迅速报警。

第五十三条 【特种车辆的优先通行权】警车、消防车、救护车、工程救险车执行紧急任务时，可以使用警报器、标志灯具；在确保安全的前提下，不受行驶路线、行驶方向、行驶速度和信号灯的限制，其他车辆和行人应当让行。

警车、消防车、救护车、工程救险车非执行紧急任务时，不得使用警报器、标志灯具，不享有前款规定的道路优先通行权。

第五十四条 【养护、工程作业等车辆的作业通行权】道路养护车辆、工程作业车进行作业时，在不影响过往车辆通行的前提下，其行驶路线和方向不受交通标志、标线限制，过往车辆和人员应当注意避让。

洒水车、清扫车等机动车应当按照安全作业标准作业；在不影响其他车辆通行的情况下，可以不受车辆分道行驶的限制，但是不得逆向行驶。

第五十五条 【拖拉机的通行和营运】高速公路、大中城市中心城区内的道路，禁止拖拉机通行。其他禁止拖拉机通行的道路，由省、自治区、直辖市人民政府根据当地实际情况规定。

在允许拖拉机通行的道路上，拖拉机可以从事货运，但是不得用于载人。

第五十六条 【机动车的停泊】机动车应当在规定地点停放。禁止在人行道上停放机动车；但是，依照本法第三十三条规定施划的停车泊位除外。

在道路上临时停车的，不得妨碍其他车辆和行人通行。

第三节 非机动车通行规定

第五十七条 【非机动车通行规则】驾驶非机动车在道路上行驶应当遵守有关交通安全的规定。非机动车应当在非机动车道内行驶；在没有非机动车道的道路上，应当靠车行道的右侧行驶。

第五十八条 【非机动车行驶速度限制】残疾人机动轮椅车、电动自行车在非机动车道内行驶时，最高时速不得超过十五公里。

第五十九条 【非机动车的停放】非机动车应当在规定地点停放。未设停放地点的，非机动车停放不得妨碍其他车辆和行人通行。

第六十条 【畜力车使用规则】驾驭畜力车，应当使用驯服的牲畜；驾驭畜力车横过道路时，驾驭人应当下车牵引牲畜；驾驭人离开车辆时，应当拴系牲畜。

第四节 行人和乘车人通行规定

第六十一条 【行人通行规则】行人应当在人行道内行走，没有人行道的靠路边行走。

第六十二条 【行人横过道路规则】行人通过路口或者横过道路，应当走人行横道或者过街设施；通过有交通信号灯的人行横道，应当按照交通信号灯指示通行；通过没有交通信号灯、人行横道的路口，或者在没有过街设施的路段横过道路，应当在确认安全后通过。

第六十三条 【行人禁止行为】行人不得跨越、倚坐道路隔离设施，不得扒车、强行拦车或者实施妨碍道路交通安全的其他行为。

第六十四条 【特殊行人通行规则】学龄前儿童以及不能辨认或者不能控制自己行为的精神疾病患者、智力障碍者在道路上通行，应当由其监护人、监护人委托的人或者对其负有管理、保护职责的人带领。

盲人在道路上通行，应当使用盲杖或者采取其他导盲手段，车辆应当避让盲人。

第六十五条 【行人通过铁路道口规则】行人通过铁路道口时，应当按照交通信号或者管理人员的指挥通行；没有交通信号和管理人员的，应当在确认无火车驶临后，迅速通过。

第六十六条 【乘车规则】乘车人不得携带易燃易爆等危险物品，不得向车外抛洒物品，不得有影响驾驶人安全驾驶的行为。

第五节 高速公路的特别规定

第六十七条 【高速公路通行规则、时速限制】行人、非机动车、拖拉机、轮式专用机械车、铰接式客车、全挂拖斗车以及其他设计最高时速低于七十公里的机动车，不得进入高速公路。高速公路限速标志标明的最高时速不得超过一百二十公里。

第六十八条 【故障处理】机动车在高速公路上发生故障时，应当依照本法第五十二条的有关规定办理；但是，警告标志应当设置在故障车来车方向一百五十米以外，车上人员应当迅速转移到右侧路肩上或者应急车道内，并且迅速报警。

机动车在高速公路上发生故障或者交通事故，无法正常行驶的，应当由救援车、清障车拖曳、牵引。

第六十九条 　**【不得在高速公路上拦截车辆】**任何单位、个人不得在高速公路上拦截检查行驶的车辆，公安机关的人民警察依法执行紧急公务除外。

第五章　　交通事故处理

第七十条 　**【交通事故处理及报警】**在道路上发生交通事故，车辆驾驶人应当立即停车，保护现场；造成人身伤亡的，车辆驾驶人应当立即抢救受伤人员，并迅速报告执勤的交通警察或者公安机关交通管理部门。因抢救受伤人员变动现场的，应当标明位置。乘车人、过往车辆驾驶人、过往行人应当予以协助。

在道路上发生交通事故，未造成人身伤亡，当事人对事实及成因无争议的，可以即行撤离现场，恢复交通，自行协商处理损害赔偿事宜；不即行撤离现场的，应当迅速报告执勤的交通警察或者公安机关交通管理部门。

在道路上发生交通事故，仅造成轻微财产损失，并且基本事实清楚的，当事人应当先撤离现场再进行协商处理。

第七十一条 　**【交通事故逃逸的处理】**车辆发生交通事故后逃逸的，事故现场目击人员和其他知情人员应当向公安机关交通管理部门或者交通警察举报。举报属实的，公安机关交通管理部门应当给予奖励。

第七十二条 　**【交警处理交通事故程序】**公安机关交通管理部门接到交通事故报警后，应当立即派交通警察赶赴现场，先组织抢救受伤人员，并采取措施，尽快恢复交通。

交通警察应当对交通事故现场进行勘验、检查，收集证据；因收集证据的需要，可以扣留事故车辆，但是应当妥善保管，以备核查。

对当事人的生理、精神状况等专业性较强的检验，公安机关交通管理部门应当委托专门机构进行鉴定。鉴定结论应当由鉴定人签名。

第七十三条 【交通事故认定书】公安机关交通管理部门应当根据交通事故现场勘验、检查、调查情况和有关的检验、鉴定结论，及时制作交通事故认定书，作为处理交通事故的证据。交通事故认定书应当载明交通事故的基本事实、成因和当事人的责任，并送达当事人。

第七十四条 【交通事故的调解或起诉】对交通事故损害赔偿的争议，当事人可以请求公安机关交通管理部门调解，也可以直接向人民法院提起民事诉讼。

经公安机关交通管理部门调解，当事人未达成协议或者调解书生效后不履行的，当事人可以向人民法院提起民事诉讼。

第七十五条 【受伤人员的抢救及费用承担】医疗机构对交通事故中的受伤人员应当及时抢救，不得因抢救费用未及时支付而拖延救治。肇事车辆参加机动车第三者责任强制保险的，由保险公司在责任限额范围内支付抢救费用；抢救费用超过责任限额的，未参加机动车第三者责任强制保险或者肇事后逃逸的，由道路交通事故社会救助基金先行垫付部分或者全部抢救费用，道路交通事故社会救助基金管理机构有权向交通事故责任人追偿。

第七十六条 【交通事故赔偿责任】机动车发生交通事故造成人身伤亡、财产损失的，由保险公司在机动车第三者责任强制保险责任限额范围内予以赔偿；不足的部分，按照下列规定承担赔偿责任：

（一）机动车之间发生交通事故的，由有过错的一方承担赔偿责任；双方都有过错的，按照各自过错的比例分担责任。

（二）机动车与非机动车驾驶人、行人之间发生交通事故，非机动车驾驶人、行人没有过错的，由机动车一方承担赔偿责任；有证据证明非机动车驾驶人、行人有过错的，根据过错程度适当减轻机动车一方的赔偿责任；机动车一方没有过错的，承担不超过百分之十的赔偿责任。

交通事故的损失是由非机动车驾驶人、行人故意碰撞机动车造成的，机动车一方不承担赔偿责任。

第七十七条 **【道路外交通事故处理】** 车辆在道路以外通行时发生的事故，公安机关交通管理部门接到报案的，参照本法有关规定办理。

……

中华人民共和国道路交通安全法实施条例（节录）

（2004 年 4 月 30 日中华人民共和国国务院令第 405 号公布　根据 2017 年 10 月 7 日《国务院关于修改部分行政法规的决定》修订）

……

第四章　道路通行规定

第一节　一般规定

第三十八条　机动车信号灯和非机动车信号灯表示：

（一）绿灯亮时，准许车辆通行，但转弯的车辆不得妨碍被放行的直行车辆、行人通行；

（二）黄灯亮时，已越过停止线的车辆可以继续通行；

（三）红灯亮时，禁止车辆通行。

在未设置非机动车信号灯和人行横道信号灯的路口，非机动车和行人应当按照机动车信号灯的表示通行。

红灯亮时，右转弯的车辆在不妨碍被放行的车辆、行人通行的情况下，可以通行。

第三十九条 人行横道信号灯表示：

（一）绿灯亮时，准许行人通过人行横道；

（二）红灯亮时，禁止行人进入人行横道，但是已经进入人行横道的，可以继续通过或者在道路中心线处停留等候。

第四十条 车道信号灯表示：

（一）绿色箭头灯亮时，准许本车道车辆按指示方向通行；

（二）红色叉形灯或者箭头灯亮时，禁止本车道车辆通行。

第四十一条 方向指示信号灯的箭头方向向左、向上、向右分别表示左转、直行、右转。

第四十二条 闪光警告信号灯为持续闪烁的黄灯，提示车辆、行人通行时注意瞭望，确认安全后通过。

第四十三条 道路与铁路平面交叉道口有两个红灯交替闪烁或者一个红灯亮时，表示禁止车辆、行人通行；红灯熄灭时，表示允许车辆、行人通行。

第二节　机动车通行规定

第四十四条 在道路同方向划有 2 条以上机动车道的，左侧为快速车道，右侧为慢速车道。在快速车道行驶的机动车应当按照快速车道规定的速度行驶，未达到快速车道规定的行驶速度的，应当在慢速车道行驶。摩托车应当在最右侧车道行驶。有交通标志标明行驶速度的，按照标明的行驶速度行驶。慢速车道内的机动车超越前车时，可以借用快速车道行驶。

在道路同方向划有 2 条以上机动车道的，变更车道的机动车不得影响相关车道内行驶的机动车的正常行驶。

第四十五条 机动车在道路上行驶不得超过限速标志、标线标明的速度。在没有限速标志、标线的道路上，机动车不得超过下列最高行驶速度：

（一）没有道路中心线的道路，城市道路为每小时 30 公里，公路为每小时 40 公里；

（二）同方向只有 1 条机动车道的道路，城市道路为每小时 50 公里，公路为每小时 70 公里。

第四十六条 机动车行驶中遇有下列情形之一的，最高行驶速度不得超过每小时 30 公里，其中拖拉机、电瓶车、轮式专用机械车不得超过每小时 15 公里：

（一）进出非机动车道，通过铁路道口、急弯路、窄路、窄桥时；

（二）掉头、转弯、下陡坡时；

（三）遇雾、雨、雪、沙尘、冰雹，能见度在 50 米以内时；

（四）在冰雪、泥泞的道路上行驶时；

（五）牵引发生故障的机动车时。

第四十七条 机动车超车时，应当提前开启左转向灯、变换使用远、近光灯或者鸣喇叭。在没有道路中心线或者同方向只有 1 条机动车道的道路上，前车遇后车发出超车信号时，在条件许可的情况下，应当降低速度、靠右让路。后车应当在确认有充足的安全距离后，从前车的左侧超越，在与被超车辆拉开必要的安全距离后，开启右转向灯，驶回原车道。

第四十八条 在没有中心隔离设施或者没有中心线的道路上，机动车遇相对方向来车时应当遵守下列规定：

（一）减速靠右行驶，并与其他车辆、行人保持必要的安全距离；

（二）在有障碍的路段，无障碍的一方先行；但有障碍的一方已驶入障碍路段而无障碍的一方未驶入时，有障碍的一方先行；

（三）在狭窄的坡路，上坡的一方先行；但下坡的一方已行至中途而上坡的一方未上坡时，下坡的一方先行；

（四）在狭窄的山路，不靠山体的一方先行；

（五）夜间会车应当在距相对方向来车 150 米以外改用近光灯，在窄路、窄桥与非机动车会车时应当使用近光灯。

第四十九条　机动车在有禁止掉头或者禁止左转弯标志、标线的地点以及在铁路道口、人行横道、桥梁、急弯、陡坡、隧道或者容易发生危险的路段，不得掉头。

机动车在没有禁止掉头或者没有禁止左转弯标志、标线的地点可以掉头，但不得妨碍正常行驶的其他车辆和行人的通行。

第五十条　机动车倒车时，应当察明车后情况，确认安全后倒车。不得在铁路道口、交叉路口、单行路、桥梁、急弯、陡坡或者隧道中倒车。

第五十一条　机动车通过有交通信号灯控制的交叉路口，应当按照下列规定通行：

（一）在划有导向车道的路口，按所需行进方向驶入导向车道；

（二）准备进入环形路口的让已在路口内的机动车先行；

（三）向左转弯时，靠路口中心点左侧转弯。转弯时开启转向灯，夜间行驶开启近光灯；

（四）遇放行信号时，依次通过；

（五）遇停止信号时，依次停在停止线以外。没有停止线的，停在路口以外；

（六）向右转弯遇有同车道前车正在等候放行信号时，依次停车等候；

（七）在没有方向指示信号灯的交叉路口，转弯的机动车让直行的车辆、行人先行。相对方向行驶的右转弯机动车让左转弯车辆先行。

第五十二条　机动车通过没有交通信号灯控制也没有交通警察

指挥的交叉路口，除应当遵守第五十一条第（二）项、第（三）项的规定外，还应当遵守下列规定：

（一）有交通标志、标线控制的，让优先通行的一方先行；

（二）没有交通标志、标线控制的，在进入路口前停车瞭望，让右方道路的来车先行；

（三）转弯的机动车让直行的车辆先行；

（四）相对方向行驶的右转弯的机动车让左转弯的车辆先行。

第五十三条 机动车遇有前方交叉路口交通阻塞时，应当依次停在路口以外等候，不得进入路口。

机动车在遇有前方机动车停车排队等候或者缓慢行驶时，应当依次排队，不得从前方车辆两侧穿插或者超越行驶，不得在人行横道、网状线区域内停车等候。

机动车在车道减少的路口、路段，遇有前方机动车停车排队等候或者缓慢行驶的，应当每车道一辆依次交替驶入车道减少后的路口、路段。

第五十四条 机动车载物不得超过机动车行驶证上核定的载质量，装载长度、宽度不得超出车厢，并应当遵守下列规定：

（一）重型、中型载货汽车，半挂车载物，高度从地面起不得超过4米，载运集装箱的车辆不得超过4.2米；

（二）其他载货的机动车载物，高度从地面起不得超过2.5米；

（三）摩托车载物，高度从地面起不得超过1.5米，长度不得超出车身0.2米。两轮摩托车载物宽度左右各不得超出车把0.15米；三轮摩托车载物宽度不得超过车身。

载客汽车除车身外部的行李架和内置的行李箱外，不得载货。载客汽车行李架载货，从车顶起高度不得超过0.5米，从地面起高度不得超过4米。

第五十五条 机动车载人应当遵守下列规定：

（一）公路载客汽车不得超过核定的载客人数，但按照规定免票的儿童除外，在载客人数已满的情况下，按照规定免票的儿童不得超过核定载客人数的 10%；

（二）载货汽车车厢不得载客。在城市道路上，货运机动车在留有安全位置的情况下，车厢内可以附载临时作业人员 1 人至 5 人；载物高度超过车厢栏板时，货物上不得载人；

（三）摩托车后座不得乘坐未满 12 周岁的未成年人，轻便摩托车不得载人。

第五十六条 机动车牵引挂车应当符合下列规定：

（一）载货汽车、半挂牵引车、拖拉机只允许牵引 1 辆挂车。挂车的灯光信号、制动、连接、安全防护等装置应当符合国家标准；

（二）小型载客汽车只允许牵引旅居挂车或者总质量 700 千克以下的挂车。挂车不得载人；

（三）载货汽车所牵引挂车的载质量不得超过载货汽车本身的载质量。

大型、中型载客汽车，低速载货汽车，三轮汽车以及其他机动车不得牵引挂车。

第五十七条 机动车应当按照下列规定使用转向灯：

（一）向左转弯、向左变更车道、准备超车、驶离停车地点或者掉头时，应当提前开启左转向灯；

（二）向右转弯、向右变更车道、超车完毕驶回原车道、靠路边停车时，应当提前开启右转向灯。

第五十八条 机动车在夜间没有路灯、照明不良或者遇有雾、雨、雪、沙尘、冰雹等低能见度情况下行驶时，应当开启前照灯、示廓灯和后位灯，但同方向行驶的后车与前车近距离行驶时，不得使用远光灯。机动车雾天行驶应当开启雾灯和危险报警闪光灯。

第五十九条 机动车在夜间通过急弯、坡路、拱桥、人行横道或者没有交通信号灯控制的路口时，应当交替使用远近光灯示意。

机动车驶近急弯、坡道顶端等影响安全视距的路段以及超车或者遇有紧急情况时，应当减速慢行，并鸣喇叭示意。

第六十条　机动车在道路上发生故障或者发生交通事故，妨碍交通又难以移动的，应当按照规定开启危险报警闪光灯并在车后50米至100米处设置警告标志，夜间还应当同时开启示廓灯和后位灯。

第六十一条　牵引故障机动车应当遵守下列规定：

（一）被牵引的机动车除驾驶人外不得载人，不得拖带挂车；

（二）被牵引的机动车宽度不得大于牵引机动车的宽度；

（三）使用软连接牵引装置时，牵引车与被牵引车之间的距离应当大于4米小于10米；

（四）对制动失效的被牵引车，应当使用硬连接牵引装置牵引；

（五）牵引车和被牵引车均应当开启危险报警闪光灯。

汽车吊车和轮式专用机械车不得牵引车辆。摩托车不得牵引车辆或者被其他车辆牵引。

转向或者照明、信号装置失效的故障机动车，应当使用专用清障车拖曳。

第六十二条　驾驶机动车不得有下列行为：

（一）在车门、车厢没有关好时行车；

（二）在机动车驾驶室的前后窗范围内悬挂、放置妨碍驾驶人视线的物品；

（三）拨打接听手持电话、观看电视等妨碍安全驾驶的行为；

（四）下陡坡时熄火或者空挡滑行；

（五）向道路上抛撒物品；

（六）驾驶摩托车手离车把或者在车把上悬挂物品；

（七）连续驾驶机动车超过4小时未停车休息或者停车休息时

间少于 20 分钟；

（八）在禁止鸣喇叭的区域或者路段鸣喇叭。

第六十三条 机动车在道路上临时停车，应当遵守下列规定：

（一）在设有禁停标志、标线的路段，在机动车道与非机动车道、人行道之间设有隔离设施的路段以及人行横道、施工地段，不得停车；

（二）交叉路口、铁路道口、急弯路、宽度不足 4 米的窄路、桥梁、陡坡、隧道以及距离上述地点 50 米以内的路段，不得停车；

（三）公共汽车站、急救站、加油站、消防栓或者消防队（站）门前以及距离上述地点 30 米以内的路段，除使用上述设施的以外，不得停车；

（四）车辆停稳前不得开车门和上下人员，开关车门不得妨碍其他车辆和行人通行；

（五）路边停车应当紧靠道路右侧，机动车驾驶人不得离车，上下人员或者装卸物品后，立即驶离；

（六）城市公共汽车不得在站点以外的路段停车上下乘客。

第六十四条 机动车行经漫水路或者漫水桥时，应当停车察明水情，确认安全后，低速通过。

第六十五条 机动车载运超限物品行经铁路道口的，应当按照当地铁路部门指定的铁路道口、时间通过。

机动车行经渡口，应当服从渡口管理人员指挥，按照指定地点依次待渡。机动车上下渡船时，应当低速慢行。

第六十六条 警车、消防车、救护车、工程救险车在执行紧急任务遇交通受阻时，可以断续使用警报器，并遵守下列规定：

（一）不得在禁止使用警报器的区域或者路段使用警报器；

（二）夜间在市区不得使用警报器；

（三）列队行驶时，前车已经使用警报器的，后车不再使用警报器。

第六十七条 在单位院内、居民居住区内，机动车应当低速行驶，避让行人；有限速标志的，按照限速标志行驶。

第三节 非机动车通行规定

第六十八条 非机动车通过有交通信号灯控制的交叉路口，应当按照下列规定通行：

（一）转弯的非机动车让直行的车辆、行人优先通行；

（二）遇有前方路口交通阻塞时，不得进入路口；

（三）向左转弯时，靠路口中心点的右侧转弯；

（四）遇有停止信号时，应当依次停在路口停止线以外。没有停止线的，停在路口以外；

（五）向右转弯遇有同方向前车正在等候放行信号时，在本车道内能够转弯的，可以通行；不能转弯的，依次等候。

第六十九条 非机动车通过没有交通信号灯控制也没有交通警察指挥的交叉路口，除应当遵守第六十八条第（一）项、第（二）项和第（三）项的规定外，还应当遵守下列规定：

（一）有交通标志、标线控制的，让优先通行的一方先行；

（二）没有交通标志、标线控制的，在路口外慢行或者停车瞭望，让右方道路的来车先行；

（三）相对方向行驶的右转弯的非机动车让左转弯的车辆先行。

第七十条 驾驶自行车、电动自行车、三轮车在路段上横过机动车道，应当下车推行，有人行横道或者行人过街设施的，应当从人行横道或者行人过街设施通过；没有人行横道、没有行人过街设施或者不便使用行人过街设施的，在确认安全后直行通过。

因非机动车道被占用无法在本车道内行驶的非机动车，可以在受阻的路段借用相邻的机动车道行驶，并在驶过被占用路段后迅速驶回非机动车道。机动车遇此情况应当减速让行。

第七十一条　非机动车载物，应当遵守下列规定：

（一）自行车、电动自行车、残疾人机动轮椅车载物，高度从地面起不得超过 1.5 米，宽度左右各不得超出车把 0.15 米，长度前端不得超出车轮，后端不得超出车身 0.3 米；

（二）三轮车、人力车载物，高度从地面起不得超过 2 米，宽度左右各不得超出车身 0.2 米，长度不得超出车身 1 米；

（三）畜力车载物，高度从地面起不得超过 2.5 米，宽度左右各不得超出车身 0.2 米，长度前端不得超出车辕，后端不得超出车身 1 米。

自行车载人的规定，由省、自治区、直辖市人民政府根据当地实际情况制定。

第七十二条　在道路上驾驶自行车、三轮车、电动自行车、残疾人机动轮椅车应当遵守下列规定：

（一）驾驶自行车、三轮车必须年满 12 周岁；

（二）驾驶电动自行车和残疾人机动轮椅车必须年满 16 周岁；

（三）不得醉酒驾驶；

（四）转弯前应当减速慢行，伸手示意，不得突然猛拐，超越前车时不得妨碍被超越的车辆行驶；

（五）不得牵引、攀扶车辆或者被其他车辆牵引，不得双手离把或者手中持物；

（六）不得扶身并行、互相追逐或者曲折竞驶；

（七）不得在道路上骑独轮自行车或者 2 人以上骑行的自行车；

（八）非下肢残疾的人不得驾驶残疾人机动轮椅车；

（九）自行车、三轮车不得加装动力装置；

（十）不得在道路上学习驾驶非机动车。

第七十三条　在道路上驾驭畜力车应当年满 16 周岁，并遵守下列规定：

（一）不得醉酒驾驭；

（二）不得并行，驾驭人不得离开车辆；

（三）行经繁华路段、交叉路口、铁路道口、人行横道、急弯路、宽度不足 4 米的窄路或者窄桥、陡坡、隧道或者容易发生危险的路段，不得超车。驾驭两轮畜力车应当下车牵引牲畜；

（四）不得使用未经驯服的牲畜驾车，随车幼畜须拴系；

（五）停放车辆应当拉紧车闸，拴系牲畜。

第四节　行人和乘车人通行规定

第七十四条　行人不得有下列行为：

（一）在道路上使用滑板、旱冰鞋等滑行工具；

（二）在车行道内坐卧、停留、嬉闹；

（三）追车、抛物击车等妨碍道路交通安全的行为。

第七十五条　行人横过机动车道，应当从行人过街设施通过；没有行人过街设施的，应当从人行横道通过；没有人行横道的，应当观察来往车辆的情况，确认安全后直行通过，不得在车辆临近时突然加速横穿或者中途倒退、折返。

第七十六条　行人列队在道路上通行，每横列不得超过 2 人，但在已经实行交通管制的路段不受限制。

第七十七条　乘坐机动车应当遵守下列规定：

（一）不得在机动车道上拦乘机动车；

（二）在机动车道上不得从机动车左侧上下车；

（三）开关车门不得妨碍其他车辆和行人通行；

（四）机动车行驶中，不得干扰驾驶，不得将身体任何部分伸出车外，不得跳车；

（五）乘坐两轮摩托车应当正向骑坐。

第五节　高速公路的特别规定

第七十八条　高速公路应当标明车道的行驶速度，最高车速不得超过每小时 120 公里，最低车速不得低于每小时 60 公里。

在高速公路上行驶的小型载客汽车最高车速不得超过每小时120公里，其他机动车不得超过每小时100公里，摩托车不得超过每小时80公里。

同方向有2条车道的，左侧车道的最低车速为每小时100公里；同方向有3条以上车道的，最左侧车道的最低车速为每小时110公里，中间车道的最低车速为每小时90公里。道路限速标志标明的车速与上述车道行驶车速的规定不一致的，按照道路限速标志标明的车速行驶。

第七十九条 机动车从匝道驶入高速公路，应当开启左转向灯，在不妨碍已在高速公路内的机动车正常行驶的情况下驶入车道。

机动车驶离高速公路时，应当开启右转向灯，驶入减速车道，降低车速后驶离。

第八十条 机动车在高速公路上行驶，车速超过每小时100公里时，应当与同车道前车保持100米以上的距离，车速低于每小时100公里时，与同车道前车距离可以适当缩短，但最小距离不得少于50米。

第八十一条 机动车在高速公路上行驶，遇有雾、雨、雪、沙尘、冰雹等低能见度气象条件时，应当遵守下列规定：

（一）能见度小于200米时，开启雾灯、近光灯、示廓灯和前后位灯，车速不得超过每小时60公里，与同车道前车保持100米以上的距离；

（二）能见度小于100米时，开启雾灯、近光灯、示廓灯、前后位灯和危险报警闪光灯，车速不得超过每小时40公里，与同车道前车保持50米以上的距离；

（三）能见度小于50米时，开启雾灯、近光灯、示廓灯、前后位灯和危险报警闪光灯，车速不得超过每小时20公里，并从最近的出口尽快驶离高速公路。

遇有前款规定情形时，高速公路管理部门应当通过显示屏等方式发布速度限制、保持车距等提示信息。

第八十二条 机动车在高速公路上行驶，不得有下列行为：

（一）倒车、逆行、穿越中央分隔带掉头或者在车道内停车；

（二）在匝道、加速车道或者减速车道上超车；

（三）骑、轧车行道分界线或者在路肩上行驶；

（四）非紧急情况时在应急车道行驶或者停车；

（五）试车或者学习驾驶机动车。

第八十三条 在高速公路上行驶的载货汽车车厢不得载人。两轮摩托车在高速公路行驶时不得载人。

第八十四条 机动车通过施工作业路段时，应当注意警示标志，减速行驶。

第八十五条 城市快速路的道路交通安全管理，参照本节的规定执行。

高速公路、城市快速路的道路交通安全管理工作，省、自治区、直辖市人民政府公安机关交通管理部门可以指定设区的市人民政府公安机关交通管理部门或者相当于同级的公安机关交通管理部门承担。

......

城市轨道交通运营管理规定（节录）

（2018 年 5 月 21 日交通运输部令第 8 号公布　自 2018 年 7 月 1 日起施行）

......

第四章　安全支持保障

第二十九条 城市轨道交通工程项目应当按照规定划定保

护区。

开通初期运营前，建设单位应当向运营单位提供保护区平面图，并在具备条件的保护区设置提示或者警示标志。

第三十条 在城市轨道交通保护区内进行下列作业的，作业单位应当按照有关规定制定安全防护方案，经运营单位同意后，依法办理相关手续并对作业影响区域进行动态监测：

（一）新建、改建、扩建或者拆除建（构）筑物；

（二）挖掘、爆破、地基加固、打井、基坑施工、桩基础施工、钻探、灌浆、喷锚、地下顶进作业；

（三）敷设或者搭架管线、吊装等架空作业；

（四）取土、采石、采砂、疏浚河道；

（五）大面积增加或者减少建（构）筑物载荷的活动；

（六）电焊、气焊和使用明火等具有火灾危险作业。

第三十一条 运营单位有权进入作业现场进行巡查，发现危及或者可能危及城市轨道交通运营安全的情形，运营单位有权予以制止，并要求相关责任单位或者个人采取措施消除妨害；逾期未改正的，及时报告有关部门依法处理。

第三十二条 使用高架线路桥下空间不得危害城市轨道交通运营安全，并预留高架线路桥梁设施日常检查、检测和养护维修条件。

地面、高架线路沿线建（构）筑物或者植物不得妨碍行车瞭望，不得侵入城市轨道交通线路的限界。沿线建（构）筑物、植物可能妨碍行车瞭望或者侵入线路限界的，责任单位应当及时采取措施消除影响。责任单位不能消除影响，危及城市轨道交通运营安全、情况紧急的，运营单位可以先行处置，并及时报告有关部门依法处理。

第三十三条 禁止下列危害城市轨道交通运营设施设备安全的行为：

（一）损坏隧道、轨道、路基、高架、车站、通风亭、冷却塔、变电站、管线、护栏护网等设施；

（二）损坏车辆、机电、电缆、自动售检票等设备，干扰通信信号、视频监控设备等系统；

（三）擅自在高架桥梁及附属结构上钻孔打眼，搭设电线或者其他承力绳索，设置附着物；

（四）损坏、移动、遮盖安全标志、监测设施以及安全防护设备。

第三十四条　禁止下列危害或者可能危害城市轨道交通运营安全的行为：

（一）拦截列车；

（二）强行上下车；

（三）擅自进入隧道、轨道或者其他禁入区域；

（四）攀爬或者跨越围栏、护栏、护网、站台门等；

（五）擅自操作有警示标志的按钮和开关装置，在非紧急状态下动用紧急或者安全装置；

（六）在城市轨道交通车站出入口 5 米范围内停放车辆、乱设摊点等，妨碍乘客通行和救援疏散；

（七）在通风口、车站出入口 50 米范围内存放有毒、有害、易燃、易爆、放射性和腐蚀性等物品；

（八）在出入口、通风亭、变电站、冷却塔周边躺卧、留宿、堆放和晾晒物品；

（九）在地面或者高架线路两侧各 100 米范围内升放风筝、气球等低空飘浮物体和无人机等低空飞行器。

第三十五条　在城市轨道交通车站、车厢、隧道、站前广场等范围内设置广告、商业设施的，不得影响正常运营，不得影响导向、提示、警示、运营服务等标识识别、设施设备使用和检修，不得挤占出入口、通道、应急疏散设施空间和防火间距。

城市轨道交通车站站台、站厅层不应设置妨碍安全疏散的非运营设施。

第三十六条 禁止乘客携带有毒、有害、易燃、易爆、放射性、腐蚀性以及其他可能危及人身和财产安全的危险物品进站、乘车。运营单位应当按规定在车站醒目位置公示城市轨道交通禁止、限制携带物品目录。

第三十七条 各级城市轨道交通运营主管部门应当按照职责监督指导运营单位开展反恐防范、安检、治安防范和消防安全管理相关工作。

鼓励推广应用安检新技术、新产品，推动实行安检新模式，提高安检质量和效率。

第三十八条 交通运输部应当建立城市轨道交通重点岗位从业人员不良记录和乘客违法违规行为信息库，并按照规定将有关信用信息及时纳入交通运输和相关统一信用信息共享平台。

第三十九条 鼓励经常乘坐城市轨道交通的乘客担任志愿者，及时报告城市轨道交通运营安全问题和隐患，检举揭发危害城市轨道交通运营安全的违法违规行为。运营单位应当对志愿者开展培训。

第五章 应急处置

第四十条 城市轨道交通所在地城市及以上地方各级人民政府应当建立运营突发事件处置工作机制，明确相关部门和单位的职责分工、工作机制和处置要求，制定完善运营突发事件应急预案。

运营单位应当按照有关法规要求建立运营突发事件应急预案体系，制定综合应急预案、专项应急预案和现场处置方案。运营单位应当组织专家对专项应急预案进行评审。

因地震、洪涝、气象灾害等自然灾害和恐怖袭击、刑事案件等社会安全事件以及其他因素影响或者可能影响城市轨道交通正常运营时，参照运营突发事件应急预案做好监测预警、信息报告、应急响应、后期处置等相关应对工作。

第四十一条 运营单位应当储备必要的应急物资，配备专业应急救援装备，建立应急救援队伍，配齐应急人员，完善应急值守和报告制度，加强应急培训，提高应急救援能力。

第四十二条 城市轨道交通运营主管部门应当按照有关法规要求，在城市人民政府领导下会同有关部门定期组织开展联动应急演练。

运营单位应当定期组织运营突发事件应急演练，其中综合应急预案演练和专项应急预案演练每半年至少组织一次。现场处置方案演练应当纳入日常工作，开展常态化演练。运营单位应当组织社会公众参与应急演练，引导社会公众正确应对突发事件。

第四十三条 运营单位应当在城市轨道交通车站、车辆、地面和高架线路等区域的醒目位置设置安全警示标志，按照规定在车站、车辆配备灭火器、报警装置和必要的救生器材，并确保能够正常使用。

第四十四条 城市轨道交通运营突发事件发生后，运营单位应当按照有关规定及时启动相应应急预案。运营单位应当充分发挥志愿者在突发事件应急处置中的作用，提高乘客自救互救能力。

现场工作人员应当按照各自岗位职责要求开展现场处置，通过广播系统、乘客信息系统和人工指引等方式，引导乘客快速疏散。

第四十五条 运营单位应当加强城市轨道交通客流监测。可能发生大客流时，应当按照预案要求及时增加运力进行疏导；大客流可能影响运营安全时，运营单位可以采取限流、封站、甩站等措施。

因运营突发事件、自然灾害、社会安全事件以及其他原因危及运营安全时，运营单位可以暂停部分区段或者全线网的运营，根据需要及时启动相应应急保障预案，做好客流疏导和现场秩序维护，并报告城市轨道交通运营主管部门。

运营单位采取限流、甩站、封站、暂停运营措施应当及时告知公众，其中封站、暂停运营措施还应当向城市轨道交通运营主管部门报告。

第四十六条 城市轨道交通运营主管部门和运营单位应当建立城市轨道交通运营安全重大故障和事故报送制度。

城市轨道交通运营主管部门和运营单位应当定期组织对重大故障和事故原因进行分析，不断完善城市轨道交通运营安全管理制度以及安全防范和应急处置措施。

第四十七条 城市轨道交通运营主管部门和运营单位应当加强舆论引导，宣传文明出行、安全乘车理念和突发事件应对知识，培养公众安全防范意识，引导理性应对突发事件。

……

城市轨道交通运营安全评估管理办法（节录）

（2023 年 8 月 22 日 交运规〔2023〕3 号）

……

第二章 初期运营前安全评估

第五条 城市轨道交通工程项目初期运营前安全评估工作应当按照城市轨道交通初期运营前安全评估规范开展。

第六条 城市轨道交通工程项目符合以下前提条件，方可开展初期运营前安全评估。

（一）试运行时间不少于 3 个月且关键指标达到要求，试运行期间发现的安全隐患和较大质量问题已完成整改；

（二）按规定通过专项验收并经竣工验收合格，且验收发现的影响运营安全和基本服务质量的问题已完成整改；

（三）有甩项工程的，甩项工程不得影响初期运营安全和基本服务质量，并有明确范围和计划完成时间；

（四）按照规定划定城市轨道交通工程项目保护区，根据土建工程验收资料勘界后制定保护区平面图，在具备条件的保护区设置提示或者警示标志；

（五）城市轨道交通运营单位（以下简称运营单位）满足规定的条件，具备安全运营、养护维修和应急处置能力。

第七条 城市轨道交通工程项目符合上述前提条件，开展初期运营前安全评估的，由城市轨道交通建设单位（以下简称建设单位）会同运营单位提交下列材料：

（一）试运行情况报告及其主要测试报告；

（二）建设规划、工程可行性研究及初步设计、重大设计变更等批复文件，以及用地和建设许可文件（或多规合一许可文件）；

（三）工程质量验收监督意见、消防验收意见、特种设备验收意见、人防验收报告和备案文件、卫生评价报告和认可意见、档案验收意见、建设单位编制的环保验收报告和工程项目防洪涝专项论证报告等材料；

（四）竣工验收报告和验收发现问题整改情况报告，有甩项工程的，应附甩项工程清单及相关意见等材料；

（五）保护区平面图以及设置的提示或者警示标志位置清单；

（六）运营单位符合规定条件的情况说明和证明文件；

（七）对运营服务专篇意见的对照检查落实材料；

（八）城市轨道交通运营主管部门要求的其他材料。

国家和地方有关法律法规对（二）（三）和（四）中文件有调整变化的，从其规定。

城市轨道交通运营主管部门收到提交的材料后，于7个工作日内组织第三方安全评估机构对城市轨道交通工程项目是否满足初期运营前安全评估前提条件进行审核并回复。符合要求的，应当启动安全评估；不符合要求的，应当在回复中写明具体原因。

第八条 第三方安全评估机构可根据所评估城市轨道交通工程项目前期工作情况，对系统功能是否符合设计文件要求进行核验，经核验发现影响后续评估工作开展或对初期运营可能产生重大安全影响的系统功能缺陷，应当及时报告城市轨道交通运营主管部门，连同发现的其他较大安全问题作为遗留问题，在安全评估报告中如实记录。城市轨道交通运营主管部门可根据需要，要求建设单位会同运营单位对系统功能缺陷进行复测。

第三方安全评估机构应按系统联动测试和运营准备的要求，对城市轨道交通工程项目是否能够投入初期运营进行评估。其中的测试项目，第三方安全评估机构可采信建设单位等的测试结果或委托有关单位开展，但应当符合初期运营前安全评估规范规定的测试要求。

第九条 第三方安全评估机构应当综合考虑各专业领域专家意见，出具初期运营前安全评估报告，报告中应有明确的评估结论，并对评估发现的安全问题提出整改要求、期限与建议措施。初期运营前安全评估报告基本格式见附件1。

第十条 对初期运营前安全评估发现的问题，城市轨道交通运营主管部门应当会同建设主管部门督促建设单位和运营单位限期整改到位。建设单位要会同运营单位制定整改方案，明确整改计划和措施。其中，须在投入初期运营前整改的问题，建设单位会同运营单位整改完成后，经第三方安全评估机构复核确认，报城市轨道交通运营主管部门。

第十一条 通过初期运营前安全评估的，城市轨道交通运营主管部门依法向城市人民政府报告评估情况并申请办理初期运营手续，运营单位与建设单位签订运营接管协议，正式接管线路调度指挥权、设备使用权、属地管理权，并向社会公告开通时间和运营安排。

第十二条 城市轨道交通运营主管部门应当在线路开通初期运营后 1 个月内，将初期运营前安全评估报告、评估发现问题整改情况，线路初期运营时间、线路制式、里程、车站数、换乘车站数、配属车辆数、车辆类型、列车编组、线路设计速度、旅行速度等运营基本情况，以及线路示意图、线路平纵断面图、站场平面图、信号平面布置图等线路布局信息报省、自治区交通运输主管部门和交通运输部。

第三章 正式运营前安全评估

第十三条 城市轨道交通工程项目正式运营前安全评估工作应当按照城市轨道交通正式运营前安全评估规范开展。

第十四条 城市轨道交通工程项目符合以下前提条件，方可开展正式运营前安全评估。

（一）初期运营至少 1 年，向城市轨道交通运营主管部门报送了初期运营报告；

（二）全部甩项工程完工并验收合格，或者已履行设计变更手续；

（三）初期运营前安全评估提出的须在初期运营期间完成整改的问题，已全部整改完成；

（四）初期运营期间，土建工程、设施设备、系统集成的运行状况良好，发现影响运营安全的问题和隐患处理完毕；

（五）正式运营前安全评估开展前一年内未发生列车脱轨、列车冲突、列车撞击、桥隧结构坍塌，或造成人员死亡、连续中断行车 2 小时（含）以上等险性事件，最后 3 个月关键指标达到要求；

（六）全部设施设备按照设计要求全功能、全系统投入使用或具备使用条件，技术资料全部移交运营单位，相关人员按规定通过安全考核；

工程项目分段开展初期运营前安全评估的，应一并开展正式运营前安全评估。线路分为不同工程项目的，可根据运营需要按照线路开展正式运营前安全评估。

第十五条 城市轨道交通工程项目符合上述前提条件，开展正式运营前安全评估的，运营单位应会同建设单位向城市轨道交通运营主管部门提交符合上述条件的材料。

城市轨道交通运营主管部门收到材料后，于 7 个工作日内组织第三方安全评估机构对城市轨道交通工程项目是否满足正式运营前安全评估前提条件进行审核并回复。符合要求的，应当启动安全评估；不符合要求的，应当在回复中写明具体原因。

第十六条 第三方安全评估机构根据所评估城市轨道交通工程项目初期运营情况，可对初期运营前安全评估涉及的系统功能核验和系统联动测试相关项目进行复测，并说明复测项目和内容的必要性。第三方安全评估机构可采信运营单位提供的测试结果或委托有关单位开展，但应当符合初期运营前安全评估规范规定的测试要求。

第十七条 第三方安全评估机构应当通过查阅资料、人员问询、旁站检查、专项检测等方式，对城市轨道交通运营安全风险分级管控和隐患排查治理双重预防制度实施情况，线路的行车组织、客运组织、设施设备运行维护、人员管理、应急管理等方面的主要风险管控措施制定、完善、落实情况，及隐患排查治理情况进行全面评估。

第十八条 第三方安全评估机构应当统筹协调各专业领域专家意见，出具正式运营前安全评估报告，报告中应有明确的评估结论，并对评估发现的安全问题提出明确的整改要求、期限与建议措施。正式运营前安全评估报告基本格式见附件 2。

第十九条 对正式运营前安全评估发现的问题，城市轨道交通运营主管部门应当督促运营单位会同建设单位、设备供应商等制定整改方案，明确整改计划和措施，有关责任单位应按要求整改到位。

第二十条　问题整改完成并经第三方安全评估机构复核确认、通过正式运营前安全评估的，城市轨道交通运营主管部门依法向城市人民政府报告评估情况，申请办理正式运营手续，并向社会公告。通过正式运营前安全评估后，运营单位应当与建设单位办理固定资产移交手续，包括经批复的竣工财务决算。

城市轨道交通运营主管部门应当在线路正式运营后 1 个月内，将评估报告和线路正式运营日期报省、自治区交通运输主管部门和交通运输部。

第二十一条　城市轨道交通工程项目原则上在初期运营 3 年内转入正式运营。满 3 年仍未转入正式运营的，城市轨道交通运营主管部门应当会同建设等相关部门组织建设单位、运营单位对未转入正式运营的具体情况进行分析研究，并在 3 个月内将原因、转入期限和各方工作任务向城市人民政府报告。

第四章　运营期间安全评估

第二十二条　城市轨道交通运营主管部门应当对投入运营（含初期运营阶段）的城市轨道交通线网进行运营期间安全评估，每 3 ~5 年组织开展一次。

城市轨道交通运营期间安全评估工作应当按照城市轨道交通运营期间安全评估规范开展。

第二十三条　城市轨道交通运营主管部门决定开展运营期间安全评估时，应提前 1 个月通知线网各运营单位，线网各运营单位应按要求提交运营期间安全评估准备材料。

第二十四条　第三方安全评估机构可根据所评估城市轨道交通线网运营情况和安全评估工作需要，对初期运营前安全评估涉及的系统功能核验和系统联动测试相关项目进行复测，并说明复测项目和内容的必要性。第三方安全评估机构可采信运营单位在评估周期内开展测试的结果或委托有关单位开展，但应当符合初期运营前安全评估规范规定的测试要求。

第二十五条　第三方安全评估机构应当按照问题导向，通过查阅资料、人员问询、旁站检查、专项检测等方式，对城市轨道交通线网总体安全运行情况开展全面评估，并对网络化运营、运营险性事件整改和隐患排查治理工作情况等开展重点评估。若线网未达到网络化运营规模，重点评估的网络化运营部分可结合实际适当调整。

线网达到网络化运营规模是指线网有 4 条及以上投入运营的线路，且线路关联形成网格状。

第二十六条　第三方安全评估机构应当统筹协调各专业领域专家意见，出具运营期间安全评估报告，报告中应有明确的评估结论，对评估发现的问题提出明确的整改要求、期限与建议措施，并明确相关线路、设施设备是否需要开展针对性安全评估或实施更新改造。运营期间安全评估报告基本格式见附件 3。

第二十七条　对运营期间安全评估发现的问题，城市轨道交通运营主管部门应当督促运营单位制定整改方案，明确整改计划和措施。整改完成的情况由城市轨道交通运营主管部门组织专家或第三方安全评估机构复核确认。

第二十八条　城市轨道交通运营主管部门应当在第三方安全评估机构出具运营期间安全评估报告之日起 1 个月内，向城市人民政府报告评估情况，并将评估报告报省、自治区交通运输主管部门和交通运输部。

第五章　第三方安全评估机构

第二十九条　第三方安全评估机构应当满足以下条件：

（一）具有法人资格；

（二）具有具备统筹协调城市轨道交通各专业领域、总体把控安全评估质量能力且从业经历 20 年以上的高级专业技术人员；

（三）具有健全的内部治理结构、财务会计和资产管理制度，具有依法缴纳税款和社会保险的良好记录；

（四）相关法律、法规规定的其他要求。

第三十条 第三方安全评估机构具有或聘请的安全评估专家应具备下列条件：

（一）专家组涵盖城市轨道交通运营管理、土建结构、车辆、供电、通信、信号、机电、安全应急等专业领域，具有运营从业经历的优先；

（二）为从业经历 10 年以上的高级专业技术人员；

（三）具有良好的职业道德，廉洁自律，认真负责，身体健康，能够承担安全评估工作；

（四）熟悉安全评估相关政策法规和规范。

第三十一条 第三方安全评估实行回避制度。第三方安全评估机构与被评估单位有直接利害关系或者有控股关系、管理关系等其他关系可能影响公正评估的应当回避。开展初期运营前安全评估的第三方安全评估机构不得是被评估项目的建设、勘察、设计、施工、监理、监测、检测单位以及规划建设期有关安全评价、咨询等单位。

第三方安全评估机构不得遴选有以下情形之一的专家参与安全评估工作：

（一）所在单位是评估项目的建设、勘察、设计、施工、监理、监测、检测、运营及有关安全评价、咨询等单位或者设备供应商；

（二）近 3 年内与被评估单位有聘用关系；

（三）所在单位与被评估单位有隶属关系；

（四）与被评估单位有利害关系；

（五）可能妨碍安全评估工作客观公正的其他情形。

第三十二条 第三方安全评估机构开展评估过程中，不得有以下行为：

（一）干预专家安全评估工作，或者无正当理由更换评估专家；

（二）未认真审核测试报告，未核查评估过程中有关方反映的安全问题，或者对涉及安全的关键设施设备检查不到位；

（三）未充分采纳专家合理意见；

（四）故意忽略不符合安全条件的关键问题，出具虚假评估报告。

第三十三条 第三方安全评估机构应当独立、公正、客观地开展安全评估，对出具的安全评估报告负责。主持该安全评估业务的人员应当具备统筹协调各专业领域、总体把控安全评估质量的能力，对安全评估报告负主要责任；参与人员应当具备相应专业技术能力，对其参与部分负直接责任。

任何部门、单位和个人不得干预第三方安全评估机构的评估活动。

第三十四条 第三方安全评估机构不得将运营单位、建设单位提供的相关资料提供给与第三方安全评估工作无关人员或用于安全评估工作之外的其他用途。

第六章 相关要求

第三十五条 城市轨道交通工程项目初期运营有甩项工程的，运营单位应当督促建设单位按初期运营前安全评估明确的范围和时间完成全部甩项工程。

规模较大、较复杂的甩项工程完工验收合格并通过初期运营前安全评估后，应当按照评估规范对相应内容开展正式运营前安全评估。规模较小、较简单的甩项工程完工并验收合格后，可不开展初期运营前安全评估，直接随工程项目开展正式运营前安全评估；也可在通过初期运营前安全评估投入使用后，不受初期运营满 1 年的时间限制，随工程项目一并开展正式运营前安全评估。

对没有按期完成的甩项工程，城市轨道交通运营主管部门应当会同建设主管部门组织建设单位和运营单位分析原因、制定限期整改方案。受客观条件等限制难以完成的甩项工程，应进行充分论证，在确保原设计的安全和基本服务功能不缺失，安全性能和基本服务能力指标不降低的前提下，方可变更设计并履行手续。甩项工程影响运营安全或涉及其他部门职责的重大问题，以及延期、设计变更等情况应及时向城市人民政府报告。

第三十六条 改扩建工程项目对城市轨道交通运营安全影响较大、城市轨道交通运营主管部门认为需开展初期运营前和正式运营前安全评估的，按照本办法相关规定执行。

第三十七条 城市轨道交通运营主管部门应当按照法律法规规定，采用公开招标、邀请招标、竞争性谈判、单一来源等方式，确定符合本办法要求的第三方安全评估机构。

第三十八条 建设单位、运营单位及设备供应商应当配合做好安全评估工作，如实提供有关情况和资料，并对所提供情况和资料的真实性负责。

第三十九条 安全评估发现的涉及多部门管理职责、影响运营安全的重大问题，城市轨道交通运营主管部门应当及时向城市人民政府报告。

第四十条 根据运营期间安全评估意见建议或者发生下列情形的，城市轨道交通运营主管部门可对相关线路、设施设备开展针对性安全评估，评估内容按照初期运营前安全评估、正式运营前安全评估规范等有关要求执行。

（一）发生一般及以上运营安全生产事故的线路；

（二）信号、车辆、通信、供电、站台门、自动售检票等关键设备和车站、轨道线路、桥梁、隧道等关键设施更新改造完成后投入使用前的；

（三）关键设备和设施达到设计工作年限、使用环境发生重大变化或遭遇重大灾害后，需要继续使用的；

（四）对运营安全和服务产生重大影响的新技术、新材料、新产品投入使用前的；

（五）其他需要开展的情形。

第四十一条 城市轨道交通运营主管部门应当对第三方安全评估机构的安全评估工作进行检查，主要包括：

（一）是否符合安全评估前提条件；

（二）拟邀请专家组的专业覆盖情况和专家技术水平；

（三）实施方案有关工作程序、执行标准、评估抽取对象、评估方法等内容的科学性、合规性及落实情况；

（四）安全评估发现问题整改复核的情况。

第四十二条 省、自治区交通运输主管部门应当加强对辖区内城市轨道交通运营安全评估工作的指导，促进安全评估工作规范化开展。

第四十三条 交通运输部组织对第三方安全评估机构开展安全评估的实际情况和效果进行评价，并向社会公告评价结果，为城市轨道交通运营主管部门选择第三方安全评估机构提供参考。

第七章　运营安全专家

第四十四条 交通运输部建立城市轨道交通运营安全管理专家库，专家库专家涵盖城市轨道交通运营总体、运营组织、土建结构、车辆、供电、通信、信号、机电、安全应急等领域。

第四十五条 交通运输部通过个人申请、单位推荐、邀请等方式组织遴选确定专家库名单，并不定期更新。专家库专家应当符合以下条件：

（一）累计从事城市轨道交通相关专业领域工作满 10 年，具有正高级专业技术职称或同等专业水平；

（二）熟悉城市轨道交通有关法律、法规、规章和政策标准；

（三）身体健康，能够认真、公正、诚实、廉洁地履行专家职责；

（四）无违法违纪等记录；

（五）法律法规规定的其他条件。

第四十六条 城市轨道交通运营主管部门可从交通运输部城市轨道交通运营安全管理专家库中聘请专家协助开展监督工作。

评估监督专家应对第三方安全评估机构的工作程序、执行标准等合规性进行监督并提交书面意见，发现存在回避评估关键内容、违反评估程序等行为的，应当及时报告。

第四十七条 评估监督专家有权根据工作需要，进入评估范围内任何区域进行现场踏勘、资料查阅、数据调取、人员问询等工作。第三方安全评估机构、运营单位、建设单位等应当为专家监督工作提供便利条件。

评估监督专家应当全程参加评估意见反馈工作，有权列席第三方安全评估机构各评估专业组的意见讨论，并对评估的工作程序、执行标准等提出明确意见。

第四十八条 聘请评估监督专家发生的费用，由城市轨道交通运营主管部门按规定列支。

......

最高人民法院关于审理道路交通事故损害赔偿案件适用法律若干问题的解释

（2012 年 9 月 17 日最高人民法院审判委员会第 1556 次会议通过 根据 2020 年 12 月 23 日最高人民法院审判委员会第 1823 次会议通过的《最高人民法院关于修改〈最高人民法院关于在民事审判工作中适用《中华人民共和国工会法》若干问题的解释〉等二十七件民事类司法解释的决定》修正 2020 年 12 月 29 日最高人民法院公告公布 自 2021 年 1 月 1 日起施行 法释〔2020〕17 号）

为正确审理道路交通事故损害赔偿案件，根据《中华人民共和国民法典》《中华人民共和国道路交通安全法》《中华人民共和国保险法》《中华人民共和国民事诉讼法》等法律的规定，结合审判实践，制定本解释。

一、关于主体责任的认定

第一条 机动车发生交通事故造成损害，机动车所有人或者管理人有下列情形之一，人民法院应当认定其对损害的发生有过错，并适用民法典第一千二百零九条的规定确定其相应的赔偿责任：

（一）知道或者应当知道机动车存在缺陷，且该缺陷是交通事故发生原因之一的；

（二）知道或者应当知道驾驶人无驾驶资格或者未取得相应驾驶资格的；

（三）知道或者应当知道驾驶人因饮酒、服用国家管制的精神药品或者麻醉药品，或者患有妨碍安全驾驶机动车的疾病等依法不能驾驶机动车的；

（四）其它应当认定机动车所有人或者管理人有过错的。

第二条　被多次转让但是未办理登记的机动车发生交通事故造成损害，属于该机动车一方责任，当事人请求由最后一次转让并交付的受让人承担赔偿责任的，人民法院应予支持。

第三条　套牌机动车发生交通事故造成损害，属于该机动车一方责任，当事人请求由套牌机动车的所有人或者管理人承担赔偿责任的，人民法院应予支持；被套牌机动车所有人或者管理人同意套牌的，应当与套牌机动车的所有人或者管理人承担连带责任。

第四条　拼装车、已达到报废标准的机动车或者依法禁止行驶的其他机动车被多次转让，并发生交通事故造成损害，当事人请求由所有的转让人和受让人承担连带责任的，人民法院应予支持。

第五条　接受机动车驾驶培训的人员，在培训活动中驾驶机动车发生交通事故造成损害，属于该机动车一方责任，当事人请求驾驶培训单位承担赔偿责任的，人民法院应予支持。

第六条　机动车试乘过程中发生交通事故造成试乘人损害，当事人请求提供试乘服务者承担赔偿责任的，人民法院应予支持。试乘人有过错的，应当减轻提供试乘服务者的赔偿责任。

第七条　因道路管理维护缺陷导致机动车发生交通事故造成损害，当事人请求道路管理者承担相应赔偿责任的，人民法院应予支持。但道路管理者能够证明已经依照法律、法规、规章的规定，或者按照国家标准、行业标准、地方标准的要求尽到安全防护、警示等管理维护义务的除外。

依法不得进入高速公路的车辆、行人，进入高速公路发生交通事故造成自身损害，当事人请求高速公路管理者承担赔偿责任的，适用民法典第一千二百四十三条的规定。

第八条　未按照法律、法规、规章或者国家标准、行业标准、地方标准的强制性规定设计、施工，致使道路存在缺陷并造成交通事故，当事人请求建设单位与施工单位承担相应赔偿责任的，人民法院应予支持。

第九条 机动车存在产品缺陷导致交通事故造成损害，当事人请求生产者或者销售者依照民法典第七编第四章的规定承担赔偿责任的，人民法院应予支持。

第十条 多辆机动车发生交通事故造成第三人损害，当事人请求多个侵权人承担赔偿责任的，人民法院应当区分不同情况，依照民法典第一千一百七十条、第一千一百七十一条、第一千一百七十二条的规定，确定侵权人承担连带责任或者按份责任。

二、关于赔偿范围的认定

第十一条 道路交通安全法第七十六条规定的"人身伤亡"，是指机动车发生交通事故侵害被侵权人的生命权、身体权、健康权等人身权益所造成的损害，包括民法典第一千一百七十九条和第一千一百八十三条规定的各项损害。

道路交通安全法第七十六条规定的"财产损失"，是指因机动车发生交通事故侵害被侵权人的财产权益所造成的损失。

第十二条 因道路交通事故造成下列财产损失，当事人请求侵权人赔偿的，人民法院应予支持：

（一）维修被损坏车辆所支出的费用、车辆所载物品的损失、车辆施救费用；

（二）因车辆灭失或者无法修复，为购买交通事故发生时与被损坏车辆价值相当的车辆重置费用；

（三）依法从事货物运输、旅客运输等经营性活动的车辆，因无法从事相应经营活动所产生的合理停运损失；

（四）非经营性车辆因无法继续使用，所产生的通常替代性交通工具的合理费用。

三、关于责任承担的认定

第十三条 同时投保机动车第三者责任强制保险（以下简称"交强险"）和第三者责任商业保险（以下简称"商业三者险"）的机动车发生交通事故造成损害，当事人同时起诉侵权人和保险公司的，人民法院应当依照民法典第一千二百一十三条的规定，确定赔偿责任。

被侵权人或者其近亲属请求承保交强险的保险公司优先赔偿精神损害的，人民法院应予支持。

第十四条 投保人允许的驾驶人驾驶机动车致使投保人遭受损害，当事人请求承保交强险的保险公司在责任限额范围内予以赔偿的，人民法院应予支持，但投保人为本车上人员的除外。

第十五条 有下列情形之一导致第三人人身损害，当事人请求保险公司在交强险责任限额范围内予以赔偿，人民法院应予支持：

（一）驾驶人未取得驾驶资格或者未取得相应驾驶资格的；

（二）醉酒、服用国家管制的精神药品或者麻醉药品后驾驶机动车发生交通事故的；

（三）驾驶人故意制造交通事故的。

保险公司在赔偿范围内向侵权人主张追偿权的，人民法院应予支持。追偿权的诉讼时效期间自保险公司实际赔偿之日起计算。

第十六条 未依法投保交强险的机动车发生交通事故造成损害，当事人请求投保义务人在交强险责任限额范围内予以赔偿的，人民法院应予支持。

投保义务人和侵权人不是同一人，当事人请求投保义务人和侵权人在交强险责任限额范围内承担相应责任的，人民法院应予支持。

第十七条 具有从事交强险业务资格的保险公司违法拒绝承保、拖延承保或者违法解除交强险合同，投保义务人在向第三人承担赔偿责任后，请求该保险公司在交强险责任限额范围内承担相应赔偿责任的，人民法院应予支持。

第十八条 多辆机动车发生交通事故造成第三人损害，损失超出各机动车交强险责任限额之和的，由各保险公司在各自责任限额范围内承担赔偿责任；损失未超出各机动车交强险责任限额之和，当事人请求由各保险公司按照其责任限额与责任限额之和的比例承担赔偿责任的，人民法院应予支持。

依法分别投保交强险的牵引车和挂车连接使用时发生交通事故造成第三人损害，当事人请求由各保险公司在各自的责任限额范围内平均赔偿的，人民法院应予支持。

多辆机动车发生交通事故造成第三人损害，其中部分机动车未投保交强险，当事人请求先由已承保交强险的保险公司在责任限额范围内予以赔偿的，人民法院应予支持。保险公司就超出其应承担的部分向未投保交强险的投保义务人或者侵权人行使追偿权的，人民法院应予支持。

第十九条 同一交通事故的多个被侵权人同时起诉的，人民法院应当按照各被侵权人的损失比例确定交强险的赔偿数额。

第二十条 机动车所有权在交强险合同有效期内发生变动，保险公司在交通事故发生后，以该机动车未办理交强险合同变更手续为由主张免除赔偿责任的，人民法院不予支持。

机动车在交强险合同有效期内发生改装、使用性质改变等导致危险程度增加的情形，发生交通事故后，当事人请求保险公司在责任限额范围内予以赔偿的，人民法院应予支持。

前款情形下，保险公司另行起诉请求投保义务人按照重新核定后的保险费标准补足当期保险费的，人民法院应予支持。

第二十一条 当事人主张交强险人身伤亡保险金请求权转让或者设定担保的行为无效的，人民法院应予支持。

四、关于诉讼程序的规定

第二十二条　人民法院审理道路交通事故损害赔偿案件，应当将承保交强险的保险公司列为共同被告。但该保险公司已经在交强险责任限额范围内予以赔偿且当事人无异议的除外。

人民法院审理道路交通事故损害赔偿案件，当事人请求将承保商业三者险的保险公司列为共同被告的，人民法院应予准许。

第二十三条　被侵权人因道路交通事故死亡，无近亲属或者近亲属不明，未经法律授权的机关或者有关组织向人民法院起诉主张死亡赔偿金的，人民法院不予受理。

侵权人以已向未经法律授权的机关或者有关组织支付死亡赔偿金为理由，请求保险公司在交强险责任限额范围内予以赔偿的，人民法院不予支持。

被侵权人因道路交通事故死亡，无近亲属或者近亲属不明，支付被侵权人医疗费、丧葬费等合理费用的单位或者个人，请求保险公司在交强险责任限额范围内予以赔偿的，人民法院应予支持。

第二十四条　公安机关交通管理部门制作的交通事故认定书，人民法院应依法审查并确认其相应的证明力，但有相反证据推翻的除外。

五、关于适用范围的规定

第二十五条　机动车在道路以外的地方通行时引发的损害赔偿案件，可以参照适用本解释的规定。

第二十六条　本解释施行后尚未终审的案件，适用本解释；本解释施行前已经终审，当事人申请再审或者按照审判监督程序决定再审的案件，不适用本解释。

（四）水路运输安全

中华人民共和国
海上交通安全法（节录）

（1983 年 9 月 2 日第六届全国人民代表大会常务委员会第二次会议通过　根据 2016 年 11 月 7 日第十二届全国人民代表大会常务委员会第二十四次会议《关于修改〈中华人民共和国对外贸易法〉等十二部法律的决定》修正　2021 年 4 月 29 日第十三届全国人民代表大会常务委员会第二十八次会议修订　2021 年 4 月 29 日中华人民共和国主席令第 79 号公布　自 2021 年 9 月 1 日起施行）

……

第三章　海上交通条件和航行保障

第十八条　国务院交通运输主管部门统筹规划和管理海上交通资源，促进海上交通资源的合理开发和有效利用。

海上交通资源规划应当符合国土空间规划。

第十九条　海事管理机构根据海域的自然状况、海上交通状况以及海上交通安全管理的需要，划定、调整并及时公布船舶定线区、船舶报告区、交通管制区、禁航区、安全作业区和港外锚地等海上交通功能区域。

海事管理机构划定或者调整船舶定线区、港外锚地以及对其他海洋功能区域或者用海活动造成影响的安全作业区，应当征求渔业渔政、生态环境、自然资源等有关部门的意见。为了军事需要划定、调整禁航区的，由负责划定、调整禁航区的军事机关作出决定，海事管理机构予以公布。

第二十条 建设海洋工程、海岸工程影响海上交通安全的，应当根据情况配备防止船舶碰撞的设施、设备并设置专用航标。

第二十一条 国家建立完善船舶定位、导航、授时、通信和远程监测等海上交通支持服务系统，为船舶、海上设施提供信息服务。

第二十二条 任何单位、个人不得损坏海上交通支持服务系统或者妨碍其工作效能。建设建筑物、构筑物，使用设施设备可能影响海上交通支持服务系统正常使用的，建设单位、所有人或者使用人应当与相关海上交通支持服务系统的管理单位协商，作出妥善安排。

第二十三条 国务院交通运输主管部门应当采取必要的措施，保障海上交通安全无线电通信设施的合理布局和有效覆盖，规划本系统（行业）海上无线电台（站）的建设布局和台址，核发船舶制式无线电台执照及电台识别码。

国务院交通运输主管部门组织本系统（行业）的海上无线电监测系统建设并对其无线电信号实施监测，会同国家无线电管理机构维护海上无线电波秩序。

第二十四条 船舶在中华人民共和国管辖海域内通信需要使用岸基无线电台（站）转接的，应当通过依法设置的境内海岸无线电台（站）或者卫星关口站进行转接。

承担无线电通信任务的船员和岸基无线电台（站）的工作人员应当遵守海上无线电通信规则，保持海上交通安全通信频道的值守和畅通，不得使用海上交通安全通信频率交流与海上交通安全无关的内容。

任何单位、个人不得违反国家有关规定使用无线电台识别码，影响海上搜救的身份识别。

第二十五条 天文、气象、海洋等有关单位应当及时预报、播发和提供航海天文、世界时、海洋气象、海浪、海流、潮汐、冰情等信息。

第二十六条 国务院交通运输主管部门统一布局、建设和管理公用航标。海洋工程、海岸工程的建设单位、所有人或者经营人需要设置、撤除专用航标，移动专用航标位置或者改变航标灯光、功率等的，应当报经海事管理机构同意。需要设置临时航标的，应当符合海事管理机构确定的航标设置点。

自然资源主管部门依法保障航标设施和装置的用地、用海、用岛，并依法为其办理有关手续。

航标的建设、维护、保养应当符合有关强制性标准和技术规范的要求。航标维护单位和专用航标的所有人应当对航标进行巡查和维护保养，保证航标处于良好适用状态。航标发生位移、损坏、灭失的，航标维护单位或者专用航标的所有人应当及时予以恢复。

第二十七条 任何单位、个人发现下列情形之一的，应当立即向海事管理机构报告；涉及航道管理机构职责或者专用航标的，海事管理机构应当及时通报航道管理机构或者专用航标的所有人：

（一）助航标志或者导航设施位移、损坏、灭失；

（二）有妨碍海上交通安全的沉没物、漂浮物、搁浅物或者其他碍航物；

（三）其他妨碍海上交通安全的异常情况。

第二十八条 海事管理机构应当依据海上交通安全管理的需要，就具有紧迫性、危险性的情况发布航行警告，就其他影响海上交通安全的情况发布航行通告。

海事管理机构应当将航行警告、航行通告，以及船舶定线区的划定、调整情况通报海军航海保证部门，并及时提供有关资料。

第二十九条 海事管理机构应当及时向船舶、海上设施播发海上交通安全信息。

船舶、海上设施在定线区、交通管制区或者通航船舶密集的区域航行、停泊、作业时，海事管理机构应当根据其请求提供相应的安全信息服务。

第三十条 下列船舶在国务院交通运输主管部门划定的引航区内航行、停泊或者移泊的，应当向引航机构申请引航：

（一）外国籍船舶，但国务院交通运输主管部门经报国务院批准后规定可以免除的除外；

（二）核动力船舶、载运放射性物质的船舶、超大型油轮；

（三）可能危及港口安全的散装液化气船、散装危险化学品船；

（四）长、宽、高接近相应航道通航条件限值的船舶。

前款第三项、第四项船舶的具体标准，由有关海事管理机构根据港口实际情况制定并公布。

船舶自愿申请引航的，引航机构应当提供引航服务。

第三十一条 引航机构应当及时派遣具有相应能力、经验的引航员为船舶提供引航服务。

引航员应当根据引航机构的指派，在规定的水域登离被引领船舶，安全谨慎地执行船舶引航任务。被引领船舶应当配备符合规定的登离装置，并保障引航员在登离船舶及在船上引航期间的安全。

引航员引领船舶时，不解除船长指挥和管理船舶的责任。

第三十二条 国务院交通运输主管部门根据船舶、海上设施和港口面临的保安威胁情形，确定并及时发布保安等级。船舶、海上设施和港口应当根据保安等级采取相应的保安措施。

第四章 航行、停泊、作业

第三十三条 船舶航行、停泊、作业，应当持有有效的船舶国籍证书及其他法定证书、文书，配备依照有关规定出版的航海图书资料，悬挂相关国家、地区或者组织的旗帜，标明船名、船舶识别号、船籍港、载重线标志。

船舶应当满足最低安全配员要求，配备持有合格有效证书的船员。

海上设施停泊、作业，应当持有法定证书、文书，并按规定配备掌握避碰、信号、通信、消防、救生等专业技能的人员。

第三十四条　船长应当在船舶开航前检查并在开航时确认船员适任、船舶适航、货物适载，并了解气象和海况信息以及海事管理机构发布的航行通告、航行警告及其他警示信息，落实相应的应急措施，不得冒险开航。

船舶所有人、经营人或者管理人不得指使、强令船员违章冒险操作、作业。

第三十五条　船舶应当在其船舶检验证书载明的航区内航行、停泊、作业。

船舶航行、停泊、作业时，应当遵守相关航行规则，按照有关规定显示信号、悬挂标志，保持足够的富余水深。

第三十六条　船舶在航行中应当按照有关规定开启船舶的自动识别、航行数据记录、远程识别和跟踪、通信等与航行安全、保安、防治污染相关的装置，并持续进行显示和记录。

任何单位、个人不得拆封、拆解、初始化、再设置航行数据记录装置或者读取其记录的信息，但法律、行政法规另有规定的除外。

第三十七条　船舶应当配备航海日志、轮机日志、无线电记录簿等航行记录，按照有关规定全面、真实、及时记录涉及海上交通安全的船舶操作以及船舶航行、停泊、作业中的重要事件，并妥善保管相关记录簿。

第三十八条　船长负责管理和指挥船舶。在保障海上生命安全、船舶保安和防治船舶污染方面，船长有权独立作出决定。

船长应当采取必要的措施，保护船舶、在船人员、船舶航行文件、货物以及其他财产的安全。船长在其职权范围内发布的命令，船员、乘客及其他在船人员应当执行。

第三十九条　为了保障船舶和在船人员的安全，船长有权在职责范围内对涉嫌在船上进行违法犯罪活动的人员采取禁闭或者其他必要的限制措施，并防止其隐匿、毁灭、伪造证据。

船长采取前款措施，应当制作案情报告书，由其和两名以上在船人员签字。中国籍船舶抵达我国港口后，应当及时将相关人员移送有关主管部门。

第四十条　发现在船人员患有或者疑似患有严重威胁他人健康的传染病的，船长应当立即启动相应的应急预案，在职责范围内对相关人员采取必要的隔离措施，并及时报告有关主管部门。

第四十一条　船长在航行中死亡或者因故不能履行职责的，应当由驾驶员中职务最高的人代理船长职务；船舶在下一个港口开航前，其所有人、经营人或者管理人应当指派新船长接任。

第四十二条　船员应当按照有关航行、值班的规章制度和操作规程以及船长的指令操纵、管理船舶，保持安全值班，不得擅离职守。船员履行在船值班职责前和值班期间，不得摄入可能影响安全值班的食品、药品或者其他物品。

第四十三条　船舶进出港口、锚地或者通过桥区水域、海峡、狭水道、重要渔业水域、通航船舶密集的区域、船舶定线区、交通管制区，应当加强瞭望、保持安全航速，并遵守前述区域的特殊航行规则。

前款所称重要渔业水域由国务院渔业渔政主管部门征求国务院交通运输主管部门意见后划定并公布。

船舶穿越航道不得妨碍航道内船舶的正常航行，不得抢越他船船艏。超过桥梁通航尺度的船舶禁止进入桥区水域。

第四十四条　船舶不得违反规定进入或者穿越禁航区。

船舶进出船舶报告区，应当向海事管理机构报告船位和动态信息。

在安全作业区、港外锚地范围内，禁止从事养殖、种植、捕捞以及其他影响海上交通安全的作业或者活动。

第四十五条 船舶载运或者拖带超长、超高、超宽、半潜的船舶、海上设施或者其他物体航行，应当采取拖拽部位加强、护航等特殊的安全保障措施，在开航前向海事管理机构报告航行计划，并按有关规定显示信号、悬挂标志；拖带移动式平台、浮船坞等大型海上设施的，还应当依法交验船舶检验机构出具的拖航检验证书。

第四十六条 国际航行船舶进出口岸，应当依法向海事管理机构申请许可并接受海事管理机构及其他口岸查验机构的监督检查。海事管理机构应当自受理申请之日起五个工作日内作出许可或者不予许可的决定。

外国籍船舶临时进入非对外开放水域，应当依照国务院关于船舶进出口岸的规定取得许可。

国内航行船舶进出港口、港外装卸站，应当向海事管理机构报告船舶的航次计划、适航状态、船员配备和客货载运等情况。

第四十七条 船舶应当在符合安全条件的码头、泊位、装卸站、锚地、安全作业区停泊。船舶停泊不得危及其他船舶、海上设施的安全。

船舶进出港口、港外装卸站，应当符合靠泊条件和关于潮汐、气象、海况等航行条件的要求。

超长、超高、超宽的船舶或者操纵能力受到限制的船舶进出港口、港外装卸站可能影响海上交通安全的，海事管理机构应当对船舶进出港安全条件进行核查，并可以要求船舶采取加配拖轮、乘潮进港等相应的安全措施。

第四十八条 在中华人民共和国管辖海域内进行施工作业，应当经海事管理机构许可，并核定相应安全作业区。取得海上施工作业许可，应当符合下列条件：

（一）施工作业的单位、人员、船舶、设施符合安全航行、停泊、作业的要求；

（二）有施工作业方案；

（三）有符合海上交通安全和防治船舶污染海洋环境要求的保障措施、应急预案和责任制度。

从事施工作业的船舶应当在核定的安全作业区内作业，并落实海上交通安全管理措施。其他无关船舶、海上设施不得进入安全作业区。

在港口水域内进行采掘、爆破等可能危及港口安全的作业，适用港口管理的法律规定。

第四十九条 从事体育、娱乐、演练、试航、科学观测等水上水下活动，应当遵守海上交通安全管理规定；可能影响海上交通安全的，应当提前十个工作日将活动涉及的海域范围报告海事管理机构。

第五十条 海上施工作业或者水上水下活动结束后，有关单位、个人应当及时消除可能妨碍海上交通安全的隐患。

第五十一条 碍航物的所有人、经营人或者管理人应当按照有关强制性标准和技术规范的要求及时设置警示标志，向海事管理机构报告碍航物的名称、形状、尺寸、位置和深度，并在海事管理机构限定的期限内打捞清除。碍航物的所有人放弃所有权的，不免除其打捞清除义务。

不能确定碍航物的所有人、经营人或者管理人的，海事管理机构应当组织设置标志、打捞或者采取相应措施，发生的费用纳入部门预算。

第五十二条 有下列情形之一，对海上交通安全有较大影响的，海事管理机构应当根据具体情况采取停航、限速或者划定交通管制区等相应交通管制措施并向社会公告：

（一）天气、海况恶劣；

（二）发生影响航行的海上险情或者海上交通事故；

（三）进行军事训练、演习或者其他相关活动；

（四）开展大型水上水下活动；

（五）特定海域通航密度接近饱和；

（六）其他对海上交通安全有较大影响的情形。

第五十三条 国务院交通运输主管部门为维护海上交通安全、保护海洋环境，可以会同有关主管部门采取必要措施，防止和制止外国籍船舶在领海的非无害通过。

第五十四条 下列外国籍船舶进出中华人民共和国领海，应当向海事管理机构报告：

（一）潜水器；

（二）核动力船舶；

（三）载运放射性物质或者其他有毒有害物质的船舶；

（四）法律、行政法规或者国务院规定的可能危及中华人民共和国海上交通安全的其他船舶。

前款规定的船舶通过中华人民共和国领海，应当持有有关证书，采取符合中华人民共和国法律、行政法规和规章规定的特别预防措施，并接受海事管理机构的指令和监督。

第五十五条 除依照本法规定获得进入口岸许可外，外国籍船舶不得进入中华人民共和国内水；但是，因人员病急、机件故障、遇难、避风等紧急情况未及获得许可的可以进入。

外国籍船舶因前款规定的紧急情况进入中华人民共和国内水的，应当在进入的同时向海事管理机构紧急报告，接受海事管理机构的指令和监督。海事管理机构应当及时通报管辖海域的海警机构、就近的出入境边防检查机关和当地公安机关、海关等其他主管部门。

第五十六条 中华人民共和国军用船舶执行军事任务、公务船舶执行公务，遇有紧急情况，在保证海上交通安全的前提下，可以不受航行、停泊、作业有关规则的限制。

第五章　海上客货运输安全

第五十七条　除进行抢险或者生命救助外，客船应当按照船舶检验证书核定的载客定额载运乘客，货船载运货物应当符合船舶检验证书核定的载重线和载货种类，不得载运乘客。

第五十八条　客船载运乘客不得同时载运危险货物。

乘客不得随身携带或者在行李中夹带法律、行政法规或者国务院交通运输主管部门规定的危险物品。

第五十九条　客船应当在显著位置向乘客明示安全须知，设置安全标志和警示，并向乘客介绍救生用具的使用方法以及在紧急情况下应当采取的应急措施。乘客应当遵守安全乘船要求。

第六十条　海上渡口所在地的县级以上地方人民政府应当建立健全渡口安全管理责任制，制定海上渡口的安全管理办法，监督、指导海上渡口经营者落实安全主体责任，维护渡运秩序，保障渡运安全。

海上渡口的渡运线路由渡口所在地的县级以上地方人民政府交通运输主管部门会同海事管理机构划定。渡船应当按照划定的线路安全渡运。

遇有恶劣天气、海况，县级以上地方人民政府或者其指定的部门应当发布停止渡运的公告。

第六十一条　船舶载运货物，应当按照有关法律、行政法规、规章以及强制性标准和技术规范的要求安全装卸、积载、隔离、系固和管理。

第六十二条　船舶载运危险货物，应当持有有效的危险货物适装证书，并根据危险货物的特性和应急措施的要求，编制危险货物应急处置预案，配备相应的消防、应急设备和器材。

第六十三条　托运人托运危险货物，应当将其正式名称、危险性质以及应当采取的防护措施通知承运人，并按照有关法律、行政法规、规章以及强制性标准和技术规范的要求妥善包装，设置明显的危险品标志和标签。

托运人不得在托运的普通货物中夹带危险货物或者将危险货物谎报为普通货物托运。

托运人托运的货物为国际海上危险货物运输规则和国家危险货物品名表上未列明但具有危险特性的货物的，托运人还应当提交有关专业机构出具的表明该货物危险特性以及应当采取的防护措施等情况的文件。

货物危险特性的判断标准由国家海事管理机构制定并公布。

第六十四条 船舶载运危险货物进出港口，应当符合下列条件，经海事管理机构许可，并向海事管理机构报告进出港口和停留的时间等事项：

（一）所载运的危险货物符合海上安全运输要求；

（二）船舶的装载符合所持有的证书、文书的要求；

（三）拟靠泊或者进行危险货物装卸作业的港口、码头、泊位具备有关法律、行政法规规定的危险货物作业经营资质。

海事管理机构应当自收到申请之时起二十四小时内作出许可或者不予许可的决定。

定船舶、定航线并且定货种的船舶可以申请办理一定期限内多次进出港口许可，期限不超过三十日。海事管理机构应当自收到申请之日起五个工作日内作出许可或者不予许可的决定。

海事管理机构予以许可的，应当通报港口行政管理部门。

第六十五条 船舶、海上设施从事危险货物运输或者装卸、过驳作业，应当编制作业方案，遵守有关强制性标准和安全作业操作规程，采取必要的预防措施，防止发生安全事故。

在港口水域外从事散装液体危险货物过驳作业的，还应当符合下列条件，经海事管理机构许可并核定安全作业区：

（一）拟进行过驳作业的船舶或者海上设施符合海上交通安全与防治船舶污染海洋环境的要求；

（二）拟过驳的货物符合安全过驳要求；

（三）参加过驳作业的人员具备法律、行政法规规定的过驳作业能力；

（四）拟作业水域及其底质、周边环境适宜开展过驳作业；

（五）过驳作业对海洋资源以及附近的军事目标、重要民用目标不构成威胁；

（六）有符合安全要求的过驳作业方案、安全保障措施和应急预案。

对单航次作业的船舶，海事管理机构应当自收到申请之时起二十四小时内作出许可或者不予许可的决定；对在特定水域多航次作业的船舶，海事管理机构应当自收到申请之日起五个工作日内作出许可或者不予许可的决定。

……

中华人民共和国
内河交通安全管理条例（节录）

（2002 年 6 月 28 日中华人民共和国国务院令第 355 号公布　根据 2011 年 1 月 8 日《国务院关于废止和修改部分行政法规的决定》第一次修订　根据 2017 年 3 月 1 日《国务院关于修改和废止部分行政法规的决定》第二次修订　根据 2019 年 3 月 2 日《国务院关于修改部分行政法规的决定》第三次修订）

……

第三章　航行、停泊和作业

第十四条　船舶在内河航行，应当悬挂国旗，标明船名、船籍港、载重线。

按照国家规定应当报废的船舶、浮动设施，不得航行或者作业。

第十五条 船舶在内河航行，应当保持瞭望，注意观察，并采用安全航速航行。船舶安全航速应当根据能见度、通航密度、船舶操纵性能和风、浪、水流、航路状况以及周围环境等主要因素决定。使用雷达的船舶，还应当考虑雷达设备的特性、效率和局限性。

船舶在限制航速的区域和汛期高水位期间，应当按照海事管理机构规定的航速航行。

第十六条 船舶在内河航行时，上行船舶应当沿缓流或者航路一侧航行，下行船舶应当沿主流或者航路中间航行；在潮流河段、湖泊、水库、平流区域，应当尽可能沿本船右舷一侧航路航行。

第十七条 船舶在内河航行时，应当谨慎驾驶，保障安全；对来船动态不明、声号不统一或者遇有紧迫情况时，应当减速、停车或者倒车，防止碰撞。

船舶相遇，各方应当注意避让。按照船舶航行规则应当让路的船舶，必须主动避让被让路船舶；被让路船舶应当注意让路船舶的行动，并适时采取措施，协助避让。

船舶避让时，各方避让意图经统一后，任何一方不得擅自改变避让行动。

船舶航行、避让和信号显示的具体规则，由国务院交通主管部门制定。

第十八条 船舶进出内河港口，应当向海事管理机构报告船舶的航次计划、适航状态、船员配备和载货载客等情况。

第十九条 下列船舶在内河航行，应当向引航机构申请引航：

（一）外国籍船舶；

（二）1000 总吨以上的海上机动船舶，但船长驾驶同一类型的海上机动船舶在同一内河通航水域航行与上一航次间隔 2 个月以内的除外；

（三）通航条件受限制的船舶；

（四）国务院交通主管部门规定应当申请引航的客船、载运危险货物的船舶。

第二十条　船舶进出港口和通过交通管制区、通航密集区或者航行条件受限制的区域，应当遵守海事管理机构发布的有关通航规定。

任何船舶不得擅自进入或者穿越海事管理机构公布的禁航区。

第二十一条　从事货物或者旅客运输的船舶，必须符合船舶强度、稳性、吃水、消防和救生等安全技术要求和国务院交通主管部门规定的载货或者载客条件。

任何船舶不得超载运输货物或者旅客。

第二十二条　船舶在内河通航水域载运或者拖带超重、超长、超高、超宽、半潜的物体，必须在装船或者拖带前 24 小时报海事管理机构核定拟航行的航路、时间，并采取必要的安全措施，保障船舶载运或者拖带安全。船舶需要护航的，应当向海事管理机构申请护航。

第二十三条　遇有下列情形之一时，海事管理机构可以根据情况采取限时航行、单航、封航等临时性限制、疏导交通的措施，并予公告：

（一）恶劣天气；

（二）大范围水上施工作业；

（三）影响航行的水上交通事故；

（四）水上大型群众性活动或者体育比赛；

（五）对航行安全影响较大的其他情形。

第二十四条　船舶应当在码头、泊位或者依法公布的锚地、停泊区、作业区停泊；遇有紧急情况，需要在其他水域停泊的，应当向海事管理机构报告。

船舶停泊，应当按照规定显示信号，不得妨碍或者危及其他船舶航行、停泊或者作业的安全。

船舶停泊，应当留有足以保证船舶安全的船员值班。

第二十五条 在内河通航水域或者岸线上进行下列可能影响通航安全的作业或者活动的，应当在进行作业或者活动前报海事管理机构批准：

（一）勘探、采掘、爆破；

（二）构筑、设置、维修、拆除水上水下构筑物或者设施；

（三）架设桥梁、索道；

（四）铺设、检修、拆除水上水下电缆或者管道；

（五）设置系船浮筒、浮趸、缆桩等设施；

（六）航道建设，航道、码头前沿水域疏浚；

（七）举行大型群众性活动、体育比赛。

进行前款所列作业或者活动，需要进行可行性研究的，在进行可行性研究时应当征求海事管理机构的意见；依照法律、行政法规的规定，需经其他有关部门审批的，还应当依法办理有关审批手续。

第二十六条 海事管理机构审批本条例第二十五条规定的作业或者活动，应当自收到申请之日起 30 日内作出批准或者不批准的决定，并书面通知申请人。

遇有紧急情况，需要对航道进行修复或者对航道、码头前沿水域进行疏浚的，作业人可以边申请边施工。

第二十七条 航道内不得养殖、种植植物、水生物和设置永久性固定设施。

划定航道，涉及水产养殖区的，航道主管部门应当征求渔业行政主管部门的意见；设置水产养殖区，涉及航道的，渔业行政主管部门应当征求航道主管部门和海事管理机构的意见。

第二十八条 在内河通航水域进行下列可能影响通航安全的作业，应当在进行作业前向海事管理机构备案：

（一）气象观测、测量、地质调查；

（二）航道日常养护；

（三）大面积清除水面垃圾；

（四）可能影响内河通航水域交通安全的其他行为。

第二十九条 进行本条例第二十五条、第二十八条规定的作业或者活动时，应当在作业或者活动区域设置标志和显示信号，并按照海事管理机构的规定，采取相应的安全措施，保障通航安全。

前款作业或者活动完成后，不得遗留任何妨碍航行的物体。

第四章　危险货物监管

第三十条 从事危险货物装卸的码头、泊位，必须符合国家有关安全规范要求，并征求海事管理机构的意见，经验收合格后，方可投入使用。

禁止在内河运输法律、行政法规以及国务院交通主管部门规定禁止运输的危险货物。

第三十一条 载运危险货物的船舶，必须持有经海事管理机构认可的船舶检验机构依法检验并颁发的危险货物适装证书，并按照国家有关危险货物运输的规定和安全技术规范进行配载和运输。

第三十二条 船舶装卸、过驳危险货物或者载运危险货物进出港口，应当将危险货物的名称、特性、包装、装卸或者过驳的时间、地点以及进出港时间等事项，事先报告海事管理机构和港口管理机构，经其同意后，方可进行装卸、过驳作业或者进出港口；但是，定船、定线、定货的船舶可以定期报告。

第三十三条 载运危险货物的船舶，在航行、装卸或者停泊时，应当按照规定显示信号；其他船舶应当避让。

第三十四条 从事危险货物装卸的码头、泊位和载运危险货物的船舶，必须编制危险货物事故应急预案，并配备相应的应急救援设备和器材。

第五章　渡口管理

第三十五条　设置或者撤销渡口，应当经渡口所在地的县级人民政府审批；县级人民政府审批前，应当征求当地海事管理机构的意见。

第三十六条　渡口的设置应当具备下列条件：

（一）选址应当在水流平缓、水深足够、坡岸稳定、视野开阔、适宜船舶停靠的地点，并远离危险物品生产、堆放场所；

（二）具备货物装卸、旅客上下的安全设施；

（三）配备必要的救生设备和专门管理人员。

第三十七条　渡口经营者应当在渡口设置明显的标志，维护渡运秩序，保障渡运安全。

渡口所在地县级人民政府应当建立、健全渡口安全管理责任制，指定有关部门负责对渡口和渡运安全实施监督检查。

第三十八条　渡口工作人员应当经培训、考试合格，并取得渡口所在地县级人民政府指定的部门颁发的合格证书。

渡口船舶应当持有合格的船舶检验证书和船舶登记证书。

第三十九条　渡口载客船舶应当有符合国家规定的识别标志，并在明显位置标明载客定额、安全注意事项。

渡口船舶应当按照渡口所在地的县级人民政府核定的路线渡运，并不得超载；渡运时，应当注意避让过往船舶，不得抢航或者强行横越。

遇有洪水或者大风、大雾、大雪等恶劣天气，渡口应当停止渡运。

第六章　通航保障

第四十条　内河通航水域的航道、航标和其他标志的规划、建设、设置、维护，应当符合国家规定的通航安全要求。

第四十一条 内河航道发生变迁，水深、宽度发生变化，或者航标发生位移、损坏、灭失，影响通航安全的，航道、航标主管部门必须及时采取措施，使航道、航标保持正常状态。

第四十二条 内河通航水域内可能影响航行安全的沉没物、漂流物、搁浅物，其所有人和经营人，必须按照国家有关规定设置标志，向海事管理机构报告，并在海事管理机构限定的时间内打捞清除；没有所有人或者经营人的，由海事管理机构打捞清除或者采取其他相应措施，保障通航安全。

第四十三条 在内河通航水域中拖放竹、木等物体，应当在拖放前24小时报经海事管理机构同意，按照核定的时间、路线拖放，并采取必要的安全措施，保障拖放安全。

第四十四条 任何单位和个人发现下列情况，应当迅速向海事管理机构报告：

（一）航道变迁，航道水深、宽度发生变化；

（二）妨碍通航安全的物体；

（三）航标发生位移、损坏、灭失；

（四）妨碍通航安全的其他情况。

海事管理机构接到报告后，应当根据情况发布航行通告或者航行警告，并通知航道、航标主管部门。

第四十五条 海事管理机构划定或者调整禁航区、交通管制区、港区外锚地、停泊区和安全作业区，以及对进行本条例第二十五条、第二十八条规定的作业或者活动，需要发布航行通告、航行警告的，应当及时发布。

……

中华人民共和国渔港水域
交通安全管理条例（节录）

（1989 年 7 月 3 日中华人民共和国国务院令第 38 号发
布　根据 2011 年 1 月 8 日《国务院关于废止和修改部分
行政法规的决定》第一次修订　根据 2017 年 10 月 7 日
《国务院关于修改部分行政法规的决定》第二次修订　根
据 2019 年 3 月 2 日《国务院关于修改部分行政法规的决
定》第三次修订）

……

第六条　船舶进出渔港必须遵守渔港管理章程以及国际海上避
碰规则，并依照规定向渔政渔港监督管理机关报告，接受安全
检查。

渔港内的船舶必须服从渔政渔港监督管理机关对水域交通安全
秩序的管理。

第七条　船舶在渔港内停泊、避风和装卸物资，不得损坏渔港
的设施装备；造成损坏的应当向渔政渔港监督管理机关报告，并承
担赔偿责任。

第八条　船舶在渔港内装卸易燃、易爆、有毒等危险货物，必
须遵守国家关于危险货物管理的规定，并事先向渔政渔港监督管理
机关提出申请，经批准后在指定的安全地点装卸。

第九条　在渔港内新建、改建、扩建各种设施，或者进行其他
水上、水下施工作业，除依照国家规定履行审批手续外，应当报请
渔政渔港监督管理机关批准。渔政渔港监督管理机关批准后，应当
事先发布航行通告。

第十条 在渔港内的航道、港池、锚地和停泊区，禁止从事有碍海上交通安全的捕捞、养殖等生产活动。

第十一条 国家公务船舶在执行公务时进出渔港，经通报渔政渔港监督管理机关，可免于检查。渔政渔港监督管理机关应当对执行海上巡视任务的国家公务船舶的靠岸、停泊和补给提供方便。

……

第十六条 渔业船舶之间发生交通事故，应当向就近的渔政渔港监督管理机关报告，并在进入第一个港口48小时之内向渔政渔港监督管理机关递交事故报告书和有关材料，接受调查处理。

第十七条 渔政渔港监督管理机关对渔港水域内的交通事故和其他沿海水域渔业船舶之间的交通事故，应当及时查明原因，判明责任，作出处理决定。

第十八条 渔港内的船舶、设施有下列情形之一的，渔政渔港监督管理机关有权禁止其离港，或者令其停航、改航、停止作业：

（一）违反中华人民共和国法律、法规或者规章的；

（二）处于不适航或者不适拖状态的；

（三）发生交通事故，手续未清的；

（四）未向渔政渔港监督管理机关或者有关部门交付应当承担的费用，也未提供担保的；

（五）渔政渔港监督管理机关认为有其他妨害或者可能妨害海上交通安全的。

第十九条 渔港内的船舶、设施发生事故，对海上交通安全造成或者可能造成危害，渔政渔港监督管理机关有权对其采取强制性处置措施。

……

中华人民共和国水上水下作业
和活动通航安全管理规定（节录）

（2021 年 9 月 1 日交通运输部令 2021 年第 24 号公布 自公布之日起施行）

......

第二章 作业和活动许可

第五条 在管辖海域内进行下列施工作业，应当经海事管理机构许可，并核定相应安全作业区：

（一）勘探，港外采掘、爆破；

（二）构筑、维修、拆除水上水下构筑物或者设施；

（三）航道建设、疏浚（航道养护疏浚除外）作业；

（四）打捞沉船沉物。

第六条 在内河通航水域或者岸线上进行下列水上水下作业或者活动，应当经海事管理机构许可，并根据需要核定相应安全作业区：

（一）勘探，港外采掘、爆破；

（二）构筑、设置、维修、拆除水上水下构筑物或者设施；

（三）架设桥梁、索道；

（四）铺设、检修、拆除水上水下电缆或者管道；

（五）设置系船浮筒、浮趸、缆桩等设施；

（六）航道建设施工、码头前沿水域疏浚；

（七）举行大型群众性活动、体育比赛；

（八）打捞沉船沉物。

第七条 在管辖水域内从事需经许可的水上水下作业或者活动，应当符合下列条件：

（一）水上水下作业或者活动的单位、人员、船舶、海上设施或者内河浮动设施符合安全航行、停泊和作业的要求；

（二）已制定水上水下作业或者活动方案；

（三）有符合水上交通安全和防治船舶污染水域环境要求的保障措施、应急预案和责任制度。

第八条 在管辖水域内从事需经许可的水上水下作业或者活动，建设单位、主办单位或者施工单位应当向作业地或者活动地的海事管理机构提出申请并报送下列材料：

（一）申请书；

（二）申请人、经办人相关证明材料；

（三）作业或者活动方案，包括基本概况、进度安排、施工作业图纸、活动方式，可能影响的水域范围，参与的船舶、海上设施或者内河浮动设施及其人员等，法律、行政法规规定需经其他有关部门许可的，还应当包括与作业或者活动有关的许可信息；

（四）作业或者活动保障措施方案、应急预案和责任制度文本。

在港口进行可能危及港口安全的采掘、爆破等活动，建设单位、施工单位应当报经港口行政管理部门许可。港口行政管理部门应当将许可情况及时通报海事管理机构。

第九条 建设单位、主办单位或者施工单位应当根据作业或者活动的范围、气象、海况和通航环境等因素，综合分析水上交通安全和船舶污染水域环境的风险，科学合理编制作业或者活动方案、保障措施方案和应急预案。

第十条 水上水下作业或者活动水域涉及两个以上海事管理机构的，许可证的申请应当向其共同的上一级海事管理机构或者共同的上一级海事管理机构指定的海事管理机构提出。

第十一条 海事管理机构应当自受理申请之日起 15 个工作日

内作出许可或者不予许可的决定。准予许可的，应当颁发水上水下作业或者活动许可证。

对通航安全可能构成重大影响的水上水下作业或者活动，海事管理机构应当在许可前组织专家进行技术评审。

第十二条 许可证应当注明允许从事水上水下作业或者活动的单位名称、船名、设施名称、时间、水域、作业或者活动内容、有效期等事项。

第十三条 许可证的有效期由海事管理机构根据作业或者活动的期限及水域环境的特点确定。许可证有效期届满不能结束水上水下作业或者活动的，建设单位、主办单位或者施工单位应当于许可证有效期届满5个工作日前向海事管理机构申请办理延续手续，提交延续申请书和相关说明材料，由海事管理机构在原许可证上签注延续期限后方能继续从事相应作业或者活动。许可证有效期最长不得超过3年。

第十四条 许可证上注明的船舶、海上设施或者内河浮动设施在水上水下作业或者活动期间发生变更的，建设单位、主办单位或者施工单位应当及时向作出许可决定的海事管理机构申请办理变更手续，提交变更申请书和相关说明材料。在变更手续未办妥前，变更的船舶、海上设施或者内河浮动设施不得从事相应的水上水下作业或者活动。

许可证上注明的从事水上水下作业或者活动的单位、内容、水域发生变更的，建设单位、主办单位或者施工单位应当重新申请许可证。

第十五条 有下列情形之一的，建设单位、主办单位或者施工单位应当及时向原发证的海事管理机构报告，并办理许可证注销手续：

（一）水上水下作业或者活动中止的；

（二）3个月以上未开工的；

（三）提前完工的；

（四）因许可事项变更而重新办理了新的许可证的；

（五）因不可抗力导致许可的水上水下作业或者活动无法实施的。

第三章　作业和活动管理

第十六条　在管辖海域内从事体育、娱乐、演练、试航、科学观测等水上水下活动，应当编制活动方案、安全保障和应急方案，并遵守海上交通安全管理规定；可能影响海上交通安全的，应当提前 10 个工作日将活动涉及的海域范围报告海事管理机构。

在内河通航水域进行气象观测、测量、地质调查、大面积清除水面垃圾和可能影响内河通航水域交通安全的其他作业的，应当在作业前将作业方案报海事管理机构备案。

第十七条　从事维护性疏浚、清障等影响通航的航道养护活动，或者确需限制通航的养护作业的，应当提前向海事管理机构通报。

第十八条　海事管理机构应当根据作业或者活动水域的范围、自然环境、交通状况等因素合理核定安全作业区的范围，并向社会公告。需要改变的，应当由海事管理机构重新核定公告。

水上水下作业或者活动已经海事管理机构核定安全作业区的，船舶、海上设施或者内河浮动设施应当在安全作业区内进行作业或者活动。无关船舶、海上设施或者内河浮动设施不得进入安全作业区。

建设单位、主办单位或者施工单位应当在安全作业区设置相关的安全警示标志、配备必要的安全设施或者警戒船。

第十九条　从事按规定需要发布航行警告、航行通告的水上水下作业或者活动，应当在作业或者活动开始前办妥相关手续。

第二十条　水上水下作业或者活动的建设单位、主办单位或者施工单位应当加强安全生产管理，落实安全生产主体责任。

第二十一条　建设单位应当根据国家有关法律、法规及规章要求，明确本单位和施工单位安全责任人，督促施工单位加强施工作业期间安全管理，落实水上交通安全的各项要求。

建设单位应当确保水上交通安全设施与主体工程同时设计、同时施工、同时投入生产和使用。

第二十二条　水上水下作业需要招投标的，建设单位应当在招投标前明确参与作业的船舶、海上设施或者内河浮动设施应当具备的安全标准和条件，在工程招投标后督促施工单位落实施工过程中各项安全保障措施，将作业船舶、海上设施或者内河浮动设施及人员和为作业服务的船舶及其人员纳入水上交通安全管理体系，并与其签订安全生产管理协议。

第二十三条　主办单位、施工单位应当落实安全生产法律法规要求，完善安全生产条件，保障施工作业、活动及其周边水域交通安全。

第二十四条　建设单位、主办单位或者施工单位在水上水下作业或者活动过程中应当遵守以下规定：

（一）按照海事管理机构许可的作业或者活动内容、水域范围和使用核准的船舶、海上设施或者内河浮动设施进行作业或者活动，不得妨碍其他船舶的正常航行；

（二）及时向海事管理机构通报作业或者活动进度及计划，并保持作业或者活动水域良好的通航环境；

（三）使船舶、海上设施或者内河浮动设施保持在适于安全航行、停泊或者从事有关作业或者活动的状态；

（四）船舶、海上设施或者内河浮动设施应当按照有关规定在明显处昼夜显示规定的号灯号型。在现场作业或者活动的船舶或者警戒船上配备有效的通信设备，作业或者活动期间指派专人警戒，并在指定的频道上守听。

第二十五条　建设单位、主办单位或者施工单位应当及时清除水上水下作业或者活动过程中产生的碍航物，不得遗留任何有碍航行和作业安全的隐患。在碍航物未清除前，必须设置规定的标志、显示信号，并将碍航物的名称、形状、尺寸、位置和深度准确地报告海事管理机构。

第二十六条 建设单位应当在工程涉及通航安全的部分完工后或者工程竣工后，将工程有关通航安全的技术参数报海事管理机构备案。

第二十七条 海事管理机构应当建立作业或者活动现场监督检查制度，依法检查建设单位、主办单位和施工单位所属船舶、海上设施或者内河浮动设施、人员水上通航安全作业条件、采取的通航安全保障措施、应急预案、责任制度落实情况。有关单位和人员应当予以配合。

......

海上滚装船舶安全
监督管理规定（节录）

（2019 年 7 月 1 日交通运输部令 2019 年第 23 号公布　自 2019 年 9 月 1 日起施行）

......

第二章　滚装船舶、船员

第四条 滚装船舶应当依法由船舶检验机构检验，取得相应检验证书、文书。

船舶检验机构实施滚装船舶检验，应当注重对以下内容进行测定或者核定：

（一）滚装船舶船艏、船艉和舷侧水密门的性能；

（二）滚装船舶装车处所的承载能力，包括装车处所甲板的装载能力及每平方米的承载能力；

（三）滚装船舶装车处所、客舱等重要部位的消防系统和电路系统；

（四）滚装船舶系索、地铃、天铃及其他系固附属设备的最大系固负荷；

（五）滚装船舶车辆和货物系固手册；

（六）滚装船舶救生系统和应急系统。

第五条 滚装船舶开航前，应当按照滚装船舶艏部、艉部及舷侧水密门安全操作程序和有关要求，对乘客、货物、车辆情况及滚装船舶的安全设备、水密门等情况进行全面检查，并如实记录。

中国籍滚装船舶按照前款规定完成检查并确认符合有关安全要求的，由船长签署船舶开航前安全自查清单。

第六条 滚装船舶在航行中应当加强巡检。发现安全隐患的，应当及时采取有效措施予以消除；不能及时消除的，应当向滚装船舶经营人、管理人报告。必要时，还应当向海事管理机构报告。

第七条 滚装船舶在航行中遭遇恶劣天气和海况时，应当谨慎操纵和作业，加强巡查，加固货物、车辆，防止货物、车辆位移或者碰撞，并及时向滚装船舶经营人、管理人报告。必要时，还应当向海事管理机构报告。

第八条 滚装船舶应当对装车处所、装货处所进行有效通风，并根据相关技术规范确定闭式滚装处所和特种处所每小时换气次数。

第九条 装车处所应当使用明显标志标明车辆装载位置，并合理积载，保持装载平衡。

第十条 滚装客船应当在明显位置标明乘客定额和客舱处所。

严禁滚装客船超出核定乘客定额出售客票。

禁止在滚装船舶的船员起居处、装车处所、安全通道及其他非客舱处所载运乘客。

第十一条 滚装客船开航后，应当立即向司机、乘客说明安全须知所处位置和应急通道及有关应急措施。

第十二条 滚装船舶载运危险货物或者装载危险货物的车辆，还应当遵守《船舶载运危险货物安全监督管理规定》。

第十三条 滚装船舶的船员，应当熟悉所在船舶的下列内容：

（一）安全管理体系或者安全管理制度；

（二）职责范围内安全操作程序；

（三）应急反应程序和应急措施。

第三章　滚装船舶经营人、管理人

第十四条 滚装船舶经营人、管理人应当制定滚装船舶艏部、艉部及舷侧水密门安全操作程序，并指定专人负责滚装船舶水密门的开启和关闭。

第十五条 滚装船舶经营人、管理人应当在船舶的公共场所，使用明显标志标明消防和救生设备设施、应急通道以及有关应急措施，并配备适量的安全须知，供船员、乘客阅览。

第十六条 滚装船舶经营人、管理人应当制定航行、停泊和作业巡检制度，明确巡检范围、巡检程序、安全隐患报告程序和应急情况处理措施以及巡检人员的岗位责任。

第十七条 滚装船舶经营人、管理人应当综合考虑滚装船舶装车处所的承载能力、系固能力，明确滚装船舶系固的具体方案和要求，制定系固手册。

滚装船舶应当按照系固手册系固车辆，并符合船舶检验机构核定的装车处所的承载能力、装载尺度。

第十八条 滚装客船经营人、管理人应当根据航区自然环境、航行时间、气象条件和航行特点，合理调度和使用滚装客船。

中国籍滚装客船应当由船舶检验机构核定船舶抗风等级并在船

舶检验证书中明确。船舶开航前或者拟航经水域风力超过抗风等级的，不得开航或者航经该水域。

第十九条 中国籍滚装客船经营人、管理人应当对船舶进行动态监控，及时掌握滚装客船的航行、停泊、作业等动态，并配备航行数据记录仪。

第二十条 滚装船舶经营人、管理人应当定期组织滚装船舶的船员及相关工作人员，按照国际条约或者船舶检验相关规则的规定进行应急演练与培训。

第四章　车辆、货物和乘客

第二十一条 搭乘滚装船舶的车辆，应当向滚装船舶和港口经营人如实提供车辆号牌及驾驶员联系方式等信息。货运车辆还应当如实提供其装载货物的名称、性质、重量和体积等信息。

搭乘滚装船舶的车辆应当按照规定在港口接受安全检查。对检查发现有谎报、瞒报危险货物行为的车辆，不得允许其上船。

中国籍滚装船舶应当指定专人对车辆装载的安全状况进行检查，并填写车辆安全装载记录。车辆安全装载记录应当随船留存至少1个月。

第二十二条 搭乘滚装船舶的车辆，应当将所载货物绑扎牢固，在船舶航行期间处于制动状态，以适合水路滚装运输的需要。

第二十三条 搭乘滚装船舶的车辆，应当处于良好技术状态，并按照指定的区域、类型和抵达港口先后次序排队停放，等候装船。

第二十四条 车辆拟驶上或者驶离船舶时，滚装船舶和港口经营人应当检查码头与滚装船舶的连接情况，保证上下船舶的车辆安全。车辆应当听从港口经营人、滚装船舶的指挥，遵守港口经营人规定的安全速度并按照顺序行驶。

第二十五条 车辆及司机、乘客应当遵守下列规定：

（一）车辆应当进入船舱指定位置，在船舶航行期间关闭发动机；

（二）司机在船舶航行期间不得留在车内，也不得在装货处所和装车处所随意走动、停留；

（三）乘客在上下船及船舶航行过程中不得留在车内，也不得在装货处所和装车处所随意走动、停留。

旅客列车、救护车、押运车、冷藏车、活鲜运输车辆等特殊车辆除外。

第二十六条 搭载旅客列车的滚装船舶应当加强旅客列车在船期间的安全管理，制定旅客应急撤离程序，并及时告知旅客列车经营人。

发生紧急情况的，滚装船舶应当按照应急撤离程序组织旅客安全撤离。旅客列车经营人应当予以配合。

……

公路水运工程安全生产监督管理办法（节录）

（2017 年 6 月 12 日交通运输部令 2017 年第 25 号公布
自 2017 年 8 月 1 日起施行）

……

第二章　安全生产条件

第十一条 从业单位从事公路水运工程建设活动，应当具备法律、法规、规章和工程建设强制性标准规定的安全生产条件。任何单位和个人不得降低安全生产条件。

第十二条 公路水运工程应当坚持先勘察后设计再施工的程序。施工图设计文件依法经审批后方可使用。

第十三条 公路水运工程施工招标文件及施工合同中应当载明项目安全管理目标、安全生产职责、安全生产条件、安全生产信用情况及专职安全生产管理人员配备的标准等要求。

第十四条 施工单位从事公路水运工程建设活动,应当取得安全生产许可证及相应等级的资质证书。施工单位的主要负责人和安全生产管理人员应当经交通运输主管部门对其安全生产知识和管理能力考核合格。

施工单位应当设置安全生产管理机构或者配备专职安全生产管理人员。施工单位应当根据工程施工作业特点、安全风险以及施工组织难度,按照年度施工产值配备专职安全生产管理人员,不足5000万元的至少配备1名;5000万元以上不足2亿元的按每5000万元不少于1名的比例配备;2亿元以上的不少于5名,且按专业配备。

第十五条 从业单位应当依法对从业人员进行安全生产教育和培训。未经安全生产教育和培训合格的从业人员,不得上岗作业。

第十六条 公路水运工程从业人员中的特种作业人员应当按照国家有关规定取得相应资格,方可上岗作业。

第十七条 施工中使用的施工机械、设施、机具以及安全防护用品、用具和配件等应当具有生产(制造)许可证、产品合格证或者法定检验检测合格证明,并设立专人查验、定期检查和更新,建立相应的资料档案。无查验合格记录的不得投入使用。

第十八条 特种设备使用单位应当依法取得特种设备使用登记证书,建立特种设备安全技术档案,并将登记标志置于该特种设备的显著位置。

第十九条 翻模、滑(爬)模等自升式架设设施,以及自行设计、组装或者改装的施工挂(吊)篮、移动模架等设施在投入使用前,施工单位应当组织有关单位进行验收,或者委托具有相应资质的检验检测机构进行验收。验收合格后方可使用。

第二十条　对严重危及公路水运工程生产安全的工艺、设备和材料，应当依法予以淘汰。交通运输主管部门可以会同安全生产监督管理部门联合制定严重危及公路水运工程施工安全的工艺、设备和材料的淘汰目录并对外公布。

从业单位不得使用已淘汰的危及生产安全的工艺、设备和材料。

第二十一条　从业单位应当保证本单位所应具备的安全生产条件必需的资金投入。

建设单位在编制工程招标文件及项目概预算时，应当确定保障安全作业环境及安全施工措施所需的安全生产费用，并不得低于国家规定的标准。

施工单位在工程投标报价中应当包含安全生产费用并单独计提，不得作为竞争性报价。

安全生产费用应当经监理工程师审核签认，并经建设单位同意后，在项目建设成本中据实列支，严禁挪用。

第二十二条　公路水运工程施工现场的办公、生活区与作业区应当分开设置，并保持安全距离。办公、生活区的选址应当符合安全性要求，严禁在已发现的泥石流影响区、滑坡体等危险区域设置施工驻地。

施工作业区应当根据施工安全风险辨识结果，确定不同风险等级的管理要求，合理布设。在风险等级较高的区域应当设置警戒区和风险告知牌。

施工作业点应当设置明显的安全警示标志，按规定设置安全防护设施。施工便道便桥、临时码头应当满足通行和安全作业要求，施工便桥和临时码头还应当提供临边防护和水上救生等设施。

第二十三条　施工单位与从业人员订立的劳动合同，应当载明有关保障从业人员劳动安全、防止职业危害等事项。施工单位还应当向从业人员书面告知危险岗位的操作规程。

施工单位应当向作业人员提供符合标准的安全防护用品，监督、教育从业人员按照使用规则佩戴、使用。

第二十四条 公路水运工程建设应当实施安全生产风险管理，按规定开展设计、施工安全风险评估。

设计单位应当依据风险评估结论，对设计方案进行修改完善。

施工单位应当依据风险评估结论，对风险等级较高的分部分项工程编制专项施工方案，并附安全验算结果，经施工单位技术负责人签字后报监理工程师批准执行。

必要时，施工单位应当组织专家对专项施工方案进行论证、审核。

第二十五条 建设、施工等单位应当针对工程项目特点和风险评估情况分别制定项目综合应急预案、合同段施工专项应急预案和现场处置方案，告知相关人员紧急避险措施，并定期组织演练。

施工单位应当依法建立应急救援组织或者指定工程现场兼职的、具有一定专业能力的应急救援人员，配备必要的应急救援器材、设备和物资，并进行经常性维护、保养。

第二十六条 从业单位应当依法参加工伤保险，为从业人员缴纳保险费。

鼓励从业单位投保安全生产责任保险和意外伤害保险。

第三章　安全生产责任

第二十七条 从业单位应当建立健全安全生产责任制，明确各岗位的责任人员、责任范围和考核标准等内容。从业单位应当建立相应的机制，加强对安全生产责任制落实情况的监督考核。

第二十八条 建设单位对公路水运工程安全生产负管理责任。依法开展项目安全生产条件审核，按规定组织风险评估和安全生产检查。根据项目风险评估等级，在工程沿线受影响区域作出相应风险提示。

建设单位不得对勘察、设计、监理、施工、设备租赁、材料供应、试验检测、安全服务等单位提出不符合安全生产法律、法规和工程建设强制性标准规定的要求。不得违反或者擅自简化基本建设程序。不得随意压缩工期。工期确需调整的，应当对影响安全的风险进行论证和评估，经合同双方协商一致，提出相应的施工组织和安全保障措施。

第二十九条　勘察单位应当按照法律、法规、规章、工程建设强制性标准和合同文件进行实地勘察，针对不良地质、特殊性岩土、有毒有害气体等不良情形或者其他可能引发工程生产安全事故的情形加以说明并提出防治建议。

勘察单位提交的勘察文件必须真实、准确，满足公路水运工程安全生产的需要。

勘察单位及勘察人员对勘察结论负责。

第三十条　设计单位应当按照法律、法规、规章、工程建设强制性标准和合同文件进行设计，防止因设计不合理导致生产安全事故的发生。

设计单位应当考虑施工安全操作和防护的需要，对涉及施工安全的重点部位和环节在设计文件中加以注明，提出安全防范意见。依据设计风险评估结论，对存在较高安全风险的工程部位还应当增加专项设计，并组织专家进行论证。

采用新结构、新工艺、新材料的工程和特殊结构工程，设计单位应当在设计文件中提出保障施工作业人员安全和预防生产安全事故的措施建议。

设计单位和设计人员应当对其设计负责，并按合同要求做好安全技术交底和现场服务。

第三十一条　监理单位应当按照法律、法规、规章、工程建设强制性标准和合同文件进行监理，对工程安全生产承担监理责任。

监理单位应当审核施工项目安全生产条件，审查施工组织设计中安全措施和专项施工方案。在实施监理过程中，发现存在安全事故隐患的，应当要求施工单位整改；情节严重的，应当下达工程暂停令，并及时报告建设单位。施工单位拒不整改或者不停止施工的，监理单位应当及时向有关主管部门书面报告，并有权拒绝计量支付审核。

监理单位应当如实记录安全事故隐患和整改验收情况，对有关文字、影像资料应当妥善保存。

第三十二条 依合同承担试验检测或者施工监测的单位应当按照法律、法规、规章、工程建设强制性标准和合同文件开展工作。所提交的试验检测或者施工监测数据应当真实、准确，数据出现异常时应当及时向合同委托方报告。

第三十三条 依法设立的为安全生产提供技术、管理服务的机构，依照法律、法规、规章和执业准则，接受从业单位的委托为其安全生产工作提供技术、管理服务。

从业单位委托前款规定的机构提供安全生产技术、管理服务的，保障安全生产的责任仍由本单位负责。

第三十四条 施工单位应当按照法律、法规、规章、工程建设强制性标准和合同文件组织施工，保障项目施工安全生产条件，对施工现场的安全生产负主体责任。施工单位主要负责人依法对项目安全生产工作全面负责。

建设工程实行施工总承包的，由总承包单位对施工现场的安全生产负总责。分包单位应当服从总承包单位的安全生产管理，分包单位不服从管理导致生产安全事故的，由分包单位承担主要责任。

第三十五条 施工单位应当书面明确本单位的项目负责人，代表本单位组织实施项目施工生产。

项目负责人对项目安全生产工作负有下列职责：

（一）建立项目安全生产责任制，实施相应的考核与奖惩；

（二）按规定配足项目专职安全生产管理人员；

（三）结合项目特点，组织制定项目安全生产规章制度和操作规程；

（四）组织制定项目安全生产教育和培训计划；

（五）督促项目安全生产费用的规范使用；

（六）依据风险评估结论，完善施工组织设计和专项施工方案；

（七）建立安全预防控制体系和隐患排查治理体系，督促、检查项目安全生产工作，确认重大事故隐患整改情况；

（八）组织制定本合同段施工专项应急预案和现场处置方案，并定期组织演练；

（九）及时、如实报告生产安全事故并组织自救。

第三十六条 施工单位的专职安全生产管理人员履行下列职责：

（一）组织或者参与拟订本单位安全生产规章制度、操作规程，以及合同段施工专项应急预案和现场处置方案；

（二）组织或者参与本单位安全生产教育和培训，如实记录安全生产教育和培训情况；

（三）督促落实本单位施工安全风险管控措施；

（四）组织或者参与本合同段施工应急救援演练；

（五）检查施工现场安全生产状况，做好检查记录，提出改进安全生产标准化建设的建议；

（六）及时排查、报告安全事故隐患，并督促落实事故隐患治理措施；

（七）制止和纠正违章指挥、违章操作和违反劳动纪律的行为。

第三十七条 施工单位应当推进本企业承接项目的施工场地布置、现场安全防护、施工工艺操作、施工安全管理活动记录等方面的安全生产标准化建设，并加强对安全生产标准化实施情况的自查自纠。

第三十八条 施工单位应当根据施工规模和现场消防重点建立施工现场消防安全责任制度，确定消防安全责任人，制定消防管理制度和操作规程，设置消防通道，配备相应的消防设施、物资和器材。

施工单位对施工现场临时用火、用电的重点部位及爆破作业各环节应当加强消防安全检查。

第三十九条 施工单位应当将专业分包单位、劳务合作单位的作业人员及实习人员纳入本单位统一管理。

新进人员和作业人员进入新的施工现场或者转入新的岗位前，施工单位应当对其进行安全生产培训考核。

施工单位采用新技术、新工艺、新设备、新材料的，应当对作业人员进行相应的安全生产教育培训，生产作业前还应当开展岗位风险提示。

第四十条 施工单位应当建立健全安全生产技术分级交底制度，明确安全技术分级交底的原则、内容、方法及确认手续。

分项工程实施前，施工单位负责项目管理的技术人员应当按规定对有关安全施工的技术要求向施工作业班组、作业人员详细说明，并由双方签字确认。

第四十一条 施工单位应当按规定开展安全事故隐患排查治理，建立职工参与的工作机制，对隐患排查、登记、治理等全过程闭合管理情况予以记录。事故隐患排查治理情况应当向从业人员通报，重大事故隐患还应当按规定上报和专项治理。

第四十二条 事故发生单位应当依法如实向项目建设单位和负有安全生产监督管理职责的有关部门报告。不得隐瞒不报、谎报或者迟报。

发生生产安全事故，施工单位负责人接到事故报告后，应当迅速组织抢救，减少人员伤亡，防止事故扩大。组织抢救时，应当妥善保护现场，不得故意破坏事故现场、毁灭有关证据。

事故调查处置期间，事故发生单位的负责人、项目主要负责人和有关人员应当配合事故调查，不得擅离职守。

第四十三条 作业人员应当遵守安全施工的规章制度和操作规程，正确使用安全防护用具、机械设备。发现安全事故隐患或者其他不安全因素，应当向现场专（兼）职安全生产管理人员或者本单位项目负责人报告。

作业人员有权了解其作业场所和工作岗位存在的风险因素、防范措施及事故应急措施，有权对施工现场存在的安全问题提出检举和控告，有权拒绝违章指挥和强令冒险作业。

在施工中发生可能危及人身安全的紧急情况时，作业人员有权立即停止作业或者在采取可能的应急措施后撤离危险区域。

第四章　监督管理

第四十四条 交通运输主管部门应当对公路水运工程安全生产行为和下级交通运输主管部门履行安全生产监督管理职责情况进行监督检查。

交通运输主管部门应当依照安全生产法律、法规、规章及工程建设强制性标准，制定年度监督检查计划，确定检查重点、内容、方式和频次。加强与其他安全生产监管部门的合作，推进联合检查执法。

第四十五条 交通运输主管部门对公路水运工程安全生产行为的监督检查主要包括下列内容：

（一）被检查单位执行法律、法规、规章及工程建设强制性标准情况；

（二）本办法规定的项目安全生产条件落实情况；

（三）施工单位在施工场地布置、现场安全防护、施工工艺操作、施工安全管理活动记录等方面的安全生产标准化建设推进情况。

第四十六条 交通运输主管部门在职责范围内开展安全生产监督检查时，有权采取下列措施：

（一）进入被检查单位进行检查，调阅有关工程安全管理的文件和相关照片、录像及电子文本等资料，向有关单位和人员了解情况；

（二）进入被检查单位施工现场进行监督抽查；

（三）责令相关单位立即或者限期停止、改正违法行为；

（四）法律、行政法规规定的其他措施。

第四十七条 交通运输主管部门对监督检查中发现的安全问题或者安全事故隐患，应当根据情况作出如下处理：

（一）被检查单位存在安全管理问题需要整改的，以书面方式通知存在问题的单位限期整改；

（二）发现严重安全生产违法行为的，予以通报，并按规定依法实施行政处罚或者移交有关部门处理；

（三）被检查单位存在安全事故隐患的，责令立即排除；重大事故隐患排除前或者排除过程中无法保证安全的，责令其从危险区域撤出作业人员，暂时停止施工，并按规定专项治理，纳入重点监管的失信黑名单；

（四）被检查单位拒不执行交通运输主管部门依法作出的相关行政决定，有发生生产安全事故的现实危险的，在保证安全的前提下，经本部门负责人批准，可以提前 24 小时以书面方式通知有关单位和被检查单位，采取停止供电、停止供应民用爆炸物品等措施，强制被检查单位履行决定；

（五）因建设单位违规造成重大生产安全事故的，对全部或者部分使用财政性资金的项目，可以建议相关职能部门暂停项目执行或者暂缓资金拨付；

（六）督促负有直接监督管理职责的交通运输主管部门，对存在安全事故隐患整改不到位的被检查单位主要负责人约谈警示；

（七）对违反本办法有关规定的行为实行相应的安全生产信用记录，对列入失信黑名单的单位及主要责任人按规定向社会公布；

（八）法律、行政法规规定的其他措施。

第四十八条 交通运输主管部门执行监督检查任务时，应当将检查的时间、地点、内容、发现的问题及其处理情况作出书面记录，并由检查人员和被检查单位的负责人签字。被检查单位负责人拒绝签字的，检查人员应当将情况记录在案，向本单位领导报告，并抄告被检查单位所在的企业法人。

第四十九条 交通运输主管部门对有下列情形之一的从业单位及其直接负责的主管人员和其他直接责任人员给予违法违规行为失信记录并对外公开，公开期限一般自公布之日起12个月：

（一）因违法违规行为导致工程建设项目发生一般及以上等级的生产安全责任事故并承担主要责任的；

（二）交通运输主管部门在监督检查中，发现因从业单位违法违规行为导致工程建设项目存在安全事故隐患的；

（三）存在重大事故隐患，经交通运输主管部门指出或者责令限期消除，但从业单位拒不采取措施或者未按要求消除隐患的；

（四）对举报或者新闻媒体报道的违法违规行为，经交通运输主管部门查实的；

（五）交通运输主管部门依法认定的其他违反安全生产相关法律法规的行为。

对违法违规行为情节严重的从业单位及主要责任人员，应当列入安全生产失信黑名单，将具体情节抄送相关行业主管部门。

第五十条 交通运输主管部门在专业性较强的监督检查中，可以委托具备相应资质能力的机构或者专家开展检查、检测和评估，所需费用按照本级政府购买服务的相关程序要求进行申请。

第五十一条 交通运输主管部门应当健全工程建设安全监管制度，协调有关部门依法保障监督执法经费和装备，加强对监督管理人员的教育培训，提高执法水平。

监督管理人员应当忠于职守，秉公执法，坚持原则。

第五十二条 交通运输主管部门在进行安全生产责任追究时，被问责部门及其工作人员按照法律、法规、规章和工程建设强制性标准规定的方式、程序、计划已经履行安全生产督查职责，但仍有下列情形之一的，可不承担责任：

（一）对发现的安全生产违法行为和安全事故隐患已经依法查处，因从业单位及其从业人员拒不执行导致生产安全责任事故的；

（二）从业单位非法生产或者经责令停工整顿后仍不具备安全生产条件，已经依法提请县级以上地方人民政府决定中止或者取缔施工的；

（三）对拒不执行行政处罚决定的从业单位，已经依法申请人民法院强制执行的；

（四）工程项目中止施工后发生生产安全责任事故的；

（五）因自然灾害等不可抗力导致生产安全事故的；

（六）依法不承担责任的其他情形。

第五十三条 交通运输主管部门应当建立举报制度，及时受理对公路水运工程生产安全事故、事故隐患以及监督检查人员违法行为的检举、控告和投诉。

任何单位或者个人对安全事故隐患、安全生产违法行为或者事故险情等，均有权向交通运输主管部门报告或者举报。

……

中华人民共和国
船舶安全监督规则（节录）

（2017 年 5 月 23 日交通运输部公布　根据 2020 年 3 月 16 日《交通运输部关于修改〈中华人民共和国船舶安全监督规则〉的决定》第一次修订　根据 2022 年 9 月 26 日《交通运输部关于修改〈中华人民共和国船舶安全监督规则〉的决定》第二次修订）

……

第二章　船舶进出港报告

第十条　中国籍船舶在我国管辖水域内航行应当按照规定实施船舶进出港报告。

第十一条　船舶应当在预计离港或者抵港 4 小时前向将要离泊或者抵达港口的海事管理机构报告进出港信息。航程不足 4 小时的，在驶离上一港口时报告。

船舶在固定航线航行且单次航程不超过 2 小时的，可以每天至少报告一次进出港信息。

船舶应当对报告的完整性和真实性负责。

第十二条　船舶报告的进出港信息应当包括航次动态、在船人员信息、客货载运信息、拟抵离时间和地点等。

第十三条　船舶可以通过互联网、传真、短信等方式报告船舶进出港信息，并在船舶航海或者航行日志内作相应的记载。

第十四条　海事管理机构与水路运输管理部门应当建立信息平台，共享船舶进出港信息。

第三章　船舶综合质量管理

第十五条　海事管理机构应当建立统一的船舶综合质量管理信息平台，收集、处理船舶相关信息，建立船舶综合质量档案。

第十六条　船舶综合质量管理信息平台应当包括下列信息：

（一）船舶基本信息；

（二）船舶安全与防污染管理相关规定落实情况；

（三）水上交通事故情况和污染事故情况；

（四）水上交通安全违法行为被海事管理机构行政处罚情况；

（五）船舶接受安全监督的情况；

（六）航运公司和船舶的安全诚信情况；

（七）船舶进出港报告或者办理进出港手续情况；

（八）按照相关规定缴纳相关费税情况；

（九）船舶检验技术状况。

第十七条　海事管理机构应当按照第十六条所述信息开展船舶综合质量评定，综合质量评定结果应当向社会公开。

第四章　船舶安全监督

第一节　安全监督目标船舶的选择

第十八条　海事管理机构对船舶实施安全监督，应当减少对船舶正常生产作业造成的不必要影响。

第十九条　国家海事管理机构应当制定安全监督目标船舶选择标准。

海事管理机构应当结合辖区实际情况，按照全面覆盖、重点突出、公开便利的原则，依据我国加入的港口国监督区域性合作组织和国家海事管理机构规定的目标船舶选择标准，综合考虑船舶类型、船龄、以往接受船舶安全监督的缺陷、航运公司安全管理情况等，按照规定的时间间隔，选择船舶实施船舶安全监督。

第二十条 按照目标船舶选择标准未列入选船目标的船舶，海事管理机构原则上不登轮实施船舶安全监督，但按照第二十一条规定开展专项检查的除外。

第二十一条 国家重要节假日、重大活动期间，或者针对特定水域、特定安全事项、特定船舶需要进行检查的，海事管理机构可以综合运用船舶安全检查和船舶现场监督等形式，开展专项检查。

第二节　船舶安全监督

第二十二条 船舶现场监督的内容包括：

（一）中国籍船舶自查情况；

（二）法定证书文书配备及记录情况；

（三）船员配备情况；

（四）客货载运及货物系固绑扎情况；

（五）船舶防污染措施落实情况；

（六）船舶航行、停泊、作业情况；

（七）船舶进出港报告或者办理进出港手续情况；

（八）按照相关规定缴纳相关费税情况。

第二十三条 船舶安全检查的内容包括：

（一）船舶配员情况；

（二）船舶、船员配备和持有有关法定证书文书及相关资料情况；

（三）船舶结构、设施和设备情况；

（四）客货载运及货物系固绑扎情况；

（五）船舶保安相关情况；

（六）船员履行其岗位职责的情况，包括对其岗位职责相关的设施、设备的维护保养和实际操作能力等；

（七）海事劳工条件；

（八）船舶安全管理体系运行情况；

（九）法律、法规、规章以及我国缔结、加入的有关国际公约要求的其他检查内容。

第二十四条 海事管理机构应当按照船舶安全监督的内容，制定相应的工作程序，规范船舶安全监督活动。

第二十五条 海事管理机构完成船舶安全监督后应当签发相应的《船舶现场监督报告》《船旗国监督检查报告》或者《港口国监督检查报告》，由船长或者履行船长职责的船员签名。

《船舶现场监督报告》《船旗国监督检查报告》《港口国监督检查报告》一式两份，一份由海事管理机构存档，一份留船备查。

第二十六条 船舶现场监督中发现船舶存在危及航行安全、船员健康、水域环境的缺陷或者水上交通安全违法行为的，应当按照规定进行处置。

发现存在需要进一步进行安全检查的船舶安全缺陷的，应当启动船舶安全检查程序。

第三节 船舶安全缺陷处理

第二十七条 海事行政执法人员在船舶安全监督过程中发现船舶存在缺陷的，应当按照相关法律、法规、规章和公约的规定，提出下列处理意见：

（一）警示教育；

（二）开航前纠正缺陷；

（三）在开航后限定的期限内纠正缺陷；

（四）滞留；

（五）禁止船舶进港；

（六）限制船舶操作；

（七）责令船舶驶向指定区域；

（八）责令船舶离港。

第二十八条 安全检查发现的船舶缺陷不能在检查港纠正时，海事管理机构可以允许该船驶往最近的可以修理的港口，并及时通知修理港口的海事管理机构。

修理港口超出本港海事管理机构管辖范围的，本港海事管理机构应当通知修理港口海事管理机构进行跟踪检查。

修理港口海事管理机构在收到跟踪检查通知后，应当对船舶缺陷的纠正情况进行验证，并及时将验证结果反馈至发出通知的海事管理机构。

第二十九条 海事管理机构采取本规则第二十七条第（四）（五）（八）项措施的，应当将采取措施的情况及时通知中国籍船舶的船籍港海事管理机构，或者外国籍船舶的船旗国政府。

第三十条 由于存在缺陷，被采取本规则第二十七条第（四）（五）（六）（八）项措施的船舶，应当在相应的缺陷纠正后向海事管理机构申请复查。被采取其他措施的船舶，可以在相应缺陷纠正后向海事管理机构申请复查，不申请复查的，在下次船舶安全检查时由海事管理机构进行复查。海事管理机构收到复查申请后，决定不予本港复查的，应当及时通知申请人在下次船舶安全检查时接受复查。

复查合格的，海事管理机构应当及时解除相应的处理措施。

第三十一条 船舶有权对海事行政执法人员提出的缺陷和处理意见进行陈述和申辩。船舶对于缺陷和处理意见有异议的，海事行政执法人员应当告知船舶申诉的途径和程序。

第三十二条 海事管理机构在实施船舶安全监督中，发现航运公司安全管理存在问题的，应当要求航运公司改正，并将相关情况通报航运公司注册地海事管理机构。

第三十三条 海事管理机构应当将影响安全的重大船舶缺陷以

及导致船舶被滞留的缺陷，通知航运公司、相关船舶检验机构或者组织。

船舶存在缺陷或者隐患，以及船舶安全管理存在较为严重问题，可能影响其运输资质条件的，海事管理机构应当将有关情况通知相关水路运输管理部门，水路运输管理部门应当将处理情况反馈相应的海事管理机构。

水路运输管理部门在市场监管中，发现可能影响到船舶安全的问题，应当将有关情况通知相应海事管理机构，海事管理机构应当将处理情况反馈相应水路运输管理部门。

第三十四条 船舶以及相关人员，应当按照海事管理机构签发的《船舶现场监督报告》《船旗国监督检查报告》《港口国监督检查报告》等的要求，对存在的缺陷进行纠正。

航运公司应当督促船舶按时纠正缺陷，并将纠正情况及时反馈实施检查的海事管理机构。

船舶检验机构应当核实有关缺陷纠正情况，需要进行临时检验的，应当将检验报告及时反馈实施检查的海事管理机构。

第三十五条 中国籍船舶的船长应当对缺陷纠正情况进行检查，并在航行或者航海日志中进行记录。

第三十六条 船舶应当妥善保管《船舶现场监督报告》《船旗国监督检查报告》《港口国监督检查报告》，在船上保存至少 2 年。

第三十七条 除海事管理机构外，任何单位和个人不得扣留、收缴《船舶现场监督报告》《船旗国监督检查报告》《港口国监督检查报告》，或者在上述报告中进行签注。

第三十八条 任何单位和个人，不得擅自涂改、故意损毁、伪造、变造、租借、骗取和冒用《船舶现场监督报告》《船旗国监督检查报告》《港口国监督检查报告》。

第三十九条 《船舶现场监督报告》《船旗国监督检查报告》《港口国监督检查报告》的格式由国家海事管理机构统一制定。

第四十条 中国籍船舶在境外发生水上交通事故，或者被滞留、禁止进港、禁止入境、驱逐出港（境）的，航运公司应当及时将相关情况向船籍港海事管理机构报告，海事管理机构应当做好相应的沟通协调和给予必要的协助。

第五章 船舶安全责任

第四十一条 航运公司应当履行安全管理与防止污染的主体责任，建立、健全船舶安全与防污染制度，对船舶及其设备进行有效维护和保养，确保船舶处于良好状态，保障船舶安全，防止船舶污染环境，为船舶配备满足最低安全配员要求的适任船员。

第四十二条 中国籍船舶应当建立开航前自查制度。船舶在离泊前应当对船舶安全技术状况和货物装载情况进行自查，按照国家海事管理机构规定的格式填写《船舶开航前安全自查清单》，并在开航前由船长签字确认。

船舶在固定航线航行且单次航程不超过 2 小时的，无须每次开航前均进行自查，但一天内应当至少自查一次。

《船舶开航前安全自查清单》应当在船上保存至少 2 年。

第四十三条 船长应当妥善安排船舶值班，遵守船舶航行、停泊、作业的安全规定。

第四十四条 船舶应当遵守港口所在地有关管理机构关于恶劣天气限制开航的规定。

航行于内河水域的船舶应当遵守海事管理机构发布的关于枯水季节通航限制的通告。

第四十五条 船舶检验机构应当确保检验的全面性、客观性、准确性和有效性，保证检验合格的船舶具备安全航行、安全作业的技术条件，并对出具的检验证书负责。

第四十六条 配备自动识别系统等通信、导助航设备的船舶应当始终保持相关设备处于正常工作状态，准确完整显示本船信息，并及时更新抵、离港名称和时间等相关信息。相关设备发生故障的，应当及时向抵达港海事管理机构报告。

第四十七条 拟交付船舶国际运输的载货集装箱，其托运人应当在交付船舶运输前，采取整体称重法或者累加计算法对集装箱的重量进行验证，确保集装箱的验证重量不超过其标称的最大营运总质量，与实际重量的误差不超过5%且最大误差不超过1吨，并在运输单据上注明验证重量、验证方法和验证声明等验证信息，提供给承运人、港口经营人。

采取累加计算法的托运人，应当制定符合交通运输部规定的重量验证程序，并按照程序进行载货集装箱重量验证。

未取得验证信息或者验证重量超过最大营运总质量的集装箱，承运人不得装船。

第四十八条 海事管理机构应当加强对船舶国际运输集装箱托运人、承运人的监督检查，发现存在违反本规则情形的，应当责令改正。

第四十九条 任何单位和个人不得阻挠、妨碍海事行政执法人员对船舶进行船舶安全监督。

第五十条 海事行政执法人员在开展船舶安全监督时，船长应当指派人员配合。指派的配合人员应当如实回答询问，并按照要求测试和操纵船舶设施、设备。

第五十一条 海事管理机构通过抽查实施船舶安全监督，不能代替或者免除航运公司、船舶、船员、船舶检验机构及其他相关单位和个人在船舶安全、防污染、海事劳工条件和保安等方面应当履行的法律责任和义务。

......

中华人民共和国
高速客船安全管理规则（节录）

（2006 年 2 月 24 日交通部发布 根据 2017 年 5 月 23 日
《交通运输部关于修改〈中华人民共和国高速客船安全管
理规则〉的决定》第一次修正 根据 2022 年 7 月 8 日
《交通运输部关于修改〈中华人民共和国高速客船安全管
理规则〉的决定》第二次修正 根据 2023 年 11 月 17 日
《交通运输部关于修改〈中华人民共和国高速客船安全管
理规则〉的决定》第三次修正）

……

第二章 船 公 司

第四条 经营高速客船的船公司应依法取得相应的经营资质。

第五条 船公司从境外购置或光租的二手外国籍高速客船应满
足《老旧运输船舶管理规定》的要求。

第六条 船公司在高速客船开始营运前，应编制下列资料：

（一）航线运行手册；

（二）船舶操作手册；

（三）船舶维修及保养手册；

（四）培训手册；

（五）安全营运承诺书。

上述各项手册所应包含的内容由主管机关确定。安全营运承诺
书应包括船舶名称，船舶所有人、经营人或者管理人，营运水域或
者航线等信息，并承诺依法合规安全营运。高速客船确需夜航的，

还应当在安全营运承诺书中载明关于符合夜航安全管理要求的承诺。

船公司应将拟投入营运的高速客船在取得船舶国籍登记证书 7 日内，向主要营运地的海事管理机构备案，并附送本条第一款所列材料。

第七条　海事管理机构收到高速客船备案材料后，对材料齐全且符合要求的，应当向社会公布已备案的高速客船名单和相关信息并及时更新，便于社会查询和监督。

对材料不全或者不符合要求的，海事管理机构应当场或者自收到备案材料之日起 5 日内一次性书面通知备案人需要补充的全部内容。

第八条　高速客船备案事项发生变化的，应当向原办理备案的海事管理机构办理备案变更。

高速客船终止经营的，应当在终止经营之日 30 日前告知主要营运地的海事管理机构。

第九条　经营高速客船的船公司应当建立适合高速客船营运特点的安全管理制度，包括为防止船员疲劳的船员休息制度。

第三章　船　　舶

第十条　高速客船须经船舶检验合格，并办理船舶登记手续，持有有效的船舶证书。

第十一条　高速客船应随船携带最新的适合于本船的航线运行手册、船舶操作手册、船舶维修及保养手册和培训手册。

第十二条　高速客船必须按规定要求配备号灯、号型、声响信号、无线电通信设备、消防设备、救生设备和应急设备等。高速客船上所有的设备和设施均应处于完好备用状态。

第四章　船　　员

第十三条　在高速客船任职的船员应符合下列要求：

（一）经主管机关认可的基本安全培训并取得培训合格证，其中船长、驾驶员、轮机长、轮机员以及被指定为负有安全操作和旅客安全职责的普通船员还必须通过主管机关认可的特殊培训并取得特殊培训合格证。

（二）船长、驾驶员、轮机长、轮机员按规定持有相应的职务适任证书。

（三）在内河船舶上任职的船长、驾驶员、轮机长、轮机员在正式任职前见习航行时间不少于 10 小时和 20 个单航次；在海船上任职的船长、驾驶员、轮机长、轮机员见习航行时间不少于 1 个月或者 50 个单航次。

（四）男性船长、驾驶员的年龄不超过 60 周岁，女性船长、驾驶员的年龄不超过 55 周岁。

在非高速客船上任职的船员申请高速客船船长、大副、轮机长职务适任证书时的年龄不超过 45 周岁。

（五）船长、驾驶员的健康状况，尤其是视力、听力和口语表达能力应符合相应的要求。

第十四条　主管机关授权的海事管理机构负责高速客船船员的培训管理和考试、发证工作。有关培训、考试、发证的规定由主管机关颁布实施。

第十五条　高速客船应向办理船舶登记手续的海事管理机构申领最低安全配员证书。高速客船的最低配员标准应满足本规则附录的要求。

第十六条　高速客船驾驶人员连续驾驶值班时间不得超过两个小时，两次驾驶值班之间应有足够的间隔休息时间，具体时间要求由当地海事管理机构确定。

第五章 航 行 安 全

第十七条 高速客船航行时应使用安全航速，以防止发生碰撞和浪损。高速客船进出港口及航经特殊航段时，应遵守当地海事管理机构有关航速的规定。

高速客船在航时，须显示黄色闪光灯。

第十八条 高速客船在航时，值班船员必须在各自岗位上严格按职责要求做好安全航行工作。驾驶台负责了望的人员必须保持正规的了望。无关人员禁止进入驾驶台。

第十九条 除在港口及内河通航水域航行时，高速客船应主动让清所有非高速船舶外，高速客船航行时，应按避碰规则的规定采取措施。高速客船在特殊航段航行时，应遵守海事管理机构公布的特别航行规定。

第二十条 海事管理机构认为必要时可为高速客船推荐或指定航路。高速客船必须遵守海事管理机构有关航路的规定。

第二十一条 遇有恶劣天气或能见度不良时，海事管理机构可建议高速客船停航。

第二十二条 高速客船应按规定的乘客定额载客，禁止超载。高速客船禁止在未经批准的站、点上下旅客。

第六章 安 全 保 障

第二十三条 高速客船应靠泊符合下列条件的码头：

（一）满足船舶安全靠泊的基本要求；

（二）高速客船靠泊时不易对他船造成浪损；

（三）避开港口通航密集区和狭窄航段；

（四）上下旅客设施符合安全条件；

（五）夜间有足够的照明；

（六）冬季有采取防冻防滑的安全保护措施。

第二十四条 海事管理机构应当定期公布符合上述条件的码头，督促高速客船在符合条件的码头靠泊，并落实各项安全管理措施。

第二十五条 高速客船对旅客携带物品应有尺度和数量限制，旅客的行李物品不得堵塞通道。严禁高速客船载运危险物品或旅客携带危险物品。

第二十六条 高速客船应按照国际公约或者海事管理机构相关规定组织船员及相关工作人员进行应急演练与培训，并做好记录；每次开航前，应向旅客讲解有关安全须知。

第二十七条 高速客船应建立开航前安全自查制度，制定开航前安全自查表并进行对照检查，海事管理机构可对开航前安全自查表进行监督抽查。

第二十八条 国内航行的高速客船应当按规定办理进出港报告手续，固定航线或者固定水域范围内航行且单次航程不超过 2 个小时的，可采取日报形式进行。国际航行的高速客船可申请不超过 7 天的定期进出口岸许可证。

高速客船不得夜航。但航行特殊水域的高速客船确需夜航的，应当配备符合船舶检验技术规范要求的夜视、雷达等设备，严格遵守海事管理机构关于夜航布置和操作程序的规定。海事管理机构应当加强对高速客船夜航的监督管理。

第二十九条 高速客船及人员遇险，应采取措施积极自救，同时立即向就近水上搜救中心报告。

......

（五）危险物品运输安全

放射性物品运输
安全管理条例（节录）

（2009 年 9 月 7 日国务院第 80 次常务会议通过　2009年 9 月 14 日中华人民共和国国务院令第 562 号公布　自2010 年 1 月 1 日起施行）

……

第四章　放射性物品的运输

第二十九条　托运放射性物品的，托运人应当持有生产、销售、使用或者处置放射性物品的有效证明，使用与所托运的放射性物品类别相适应的运输容器进行包装，配备必要的辐射监测设备、防护用品和防盗、防破坏设备，并编制运输说明书、核与辐射事故应急响应指南、装卸作业方法、安全防护指南。

运输说明书应当包括放射性物品的品名、数量、物理化学形态、危害风险等内容。

第三十条　托运一类放射性物品的，托运人应当委托有资质的辐射监测机构对其表面污染和辐射水平实施监测，辐射监测机构应当出具辐射监测报告。

托运二类、三类放射性物品的，托运人应当对其表面污染和辐射水平实施监测，并编制辐射监测报告。

监测结果不符合国家放射性物品运输安全标准的，不得托运。

第三十一条 承运放射性物品应当取得国家规定的运输资质。承运人的资质管理，依照有关法律、行政法规和国务院交通运输、铁路、民航、邮政主管部门的规定执行。

第三十二条 托运人和承运人应当对直接从事放射性物品运输的工作人员进行运输安全和应急响应知识的培训，并进行考核；考核不合格的，不得从事相关工作。

托运人和承运人应当按照国家放射性物品运输安全标准和国家有关规定，在放射性物品运输容器和运输工具上设置警示标志。

国家利用卫星定位系统对一类、二类放射性物品运输工具的运输过程实行在线监控。具体办法由国务院核安全监管部门会同国务院有关部门制定。

第三十三条 托运人和承运人应当按照国家职业病防治的有关规定，对直接从事放射性物品运输的工作人员进行个人剂量监测，建立个人剂量档案和职业健康监护档案。

第三十四条 托运人应当向承运人提交运输说明书、辐射监测报告、核与辐射事故应急响应指南、装卸作业方法、安全防护指南，承运人应当查验、收存。托运人提交文件不齐全的，承运人不得承运。

第三十五条 托运一类放射性物品的，托运人应当编制放射性物品运输的核与辐射安全分析报告书，报国务院核安全监管部门审查批准。

放射性物品运输的核与辐射安全分析报告书应当包括放射性物品的品名、数量、运输容器型号、运输方式、辐射防护措施、应急措施等内容。

国务院核安全监管部门应当自受理申请之日起 45 个工作日内完成审查，对符合国家放射性物品运输安全标准的，颁发核与辐射安全分析报告批准书；对不符合国家放射性物品运输安全标准的，书面通知申请单位并说明理由。

第三十六条 放射性物品运输的核与辐射安全分析报告批准书应当载明下列主要内容：

（一）托运人的名称、地址、法定代表人；

（二）运输放射性物品的品名、数量；

（三）运输放射性物品的运输容器型号和运输方式；

（四）批准日期和有效期限。

第三十七条 一类放射性物品启运前，托运人应当将放射性物品运输的核与辐射安全分析报告批准书、辐射监测报告，报启运地的省、自治区、直辖市人民政府环境保护主管部门备案。

收到备案材料的环境保护主管部门应当及时将有关情况通报放射性物品运输的途经地和抵达地的省、自治区、直辖市人民政府环境保护主管部门。

第三十八条 通过道路运输放射性物品的，应当经公安机关批准，按照指定的时间、路线、速度行驶，并悬挂警示标志，配备押运人员，使放射性物品处于押运人员的监管之下。

通过道路运输核反应堆乏燃料的，托运人应当报国务院公安部门批准。通过道路运输其他放射性物品的，托运人应当报启运地县级以上人民政府公安机关批准。具体办法由国务院公安部门商国务院核安全监管部门制定。

第三十九条 通过水路运输放射性物品的，按照水路危险货物运输的法律、行政法规和规章的有关规定执行。

通过铁路、航空运输放射性物品的，按照国务院铁路、民航主管部门的有关规定执行。

禁止邮寄一类、二类放射性物品。邮寄三类放射性物品的，按照国务院邮政管理部门的有关规定执行。

第四十条 生产、销售、使用或者处置放射性物品的单位，可以依照《中华人民共和国道路运输条例》的规定，向设区的市级人民政府道路运输管理机构申请非营业性道路危险货物运输资质，运输本单位的放射性物品，并承担本条例规定的托运人和承运人的义务。

申请放射性物品非营业性道路危险货物运输资质的单位，应当具备下列条件：

（一）持有生产、销售、使用或者处置放射性物品的有效证明；

（二）有符合本条例规定要求的放射性物品运输容器；

（三）有具备辐射防护与安全防护知识的专业技术人员和经考试合格的驾驶人员；

（四）有符合放射性物品运输安全防护要求，并经检测合格的运输工具、设施和设备；

（五）配备必要的防护用品和依法经定期检定合格的监测仪器；

（六）有运输安全和辐射防护管理规章制度以及核与辐射事故应急措施。

放射性物品非营业性道路危险货物运输资质的具体条件，由国务院交通运输主管部门会同国务院核安全监管部门制定。

第四十一条 一类放射性物品从境外运抵中华人民共和国境内，或者途经中华人民共和国境内运输的，托运人应当编制放射性物品运输的核与辐射安全分析报告书，报国务院核安全监管部门审查批准。审查批准程序依照本条例第三十五条第三款的规定执行。

二类、三类放射性物品从境外运抵中华人民共和国境内，或者途经中华人民共和国境内运输的，托运人应当编制放射性物品运输的辐射监测报告，报国务院核安全监管部门备案。

托运人、承运人或者其代理人向海关办理有关手续，应当提交国务院核安全监管部门颁发的放射性物品运输的核与辐射安全分析报告批准书或者放射性物品运输的辐射监测报告备案证明。

第四十二条 县级以上人民政府组织编制的突发环境事件应急预案，应当包括放射性物品运输中可能发生的核与辐射事故应急响应的内容。

第四十三条 放射性物品运输中发生核与辐射事故的，承运人、托运人应当按照核与辐射事故应急响应指南的要求，做好事故应急工作，并立即报告事故发生地的县级以上人民政府环境保护主管部门。接到报告的环境保护主管部门应当立即派人赶赴现场，进行现场调查，采取有效措施控制事故影响，并及时向本级人民政府报告，通报同级公安、卫生、交通运输等有关主管部门。

接到报告的县级以上人民政府及其有关主管部门应当按照应急预案做好应急工作，并按照国家突发事件分级报告的规定及时上报核与辐射事故信息。

核反应堆乏燃料运输的核事故应急准备与响应，还应当遵守国家核应急的有关规定。

……

道路危险货物运输管理规定（节录）

（2013 年 1 月 23 日交通运输部发布　根据 2016 年 4 月 11 日《交通运输部关于修改〈道路危险货物运输管理规定〉的决定》第一次修正　根据 2019 年 11 月 28 日《交通运输部关于修改〈道路危险货物运输管理规定〉的决定》第二次修正　根据 2023 年 11 月 10 日《交通运输部关于修改〈道路危险货物运输管理规定〉的决定》第三次修正）

……

第二章　道路危险货物运输许可

第八条 申请从事道路危险货物运输经营，应当具备下列条件：

（一）有符合下列要求的专用车辆及设备：

1. 自有专用车辆（挂车除外）5 辆以上；运输剧毒化学品、爆炸品的，自有专用车辆（挂车除外）10 辆以上。

2. 专用车辆的技术要求应当符合《道路运输车辆技术管理规定》有关规定。

3. 配备有效的通讯工具。

4. 专用车辆应当安装具有行驶记录功能的卫星定位装置。

5. 运输剧毒化学品、爆炸品、易制爆危险化学品的，应当配备罐式、厢式专用车辆或者压力容器等专用容器。

6. 罐式专用车辆的罐体应当经检验合格，且罐体载货后总质量与专用车辆核定载质量相匹配。运输爆炸品、强腐蚀性危险货物的罐式专用车辆的罐体容积不得超过 20 立方米，运输剧毒化学品的罐式专用车辆的罐体容积不得超过 10 立方米，但符合国家有关标准的罐式集装箱除外。

7. 运输剧毒化学品、爆炸品、强腐蚀性危险货物的非罐式专用车辆，核定载质量不得超过 10 吨，但符合国家有关标准的集装箱运输专用车辆除外。

8. 配备与运输的危险货物性质相适应的安全防护、环境保护和消防设施设备。

（二）有符合下列要求的停车场地：

1. 自有或者租借期限为 3 年以上，且与经营范围、规模相适应的停车场地，停车场地应当位于企业注册地市级行政区域内。

2. 运输剧毒化学品、爆炸品专用车辆以及罐式专用车辆，数量为 20 辆（含）以下的，停车场地面积不低于车辆正投影面积的 1.5 倍，数量为 20 辆以上的，超过部分，每辆车的停车场地面积不低于车辆正投影面积；运输其他危险货物的，专用车辆数量为 10 辆（含）以下的，停车场地面积不低于车辆正投影面积的 1.5 倍；

数量为 10 辆以上的，超过部分，每辆车的停车场地面积不低于车辆正投影面积。

3. 停车场地应当封闭并设立明显标志，不得妨碍居民生活和威胁公共安全。

（三）有符合下列要求的从业人员和安全管理人员：

1. 专用车辆的驾驶人员取得相应机动车驾驶证，年龄不超过 60 周岁。

2. 从事道路危险货物运输的驾驶人员、装卸管理人员、押运人员应当经所在地设区的市级人民政府交通运输主管部门考试合格，并取得相应的从业资格证；从事剧毒化学品、爆炸品道路运输的驾驶人员、装卸管理人员、押运人员，应当经考试合格，取得注明为"剧毒化学品运输"或者"爆炸品运输"类别的从业资格证。

3. 企业应当配备专职安全管理人员。

（四）有健全的安全生产管理制度：

1. 企业主要负责人、安全管理部门负责人、专职安全管理人员安全生产责任制度。

2. 从业人员安全生产责任制度。

3. 安全生产监督检查制度。

4. 安全生产教育培训制度。

5. 从业人员、专用车辆、设备及停车场地安全管理制度。

6. 应急救援预案制度。

7. 安全生产作业规程。

8. 安全生产考核与奖惩制度。

9. 安全事故报告、统计与处理制度。

第九条 符合下列条件的企事业单位，可以使用自备专用车辆从事为本单位服务的非经营性道路危险货物运输：

（一）属于下列企事业单位之一：

1. 省级以上应急管理部门批准设立的生产、使用、储存危险化学品的企业。

2. 有特殊需求的科研、军工等企事业单位。

（二）具备第八条规定的条件，但自有专用车辆（挂车除外）的数量可以少于 5 辆。

第十条 申请从事道路危险货物运输经营的企业，应当依法向市场监督管理部门办理有关登记手续后，向所在地设区的市级交通运输主管部门提出申请，并提交以下材料：

（一）《道路危险货物运输经营申请表》，包括申请人基本信息、申请运输的危险货物范围（类别、项别或品名，如果为剧毒化学品应当标注"剧毒"）等内容。

（二）拟担任企业法定代表人的投资人或者负责人的身份证明及其复印件，经办人身份证明及其复印件和书面委托书。

（三）企业章程文本。

（四）证明专用车辆、设备情况的材料，包括：

1. 未购置专用车辆、设备的，应当提交拟投入专用车辆、设备承诺书。承诺书内容应当包括车辆数量、类型、技术等级、总质量、核定载质量、车轴数以及车辆外廓尺寸；通讯工具和卫星定位装置配备情况；罐式专用车辆的罐体容积；罐式专用车辆罐体载货后的总质量与车辆核定载质量相匹配情况；运输剧毒化学品、爆炸品、易制爆危险化学品的专用车辆核定载质量等有关情况。承诺期限不得超过 1 年。

2. 已购置专用车辆、设备的，应当提供车辆行驶证、车辆技术等级评定结论；通讯工具和卫星定位装置配备；罐式专用车辆的罐体检测合格证或者检测报告及复印件等有关材料。

（五）拟聘用专职安全管理人员、驾驶人员、装卸管理人员、押运人员的，应当提交拟聘用承诺书，承诺期限不得超过 1 年；已聘用的应当提交从业资格证及其复印件以及驾驶证及其复印件。

（六）停车场地的土地使用证、租借合同、场地平面图等材料。

（七）相关安全防护、环境保护、消防设施设备的配备情况清单。

（八）有关安全生产管理制度文本。

第十一条 申请从事非经营性道路危险货物运输的单位，向所在地设区的市级交通运输主管部门提出申请时，除提交第十条第（四）项至第（八）项规定的材料外，还应当提交以下材料：

（一）《道路危险货物运输申请表》，包括申请人基本信息、申请运输的物品范围（类别、项别或品名，如果为剧毒化学品应当标注"剧毒"）等内容。

（二）下列形式之一的单位基本情况证明：

1.省级以上应急管理部门颁发的危险化学品生产、使用等证明。

2.能证明科研、军工等企事业单位性质或者业务范围的有关材料。

（三）特殊运输需求的说明材料。

（四）经办人的身份证明及其复印件以及书面委托书。

第十二条 设区的市级交通运输主管部门应当按照《中华人民共和国道路运输条例》和《交通行政许可实施程序规定》，以及本规定所明确的程序和时限实施道路危险货物运输行政许可，并进行实地核查。

决定准予许可的，应当向被许可人出具《道路危险货物运输行政许可决定书》，注明许可事项，具体内容应当包括运输危险货物的范围（类别、项别或品名，如果为剧毒化学品应当标注"剧毒"），专用车辆数量、要求以及运输性质，并在10日内向道路危险货物运输经营申请人发放《道路运输经营许可证》，向非经营性道路危险货物运输申请人发放《道路危险货物运输许可证》。

市级交通运输主管部门应当将准予许可的企业或单位的许可事项等，及时以书面形式告知县级交通运输主管部门。

决定不予许可的，应当向申请人出具《不予交通行政许可决定书》。

第十三条 被许可人已获得其他道路运输经营许可的，设区的市级交通运输主管部门应当为其换发《道路运输经营许可证》，并在经营范围中加注新许可的事项。如果原《道路运输经营许可证》是由省级交通运输主管部门发放的，由原许可机关按照上述要求予以换发。

第十四条 被许可人应当按照承诺期限落实拟投入的专用车辆、设备。

原许可机关应当对被许可人落实的专用车辆、设备予以核实，对符合许可条件的专用车辆配发《道路运输证》，并在《道路运输证》经营范围栏内注明允许运输的危险货物类别、项别或者品名，如果为剧毒化学品应标注"剧毒"；对从事非经营性道路危险货物运输的车辆，还应当加盖"非经营性危险货物运输专用章"。

被许可人未在承诺期限内落实专用车辆、设备的，原许可机关应当撤销许可决定，并收回已核发的许可证明文件。

第十五条 被许可人应当按照承诺期限落实拟聘用的专职安全管理人员、驾驶人员、装卸管理人员和押运人员。

被许可人未在承诺期限内按照承诺聘用专职安全管理人员、驾驶人员、装卸管理人员和押运人员的，原许可机关应当撤销许可决定，并收回已核发的许可证明文件。

第十六条 交通运输主管部门不得许可一次性、临时性的道路危险货物运输。

第十七条 道路危险货物运输企业设立子公司从事道路危险货物运输的，应当向子公司注册地设区的市级交通运输主管部门申请运输许可。设立分公司的，应当向分公司注册地设区的市级交通运输主管部门备案。

第十八条 道路危险货物运输企业或者单位需要变更许可事项

的，应当向原许可机关提出申请，按照本章有关许可的规定办理。

道路危险货物运输企业或者单位变更法定代表人、名称、地址等工商登记事项的，应当在 30 日内向原许可机关备案。

第十九条 道路危险货物运输企业或者单位终止危险货物运输业务的，应当在终止之日的 30 日前告知原许可机关，并在停业后 10 日内将《道路运输经营许可证》或者《道路危险货物运输许可证》以及《道路运输证》交回原许可机关。

第三章 专用车辆、设备管理

第二十条 道路危险货物运输企业或者单位应当按照《道路运输车辆技术管理规定》中有关车辆管理的规定，维护、检测、使用和管理专用车辆，确保专用车辆技术状况良好。

第二十一条 设区的市级交通运输主管部门应当定期对专用车辆进行审验，每年审验一次。审验按照《道路运输车辆技术管理规定》进行，并增加以下审验项目：

（一）专用车辆投保危险货物承运人责任险情况；

（二）必需的应急处理器材、安全防护设施设备和专用车辆标志的配备情况；

（三）具有行驶记录功能的卫星定位装置的配备情况。

第二十二条 禁止使用报废的、擅自改装的、检测不合格的、车辆技术等级达不到一级的和其他不符合国家规定的车辆从事道路危险货物运输。

除铰接列车、具有特殊装置的大型物件运输专用车辆外，严禁使用货车列车从事危险货物运输；倾卸式车辆只能运输散装硫磺、萘饼、粗蒽、煤焦沥青等危险货物。

禁止使用移动罐体（罐式集装箱除外）从事危险货物运输。

第二十三条 罐式专用车辆的常压罐体应当符合国家标准《道路运输液体危险货物罐式车辆第 1 部分：金属常压罐体技术要求》

（GB 18564.1）、《道路运输液体危险货物罐式车辆第 2 部分：非金属常压罐体技术要求》（GB 18564.2）等有关技术要求。

使用压力容器运输危险货物的，应当符合国家特种设备安全监督管理部门制订并公布的《移动式压力容器安全技术监察规程》（TSG R0005）等有关技术要求。

压力容器和罐式专用车辆应当在压力容器或者罐体检验合格的有效期内承运危险货物。

第二十四条 道路危险货物运输企业或者单位对重复使用的危险货物包装物、容器，在重复使用前应当进行检查；发现存在安全隐患的，应当维修或者更换。

道路危险货物运输企业或者单位应当对检查情况作出记录，记录的保存期限不得少于 2 年。

第二十五条 道路危险货物运输企业或者单位应当到具有污染物处理能力的机构对常压罐体进行清洗（置换）作业，将废气、污水等污染物集中收集，消除污染，不得随意排放，污染环境。

第四章　道路危险货物运输

第二十六条 道路危险货物运输企业或者单位应当严格按照交通运输主管部门决定的许可事项从事道路危险货物运输活动，不得转让、出租道路危险货物运输许可证件。

严禁非经营性道路危险货物运输单位从事道路危险货物运输经营活动。

第二十七条 危险货物托运人应当委托具有道路危险货物运输资质的企业承运。

危险货物托运人应当对托运的危险货物种类、数量和承运人等相关信息予以记录，记录的保存期限不得少于 1 年。

第二十八条 危险货物托运人应当严格按照国家有关规定妥善包装并在外包装设置标志，并向承运人说明危险货物的品名、数量、危害、应急措施等情况。需要添加抑制剂或者稳定剂的，托运人应当按照规定添加，并告知承运人相关注意事项。

危险货物托运人托运危险化学品的，还应当提交与托运的危险化学品完全一致的安全技术说明书和安全标签。

第二十九条 不得使用罐式专用车辆或者运输有毒、感染性、腐蚀性危险货物的专用车辆运输普通货物。

其他专用车辆可以从事食品、生活用品、药品、医疗器具以外的普通货物运输，但应当由运输企业对专用车辆进行消除危害处理，确保不对普通货物造成污染、损害。

不得将危险货物与普通货物混装运输。

第三十条 专用车辆应当按照国家标准《道路运输危险货物车辆标志》（GB 13392）的要求悬挂标志。

第三十一条 运输剧毒化学品、爆炸品的企业或者单位，应当配备专用停车区域，并设立明显的警示标牌。

第三十二条 专用车辆应当配备符合有关国家标准以及与所载运的危险货物相适应的应急处理器材和安全防护设备。

第三十三条 道路危险货物运输企业或者单位不得运输法律、行政法规禁止运输的货物。

法律、行政法规规定的限运、凭证运输货物，道路危险货物运输企业或者单位应当按照有关规定办理相关运输手续。

法律、行政法规规定托运人必须办理有关手续后方可运输的危险货物，道路危险货物运输企业应当查验有关手续齐全有效后方可承运。

第三十四条 道路危险货物运输企业或者单位应当采取必要措施，防止危险货物脱落、扬散、丢失以及燃烧、爆炸、泄漏等。

第三十五条 驾驶人员应当随车携带《道路运输证》。驾驶人员或者押运人员应当按照《危险货物道路运输规则》（JT/T 617）的要求，随车携带《道路运输危险货物安全卡》。

第三十六条 在道路危险货物运输过程中，除驾驶人员外，还应当在专用车辆上配备押运人员，确保危险货物处于押运人员监管之下。

第三十七条 道路危险货物运输途中，驾驶人员不得随意停车。

因住宿或者发生影响正常运输的情况需要较长时间停车的，驾驶人员、押运人员应当设置警戒带，并采取相应的安全防范措施。

运输剧毒化学品或者易制爆危险化学品需要较长时间停车的，驾驶人员或者押运人员应当向当地公安机关报告。

第三十八条 危险货物的装卸作业应当遵守安全作业标准、规程和制度，并在装卸管理人员的现场指挥或者监控下进行。

危险货物运输托运人和承运人应当按照合同约定指派装卸管理人员；若合同未予约定，则由负责装卸作业的一方指派装卸管理人员。

第三十九条 驾驶人员、装卸管理人员和押运人员上岗时应当随身携带从业资格证。

第四十条 严禁专用车辆违反国家有关规定超载、超限运输。

道路危险货物运输企业或者单位使用罐式专用车辆运输货物时，罐体载货后的总质量应当和专用车辆核定载质量相匹配；使用牵引车运输货物时，挂车载货后的总质量应当与牵引车的准牵引总质量相匹配。

第四十一条 道路危险货物运输企业或者单位应当要求驾驶人员和押运人员在运输危险货物时，严格遵守有关部门关于危险货物运输线路、时间、速度方面的有关规定，并遵守有关部门关于剧毒、爆炸危险品道路运输车辆在重大节假日通行高速公路的相关规定。

第四十二条 道路危险货物运输企业或者单位应当通过卫星定位监控平台或者监控终端及时纠正和处理超速行驶、疲劳驾驶、不按规定线路行驶等违法违规驾驶行为。

监控数据应当至少保存 6 个月，违法驾驶信息及处理情况应当至少保存 3 年。

第四十三条　道路危险货物运输从业人员必须熟悉有关安全生产的法规、技术标准和安全生产规章制度、安全操作规程，了解所装运危险货物的性质、危害特性、包装物或者容器的使用要求和发生意外事故时的处置措施，并严格执行《危险货物道路运输规则》（JT/T 617）等标准，不得违章作业。

第四十四条　道路危险货物运输企业或者单位应当通过岗前培训、例会、定期学习等方式，对从业人员进行经常性安全生产、职业道德、业务知识和操作规程的教育培训。

第四十五条　道路危险货物运输企业或者单位应当加强安全生产管理，制定突发事件应急预案，配备应急救援人员和必要的应急救援器材、设备，并定期组织应急救援演练，严格落实各项安全制度。

第四十六条　道路危险货物运输企业或者单位应当委托具备资质条件的机构，对本企业或单位的安全管理情况每 3 年至少进行一次安全评估，出具安全评估报告。

第四十七条　在危险货物运输过程中发生燃烧、爆炸、污染、中毒或者被盗、丢失、流散、泄漏等事故，驾驶人员、押运人员应当立即根据应急预案和《道路运输危险货物安全卡》的要求采取应急处置措施，并向事故发生地公安部门、交通运输主管部门和本运输企业或者单位报告。运输企业或者单位接到事故报告后，应当按照本单位危险货物应急预案组织救援，并向事故发生地应急管理部门和生态环境、卫生健康主管部门报告。

交通运输主管部门应当公布事故报告电话。

第四十八条　在危险货物装卸过程中，应当根据危险货物的性质，轻装轻卸，堆码整齐，防止混杂、撒漏、破损，不得与普通货物混合堆放。

第四十九条 道路危险货物运输企业或者单位应当为其承运的危险货物投保承运人责任险。

第五十条 道路危险货物运输企业异地经营（运输线路起讫点均不在企业注册地市域内）累计 3 个月以上的，应当向经营地设区的市级交通运输主管部门备案并接受其监管。

第五章　监督检查

第五十一条 道路危险货物运输监督检查按照《道路货物运输及站场管理规定》执行。

交通运输主管部门工作人员应当定期或者不定期对道路危险货物运输企业或者单位进行现场检查。

第五十二条 交通运输主管部门工作人员对在异地取得从业资格的人员监督检查时，可以向原发证机关申请提供相应的从业资格档案资料，原发证机关应当予以配合。

第五十三条 交通运输主管部门在实施监督检查过程中，经本部门主要负责人批准，可以对没有随车携带《道路运输证》又无法当场提供其他有效证明文件的危险货物运输专用车辆予以扣押。

第五十四条 任何单位和个人对违反本规定的行为，有权向交通运输主管部门举报。

交通运输主管部门应当公布举报电话，并在接到举报后及时依法处理；对不属于本部门职责的，应当及时移送有关部门处理。

……

港口危险货物安全管理规定（节录）

（2017 年 9 月 4 日交通运输部发布　根据 2019 年 11 月 28 日《交通运输部关于修改〈港口危险货物安全管理规定〉的决定》第一次修正　根据 2023 年 8 月 3 日《交通运输部关于修改〈港口危险货物安全管理规定〉的决定》第二次修正）

......

第四章　作业管理

第三十条　危险货物港口经营人应当根据《港口危险货物作业附证》上载明的危险货物品名，依据其危险特性，在作业场所设置相应的监测、监控、通风、防晒、调温、防火、灭火、防爆、泄压、防毒、中和、防潮、防雷、防静电、防腐、防泄漏以及防护围堤或者隔离操作等安全设施、设备，并保持正常、正确使用。

第三十一条　危险货物港口经营人应当按照保障安全生产的国家标准或者行业标准对其危险货物作业场所的安全设施、设备进行经常性维护、保养，并定期进行检测、检验，及时更新不合格的设施、设备，保证正常运转。维护、保养、检测、检验应当做好记录，并由有关人员签字。

第三十二条　危险货物港口经营人应当在其作业场所和安全设施、设备上设置明显的安全警示标志；同时还应当在其作业场所设置通信、报警装置，并保证其处于适用状态。

第三十三条　危险货物专用库场、储罐应当符合保障安全生产的国家标准或者行业标准，设置明显标志，并依据相关标准定期安全检测维护。

第三十四条 危险货物港口作业使用特种设备的，应当符合国家特种设备管理的有关规定，并按要求进行检验。

第三十五条 危险货物港口经营人使用管道输送危险货物的，应当建立输送管道安全技术档案，具备管道分布图，并对输送管道定期进行检查、检测，设置明显标志。

在港区内进行可能危及危险货物输送管道安全的施工作业，施工单位应当在开工的 7 日前书面通知管道所属单位，并与管道所属单位共同制定应急预案，采取相应的安全防护措施。管道所属单位应当指派专门人员到现场进行管道安全保护指导。

第三十六条 危险货物港口经营人不得关闭、破坏直接关系生产安全的监控、报警、防护、救生设施、设备，或者篡改、隐瞒、销毁其相关数据、信息。

第三十七条 危险货物港口作业委托人应当向危险货物港口经营人提供委托人身份信息和完整准确的危险货物品名、联合国编号、危险性分类、包装、数量、应急措施及安全技术说明书等资料；危险性质不明的危险货物，应当提供具有相应资质的专业机构出具的危险货物危险特性鉴定技术报告。法律、行政法规规定必须办理有关手续后方可进行水路运输的危险货物，还应当办理相关手续，并向港口经营人提供相关证明材料。

危险货物港口作业委托人不得在委托作业的普通货物中夹带危险货物，不得匿报、谎报危险货物。

第三十八条 危险货物港口经营人不得装卸、储存未按本规定第三十七条规定提交相关资料的危险货物。对涉嫌在普通货物中夹带危险货物，或者将危险货物匿报或者谎报为普通货物的，所在地港口行政管理部门或者海事管理机构可以依法开拆查验，危险货物港口经营人应当予以配合。港口行政管理部门和海事管理机构应当将查验情况相互通报，避免重复开拆。

第三十九条 发生下列情形之一的，危险货物港口经营人应当及时处理并报告所在地港口行政管理部门：

（一）发现未申报或者申报不实、申报有误的危险货物；

（二）在普通货物或者集装箱中发现夹带危险货物；

（三）在危险货物中发现性质相抵触的危险货物，且不满足国家标准及行业标准中有关积载、隔离、堆码要求。

对涉及船舶航行、作业安全的相关信息，港口行政管理部门应当及时通报所在地海事管理机构。

第四十条 在港口作业的包装危险货物应当妥善包装，并在外包装上设置相应的标志。包装物、容器的材质以及包装的型式、规格、方法应当与所包装的货物性质、运输装卸要求相适应。材质、型式、规格、方法以及包装标志应当符合我国加入并已生效的有关国际条约、国家标准和相关规定的要求。

第四十一条 危险货物港口经营人应当对危险货物包装和标志进行检查，发现包装和标志不符合国家有关规定的，不得予以作业，并应当及时通知或者退回作业委托人处理。

第四十二条 船舶载运危险货物进出港口，应当按照有关规定向海事管理机构办理申报手续。海事管理机构应当及时将有关申报信息通报所在地港口行政管理部门。

第四十三条 船舶危险货物装卸作业前，危险货物港口经营人应当与作业船舶按照有关规定进行安全检查，确认作业的安全状况和应急措施。

第四十四条 不得在港口装卸国家禁止通过水路运输的危险货物。

第四十五条 在港口内从事危险货物添加抑制剂或者稳定剂作业的单位，作业前应当将有关情况告知相关危险货物港口经营人和作业船舶。

第四十六条 危险货物港口经营人在危险货物港口装卸、过驳作业开始 24 小时前，应当将作业委托人以及危险货物品名、数量、理化性质、作业地点和时间、安全防范措施等事项向所在地港口行政管理部门报告。所在地港口行政管理部门应当在接到报告后 24 小时内作出是否同意作业的决定，通知报告人，并及时将有关信息通报海事管理机构。报告人在取得作业批准后 72 小时内未开始作业的，应当重新报告。未经所在地港口行政管理部门批准的，不得进行危险货物港口作业。

时间、内容和方式固定的危险货物港口装卸、过驳作业，经所在地港口行政管理部门同意，可以实行定期申报。

第四十七条 危险货物港口作业应当符合有关安全作业标准、规程和制度，并在具有从业资格的装卸管理人员现场指挥或者监控下进行。

第四十八条 两个以上危险货物港口经营人在同一港口作业区内进行危险货物港口作业，可能危及对方生产安全的，应当签订安全生产管理协议，明确各自的安全生产管理职责和应当采取的安全措施，并指定专职安全生产管理人员进行安全检查与协调。

第四十九条 危险货物港口经营人进行爆炸品、气体、易燃液体、易燃固体、易于自燃的物质、遇水放出易燃气体的物质、氧化性物质、有机过氧化物、毒性物质、感染性物质、放射性物质、腐蚀性物质的港口作业，应当划定作业区域，明确责任人并实行封闭式管理。作业区域应当设置明显标志，禁止无关人员进入和无关船舶停靠。

第五十条 危险货物港口经营人进行吊装、动火、临时用电以及国务院应急管理部门会同国务院有关部门规定的其他危险作业，应当安排专门人员进行现场安全管理，确保遵守操作规程和落实安全措施。

第五十一条 危险货物应当储存在港区专用的库场、储罐，并由专人负责管理；剧毒化学品以及储存数量构成重大危险源的其他危险货物，应当单独存放，并实行双人收发、双人保管制度。

危险货物的储存方式、方法以及储存数量，包括危险货物集装箱直装直取和限时限量存放，应当符合国家标准、行业标准或者国家有关规定。

第五十二条　危险货物港口经营人经营仓储业务的，应当建立危险货物出入库核查、登记制度。

对储存剧毒化学品以及储存数量构成重大危险源的其他危险货物的，危险货物港口经营人应当将其储存数量、储存地点以及管理措施、管理人员等情况，依法报所在地港口行政管理部门和相关部门备案。

第五十三条　危险货物港口经营人应当建立危险货物作业信息系统，实时记录危险货物作业基础数据，包括作业的危险货物种类及数量、储存地点、理化特性、货主信息、安全和应急措施等，并在作业场所外异地备份。有关危险货物作业信息应当按要求及时准确提供相关管理部门。

第五十四条　危险货物港口经营人应当建立安全风险分级管控制度，开展安全生产风险辨识、评估，针对不同风险，制定具体的分级管控措施，落实管控责任。

第五十五条　危险货物港口经营人应当根据有关规定，进行重大危险源辨识，确定重大危险源级别，实施分级管理，并登记建档。危险货物港口经营人应当建立健全重大危险源安全管理规章制度，制定实施危险货物重大危险源安全管理与监控方案，制定应急预案，告知相关人员在紧急情况下应当采取的应急措施，定期对重大危险源进行检测、评估、监控。

第五十六条　危险货物港口经营人应当将本单位的重大危险源及有关安全措施、应急措施依法报送所在地港口行政管理部门和相关部门备案。

第五十七条　危险货物港口经营人在重大危险源出现本规定第

二十九条规定的情形之一，可能影响重大危险源级别和风险程度的，应当对重大危险源重新进行辨识、分级、安全评估、修改档案，并及时报送所在地港口行政管理部门和相关部门重新备案。

第五十八条 危险货物港口经营人应当建立健全并落实事故隐患排查治理制度，定期开展事故隐患排查，及时消除隐患，事故隐患排查治理情况应当如实记录，并通过职工大会或者职工代表大会、信息公示栏等方式向从业人员通报。

危险货物港口经营人应当将重大事故隐患的排查治理情况及时向所在地港口行政管理部门和职工大会或者职工代表大会报告。

所在地港口行政管理部门应当建立健全重大事故隐患治理督办制度，督促危险货物港口经营人消除重大事故隐患。

第五章　应急管理

第五十九条 所在地港口行政管理部门应当建立危险货物事故应急体系，制定港口危险货物事故应急预案。应急预案应当依法经当地人民政府批准后向社会公布。

所在地港口行政管理部门应当在当地人民政府的领导下推进专业化应急队伍建设和应急资源储备，定期组织开展应急培训和应急救援演练，提高应急能力。

第六十条 危险货物港口经营人应当制定本单位危险货物事故专项应急预案和现场处置方案，依法配备应急救援人员和必要的应急救援器材、设备，每半年至少组织一次应急救援培训和演练并如实记录，根据演练结果对应急预案进行修订。应急预案应当具有针对性和可操作性，并与所在地港口行政管理部门公布的港口危险货物事故应急预案相衔接。

危险货物港口经营人应当将其应急预案及其修订情况报所在地港口行政管理部门备案，并向本单位从业人员公布。

第六十一条 危险货物港口作业发生险情或者事故时，港口经营人应当立即启动应急预案，采取应急行动，排除事故危害，控制事故进一步扩散，并按照有关规定向港口行政管理部门和有关部门报告。

危险货物港口作业发生事故时，所在地港口行政管理部门应当按规定向上级行政管理部门、当地人民政府及有关部门报告，并及时组织救助。

第六章 安全监督与管理

第六十二条 所在地港口行政管理部门应当采取随机抽查、年度核查等方式对危险货物港口经营人的经营资质进行监督检查，发现其不再具备安全生产条件的，应当依法撤销其经营许可。

第六十三条 所在地港口行政管理部门应当依法对危险货物港口作业和装卸、储存区域实施监督检查，并明确检查内容、方式、频次以及有关要求等。实施监督检查时，可以行使下列职权：

（一）进入并检查危险货物港口作业场所，查阅、抄录、复印相关的文件或者资料，提出整改意见；

（二）发现危险货物港口作业和设施、设备、装置、器材、运输工具不符合法律、法规、规章规定和保障安全生产的国家标准或者行业标准要求的，责令立即停止使用；

（三）对危险货物包装和标志进行抽查，对不符合有关规定的，责令港口经营人停止作业，及时通知或者退回作业委托人处理；

（四）检查中发现事故隐患的，应当责令危险货物港口经营人立即排除；重大事故隐患排除前或者排除过程中无法保证安全的，应当责令从危险区域内撤出作业人员并暂时停产停业或者停止使用相关设施、设备；重大事故隐患排除后，经其审查同意，方可恢复作业；

（五）发现违法违章作业行为，应当当场予以纠正或者责令限期改正；

（六）对应急演练进行抽查，发现不符合要求的，当场予以纠正或者要求限期改正；

（七）经本部门主要负责人批准，依法查封违法储存危险货物的场所，扣押违法储存的危险货物。

港口行政管理部门依法进行监督检查，监督检查人员不得少于2人，并应当出示执法证件，将执法情况书面记录。监督检查不得影响被检查单位的正常生产经营活动。

第六十四条　有关单位和个人对依法进行的监督检查应当予以配合，不得拒绝、阻碍。港口行政管理部门依法对存在重大事故隐患作出停产停业的决定，危险货物港口经营人应当依法执行，及时消除隐患。危险货物港口经营人拒不执行，有发生生产安全事故的现实危险的，在保证安全的前提下，经本部门主要负责人批准，港口行政管理部门可以依法采取通知有关单位停止供电等措施，强制危险货物港口经营人履行决定。

港口行政管理部门依照前款规定采取停止供电措施，除有危及生产安全的紧急情形外，应当提前24小时通知危险货物港口经营人。危险货物港口经营人履行决定、采取相应措施消除隐患的，港口行政管理部门应当及时解除停止供电措施。

第六十五条　所在地港口行政管理部门应当加强对重大危险源的监管和应急准备，建立健全本辖区内重大危险源的档案，组织开展重大危险源风险分析，建立重大危险源安全检查制度，定期对存在重大危险源的港口经营人进行安全检查，对检查中发现的事故隐患，督促港口经营人进行整改。

第六十六条　港口行政管理部门应当建立举报制度，公开举报电话、信箱或者电子邮件地址等网络举报平台，受理各类违法违规从事危险货物港口作业的投诉和举报并进行调查核实，形成书面材料；需要落实整改措施的，应当报经有关负责人签字并督促落实。

港口行政管理部门在处理投诉和举报过程中，应当接受社会监督，及时曝光违法违规行为。

第六十七条　港口行政管理部门应当加强监管队伍建设，建立健全安全教育培训制度，依法规范行政执法行为。

第六十八条 所在地港口行政管理部门应当配备必要的危险货物港口安全检查装备，建立危险货物港口安全监管信息系统，具备危险货物港口安全监督管理能力。

所在地港口行政管理部门应当将重大事故隐患、重大危险源相关信息纳入危险货物港口安全监管信息系统，并按规定与同级地方人民政府应急管理部门实现信息共享。

第六十九条 港口行政管理部门应当建立港口危险货物管理专家库。专家库应由熟悉港口安全相关法律法规和技术标准、危险货物港口作业、港口安全技术、港口工程、港口安全管理和港口应急救援等相关专业人员组成。

港口行政管理部门在组织安全条件审查、安全设施设计审查或者其他港口危险货物管理工作时，需要吸收专家参加或者听取专家意见的，应当从专家库中抽取。

第七十条 所在地港口行政管理部门应当建立健全安全生产诚信管理制度，建立安全生产违法行为信息库，如实记录危险货物港口经营人及其有关从业人员的安全生产违法行为信息，并纳入交通运输和相关统一信用信息共享平台。

……

四

建筑施工安全

中华人民共和国建筑法（节录）

（1997 年 11 月 1 日第八届全国人民代表大会常务委员会第二十八次会议通过　根据 2011 年 4 月 22 日第十一届全国人民代表大会常务委员会第二十次会议《关于修改〈中华人民共和国建筑法〉的决定》第一次修正　根据 2019 年 4 月 23 日第十三届全国人民代表大会常务委员会第十次会议《关于修改〈中华人民共和国建筑法〉等八部法律的决定》第二次修正）

······

第四章　建筑工程监理

第三十条　【监理制度推行】国家推行建筑工程监理制度。国务院可以规定实行强制监理的建筑工程的范围。

第三十一条　【监理委托】实行监理的建筑工程，由建设单位委托具有相应资质条件的工程监理单位监理。建设单位与其委托的工程监理单位应当订立书面委托监理合同。

第三十二条　【监理监督】建筑工程监理应当依照法律、行政法规及有关的技术标准、设计文件和建筑工程承包合同，对承包单位在施工质量、建设工期和建设资金使用等方面，代表建设单位实施监督。

工程监理人员认为工程施工不符合工程设计要求、施工技术标准和合同约定的，有权要求建筑施工企业改正。

工程监理人员发现工程设计不符合建筑工程质量标准或者合同约定的质量要求的，应当报告建设单位要求设计单位改正。

第三十三条 **【监理事项通知】**实施建筑工程监理前，建设单位应当将委托的工程监理单位、监理的内容及监理权限，书面通知被监理的建筑施工企业。

第三十四条 **【监理范围与职责】**工程监理单位应当在其资质等级许可的监理范围内，承担工程监理业务。

工程监理单位应当根据建设单位的委托，客观、公正地执行监理任务。

工程监理单位与被监理工程的承包单位以及建筑材料、建筑构配件和设备供应单位不得有隶属关系或者其他利害关系。

工程监理单位不得转让工程监理业务。

第三十五条 **【违约责任】**工程监理单位不按照委托监理合同的约定履行监理义务，对应当监督检查的项目不检查或者不按照规定检查，给建设单位造成损失的，应当承担相应的赔偿责任。

工程监理单位与承包单位串通，为承包单位谋取非法利益，给建设单位造成损失的，应当与承包单位承担连带赔偿责任。

第五章　建筑安全生产管理

第三十六条 **【管理方针、目标】**建筑工程安全生产管理必须坚持安全第一、预防为主的方针，建立健全安全生产的责任制度和群防群治制度。

第三十七条 **【工程设计要求】**建筑工程设计应当符合按照国家规定制定的建筑安全规程和技术规范，保证工程的安全性能。

第三十八条 【安全措施编制】建筑施工企业在编制施工组织设计时，应当根据建筑工程的特点制定相应的安全技术措施；对专业性较强的工程项目，应当编制专项安全施工组织设计，并采取安全技术措施。

第三十九条 【现场安全防范】建筑施工企业应当在施工现场采取维护安全、防范危险、预防火灾等措施；有条件的，应当对施工现场实行封闭管理。

施工现场对毗邻的建筑物、构筑物和特殊作业环境可能造成损害的，建筑施工企业应当采取安全防护措施。

第四十条 【地下管线保护】建设单位应当向建筑施工企业提供与施工现场相关的地下管线资料，建筑施工企业应当采取措施加以保护。

第四十一条 【污染控制】建筑施工企业应当遵守有关环境保护和安全生产的法律、法规的规定，采取控制和处理施工现场的各种粉尘、废气、废水、固体废物以及噪声、振动对环境的污染和危害的措施。

第四十二条 【须审批事项】有下列情形之一的，建设单位应当按照国家有关规定办理申请批准手续：

（一）需要临时占用规划批准范围以外场地的；

（二）可能损坏道路、管线、电力、邮电通讯等公共设施的；

（三）需要临时停水、停电、中断道路交通的；

（四）需要进行爆破作业的；

（五）法律、法规规定需要办理报批手续的其他情形。

第四十三条 【安全生产管理部门】建设行政主管部门负责建筑安全生产的管理，并依法接受劳动行政主管部门对建筑安全生产的指导和监督。

第四十四条 【施工企业安全责任】建筑施工企业必须依法加强对建筑安全生产的管理，执行安全生产责任制度，采取有效措施，防止伤亡和其他安全生产事故的发生。

建筑施工企业的法定代表人对本企业的安全生产负责。

第四十五条 **【现场安全责任单位】**施工现场安全由建筑施工企业负责。实行施工总承包的，由总承包单位负责。分包单位向总承包单位负责，服从总承包单位对施工现场的安全生产管理。

第四十六条 **【安全生产教育培训】**建筑施工企业应当建立健全劳动安全生产教育培训制度，加强对职工安全生产的教育培训；未经安全生产教育培训的人员，不得上岗作业。

第四十七条 **【施工安全保障】**建筑施工企业和作业人员在施工过程中，应当遵守有关安全生产的法律、法规和建筑行业安全规章、规程，不得违章指挥或者违章作业。作业人员有权对影响人身健康的作业程序和作业条件提出改进意见，有权获得安全生产所需的防护用品。作业人员对危及生命安全和人身健康的行为有权提出批评、检举和控告。

第四十八条 **【企业承保】**建筑施工企业应当依法为职工参加工伤保险缴纳工伤保险费。鼓励企业为从事危险作业的职工办理意外伤害保险，支付保险费。

第四十九条 **【变动设计方案】**涉及建筑主体和承重结构变动的装修工程，建设单位应当在施工前委托原设计单位或者具有相应资质条件的设计单位提出设计方案；没有设计方案的，不得施工。

第五十条 **【房屋拆除安全】**房屋拆除应当由具备保证安全条件的建筑施工单位承担，由建筑施工单位负责人对安全负责。

第五十一条 **【事故应急处理】**施工中发生事故时，建筑施工企业应当采取紧急措施减少人员伤亡和事故损失，并按照国家有关规定及时向有关部门报告。

第六章　建筑工程质量管理

第五十二条 **【工程质量管理】**建筑工程勘察、设计、施工的质量必须符合国家有关建筑工程安全标准的要求，具体管理办法由国务院规定。

有关建筑工程安全的国家标准不能适应确保建筑安全的要求时，应当及时修订。

第五十三条　【质量体系认证】国家对从事建筑活动的单位推行质量体系认证制度。从事建筑活动的单位根据自愿原则可以向国务院产品质量监督管理部门或者国务院产品质量监督管理部门授权的部门认可的认证机构申请质量体系认证。经认证合格的，由认证机构颁发质量体系认证证书。

第五十四条　【工程质量保证】建设单位不得以任何理由，要求建筑设计单位或者建筑施工企业在工程设计或者施工作业中，违反法律、行政法规和建筑工程质量、安全标准，降低工程质量。

建筑设计单位和建筑施工企业对建设单位违反前款规定提出的降低工程质量的要求，应当予以拒绝。

第五十五条　【工程质量责任制】建筑工程实行总承包的，工程质量由工程总承包单位负责，总承包单位将建筑工程分包给其他单位的，应当对分包工程的质量与分包单位承担连带责任。分包单位应当接受总承包单位的质量管理。

第五十六条　【工程勘察、设计职责】建筑工程的勘察、设计单位必须对其勘察、设计的质量负责。勘察、设计文件应当符合有关法律、行政法规的规定和建筑工程质量、安全标准、建筑工程勘察、设计技术规范以及合同的约定。设计文件选用的建筑材料、建筑构配件和设备，应当注明其规格、型号、性能等技术指标，其质量要求必须符合国家规定的标准。

第五十七条　【建筑材料供给】建筑设计单位对设计文件选用的建筑材料、建筑构配件和设备，不得指定生产厂、供应商。

第五十八条　【施工质量责任制】建筑施工企业对工程的施工质量负责。

建筑施工企业必须按照工程设计图纸和施工技术标准施工，不得偷工减料。工程设计的修改由原设计单位负责，建筑施工企业不得擅自修改工程设计。

第五十九条　【建设材料设备检验】建筑施工企业必须按照工程设计要求、施工技术标准和合同的约定，对建筑材料、建筑构配件和设备进行检验，不合格的不得使用。

第六十条　【地基和主体结构质量保证】建筑物在合理使用寿命内，必须确保地基基础工程和主体结构的质量。

建筑工程竣工时，屋顶、墙面不得留有渗漏、开裂等质量缺陷；对已发现的质量缺陷，建筑施工企业应当修复。

第六十一条　【工程验收】交付竣工验收的建筑工程，必须符合规定的建筑工程质量标准，有完整的工程技术经济资料和经签署的工程保修书，并具备国家规定的其他竣工条件。

建筑工程竣工经验收合格后，方可交付使用；未经验收或者验收不合格的，不得交付使用。

第六十二条　【工程质量保修】建筑工程实行质量保修制度。

建筑工程的保修范围应当包括地基基础工程、主体结构工程、屋面防水工程和其他土建工程，以及电气管线、上下水管线的安装工程，供热、供冷系统工程等项目；保修的期限应当按照保证建筑物合理寿命年限内正常使用，维护使用者合法权益的原则确定。具体的保修范围和最低保修期限由国务院规定。

第六十三条　【质量投诉】任何单位和个人对建筑工程的质量事故、质量缺陷都有权向建设行政主管部门或者其他有关部门进行检举、控告、投诉。

　　……

建筑施工企业安全生产许可证管理规定（节录）

（2004 年 7 月 5 日建设部令第 128 号公布 2015 年 1 月 22 日根据《住房和城乡建设部关于修改〈市政公用设施抗灾设防管理规定〉等部门规章的决定》修订）

……

第二章 安全生产条件

第四条 建筑施工企业取得安全生产许可证，应当具备下列安全生产条件：

（一）建立、健全安全生产责任制，制定完备的安全生产规章制度和操作规程；

（二）保证本单位安全生产条件所需资金的投入；

（三）设置安全生产管理机构，按照国家有关规定配备专职安全生产管理人员；

（四）主要负责人、项目负责人、专职安全生产管理人员经住房城乡建设主管部门或者其他有关部门考核合格；

（五）特种作业人员经有关业务主管部门考核合格，取得特种作业操作资格证书；

（六）管理人员和作业人员每年至少进行一次安全生产教育培训并考核合格；

（七）依法参加工伤保险，依法为施工现场从事危险作业的人员办理意外伤害保险，为从业人员交纳保险费；

（八）施工现场的办公、生活区及作业场所和安全防护用具、机械设备、施工机具及配件符合有关安全生产法律、法规、标准和规程的要求；

（九）有职业危害防治措施，并为作业人员配备符合国家标准或者行业标准的安全防护用具和安全防护服装；

（十）有对危险性较大的分部分项工程及施工现场易发生重大事故的部位、环节的预防、监控措施和应急预案；

（十一）有生产安全事故应急救援预案、应急救援组织或者应急救援人员，配备必要的应急救援器材、设备；

（十二）法律、法规规定的其他条件。

第三章　安全生产许可证的申请与颁发

第五条　建筑施工企业从事建筑施工活动前，应当依照本规定向企业注册所在地省、自治区、直辖市人民政府住房城乡建设主管部门申请领取安全生产许可证。

第六条　建筑施工企业申请安全生产许可证时，应当向住房城乡建设主管部门提供下列材料：

（一）建筑施工企业安全生产许可证申请表；

（二）企业法人营业执照；

（三）第四条规定的相关文件、材料。

建筑施工企业申请安全生产许可证，应当对申请材料实质内容的真实性负责，不得隐瞒有关情况或者提供虚假材料。

第七条　住房城乡建设主管部门应当自受理建筑施工企业的申请之日起45日内审查完毕；经审查符合安全生产条件的，颁发安全生产许可证；不符合安全生产条件的，不予颁发安全生产许可证，书面通知企业并说明理由。企业自接到通知之日起应当进行整改，整改合格后方可再次提出申请。

住房城乡建设主管部门审查建筑施工企业安全生产许可证申请，涉及铁路、交通、水利等有关专业工程时，可以征求铁路、交通、水利等有关部门的意见。

第八条　安全生产许可证的有效期为 3 年。安全生产许可证有效期满需要延期的，企业应当于期满前 3 个月向原安全生产许可证颁发管理机关申请办理延期手续。

企业在安全生产许可证有效期内，严格遵守有关安全生产的法律法规，未发生死亡事故的，安全生产许可证有效期届满时，经原安全生产许可证颁发管理机关同意，不再审查，安全生产许可证有效期延期 3 年。

第九条　建筑施工企业变更名称、地址、法定代表人等，应当在变更后 10 日内，到原安全生产许可证颁发管理机关办理安全生产许可证变更手续。

第十条　建筑施工企业破产、倒闭、撤销的，应当将安全生产许可证交回原安全生产许可证颁发管理机关予以注销。

第十一条　建筑施工企业遗失安全生产许可证，应当立即向原安全生产许可证颁发管理机关报告，并在公众媒体上声明作废后，方可申请补办。

第十二条　安全生产许可证申请表采用建设部规定的统一式样。

安全生产许可证采用国务院安全生产监督管理部门规定的统一式样。

安全生产许可证分正本和副本，正、副本具有同等法律效力。

第四章　监　督　管　理

第十三条　县级以上人民政府住房城乡建设主管部门应当加强对建筑施工企业安全生产许可证的监督管理。住房城乡建设主管部门在审核发放施工许可证时，应当对已经确定的建筑施工企业是否有安全生产许可证进行审查，对没有取得安全生产许可证的，不得颁发施工许可证。

第十四条　跨省从事建筑施工活动的建筑施工企业有违反本规

定行为的，由工程所在地的省级人民政府住房城乡建设主管部门将建筑施工企业在本地区的违法事实、处理结果和处理建议抄告原安全生产许可证颁发管理机关。

第十五条　建筑施工企业取得安全生产许可证后，不得降低安全生产条件，并应当加强日常安全生产管理，接受住房城乡建设主管部门的监督检查。安全生产许可证颁发管理机关发现企业不再具备安全生产条件的，应当暂扣或者吊销安全生产许可证。

第十六条　安全生产许可证颁发管理机关或者其上级行政机关发现有下列情形之一的，可以撤销已经颁发的安全生产许可证：

（一）安全生产许可证颁发管理机关工作人员滥用职权、玩忽职守颁发安全生产许可证的；

（二）超越法定职权颁发安全生产许可证的；

（三）违反法定程序颁发安全生产许可证的；

（四）对不具备安全生产条件的建筑施工企业颁发安全生产许可证的；

（五）依法可以撤销已经颁发的安全生产许可证的其他情形。

依照前款规定撤销安全生产许可证，建筑施工企业的合法权益受到损害的，住房城乡建设主管部门应当依法给予赔偿。

第十七条　安全生产许可证颁发管理机关应当建立、健全安全生产许可证档案管理制度，定期向社会公布企业取得安全生产许可证的情况，每年向同级安全生产监督管理部门通报建筑施工企业安全生产许可证颁发和管理情况。

第十八条　建筑施工企业不得转让、冒用安全生产许可证或者使用伪造的安全生产许可证。

第十九条　住房城乡建设主管部门工作人员在安全生产许可证颁发、管理和监督检查工作中，不得索取或者接受建筑施工企业的财物，不得谋取其他利益。

第二十条　任何单位或者个人对违反本规定的行为，有权向安全生产许可证颁发管理机关或者监察机关等有关部门举报。

......

建设项目安全设施"三同时"
监督管理办法（节录）

（2010 年 12 月 14 日国家安全生产监督管理总局令第 36 号公布　根据 2015 年 4 月 2 日《国家安全监管总局关于修改〈《生产安全事故报告和调查处理条例》罚款处罚暂行规定〉等四部规章的决定》修订）

......

第二章　建设项目安全预评价

第七条　下列建设项目在进行可行性研究时，生产经营单位应当按照国家规定，进行安全预评价：

（一）非煤矿矿山建设项目；

（二）生产、储存危险化学品（包括使用长输管道输送危险化学品，下同）的建设项目；

（三）生产、储存烟花爆竹的建设项目；

（四）金属冶炼建设项目；

（五）使用危险化学品从事生产并且使用量达到规定数量的化工建设项目（属于危险化学品生产的除外，下同）；

（六）法律、行政法规和国务院规定的其他建设项目。

第八条　生产经营单位应当委托具有相应资质的安全评价机构，对其建设项目进行安全预评价，并编制安全预评价报告。

建设项目安全预评价报告应当符合国家标准或者行业标准的规定。

生产、储存危险化学品的建设项目和化工建设项目安全预评价报告除符合本条第二款的规定外，还应当符合有关危险化学品建设项目的规定。

第九条 本办法第七条规定以外的其他建设项目，生产经营单位应当对其安全生产条件和设施进行综合分析，形成书面报告备查。

第三章 建设项目安全设施设计审查

第十条 生产经营单位在建设项目初步设计时，应当委托有相应资质的设计单位对建设项目安全设施同时进行设计，编制安全设施设计。

安全设施设计必须符合有关法律、法规、规章和国家标准或者行业标准、技术规范的规定，并尽可能采用先进适用的工艺、技术和可靠的设备、设施。本办法第七条规定的建设项目安全设施设计还应当充分考虑建设项目安全预评价报告提出的安全对策措施。

安全设施设计单位、设计人应当对其编制的设计文件负责。

第十一条 建设项目安全设施设计应当包括下列内容：

（一）设计依据；

（二）建设项目概述；

（三）建设项目潜在的危险、有害因素和危险、有害程度及周边环境安全分析；

（四）建筑及场地布置；

（五）重大危险源分析及检测监控；

（六）安全设施设计采取的防范措施；

（七）安全生产管理机构设置或者安全生产管理人员配备要求；

（八）从业人员安全生产教育和培训要求；

（九）工艺、技术和设备、设施的先进性和可靠性分析；

（十）安全设施专项投资概算；

（十一）安全预评价报告中的安全对策及建议采纳情况；

（十二）预期效果以及存在的问题与建议；

（十三）可能出现的事故预防及应急救援措施；

（十四）法律、法规、规章、标准规定需要说明的其他事项。

第十二条 本办法第七条第（一）项、第（二）项、第（三）项、第（四）项规定的建设项目安全设施设计完成后，生产经营单位应当按照本办法第五条的规定向安全生产监督管理部门提出审查申请，并提交下列文件资料：

（一）建设项目审批、核准或者备案的文件；

（二）建设项目安全设施设计审查申请；

（三）设计单位的设计资质证明文件；

（四）建设项目安全设施设计；

（五）建设项目安全预评价报告及相关文件资料；

（六）法律、行政法规、规章规定的其他文件资料。

安全生产监督管理部门收到申请后，对属于本部门职责范围内的，应当及时进行审查，并在收到申请后 5 个工作日内作出受理或者不予受理的决定，书面告知申请人；对不属于本部门职责范围内的，应当将有关文件资料转送有审查权的安全生产监督管理部门，并书面告知申请人。

第十三条 对已经受理的建设项目安全设施设计审查申请，安全生产监督管理部门应当自受理之日起 20 个工作日内作出是否批准的决定，并书面告知申请人。20 个工作日内不能作出决定的，经本部门负责人批准，可以延长 10 个工作日，并应当将延长期限的理由书面告知申请人。

第十四条 建设项目安全设施设计有下列情形之一的，不予批准，并不得开工建设：

（一）无建设项目审批、核准或者备案文件的；

（二）未委托具有相应资质的设计单位进行设计的；

（三）安全预评价报告由未取得相应资质的安全评价机构编制的；

（四）设计内容不符合有关安全生产的法律、法规、规章和国家标准或者行业标准、技术规范的规定的；

（五）未采纳安全预评价报告中的安全对策和建议，且未作充分论证说明的；

（六）不符合法律、行政法规规定的其他条件的。

建设项目安全设施设计审查未予批准的，生产经营单位经过整改后可以向原审查部门申请再审。

第十五条 已经批准的建设项目及其安全设施设计有下列情形之一的，生产经营单位应当报原批准部门审查同意；未经审查同意的，不得开工建设：

（一）建设项目的规模、生产工艺、原料、设备发生重大变更的；

（二）改变安全设施设计且可能降低安全性能的；

（三）在施工期间重新设计的。

第十六条 本办法第七条第（一）项、第（二）项、第（三）项和第（四）项规定以外的建设项目安全设施设计，由生产经营单位组织审查，形成书面报告备查。

第四章　建设项目安全设施施工和竣工验收

第十七条 建设项目安全设施的施工应当由取得相应资质的施工单位进行，并与建设项目主体工程同时施工。

施工单位应当在施工组织设计中编制安全技术措施和施工现场临时用电方案，同时对危险性较大的分部分项工程依法编制专项施工方案，并附具安全验算结果，经施工单位技术负责人、总监理工程师签字后实施。

施工单位应当严格按照安全设施设计和相关施工技术标准、规范施工，并对安全设施的工程质量负责。

第十八条 施工单位发现安全设施设计文件有错漏的，应当及时向生产经营单位、设计单位提出。生产经营单位、设计单位应当及时处理。

施工单位发现安全设施存在重大事故隐患时，应当立即停止施工并报告生产经营单位进行整改。整改合格后，方可恢复施工。

第十九条 工程监理单位应当审查施工组织设计中的安全技术措施或者专项施工方案是否符合工程建设强制性标准。

工程监理单位在实施监理过程中，发现存在事故隐患的，应当要求施工单位整改；情况严重的，应当要求施工单位暂时停止施工，并及时报告生产经营单位。施工单位拒不整改或者不停止施工的，工程监理单位应当及时向有关主管部门报告。

工程监理单位、监理人员应当按照法律、法规和工程建设强制性标准实施监理，并对安全设施工程的工程质量承担监理责任。

第二十条 建设项目安全设施建成后，生产经营单位应当对安全设施进行检查，对发现的问题及时整改。

第二十一条 本办法第七条规定的建设项目竣工后，根据规定建设项目需要试运行（包括生产、使用，下同）的，应当在正式投入生产或者使用前进行试运行。

试运行时间应当不少于 30 日，最长不得超过 180 日，国家有关部门有规定或者特殊要求的行业除外。

生产、储存危险化学品的建设项目和化工建设项目，应当在建设项目试运行前将试运行方案报负责建设项目安全许可的安全生产监督管理部门备案。

第二十二条 本办法第七条规定的建设项目安全设施竣工或者试运行完成后，生产经营单位应当委托具有相应资质的安全评价机构对安全设施进行验收评价，并编制建设项目安全验收评价报告。

建设项目安全验收评价报告应当符合国家标准或者行业标准的规定。

生产、储存危险化学品的建设项目和化工建设项目安全验收评价报告除符合本条第二款的规定外，还应当符合有关危险化学品建设项目的规定。

第二十三条　建设项目竣工投入生产或者使用前，生产经营单位应当组织对安全设施进行竣工验收，并形成书面报告备查。安全设施竣工验收合格后，方可投入生产和使用。

安全监管部门应当按照下列方式之一对本办法第七条第（一）项、第（二）项、第（三）项和第（四）项规定建设项目的竣工验收活动和验收结果的监督核查：

（一）对安全设施竣工验收报告按照不少于总数10%的比例进行随机抽查；

（二）在实施有关安全许可时，对建设项目安全设施竣工验收报告进行审查。

抽查和审查以书面方式为主。对竣工验收报告的实质内容存在疑问，需要到现场核查的，安全监管部门应当指派两名以上工作人员对有关内容进行现场核查。工作人员应当提出现场核查意见，并如实记录在案。

第二十四条　建设项目的安全设施有下列情形之一的，建设单位不得通过竣工验收，并不得投入生产或者使用：

（一）未选择具有相应资质的施工单位施工的；

（二）未按照建设项目安全设施设计文件施工或者施工质量未达到建设项目安全设施设计文件要求的；

（三）建设项目安全设施的施工不符合国家有关施工技术标准的；

（四）未选择具有相应资质的安全评价机构进行安全验收评价或者安全验收评价不合格的；

（五）安全设施和安全生产条件不符合有关安全生产法律、法规、规章和国家标准或者行业标准、技术规范规定的；

（六）发现建设项目试运行期间存在事故隐患未整改的；

（七）未依法设置安全生产管理机构或者配备安全生产管理人员的；

（八）从业人员未经过安全生产教育和培训或者不具备相应资格的；

（九）不符合法律、行政法规规定的其他条件的。

第二十五条　生产经营单位应当按照档案管理的规定，建立建设项目安全设施"三同时"文件资料档案，并妥善保存。

第二十六条　建设项目安全设施未与主体工程同时设计、同时施工或者同时投入使用的，安全生产监督管理部门对与此有关的行政许可一律不予审批，同时责令生产经营单位立即停止施工、限期改正违法行为，对有关生产经营单位和人员依法给予行政处罚。

……

国务院安委会办公室　住房和城乡建设部 交通运输部　水利部　国务院国有资产监督管理 委员会　国家铁路局　中国民用航空局　中国 国家铁路集团有限公司关于进一步加强 隧道工程安全管理的指导意见（节录）

（2023 年 2 月 22 日　安委办〔2023〕2 号）

……

二、压实安全生产责任

（一）严格落实建设单位首要责任。各地各有关部门要研究制定建设单位安全生产首要责任的具体规定，督促建设单位加强事前预防管控，牵头组织各参建单位建立全过程风险管控制度，健全参建单位考核检查管理制度，强化对勘察、设计、施工、监理、监测、检测单位的安全生产履约管理。建设单位不具备项目管理条件的，应当委托专业机构和人员进行管理和服务。政府投资项目建设单位应当将履行基本建设程序、质量安全风险管控、合理工期、造价等事项纳入"三重一大"集体决策范围，强化监督检查和责任追究。

（二）严格落实参建企业主体责任。施工总承包单位依法对施工现场安全生产负总责，建立健全项目管理机构和现场安全生产管理体系，落实全员安全生产责任制，完善安全生产条件，组织开展施工现场风险管控和隐患排查治理。隧道项目负责人必须在岗履职，按要求带班作业，危大工程等关键节点施工时必须指派专职安全生产管理人员到场指挥监督。总承包单位要与分包单位签订安全生产管理协议，强化管理措施并承担连带责任，不得转包或违法分包。鼓励施工企业和项目配备安全总监，并赋予相应职权。严格落实勘察设计单位安全责任，依据相关标准规范，在设计阶段采取合理措施降低隧道安全风险，在施工图中提出应对风险的工程措施和施工安全注意事项，在施工过程中做好设计安全交底、施工配合和设计巡查等工作。严格落实监理单位安全责任，认真审查专项施工方案，督促施工单位落实法律法规、规范标准和设计有关要求，加强日常安全检查。

......

消防安全

中华人民共和国消防法

（1998 年 4 月 29 日第九届全国人民代表大会常务委员会第二次会议通过 2008 年 10 月 28 日第十一届全国人民代表大会常务委员会第五次会议修订 根据 2019 年 4 月 23 日第十三届全国人民代表大会常务委员会第十次会议《关于修改〈中华人民共和国建筑法〉等八部法律的决定》第一次修正 根据 2021 年 4 月 29 日第十三届全国人民代表大会常务委员会第二十八次会议《关于修改〈中华人民共和国道路交通安全法〉等八部法律的决定》第二次修正）

目　录

第一章 总 则

第一条 【立法目的】 为了预防火灾和减少火灾危害，加强应急救援工作，保护人身、财产安全，维护公共安全，制定本法。

第二条 【消防工作的方针、原则】 消防工作贯彻预防为主、防消结合的方针，按照政府统一领导、部门依法监管、单位全面负责、公民积极参与的原则，实行消防安全责任制，建立健全社会化的消防工作网络。

第三条 【各级人民政府的消防工作职责】 国务院领导全国的消防工作。地方各级人民政府负责本行政区域内的消防工作。

各级人民政府应当将消防工作纳入国民经济和社会发展计划，保障消防工作与经济社会发展相适应。

第四条 【消防工作监督管理体制】 国务院应急管理部门对全国的消防工作实施监督管理。县级以上地方人民政府应急管理部门对本行政区域内的消防工作实施监督管理，并由本级人民政府消防救援机构负责实施。军事设施的消防工作，由其主管单位监督管理，消防救援机构协助；矿井地下部分、核电厂、海上石油天然气设施的消防工作，由其主管单位监督管理。

县级以上人民政府其他有关部门在各自的职责范围内，依照本法和其他相关法律、法规的规定做好消防工作。

法律、行政法规对森林、草原的消防工作另有规定的，从其规定。

第五条 【单位、个人的消防义务】 任何单位和个人都有维护消防安全、保护消防设施、预防火灾、报告火警的义务。任何单位和成年人都有参加有组织的灭火工作的义务。

第六条 【消防宣传教育义务】 各级人民政府应当组织开展经常性的消防宣传教育，提高公民的消防安全意识。

机关、团体、企业、事业等单位，应当加强对本单位人员的消防宣传教育。

应急管理部门及消防救援机构应当加强消防法律、法规的宣传，并督促、指导、协助有关单位做好消防宣传教育工作。

教育、人力资源行政主管部门和学校、有关职业培训机构应当将消防知识纳入教育、教学、培训的内容。

新闻、广播、电视等有关单位，应当有针对性地面向社会进行消防宣传教育。

工会、共产主义青年团、妇女联合会等团体应当结合各自工作对象的特点，组织开展消防宣传教育。

村民委员会、居民委员会应当协助人民政府以及公安机关、应急管理等部门，加强消防宣传教育。

第七条 【**鼓励支持消防事业，表彰奖励有突出贡献的单位、个人**】国家鼓励、支持消防科学研究和技术创新，推广使用先进的消防和应急救援技术、设备；鼓励、支持社会力量开展消防公益活动。

对在消防工作中有突出贡献的单位和个人，应当按照国家有关规定给予表彰和奖励。

第二章 火灾预防

第八条 【**消防规划**】地方各级人民政府应当将包括消防安全布局、消防站、消防供水、消防通信、消防车通道、消防装备等内容的消防规划纳入城乡规划，并负责组织实施。

城乡消防安全布局不符合消防安全要求的，应当调整、完善；公共消防设施、消防装备不足或者不适应实际需要的，应当增建、改建、配置或者进行技术改造。

第九条 【**消防设计施工的要求**】建设工程的消防设计、施工必须符合国家工程建设消防技术标准。建设、设计、施工、工程监理等单位依法对建设工程的消防设计、施工质量负责。

第十条 【消防设计审查验收制度】对按照国家工程建设消防技术标准需要进行消防设计的建设工程，实行建设工程消防设计审查验收制度。

第十一条 【消防设计审查】国务院住房和城乡建设主管部门规定的特殊建设工程，建设单位应当将消防设计文件报送住房和城乡建设主管部门审查，住房和城乡建设主管部门依法对审查的结果负责。

前款规定以外的其他建设工程，建设单位申请领取施工许可证或者申请批准开工报告时应当提供满足施工需要的消防设计图纸及技术资料。

第十二条 【消防设计未经审查或者不合格的法律后果】特殊建设工程未经消防设计审查或者审查不合格的，建设单位、施工单位不得施工；其他建设工程，建设单位未提供满足施工需要的消防设计图纸及技术资料的，有关部门不得发放施工许可证或者批准开工报告。

第十三条 【消防验收和备案、抽查】国务院住房和城乡建设主管部门规定应当申请消防验收的建设工程竣工，建设单位应当向住房和城乡建设主管部门申请消防验收。

前款规定以外的其他建设工程，建设单位在验收后应当报住房和城乡建设主管部门备案，住房和城乡建设主管部门应当进行抽查。

依法应当进行消防验收的建设工程，未经消防验收或者消防验收不合格的，禁止投入使用；其他建设工程经依法抽查不合格的，应当停止使用。

第十四条 【消防设计审查、消防验收、备案和抽查的具体办法】建设工程消防设计审查、消防验收、备案和抽查的具体办法，由国务院住房和城乡建设主管部门规定。

第十五条 【公众聚集场所的消防安全检查】公众聚集场所投

入使用、营业前消防安全检查实行告知承诺管理。公众聚集场所在投入使用、营业前，建设单位或者使用单位应当向场所所在地的县级以上地方人民政府消防救援机构申请消防安全检查，作出场所符合消防技术标准和管理规定的承诺，提交规定的材料，并对其承诺和材料的真实性负责。

消防救援机构对申请人提交的材料进行审查；申请材料齐全、符合法定形式的，应当予以许可。消防救援机构应当根据消防技术标准和管理规定，及时对作出承诺的公众聚集场所进行核查。

申请人选择不采用告知承诺方式办理的，消防救援机构应当自受理申请之日起十个工作日内，根据消防技术标准和管理规定，对该场所进行检查。经检查符合消防安全要求的，应当予以许可。

公众聚集场所未经消防救援机构许可的，不得投入使用、营业。消防安全检查的具体办法，由国务院应急管理部门制定。

第十六条 【**单位的消防安全职责**】机关、团体、企业、事业等单位应当履行下列消防安全职责：

（一）落实消防安全责任制，制定本单位的消防安全制度、消防安全操作规程，制定灭火和应急疏散预案；

（二）按照国家标准、行业标准配置消防设施、器材，设置消防安全标志，并定期组织检验、维修，确保完好有效；

（三）对建筑消防设施每年至少进行一次全面检测，确保完好有效，检测记录应当完整准确，存档备查；

（四）保障疏散通道、安全出口、消防车通道畅通，保证防火防烟分区、防火间距符合消防技术标准；

（五）组织防火检查，及时消除火灾隐患；

（六）组织进行有针对性的消防演练；

（七）法律、法规规定的其他消防安全职责。

单位的主要负责人是本单位的消防安全责任人。

第十七条 【**消防安全重点单位的消防安全职责**】县级以上地

方人民政府消防救援机构应当将发生火灾可能性较大以及发生火灾可能造成重大的人身伤亡或者财产损失的单位，确定为本行政区域内的消防安全重点单位，并由应急管理部门报本级人民政府备案。

消防安全重点单位除应当履行本法第十六条规定的职责外，还应当履行下列消防安全职责：

（一）确定消防安全管理人，组织实施本单位的消防安全管理工作；

（二）建立消防档案，确定消防安全重点部位，设置防火标志，实行严格管理；

（三）实行每日防火巡查，并建立巡查记录；

（四）对职工进行岗前消防安全培训，定期组织消防安全培训和消防演练。

第十八条　【共用建筑物的消防安全责任】同一建筑物由两个以上单位管理或者使用的，应当明确各方的消防安全责任，并确定责任人对共用的疏散通道、安全出口、建筑消防设施和消防车通道进行统一管理。

住宅区的物业服务企业应当对管理区域内的共用消防设施进行维护管理，提供消防安全防范服务。

第十九条　【易燃易爆危险品生产经营场所的设置要求】生产、储存、经营易燃易爆危险品的场所不得与居住场所设置在同一建筑物内，并应当与居住场所保持安全距离。

生产、储存、经营其他物品的场所与居住场所设置在同一建筑物内的，应当符合国家工程建设消防技术标准。

第二十条　【大型群众性活动的消防安全】举办大型群众性活动，承办人应当依法向公安机关申请安全许可，制定灭火和应急疏散预案并组织演练，明确消防安全责任分工，确定消防安全管理人员，保持消防设施和消防器材配置齐全、完好有效，保证疏散通道、安全出口、疏散指示标志、应急照明和消防车通道符合消防技术标准和管理规定。

第二十一条 【特殊场所和特种作业防火要求】禁止在具有火灾、爆炸危险的场所吸烟、使用明火。因施工等特殊情况需要使用明火作业的，应当按照规定事先办理审批手续，采取相应的消防安全措施；作业人员应当遵守消防安全规定。

进行电焊、气焊等具有火灾危险作业的人员和自动消防系统的操作人员，必须持证上岗，并遵守消防安全操作规程。

第二十二条 【危险物品生产经营单位设置的消防安全要求】生产、储存、装卸易燃易爆危险品的工厂、仓库和专用车站、码头的设置，应当符合消防技术标准。易燃易爆气体和液体的充装站、供应站、调压站，应当设置在符合消防安全要求的位置，并符合防火防爆要求。

已经设置的生产、储存、装卸易燃易爆危险品的工厂、仓库和专用车站、码头，易燃易爆气体和液体的充装站、供应站、调压站，不再符合前款规定的，地方人民政府应当组织、协调有关部门、单位限期解决，消除安全隐患。

第二十三条 【易燃易爆危险品和可燃物资仓库管理】生产、储存、运输、销售、使用、销毁易燃易爆危险品，必须执行消防技术标准和管理规定。

进入生产、储存易燃易爆危险品的场所，必须执行消防安全规定。禁止非法携带易燃易爆危险品进入公共场所或者乘坐公共交通工具。

储存可燃物资仓库的管理，必须执行消防技术标准和管理规定。

第二十四条 【消防产品标准、强制性产品认证和技术鉴定制度】消防产品必须符合国家标准；没有国家标准的，必须符合行业标准。禁止生产、销售或者使用不合格的消防产品以及国家明令淘汰的消防产品。

依法实行强制性产品认证的消防产品，由具有法定资质的认证机构按照国家标准、行业标准的强制性要求认证合格后，方可生产、销售、使用。实行强制性产品认证的消防产品目录，由国务院产品质量监督部门会同国务院应急管理部门制定并公布。

新研制的尚未制定国家标准、行业标准的消防产品，应当按照国务院产品质量监督部门会同国务院应急管理部门规定的办法，经技术鉴定符合消防安全要求的，方可生产、销售、使用。

依照本条规定经强制性产品认证合格或者技术鉴定合格的消防产品，国务院应急管理部门应当予以公布。

第二十五条　【对消防产品质量的监督检查】产品质量监督部门、工商行政管理部门、消防救援机构应当按照各自职责加强对消防产品质量的监督检查。

第二十六条　【建筑构件、建筑材料和室内装修、装饰材料的防火要求】建筑构件、建筑材料和室内装修、装饰材料的防火性能必须符合国家标准；没有国家标准的，必须符合行业标准。

人员密集场所室内装修、装饰，应当按照消防技术标准的要求，使用不燃、难燃材料。

第二十七条　【电器产品、燃气用具产品标准及其安装、使用的消防安全要求】电器产品、燃气用具的产品标准，应当符合消防安全的要求。

电器产品、燃气用具的安装、使用及其线路、管路的设计、敷设、维护保养、检测，必须符合消防技术标准和管理规定。

第二十八条　【保护消防设施、器材，保障消防通道畅通】任何单位、个人不得损坏、挪用或者擅自拆除、停用消防设施、器材，不得埋压、圈占、遮挡消火栓或者占用防火间距，不得占用、堵塞、封闭疏散通道、安全出口、消防车通道。人员密集场所的门窗不得设置影响逃生和灭火救援的障碍物。

第二十九条　【公共消防设施的维护】负责公共消防设施维护管理的单位，应当保持消防供水、消防通信、消防车通道等公共消防设施的完好有效。在修建道路以及停电、停水、截断通信线路时有可能影响消防队灭火救援的，有关单位必须事先通知当地消防救援机构。

第三十条 【加强农村消防工作】地方各级人民政府应当加强对农村消防工作的领导，采取措施加强公共消防设施建设，组织建立和督促落实消防安全责任制。

第三十一条 【重要防火时期的消防工作】在农业收获季节、森林和草原防火期间、重大节假日期间以及火灾多发季节，地方各级人民政府应当组织开展有针对性的消防宣传教育，采取防火措施，进行消防安全检查。

第三十二条 【基层组织的群众性消防工作】乡镇人民政府、城市街道办事处应当指导、支持和帮助村民委员会、居民委员会开展群众性的消防工作。村民委员会、居民委员会应当确定消防安全管理人，组织制定防火安全公约，进行防火安全检查。

第三十三条 【火灾公众责任保险】国家鼓励、引导公众聚集场所和生产、储存、运输、销售易燃易爆危险品的企业投保火灾公众责任保险；鼓励保险公司承保火灾公众责任保险。

第三十四条 【消防技术服务机构从业规范】消防设施维护保养检测、消防安全评估等消防技术服务机构应当符合从业条件，执业人员应当依法获得相应的资格；依照法律、行政法规、国家标准、行业标准和执业准则，接受委托提供消防技术服务，并对服务质量负责。

第三章 消防组织

第三十五条 【消防组织建设】各级人民政府应当加强消防组织建设，根据经济社会发展的需要，建立多种形式的消防组织，加强消防技术人才培养，增强火灾预防、扑救和应急救援的能力。

第三十六条 【政府建立消防队】县级以上地方人民政府应当

按照国家规定建立国家综合性消防救援队、专职消防队，并按照国家标准配备消防装备，承担火灾扑救工作。

乡镇人民政府应当根据当地经济发展和消防工作的需要，建立专职消防队、志愿消防队，承担火灾扑救工作。

第三十七条 【应急救援职责】国家综合性消防救援队、专职消防队按照国家规定承担重大灾害事故和其他以抢救人员生命为主的应急救援工作。

第三十八条 【消防队的能力建设】国家综合性消防救援队、专职消防队应当充分发挥火灾扑救和应急救援专业力量的骨干作用；按照国家规定，组织实施专业技能训练，配备并维护保养装备器材，提高火灾扑救和应急救援的能力。

第三十九条 【单位建立专职消防队】下列单位应当建立单位专职消防队，承担本单位的火灾扑救工作：

（一）大型核设施单位、大型发电厂、民用机场、主要港口；

（二）生产、储存易燃易爆危险品的大型企业；

（三）储备可燃的重要物资的大型仓库、基地；

（四）第一项、第二项、第三项规定以外的火灾危险性较大、距离国家综合性消防救援队较远的其他大型企业；

（五）距离国家综合性消防救援队较远、被列为全国重点文物保护单位的古建筑群的管理单位。

第四十条 【专职消防队的验收及队员福利待遇】专职消防队的建立，应当符合国家有关规定，并报当地消防救援机构验收。

专职消防队的队员依法享受社会保险和福利待遇。

第四十一条 【群众性消防组织】机关、团体、企业、事业等单位以及村民委员会、居民委员会根据需要，建立志愿消防队等多种形式的消防组织，开展群众性自防自救工作。

第四十二条 【消防救援机构与专职消防队、志愿消防队等消防组织的关系】消防救援机构应当对专职消防队、志愿消防队等消防组织进行业务指导；根据扑救火灾的需要，可以调动指挥专职消防队参加火灾扑救工作。

第四章　灭火救援

第四十三条　【火灾应急预案、应急反应和处置机制】县级以上地方人民政府应当组织有关部门针对本行政区域内的火灾特点制定应急预案，建立应急反应和处置机制，为火灾扑救和应急救援工作提供人员、装备等保障。

第四十四条　【火灾报警；现场疏散、扑救；消防队接警出动】任何人发现火灾都应当立即报警。任何单位、个人都应当无偿为报警提供便利，不得阻拦报警。严禁谎报火警。

人员密集场所发生火灾，该场所的现场工作人员应当立即组织、引导在场人员疏散。

任何单位发生火灾，必须立即组织力量扑救。邻近单位应当给予支援。

消防队接到火警，必须立即赶赴火灾现场，救助遇险人员，排除险情，扑灭火灾。

第四十五条　【组织火灾现场扑救及火灾现场总指挥的权限】消防救援机构统一组织和指挥火灾现场扑救，应当优先保障遇险人员的生命安全。

火灾现场总指挥根据扑救火灾的需要，有权决定下列事项：

（一）使用各种水源；

（二）截断电力、可燃气体和可燃液体的输送，限制用火用电；

（三）划定警戒区，实行局部交通管制；

（四）利用临近建筑物和有关设施；

（五）为了抢救人员和重要物资，防止火势蔓延，拆除或者破损毗邻火灾现场的建筑物、构筑物或者设施等；

（六）调动供水、供电、供气、通信、医疗救护、交通运输、环境保护等有关单位协助灭火救援。

根据扑救火灾的紧急需要，有关地方人民政府应当组织人员、调集所需物资支援灭火。

第四十六条 【重大灾害事故应急救援实行统一领导】国家综合性消防救援队、专职消防队参加火灾以外的其他重大灾害事故的应急救援工作，由县级以上人民政府统一领导。

第四十七条 【消防交通优先】消防车、消防艇前往执行火灾扑救或者应急救援任务，在确保安全的前提下，不受行驶速度、行驶路线、行驶方向和指挥信号的限制，其他车辆、船舶以及行人应当让行，不得穿插超越；收费公路、桥梁免收车辆通行费。交通管理指挥人员应当保证消防车、消防艇迅速通行。

赶赴火灾现场或者应急救援现场的消防人员和调集的消防装备、物资，需要铁路、水路或者航空运输的，有关单位应当优先运输。

第四十八条 【消防设施、器材严禁挪作他用】消防车、消防艇以及消防器材、装备和设施，不得用于与消防和应急救援工作无关的事项。

第四十九条 【扑救火灾、应急救援免收费用】国家综合性消防救援队、专职消防队扑救火灾、应急救援，不得收取任何费用。

单位专职消防队、志愿消防队参加扑救外单位火灾所损耗的燃料、灭火剂和器材、装备等，由火灾发生地的人民政府给予补偿。

第五十条 【医疗抚恤】对因参加扑救火灾或者应急救援受伤、致残或者死亡的人员，按照国家有关规定给予医疗、抚恤。

第五十一条 【火灾事故调查】消防救援机构有权根据需要封闭火灾现场，负责调查火灾原因，统计火灾损失。

火灾扑灭后，发生火灾的单位和相关人员应当按照消防救援机构的要求保护现场，接受事故调查，如实提供与火灾有关的情况。

消防救援机构根据火灾现场勘验、调查情况和有关的检验、鉴定意见，及时制作火灾事故认定书，作为处理火灾事故的证据。

第五章 监 督 检 查

第五十二条 【**人民政府的监督检查**】地方各级人民政府应当落实消防工作责任制，对本级人民政府有关部门履行消防安全职责的情况进行监督检查。

县级以上地方人民政府有关部门应当根据本系统的特点，有针对性地开展消防安全检查，及时督促整改火灾隐患。

第五十三条 【**消防救援机构的监督检查**】消防救援机构应当对机关、团体、企业、事业等单位遵守消防法律、法规的情况依法进行监督检查。公安派出所可以负责日常消防监督检查、开展消防宣传教育，具体办法由国务院公安部门规定。

消防救援机构、公安派出所的工作人员进行消防监督检查，应当出示证件。

第五十四条 【**消除火灾隐患**】消防救援机构在消防监督检查中发现火灾隐患的，应当通知有关单位或者个人立即采取措施消除隐患；不及时消除隐患可能严重威胁公共安全的，消防救援机构应当依照规定对危险部位或者场所采取临时查封措施。

第五十五条 【**重大消防隐患的发现及处理**】消防救援机构在消防监督检查中发现城乡消防安全布局、公共消防设施不符合消防安全要求，或者发现本地区存在影响公共安全的重大火灾隐患的，应当由应急管理部门书面报告本级人民政府。

接到报告的人民政府应当及时核实情况，组织或者责成有关部门、单位采取措施，予以整改。

第五十六条 【**住房和城乡建设主管部门、消防救援机构及其工作人员应当遵循的执法原则**】住房和城乡建设主管部门、消防救援机构及其工作人员应当按照法定的职权和程序进行消防设计审查、消防验收、备案抽查和消防安全检查，做到公正、严格、文明、高效。

住房和城乡建设主管部门、消防救援机构及其工作人员进行消防设计审查、消防验收、备案抽查和消防安全检查等，不得收取费用，不得利用职务谋取利益；不得利用职务为用户、建设单位指定或者变相指定消防产品的品牌、销售单位或者消防技术服务机构、消防设施施工单位。

第五十七条 【对负消防救援职责的机构及其工作人员的社会监督】住房和城乡建设主管部门、消防救援机构及其工作人员执行职务，应当自觉接受社会和公民的监督。

任何单位和个人都有权对住房和城乡建设主管部门、消防救援机构及其工作人员在执法中的违法行为进行检举、控告。收到检举、控告的机关，应当按照职责及时查处。

第六章　法　律　责　任

第五十八条 【对不符合消防设计审查、消防验收、消防安全检查要求的行为的处罚】违反本法规定，有下列行为之一的，由住房和城乡建设主管部门、消防救援机构按照各自职权责令停止施工、停止使用或者停产停业，并处三万元以上三十万元以下罚款：

（一）依法应当进行消防设计审查的建设工程，未经依法审查或者审查不合格，擅自施工的；

（二）依法应当进行消防验收的建设工程，未经消防验收或者消防验收不合格，擅自投入使用的；

（三）本法第十三条规定的其他建设工程验收后经依法抽查不合格，不停止使用的；

（四）公众聚集场所未经消防救援机构许可，擅自投入使用、营业的，或者经核查发现场所使用、营业情况与承诺内容不符的。

核查发现公众聚集场所使用、营业情况与承诺内容不符，经责令限期改正，逾期不整改或者整改后仍达不到要求的，依法撤销相应许可。

建设单位未依照本法规定在验收后报住房和城乡建设主管部门备案的，由住房和城乡建设主管部门责令改正，处五千元以下罚款。

第五十九条　【对不按消防技术标准设计、施工的行为的处罚】违反本法规定，有下列行为之一的，由住房和城乡建设主管部门责令改正或者停止施工，并处一万元以上十万元以下罚款：

（一）建设单位要求建筑设计单位或者建筑施工企业降低消防技术标准设计、施工的；

（二）建筑设计单位不按照消防技术标准强制性要求进行消防设计的；

（三）建筑施工企业不按照消防设计文件和消防技术标准施工，降低消防施工质量的；

（四）工程监理单位与建设单位或者建筑施工企业串通，弄虚作假，降低消防施工质量的。

第六十条　【对违背消防安全职责行为的处罚】单位违反本法规定，有下列行为之一的，责令改正，处五千元以上五万元以下罚款：

（一）消防设施、器材或者消防安全标志的配置、设置不符合国家标准、行业标准，或者未保持完好有效的；

（二）损坏、挪用或者擅自拆除、停用消防设施、器材的；

（三）占用、堵塞、封闭疏散通道、安全出口或者有其他妨碍安全疏散行为的；

（四）埋压、圈占、遮挡消火栓或者占用防火间距的；

（五）占用、堵塞、封闭消防车通道，妨碍消防车通行的；

（六）人员密集场所在门窗上设置影响逃生和灭火救援的障碍物的；

（七）对火灾隐患经消防救援机构通知后不及时采取措施消除的。

个人有前款第二项、第三项、第四项、第五项行为之一的，处警告或者五百元以下罚款。

有本条第一款第三项、第四项、第五项、第六项行为，经责令改正拒不改正的，强制执行，所需费用由违法行为人承担。

第六十一条　【对易燃易爆危险品生产经营场所设置不符合规定的处罚】生产、储存、经营易燃易爆危险品的场所与居住场所设置在同一建筑物内，或者未与居住场所保持安全距离的，责令停产停业，并处五千元以上五万元以下罚款。

生产、储存、经营其他物品的场所与居住场所设置在同一建筑物内，不符合消防技术标准的，依照前款规定处罚。

第六十二条　【对涉及消防的违反治安管理行为的处罚】有下列行为之一的，依照《中华人民共和国治安管理处罚法》的规定处罚：

（一）违反有关消防技术标准和管理规定生产、储存、运输、销售、使用、销毁易燃易爆危险品的；

（二）非法携带易燃易爆危险品进入公共场所或者乘坐公共交通工具的；

（三）谎报火警的；

（四）阻碍消防车、消防艇执行任务的；

（五）阻碍消防救援机构的工作人员依法执行职务的。

第六十三条　【对违反危险场所消防管理规定行为的处罚】违反本法规定，有下列行为之一的，处警告或者五百元以下罚款；情节严重的，处五日以下拘留：

（一）违反消防安全规定进入生产、储存易燃易爆危险品场所的；

（二）违反规定使用明火作业或者在具有火灾、爆炸危险的场所吸烟、使用明火的。

第六十四条　【对过失引起火灾、阻拦报火警等行为的处罚】违反本法规定，有下列行为之一，尚不构成犯罪的，处十日以上十五日以下拘留，可以并处五百元以下罚款；情节较轻的，处警告或者五百元以下罚款：

（一）指使或者强令他人违反消防安全规定，冒险作业的；

（二）过失引起火灾的；

（三）在火灾发生后阻拦报警，或者负有报告职责的人员不及时报警的；

（四）扰乱火灾现场秩序，或者拒不执行火灾现场指挥员指挥，影响灭火救援的；

（五）故意破坏或者伪造火灾现场的；

（六）擅自拆封或者使用被消防救援机构查封的场所、部位的。

第六十五条　【对生产、销售、使用不合格或国家明令淘汰的消防产品行为的处理】违反本法规定，生产、销售不合格的消防产品或者国家明令淘汰的消防产品的，由产品质量监督部门或者工商行政管理部门依照《中华人民共和国产品质量法》的规定从重处罚。

人员密集场所使用不合格的消防产品或者国家明令淘汰的消防产品的，责令限期改正；逾期不改正的，处五千元以上五万元以下罚款，并对其直接负责的主管人员和其他直接责任人员处五百元以上二千元以下罚款；情节严重的，责令停产停业。

消防救援机构对于本条第二款规定的情形，除依法对使用者予以处罚外，应当将发现不合格的消防产品和国家明令淘汰的消防产品的情况通报产品质量监督部门、工商行政管理部门。产品质量监督部门、工商行政管理部门应当对生产者、销售者依法及时查处。

第六十六条　【对电器产品、燃气用具的安装、使用等不符合消防技术标准和管理规定的处罚】电器产品、燃气用具的安装、使用及其线路、管路的设计、敷设、维护保养、检测不符合消防技标准和管理规定的，责令限期改正；逾期不改正的，责令停止使用，可以并处一千元以上五千元以下罚款。

第六十七条 **【单位未履行消防安全职责的法律责任】**机关、团体、企业、事业等单位违反本法第十六条、第十七条、第十八条、第二十一条第二款规定的，责令限期改正；逾期不改正的，对其直接负责的主管人员和其他直接责任人员依法给予处分或者给予警告处罚。

第六十八条 **【人员密集场所现场工作人员不履行职责的法律责任】**人员密集场所发生火灾，该场所的现场工作人员不履行组织、引导在场人员疏散的义务，情节严重，尚不构成犯罪的，处五日以上十日以下拘留。

第六十九条 **【消防技术服务机构失职的法律责任】**消防设施维护保养检测、消防安全评估等消防技术服务机构，不具备从业条件从事消防技术服务活动或者出具虚假文件的，由消防救援机构责令改正，处五万元以上十万元以下罚款，并对直接负责的主管人员和其他直接责任人员处一万元以上五万元以下罚款；不按照国家标准、行业标准开展消防技术服务活动的，责令改正，处五万元以下罚款，并对直接负责的主管人员和其他直接责任人员处一万元以下罚款；有违法所得的，并处没收违法所得；给他人造成损失的，依法承担赔偿责任；情节严重的，依法责令停止执业或者吊销相应资格；造成重大损失的，由相关部门吊销营业执照，并对有关责任人员采取终身市场禁入措施。

前款规定的机构出具失实文件，给他人造成损失的，依法承担赔偿责任；造成重大损失的，由消防救援机构依法责令停止执业或者吊销相应资格，由相关部门吊销营业执照，并对有关责任人员采取终身市场禁入措施。

第七十条 **【对违反消防法行为的处罚程序】**本法规定的行政处罚，除应当由公安机关依照《中华人民共和国治安管理处罚法》

的有关规定决定的外，由住房和城乡建设主管部门、消防救援机构按照各自职权决定。

被责令停止施工、停止使用、停产停业的，应当在整改后向作出决定的部门或者机构报告，经检查合格，方可恢复施工、使用、生产、经营。

当事人逾期不执行停产停业、停止使用、停止施工决定的，由作出决定的部门或者机构强制执行。

责令停产停业，对经济和社会生活影响较大的，由住房和城乡建设主管部门或者应急管理部门报请本级人民政府依法决定。

第七十一条 【有关主管部门的工作人员滥用职权、玩忽职守、徇私舞弊的法律责任】住房和城乡建设主管部门、消防救援机构的工作人员滥用职权、玩忽职守、徇私舞弊，有下列行为之一，尚不构成犯罪的，依法给予处分：

（一）对不符合消防安全要求的消防设计文件、建设工程、场所准予审查合格、消防验收合格、消防安全检查合格的；

（二）无故拖延消防设计审查、消防验收、消防安全检查，不在法定期限内履行职责的；

（三）发现火灾隐患不及时通知有关单位或者个人整改的；

（四）利用职务为用户、建设单位指定或者变相指定消防产品的品牌、销售单位或者消防技术服务机构、消防设施施工单位的；

（五）将消防车、消防艇以及消防器材、装备和设施用于与消防和应急救援无关的事项的；

（六）其他滥用职权、玩忽职守、徇私舞弊的行为。

产品质量监督、工商行政管理等其他有关行政主管部门的工作人员在消防工作中滥用职权、玩忽职守、徇私舞弊，尚不构成犯罪的，依法给予处分。

第七十二条 【违反消防法构成犯罪的刑事责任】违反本法规定，构成犯罪的，依法追究刑事责任。

第七章　附　则

第七十三条　【专门用语的含义】本法下列用语的含义：

（一）消防设施，是指火灾自动报警系统、自动灭火系统、消火栓系统、防烟排烟系统以及应急广播和应急照明、安全疏散设施等。

（二）消防产品，是指专门用于火灾预防、灭火救援和火灾防护、避难、逃生的产品。

（三）公众聚集场所，是指宾馆、饭店、商场、集贸市场、客运车站候车室、客运码头候船厅、民用机场航站楼、体育场馆、会堂以及公共娱乐场所等。

（四）人员密集场所，是指公众聚集场所，医院的门诊楼、病房楼，学校的教学楼、图书馆、食堂和集体宿舍，养老院，福利院，托儿所，幼儿园，公共图书馆的阅览室，公共展览馆、博物馆的展示厅，劳动密集型企业的生产加工车间和员工集体宿舍，旅游、宗教活动场所等。

第七十四条　【生效日期】本法自 2009 年 5 月 1 日起施行。

消防安全责任制实施办法（节录）

（2017 年 10 月 29 日　国办发〔2017〕87 号）

……

第二章　地方各级人民政府消防工作职责

第六条　县级以上地方各级人民政府应当落实消防工作责任制，履行下列职责：

（一）贯彻执行国家法律法规和方针政策，以及上级党委、政府关于消防工作的部署要求，全面负责本地区消防工作，每年召开消防工作会议，研究部署本地区消防工作重大事项。每年向上级人民政府专题报告本地区消防工作情况。健全由政府主要负责人或分管负责人牵头的消防工作协调机制，推动落实消防工作责任。

（二）将消防工作纳入经济社会发展总体规划，将包括消防安全布局、消防站、消防供水、消防通信、消防车通道、消防装备等内容的消防规划纳入城乡规划，并负责组织实施，确保消防工作与经济社会发展相适应。

（三）督促所属部门和下级人民政府落实消防安全责任制，在农业收获季节、森林和草原防火期间、重大节假日和重要活动期间以及火灾多发季节，组织开展消防安全检查。推动消防科学研究和技术创新，推广使用先进消防和应急救援技术、设备。组织开展经常性的消防宣传工作。大力发展消防公益事业。采取政府购买公共服务等方式，推进消防教育培训、技术服务和物防、技防等工作。

（四）建立常态化火灾隐患排查整治机制，组织实施重大火灾隐患和区域性火灾隐患整治工作。实行重大火灾隐患挂牌督办制度。对报请挂牌督办的重大火灾隐患和停产停业整改报告，在7个工作日内作出同意或不同意的决定，并组织有关部门督促隐患单位采取措施予以整改。

（五）依法建立公安消防队和政府专职消防队。明确政府专职消防队公益属性，采取招聘、购买服务等方式招录政府专职消防队员，建设营房，配齐装备；按规定落实其工资、保险和相关福利待遇。

（六）组织领导火灾扑救和应急救援工作。组织制定灭火救援应急预案，定期组织开展演练；建立灭火救援社会联动和应急反应处置机制，落实人员、装备、经费和灭火药剂等保障，根据需要调集灭火救援所需工程机械和特殊装备。

（七）法律、法规、规章规定的其他消防工作职责。

第七条 省、自治区、直辖市人民政府除履行第六条规定的职责外，还应当履行下列职责：

（一）定期召开政府常务会议、办公会议，研究部署消防工作。

（二）针对本地区消防安全特点和实际情况，及时提请同级人大及其常委会制定、修订地方性法规，组织制定、修订政府规章、规范性文件。

（三）将消防安全的总体要求纳入城市总体规划，并严格审核。

（四）加大消防投入，保障消防事业发展所需经费。

第八条 市、县级人民政府除履行第六条规定的职责外，还应当履行下列职责：

（一）定期召开政府常务会议、办公会议，研究部署消防工作。

（二）科学编制和严格落实城乡消防规划，预留消防队站、训练设施等建设用地。加强消防水源建设，按照规定建设市政消防供水设施，制定市政消防水源管理办法，明确建设、管理维护部门和单位。

（三）在本级政府预算中安排必要的资金，保障消防站、消防供水、消防通信等公共消防设施和消防装备建设，促进消防事业发展。

（四）将消防公共服务事项纳入政府民生工程或为民办实事工程；在社会福利机构、幼儿园、托儿所、居民家庭、小旅馆、群租房以及住宿与生产、储存、经营合用的场所推广安装简易喷淋装置、独立式感烟火灾探测报警器。

（五）定期分析评估本地区消防安全形势，组织开展火灾隐患排查整治工作；对重大火灾隐患，应当组织有关部门制定整改措施，督促限期消除。

（六）加强消防宣传教育培训，有计划地建设公益性消防科普教育基地，开展消防科普教育活动。

（七）按照立法权限，针对本地区消防安全特点和实际情况，及时提请同级人大及其常委会制定、修订地方性法规，组织制定、修订地方政府规章、规范性文件。

第九条 乡镇人民政府消防工作职责：

（一）建立消防安全组织，明确专人负责消防工作，制定消防安全制度，落实消防安全措施。

（二）安排必要的资金，用于公共消防设施建设和业务经费支出。

（三）将消防安全内容纳入镇总体规划、乡规划，并严格组织实施。

（四）根据当地经济发展和消防工作的需要建立专职消防队、志愿消防队，承担火灾扑救、应急救援等职能，并开展消防宣传、防火巡查、隐患查改。

（五）因地制宜落实消防安全"网格化"管理的措施和要求，加强消防宣传和应急疏散演练。

（六）部署消防安全整治，组织开展消防安全检查，督促整改火灾隐患。

（七）指导村（居）民委员会开展群众性的消防工作，确定消防安全管理人，制定防火安全公约，根据需要建立志愿消防队或微型消防站，开展防火安全检查、消防宣传教育和应急疏散演练，提高城乡消防安全水平。

街道办事处应当履行前款第（一）、（四）、（五）、（六）、（七）项职责，并保障消防工作经费。

第十条 开发区管理机构、工业园区管理机构等地方人民政府的派出机关，负责管理区域内的消防工作，按照本办法履行同级别人民政府的消防工作职责。

第十一条 地方各级人民政府主要负责人应当组织实施消防法律法规、方针政策和上级部署要求，定期研究部署消防工作，协调解决本行政区域内的重大消防安全问题。

地方各级人民政府分管消防安全的负责人应当协助主要负责人,综合协调本行政区域内的消防工作,督促检查各有关部门、下级政府落实消防工作的情况。班子其他成员要定期研究部署分管领域的消防工作,组织工作督查,推动分管领域火灾隐患排查整治。

第三章 县级以上人民政府工作部门消防安全职责

第十二条 县级以上人民政府工作部门应当按照谁主管、谁负责的原则,在各自职责范围内履行下列职责:

(一)根据本行业、本系统业务工作特点,在行业安全生产法规政策、规划计划和应急预案中纳入消防安全内容,提高消防安全管理水平。

(二)依法督促本行业、本系统相关单位落实消防安全责任制,建立消防安全管理制度,确定专(兼)职消防安全管理人员,落实消防工作经费;开展针对性消防安全检查治理,消除火灾隐患;加强消防宣传教育培训,每年组织应急演练,提高行业从业人员消防安全意识。

(三)法律、法规和规章规定的其他消防安全职责。

第十三条 具有行政审批职能的部门,对审批事项中涉及消防安全的法定条件要依法严格审批,凡不符合法定条件的,不得核发相关许可证照或批准开办。对已经依法取得批准的单位,不再具备消防安全条件的应当依法予以处理。

(一)公安机关负责对消防工作实施监督管理,指导、督促机关、团体、企业、事业等单位履行消防工作职责。依法实施建设工程消防设计审核、消防验收,开展消防监督检查,组织针对性消防安全专项治理,实施消防行政处罚。组织和指挥火灾现场扑救,承担或参加重大灾害事故和其他以抢救人员生命为主的应急救援工作。依法组织或参与火灾事故调查处理工作，办理失火罪和消防责任事故罪案件。组织开展消防宣传教育培训和应急疏散演练。

（二）教育部门负责学校、幼儿园管理中的行业消防安全。指导学校消防安全教育宣传工作，将消防安全教育纳入学校安全教育活动统筹安排。

（三）民政部门负责社会福利、特困人员供养、救助管理、未成年人保护、婚姻、殡葬、救灾物资储备、烈士纪念、军休军供、优抚医院、光荣院、养老机构等民政服务机构审批或管理中的行业消防安全。

（四）人力资源社会保障部门负责职业培训机构、技工院校审批或管理中的行业消防安全。做好政府专职消防队员、企业专职消防队员依法参加工伤保险工作。将消防法律法规和消防知识纳入公务员培训、职业培训内容。

（五）城乡规划管理部门依据城乡规划配合制定消防设施布局专项规划，依据规划预留消防站规划用地，并负责监督实施。

（六）住房城乡建设部门负责依法督促建设工程责任单位加强对房屋建筑和市政基础设施工程建设的安全管理，在组织制定工程建设规范以及推广新技术、新材料、新工艺时，应充分考虑消防安全因素，满足有关消防安全性能及要求。

（七）交通运输部门负责在客运车站、港口、码头及交通工具管理中依法督促有关单位落实消防安全主体责任和有关消防工作制度。

（八）文化部门负责文化娱乐场所审批或管理中的行业消防安全工作，指导、监督公共图书馆、文化馆（站）、剧院等文化单位履行消防安全职责。

（九）卫生计生部门负责医疗卫生机构、计划生育技术服务机构审批或管理中的行业消防安全。

（十）工商行政管理部门负责依法对流通领域消防产品质量实

施监督管理，查处流通领域消防产品质量违法行为。

（十一）质量技术监督部门负责依法督促特种设备生产单位加强特种设备生产过程中的消防安全管理，在组织制定特种设备产品及使用标准时，应充分考虑消防安全因素，满足有关消防安全性能及要求，积极推广消防新技术在特种设备产品中的应用。按照职责分工对消防产品质量实施监督管理，依法查处消防产品质量违法行为。做好消防安全相关标准制修订工作，负责消防相关产品质量认证监督管理工作。

（十二）新闻出版广电部门负责指导新闻出版广播影视机构消防安全管理，协助监督管理印刷业、网络视听节目服务机构消防安全。督促新闻媒体发布针对性消防安全提示，面向社会开展消防宣传教育。

（十三）安全生产监督管理部门要严格依法实施有关行政审批，凡不符合法定条件的，不得核发有关安全生产许可。

第十四条 具有行政管理或公共服务职能的部门，应当结合本部门职责为消防工作提供支持和保障。

（一）发展改革部门应当将消防工作纳入国民经济和社会发展中长期规划。地方发展改革部门应当将公共消防设施建设列入地方固定资产投资计划。

（二）科技部门负责将消防科技进步纳入科技发展规划和中央财政科技计划（专项、基金等）并组织实施。组织指导消防安全重大科技攻关、基础研究和应用研究，会同有关部门推动消防科研成果转化应用。将消防知识纳入科普教育内容。

（三）工业和信息化部门负责指导督促通信业、通信设施建设以及民用爆炸物品生产、销售的消防安全管理。依据职责负责危险化学品生产、储存的行业规划和布局。将消防产业纳入应急产业同规划、同部署、同发展。

（四）司法行政部门负责指导监督监狱系统、司法行政系统强制隔离戒毒场所的消防安全管理。将消防法律法规纳入普法教育内容。

（五）财政部门负责按规定对消防资金进行预算管理。

（六）商务部门负责指导、督促商贸行业的消防安全管理工作。

（七）房地产管理部门负责指导、督促物业服务企业按照合同约定做好住宅小区共用消防设施的维护管理工作，并指导业主依照有关规定使用住宅专项维修资金对住宅小区共用消防设施进行维修、更新、改造。

（八）电力管理部门依法对电力企业和用户执行电力法律、行政法规的情况进行监督检查，督促企业严格遵守国家消防技术标准，落实企业主体责任。推广采用先进的火灾防范技术设施，引导用户规范用电。

（九）燃气管理部门负责加强城镇燃气安全监督管理工作，督促燃气经营者指导用户安全用气并对燃气设施定期进行安全检查、排除隐患，会同有关部门制定燃气安全事故应急预案，依法查处燃气经营者和燃气用户等各方主体的燃气违法行为。

（十）人防部门负责对人民防空工程的维护管理进行监督检查。

（十一）文物部门负责文物保护单位、世界文化遗产和博物馆的行业消防安全管理。

（十二）体育、宗教事务、粮食等部门负责加强体育类场馆、宗教活动场所、储备粮储存环节等消防安全管理，指导开展消防安全标准化管理。

（十三）银行、证券、保险等金融监管机构负责督促银行业金融机构、证券业机构、保险机构及服务网点、派出机构落实消防安全管理。保险监管机构负责指导保险公司开展火灾公众责任保险业务，鼓励保险机构发挥火灾风险评估管控和火灾事故预防功能。

（十四）农业、水利、交通运输等部门应当将消防水源、消防车通道等公共消防设施纳入相关基础设施建设工程。

（十五）互联网信息、通信管理等部门应当指导网站、移动互联网媒体等开展公益性消防安全宣传。

（十六）气象、水利、地震部门应当及时将重大灾害事故预警信息通报公安消防部门。

（十七）负责公共消防设施维护管理的单位应当保持消防供水、消防通信、消防车通道等公共消防设施的完好有效。

第四章　单位消防安全职责

第十五条　机关、团体、企业、事业等单位应当落实消防安全主体责任，履行下列职责：

（一）明确各级、各岗位消防安全责任人及其职责，制定本单位的消防安全制度、消防安全操作规程、灭火和应急疏散预案。定期组织开展灭火和应急疏散演练，进行消防工作检查考核，保证各项规章制度落实。

（二）保证防火检查巡查、消防设施器材维护保养、建筑消防设施检测、火灾隐患整改、专职或志愿消防队和微型消防站建设等消防工作所需资金的投入。生产经营单位安全费用应当保证适当比例用于消防工作。

（三）按照相关标准配备消防设施、器材，设置消防安全标志，定期检验维修，对建筑消防设施每年至少进行一次全面检测，确保完好有效。设有消防控制室的，实行24小时值班制度，每班不少于2人，并持证上岗。

（四）保障疏散通道、安全出口、消防车通道畅通，保证防火防烟分区、防火间距符合消防技术标准。人员密集场所的门窗不得设置影响逃生和灭火救援的障碍物。保证建筑构件、建筑材料和室内装修装饰材料等符合消防技术标准。

（五）定期开展防火检查、巡查，及时消除火灾隐患。

（六）根据需要建立专职或志愿消防队、微型消防站，加强队伍建设，定期组织训练演练，加强消防装备配备和灭火药剂储备，建立与公安消防队联勤联动机制，提高扑救初起火灾能力。

（七）消防法律、法规、规章以及政策文件规定的其他职责。

第十六条 消防安全重点单位除履行第十五条规定的职责外，还应当履行下列职责：

（一）明确承担消防安全管理工作的机构和消防安全管理人并报知当地公安消防部门，组织实施本单位消防安全管理。消防安全管理人应当经过消防培训。

（二）建立消防档案，确定消防安全重点部位，设置防火标志，实行严格管理。

（三）安装、使用电器产品、燃气用具和敷设电气线路、管线必须符合相关标准和用电、用气安全管理规定，并定期维护保养、检测。

（四）组织员工进行岗前消防安全培训，定期组织消防安全培训和疏散演练。

（五）根据需要建立微型消防站，积极参与消防安全区域联防联控，提高自防自救能力。

（六）积极应用消防远程监控、电气火灾监测、物联网技术等技防物防措施。

第十七条 对容易造成群死群伤火灾的人员密集场所、易燃易爆单位和高层、地下公共建筑等火灾高危单位，除履行第十五条、第十六条规定的职责外，还应当履行下列职责：

（一）定期召开消防安全工作例会，研究本单位消防工作，处理涉及消防经费投入、消防设施设备购置、火灾隐患整改等重大问题。

（二）鼓励消防安全管理人取得注册消防工程师执业资格，消防安全责任人和特有工种人员须经消防安全培训；自动消防设施操作人员应取得建（构）筑物消防员资格证书。

（三）专职消防队或微型消防站应当根据本单位火灾危险特性配备相应的消防装备器材，储备足够的灭火救援药剂和物资，定期组织消防业务学习和灭火技能训练。

（四）按照国家标准配备应急逃生设施设备和疏散引导器材。

（五）建立消防安全评估制度，由具有资质的机构定期开展评估，评估结果向社会公开。

（六）参加火灾公众责任保险。

第十八条 同一建筑物由两个以上单位管理或使用的，应当明确各方的消防安全责任，并确定责任人对共用的疏散通道、安全出口、建筑消防设施和消防车通道进行统一管理。

物业服务企业应当按照合同约定提供消防安全防范服务，对管理区域内的共用消防设施和疏散通道、安全出口、消防车通道进行维护管理，及时劝阻和制止占用、堵塞、封闭疏散通道、安全出口、消防车通道等行为，劝阻和制止无效的，立即向公安机关等主管部门报告。定期开展防火检查巡查和消防宣传教育。

第十九条 石化、轻工等行业组织应当加强行业消防安全自律管理，推动本行业消防工作，引导行业单位落实消防安全主体责任。

第二十条 消防设施检测、维护保养和消防安全评估、咨询、监测等消防技术服务机构和执业人员应当依法获得相应的资质、资格，依法依规提供消防安全技术服务，并对服务质量负责。

第二十一条 建设工程的建设、设计、施工和监理等单位应当遵守消防法律、法规、规章和工程建设消防技术标准，在工程设计使用年限内对工程的消防设计、施工质量承担终身责任。

第五章 责任落实

第二十二条 国务院每年组织对省级人民政府消防工作完成情况进行考核，考核结果交由中央干部主管部门，作为对各省级人民政府主要负责人和领导班子综合考核评价的重要依据。

第二十三条　地方各级人民政府应当建立健全消防工作考核评价体系，明确消防工作目标责任，纳入日常检查、政务督查的重要内容，组织年度消防工作考核，确保消防安全责任落实。加强消防工作考核结果运用，建立与主要负责人、分管负责人和直接责任人履职评定、奖励惩处相挂钩的制度。

第二十四条　地方各级消防安全委员会、消防安全联席会议等消防工作协调机制应当定期召开成员单位会议，分析研判消防安全形势，协调指导消防工作开展，督促解决消防工作重大问题。

第二十五条　各有关部门应当建立单位消防安全信用记录，纳入全国信用信息共享平台，作为信用评价、项目核准、用地审批、金融扶持、财政奖补等方面的参考依据。

第二十六条　公安机关及其工作人员履行法定消防工作职责时，应当做到公正、严格、文明、高效。

公安机关及其工作人员进行消防设计审核、消防验收和消防安全检查等，不得收取费用，不得谋取利益，不得利用职务指定或者变相指定消防产品的品牌、销售单位或者消防技术服务机构、消防设施施工单位。

国务院公安部门要加强对各地公安机关及其工作人员进行消防设计审核、消防验收和消防安全检查等行为的监督管理。

第二十七条　地方各级人民政府和有关部门不依法履行职责，在涉及消防安全行政审批、公共消防设施建设、重大火灾隐患整改、消防力量发展等方面工作不力、失职渎职的，依法依规追究有关人员的责任，涉嫌犯罪的，移送司法机关处理。

第二十八条　因消防安全责任不落实发生一般及以上火灾事故的，依法依规追究单位直接责任人、法定代表人、主要负责人或实际控制人的责任，对履行职责不力、失职渎职的政府及有关部门负责人和工作人员实行问责，涉嫌犯罪的，移送司法机关处理。

发生造成人员死亡或产生社会影响的一般火灾事故的，由事故发生地县级人民政府负责组织调查处理；发生较大火灾事故的，由事故发生地设区的市级人民政府负责组织调查处理；发生重大火灾事故的，由事故发生地省级人民政府负责组织调查处理；发生特别重大火灾事故的，由国务院或国务院授权有关部门负责组织调查处理。

第六章　附　　则

第二十九条　具有固定生产经营场所的个体工商户，参照本办法履行单位消防安全职责。

第三十条　微型消防站是单位、社区组建的有人员、有装备，具备扑救初起火灾能力的志愿消防队。具体标准由公安消防部门确定。

第三十一条　本办法自印发之日起施行。地方各级人民政府、国务院有关部门等可结合实际制定具体实施办法。

养老机构消防安全管理规定

（2023 年 6 月 30 日　民发〔2023〕37 号）

养老机构应当严格遵守《中华人民共和国消防法》、《机关、团体、企业、事业单位消防安全管理规定》等消防法律法规规章；严格执行《建筑防火通用规范》等强制性消防标准，严格规范消防安全管理行为，防止火灾发生、减少火灾危害，切实保障老年人人身和财产安全。

一、落实消防安全主体责任

（一）建立健全消防安全责任制。养老机构应当建立健全逐级和岗位消防安全责任制，明确相应的消防安全责任人员及职责。养老机构的法定代表人、主要负责人或者实际控制人是本单位的消防安全责任人，对本单位的消防安全工作全面负责。养老机构内部各部门的负责人是该部门的消防安全责任人。属于消防安全重点单位的养老机构应当确定消防安全管理人，负责具体实施和组织落实本单位的消防安全工作，对消防工作直接负责。养老机构护理人员、保安、厨师、电工、消防设施操作员等各岗位员工对本岗位消防安全负责。

（二）加强制度建设。养老机构应当制定消防安全管理制度，具体包括防火巡查检查、安全疏散设施管理、消防设施器材维护管理、火灾隐患整改、用火用电安全管理、消防宣传教育培训、消防安全工作考评奖惩等。养老机构应当制定消防安全操作规程，具体包括：消防（控制室）值班和消防设施操作、燃气设备使用、灭火和应急疏散预案演练等。消防安全管理制度和操作规程应当根据情况及时修订完善。

（三）明晰多主体各方责任。养老机构与其他单位共同使用同一建筑的，应当明确各方的消防安全责任，同时明确消防车通道、消防车登高操作场地、涉及公共消防安全的疏散设施和其他共用建筑消防设施的管理责任。养老机构委托物业服务企业实施消防安全管理的，应当在合同中约定物业服务企业承担责任的具体内容，并督促、配合做好消防安全工作。

二、规范场所安全设置

（四）合建要求。养老机构应设置在合法建筑内，不应设置在生产储存经营易燃易爆危险品场所、厂房和仓库、大型商场市场等建筑内。养老机构内除可设置为满足其使用功能的附属库房外，不应设置生产场所或其他库房，不应与工业建筑组合建造。

（五）分区要求。养老机构与其他单位共同处于同一建筑物内的，应当与其他单位进行防火分隔。养老机构内的厨房、烧水间、配电室、锅炉房等设备用房的，应当单独设置或者与其他区域进行防火分隔。

（六）布置要求。养老机构的楼层布置，机构内老年人居室、休息室、公共活动用房、康复与医疗用房的具体布置，应当符合《建筑防火通用规范》对老年人照料设施的要求。

三、确保设施正常运行

（七）加强消防设施管理。养老机构应当按照国家规定配置消防设施、器材。消防设施、器材应当设置规范、醒目的标识，并标明使用方法、注意事项。养老机构应当自行或者委托消防技术服务机构定期对消防设施、设备进行维护保养检测，确保完好有效。养老机构不得损坏、挪用或者擅自拆除、停用消防设施、器材。

（八）加强安全疏散设施管理。养老机构应确保疏散通道、安全出口和疏散门畅通；保持常闭式防火门处于关闭状态，常开防火门应能在火灾时自行关闭，并应具有信号反馈功能；保证消防应急照明、疏散指示标志完好有效；保证安全出口、疏散通道上不安装栅栏，建筑每层外墙的窗口、阳台等部位不设置影响逃生和灭火救援的栅栏，确需设置的，应能从内部易于开启；在各楼层的明显位置设置安全疏散指示图，配备轮椅、担架、呼救器、过滤式自救呼吸器、疏散用手电筒等安全疏散辅助器材。

四、严格消防安全日常管理

（九）严格用电管理。养老机构应当选用符合国家规定的电气设备，严禁使用"三无"产品。电气线路敷设、电气设备安装和维修应当由具备相应职业资格证书的人员实施。电气线路敷设应规范，保护措施完好。在有可燃物的闷顶和封闭吊顶内明敷的配电线路，应当采用金属导管或金属槽盒布线。开关、插座和照明灯具靠近可燃物时，应当采取隔热、散热等措施。电热器具（设备）及大功率电器应与可燃物品保持安全距离，不应被可燃物覆盖。严禁超负荷用电，不得私拉乱接电线。应当定期对电气线路、电气设备进行检查、维护保养、检测电气线路和电气设备，并记录存档。老年人居室、康复与医疗用房等用电量大的房间可以通过设置过流、过压电气保护装置，限定房间的最大用电负荷。应当根据需要设置电动自行车、电动摩托车和电动轮椅集中停放、充电场所，安装符合用电安全要求的充电设施，严禁在室内、安全出口、疏散通道停放和充电。

（十）严格用火管理。养老机构室内活动区域、廊道禁止吸烟、烧香。禁止使用明火照明、取暖。艾灸、拔罐等中医疗法确实需要使用明火时，应当有专人看护。因施工等特殊情况需要进行电焊、气割等明火作业的，应当依法办理动火审批手续，并由具备相应职业资格证书的人员实施。养老机构或施工单位应当指定专人全程看护作业过程，作业前、作业后应及时清理相关可燃物。

（十一）严格用气管理。养老机构应当遵守安全用气规则，使用合格的燃气燃烧器具和气瓶。使用管道燃气的，应当安装可燃气体探测报警、自动切断装置。厨房设在地下室、半地下室和高层建筑内的，严禁使用瓶装液化石油气。充装量大于 50Kg 的液化石油气容器应设置在所服务建筑外单层专用房间内，并采取防火措施。养老机构厨房灶具、油烟罩、烟道至少每季度清洗 1 次，燃气、燃油管道应经常进行检查、检测和保养。

（十二）严格建筑材料和装修装饰管理。养老机构装修应当依法报经有关部门审核批准，不得擅自停用消防设施，不得改变疏散门的开启方向，减少安全出口。装修应当按照国家标准要求，使用不燃、难燃材料，不得使用聚苯乙烯、聚氨酯泡沫等材料燃烧性能低于 A 级的材料作为隔热保温材料或作为夹芯彩钢板的芯材搭建有人活动的建筑。养老机构的装饰材料，如窗帘、地毯、家具等的燃烧性能应当符合《建筑内部装修设计防火规范》的规定。营造节庆、主题活动氛围需要使用室内装饰物品的，不得大量采用易燃可燃材料，且布置时应远离用火用电设施，活动后及时拆除。养老机构内、外保温系统和屋面保温系统采用的保温材料或制品应当符合《建筑防火通用规范》对老年人照料设施的要求。

（十三）严格具有火灾风险的设备设施管理。养老机构内具有火灾危险性的大型医疗设备应定期进行维护检查，操作人员应当严格遵守操作规程。设有中心供氧系统的养老机构，供氧站与周边建筑、火源、热源应保持安全距离，氧气干管上应设置手动紧急切断装置，高压氧舱的排氧口应远离明火或火花散发地点，供氧、用氧设备不应沾染油污。核磁共振机房应当配置无磁性灭火器。

（十四）严格值班管理。养老机构应当实行 24 小时值班制度。设有消防控制室的养老机构，应当实行 24 小时双人值班制度（符合地方性法规要求的可单人值班），且值班人员应当持有消防设施操作员职业资格证书，熟悉消防控制室消防设备操作规程，确保其正常运行。养老机构值班人员接到火灾警报并确认发生火灾后，应立即拨打 119 电话报警，同时向单位消防安全责任人或消防安全管理人报告，启动灭火和应急疏散预案。

（十五）严格档案管理。养老机构应当建立健全消防档案，并由专人统一管理。消防档案应当全面反映消防安全基本情况、消防安全管理情况、灭火和应急疏散预案演练情况等，并及时予以更新。

五、做好安全隐患自查自改

（十六）开展定期防火巡查检查。养老机构应当明确人员定期开展防火巡查、检查。老年人居室、公共活动用房、厨房等重点部位白天至少巡查 2 次，其他部位每日至少巡查 1 次。养老机构应当加强每日夜间巡查，且至少每两小时巡查 1 次。每月和重要节假日、重大活动前，养老机构应当至少开展 1 次防火检查。养老机构开展防火巡查、检查时，应当填写巡查、检查记录。

（十七）突出防火巡查检查重点。养老机构防火巡查重点应当包括：用电、用火、用气有无违章；安全出口、疏散通道是否畅通、有无锁闭；消防应急照明、疏散指示标志是否完好；常闭式防火门是否保持常闭状态，防火卷帘下是否堆放物品；消防设施、器材是否在位、完好有效；消防安全标志是否标识完好清晰；消防安全重点部位人员是否在岗；消防车通道是否畅通；其他需巡查的内容。

养老机构防火检查重点应当包括：消防安全管理制度落实情况；电气线路、用配电设备和燃气管道、燃气灶具、液化气瓶定期检查维护情况；厨房灶具、油烟罩和烟道清洗情况；消防车通道、消防车登高操作场地、室外消火栓、消防水源情况；安全疏散通道、楼梯，安全出口及其疏散指示标志、应急照明情况；消防安全标志设置情况；灭火器材配备及完好情况；楼板、防火墙、防火隔墙和竖井孔洞的封堵情况；建筑消防设施运行和维护保养情况；消防控制室值班和管理情况；用火、用电、用油、用气有无违规、违章情况；老年人居室、康复与医疗用房、公共活动用房、厨房等重点部位防火措施落实情况；防火巡查落实情况和记录情况；火灾隐患整改和防范措施落实情况；护理人员、保安、电工、厨师等员工是否掌握防火灭火常识和疏散逃生技能；其他需要检查的内容。

（十八）及时消除火灾隐患。养老机构对于防火巡查检查中发现的问题，应当及时纠正。对于无法当场纠正的火灾隐患应当形成清单，并建立整改台账，实行销号管理，整改完成一项、销号一项。火灾隐患整改期间，应当采取相应的安全保障措施。

六、提升应急处置能力

（十九）科学制定灭火和应急疏散预案。养老机构应当结合本单位实际制定有针对性的灭火和应急疏散预案，明确组织机构、报警和接警处置程序、应急疏散的组织程序和措施、扑救初起火灾的程序和措施等内容。预案应当充分考虑天气情况，夜间、节假日特殊时段等因素对灭火和应急疏散的不利影响。针对失能失智老年人，预案应当明确专门的疏散和安置措施，逐一明确负责疏散的工作人员。

（二十）定期开展消防演练。养老机构应当每年至少组织 1 次消防演练。其中，属于消防安全重点单位的养老机构应当至少每半年组织 1 次消防演练。重点检验相关人员报告火警、扑救初起火灾、安全疏散、消防设施使用情况以及灭火和应急疏散预案的可操作性等。消防演练应当通知老年人积极参加。演练后应及时总结，并根据情况完善灭火和应急疏散预案。

（二十一）加强应急力量建设。养老机构应当根据需要建立志愿消防队，配备必要的装备器材，提高自防自救能力。属于消防安全重点单位的养老机构，根据需要建立微型消防站。志愿消防队（微型消防站）应当接受辖区消防救援站的指导，积极与周边微型消防站、专职消防队等实现联勤联动。

七、加强消防安全教育培训

（二十二）加强员工消防安全培训。养老机构应当至少每半年开展 1 次对全体员工的消防安全培训；对新上岗员工或者进入新岗位的员工应当进行上岗前消防安全培训；对志愿消防队（微型消防站）队员、自动消防设施操作人员、特种岗位人员等人员，应当组织经常性消防安全业务学习。

（二十三）明确消防安全培训内容。养老机构消防安全培训主要包括：有关消防法律法规、消防安全管理制度、消防安全操作规程；本单位、本岗位的火灾危险性和防火措施；消防设施、灭火器材的性能、使用方法；报火警、扑救初起火灾、应急疏散和自救逃生的知识和技能；安全疏散路线、引导人员疏散的程序、方法；灭火和应急疏散预案的内容、操作程序等。

（二十四）加强老年人消防安全提示。养老机构应当通过张贴标语海报、发放消防刊物、播放火灾案例视频、举办消防文化活动等形式面向入住老年人宣传消防安全常识。重点提示火灾危险性、安全疏散路线、用火用电常识、灭火器材位置和使用方法等。

　　全托、日间照料社区养老服务机构（包括农村幸福院等互助养老设施）参照本规定履行消防安全职责。

　　本规定自 2023 年 8 月 1 日起施行，有效期 5 年。养老机构消防安全管理不再适用《社会福利机构消防安全管理十项规定》（民函〔2015〕280 号）。

危险化学品安全

危险化学品安全管理条例（节录）

（2002 年 1 月 26 日中华人民共和国国务院令第 344 号公布　2011 年 3 月 2 日国务院令第 591 号修订通过　根据 2013 年 12 月 7 日《国务院关于修改部分行政法规的决定》修订）

……

第二章　生产、储存安全

第十一条　国家对危险化学品的生产、储存实行统筹规划、合理布局。

国务院工业和信息化主管部门以及国务院其他有关部门依据各自职责，负责危险化学品生产、储存的行业规划和布局。

地方人民政府组织编制城乡规划，应当根据本地区的实际情况，按照确保安全的原则，规划适当区域专门用于危险化学品的生产、储存。

第十二条　新建、改建、扩建生产、储存危险化学品的建设项目（以下简称建设项目），应当由安全生产监督管理部门进行安全条件审查。

建设单位应当对建设项目进行安全条件论证，委托具备国家规定的资质条件的机构对建设项目进行安全评价，并将安全条件论证和安全评价的情况报告报建设项目所在地设区的市级以上人民政府安全生产监督管理部门；安全生产监督管理部门应当自收到报告之日起45日内作出审查决定，并书面通知建设单位。具体办法由国务院安全生产监督管理部门制定。

新建、改建、扩建储存、装卸危险化学品的港口建设项目，由港口行政管理部门按照国务院交通运输主管部门的规定进行安全条件审查。

第十三条 生产、储存危险化学品的单位，应当对其铺设的危险化学品管道设置明显标志，并对危险化学品管道定期检查、检测。

进行可能危及危险化学品管道安全的施工作业，施工单位应当在开工的7日前书面通知管道所属单位，并与管道所属单位共同制定应急预案，采取相应的安全防护措施。管道所属单位应当指派专门人员到现场进行管道安全保护指导。

第十四条 危险化学品生产企业进行生产前，应当依照《安全生产许可证条例》的规定，取得危险化学品安全生产许可证。

生产列入国家实行生产许可证制度的工业产品目录的危险化学品的企业，应当依照《中华人民共和国工业产品生产许可证管理条例》的规定，取得工业产品生产许可证。

负责颁发危险化学品安全生产许可证、工业产品生产许可证的部门，应当将其颁发许可证的情况及时向同级工业和信息化主管部门、环境保护主管部门和公安机关通报。

第十五条 危险化学品生产企业应当提供与其生产的危险化学品相符的化学品安全技术说明书，并在危险化学品包装（包括外包装件）上粘贴或者挂挂与包装内危险化学品相符的化学品安全标签。化学品安全技术说明书和化学品安全标签所载明的内容应当符合国家标准的要求。

危险化学品生产企业发现其生产的危险化学品有新的危险特性的，应当立即公告，并及时修订其化学品安全技术说明书和化学品安全标签。

第十六条 生产实施重点环境管理的危险化学品的企业，应当按照国务院环境保护主管部门的规定，将该危险化学品向环境中释放等相关信息向环境保护主管部门报告。环境保护主管部门可以根据情况采取相应的环境风险控制措施。

第十七条 危险化学品的包装应当符合法律、行政法规、规章的规定以及国家标准、行业标准的要求。

危险化学品包装物、容器的材质以及危险化学品包装的型式、规格、方法和单件质量（重量），应当与所包装的危险化学品的性质和用途相适应。

第十八条 生产列入国家实行生产许可证制度的工业产品目录的危险化学品包装物、容器的企业，应当依照《中华人民共和国工业产品生产许可证管理条例》的规定，取得工业产品生产许可证；其生产的危险化学品包装物、容器经国务院质量监督检验检疫部门认定的检验机构检验合格，方可出厂销售。

运输危险化学品的船舶及其配载的容器，应当按照国家船舶检验规范进行生产，并经海事管理机构认定的船舶检验机构检验合格，方可投入使用。

对重复使用的危险化学品包装物、容器，使用单位在重复使用前应当进行检查；发现存在安全隐患的，应当维修或者更换。使用单位应当对检查情况作出记录，记录的保存期限不得少于 2 年。

第十九条 危险化学品生产装置或者储存数量构成重大危险源的危险化学品储存设施（运输工具加油站、加气站除外），与下列场所、设施、区域的距离应当符合国家有关规定：

（一）居住区以及商业中心、公园等人员密集场所；

（二）学校、医院、影剧院、体育场（馆）等公共设施；

（三）饮用水源、水厂以及水源保护区；

（四）车站、码头（依法经许可从事危险化学品装卸作业的除外）、机场以及通信干线、通信枢纽、铁路线路、道路交通干线、水路交通干线、地铁风亭以及地铁站出入口；

（五）基本农田保护区、基本草原、畜禽遗传资源保护区、畜禽规模化养殖场（养殖小区）、渔业水域以及种子、种畜禽、水产苗种生产基地；

（六）河流、湖泊、风景名胜区、自然保护区；

（七）军事禁区、军事管理区；

（八）法律、行政法规规定的其他场所、设施、区域。

已建的危险化学品生产装置或者储存数量构成重大危险源的危险化学品储存设施不符合前款规定的，由所在地设区的市级人民政府安全生产监督管理部门会同有关部门监督其所属单位在规定期限内进行整改；需要转产、停产、搬迁、关闭的，由本级人民政府决定并组织实施。

储存数量构成重大危险源的危险化学品储存设施的选址，应当避开地震活动断层和容易发生洪灾、地质灾害的区域。

本条例所称重大危险源，是指生产、储存、使用或者搬运危险化学品，且危险化学品的数量等于或者超过临界量的单元（包括场所和设施）。

第二十条 生产、储存危险化学品的单位，应当根据其生产、储存的危险化学品的种类和危险特性，在作业场所设置相应的监测、监控、通风、防晒、调温、防火、灭火、防爆、泄压、防毒、中和、防潮、防雷、防静电、防腐、防泄漏以及防护围堤或者隔离操作等安全设施、设备，并按照国家标准、行业标准或者国家有关规定对安全设施、设备进行经常性维护、保养，保证安全设施、设备的正常使用。

生产、储存危险化学品的单位，应当在其作业场所和安全设施、设备上设置明显的安全警示标志。

第二十一条 生产、储存危险化学品的单位，应当在其作业场所设置通讯、报警装置，并保证处于适用状态。

第二十二条 生产、储存危险化学品的企业，应当委托具备国家规定的资质条件的机构，对本企业的安全生产条件每 3 年进行一次安全评价，提出安全评价报告。安全评价报告的内容应当包括对安全生产条件存在的问题进行整改的方案。

生产、储存危险化学品的企业，应当将安全评价报告以及整改方案的落实情况报所在地县级人民政府安全生产监督管理部门备案。在港区内储存危险化学品的企业，应当将安全评价报告以及整改方案的落实情况报港口行政管理部门备案。

第二十三条 生产、储存剧毒化学品或者国务院公安部门规定的可用于制造爆炸物品的危险化学品（以下简称易制爆危险化学品）的单位，应当如实记录其生产、储存的剧毒化学品、易制爆危险化学品的数量、流向，并采取必要的安全防范措施，防止剧毒化学品、易制爆危险化学品丢失或者被盗；发现剧毒化学品、易制爆危险化学品丢失或者被盗的，应当立即向当地公安机关报告。

生产、储存剧毒化学品、易制爆危险化学品的单位，应当设置治安保卫机构，配备专职治安保卫人员。

第二十四条 危险化学品应当储存在专用仓库、专用场地或者专用储存室（以下统称专用仓库）内，并由专人负责管理；剧毒化学品以及储存数量构成重大危险源的其他危险化学品，应当在专用仓库内单独存放，并实行双人收发、双人保管制度。

危险化学品的储存方式、方法以及储存数量应当符合国家标准或者国家有关规定。

第二十五条 储存危险化学品的单位应当建立危险化学品出入库核查、登记制度。

对剧毒化学品以及储存数量构成重大危险源的其他危险化学

品，储存单位应当将其储存数量、储存地点以及管理人员的情况，报所在地县级人民政府安全生产监督管理部门（在港区内储存的，报港口行政管理部门）和公安机关备案。

第二十六条 危险化学品专用仓库应当符合国家标准、行业标准的要求，并设置明显的标志。储存剧毒化学品、易制爆危险化学品的专用仓库，应当按照国家有关规定设置相应的技术防范设施。

储存危险化学品的单位应当对其危险化学品专用仓库的安全设施、设备定期进行检测、检验。

第二十七条 生产、储存危险化学品的单位转产、停产、停业或者解散的，应当采取有效措施，及时、妥善处置其危险化学品生产装置、储存设施以及库存的危险化学品，不得丢弃危险化学品；处置方案应当报所在地县级人民政府安全生产监督管理部门、工业和信息化主管部门、环境保护主管部门和公安机关备案。安全生产监督管理部门应当会同环境保护主管部门和公安机关对处置情况进行监督检查，发现未依照规定处置的，应当责令其立即处置。

第三章　使　用　安　全

第二十八条 使用危险化学品的单位，其使用条件（包括工艺）应当符合法律、行政法规的规定和国家标准、行业标准的要求，并根据所使用的危险化学品的种类、危险特性以及使用量和使用方式，建立、健全使用危险化学品的安全管理规章制度和安全操作规程，保证危险化学品的安全使用。

第二十九条 使用危险化学品从事生产并且使用量达到规定数量的化工企业（属于危险化学品生产企业的除外，下同），应当依照本条例的规定取得危险化学品安全使用许可证。

前款规定的危险化学品使用量的数量标准，由国务院安全生产监督管理部门会同国务院公安部门、农业主管部门确定并公布。

第三十条 申请危险化学品安全使用许可证的化工企业，除应当符合本条例第二十八条的规定外，还应当具备下列条件：

（一）有与所使用的危险化学品相适应的专业技术人员；

（二）有安全管理机构和专职安全管理人员；

（三）有符合国家规定的危险化学品事故应急预案和必要的应急救援器材、设备；

（四）依法进行了安全评价。

第三十一条 申请危险化学品安全使用许可证的化工企业，应当向所在地设区的市级人民政府安全生产监督管理部门提出申请，并提交其符合本条例第三十条规定条件的证明材料。设区的市级人民政府安全生产监督管理部门应当依法进行审查，自收到证明材料之日起45日内作出批准或者不予批准的决定。予以批准的，颁发危险化学品安全使用许可证；不予批准的，书面通知申请人并说明理由。

安全生产监督管理部门应当将其颁发危险化学品安全使用许可证的情况及时向同级环境保护主管部门和公安机关通报。

第三十二条 本条例第十六条关于生产实施重点环境管理的危险化学品的企业的规定，适用于使用实施重点环境管理的危险化学品从事生产的企业；第二十条、第二十一条、第二十三条第一款、第二十七条关于生产、储存危险化学品的单位的规定，适用于使用危险化学品的单位；第二十二条关于生产、储存危险化学品的企业的规定，适用于使用危险化学品从事生产的企业。

第四章 经营安全

第三十三条 国家对危险化学品经营（包括仓储经营，下同）实行许可制度。未经许可，任何单位和个人不得经营危险化学品。

依法设立的危险化学品生产企业在其厂区范围内销售本企业生产的危险化学品，不需要取得危险化学品经营许可。

依照《中华人民共和国港口法》的规定取得港口经营许可证的

港口经营人，在港区内从事危险化学品仓储经营，不需要取得危险化学品经营许可。

第三十四条 从事危险化学品经营的企业应当具备下列条件：

（一）有符合国家标准、行业标准的经营场所，储存危险化学品的，还应当有符合国家标准、行业标准的储存设施；

（二）从业人员经过专业技术培训并经考核合格；

（三）有健全的安全管理规章制度；

（四）有专职安全管理人员；

（五）有符合国家规定的危险化学品事故应急预案和必要的应急救援器材、设备；

（六）法律、法规规定的其他条件。

第三十五条 从事剧毒化学品、易制爆危险化学品经营的企业，应当向所在地设区的市级人民政府安全生产监督管理部门提出申请，从事其他危险化学品经营的企业，应当向所在地县级人民政府安全生产监督管理部门提出申请（有储存设施的，应当向所在地设区的市级人民政府安全生产监督管理部门提出申请）。申请人应当提交其符合本条例第三十四条规定条件的证明材料。设区的市级人民政府安全生产监督管理部门或者县级人民政府安全生产监督管理部门应当依法进行审查，并对申请人的经营场所、储存设施进行现场核查，自收到证明材料之日起 30 日内作出批准或者不予批准的决定。予以批准的，颁发危险化学品经营许可证；不予批准的，书面通知申请人并说明理由。

设区的市级人民政府安全生产监督管理部门和县级人民政府安全生产监督管理部门应当将其颁发危险化学品经营许可证的情况及时向同级环境保护主管部门和公安机关通报。

申请人持危险化学品经营许可证向工商行政管理部门办理登记手续后，方可从事危险化学品经营活动。法律、行政法规或者国务院规定经营危险化学品还需要经其他有关部门许可的，申请人向工商行政管理部门办理登记手续时还应当持相应的许可证件。

第三十六条 危险化学品经营企业储存危险化学品的，应当遵守本条例第二章关于储存危险化学品的规定。危险化学品商店内只能存放民用小包装的危险化学品。

第三十七条 危险化学品经营企业不得向未经许可从事危险化学品生产、经营活动的企业采购危险化学品，不得经营没有化学品安全技术说明书或者化学品安全标签的危险化学品。

第三十八条 依法取得危险化学品安全生产许可证、危险化学品安全使用许可证、危险化学品经营许可证的企业，凭相应的许可证件购买剧毒化学品、易制爆危险化学品。民用爆炸物品生产企业凭民用爆炸物品生产许可证购买易制爆危险化学品。

前款规定以外的单位购买剧毒化学品的，应当向所在地县级人民政府公安机关申请取得剧毒化学品购买许可证；购买易制爆危险化学品的，应当持本单位出具的合法用途说明。

个人不得购买剧毒化学品（属于剧毒化学品的农药除外）和易制爆危险化学品。

第三十九条 申请取得剧毒化学品购买许可证，申请人应当向所在地县级人民政府公安机关提交下列材料：

（一）营业执照或者法人证书（登记证书）的复印件；

（二）拟购买的剧毒化学品品种、数量的说明；

（三）购买剧毒化学品用途的说明；

（四）经办人的身份证明。

县级人民政府公安机关应当自收到前款规定的材料之日起3日内，作出批准或者不予批准的决定。予以批准的，颁发剧毒化学品购买许可证；不予批准的，书面通知申请人并说明理由。

剧毒化学品购买许可证管理办法由国务院公安部门制定。

第四十条 危险化学品生产企业、经营企业销售剧毒化学品、易制爆危险化学品，应当查验本条例第三十八条第一款、第二款规定的相关许可证件或者证明文件，不得向不具有相关许可证件或者证明文件的单位销售剧毒化学品、易制爆危险化学品。对持剧毒化学品购买许可证购买剧毒化学品的，应当按照许可证载明的品种、数量销售。

禁止向个人销售剧毒化学品（属于剧毒化学品的农药除外）和易制爆危险化学品。

第四十一条 危险化学品生产企业、经营企业销售剧毒化学品、易制爆危险化学品，应当如实记录购买单位的名称、地址、经办人的姓名、身份证号码以及所购买的剧毒化学品、易制爆危险化学品的品种、数量、用途。销售记录以及经办人的身份证明复印件、相关许可证件复印件或者证明文件的保存期限不得少于1年。

剧毒化学品、易制爆危险化学品的销售企业、购买单位应当在销售、购买后5日内，将所销售、购买的剧毒化学品、易制爆危险化学品的品种、数量以及流向信息报所在地县级人民政府公安机关备案，并输入计算机系统。

第四十二条 使用剧毒化学品、易制爆危险化学品的单位不得出借、转让其购买的剧毒化学品、易制爆危险化学品；因转产、停产、搬迁、关闭等确需转让的，应当向具有本条例第三十八条第一款、第二款规定的相关许可证件或者证明文件的单位转让，并在转让后将有关情况及时向所在地县级人民政府公安机关报告。

第五章 运 输 安 全

第四十三条 从事危险化学品道路运输、水路运输的，应当分别依照有关道路运输、水路运输的法律、行政法规的规定，取得危险货物道路运输许可、危险货物水路运输许可，并向工商行政管理部门办理登记手续。

危险化学品道路运输企业、水路运输企业应当配备专职安全管理人员。

第四十四条 危险化学品道路运输企业、水路运输企业的驾驶人员、船员、装卸管理人员、押运人员、申报人员、集装箱装箱现场检查员应当经交通运输主管部门考核合格，取得从业资格。具体办法由国务院交通运输主管部门制定。

危险化学品的装卸作业应当遵守安全作业标准、规程和制度，并在装卸管理人员的现场指挥或者监控下进行。水路运输危险化学品的集装箱装箱作业应当在集装箱装箱现场检查员的指挥或者监控下进行，并符合积载、隔离的规范和要求；装箱作业完毕后，集装箱装箱现场检查员应当签署装箱证明书。

第四十五条 运输危险化学品，应当根据危险化学品的危险特性采取相应的安全防护措施，并配备必要的防护用品和应急救援器材。

用于运输危险化学品的槽罐以及其他容器应当封口严密，能够防止危险化学品在运输过程中因温度、湿度或者压力的变化发生渗漏、洒漏；槽罐以及其他容器的溢流和泄压装置应当设置准确、起闭灵活。

运输危险化学品的驾驶人员、船员、装卸管理人员、押运人员、申报人员、集装箱装箱现场检查员，应当了解所运输的危险化学品的危险特性及其包装物、容器的使用要求和出现危险情况时的应急处置方法。

第四十六条 通过道路运输危险化学品的，托运人应当委托依法取得危险货物道路运输许可的企业承运。

第四十七条 通过道路运输危险化学品的，应当按照运输车辆的核定载质量装载危险化学品，不得超载。

危险化学品运输车辆应当符合国家标准要求的安全技术条件，并按照国家有关规定定期进行安全技术检验。

危险化学品运输车辆应当悬挂或者喷涂符合国家标准要求的警示标志。

第四十八条 通过道路运输危险化学品的，应当配备押运人员，并保证所运输的危险化学品处于押运人员的监控之下。

运输危险化学品途中因住宿或者发生影响正常运输的情况，需要较长时间停车的，驾驶人员、押运人员应当采取相应的安全防范措施；运输剧毒化学品或者易制爆危险化学品的，还应当向当地公安机关报告。

第四十九条 未经公安机关批准，运输危险化学品的车辆不得进入危险化学品运输车辆限制通行的区域。危险化学品运输车辆限制通行的区域由县级人民政府公安机关划定，并设置明显的标志。

第五十条 通过道路运输剧毒化学品的，托运人应当向运输始发地或者目的地县级人民政府公安机关申请剧毒化学品道路运输通行证。

申请剧毒化学品道路运输通行证，托运人应当向县级人民政府公安机关提交下列材料：

（一）拟运输的剧毒化学品品种、数量的说明；

（二）运输始发地、目的地、运输时间和运输路线的说明；

（三）承运人取得危险货物道路运输许可、运输车辆取得营运证以及驾驶人员、押运人员取得上岗资格的证明文件；

（四）本条例第三十八条第一款、第二款规定的购买剧毒化学品的相关许可证件，或者海关出具的进出口证明文件。

县级人民政府公安机关应当自收到前款规定的材料之日起7日内，作出批准或者不予批准的决定。予以批准的，颁发剧毒化学品道路运输通行证；不予批准的，书面通知申请人并说明理由。

剧毒化学品道路运输通行证管理办法由国务院公安部门制定。

第五十一条 剧毒化学品、易制爆危险化学品在道路运输途中丢失、被盗、被抢或者出现流散、泄漏等情况的，驾驶人员、押运人员应当立即采取相应的警示措施和安全措施，并向当地公安机关报告。公安机关接到报告后，应当根据实际情况立即向安全生产监督管理部门、环境保护主管部门、卫生主管部门通报。有关部门应当采取必要的应急处置措施。

第五十二条 通过水路运输危险化学品的，应当遵守法律、行政法规以及国务院交通运输主管部门关于危险货物水路运输安全的规定。

第五十三条 海事管理机构应当根据危险化学品的种类和危险特性，确定船舶运输危险化学品的相关安全运输条件。

拟交付船舶运输的化学品的相关安全运输条件不明确的，货物所有人或者代理人应当委托相关技术机构进行评估，明确相关安全运输条件并经海事管理机构确认后，方可交付船舶运输。

第五十四条 禁止通过内河封闭水域运输剧毒化学品以及国家规定禁止通过内河运输的其他危险化学品。

前款规定以外的内河水域，禁止运输国家规定禁止通过内河运输的剧毒化学品以及其他危险化学品。

禁止通过内河运输的剧毒化学品以及其他危险化学品的范围，由国务院交通运输主管部门会同国务院环境保护主管部门、工业和信息化主管部门、安全生产监督管理部门，根据危险化学品的危险特性、危险化学品对人体和水环境的危害程度以及消除危害后果的难易程度等因素规定并公布。

第五十五条 国务院交通运输主管部门应当根据危险化学品的危险特性，对通过内河运输本条例第五十四条规定以外的危险化学品（以下简称通过内河运输危险化学品）实行分类管理，对各类危险化学品的运输方式、包装规范和安全防护措施等分别作出规定并监督实施。

第五十六条 通过内河运输危险化学品，应当由依法取得危险货物水路运输许可的水路运输企业承运，其他单位和个人不得承运。托运人应当委托依法取得危险货物水路运输许可的水路运输企业承运，不得委托其他单位和个人承运。

第五十七条 通过内河运输危险化学品，应当使用依法取得危险货物适装证书的运输船舶。水路运输企业应当针对所运输的危险化学品的危险特性，制定运输船舶危险化学品事故应急救援预案，并为运输船舶配备充足、有效的应急救援器材和设备。

通过内河运输危险化学品的船舶，其所有人或者经营人应当取得船舶污染损害责任保险证书或者财务担保证明。船舶污染损害责任保险证书或者财务担保证明的副本应当随船携带。

第五十八条 通过内河运输危险化学品，危险化学品包装物的材质、型式、强度以及包装方法应当符合水路运输危险化学品包装规范的要求。国务院交通运输主管部门对单船运输的危险化学品数量有限制性规定的，承运人应当按照规定安排运输数量。

第五十九条 用于危险化学品运输作业的内河码头、泊位应当符合国家有关安全规范，与饮用水取水口保持国家规定的距离。有关管理单位应当制定码头、泊位危险化学品事故应急预案，并为码头、泊位配备充足、有效的应急救援器材和设备。

用于危险化学品运输作业的内河码头、泊位，经交通运输主管部门按照国家有关规定验收合格后方可投入使用。

第六十条 船舶载运危险化学品进出内河港口，应当将危险化学品的名称、危险特性、包装以及进出港时间等事项，事先报告海事管理机构。海事管理机构接到报告后，应当在国务院交通运输主管部门规定的时间内作出是否同意的决定，通知报告人，同时通报港口行政管理部门。定船舶、定航线、定货种的船舶可以定期报告。

在内河港口内进行危险化学品的装卸、过驳作业，应当将危险化学品的名称、危险特性、包装和作业的时间、地点等事项报告港口行政管理部门。港口行政管理部门接到报告后，应当在国务院交通运输主管部门规定的时间内作出是否同意的决定，通知报告人，同时通报海事管理机构。

载运危险化学品的船舶在内河航行，通过过船建筑物的，应当提前向交通运输主管部门申报，并接受交通运输主管部门的管理。

第六十一条　载运危险化学品的船舶在内河航行、装卸或者停泊，应当悬挂专用的警示标志，按照规定显示专用信号。

载运危险化学品的船舶在内河航行，按照国务院交通运输主管部门的规定需要引航的，应当申请引航。

第六十二条　载运危险化学品的船舶在内河航行，应当遵守法律、行政法规和国家其他有关饮用水水源保护的规定。内河航道发展规划应当与依法经批准的饮用水水源保护区划定方案相协调。

第六十三条　托运危险化学品的，托运人应当向承运人说明所托运的危险化学品的种类、数量、危险特性以及发生危险情况的应急处置措施，并按照国家有关规定对所托运的危险化学品妥善包装，在外包装上设置相应的标志。

运输危险化学品需要添加抑制剂或者稳定剂的，托运人应当添加，并将有关情况告知承运人。

第六十四条　托运人不得在托运的普通货物中夹带危险化学品，不得将危险化学品匿报或者谎报为普通货物托运。

任何单位和个人不得交寄危险化学品或者在邮件、快件内夹带危险化学品，不得将危险化学品匿报或者谎报为普通物品交寄。邮政企业、快递企业不得收寄危险化学品。

对涉嫌违反本条第一款、第二款规定的，交通运输主管部门、邮政管理部门可以依法开拆查验。

第六十五条　通过铁路、航空运输危险化学品的安全管理，依照有关铁路、航空运输的法律、行政法规、规章的规定执行。

第六章　危险化学品登记与事故应急救援

第六十六条　国家实行危险化学品登记制度，为危险化学品安全管理以及危险化学品事故预防和应急救援提供技术、信息支持。

第六十七条　危险化学品生产企业、进口企业，应当向国务院安全生产监督管理部门负责危险化学品登记的机构（以下简称危险化学品登记机构）办理危险化学品登记。

危险化学品登记包括下列内容：

（一）分类和标签信息；

（二）物理、化学性质；

（三）主要用途；

（四）危险特性；

（五）储存、使用、运输的安全要求；

（六）出现危险情况的应急处置措施。

对同一企业生产、进口的同一品种的危险化学品，不进行重复登记。危险化学品生产企业、进口企业发现其生产、进口的危险化学品有新的危险特性的，应当及时向危险化学品登记机构办理登记内容变更手续。

危险化学品登记的具体办法由国务院安全生产监督管理部门制定。

第六十八条　危险化学品登记机构应当定期向工业和信息化、环境保护、公安、卫生、交通运输、铁路、质量监督检验检疫等部门提供危险化学品登记的有关信息和资料。

第六十九条　县级以上地方人民政府安全生产监督管理部门应当会同工业和信息化、环境保护、公安、卫生、交通运输、铁路、质量监督检验检疫等部门，根据本地区实际情况，制定危险化学品事故应急预案，报本级人民政府批准。

第七十条　危险化学品单位应当制定本单位危险化学品事故应急预案，配备应急救援人员和必要的应急救援器材、设备，并定期组织应急救援演练。

危险化学品单位应当将其危险化学品事故应急预案报所在地设区的市级人民政府安全生产监督管理部门备案。

第七十一条 发生危险化学品事故，事故单位主要负责人应当立即按照本单位危险化学品应急预案组织救援，并向当地安全生产监督管理部门和环境保护、公安、卫生主管部门报告；道路运输、水路运输过程中发生危险化学品事故的，驾驶人员、船员或者押运人员还应当向事故发生地交通运输主管部门报告。

第七十二条 发生危险化学品事故，有关地方人民政府应当立即组织安全生产监督管理、环境保护、公安、卫生、交通运输等有关部门，按照本地区危险化学品事故应急预案组织实施救援，不得拖延、推诿。

有关地方人民政府及其有关部门应当按照下列规定，采取必要的应急处置措施，减少事故损失，防止事故蔓延、扩大：

（一）立即组织营救和救治受害人员，疏散、撤离或者采取其他措施保护危害区域内的其他人员；

（二）迅速控制危害源，测定危险化学品的性质、事故的危害区域及危害程度；

（三）针对事故对人体、动植物、土壤、水源、大气造成的现实危害和可能产生的危害，迅速采取封闭、隔离、洗消等措施；

（四）对危险化学品事故造成的环境污染和生态破坏状况进行监测、评估，并采取相应的环境污染治理和生态修复措施。

第七十三条 有关危险化学品单位应当为危险化学品事故应急救援提供技术指导和必要的协助。

第七十四条 危险化学品事故造成环境污染的，由设区的市级以上人民政府环境保护主管部门统一发布有关信息。

……

易制毒化学品管理条例（节录）

（2005 年 8 月 26 日中华人民共和国国务院令第 445 号公布 根据 2014 年 7 月 29 日《国务院关于修改部分行政法规的决定》第一次修订 根据 2016 年 2 月 6 日《国务院关于修改部分行政法规的决定》第二次修订 根据 2018 年 9 月 18 日《国务院关于修改部分行政法规的决定》第三次修订）

......

第二章 生产、经营管理

第七条 申请生产第一类易制毒化学品，应当具备下列条件，并经本条例第八条规定的行政主管部门审批，取得生产许可证后，方可进行生产：

（一）属依法登记的化工产品生产企业或者药品生产企业；

（二）有符合国家标准的生产设备、仓储设施和污染物处理设施；

（三）有严格的安全生产管理制度和环境突发事件应急预案；

（四）企业法定代表人和技术、管理人员具有安全生产和易制毒化学品的有关知识，无毒品犯罪记录；

（五）法律、法规、规章规定的其他条件。

申请生产第一类中的药品类易制毒化学品，还应当在仓储场所等重点区域设置电视监控设施以及与公安机关联网的报警装置。

第八条 申请生产第一类中的药品类易制毒化学品的，由省、自治区、直辖市人民政府药品监督管理部门审批；申请生产第一类中的非药品类易制毒化学品的，由省、自治区、直辖市人民政府安全生产监督管理部门审批。

前款规定的行政主管部门应当自收到申请之日起 60 日内，对申请人提交的申请材料进行审查。对符合规定的，发给生产许可证，或者在企业已经取得的有关生产许可证件上标注；不予许可的，应当书面说明理由。

审查第一类易制毒化学品生产许可申请材料时，根据需要，可以进行实地核查和专家评审。

第九条 申请经营第一类易制毒化学品，应当具备下列条件，并经本条例第十条规定的行政主管部门审批，取得经营许可证后，方可进行经营：

（一）属依法登记的化工产品经营企业或者药品经营企业；

（二）有符合国家规定的经营场所，需要储存、保管易制毒化学品的，还应当有符合国家技术标准的仓储设施；

（三）有易制毒化学品的经营管理制度和健全的销售网络；

（四）企业法定代表人和销售、管理人员具有易制毒化学品的有关知识，无毒品犯罪记录；

（五）法律、法规、规章规定的其他条件。

第十条 申请经营第一类中的药品类易制毒化学品的，由省、自治区、直辖市人民政府药品监督管理部门审批；申请经营第一类中的非药品类易制毒化学品的，由省、自治区、直辖市人民政府安全生产监督管理部门审批。

前款规定的行政主管部门应当自收到申请之日起 30 日内，对申请人提交的申请材料进行审查。对符合规定的，发给经营许可证，或者在企业已经取得的有关经营许可证件上标注；不予许可的，应当书面说明理由。

审查第一类易制毒化学品经营许可申请材料时，根据需要，可以进行实地核查。

第十一条　取得第一类易制毒化学品生产许可或者依照本条例第十三条第一款规定已经履行第二类、第三类易制毒化学品备案手续的生产企业，可以经销自产的易制毒化学品。但是，在厂外设立销售网点经销第一类易制毒化学品的，应当依照本条例的规定取得经营许可。

第一类中的药品类易制毒化学品药品单方制剂，由麻醉药品定点经营企业经销，且不得零售。

第十二条　取得第一类易制毒化学品生产、经营许可的企业，应当凭生产、经营许可证到市场监督管理部门办理经营范围变更登记。未经变更登记，不得进行第一类易制毒化学品的生产、经营。

第一类易制毒化学品生产、经营许可证被依法吊销的，行政主管部门应当自作出吊销决定之日起 5 日内通知市场监督管理部门；被吊销许可证的企业，应当及时到市场监督管理部门办理经营范围变更或者企业注销登记。

第十三条　生产第二类、第三类易制毒化学品的，应当自生产之日起 30 日内，将生产的品种、数量等情况，向所在地的设区的市级人民政府安全生产监督管理部门备案。

经营第二类易制毒化学品的，应当自经营之日起 30 日内，将经营的品种、数量、主要流向等情况，向所在地的设区的市级人民政府安全生产监督管理部门备案；经营第三类易制毒化学品的，应当自经营之日起 30 日内，将经营的品种、数量、主要流向等情况，向所在地的县级人民政府安全生产监督管理部门备案。

前两款规定的行政主管部门应当于收到备案材料的当日发给备案证明。

第三章　购买管理

第十四条　申请购买第一类易制毒化学品，应当提交下列证件，经本条例第十五条规定的行政主管部门审批，取得购买许可证：

（一）经营企业提交企业营业执照和合法使用需要证明；

（二）其他组织提交登记证书（成立批准文件）和合法使用需要证明。

第十五条 申请购买第一类中的药品类易制毒化学品的，由所在地的省、自治区、直辖市人民政府药品监督管理部门审批；申请购买第一类中的非药品类易制毒化学品的，由所在地的省、自治区、直辖市人民政府公安机关审批。

前款规定的行政主管部门应当自收到申请之日起 10 日内，对申请人提交的申请材料和证件进行审查。对符合规定的，发给购买许可证；不予许可的，应当书面说明理由。

审查第一类易制毒化学品购买许可申请材料时，根据需要，可以进行实地核查。

第十六条 持有麻醉药品、第一类精神药品购买印鉴卡的医疗机构购买第一类中的药品类易制毒化学品的，无须申请第一类易制毒化学品购买许可证。

个人不得购买第一类、第二类易制毒化学品。

第十七条 购买第二类、第三类易制毒化学品的，应当在购买前将所需购买的品种、数量，向所在地的县级人民政府公安机关备案。个人自用购买少量高锰酸钾的，无须备案。

第十八条 经营单位销售第一类易制毒化学品时，应当查验购买许可证和经办人的身份证明。对委托代购的，还应当查验购买人持有的委托文书。

经营单位在查验无误、留存上述证明材料的复印件后，方可出售第一类易制毒化学品；发现可疑情况的，应当立即向当地公安机关报告。

第十九条 经营单位应当建立易制毒化学品销售台账，如实记录销售的品种、数量、日期、购买方等情况。销售台账和证明材料复印件应当保存 2 年备查。

第一类易制毒化学品的销售情况，应当自销售之日起 5 日内报当地公安机关备案；第一类易制毒化学品的使用单位，应当建立使用台账，并保存 2 年备查。

第二类、第三类易制毒化学品的销售情况，应当自销售之日起30 日内报当地公安机关备案。

第四章 运 输 管 理

第二十条 跨设区的市级行政区域（直辖市为跨市界）或者在国务院公安部门确定的禁毒形势严峻的重点地区跨县级行政区域运输第一类易制毒化学品的，由运出地的设区的市级人民政府公安机关审批；运输第二类易制毒化学品的，由运出地的县级人民政府公安机关审批。经审批取得易制毒化学品运输许可证后，方可运输。

运输第三类易制毒化学品的，应当在运输前向运出地的县级人民政府公安机关备案。公安机关应当于收到备案材料的当日发给备案证明。

第二十一条 申请易制毒化学品运输许可，应当提交易制毒化学品的购销合同，货主是企业的，应当提交营业执照；货主是其他组织的，应当提交登记证书（成立批准文件）；货主是个人的，应当提交其个人身份证明。经办人还应当提交本人的身份证明。

公安机关应当自收到第一类易制毒化学品运输许可申请之日起10 日内，收到第二类易制毒化学品运输许可申请之日起 3 日内，对申请人提交的申请材料进行审查。对符合规定的，发给运输许可证；不予许可的，应当书面说明理由。

审查第一类易制毒化学品运输许可申请材料时，根据需要，可以进行实地核查。

第二十二条 对许可运输第一类易制毒化学品的，发给一次有效的运输许可证。

对许可运输第二类易制毒化学品的，发给 3 个月有效的运输许可证；6个月内运输安全状况良好的，发给12个月有效的运输许可证。

易制毒化学品运输许可证应当载明拟运输的易制毒化学品的品种、数量、运入地、货主及收货人、承运人情况以及运输许可证种类。

第二十三条　运输供教学、科研使用的100克以下的麻黄素样品和供医疗机构制剂配方使用的小包装麻黄素以及医疗机构或者麻醉药品经营企业购买麻黄素片剂6万片以下、注射剂1.5万支以下，货主或者承运人持有依法取得的购买许可证明或者麻醉药品调拨单的，无须申请易制毒化学品运输许可。

第二十四条　接受货主委托运输的，承运人应当查验货主提供的运输许可证或者备案证明，并查验所运货物与运输许可证或者备案证明载明的易制毒化学品品种等情况是否相符；不相符的，不得承运。

运输易制毒化学品，运输人员应当自启运起全程携带运输许可证或者备案证明。公安机关应当在易制毒化学品的运输过程中进行检查。

运输易制毒化学品，应当遵守国家有关货物运输的规定。

第二十五条　因治疗疾病需要，患者、患者近亲属或者患者委托的人凭医疗机构出具的医疗诊断书和本人的身份证明，可以随身携带第一类中的药品类易制毒化学品药品制剂，但是不得超过医用单张处方的最大剂量。

医用单张处方最大剂量，由国务院卫生主管部门规定、公布。

第五章　进口、出口管理

第二十六条　申请进口或者出口易制毒化学品，应当提交下列材料，经国务院商务主管部门或者其委托的省、自治区、直辖市人民政府商务主管部门审批，取得进口或者出口许可证后，方可从事进口、出口活动：

（一）对外贸易经营者备案登记证明复印件；

（二）营业执照副本；

（三）易制毒化学品生产、经营、购买许可证或者备案证明；

（四）进口或者出口合同（协议）副本；

（五）经办人的身份证明。

申请易制毒化学品出口许可的，还应当提交进口方政府主管部门出具的合法使用易制毒化学品的证明或者进口方合法使用的保证文件。

第二十七条　受理易制毒化学品进口、出口申请的商务主管部门应当自收到申请材料之日起 20 日内，对申请材料进行审查，必要时可以进行实地核查。对符合规定的，发给进口或者出口许可证；不予许可的，应当书面说明理由。

对进口第一类中的药品类易制毒化学品的，有关的商务主管部门在作出许可决定前，应当征得国务院药品监督管理部门的同意。

第二十八条　麻黄素等属于重点监控物品范围的易制毒化学品，由国务院商务主管部门会同国务院有关部门核定的企业进口、出口。

第二十九条　国家对易制毒化学品的进口、出口实行国际核查制度。易制毒化学品国际核查目录及核查的具体办法，由国务院商务主管部门会同国务院公安部门规定、公布。

国际核查所用时间不计算在许可期限之内。

对向毒品制造、贩运情形严重的国家或者地区出口易制毒化学品以及本条例规定品种以外的化学品的，可以在国际核查措施以外实施其他管制措施，具体办法由国务院商务主管部门会同国务院公安部门、海关总署等有关部门规定、公布。

第三十条　进口、出口或者过境、转运、通运易制毒化学品的，应当如实向海关申报，并提交进口或者出口许可证。海关凭许可证办理通关手续。

易制毒化学品在境外与保税区、出口加工区等海关特殊监管区域、保税场所之间进出的，适用前款规定。

易制毒化学品在境内与保税区、出口加工区等海关特殊监管区域、保税场所之间进出的，或者在上述海关特殊监管区域、保税场所之间进出的，无须申请易制毒化学品进口或者出口许可证。

进口第一类中的药品类易制毒化学品，还应当提交药品监督管理部门出具的进口药品通关单。

第三十一条 进出境人员随身携带第一类中的药品类易制毒化学品药品制剂和高锰酸钾，应当以自用且数量合理为限，并接受海关监管。

进出境人员不得随身携带前款规定以外的易制毒化学品。

第六章 监 督 检 查

第三十二条 县级以上人民政府公安机关、负责药品监督管理的部门、安全生产监督管理部门、商务主管部门、卫生主管部门、价格主管部门、铁路主管部门、交通主管部门、市场监督管理部门、生态环境主管部门和海关，应当依照本条例和有关法律、行政法规的规定，在各自的职责范围内，加强对易制毒化学品生产、经营、购买、运输、价格以及进口、出口的监督检查；对非法生产、经营、购买、运输易制毒化学品，或者走私易制毒化学品的行为，依法予以查处。

前款规定的行政主管部门在进行易制毒化学品监督检查时，可以依法查看现场、查阅和复制有关资料、记录有关情况、扣押相关的证据材料和违法物品；必要时，可以临时查封有关场所。

被检查的单位或者个人应当如实提供有关情况和材料、物品，不得拒绝或者隐匿。

第三十三条 对依法收缴、查获的易制毒化学品，应当在省、自治区、直辖市或者设区的市级人民政府公安机关、海关或者生态环境主管部门的监督下，区别易制毒化学品的不同情况进行保管、回收，或者依照环境保护法律、行政法规的有关规定，由有资质的单位在生态环境主管部门的监督下销毁。其中，对收缴、查获的第一类中的药品类易制毒化学品，一律销毁。

易制毒化学品违法单位或者个人无力提供保管、回收或者销毁费用的，保管、回收或者销毁的费用在回收所得中开支，或者在有关行政主管部门的禁毒经费中列支。

第三十四条 易制毒化学品丢失、被盗、被抢的，发案单位应当立即向当地公安机关报告，并同时报告当地的县级人民政府负责药品监督管理的部门、安全生产监督管理部门、商务主管部门或者卫生主管部门。接到报案的公安机关应当及时立案查处，并向上级公安机关报告；有关行政主管部门应当逐级上报并配合公安机关的查处。

第三十五条 有关行政主管部门应当将易制毒化学品许可以及依法吊销许可的情况通报有关公安机关和市场监督管理部门；市场监督管理部门应当将生产、经营易制毒化学品企业依法变更或者注销登记的情况通报有关公安机关和行政主管部门。

第三十六条 生产、经营、购买、运输或者进口、出口易制毒化学品的单位，应当于每年3月31日前向许可或者备案的行政主管部门和公安机关报告本单位上年度易制毒化学品的生产、经营、购买、运输或者进口、出口情况；有条件的生产、经营、购买、运输或者进口、出口单位，可以与有关行政主管部门建立计算机联网，及时通报有关经营情况。

第三十七条 县级以上人民政府有关行政主管部门应当加强协调合作，建立易制毒化学品管理情况、监督检查情况以及案件处理情况的通报、交流机制。

……

危险化学品生产企业
安全生产许可证实施办法（节录）

(2011 年 8 月 5 日国家安全生产监管总局令第 41 号公布　根据 2015 年 5 月 27 日《国家安全监管总局关于废止和修改危险化学品等领域七部规章的决定》第一次修订　根据 2017 年 3 月 6 日《国家安全监管总局关于修改和废止部分规章及规范性文件的决定》第二次修订)

……

第二章　申请安全生产许可证的条件

第八条　企业选址布局、规划设计以及与重要场所、设施、区域的距离应当符合下列要求：

（一）国家产业政策；当地县级以上（含县级）人民政府的规划和布局；新设立企业建在地方人民政府规划的专门用于危险化学品生产、储存的区域内；

（二）危险化学品生产装置或者储存危险化学品数量构成重大危险源的储存设施，与《危险化学品安全管理条例》第十九条第一款规定的八类场所、设施、区域的距离符合有关法律、法规、规章和国家标准或者行业标准的规定；

（三）总体布局符合《化工企业总图运输设计规范》（GB50489）、《工业企业总平面设计规范》（GB50187）、《建筑设计防火规范》（GB50016）等标准的要求。

石油化工企业除符合本条第一款规定条件外，还应当符合《石油化工企业设计防火规范》（GB50160）的要求。

第九条 企业的厂房、作业场所、储存设施和安全设施、设备、工艺应当符合下列要求：

（一）新建、改建、扩建建设项目经具备国家规定资质的单位设计、制造和施工建设；涉及危险化工工艺、重点监管危险化学品的装置，由具有综合甲级资质或者化工石化专业甲级设计资质的化工石化设计单位设计；

（二）不得采用国家明令淘汰、禁止使用和危及安全生产的工艺、设备；新开发的危险化学品生产工艺必须在小试、中试、工业化试验的基础上逐步放大到工业化生产；国内首次使用的化工工艺，必须经过省级人民政府有关部门组织的安全可靠性论证；

（三）涉及危险化工工艺、重点监管危险化学品的装置装设自动化控制系统；涉及危险化工工艺的大型化工装置装设紧急停车系统；涉及易燃易爆、有毒有害气体化学品的场所装设易燃易爆、有毒有害介质泄漏报警等安全设施；

（四）生产区与非生产区分开设置，并符合国家标准或者行业标准规定的距离；

（五）危险化学品生产装置和储存设施之间及其与建（构）筑物之间的距离符合有关标准规范的规定。

同一厂区内的设备、设施及建（构）筑物的布置必须适用同一标准的规定。

第十条 企业应当有相应的职业危害防护设施，并为从业人员配备符合国家标准或者行业标准的劳动防护用品。

第十一条 企业应当依据《危险化学品重大危险源辨识》（GB18218），对本企业的生产、储存和使用装置、设施或者场所进行重大危险源辨识。

对已确定为重大危险源的生产和储存设施，应当执行《危险化学品重大危险源监督管理暂行规定》。

第十二条 企业应当依法设置安全生产管理机构，配备专职安全生产管理人员。配备的专职安全生产管理人员必须能够满足安全生产的需要。

第十三条 企业应当建立全员安全生产责任制，保证每位从业人员的安全生产责任与职务、岗位相匹配。

第十四条 企业应当根据化工工艺、装置、设施等实际情况，制定完善下列主要安全生产规章制度：

（一）安全生产例会等安全生产会议制度；

（二）安全投入保障制度；

（三）安全生产奖惩制度；

（四）安全培训教育制度；

（五）领导干部轮流现场带班制度；

（六）特种作业人员管理制度；

（七）安全检查和隐患排查治理制度；

（八）重大危险源评估和安全管理制度；

（九）变更管理制度；

（十）应急管理制度；

（十一）生产安全事故或者重大事件管理制度；

（十二）防火、防爆、防中毒、防泄漏管理制度；

（十三）工艺、设备、电气仪表、公用工程安全管理制度；

（十四）动火、进入受限空间、吊装、高处、盲板抽堵、动土、断路、设备检维修等作业安全管理制度；

（十五）危险化学品安全管理制度；

（十六）职业健康相关管理制度；

（十七）劳动防护用品使用维护管理制度；

（十八）承包商管理制度；

（十九）安全管理制度及操作规程定期修订制度。

第十五条 企业应当根据危险化学品的生产工艺、技术、设备特点和原辅料、产品的危险性编制岗位操作安全规程。

第十六条 企业主要负责人、分管安全负责人和安全生产管理人员必须具备与其从事的生产经营活动相适应的安全生产知识和管理能力，依法参加安全生产培训，并经考核合格，取得安全合格证书。

企业分管安全负责人、分管生产负责人、分管技术负责人应当具有一定的化工专业知识或者相应的专业学历，专职安全生产管理人员应当具备国民教育化工化学类（或安全工程）中等职业教育以上学历或者化工化学类中级以上专业技术职称。

企业应当有危险物品安全类注册安全工程师从事安全生产管理工作。

特种作业人员应当依照《特种作业人员安全技术培训考核管理规定》，经专门的安全技术培训并考核合格，取得特种作业操作证书。

本条第一、二、四款规定以外的其他从业人员应当按照国家有关规定，经安全教育培训合格。

第十七条 企业应当按照国家规定提取与安全生产有关的费用，并保证安全生产所必须的资金投入。

第十八条 企业应当依法参加工伤保险，为从业人员缴纳保险费。

第十九条 企业应当依法委托具备国家规定资质的安全评价机构进行安全评价，并按照安全评价报告的意见对存在的安全生产问题进行整改。

第二十条 企业应当依法进行危险化学品登记，为用户提供化学品安全技术说明书，并在危险化学品包装（包括外包装件）上粘贴或者拴挂与包装内危险化学品相符的化学品安全标签。

第二十一条 企业应当符合下列应急管理要求：

（一）按照国家有关规定编制危险化学品事故应急预案并报有关部门备案；

（二）建立应急救援组织，规模较小的企业可以不建立应急救援组织，但应指定兼职的应急救援人员；

（三）配备必要的应急救援器材、设备和物资，并进行经常性维护、保养，保证正常运转。

生产、储存和使用氯气、氨气、光气、硫化氢等吸入性有毒有害气体的企业，除符合本条第一款的规定外，还应当配备至少两套以上全封闭防化服；构成重大危险源的，还应当设立气体防护站（组）。

第二十二条 企业除符合本章规定的安全生产条件，还应当符合有关法律、行政法规和国家标准或者行业标准规定的其他安全生产条件。

第三章 安全生产许可证的申请

第二十三条 中央企业及其直接控股涉及危险化学品生产的企业（总部）以外的企业向所在地省级安全生产监督管理部门或其委托的安全生产监督管理部门申请安全生产许可证。

第二十四条 新建企业安全生产许可证的申请，应当在危险化学品生产建设项目安全设施竣工验收通过后 10 个工作日内提出。

第二十五条 企业申请安全生产许可证时，应当提交下列文件、资料，并对其内容的真实性负责：

（一）申请安全生产许可证的文件及申请书；

（二）安全生产责任制文件，安全生产规章制度、岗位操作安全规程清单；

（三）设置安全生产管理机构，配备专职安全生产管理人员的文件复制件；

（四）主要负责人、分管安全负责人、安全生产管理人员和特种作业人员的安全合格证或者特种作业操作证复制件；

（五）与安全生产有关的费用提取和使用情况报告，新建企业提交有关安全生产费用提取和使用规定的文件；

（六）为从业人员缴纳工伤保险费的证明材料；

（七）危险化学品事故应急救援预案的备案证明文件；

（八）危险化学品登记证复制件；

（九）工商营业执照副本或者工商核准文件复制件；

（十）具备资质的中介机构出具的安全评价报告；

（十一）新建企业的竣工验收报告；

（十二）应急救援组织或者应急救援人员，以及应急救援器材、设备设施清单。

有危险化学品重大危险源的企业，除提交本条第一款规定的文件、资料外，还应当提供重大危险源及其应急预案的备案证明文件、资料。

第四章　安全生产许可证的颁发

第二十六条　实施机关收到企业申请文件、资料后，应当按照下列情况分别作出处理：

（一）申请事项依法不需要取得安全生产许可证的，即时告知企业不予受理；

（二）申请事项依法不属于本实施机关职责范围的，即时作出不予受理的决定，并告知企业向相应的实施机关申请；

（三）申请材料存在可以当场更正的错误的，允许企业当场更正，并受理其申请；

（四）申请材料不齐全或者不符合法定形式的，当场告知或者在 5 个工作日内出具补正告知书，一次告知企业需要补正的全部内容；逾期不告知的，自收到申请材料之日起即为受理；

（五）企业申请材料齐全、符合法定形式，或者按照实施机关要求提交全部补正材料的，立即受理其申请。

实施机关受理或者不予受理行政许可申请，应当出具加盖本机关专用印章和注明日期的书面凭证。

第二十七条 安全生产许可证申请受理后，实施机关应当组织对企业提交的申请文件、资料进行审查。对企业提交的文件、资料实质内容存在疑问，需要到现场核查的，应当指派工作人员就有关内容进行现场核查。工作人员应当如实提出现场核查意见。

第二十八条 实施机关应当在受理之日起45个工作日内作出是否准予许可的决定。审查过程中的现场核查所需时间不计算在本条规定的期限内。

第二十九条 实施机关作出准予许可决定的，应当自决定之日起10个工作日内颁发安全生产许可证。

实施机关作出不予许可的决定的，应当在10个工作日内书面告知企业并说明理由。

第三十条 企业在安全生产许可证有效期内变更主要负责人、企业名称或者注册地址的，应当自工商营业执照或者隶属关系变更之日起10个工作日内向实施机关提出变更申请，并提交下列文件、资料：

（一）变更后的工商营业执照副本复制件；

（二）变更主要负责人的，还应当提供主要负责人经安全生产监督管理部门考核合格后颁发的安全合格证复制件；

（三）变更注册地址的，还应当提供相关证明材料。

对已经受理的变更申请，实施机关应当在对企业提交的文件、资料审查无误后，方可办理安全生产许可证变更手续。

企业在安全生产许可证有效期内变更隶属关系的，仅需提交隶属关系变更证明材料报实施机关备案。

第三十一条 企业在安全生产许可证有效期内，当原生产装置新增产品或者改变工艺技术对企业的安全生产产生重大影响时，应当对该生产装置或者工艺技术进行专项安全评价，并对安全评价报告中提出的问题进行整改；在整改完成后，向原实施机关提出变更申请，提交安全评价报告。实施机关按照本办法第三十条的规定办理变更手续。

第三十二条 企业在安全生产许可证有效期内，有危险化学品新建、改建、扩建建设项目（以下简称建设项目）的，应当在建设项目安全设施竣工验收合格之日起 10 个工作日内向原实施机关提出变更申请，并提交建设项目安全设施竣工验收报告等相关文件、资料。实施机关按照本办法第二十七条、第二十八条和第二十九条的规定办理变更手续。

第三十三条 安全生产许可证有效期为 3 年。企业安全生产许可证有效期届满后继续生产危险化学品的，应当在安全生产许可证有效期届满前 3 个月提出延期申请，并提交延期申请书和本办法第二十五条规定的申请文件、资料。

实施机关按照本办法第二十六条、第二十七条、第二十八条、第二十九条的规定进行审查，并作出是否准予延期的决定。

第三十四条 企业在安全生产许可证有效期内，符合下列条件的，其安全生产许可证届满时，经原实施机关同意，可不提交第二十五条第一款第二、七、八、十、十一项规定的文件、资料，直接办理延期手续：

（一）严格遵守有关安全生产的法律、法规和本办法的；

（二）取得安全生产许可证后，加强日常安全生产管理，未降低安全生产条件，并达到安全生产标准化等级二级以上的；

（三）未发生死亡事故的。

第三十五条 安全生产许可证分为正、副本，正本为悬挂式，副本为折页式，正、副本具有同等法律效力。

实施机关应当分别在安全生产许可证正、副本上载明编号、企业名称、主要负责人、注册地址、经济类型、许可范围、有效期、发证机关、发证日期等内容。其中，正本上的"许可范围"应当注明"危险化学品生产"，副本上的"许可范围"应当载明生产场所地址和对应的具体品种、生产能力。

安全生产许可证有效期的起始日为实施机关作出许可决定之日，截止日为起始日至三年后同一日期的前一日。有效期内有变更事项的，起始日和截止日不变，载明变更日期。

第三十六条 企业不得出租、出借、买卖或者以其他形式转让其取得的安全生产许可证，或者冒用他人取得的安全生产许可证、使用伪造的安全生产许可证。

第五章 监督管理

第三十七条 实施机关应当坚持公开、公平、公正的原则，依照本办法和有关安全生产行政许可的法律、法规规定，颁发安全生产许可证。

实施机关工作人员在安全生产许可证颁发及其监督管理工作中，不得索取或者接受企业的财物，不得谋取其他非法利益。

第三十八条 实施机关应当加强对安全生产许可证的监督管理，建立、健全安全生产许可证档案管理制度。

第三十九条 有下列情形之一的，实施机关应当撤销已经颁发的安全生产许可证：

（一）超越职权颁发安全生产许可证的；

（二）违反本办法规定的程序颁发安全生产许可证的；

（三）以欺骗、贿赂等不正当手段取得安全生产许可证的。

第四十条 企业取得安全生产许可证后有下列情形之一的，实施机关应当注销其安全生产许可证：

（一）安全生产许可证有效期届满未被批准延续的；

（二）终止危险化学品生产活动的；

（三）安全生产许可证被依法撤销的；

（四）安全生产许可证被依法吊销的。

安全生产许可证注销后，实施机关应当在当地主要新闻媒体或者本机关网站上发布公告，并通报企业所在地人民政府和县级以上安全生产监督管理部门。

第四十一条　省级安全生产监督管理部门应当在每年 1 月 15 日前，将本行政区域内上年度安全生产许可证的颁发和管理情况报国家安全生产监督管理总局。

国家安全生产监督管理总局、省级安全生产监督管理部门应当定期向社会公布企业取得安全生产许可的情况，接受社会监督。

……

危险化学品安全使用许可证实施办法（节录）

（2012 年 11 月 16 日国家安全生产监督管理总局令第 57 号公布　根据 2015 年 5 月 27 日《国家安全监督总局关于废止和修改危险化学品等领域七部规章的决定》第一次修订　根据 2017 年 3 月 6 日《国家安全监督总局关于修改和废止部分规章及规范性文件的决定》第二次修订）

……

第二章　申请安全使用许可证的条件

第六条　企业与重要场所、设施、区域的距离和总体布局应当符合下列要求，并确保安全：

（一）储存危险化学品数量构成重大危险源的储存设施，与《危险化学品安全管理条例》第十九条第一款规定的八类场所、设施、区域的距离符合国家有关法律、法规、规章和国家标准或者行业标准的规定；

（二）总体布局符合《工业企业总平面设计规范》（GB50187）、《化工企业总图运输设计规范》（GB50489）、《建筑设计防火规范》

（GB50016）等相关标准的要求；石油化工企业还应当符合《石油化工企业设计防火规范》（GB50160）的要求；

（三）新建企业符合国家产业政策、当地县级以上（含县级）人民政府的规划和布局。

第七条 企业的厂房、作业场所、储存设施和安全设施、设备、工艺应当符合下列要求：

（一）新建、改建、扩建使用危险化学品的化工建设项目（以下统称建设项目）由具备国家规定资质的设计单位设计和施工单位建设；其中，涉及国家安全生产监督管理总局公布的重点监管危险化工工艺、重点监管危险化学品的装置，由具备石油化工医药行业相应资质的设计单位设计；

（二）不得采用国家明令淘汰、禁止使用和危及安全生产的工艺、设备；新开发的使用危险化学品从事化工生产的工艺（以下简称化工工艺），在小试、中试、工业化试验的基础上逐步放大到工业化生产；国内首次使用的化工工艺，经过省级人民政府有关部门组织的安全可靠性论证；

（三）涉及国家安全生产监督管理总局公布的重点监管危险化工工艺、重点监管危险化学品的装置装设自动化控制系统；涉及国家安全生产监督管理总局公布的重点监管危险化工工艺的大型化工装置装设紧急停车系统；涉及易燃易爆、有毒有害气体化学品的作业场所装设易燃易爆、有毒有害介质泄漏报警等安全设施；

（四）新建企业的生产区与非生产区分开设置，并符合国家标准或者行业标准规定的距离；

（五）新建企业的生产装置和储存设施之间及其建（构）筑物之间的距离符合国家标准或者行业标准的规定。

同一厂区内（生产或者储存区域）的设备、设施及建（构）筑物的布置应当适用同一标准的规定。

第八条 企业应当依法设置安全生产管理机构，按照国家规定配备专职安全生产管理人员。配备的专职安全生产管理人员必须能够满足安全生产的需要。

第九条 企业主要负责人、分管安全负责人和安全生产管理人员必须具备与其从事生产经营活动相适应的安全知识和管理能力，参加安全资格培训，并经考核合格，取得安全合格证书。

特种作业人员应当依照《特种作业人员安全技术培训考核管理规定》，经专门的安全技术培训并考核合格，取得特种作业操作证书。

本条第一款、第二款规定以外的其他从业人员应当按照国家有关规定，经安全教育培训合格。

第十条 企业应当建立全员安全生产责任制，保证每位从业人员的安全生产责任与职务、岗位相匹配。

第十一条 企业根据化工工艺、装置、设施等实际情况，至少应当制定、完善下列主要安全生产规章制度：

（一）安全生产例会等安全生产会议制度；

（二）安全投入保障制度；

（三）安全生产奖惩制度；

（四）安全培训教育制度；

（五）领导干部轮流现场带班制度；

（六）特种作业人员管理制度；

（七）安全检查和隐患排查治理制度；

（八）重大危险源的评估和安全管理制度；

（九）变更管理制度；

（十）应急管理制度；

（十一）生产安全事故或者重大事件管理制度；

（十二）防火、防爆、防中毒、防泄漏管理制度；

（十三）工艺、设备、电气仪表、公用工程安全管理制度；

（十四）动火、进入受限空间、吊装、高处、盲板抽堵、临时用电、动土、断路、设备检维修等作业安全管理制度；

（十五）危险化学品安全管理制度；

（十六）职业健康相关管理制度；

（十七）劳动防护用品使用维护管理制度；

（十八）承包商管理制度；

（十九）安全管理制度及操作规程定期修订制度。

第十二条 企业应当根据工艺、技术、设备特点和原辅料的危险性等情况编制岗位安全操作规程。

第十三条 企业应当依法委托具备国家规定资质条件的安全评价机构进行安全评价，并按照安全评价报告的意见对存在的安全生产问题进行整改。

第十四条 企业应当有相应的职业病危害防护设施，并为从业人员配备符合国家标准或者行业标准的劳动防护用品。

第十五条 企业应当依据《危险化学品重大危险源辨识》（GB18218），对本企业的生产、储存和使用装置、设施或者场所进行重大危险源辨识。

对于已经确定为重大危险源的，应当按照《危险化学品重大危险源监督管理暂行规定》进行安全管理。

第十六条 企业应当符合下列应急管理要求：

（一）按照国家有关规定编制危险化学品事故应急预案，并报送有关部门备案；

（二）建立应急救援组织，明确应急救援人员，配备必要的应急救援器材、设备设施，并按照规定定期进行应急预案演练。

储存和使用氯气、氨气等对皮肤有强烈刺激的吸入性有毒有害气体的企业，除符合本条第一款的规定外，还应当配备至少两套以上全封闭防化服；构成重大危险源的，还应当设立气体防护站（组）。

第十七条 企业除符合本章规定的安全使用条件外，还应当符合有关法律、行政法规和国家标准或者行业标准规定的其他安全使用条件。

第三章　安全使用许可证的申请

第十八条　企业向发证机关申请安全使用许可证时，应当提交下列文件、资料，并对其内容的真实性负责：

（一）申请安全使用许可证的文件及申请书；

（二）新建企业的选址布局符合国家产业政策、当地县级以上人民政府的规划和布局的证明材料复制件；

（三）安全生产责任制文件，安全生产规章制度、岗位安全操作规程清单；

（四）设置安全生产管理机构，配备专职安全生产管理人员的文件复制件；

（五）主要负责人、分管安全负责人、安全生产管理人员安全合格证和特种作业人员操作证复制件；

（六）危险化学品事故应急救援预案的备案证明文件；

（七）由供货单位提供的所使用危险化学品的安全技术说明书和安全标签；

（八）工商营业执照副本或者工商核准文件复制件；

（九）安全评价报告及其整改结果的报告；

（十）新建企业的建设项目安全设施竣工验收报告；

（十一）应急救援组织、应急救援人员，以及应急救援器材、设备设施清单。

有危险化学品重大危险源的企业，除应当提交本条第一款规定的文件、资料外，还应当提交重大危险源的备案证明文件。

第十九条　新建企业安全使用许可证的申请，应当在建设项目安全设施竣工验收通过之日起 10 个工作日内提出。

第四章　安全使用许可证的颁发

第二十条　发证机关收到企业申请文件、资料后，应当按照下列情况分别作出处理：

（一）申请事项依法不需要取得安全使用许可证的，当场告知企业不予受理；

（二）申请材料存在可以当场更正的错误的，允许企业当场更正；

（三）申请材料不齐全或者不符合法定形式的，当场或者在5个工作日内一次告知企业需要补正的全部内容，并出具补正告知书；逾期不告知的，自收到申请材料之日起即为受理；

（四）企业申请材料齐全、符合法定形式，或者按照发证机关要求提交全部补正申请材料的，立即受理其申请。

发证机关受理或者不予受理行政许可申请，应当出具加盖本机关专用印章和注明日期的书面凭证。

第二十一条　安全使用许可证申请受理后，发证机关应当组织人员对企业提交的申请文件、资料进行审查。对企业提交的文件、资料内容存在疑问，需要到现场核查的，应当指派工作人员对有关内容进行现场核查。工作人员应当如实提出书面核查意见。

第二十二条　发证机关应当在受理之日起45日内作出是否准予许可的决定。发证机关现场核查和企业整改有关问题所需时间不计算在本条规定的期限内。

第二十三条　发证机关作出准予许可的决定的，应当自决定之日起10个工作日内颁发安全使用许可证。

发证机关作出不予许可的决定的，应当在10个工作日内书面告知企业并说明理由。

第二十四条　企业在安全使用许可证有效期内变更主要负责人、企业名称或者注册地址的，应当自工商营业执照变更之日起10

个工作日内提出变更申请，并提交下列文件、资料：

（一）变更申请书；

（二）变更后的工商营业执照副本复制件；

（三）变更主要负责人的，还应当提供主要负责人经安全生产监督管理部门考核合格后颁发的安全合格证复制件；

（四）变更注册地址的，还应当提供相关证明材料。

对已经受理的变更申请，发证机关对企业提交的文件、资料审查无误后，方可办理安全使用许可证变更手续。

企业在安全使用许可证有效期内变更隶属关系的，应当在隶属关系变更之日起 10 日内向发证机关提交证明材料。

第二十五条 企业在安全使用许可证有效期内，有下列情形之一的，发证机关按照本办法第二十条、第二十一条、第二十二条、第二十三条的规定办理变更手续：

（一）增加使用的危险化学品品种，且达到危险化学品使用量的数量标准规定的；

（二）涉及危险化学品安全使用许可范围的新建、改建、扩建建设项目的；

（三）改变工艺技术对企业的安全生产条件产生重大影响的。

有本条第一款第一项规定情形的企业，应当在增加前提出变更申请。

有本条第一款第二项规定情形的企业，应当在建设项目安全设施竣工验收合格之日起 10 个工作日内向原发证机关提出变更申请，并提交建设项目安全设施竣工验收报告等相关文件、资料。

有本条第一款第一项、第三项规定情形的企业，应当进行专项安全验收评价，并对安全评价报告中提出的问题进行整改；在整改完成后，向原发证机关提出变更申请并提交安全验收评价报告。

第二十六条 安全使用许可证有效期为 3 年。企业安全使用许可证有效期届满后需要继续使用危险化学品从事生产、且达到危险化学品使用量的数量标准规定的，应当在安全使用许可证有效期届满前 3 个月提出延期申请，并提交本办法第十八条规定的文件、资料。

发证机关按照本办法第二十条、第二十一条、第二十二条、第二十三条的规定进行审查，并作出是否准予延期的决定。

第二十七条 企业取得安全使用许可证后，符合下列条件的，其安全使用许可证届满办理延期手续时，经原发证机关同意，可以不提交第十八条第一款第二项、第五项、第九项和第十八条第二款规定的文件、资料，直接办理延期手续：

（一）严格遵守有关法律、法规和本办法的；

（二）取得安全使用许可证后，加强日常安全管理，未降低安全使用条件，并达到安全生产标准化等级二级以上的；

（三）未发生造成人员死亡的生产安全责任事故的。

企业符合本条第一款第二项、第三项规定条件的，应当在延期申请书中予以说明，并出具二级以上安全生产标准化证书复印件。

第二十八条 安全使用许可证分为正本、副本，正本为悬挂式，副本为折页式，正、副本具有同等法律效力。

发证机关应当分别在安全使用许可证正、副本上注明编号、企业名称、主要负责人、注册地址、经济类型、许可范围、有效期、发证机关、发证日期等内容。其中，"许可范围"正本上注明"危险化学品使用"，副本上注明使用危险化学品从事生产的地址和对应的具体品种、年使用量。

第二十九条 企业不得伪造、变造安全使用许可证，或者出租、出借、转让其取得的安全使用许可证，或者使用伪造、变造的安全使用许可证。

第五章 监 督 管 理

第三十条 发证机关应当坚持公开、公平、公正的原则，依照本办法和有关行政许可的法律法规规定，颁发安全使用许可证。

发证机关工作人员在安全使用许可证颁发及其监督管理工作中，不得索取或者接受企业的财物，不得谋取其他非法利益。

第三十一条 发证机关应当加强对安全使用许可证的监督管理，建立、健全安全使用许可证档案管理制度。

第三十二条 有下列情形之一的，发证机关应当撤销已经颁发的安全使用许可证：

（一）滥用职权、玩忽职守颁发安全使用许可证的；

（二）超越职权颁发安全使用许可证的；

（三）违反本办法规定的程序颁发安全使用许可证的；

（四）对不具备申请资格或者不符合法定条件的企业颁发安全使用许可证的；

（五）以欺骗、贿赂等不正当手段取得安全使用许可证的。

第三十三条 企业取得安全使用许可证后有下列情形之一的，发证机关应当注销其安全使用许可证：

（一）安全使用许可证有效期届满未被批准延期的；

（二）终止使用危险化学品从事生产的；

（三）继续使用危险化学品从事生产，但使用量降低后未达到危险化学品使用量的数量标准规定的；

（四）安全使用许可证被依法撤销的；

（五）安全使用许可证被依法吊销的。

安全使用许可证注销后，发证机关应当在当地主要新闻媒体或者本机关网站上予以公告，并向省级和企业所在地县级安全生产监督管理部门通报。

第三十四条 发证机关应当将其颁发安全使用许可证的情况及时向同级环境保护主管部门和公安机关通报。

第三十五条 发证机关应当于每年1月10日前，将本行政区域内上年度安全使用许可证的颁发和管理情况报省级安全生产监督管理部门，并定期向社会公布企业取得安全使用许可证的情况，接受社会监督。

省级安全生产监督管理部门应当于每年 1 月 15 日前，将本行政区域内上年度安全使用许可证的颁发和管理情况报国家安全生产监督管理总局。

……

危险化学品企业生产安全事故应急准备指南

（2019 年 12 月 26 日　应急厅〔2019〕62 号）

第一条　为加强危险化学品企业安全生产应急管理工作，有效防范和应对危险化学品事故，保障人民群众生命和财产安全，依据《中华人民共和国突发事件应对法》《中华人民共和国安全生产法》《生产安全事故应急条例》《生产安全事故应急预案管理办法》等法律、法规、规章、标准和有关文件（以下统称现行法律法规制度），制定本指南。

第二条　本指南适用于危险化学品生产、使用、经营、储存单位（以下统称危险化学品企业）依法实施生产安全事故应急准备工作，也可作为各级政府应急管理部门和其他负有危险化学品安全生产监督管理职责的部门依法监督检查危险化学品企业生产安全事故应急准备工作的工具。

本指南所称危险化学品使用单位是指根据《危险化学品安全使用许可证实施办法》规定，应取得危险化学品安全使用许可证的化工企业。

第三条　依法做好生产安全事故应急准备是危险化学品企业开

展安全生产应急管理工作的主要任务，落实安全生产主体责任的重要内容。

应急准备应贯穿于危险化学品企业安全生产各环节、全过程。

危险化学品企业应遵循安全生产应急工作规律，依法依规，结合实际，在风险评估基础上，针对可能发生的生产安全事故特点和危害，持续开展应急准备工作。

第四条　应急准备内容主要由思想理念、组织与职责、法律法规、风险评估、预案管理、监测与预警、教育培训与演练、值班值守、信息管理、装备设施、救援队伍建设、应急处置与救援、应急准备恢复、经费保障等要素构成。每个要素由若干项目组成。

要素1：思想理念。思想理念是应急准备工作的源头和指引。危险化学品企业要坚持以人为本、安全发展，生命至上、科学救援理念，树立安全发展的红线意识和风险防控的底线思维，依法依规开展应急准备工作。

本要素包括安全发展红线意识、风险防控底线思维、应急管理法治化与生命至上、科学救援四个项目。

要素2：组织与职责。组织健全、职责明确是企业开展应急准备工作的组织保障。危险化学品企业主要负责人要对本单位的生产安全事故应急工作全面负责，建立健全应急管理机构，明确应急响应、指挥、处置、救援、恢复等各环节的职责分工，细化落实到岗位。

本要素包括应急组织、职责任务两个项目。

要素3：法律法规。现行法律法规制度是企业开展应急准备的主要依据。危险化学品企业要及时识别最新的安全生产法律法规、标准规范和有关文件，将其要求转化为企业应急管理的规章制度、操作规程、检测规范和管理工具等，依法依规开展应急准备工作。

本要素包括法律法规识别、法律法规转化、建立应急管理制度三个项目。

要素4：风险评估。风险评估是企业开展应急准备和救援能力建设的基础。危险化学品企业要运用底线思维，全面辨识各类安全风险，选用科学方法进行风险分析和评价，做到风险辨识全面，风险分析深入，风险评估科学，风险分级准确，预防和应对措施有效。运用情景构建技术，准确揭示本企业小概率、高后果的"巨灾事故"，开展有针对性的应急准备工作。

本要素包括风险辨识、风险分析、风险评价、情景构建四个项目。

要素5：预案管理。针对性和操作性强的应急预案是企业开展应急准备和救援能力建设的"规划蓝图"、从业人员应急救援培训的"专门教材"、救援行动的"作战指导方案"。危险化学品企业要组成应急预案编制组，开展风险评估、应急资源普查、救援能力评估，编制应急预案。要加强预案管理，严格预案评审、签署、公布与备案；及时评估和修订预案，增强预案的针对性、实用性和可操作性。

本要素包括预案编制、预案管理、能力提升三个项目。

要素6：监测与预警。监测与预警是企业生产安全事故预防与应急的重要措施。监测是及时做好事故预警，有效预防、减少事故，减轻、消除事故危害的基础。预警是根据事故预测信息和风险评估结果，依据事故可能的危害程度、波及范围、紧急程度和发展态势，确定预警等级，制定预警措施，及时发布实施。

本要素包括监测、预警分级、预警措施三个项目。

要素7：教育培训与演练。教育培训与演练是企业普及应急知识，从业人员提高应急处置技能、熟练掌握应急预案的有效措施。危险化学品企业应对从业人员（包含承包商、救援协议方）开展针对性知识教育、技能培训和预案演练，使从业人员掌握必要的应急知识、与岗位相适应的风险防范技能和应急处置措施。要建立从业人员应急教育培训考核档案，如实记录教育培训的时间、地点、人员、内容、师资和考核的结果。

本要素包括应急教育培训、应急演练、演练评估三个项目。

要素 8：值班值守。值班值守是企业保障事故信息畅通、应急响应迅速的重要措施，是企业应急管理的重要环节。危险化学品企业要设立应急值班值守机构，建立健全值班值守制度，设置固定办公场所、配齐工作设备设施，配足专门人员、全天候值班值守，确保应急信息畅通、指挥调度高效。规模较大、危险性较高的危险化学品生产、经营、储存企业应当成立应急处置技术组，实行 24 小时值班。

本要素包括应急值班、事故信息接报、对外通报三个项目。

要素 9：信息管理。应急信息是企业快速预测、研判事故，及时启动应急预案，迅速调集应急资源，实施科学救援的技术支撑。危险化学品企业要收集整理法律法规、企业基本情况、生产工艺、风险、重大危险源、危险化学品安全技术说明书、应急资源、应急预案、事故案例、辅助决策等信息，建立互联共享的应急信息系统。

本要素包括应急救援信息、信息保障两个项目。

要素 10：装备设施。装备设施是企业应急处置和救援行动的"作战武器"，是应急救援行动的重要保障。危险化学品企业应按照有关标准、规范和应急预案要求，配足配齐应急装备、设施，加强维护管理，保证装备、设施处于完好可靠状态。经常开展装备使用训练，熟练掌握装备性能和使用方法。

本要素包括应急设施、应急物资装备和维护管理三个项目。

要素 11：救援队伍建设。救援队伍是企业开展应急处置和救援行动的专业队和主力军。危险化学品企业要按现行法律法规制度建立应急救援队伍（或者指定兼职救援人员、签订救援服务协议），配齐必需的人员、装备、物资，加强教育培训和业务训练，确保救援人员具备必要的专业知识、救援技能、防护技能、身体素质和心理素质。

本要素包括队伍设置、能力要求、队伍管理、对外公布与调动四个项目。

要素12：应急处置与救援。应急处置与救援是事故发生后的首要任务，包括企业自救、外部助救两个方面。危险化学品企业要建立统一领导的指挥协调机制，精心组织，严格程序，措施正确，科学施救，做到迅速、有力、有序、有效。要坚持救早救小，关口前移，着力抓好岗位紧急处置，避免人员伤亡、事故扩大升级。要加强教育培训，杜绝盲目施救、冒险处置等蛮干行为。

本要素包括应急指挥与救援组织、应急救援基本原则、响应分级、总体响应程序、岗位应急程序、现场应急措施、重点监控危险化学品应急处置、配合政府应急处置八个项目。

要素13：应急准备恢复。事故发生，打破了企业原有的生产秩序和应急准备常态。危险化学品企业应在事故救援结束后，开展应急资源消耗评估，及时进行维修、更新、补充，恢复到应急准备常态。

本要素包括事后风险评估、应急准备恢复、应急处置评估三个项目。

要素14：经费保障。经费保障是做好应急准备工作的重要前提条件。危险化学品企业要重视并加强事前投入，保障并落实监测预警、教育培训、物资装备、预案管理、应急演练等各环节所需的资金预算。

要依法对外部救援队伍参与救援所耗费用予以偿还。

本要素包括应急资金预算、救援费用承担两个项目。

第五条 本指南依据现行相关法律法规制度细化明确了应急准备各要素所有项目的主要内容，详见附件《危险化学品企业生产安全事故应急准备工作表》。

（一）危险化学品企业生产安全事故应急准备包括但不限于附件所列要素及其项目、内容。附件所列要素及其项目、内容，是现行法律法规制度对危险化学品企业生产安全事故应急准备的最低要求。

（二）危险化学品企业要结合企业实际，在现有要素及其项目下丰富应急准备内容。可根据实际需要，合理增加应急准备要素并明确具体项目、内容。

（三）危险化学品企业应加强法律法规制度识别与转化，及时完善应急准备要素及其项目、内容和依据，保证生产安全事故应急准备持续符合现行法律法规制度要求。

危险化学品企业应结合实际，建立健全应急准备工作制度，对本指南所提各项应急准备在企业应急管理中的实现路径和方法进行固化，做到应急准备具体化、常态化。

第六条 本指南是危险化学品企业依法开展应急准备工作的重要工具和安全生产应急管理培训的重要内容。危险化学品企业主要负责人要加强组织领导，制定全员培训计划，逐要素开展系统培训。

第七条 危险化学品企业应定期开展多种形式、不同要素的应急准备检查，并将检查情况作为企业奖惩考核的重要依据，不断提高应急准备工作水平。

第八条 各级政府应急管理部门和其他负有危险化学品安全生产监督管理职责的部门、危险化学品企业上级公司（集团）可根据附件所列各要素及其项目、内容和依据，灵活选用座谈、查阅资料、现场检查、口头提问、实际操作、书面测试等方法，对危险化学品企业应急准备工作进行监督检查。

第九条 本指南下列用语的含义：

应急准备，是指以风险评估为基础，以先进思想理念为引领，以防范和应对生产安全事故为目的，针对事故监测预警、应急响应、应急救援及应急准备恢复等各个环节，在事故发生前开展的思想准备、预案准备、机制准备、资源准备等工作的总称。

风险评估，是指依据《生产过程危险和有害因素分类与代码》《危险化学品重大危险源辨识》《职业危害因素分类目录》等辨识各种安全风险，运用定性和定量分析、历史数据、经验判断、案例比对、归纳推理、情景构建等方法，分析事故发生的可能性、事故形态及其后果，评价各种后果的危害程度和影响范围，提出事故预防和应急措施的过程。

情景构建，是指基于风险辨识，分析和评价小概率、高后果事故的风险评估技术。

附件：危险化学品企业生产安全事故应急准备工作表（略）

应急管理部办公厅关于印发危险化学品企业重大危险源安全包保责任制办法（试行）的通知

（2021 年 2 月 4 日　应急厅〔2021〕12 号）

各省、自治区、直辖市应急管理厅（局），新疆生产建设兵团应急管理局，有关中央企业：

危险化学品重大危险源（以下简称重大危险源）安全风险防控是危险化学品安全生产工作的重中之重。为认真贯彻落实党中央、国务院关于全面加强危险化学品安全生产工作的决策部署，压实企业安全生产主体责任，规范和强化重大危险源安全风险防控工作，有效遏制重特大事故，应急管理部制定了《危险化学品企业重大危险源安全包保责任制办法（试行）》（以下简称《办法》），现印发给你们，请认真贯彻落实，并就有关事项通知如下：

一、各省级应急管理部门要组织辖区内有关企业建立重大危险源安全包保责任制，督促有关企业于 2021 年 3 月 31 日前通过全国危险化学品登记信息管理系统完成包保责任人有关信息的填报工作，于 4 月 30 日前完成在属地应急管理部门报备、企业公示牌设立、安全风险承诺公告内容更新等相关工作，全面落实重大危险源安全包保责任制。

二、全面开展《办法》的宣传培训，采取集中讲座、专题学习等多种形式，指导有关企业进一步提高对重大危险源安全风险防控工作的认识，深刻理解掌握重大危险源安全包保责任落实的要求，强化举措推动《办法》落地实施。

三、结合实际，将《办法》的落实纳入本单位危险化学品安全专项整治三年行动制度措施清单，通过有效施行重大危险源安全包保责任制，抓住企业关键人，加快补齐重大危险源安全管理责任短板，不断提升重大危险源本质安全水平。

四、加强监督指导，将《办法》落实情况纳入监督检查范畴，统筹推进重大危险源安全包保责任制、危险化学品安全生产风险监测预警工作机制、重大危险源企业联合监管机制；注重运用信息化手段加强在线巡查抽查，针对包保责任人优化预警信息推送功能，形成线上线下监管融合，推动构建重大危险源常态化隐患排查治理与安全风险防控的长效机制。

危险化学品企业重大危险源
安全包保责任制办法（试行）

第一章　总　　则

第一条　为保护人民生命财产安全，强化危险化学品企业安全生产主体责任落实，细化重大安全风险管控责任，防范重特大事故，依据《中华人民共和国安全生产法》《危险化学品安全管理条例》《危险化学品重大危险源监督管理暂行规定》等法律、行政法规、部门规章，制定本办法。

第二条 本办法适用于取得应急管理部门许可的涉及危险化学品重大危险源（以下简称重大危险源）的危险化学品生产企业、经营（带储存）企业、使用危险化学品从事生产的化工企业（以下简称危险化学品企业），不含无生产实体的集团公司总部。

第三条 危险化学品企业应当明确本企业每一处重大危险源的主要负责人、技术负责人和操作负责人，从总体管理、技术管理、操作管理三个层面对重大危险源实行安全包保。

第二章 包保责任

第四条 重大危险源的主要负责人，对所包保的重大危险源负有下列安全职责：

（一）组织建立重大危险源安全包保责任制并指定对重大危险源负有安全包保责任的技术负责人、操作负责人；

（二）组织制定重大危险源安全生产规章制度和操作规程，并采取有效措施保证其得到执行；

（三）组织对重大危险源的管理和操作岗位人员进行安全技能培训；

（四）保证重大危险源安全生产所必需的安全投入；

（五）督促、检查重大危险源安全生产工作；

（六）组织制定并实施重大危险源生产安全事故应急救援预案；

（七）组织通过危险化学品登记信息管理系统填报重大危险源有关信息，保证重大危险源安全监测监控有关数据接入危险化学品安全生产风险监测预警系统。

第五条 重大危险源的技术负责人，对所包保的重大危险源负有下列安全职责：

（一）组织实施重大危险源安全监测监控体系建设，完善控制措施，保证安全监测监控系统符合国家标准或者行业标准的规定；

（二）组织定期对安全设施和监测监控系统进行检测、检验，并进行经常性维护、保养，保证有效、可靠运行；

（三）对于超过个人和社会可容许风险值限值标准的重大危险源，组织采取相应的降低风险措施，直至风险满足可容许风险标准要求；

（四）组织审查涉及重大危险源的外来施工单位及人员的相关资质、安全管理等情况，审查涉及重大危险源的变更管理；

（五）每季度至少组织对重大危险源进行一次针对性安全风险隐患排查，重大活动、重点时段和节假日前必须进行重大危险源安全风险隐患排查，制定管控措施和治理方案并监督落实；

（六）组织演练重大危险源专项应急预案和现场处置方案。

第六条 重大危险源的操作负责人，对所包保的重大危险源负有下列安全职责：

（一）负责督促检查各岗位严格执行重大危险源安全生产规章制度和操作规程；

（二）对涉及重大危险源的特殊作业、检维修作业等进行监督检查，督促落实作业安全管控措施；

（三）每周至少组织一次重大危险源安全风险隐患排查；

（四）及时采取措施消除重大危险源事故隐患。

第三章　管理措施

第七条 危险化学品企业应当在重大危险源安全警示标志位置设立公示牌，写明重大危险源的主要负责人、技术负责人、操作负责人姓名、对应的安全包保职责及联系方式，接受员工监督。

重大危险源安全包保责任人、联系方式应当录入全国危险化学品登记信息管理系统，并向所在地应急管理部门报备，相关信息变更的，应当于变更后 5 日内在全国危险化学品登记信息管理系统中更新。

第八条 危险化学品企业应当按照《应急管理部关于全面实施危险化学品企业安全风险研判与承诺公告制度的通知》（应急〔2018〕74 号）有关要求，向社会承诺公告重大危险源安全风险管控情况，在安全承诺公告牌企业承诺内容中增加落实重大危险源安全包保责任的相关内容。

第九条 危险化学品企业应当建立重大危险源主要负责人、技术负责人、操作负责人的安全包保履职记录，做到可查询、可追溯，企业的安全管理机构应当对包保责任人履职情况进行评估，纳入企业安全生产责任制考核与绩效管理。

第十条 地方各级应急管理部门应当完善危险化学品安全生产风险监测预警机制，保证重大危险源预警信息能够及时推送给对应的安全包保责任人。

第十一条 各级应急管理部门、危险化学品企业应当结合安全生产标准化建设、风险分级管控和隐患排查治理体系建设，运用信息化工具，加强重大危险源安全管理。

第四章 监督检查

第十二条 地方各级应急管理部门应当运用危险化学品安全生产风险监测预警系统，加强对重大危险源安全运行情况的在线巡查抽查，将重大危险源安全包保责任制落实情况纳入监督检查范畴。

第十三条 危险化学品企业未按照相关要求对重大危险源安全进行监测监控的，未明确重大危险源中关键装置、重点部位的责任人的，未对重大危险源的安全生产状况进行定期检查、采取措施消除事故隐患的，以及存在其他违法违规行为的，由县级以上应急管理部门依法依规查处；有关责任人员构成犯罪的，依法追究刑事责任。

第十四条 地方各级应急管理部门应当加强对涉及重大危险源的危险化学品企业的监督检查，督促有关企业做好重大危险源辨识、评估、备案、核销等工作，并及时通过危险化学品登记信息管理系统填报重大危险源有关信息。

第五章 附 则

第十五条 本办法下列用语的含义：

（一）安全包保，是指危险化学品企业按照本办法要求，专门为重大危险源指定主要负责人、技术负责人和操作负责人，并由其包联保证重大危险源安全管理措施落实到位的一种安全生产责任制。

（二）重大危险源的主要负责人，应当由危险化学品企业的主要负责人担任。

（三）重大危险源的技术负责人，应当由危险化学品企业层面技术、生产、设备等分管负责人或者二级单位（分厂）层面有关负责人担任。

（四）重大危险源的操作负责人，应当由重大危险源生产单元、储存单元所在车间、单位的现场直接管理人员担任，例如车间主任。

第十六条 本办法自印发之日起施行，有效期三年。《应急管理部关于实施危险化学品重大危险源源长责任制的通知》（应急〔2018〕89号）同时废止。

附件：重大危险源安全包保公示牌（示例）（略）

应急管理部、中央网信办、教育部、工业和信息化部、公安部、市场监管总局、国家邮政局关于加强互联网销售危险化学品安全管理的通知

（2022 年 12 月 3 日　应急〔2022〕119 号）

各省、自治区、直辖市应急管理厅（局）、网信办、教育厅（教委）、公安厅（局）、市场监管局（厅、委）、邮政管理局、通信管理局，新疆生产建设兵团应急管理局、网信办、教育局、公安局、市场监管局：

危险化学品具有爆炸、燃烧、毒害、腐蚀等危险特性，管理不当容易引发安全事故，对人体、设施、环境等造成严重危害，甚至威胁公共安全。近年来，随着我国电子商务快速发展，互联网销售危险化学品活动日益增多，由此带来的安全风险和问题隐患不容忽视。一些单位或个人未经许可，违法通过互联网销售危险化学品；一些电商平台或网站审核把关不严，入驻商家随意发布危险化学品销售信息；一些实验室和学生贪图便利，通过非法渠道网购危险化学品。上述违法违规行为存在重大安全风险。为进一步加强互联网销售危险化学品相关行为安全管理，打击取缔违法违规发布信息和销售危险化学品行为，有效防范重大安全风险，保障社会安全稳定，现就有关要求通知如下：

一、严格规范互联网销售危险化学品相关行为。通过互联网销售危险化学品的企业，必须依法取得危险化学品生产企业安全生产许可证或危险化学品经营许可证，并按照《互联网危险物品信息发布管理规定》要求，依法取得互联网信息服务相关业务经营许可或备案后，方可在本企业网站发布危险化学品销售信息，不得在本企

业网站以外的互联网应用服务中发布危险化学品销售信息及建立相关链接（不包括日用化学品、医药用品）。电商平台不得为平台内经营者提供危险化学品销售信息发布服务。禁止个人在互联网上发布危险化学品销售信息。

二、加大网上违规危险化学品信息管理力度。网络服务提供者不得为个人、未取得危险化学品生产企业安全生产许可或危险化学品经营许可的单位提供危险化学品信息发布的网络接入服务，并应加强对其接入网站及用户发布信息的管理，定期对发布信息进行巡查；对法律、法规、规章及国家有关规定禁止发布或者传输的危险化学品信息，应当立即停止传输，采取消除等处置措施，保存有关记录，并向主管部门报告。电商平台应加强对平台内经营者销售商品或服务信息的核验、巡查，及时发现并清理下架违规发布的危险化学品销售信息，并及时向有关主管部门报告。

三、加强高校、科研院所等使用单位危险化学品采购管理。高校、科研院所等使用危险化学品频次高、品种多，要进一步健全危险化学品采购管理制度，严密防控各环节安全风险。有关地区、单位要探索搭建危险化学品采购管理平台，形成覆盖本地本单位常用危险化学品品种、数量、危险特性、应急处置、包装运输以及采购、使用、供应商等信息的数据库，严格危险化学品供应商入驻平台资格审核，按需动态调整符合法定资质条件的供应商目录，实现危险化学品的"统一采购、统一管理、有效管控"。要依托具备安全条件的危险化学品生产经营企业或物流仓库，采取"大批量采购、小批量分发、规范化配送"模式，在满足科研试验需求的同时，有效管控采购、储存环节安全风险。

四、严肃查处网上违法销售危险化学品行为。各级各有关部门要高度重视互联网销售危险化学品安全风险防控，按照职责分工依法严肃查处网上违法销售危险化学品行为，齐抓共管，综合整治，形成工作合力。要重点查处未取得危险化学品安全许可违法销售危险化学品，未取得互联网信息服务业务许可违规发布危险化学品信息，电商平台违规提供危险化学品销售信息发布服务，以及违法违规寄递危险化学品等行为。要加大网上巡查力度，及时清理宣传推广、诱导非法购销危险化学品等有害信息。要依法整治问题突出的互联网企业，督促网站定期开展自查自清，切断危险化学品互联网违法销售链条。要加强违法违规行为追踪溯源，加强部门间信息共享和协作配合，严格落实行政执法措施，加强行刑衔接，严厉打击涉及危险化学品的违法犯罪行为。

五、强化危险化学品互联网销售全链条监管。应急管理部门要加强对危险化学品生产经营企业互联网信息发布和销售台账的安全监督检查，会同有关部门依法打击无证销售危险化学品行为；督促企业健全危险化学品信息化管理台账，实现危险化学品来源可溯、去向可循。网信部门要加强互联网信息内容的监督管理，配合相关部门及时清理网上违法违规购销危险化学品信息，依法处置违规账号。电信主管部门要加强与有关部门的协同联动，对认定为擅自或超许可范围发布危险化学品销售信息的网站（APP），依法依规予以处置。公安机关要依照职责加强对网络运营者的监督管理，依法查处不履行网络安全保护等义务的网络运营者。市场监管部门要配合有关部门督促电商平台落实主体责任，清理平台内违规发布的危险化学品信息、下架相关产品。邮政管理部门要依法对寄递企业落实安全生产主体责任进行监督检查，督促企业落实实名收寄、收寄验视、过机安检"三项制度"，严密防控寄递环节安全风险。教育部门要指导高校加强危险化学品采购和使用管理，会同有关部门推动高校危险化学品备案采购管理一体化平台试点建设，并逐步推广应用。各有关部门要加强对所属单位危险化学品采购管理的指导和监督。

六、加大危险化学品安全普法宣传力度。各级各有关部门要进一步加大危险化学品安全相关法律法规、标准规范的宣传力度，提高人民群众安全意识。要针对高校开展定向普法宣传，"以案释法"强化使用单位从正规渠道购买危险化学品的守法意识。要充分发挥群众监督作用，鼓励、奖励举报网上违法违规销售危险化学品行为，有关部门要依法对举报信息予以查处。

各级各有关部门要按照本通知要求抓好贯彻落实，并认真研究工作中发现的新问题新风险，采取针对性对策措施加以解决，重要情况及时报告。

核 安 全

中华人民共和国核安全法（节录）

（2017 年 9 月 1 日第十二届全国人民代表大会常务委员会第二十九次会议通过　2017 年 9 月 1 日中华人民共和国主席令第 73 号公布　自 2018 年 1 月 1 日起施行）

……

第二章　核设施安全

第十四条　国家对核设施的选址、建设进行统筹规划，科学论证，合理布局。

国家根据核设施的性质和风险程度等因素，对核设施实行分类管理。

第十五条　核设施营运单位应当具备保障核设施安全运行的能力，并符合下列条件：

（一）有满足核安全要求的组织管理体系和质量保证、安全管理、岗位责任等制度；

（二）有规定数量、合格的专业技术人员和管理人员；

（三）具备与核设施安全相适应的安全评价、资源配置和财务能力；

（四）具备必要的核安全技术支撑和持续改进能力；

（五）具备应急响应能力和核损害赔偿财务保障能力；

（六）法律、行政法规规定的其他条件。

第十六条　核设施营运单位应当依照法律、行政法规和标准的要求，设置核设施纵深防御体系，有效防范技术原因、人为原因和自然灾害造成的威胁，确保核设施安全。

核设施营运单位应当对核设施进行定期安全评价，并接受国务院核安全监督管理部门的审查。

第十七条　核设施营运单位和为其提供设备、工程以及服务等的单位应当建立并实施质量保证体系，有效保证设备、工程和服务等的质量，确保设备的性能满足核安全标准的要求，工程和服务等满足核安全相关要求。

第十八条　核设施营运单位应当严格控制辐射照射，确保有关人员免受超过国家规定剂量限值的辐射照射，确保辐射照射保持在合理、可行和尽可能低的水平。

第十九条　核设施营运单位应当对核设施周围环境中所含的放射性核素的种类、浓度以及核设施流出物中的放射性核素总量实施监测，并定期向国务院环境保护主管部门和所在地省、自治区、直辖市人民政府环境保护主管部门报告监测结果。

第二十条　核设施营运单位应当按照国家有关规定，制定培训计划，对从业人员进行核安全教育和技能培训并进行考核。

核设施营运单位应当为从业人员提供相应的劳动防护和职业健康检查，保障从业人员的安全和健康。

第二十一条　省、自治区、直辖市人民政府应当对国家规划确定的核动力厂等重要核设施的厂址予以保护，在规划期内不得变更厂址用途。

省、自治区、直辖市人民政府应当在核动力厂等重要核设施周围划定规划限制区，经国务院核安全监督管理部门同意后实施。

禁止在规划限制区内建设可能威胁核设施安全的易燃、易爆、腐蚀性物品的生产、贮存设施以及人口密集场所。

第二十二条 国家建立核设施安全许可制度。

核设施营运单位进行核设施选址、建造、运行、退役等活动，应当向国务院核安全监督管理部门申请许可。

核设施营运单位要求变更许可文件规定条件的，应当报国务院核安全监督管理部门批准。

第二十三条 核设施营运单位应当对地质、地震、气象、水文、环境和人口分布等因素进行科学评估，在满足核安全技术评价要求的前提下，向国务院核安全监督管理部门提交核设施选址安全分析报告，经审查符合核安全要求后，取得核设施场址选择审查意见书。

第二十四条 核设施设计应当符合核安全标准，采用科学合理的构筑物、系统和设备参数与技术要求，提供多样保护和多重屏障，确保核设施运行可靠、稳定和便于操作，满足核安全要求。

第二十五条 核设施建造前，核设施营运单位应当向国务院核安全监督管理部门提出建造申请，并提交下列材料：

（一）核设施建造申请书；

（二）初步安全分析报告；

（三）环境影响评价文件；

（四）质量保证文件；

（五）法律、行政法规规定的其他材料。

第二十六条 核设施营运单位取得核设施建造许可证后，应当确保核设施整体性能满足核安全标准的要求。

核设施建造许可证的有效期不得超过十年。有效期届满，需要延期建造的，应当报国务院核安全监督管理部门审查批准。但是，有下列情形之一且经评估不存在安全风险的除外：

（一）国家政策或者行为导致核设施延期建造；

（二）用于科学研究的核设施；

（三）用于工程示范的核设施；

（四）用于乏燃料后处理的核设施。

核设施建造完成后应当进行调试，验证其是否满足设计的核安全要求。

第二十七条 核设施首次装投料前，核设施营运单位应当向国务院核安全监督管理部门提出运行申请，并提交下列材料：

（一）核设施运行申请书；

（二）最终安全分析报告；

（三）质量保证文件；

（四）应急预案；

（五）法律、行政法规规定的其他材料。

核设施营运单位取得核设施运行许可证后，应当按照许可证的规定运行。

核设施运行许可证的有效期为设计寿期。在有效期内，国务院核安全监督管理部门可以根据法律、行政法规和新的核安全标准的要求，对许可证规定的事项作出合理调整。

核设施营运单位调整下列事项的，应当报国务院核安全监督管理部门批准：

（一）作为颁发运行许可证依据的重要构筑物、系统和设备；

（二）运行限值和条件；

（三）国务院核安全监督管理部门批准的与核安全有关的程序和其他文件。

第二十八条 核设施运行许可证有效期届满需要继续运行的，核设施营运单位应当于有效期届满前五年，向国务院核安全监督管理部门提出延期申请，并对其是否符合核安全标准进行论证、验证，经审查批准后，方可继续运行。

第二十九条 核设施终止运行后，核设施营运单位应当采取安全的方式进行停闭管理，保证停闭期间的安全，确保退役所需的基本功能、技术人员和文件。

第三十条　核设施退役前，核设施营运单位应当向国务院核安全监督管理部门提出退役申请，并提交下列材料：

（一）核设施退役申请书；

（二）安全分析报告；

（三）环境影响评价文件；

（四）质量保证文件；

（五）法律、行政法规规定的其他材料。

核设施退役时，核设施营运单位应当按照合理、可行和尽可能低的原则处理、处置核设施场址的放射性物质，将构筑物、系统和设备的放射性水平降低至满足标准的要求。

核设施退役后，核设施所在地省、自治区、直辖市人民政府环境保护主管部门应当对核设施场址及其周围环境中所含的放射性核素的种类和浓度组织监测。

第三十一条　进口核设施，应当满足中华人民共和国有关核安全法律、行政法规和标准的要求，并报国务院核安全监督管理部门审查批准。

出口核设施，应当遵守中华人民共和国有关核设施出口管制的规定。

第三十二条　国务院核安全监督管理部门应当依照法定条件和程序，对核设施安全许可申请组织安全技术审查，满足核安全要求的，在技术审查完成之日起二十日内，依法作出准予许可的决定。

国务院核安全监督管理部门审批核设施建造、运行许可申请时，应当向国务院有关部门和核设施所在地省、自治区、直辖市人民政府征询意见，被征询意见的单位应当在三个月内给予答复。

第三十三条　国务院核安全监督管理部门组织安全技术审查时，应当委托与许可申请单位没有利益关系的技术支持单位进行技术审评。受委托的技术支持单位应当对其技术评价结论的真实性、准确性负责。

第三十四条　国务院核安全监督管理部门成立核安全专家委员会，为核安全决策提供咨询意见。

制定核安全规划和标准，进行核设施重大安全问题技术决策，应当咨询核安全专家委员会的意见。

第三十五条　国家建立核设施营运单位核安全报告制度，具体办法由国务院有关部门制定。

国务院有关部门应当建立核安全经验反馈制度，并及时处理核安全报告信息，实现信息共享。

核设施营运单位应当建立核安全经验反馈体系。

第三十六条　为核设施提供核安全设备设计、制造、安装和无损检验服务的单位，应当向国务院核安全监督管理部门申请许可。境外机构为境内核设施提供核安全设备设计、制造、安装和无损检验服务的，应当向国务院核安全监督管理部门申请注册。

国务院核安全监督管理部门依法对进口的核安全设备进行安全检验。

第三十七条　核设施操纵人员以及核安全设备焊接人员、无损检验人员等特种工艺人员应当按照国家规定取得相应资格证书。

核设施营运单位以及核安全设备制造、安装和无损检验单位应当聘用取得相应资格证书的人员从事与核设施安全专业技术有关的工作。

第三章　核材料和放射性废物安全

第三十八条　核设施营运单位和其他有关单位持有核材料，应当按照规定的条件依法取得许可，并采取下列措施，防止核材料被盗、破坏、丢失、非法转让和使用，保障核材料的安全与合法利用：

（一）建立专职机构或者指定专人保管核材料；

（二）建立核材料衡算制度，保持核材料收支平衡；

（三）建立与核材料保护等级相适应的实物保护系统；

（四）建立信息保密制度，采取保密措施；

（五）法律、行政法规规定的其他措施。

第三十九条 产生、贮存、运输、后处理乏燃料的单位应当采取措施确保乏燃料的安全，并对持有的乏燃料承担核安全责任。

第四十条 放射性废物应当实行分类处置。

低、中水平放射性废物在国家规定的符合核安全要求的场所实行近地表或者中等深度处置。

高水平放射性废物实行集中深地质处置，由国务院指定的单位专营。

第四十一条 核设施营运单位、放射性废物处理处置单位应当对放射性废物进行减量化、无害化处理、处置，确保永久安全。

第四十二条 国务院核工业主管部门会同国务院有关部门和省、自治区、直辖市人民政府编制低、中水平放射性废物处置场所的选址规划，报国务院批准后组织实施。

国务院核工业主管部门会同国务院有关部门编制高水平放射性废物处置场所的选址规划，报国务院批准后组织实施。

放射性废物处置场所的建设应当与核能发展的要求相适应。

第四十三条 国家建立放射性废物管理许可制度。

专门从事放射性废物处理、贮存、处置的单位，应当向国务院核安全监督管理部门申请许可。

核设施营运单位利用与核设施配套建设的处理、贮存设施，处理、贮存本单位产生的放射性废物的，无需申请许可。

第四十四条 核设施营运单位应当对其产生的放射性固体废物和不能经净化排放的放射性废液进行处理，使其转变为稳定的、标准化的固体废物后，及时送交放射性废物处置单位处置。

核设施营运单位应当对其产生的放射性废气进行处理，达到国家放射性污染防治标准后，方可排放。

第四十五条 放射性废物处置单位应当按照国家放射性污染防治标准的要求，对其接收的放射性废物进行处置。

放射性废物处置单位应当建立放射性废物处置情况记录档案，如实记录处置的放射性废物的来源、数量、特征、存放位置等与处置活动有关的事项。记录档案应当永久保存。

第四十六条 国家建立放射性废物处置设施关闭制度。

放射性废物处置设施有下列情形之一的，应当依法办理关闭手续，并在划定的区域设置永久性标记：

（一）设计服役期届满；

（二）处置的放射性废物已经达到设计容量；

（三）所在地区的地质构造或者水文地质等条件发生重大变化，不适宜继续处置放射性废物；

（四）法律、行政法规规定的其他需要关闭的情形。

第四十七条 放射性废物处置设施关闭前，放射性废物处置单位应当编制放射性废物处置设施关闭安全监护计划，报国务院核安全监督管理部门批准。

安全监护计划应当包括下列主要内容：

（一）安全监护责任人及其责任；

（二）安全监护费用；

（三）安全监护措施；

（四）安全监护期限。

放射性废物处置设施关闭后，放射性废物处置单位应当按照经批准的安全监护计划进行安全监护；经国务院核安全监督管理部门会同国务院有关部门批准后，将其交由省、自治区、直辖市人民政府进行监护管理。

第四十八条 核设施营运单位应当按照国家规定缴纳乏燃料处理处置费用，列入生产成本。

核设施营运单位应当预提核设施退役费用、放射性废物处置费用，列入投资概算、生产成本，专门用于核设施退役、放射性废物处置。具体办法由国务院财政部门、价格主管部门会同国务院核安全监督管理部门、核工业主管部门和能源主管部门制定。

第四十九条　国家对核材料、放射性废物的运输实行分类管理，采取有效措施，保障运输安全。

第五十条　国家保障核材料、放射性废物的公路、铁路、水路等运输，国务院有关部门应当加强对公路、铁路、水路等运输的管理，制定具体的保障措施。

第五十一条　国务院核工业主管部门负责协调乏燃料运输管理活动，监督有关保密措施。

公安机关对核材料、放射性废物道路运输的实物保护实施监督，依法处理可能危及核材料、放射性废物安全运输的事故。通过道路运输核材料、放射性废物的，应当报启运地县级以上人民政府公安机关按照规定权限批准；其中，运输乏燃料或者高水平放射性废物的，应当报国务院公安部门批准。

国务院核安全监督管理部门负责批准核材料、放射性废物运输包装容器的许可申请。

第五十二条　核材料、放射性废物的托运人应当在运输中采取有效的辐射防护和安全保卫措施，对运输中的核安全负责。

乏燃料、高水平放射性废物的托运人应当向国务院核安全监督管理部门提交有关核安全分析报告，经审查批准后方可开展运输活动。

核材料、放射性废物的承运人应当依法取得国家规定的运输资质。

第五十三条　通过公路、铁路、水路等运输核材料、放射性废物，本法没有规定的，适用相关法律、行政法规和规章关于放射性物品运输、危险货物运输的规定。

第四章　核事故应急

第五十四条　国家设立核事故应急协调委员会，组织、协调全国的核事故应急管理工作。

省、自治区、直辖市人民政府根据实际需要设立核事故应急协调委员会，组织、协调本行政区域内的核事故应急管理工作。

第五十五条　国务院核工业主管部门承担国家核事故应急协调委员会日常工作，牵头制定国家核事故应急预案，经国务院批准后组织实施。国家核事故应急协调委员会成员单位根据国家核事故应急预案部署，制定本单位核事故应急预案，报国务院核工业主管部门备案。

省、自治区、直辖市人民政府指定的部门承担核事故应急协调委员会的日常工作，负责制定本行政区域内场外核事故应急预案，报国家核事故应急协调委员会审批后组织实施。

核设施营运单位负责制定本单位场内核事故应急预案，报国务院核工业主管部门、能源主管部门和省、自治区、直辖市人民政府指定的部门备案。

中国人民解放军和中国人民武装警察部队按照国务院、中央军事委员会的规定，制定本系统支援地方的核事故应急工作预案，报国务院核工业主管部门备案。

应急预案制定单位应当根据实际需要和情势变化，适时修订应急预案。

第五十六条　核设施营运单位应当按照应急预案，配备应急设备，开展应急工作人员培训和演练，做好应急准备。

核设施所在地省、自治区、直辖市人民政府指定的部门，应当开展核事故应急知识普及活动，按照应急预案组织有关企业、事业单位和社区开展核事故应急演练。

第五十七条　国家建立核事故应急准备金制度，保障核事故应急准备与响应工作所需经费。核事故应急准备金管理办法，由国务院制定。

第五十八条 国家对核事故应急实行分级管理。

发生核事故时，核设施营运单位应当按照应急预案的要求开展应急响应，减轻事故后果，并立即向国务院核工业主管部门、核安全监督管理部门和省、自治区、直辖市人民政府指定的部门报告核设施状况，根据需要提出场外应急响应行动建议。

第五十九条 国家核事故应急协调委员会按照国家核事故应急预案部署，组织协调国务院有关部门、地方人民政府、核设施营运单位实施核事故应急救援工作。

中国人民解放军和中国人民武装警察部队按照国务院、中央军事委员会的规定，实施核事故应急救援工作。

核设施营运单位应当按照核事故应急救援工作的要求，实施应急响应支援。

第六十条 国务院核工业主管部门或者省、自治区、直辖市人民政府指定的部门负责发布核事故应急信息。

国家核事故应急协调委员会统筹协调核事故应急国际通报和国际救援工作。

第六十一条 各级人民政府及其有关部门、核设施营运单位等应当按照国务院有关规定和授权，组织开展核事故后的恢复行动、损失评估等工作。

核事故的调查处理，由国务院或者其授权的部门负责实施。

核事故场外应急行动的调查处理，由国务院或者其指定的机构负责实施。

第六十二条 核材料、放射性废物运输的应急应当纳入所经省、自治区、直辖市场外核事故应急预案或者辐射应急预案。发生核事故时，由事故发生地省、自治区、直辖市人民政府负责应急响应。

第五章　信息公开和公众参与

第六十三条　国务院有关部门及核设施所在地省、自治区、直辖市人民政府指定的部门应当在各自职责范围内依法公开核安全相关信息。

国务院核安全监督管理部门应当依法公开与核安全有关的行政许可，以及核安全有关活动的安全监督检查报告、总体安全状况、辐射环境质量和核事故等信息。

国务院应当定期向全国人民代表大会常务委员会报告核安全情况。

第六十四条　核设施营运单位应当公开本单位核安全管理制度和相关文件、核设施安全状况、流出物和周围环境辐射监测数据、年度核安全报告等信息。具体办法由国务院核安全监督管理部门制定。

第六十五条　对依法公开的核安全信息，应当通过政府公告、网站以及其他便于公众知晓的方式，及时向社会公开。

公民、法人和其他组织，可以依法向国务院核安全监督管理部门和核设施所在地省、自治区、直辖市人民政府指定的部门申请获取核安全相关信息。

第六十六条　核设施营运单位应当就涉及公众利益的重大核安全事项通过问卷调查、听证会、论证会、座谈会，或者采取其他形式征求利益相关方的意见，并以适当形式反馈。

核设施所在地省、自治区、直辖市人民政府应当就影响公众利益的重大核安全事项举行听证会、论证会、座谈会，或者采取其他形式征求利益相关方的意见，并以适当形式反馈。

第六十七条　核设施营运单位应当采取下列措施，开展核安全宣传活动：

（一）在保证核设施安全的前提下，对公众有序开放核设施；

（二）与学校合作，开展对学生的核安全知识教育活动；

（三）建设核安全宣传场所，印制和发放核安全宣传材料；

（四）法律、行政法规规定的其他措施。

第六十八条 公民、法人和其他组织有权对存在核安全隐患或者违反核安全法律、行政法规的行为，向国务院核安全监督管理部门或者其他有关部门举报。

公民、法人和其他组织不得编造、散布核安全虚假信息。

第六十九条 涉及国家秘密、商业秘密和个人信息的政府信息公开，按照国家有关规定执行。

第六章　监　督　检　查

第七十条 国家建立核安全监督检查制度。

国务院核安全监督管理部门和其他有关部门应当对从事核安全活动的单位遵守核安全法律、行政法规、规章和标准的情况进行监督检查。

国务院核安全监督管理部门可以在核设施集中的地区设立派出机构。国务院核安全监督管理部门或者其派出机构应当向核设施建造、运行、退役等现场派遣监督检查人员，进行核安全监督检查。

第七十一条 国务院核安全监督管理部门和其他有关部门应当加强核安全监管能力建设，提高核安全监管水平。

国务院核安全监督管理部门应当组织开展核安全监管技术研究开发，保持与核安全监督管理相适应的技术评价能力。

第七十二条 国务院核安全监督管理部门和其他有关部门进行核安全监督检查时，有权采取下列措施：

（一）进入现场进行监测、检查或者核查；

（二）调阅相关文件、资料和记录；

（三）向有关人员调查、了解情况；

（四）发现问题的，现场要求整改。

国务院核安全监督管理部门和其他有关部门应当将监督检查情况形成报告，建立档案。

第七十三条 对国务院核安全监督管理部门和其他有关部门依法进行的监督检查，从事核安全活动的单位应当予以配合，如实说明情况，提供必要资料，不得拒绝、阻挠。

第七十四条 核安全监督检查人员应当忠于职守，勤勉尽责，秉公执法。

核安全监督检查人员应当具备与监督检查活动相应的专业知识和业务能力，并定期接受培训。

核安全监督检查人员执行监督检查任务，应当出示有效证件，对获知的国家秘密、商业秘密和个人信息，应当依法予以保密。

……

核电厂核事故应急管理条例（节录）

（1993年8月4日中华人民共和国国务院令第124号发布 根据2011年1月8日《国务院关于废止和修改部分行政法规的决定》修订）

……

第三章 应 急 准 备

第九条 针对核电厂可能发生的核事故，核电厂的核事故应急机构、省级人民政府指定的部门和国务院指定的部门应当预先制定核事故应急计划。

核事故应急计划包括场内核事故应急计划、场外核事故应急计划和国家核事故应急计划。各级核事故应急计划应当相互衔接、协调一致。

第十条 场内核事故应急计划由核电厂核事故应急机构制定，经其主管部门审查后，送国务院核安全部门审评并报国务院指定的部门备案。

第十一条 场外核事故应急计划由核电厂所在地的省级人民政府指定的部门组织制定，报国务院指定的部门审查批准。

第十二条 国家核事故应急计划由国务院指定的部门组织制定。

国务院有关部门和中国人民解放军总部应当根据国家核事故应急计划，制定相应的核事故应急方案，报国务院指定的部门备案。

第十三条 场内核事故应急计划、场外核事故应急计划应当包括下列内容：

（一）核事故应急工作的基本任务；

（二）核事故应急响应组织及其职责；

（三）烟羽应急计划区和食入应急计划区的范围；

（四）干预水平和导出干预水平；

（五）核事故应急准备和应急响应的详细方案；

（六）应急设施、设备、器材和其他物资；

（七）核电厂核事故应急机构同省级人民政府指定的部门之间以及同其他有关方面相互配合、支援的事项及措施。

第十四条 有关部门在进行核电厂选址和设计工作时，应当考虑核事故应急工作的要求。

新建的核电厂必须在其场内和场外核事故应急计划审查批准后，方可装料。

第十五条 国务院指定的部门、省级人民政府指定的部门和核电厂的核事故应急机构应当具有必要的应急设施、设备和相互之间快速可靠的通讯联络系统。

核电厂的核事故应急机构和省级人民政府指定的部门应当具有辐射监测系统、防护器材、药械和其他物资。

用于核事故应急工作的设施、设备和通讯联络系统、辐射监测系统以及防护器材、药械等，应当处于良好状态。

第十六条 核电厂应当对职工进行核安全、辐射防护和核事故应急知识的专门教育。

省级人民政府指定的部门应当在核电厂的协助下对附近的公众进行核安全、辐射防护和核事故应急知识的普及教育。

第十七条 核电厂的核事故应急机构和省级人民政府指定的部门应当对核事故应急工作人员进行培训。

第十八条 核电厂的核事故应急机构和省级人民政府指定的部门应当适时组织不同专业和不同规模的核事故应急演习。

在核电厂首次装料前，核电厂的核事故应急机构和省级人民政府指定的部门应当组织场内、场外核事故应急演习。

第四章　应急对策和应急防护措施

第十九条 核事故应急状态分为下列四级：

（一）应急待命。出现可能导致危及核电厂核安全的某些特定情况或者外部事件，核电厂有关人员进入戒备状态。

（二）厂房应急。事故后果仅限于核电厂的局部区域，核电厂人员按照场内核事故应急计划的要求采取核事故应急响应行动，通知厂外有关核事故应急响应组织。

（三）场区应急。事故后果蔓延至整个场区，场区内的人员采取核事故应急响应行动，通知省级人民政府指定的部门，某些厂外核事故应急响应组织可能采取核事故应急响应行动。

（四）场外应急。事故后果超越场区边界，实施场内和场外核事故应急计划。

第二十条 当核电厂进入应急待命状态时，核电厂核事故应急机构应当及时向核电厂的上级主管部门和国务院核安全部门报告情况，并视情况决定是否向省级人民政府指定的部门报告。当出现可能或者已经有放射性物质释放的情况时，应当根据情况，及时决定进入厂房应急或者场区应急状态，并迅速向核电厂的上级主管部门、国务院核安全部门和省级人民政府指定的部门报告情况；在放射性物质可能或者已经扩散到核电厂场区以外时，应当迅速向省级人民政府指定的部门提出进入场外应急状态并采取应急防护措施的建议。

省级人民政府指定的部门接到核电厂核事故应急机构的事故情况报告后，应当迅速采取相应的核事故应急对策和应急防护措施，并及时向国务院指定的部门报告情况。需要决定进入场外应急状态时，应当经国务院指定的部门批准；在特殊情况下，省级人民政府指定的部门可以先行决定进入场外应急状态，但是应当立即向国务院指定的部门报告。

第二十一条 核电厂的核事故应急机构和省级人民政府指定的部门应当做好核事故后果预测与评价以及环境放射性监测等工作，为采取核事故应急对策和应急防护措施提供依据。

第二十二条 省级人民政府指定的部门应当适时选用隐蔽、服用稳定性碘制剂、控制通道、控制食物和水源、撤离、迁移、对受影响的区域去污等应急防护措施。

第二十三条 省级人民政府指定的部门在核事故应急响应过程中应当将必要的信息及时地告知当地公众。

第二十四条 在核事故现场，各核事故应急响应组织应当实行有效的剂量监督。现场核事故应急响应人员和其他人员都应当在辐射防护人员的监督和指导下活动，尽量防止接受过大剂量的照射。

第二十五条 核电厂的核事故应急机构和省级人民政府指定的部门应当做好核事故现场接受照射人员的救护、洗消、转运和医学处置工作。

第二十六条 在核事故应急进入场外应急状态时，国务院指定的部门应当及时派出人员赶赴现场，指导核事故应急响应行动，必要时提出派出救援力量的建议。

第二十七条 因核事故应急响应需要，可以实行地区封锁。省、自治区、直辖市行政区域内的地区封锁，由省、自治区、直辖市人民政府决定；跨省、自治区、直辖市的地区封锁，以及导致中断干线交通或者封锁国境的地区封锁，由国务院决定。

地区封锁的解除，由原决定机关宣布。

第二十八条 有关核事故的新闻由国务院授权的单位统一发布。

第五章　应急状态的终止和恢复措施

第二十九条 场外应急状态的终止由省级人民政府指定的部门会同核电厂核事故应急机构提出建议，报国务院指定的部门批准，由省级人民政府指定的部门发布。

第三十条 省级人民政府指定的部门应当根据受影响地区的放射性水平，采取有效的恢复措施。

第三十一条 核事故应急状态终止后，核电厂核事故应急机构应当向国务院指定的部门、核电厂的上级主管部门、国务院核安全部门和省级人民政府指定的部门提交详细的事故报告；省级人民政府指定的部门应当向国务院指定的部门提交场外核事故应急工作的总结报告。

第三十二条 核事故使核安全重要物项的安全性能达不到国家标准时，核电厂的重新起动计划应当按照国家有关规定审查批准。

　……

核动力厂营运单位核安全报告规定（节录）

（2020 年 11 月 16 日生态环境部令第 13 号公布　自 2021 年 1 月 1 日起施行）

……

第二章　定　期　报　告

第三条　核动力厂营运单位定期报告包括建造阶段月度报告、运行阶段月度报告、安全性能指标季度报告、建造阶段年度报告、运行阶段年度报告和设备可靠性数据年度报告。

第四条　核动力厂营运单位应当从取得建造许可证之日起，至取得运行许可证之日止，在每个月第十个工作日前，向核动力厂所在地区核与辐射安全监督站提交上个月建造情况的月度报告。

核动力厂建造多台核电机组的，可以将多台核电机组的建造情况综合成一份月度报告。

第五条　核动力厂建造阶段月度报告包括下列内容：

（一）上个月建造情况总结和下个月建造计划安排；

（二）上个月发生的与建造有关的重要事件综述；

（三）核电机组安全重要构筑物、系统和设备建造中存在的问题、纠正措施和经验反馈；

（四）下个月计划开展的核安全有关重要活动；

（五）其他应当报告的事项或者活动。

第六条　核动力厂营运单位应当从取得运行许可证之日起，至取得退役批准书之日止，在每个月第十个工作日前，向核动力厂所在地区核与辐射安全监督站提交上个月运行情况的月度报告。

核动力厂运行多台核电机组的，可以将多台核电机组的运行情况综合成一份月度报告。

第七条 核动力厂运行阶段月度报告包括下列内容：

（一）核电机组运行数据；

（二）核电机组月运行图；

（三）核电机组安全重要设备状况；

（四）重要修改活动；

（五）核电机组安全屏障的完整性；

（六）流出物排放情况；

（七）固体放射性废物产生、处理、贮存和处置情况；

（八）辐射防护情况；

（九）运行事件与经验反馈；

（十）下个月计划开展的核安全有关重要活动；

（十一）其他应当报告的事项或者活动。

第八条 核动力厂营运单位应当从取得运行许可证之日起，至取得退役批准书之日止，在每个季度的第一个月第十个工作日前，向国家核安全局提交前一季度的核动力厂安全性能指标季度报告。

核动力厂运行多台核电机组的，可以将多台核电机组的安全性能指标情况综合成一份季度报告。

第九条 核动力厂安全性能指标季度报告的内容包括核动力厂安全性能指标相关的统计数据和各指标计算值。

第十条 核动力厂营运单位应当在每年 4 月 1 日前，向国家核安全局提交前一年度建造或者运行情况的年度报告。

核动力厂建造或者运行多台核电机组的，可以将多台核电机组的建造或者运行情况和有关信息综合成一份年度报告。

4 月 1 日是节假日的，核动力厂营运单位提交年度报告的届满之日顺延至节假日后第一个工作日。

第十一条 核动力厂建造阶段年度报告包括下列内容：

（一）核电机组安全重要构筑物、系统和设备建造情况总结和计划完成情况；

（二）报告年份内发生的与核电机组安全重要构筑物、系统和设备建造有关的重要事件综述；

（三）核电机组安全重要构筑物、系统和设备建造中存在的问题、纠正措施和经验反馈综述；

（四）其他应当报告的问题和参考资料清单。

第十二条 核动力厂运行阶段年度报告包括下列内容：

（一）核电机组运行情况综述；

（二）非计划降功率运行和停堆情况综述；

（三）运行事件与经验反馈情况综述；

（四）辐射防护情况综述；

（五）应急准备情况综述；

（六）已辐照核燃料元件的检验结果和核燃料元件的损坏情况；

（七）人员培训情况；

（八）其他应当报告的事项和活动综述。

第十三条 核动力厂营运单位应当从取得运行许可证并完成首次换料大修之日的次日起，至取得退役批准书之日止，在每年6月1日前，向国家核安全局提交前一年度的核动力厂设备可靠性数据年度报告。

核动力厂运行多台核电机组的，可以将多台核电机组的设备可靠性数据情况综合成一份年度报告。

6月1日是节假日的，核动力厂营运单位提交核动力厂设备可靠性数据年度报告的届满之日顺延至节假日后第一个工作日。

第十四条 核动力厂设备可靠性数据年度报告包括下列内容：

（一）设备类综述、划分原则和设备详细信息等基础信息；

（二）筛选统计准则、设备失效事件分析过程和设备失效事件记录等可靠性数据筛选统计过程；

（三）设备可靠性数据采集统计结果、核电机组安全重要系统设备列的不可用时间与总的需求可用时间等数据统计结果。

第三章　重要活动报告

第十五条　核动力厂营运单位应当从获得选址阶段环境影响报告书批复之日起，至取得退役批准书之日止，对未纳入建造阶段月度报告和运行阶段月度报告的重要活动，以电子邮件等有效方式及时向核动力厂所在地区核与辐射安全监督站报告。

第十六条　本规定第十五条规定的重要活动包括：

（一）核动力厂营运单位组织的与核安全有关的重要调查、审查或者检查活动；

（二）国家核安全局或者核动力厂所在地区核与辐射安全监督站确定的有关控制点的变更和后续计划安排；

（三）核动力厂营运单位涉及核安全的重要活动、重要会议、论证、试验和纠正措施；

（四）核动力厂营运单位进行的固体放射性废物或者乏燃料外运活动；

（五）国家核安全局认为应当报告的涉及核安全的其他重要活动；

（六）核动力厂营运单位认为应当报告的涉及核安全的其他重要活动。

第四章　建造阶段事件报告

第十七条　核动力厂营运单位应当在取得运行许可证前，向国家核安全局报告下列建造事件：

（一）核电机组安全重要构筑物、系统和设备以及与其有关的采购、土建、安装和调试等活动，与相关法律、行政法规、部门规章和国家强制性标准不一致的；

（二）核电机组安全重要构筑物、系统和设备以及与其有关的土建、安装和调试等活动，与核动力厂建造许可文件中认可的初步安全分析报告不一致，导致核电机组安全重要构筑物、系统和设备的安全功能不能满足或者不能确定满足要求的；

（三）核电机组安全重要构筑物、系统和设备及其相关活动，违反核动力厂建造许可文件规定的条件，或者未按照建造许可文件规定的条件完成相关论证、验证工作即开展相关活动的；

（四）核电机组安全重要构筑物、系统和设备以及与其有关的土建、安装和调试等活动，与核动力厂营运单位在建造许可文件中承诺遵守的规范、标准或者技术条件要求不一致，导致核电机组安全重要构筑物、系统和设备的安全功能不能满足或者不能确定满足要求的；

（五）核电机组安全重要构筑物、系统和设备发生共因事件或者故障的；

（六）构成核动力厂安全屏障的重要设备或者构筑物受到严重损伤，导致其安全功能不能满足或者不能确定满足要求的；

（七）核电机组安全重要构筑物、系统和设备的土建、安装和调试等活动中发生原设计未预计的情况，导致安全功能可能受到不利影响的；

（八）在核电机组安全重要构筑物、系统和设备的采购、土建、安装和调试等活动中发现故意破坏、造假和欺骗情形的；

（九）国家核安全局认为应当报告的其他事件；

（十）核动力厂营运单位认为应当报告的其他事件。

第十八条 核动力厂营运单位应当在建造事件发生或者发现后二十四小时内，口头通告国家核安全局和核动力厂所在地区核与辐射安全监督站。口头通告的方式可以采取电话、当面陈述或者其他有效方式。

前款规定的口头通告的内容应当包括核动力厂名称、机组编号、事件发生时间、报告依据、事件摘要和报告人。

第十九条 核动力厂营运单位应当在建造事件发生或者发现后三日内，向国家核安全局和核动力厂所在地区核与辐射安全监督站提交书面通告。第三日是节假日的，核动力厂营运单位提交书面通告的届满之日顺延至节假日后第一个工作日。

前款规定的书面通告的内容应当包括本规定第十八条规定的口头通告的内容，以及出现问题的构筑物、系统和设备及其供货商、制造厂或者施工单位等。

第二十条 核动力厂营运单位应当在建造事件发生或者发现后三十日内，向国家核安全局提交建造事件报告。第三十日是节假日的，核动力厂营运单位提交建造事件报告的届满之日顺延至节假日后第一个工作日。

提交建造事件报告的期限已届满，核动力厂营运单位对建造事件的处理尚没有结论或者没有处理完毕的，可以先向国家核安全局提交阶段性建造事件报告，并在建造事件处理完毕后提交补充信息。

核动力厂建造事件报告的内容应当包括事件背景、事件描述、已经制定的或者正在进行的纠正措施、事件对工程质量和进度的影响、事件的原因分析和经验教训、事件对安全影响的分析等。

第二十一条 国家核安全局认为核动力厂营运单位提交的建造事件报告不够清晰和完整的，应当要求核动力厂营运单位补充或者修改，并提交补充或者修改后的报告。

第五章 运行阶段事件报告

第二十二条 核动力厂营运单位应当从取得运行许可证之日起，至取得退役批准书之日止，向国家核安全局报告下列运行事件：

（一）核动力厂营运单位执行核动力厂运行限值和条件所要求

的停堆；

（二）核电机组超出安全限值或者安全系统整定值；

（三）违反核动力厂运行限值和条件规定的操作或者状况；

（四）导致核电机组主要实体屏障严重劣化或者处于明显降低核动力厂安全的没有分析过的状况；

（五）任何对核电机组安全有现实威胁或者明显妨碍核动力厂现场人员执行安全运行有关职责的自然事件或者其他外部事件；

（六）导致反应堆停堆保护系统和专设安全设施自动或者手动触发的事件；

（七）任何可能妨碍构筑物或者系统实现停堆和保持安全停堆状态、排出堆芯余热、控制放射性物质释放、缓解事故后果等安全功能的事件或者状况；

（八）同一原因或者状况导致具有停堆和保持安全停堆状态、排出堆芯余热、控制放射性物质释放、缓解事故后果等安全功能的系统的系列或者通道同时失效的事件；

（九）放射性释放和辐射照射事件；

（十）任何对核电机组安全有现实威胁或者明显妨碍核动力厂现场人员执行安全运行有关职责的内部事件；

（十一）网络攻击事件；

（十二）其他事件。

核动力厂进入应急状态的，核动力厂营运单位应当按照本规定第六章有关核事故应急报告的要求进行报告。

第二十三条　核动力厂营运单位应当在运行事件发生或者发现后二十四小时内，口头通告国家核安全局和核动力厂所在地区核与辐射安全监督站。口头通告的方式可以采取电话、当面陈述或者其他有效方式。

前款规定的口头通告的内容应当包括核动力厂名称、机组编号、事件发生时间、报告依据、事件发生前机组状态和功率水平、事件初步情况，以及口头通告时所处的状况。

第二十四条　核动力厂营运单位应当在运行事件发生或者发现后三日内，向国家核安全局和核动力厂所在地区核与辐射安全监督站提交书面通告，并在书面通告中对运行事件进行初步事件分级。第三日是节假日的，核动力厂营运单位提交书面通告的届满之日顺延至节假日后第一个工作日。

前款规定的书面通告的内容应当包括本规定第二十三条规定的口头通告的内容，以及事件对运行的影响、放射性后果、出现问题的系统或者设备等。

第二十五条　核动力厂营运单位应当在运行事件发生或者发现后三十日内，向国家核安全局提交运行事件报告，并在运行事件报告中对运行事件进行事件分级。第三十日是节假日的，核动力厂营运单位提交运行事件报告的届满之日顺延至节假日后第一个工作日。

提交运行事件报告的期限已届满，核动力厂营运单位对运行事件的处理尚没有结论或者没有处理完毕的，可以先向国家核安全局提交阶段性运行事件报告，并在运行事件处理完毕后提交补充信息。

核动力厂运行事件报告的内容包括事件描述、主要的失效、安全系统响应、事件原因分析、安全后果评估、纠正措施、事件分级、以往类似事件、事件编码等。

第二十六条　国家核安全局认为核动力厂营运单位提交的运行事件报告不够清晰和完整的，应当要求核动力厂营运单位补充或者修改，并提交修改后的报告。

第六章　核事故应急报告

第二十七条　核动力厂进入应急状态、应急状态变更或者应急状态终止后十五分钟内，核动力厂营运单位应当首先用电话，随后用传真或者其他约定的电子信息传输方式向国家核安全局和核动力厂所在地区核与辐射安全监督站发出核事故应急通告。

第二十八条 核动力厂进入应急状态后，核动力厂营运单位应当保持与国家核安全局应急网络平台的畅通，直到应急状态终止。

第二十九条 核动力厂进入厂房应急或者高于厂房应急状态后的一小时内，核动力厂营运单位应当采用电话、传真或者其他约定的电子信息传输方式向国家核安全局和核动力厂所在地区核与辐射安全监督站发出核事故应急报告，并在首次发出核事故应急报告之后持续发出核事故应急报告，直至应急状态终止。

同一应急状态下，核动力厂营运单位连续两次发出核事故应急报告的时间间隔不应超过一小时；事故态势得到控制后，核动力厂营运单位发出核事故应急报告的时间间隔可适当延长，但不得超过四小时。

核动力厂营运单位认为有必要时，可以向国家核安全局和核动力厂所在地区核与辐射安全监督站即时报送核事故应急报告，不受本条规定的时间间隔限制。

第三十条 核动力厂应急状态终止后三十日内，核动力厂营运单位应当向国家核安全局提交核动力厂核事故最终评价报告，并在核事故最终评价报告中对核事件或者事故进行分级。

第三十日是节假日的，核动力厂营运单位提交核事故最终评价报告的届满之日顺延至节假日后第一个工作日。

……

核动力厂厂址评价安全规定（节录）

（2023年2月27日　国核安发〔2023〕38号）

……

2 基本要求

2.1 基本安全原则

从核安全的观点考虑，核动力厂厂址评价的主要目的是保护公众和环境免受放射性事故释放所引起的过量辐射影响，同时也应考虑核动力厂正常的放射性物质释放影响。

2.2 安全目标

必须在核动力厂寿期内的所有阶段贯彻基本安全原则，包括规划、选址、设计、建造、运行、退役，以及与之相关的放射性物质运输和放射性废物管理。

2.3 厂址安全评价

必须调查和评价可能影响核动力厂安全的厂址特征。必须根据影响核动力厂安全的外部自然事件和人为事件发生频率和严重程度及其可能的组合，对候选核动力厂厂址的安全性进行审查。必须利用基于外部事件危险性分析得到的发生频率和严重程度的信息来确定核动力厂设计基准，并合理考虑其中的不确定性。必须确定可能影响核事故应急预案可实施性的厂址特征。

2.4 环境影响评价

必须调查和评价核动力厂运行状态和事故工况下可能受到潜在放射性释放影响的区域的环境特征。对于候选厂址，还必须考虑包括厂址所在区域的人口分布、饮食习惯、土地和水的利用情况，以评价核动力厂在运行状态及事故工况（包括那些会导致需要采取应急措施的事故工况）下对厂址所在区域居民的可能辐射影响。需要在核动力厂的整个寿期内对所有这些特征予以监测。

2.5 营运单位的职责

2.5.1 营运单位应当向国务院核安全监督管理部门提交选址安全分析报告，充分说明该厂址具备建造核动力厂的厂址条件，并能在整个寿期内安全运行。选址安全分析报告必须根据本规定和其他有关规定的要求进行编制。

2.5.2 营运单位在核动力厂整个寿期的不同阶段开展厂址评价工作，应当根据本规定和其他有关规定的要求进行。

2.5.3 营运单位必须进行适当的质量保证和过程控制，以控制核动力厂厂址评价各阶段所进行的厂址调查、评价以及工程活动实施的有效性。质量保证控制必须覆盖选址过程中的全部活动。营运单位应妥善保存核动力厂厂址评价过程中所完成的工作记录。

......

八 水文与水利设施安全

中华人民共和国水法（节录）

（1988年1月21日第六届全国人民代表大会常务委员会第二十四次会议通过 2002年8月29日第九届全国人民代表大会常务委员会第二十九次会议修订 根据2009年8月27日第十一届全国人民代表大会常务委员会第十次会议《关于修改部分法律的决定》第一次修正 根据2016年7月2日第十二届全国人民代表大会常务委员会第二十一次会议《关于修改〈中华人民共和国节约能源法〉等六部法律的决定》第二次修正）

……

第三章 水资源开发利用

第二十条 开发、利用水资源，应当坚持兴利与除害相结合，兼顾上下游、左右岸和有关地区之间的利益，充分发挥水资源的综合效益，并服从防洪的总体安排。

第二十一条 开发、利用水资源，应当首先满足城乡居民生活用水，并兼顾农业、工业、生态环境用水以及航运等需要。

在干旱和半干旱地区开发、利用水资源，应当充分考虑生态环境用水需要。

第二十二条 跨流域调水，应当进行全面规划和科学论证，统筹兼顾调出和调入流域的用水需要，防止对生态环境造成破坏。

第二十三条 地方各级人民政府应当结合本地区水资源的实际情况，按照地表水与地下水统一调度开发、开源与节流相结合、节流优先和污水处理再利用的原则，合理组织开发、综合利用水资源。

国民经济和社会发展规划以及城市总体规划的编制、重大建设项目的布局，应当与当地水资源条件和防洪要求相适应，并进行科学论证；在水资源不足的地区，应当对城市规模和建设耗水量大的工业、农业和服务业项目加以限制。

第二十四条 在水资源短缺的地区，国家鼓励对雨水和微咸水的收集、开发、利用和对海水的利用、淡化。

第二十五条 地方各级人民政府应当加强对灌溉、排涝、水土保持工作的领导，促进农业生产发展；在容易发生盐碱化和渍害的地区，应当采取措施，控制和降低地下水的水位。

农村集体经济组织或者其成员依法在本集体经济组织所有的集体土地或者承包土地上投资兴建水工程设施的，按照谁投资建设谁管理和谁受益的原则，对水工程设施及其蓄水进行管理和合理使用。

农村集体经济组织修建水库应当经县级以上地方人民政府水行政主管部门批准。

第二十六条 国家鼓励开发、利用水能资源。在水能丰富的河流，应当有计划地进行多目标梯级开发。

建设水力发电站，应当保护生态环境，兼顾防洪、供水、灌溉、航运、竹木流放和渔业等方面的需要。

第二十七条 国家鼓励开发、利用水运资源。在水生生物洄游通道、通航或者竹木流放的河流上修建永久性拦河闸坝，建设单位应当同时修建过鱼、过船、过木设施，或者经国务院授权的部门批准采取其他补救措施，并妥善安排施工和蓄水期间的水生生物保护、航运和竹木流放，所需费用由建设单位承担。

在不通航的河流或者人工水道上修建闸坝后可以通航的，闸坝建设单位应当同时修建过船设施或者预留过船设施位置。

第二十八条 任何单位和个人引水、截（蓄）水、排水，不得损害公共利益和他人的合法权益。

第二十九条 国家对水工程建设移民实行开发性移民的方针，按照前期补偿、补助与后期扶持相结合的原则，妥善安排移民的生产和生活，保护移民的合法权益。

移民安置应当与工程建设同步进行。建设单位应当根据安置地区的环境容量和可持续发展的原则，因地制宜，编制移民安置规划，经依法批准后，由有关地方人民政府组织实施。所需移民经费列入工程建设投资计划。

第四章　水资源、水域和水工程的保护

第三十条 县级以上人民政府水行政主管部门、流域管理机构以及其他有关部门在制定水资源开发、利用规划和调度水资源时，应当注意维持江河的合理流量和湖泊、水库以及地下水的合理水位，维护水体的自然净化能力。

第三十一条 从事水资源开发、利用、节约、保护和防治水害等水事活动，应当遵守经批准的规划；因违反规划造成江河和湖泊水域使用功能降低、地下水超采、地面沉降、水体污染的，应当承担治理责任。

开采矿藏或者建设地下工程，因疏干排水导致地下水水位下降、水源枯竭或者地面塌陷，采矿单位或者建设单位应当采取补救措施；对他人生活和生产造成损失的，依法给予补偿。

第三十二条 国务院水行政主管部门会同国务院环境保护行政

主管部门、有关部门和有关省、自治区、直辖市人民政府，按照流域综合规划、水资源保护规划和经济社会发展要求，拟定国家确定的重要江河、湖泊的水功能区划，报国务院批准。跨省、自治区、直辖市的其他江河、湖泊的水功能区划，由有关流域管理机构会同江河、湖泊所在地的省、自治区、直辖市人民政府水行政主管部门、环境保护行政主管部门和其他有关部门拟定，分别经有关省、自治区、直辖市人民政府审查提出意见后，由国务院水行政主管部门会同国务院环境保护行政主管部门审核，报国务院或者其授权的部门批准。

前款规定以外的其他江河、湖泊的水功能区划，由县级以上地方人民政府水行政主管部门会同同级人民政府环境保护行政主管部门和有关部门拟定，报同级人民政府或者其授权的部门批准，并报上一级水行政主管部门和环境保护行政主管部门备案。

县级以上人民政府水行政主管部门或者流域管理机构应当按照水功能区对水质的要求和水体的自然净化能力，核定该水域的纳污能力，向环境保护行政主管部门提出该水域的限制排污总量意见。

县级以上地方人民政府水行政主管部门和流域管理机构应当对水功能区的水质状况进行监测，发现重点污染物排放总量超过控制指标的，或者水功能区的水质未达到水域使用功能对水质的要求的，应当及时报告有关人民政府采取治理措施，并向环境保护行政主管部门通报。

第三十三条 国家建立饮用水水源保护区制度。省、自治区、直辖市人民政府应当划定饮用水水源保护区，并采取措施，防止水源枯竭和水体污染，保证城乡居民饮用水安全。

第三十四条 禁止在饮用水水源保护区内设置排污口。

在江河、湖泊新建、改建或者扩大排污口，应当经过有管辖权的水行政主管部门或者流域管理机构同意，由环境保护行政主管部门负责对该建设项目的环境影响报告书进行审批。

第三十五条 从事工程建设，占用农业灌溉水源、灌排工程设施，或者对原有灌溉用水、供水水源有不利影响的，建设单位应当采取相应的补救措施；造成损失的，依法给予补偿。

第三十六条 在地下水超采地区，县级以上地方人民政府应当采取措施，严格控制开采地下水。在地下水严重超采地区，经省、自治区、直辖市人民政府批准，可以划定地下水禁止开采或者限制开采区。在沿海地区开采地下水，应当经过科学论证，并采取措施，防止地面沉降和海水入侵。

第三十七条 禁止在江河、湖泊、水库、运河、渠道内弃置、堆放阻碍行洪的物体和种植阻碍行洪的林木及高秆作物。

禁止在河道管理范围内建设妨碍行洪的建筑物、构筑物以及从事影响河势稳定、危害河岸堤防安全和其他妨碍河道行洪的活动。

第三十八条 在河道管理范围内建设桥梁、码头和其他拦河、跨河、临河建筑物、构筑物，铺设跨河管道、电缆，应当符合国家规定的防洪标准和其他有关的技术要求，工程建设方案应当依照防洪法的有关规定报经有关水行政主管部门审查同意。

因建设前款工程设施，需要扩建、改建、拆除或者损坏原有水工程设施的，建设单位应当负担扩建、改建的费用和损失补偿。但是，原有工程设施属于违法工程的除外。

第三十九条 国家实行河道采砂许可制度。河道采砂许可制度实施办法，由国务院规定。

在河道管理范围内采砂，影响河势稳定或者危及堤防安全的，有关县级以上人民政府水行政主管部门应当划定禁采区和规定禁采期，并予以公告。

第四十条 禁止围湖造地。已经围垦的，应当按照国家规定的防洪标准有计划地退地还湖。

禁止围垦河道。确需围垦的，应当经过科学论证，经省、自治区、直辖市人民政府水行政主管部门或者国务院水行政主管部门同意后，报本级人民政府批准。

第四十一条 单位和个人有保护水工程的义务，不得侵占、毁坏堤防、护岸、防汛、水文监测、水文地质监测等工程设施。

第四十二条 县级以上地方人民政府应当采取措施，保障本行政区域内水工程，特别是水坝和堤防的安全，限期消除险情。水行政主管部门应当加强对水工程安全的监督管理。

第四十三条 国家对水工程实施保护。国家所有的水工程应当按照国务院的规定划定工程管理和保护范围。

国务院水行政主管部门或者流域管理机构管理的水工程，由主管部门或者流域管理机构商有关省、自治区、直辖市人民政府划定工程管理和保护范围。

前款规定以外的其他水工程，应当按照省、自治区、直辖市人民政府的规定，划定工程保护范围和保护职责。

在水工程保护范围内，禁止从事影响水工程运行和危害水工程安全的爆破、打井、采石、取土等活动。

第五章　水资源配置和节约使用

第四十四条 国务院发展计划主管部门和国务院水行政主管部门负责全国水资源的宏观调配。全国的和跨省、自治区、直辖市的水中长期供求规划，由国务院水行政主管部门会同有关部门制订，经国务院发展计划主管部门审查批准后执行。地方的水中长期供求规划，由县级以上地方人民政府水行政主管部门会同同级有关部门依据上一级水中长期供求规划和本地区的实际情况制订，经本级人民政府发展计划主管部门审查批准后执行。

水中长期供求规划应当依据水的供求现状、国民经济和社会发展规划、流域规划、区域规划，按照水资源供需协调、综合平衡、保护生态、厉行节约、合理开源的原则制定。

第四十五条 调蓄径流和分配水量，应当依据流域规划和水中长期供求规划，以流域为单元制定水量分配方案。

跨省、自治区、直辖市的水量分配方案和旱情紧急情况下的水量调度预案，由流域管理机构商有关省、自治区、直辖市人民政府制订，报国务院或者其授权的部门批准后执行。其他跨行政区域的水量分配方案和旱情紧急情况下的水量调度预案，由共同的上一级人民政府水行政主管部门商有关地方人民政府制订，报本级人民政府批准后执行。

水量分配方案和旱情紧急情况下的水量调度预案经批准后，有关地方人民政府必须执行。

在不同行政区域之间的边界河流上建设水资源开发、利用项目，应当符合该流域经批准的水量分配方案，由有关县级以上地方人民政府报共同的上一级人民政府水行政主管部门或者有关流域管理机构批准。

第四十六条 县级以上地方人民政府水行政主管部门或者流域管理机构应当根据批准的水量分配方案和年度预测来水量，制定年度水量分配方案和调度计划，实施水量统一调度；有关地方人民政府必须服从。

国家确定的重要江河、湖泊的年度水量分配方案，应当纳入国家的国民经济和社会发展年度计划。

第四十七条 国家对用水实行总量控制和定额管理相结合的制度。

省、自治区、直辖市人民政府有关行业主管部门应当制订本行政区域内行业用水定额，报同级水行政主管部门和质量监督检验行政主管部门审核同意后，由省、自治区、直辖市人民政府公布，并报国务院水行政主管部门和国务院质量监督检验行政主管部门备案。

县级以上地方人民政府发展计划主管部门会同同级水行政主管部门，根据用水定额、经济技术条件以及水量分配方案确定的可供本行政区域使用的水量，制定年度用水计划，对本行政区域内的年度用水实行总量控制。

第四十八条　直接从江河、湖泊或者地下取用水资源的单位和个人，应当按照国家取水许可制度和水资源有偿使用制度的规定，向水行政主管部门或者流域管理机构申请领取取水许可证，并缴纳水资源费，取得取水权。但是，家庭生活和零星散养、圈养畜禽饮用等少量取水的除外。

实施取水许可制度和征收管理水资源费的具体办法，由国务院规定。

第四十九条　用水应当计量，并按照批准的用水计划用水。

用水实行计量收费和超定额累进加价制度。

第五十条　各级人民政府应当推行节水灌溉方式和节水技术，对农业蓄水、输水工程采取必要的防渗漏措施，提高农业用水效率。

第五十一条　工业用水应当采用先进技术、工艺和设备，增加循环用水次数，提高水的重复利用率。

国家逐步淘汰落后的、耗水量高的工艺、设备和产品，具体名录由国务院经济综合主管部门会同国务院水行政主管部门和有关部门制定并公布。生产者、销售者或者生产经营中的使用者应当在规定的时间内停止生产、销售或者使用列入名录的工艺、设备和产品。

第五十二条　城市人民政府应当因地制宜采取有效措施，推广节水型生活用水器具，降低城市供水管网漏失率，提高生活用水效率；加强城市污水集中处理，鼓励使用再生水，提高污水再生利用率。

第五十三条　新建、扩建、改建建设项目，应当制订节水措施方案，配套建设节水设施。节水设施应当与主体工程同时设计、同时施工、同时投产。

供水企业和自建供水设施的单位应当加强供水设施的维护管理，减少水的漏失。

第五十四条 各级人民政府应当积极采取措施，改善城乡居民的饮用水条件。

第五十五条 使用水工程供应的水，应当按照国家规定向供水单位缴纳水费。供水价格应当按照补偿成本、合理收益、优质优价、公平负担的原则确定。具体办法由省级以上人民政府价格主管部门会同同级水行政主管部门或者其他供水行政主管部门依据职权制定。

……

中华人民共和国防洪法（节录）

（1997年8月29日第八届全国人民代表大会常务委员会第二十七次会议通过　根据2009年8月27日第十一届全国人民代表大会常务委员会第十次会议《关于修改部分法律的决定》第一次修正　根据2015年4月24日第十二届全国人民代表大会常务委员会第十四次会议《关于修改〈中华人民共和国港口法〉等七部法律的决定》第二次修正　根据2016年7月2日第十二届全国人民代表大会常务委员会第二十一次会议《关于修改〈中华人民共和国节约能源法〉等六部法律的决定》第三次修正）

……

第二章　防　洪　规　划

第九条 防洪规划是指为防治某一流域、河段或者区域的洪涝灾害而制定的总体部署，包括国家确定的重要江河、湖泊的流域防洪规划，其他江河、河段、湖泊的防洪规划以及区域防洪规划。

防洪规划应当服从所在流域、区域的综合规划；区域防洪规划应当服从所在流域的流域防洪规划。

防洪规划是江河、湖泊治理和防洪工程设施建设的基本依据。

第十条 国家确定的重要江河、湖泊的防洪规划，由国务院水行政主管部门依据该江河、湖泊的流域综合规划，会同有关部门和有关省、自治区、直辖市人民政府编制，报国务院批准。

其他江河、河段、湖泊的防洪规划或者区域防洪规划，由县级以上地方人民政府水行政主管部门分别依据流域综合规划、区域综合规划，会同有关部门和有关地区编制，报本级人民政府批准，并报上一级人民政府水行政主管部门备案；跨省、自治区、直辖市的江河、河段、湖泊的防洪规划由有关流域管理机构会同江河、河段、湖泊所在地的省、自治区、直辖市人民政府水行政主管部门、有关主管部门拟定，分别经有关省、自治区、直辖市人民政府审查提出意见后，报国务院水行政主管部门批准。

城市防洪规划，由城市人民政府组织水行政主管部门、建设行政主管部门和其他有关部门依据流域防洪规划、上一级人民政府区域防洪规划编制，按照国务院规定的审批程序批准后纳入城市总体规划。

修改防洪规划，应当报经原批准机关批准。

第十一条 编制防洪规划，应当遵循确保重点、兼顾一般，以及防汛和抗旱相结合、工程措施和非工程措施相结合的原则，充分考虑洪涝规律和上下游、左右岸的关系以及国民经济对防洪的要求，并与国土规划和土地利用总体规划相协调。

防洪规划应当确定防护对象、治理目标和任务、防洪措施和实施方案，划定洪泛区、蓄滞洪区和防洪保护区的范围，规定蓄滞洪区的使用原则。

第十二条 受风暴潮威胁的沿海地区的县级以上地方人民政府，应当把防御风暴潮纳入本地区的防洪规划，加强海堤（海塘）、挡潮闸和沿海防护林等防御风暴潮工程体系建设，监督建筑物、构筑物的设计和施工符合防御风暴潮的需要。

第十三条 山洪可能诱发山体滑坡、崩塌和泥石流的地区以及其他山洪多发地区的县级以上地方人民政府，应当组织负责地质矿产管理工作的部门、水行政主管部门和其他有关部门对山体滑坡、崩塌和泥石流隐患进行全面调查，划定重点防治区，采取防治措施。

城市、村镇和其他居民点以及工厂、矿山、铁路和公路干线的布局，应当避开山洪威胁；已经建在受山洪威胁的地方的，应当采取防御措施。

第十四条 平原、洼地、水网圩区、山谷、盆地等易涝地区的有关地方人民政府，应当制定除涝治涝规划，组织有关部门、单位采取相应的治理措施，完善排水系统，发展耐涝农作物种类和品种，开展洪涝、干旱、盐碱综合治理。

城市人民政府应当加强对城区排涝管网、泵站的建设和管理。

第十五条 国务院水行政主管部门应当会同有关部门和省、自治区、直辖市人民政府制定长江、黄河、珠江、辽河、淮河、海河入海河口的整治规划。

在前款入海河口围海造地，应当符合河口整治规划。

第十六条 防洪规划确定的河道整治计划用地和规划建设的堤防用地范围内的土地，经土地管理部门和水行政主管部门会同有关地区核定，报经县级以上人民政府按照国务院规定的权限批准后，可以划定为规划保留区；该规划保留区范围内的土地涉及其他项目用地的，有关土地管理部门和水行政主管部门核定时，应当征求有关部门的意见。

规划保留区依照前款规定划定后，应当公告。

前款规划保留区内不得建设与防洪无关的工矿工程设施；在特殊情况下，国家工矿建设项目确需占用前款规划保留区内的土地的，应当按照国家规定的基本建设程序报请批准，并征求有关水行政主管部门的意见。

防洪规划确定的扩大或者开辟的人工排洪道用地范围内的土地，经省级以上人民政府土地管理部门和水行政主管部门会同有关部门、有关地区核定，报省级以上人民政府按照国务院规定的权限批准后，可以划定为规划保留区，适用前款规定。

第十七条 在江河、湖泊上建设防洪工程和其他水工程、水电站等，应当符合防洪规划的要求；水库应当按照防洪规划的要求留足防洪库容。

前款规定的防洪工程和其他水工程、水电站未取得有关水行政主管部门签署的符合防洪规划要求的规划同意书的，建设单位不得开工建设。

第三章 治理与防护

第十八条 防治江河洪水，应当蓄泄兼施，充分发挥河道行洪能力和水库、洼淀、湖泊调蓄洪水的功能，加强河道防护，因地制宜地采取定期清淤疏浚等措施，保持行洪畅通。

防治江河洪水，应当保护、扩大流域林草植被，涵养水源，加强流域水土保持综合治理。

第十九条 整治河道和修建控制引导河水流向、保护堤岸等工程，应当兼顾上下游、左右岸的关系，按照规划治导线实施，不得任意改变河水流向。

国家确定的重要江河的规划治导线由流域管理机构拟定，报国务院水行政主管部门批准。

其他江河、河段的规划治导线由县级以上地方人民政府水行政主管部门拟定，报本级人民政府批准；跨省、自治区、直辖市的江河、河段和省、自治区、直辖市之间的省界河道的规划治导线由有关流域管理机构组织江河、河段所在地的省、自治区、直辖市人民政府水行政主管部门拟定，经有关省、自治区、直辖市人民政府审查提出意见后，报国务院水行政主管部门批准。

第二十条 整治河道、湖泊，涉及航道的，应当兼顾航运需要，并事先征求交通主管部门的意见。整治航道，应当符合江河、湖泊防洪安全要求，并事先征求水行政主管部门的意见。

在竹木流放的河流和渔业水域整治河道的，应当兼顾竹木水运和渔业发展的需要，并事先征求林业、渔业行政主管部门的意见。在河道中流放竹木，不得影响行洪和防洪工程设施的安全。

第二十一条 河道、湖泊管理实行按水系统一管理和分级管理相结合的原则，加强防护，确保畅通。

国家确定的重要江河、湖泊的主要河段，跨省、自治区、直辖市的重要河段、湖泊，省、自治区、直辖市之间的省界河道、湖泊以及国（边）界河道、湖泊，由流域管理机构和江河、湖泊所在地的省、自治区、直辖市人民政府水行政主管部门按照国务院水行政主管部门的划定依法实施管理。其他河道、湖泊，由县级以上地方人民政府水行政主管部门按照国务院水行政主管部门或者国务院水行政主管部门授权的机构的划定依法实施管理。

有堤防的河道、湖泊，其管理范围为两岸堤防之间的水域、沙洲、滩地、行洪区和堤防及护堤地；无堤防的河道、湖泊，其管理范围为历史最高洪水位或者设计洪水位之间的水域、沙洲、滩地和行洪区。

流域管理机构直接管理的河道、湖泊管理范围，由流域管理机构会同有关县级以上地方人民政府依照前款规定界定；其他河道、湖泊管理范围，由有关县级以上地方人民政府依照前款规定界定。

第二十二条 河道、湖泊管理范围内的土地和岸线的利用，应当符合行洪、输水的要求。

禁止在河道、湖泊管理范围内建设妨碍行洪的建筑物、构筑物，倾倒垃圾、渣土，从事影响河势稳定、危害河岸堤防安全和其他妨碍河道行洪的活动。

禁止在行洪河道内种植阻碍行洪的林木和高秆作物。

在船舶航行可能危及堤岸安全的河段，应当限定航速。限定航速的标志，由交通主管部门与水行政主管部门商定后设置。

第二十三条 禁止围湖造地。已经围垦的，应当按照国家规定的防洪标准进行治理，有计划地退地还湖。

禁止围垦河道。确需围垦的，应当进行科学论证，经水行政主管部门确认不妨碍行洪、输水后，报省级以上人民政府批准。

第二十四条 对居住在行洪河道内的居民，当地人民政府应当有计划地组织外迁。

第二十五条 护堤护岸的林木，由河道、湖泊管理机构组织营造和管理。护堤护岸林木，不得任意砍伐。采伐护堤护岸林木的，应当依法办理采伐许可手续，并完成规定的更新补种任务。

第二十六条 对壅水、阻水严重的桥梁、引道、码头和其他跨河工程设施，根据防洪标准，有关水行政主管部门可以报请县级以上人民政府按照国务院规定的权限责令建设单位限期改建或者拆除。

第二十七条 建设跨河、穿河、穿堤、临河的桥梁、码头、道路、渡口、管道、缆线、取水、排水等工程设施，应当符合防洪标准、岸线规划、航运要求和其他技术要求，不得危害堤防安全、影响河势稳定、妨碍行洪畅通；其工程建设方案未经有关水行政主管部门根据前述防洪要求审查同意的，建设单位不得开工建设。

前款工程设施需要占用河道、湖泊管理范围内土地，跨越河道、湖泊空间或者穿越河床的，建设单位应当经有关水行政主管部门对该工程设施建设的位置和界限审查批准后，方可依法办理开工手续；安排施工时，应当按照水行政主管部门审查批准的位置和界限进行。

第二十八条　对于河道、湖泊管理范围内依照本法规定建设的工程设施，水行政主管部门有权依法检查；水行政主管部门检查时，被检查者应当如实提供有关的情况和资料。

前款规定的工程设施竣工验收时，应当有水行政主管部门参加。

第四章　防洪区和防洪工程设施的管理

第二十九条　防洪区是指洪水泛滥可能淹及的地区，分为洪泛区、蓄滞洪区和防洪保护区。

洪泛区是指尚无工程设施保护的洪水泛滥所及的地区。

蓄滞洪区是指包括分洪口在内的河堤背水面以外临时贮存洪水的低洼地区及湖泊等。

防洪保护区是指在防洪标准内受防洪工程设施保护的地区。

洪泛区、蓄滞洪区和防洪保护区的范围，在防洪规划或者防御洪水方案中划定，并报请省级以上人民政府按照国务院规定的权限批准后予以公告。

第三十条　各级人民政府应当按照防洪规划对防洪区内的土地利用实行分区管理。

第三十一条　地方各级人民政府应当加强对防洪区安全建设工作的领导，组织有关部门、单位对防洪区内的单位和居民进行防洪教育，普及防洪知识，提高水患意识；按照防洪规划和防御洪水方案建立并完善防洪体系和水文、气象、通信、预警以及洪涝灾害监测系统，提高防御洪水能力；组织防洪区内的单位和居民积极参加防洪工作，因地制宜地采取防洪避洪措施。

第三十二条　洪泛区、蓄滞洪区所在地的省、自治区、直辖市人民政府应当组织有关地区和部门，按照防洪规划的要求，制定洪泛区、蓄滞洪区安全建设计划，控制蓄滞洪区人口增长，对居住在经常使用的蓄滞洪区的居民，有计划地组织外迁，并采取其他必要的安全保护措施。

因蓄滞洪区而直接受益的地区和单位，应当对蓄滞洪区承担国家规定的补偿、救助义务。国务院和有关的省、自治区、直辖市人民政府应当建立对蓄滞洪区的扶持和补偿、救助制度。

国务院和有关的省、自治区、直辖市人民政府可以制定洪泛区、蓄滞洪区安全建设管理办法以及对蓄滞洪区的扶持和补偿、救助办法。

第三十三条 在洪泛区、蓄滞洪区内建设非防洪建设项目，应当就洪水对建设项目可能产生的影响和建设项目对防洪可能产生的影响作出评价，编制洪水影响评价报告，提出防御措施。洪水影响评价报告未经有关水行政主管部门审查批准的，建设单位不得开工建设。

在蓄滞洪区内建设的油田、铁路、公路、矿山、电厂、电信设施和管道，其洪水影响评价报告应当包括建设单位自行安排的防洪避洪方案。建设项目投入生产或者使用时，其防洪工程设施应当经水行政主管部门验收。

在蓄滞洪区内建造房屋应当采用平顶式结构。

第三十四条 大中城市，重要的铁路、公路干线，大型骨干企业，应当列为防洪重点，确保安全。

受洪水威胁的城市、经济开发区、工矿区和国家重要的农业生产基地等，应当重点保护，建设必要的防洪工程设施。

城市建设不得擅自填堵原有河道沟叉、贮水湖塘洼淀和废除原有防洪围堤。确需填堵或者废除的，应当经城市人民政府批准。

第三十五条 属于国家所有的防洪工程设施，应当按照经批准的设计，在竣工验收前由县级以上人民政府按照国家规定，划定管理和保护范围。

属于集体所有的防洪工程设施，应当按照省、自治区、直辖市人民政府的规定，划定保护范围。

在防洪工程设施保护范围内，禁止进行爆破、打井、采石、取土等危害防洪工程设施安全的活动。

第三十六条 各级人民政府应当组织有关部门加强对水库大坝的定期检查和监督管理。对未达到设计洪水标准、抗震设防要求或者有严重质量缺陷的险坝，大坝主管部门应当组织有关单位采取除险加固措施，限期消除危险或者重建，有关人民政府应当优先安排所需资金。对可能出现垮坝的水库，应当事先制定应急抢险和居民临时撤离方案。

各级人民政府和有关主管部门应当加强对尾矿坝的监督管理，采取措施，避免因洪水导致垮坝。

第三十七条 任何单位和个人不得破坏、侵占、毁损水库大坝、堤防、水闸、护岸、抽水站、排水渠系等防洪工程和水文、通信设施以及防汛备用的器材、物料等。

第五章 防汛抗洪

第三十八条 防汛抗洪工作实行各级人民政府行政首长负责制，统一指挥、分级分部门负责。

第三十九条 国务院设立国家防汛指挥机构，负责领导、组织全国的防汛抗洪工作，其办事机构设在国务院水行政主管部门。

在国家确定的重要江河、湖泊可以设立由有关省、自治区、直辖市人民政府和该江河、湖泊的流域管理机构负责人等组成的防汛指挥机构，指挥所管辖范围内的防汛抗洪工作，其办事机构设在流域管理机构。

有防汛抗洪任务的县级以上地方人民政府设立由有关部门、当地驻军、人民武装部负责人等组成的防汛指挥机构，在上级防汛指挥机构和本级人民政府的领导下，指挥本地区的防汛抗洪工作，其办事机构设在同级水行政主管部门；必要时，经城市人民政府决定，防汛指挥机构也可以在建设行政主管部门设城市市区办事机构，在防汛指挥机构的统一领导下，负责城市市区的防汛抗洪日常工作。

第四十条 有防汛抗洪任务的县级以上地方人民政府根据流域综合规划、防洪工程实际状况和国家规定的防洪标准，制定防御洪水方案（包括对特大洪水的处置措施）。

长江、黄河、淮河、海河的防御洪水方案，由国家防汛指挥机构制定，报国务院批准；跨省、自治区、直辖市的其他江河的防御洪水方案，由有关流域管理机构会同有关省、自治区、直辖市人民政府制定，报国务院或者国务院授权的有关部门批准。防御洪水方案经批准后，有关地方人民政府必须执行。

各级防汛指挥机构和承担防汛抗洪任务的部门和单位，必须根据防御洪水方案做好防汛抗洪准备工作。

第四十一条 省、自治区、直辖市人民政府防汛指挥机构根据当地的洪水规律，规定汛期起止日期。

当江河、湖泊的水情接近保证水位或者安全流量，水库水位接近设计洪水位，或者防洪工程设施发生重大险情时，有关县级以上人民政府防汛指挥机构可以宣布进入紧急防汛期。

第四十二条 对河道、湖泊范围内阻碍行洪的障碍物，按照谁设障、谁清除的原则，由防汛指挥机构责令限期清除；逾期不清除的，由防汛指挥机构组织强行清除，所需费用由设障者承担。

在紧急防汛期，国家防汛指挥机构或者其授权的流域、省、自治区、直辖市防汛指挥机构有权对壅水、阻水严重的桥梁、引道、码头和其他跨河工程设施作出紧急处置。

第四十三条 在汛期，气象、水文、海洋等有关部门应当按照各自的职责，及时向有关防汛指挥机构提供天气、水文等实时信息和风暴潮预报；电信部门应当优先提供防汛抗洪通信的服务；运输、电力、物资材料供应等有关部门应当优先为防汛抗洪服务。

中国人民解放军、中国人民武装警察部队和民兵应当执行国家赋予的抗洪抢险任务。

第四十四条 在汛期，水库、闸坝和其他水工程设施的运用，必须服从有关的防汛指挥机构的调度指挥和监督。

在汛期，水库不得擅自在汛期限制水位以上蓄水，其汛期限制水位以上的防洪库容的运用，必须服从防汛指挥机构的调度指挥和监督。

在凌汛期，有防凌汛任务的江河的上游水库的下泄水量必须征得有关的防汛指挥机构的同意，并接受其监督。

第四十五条 在紧急防汛期，防汛指挥机构根据防汛抗洪的需要，有权在其管辖范围内调用物资、设备、交通运输工具和人力，决定采取取土占地、砍伐林木、清除阻水障碍物和其他必要的紧急措施；必要时，公安、交通等有关部门按照防汛指挥机构的决定，依法实施陆地和水面交通管制。

依照前款规定调用的物资、设备、交通运输工具等，在汛期结束后应当及时归还；造成损坏或者无法归还的，按照国务院有关规定给予适当补偿或者作其他处理。取土占地、砍伐林木的，在汛期结束后依法向有关部门补办手续；有关地方人民政府对取土后的土地组织复垦，对砍伐的林木组织补种。

第四十六条 江河、湖泊水位或者流量达到国家规定的分洪标准，需要启用蓄滞洪区时，国务院，国家防汛指挥机构，流域防汛指挥机构，省、自治区、直辖市人民政府，省、自治区、直辖市防汛指挥机构，按照依法经批准的防御洪水方案中规定的启用条件和批准程序，决定启用蓄滞洪区。依法启用蓄滞洪区，任何单位和个人不得阻拦、拖延；遇到阻拦、拖延时，由有关县级以上地方人民政府强制实施。

第四十七条 发生洪涝灾害后，有关人民政府应当组织有关部门、单位做好灾区的生活供给、卫生防疫、救灾物资供应、治安管理、学校复课、恢复生产和重建家园等救灾工作以及所管辖地区的各项水毁工程设施修复工作。水毁防洪工程设施的修复，应当优先列入有关部门的年度建设计划。

国家鼓励、扶持开展洪水保险。

……

中华人民共和国长江保护法（节录）

（2020年12月26日第十三届全国人民代表大会常务委员会第二十四次会议通过　2020年12月26日中华人民共和国主席令第65号公布　自2021年3月1日起施行）

……

第二章　规划与管控

第十七条　国家建立以国家发展规划为统领，以空间规划为基础，以专项规划、区域规划为支撑的长江流域规划体系，充分发挥规划对推进长江流域生态环境保护和绿色发展的引领、指导和约束作用。

第十八条　国务院和长江流域县级以上地方人民政府应当将长江保护工作纳入国民经济和社会发展规划。

国务院发展改革部门会同国务院有关部门编制长江流域发展规划，科学统筹长江流域上下游、左右岸、干支流生态环境保护和绿色发展，报国务院批准后实施。

长江流域水资源规划、生态环境保护规划等依照有关法律、行政法规的规定编制。

第十九条　国务院自然资源主管部门会同国务院有关部门组织编制长江流域国土空间规划，科学有序统筹安排长江流域生态、农业、城镇等功能空间，划定生态保护红线、永久基本农田、城镇开发边界，优化国土空间结构和布局，统领长江流域国土空间利用任务，报国务院批准后实施。涉及长江流域国土空间利用的专项规划应当与长江流域国土空间规划相衔接。

长江流域县级以上地方人民政府组织编制本行政区域的国土空间规划，按照规定的程序报经批准后实施。

第二十条 国家对长江流域国土空间实施用途管制。长江流域县级以上地方人民政府自然资源主管部门依照国土空间规划，对所辖长江流域国土空间实施分区、分类用途管制。

长江流域国土空间开发利用活动应当符合国土空间用途管制要求，并依法取得规划许可。对不符合国土空间用途管制要求的，县级以上人民政府自然资源主管部门不得办理规划许可。

第二十一条 国务院水行政主管部门统筹长江流域水资源合理配置、统一调度和高效利用，组织实施取用水总量控制和消耗强度控制管理制度。

国务院生态环境主管部门根据水环境质量改善目标和水污染防治要求，确定长江流域各省级行政区域重点污染物排放总量控制指标。长江流域水质超标的水功能区，应当实施更严格的污染物排放总量削减要求。企业事业单位应当按照要求，采取污染物排放总量控制措施。

国务院自然资源主管部门负责统筹长江流域新增建设用地总量控制和计划安排。

第二十二条 长江流域省级人民政府根据本行政区域的生态环境和资源利用状况，制定生态环境分区管控方案和生态环境准入清单，报国务院生态环境主管部门备案后实施。生态环境分区管控方案和生态环境准入清单应当与国土空间规划相衔接。

长江流域产业结构和布局应当与长江流域生态系统和资源环境承载能力相适应。禁止在长江流域重点生态功能区布局对生态系统有严重影响的产业。禁止重污染企业和项目向长江中上游转移。

第二十三条 国家加强对长江流域水能资源开发利用的管理。因国家发展战略和国计民生需要，在长江流域新建大中型水电工程，应当经科学论证，并报国务院或者国务院授权的部门批准。

对长江流域已建小水电工程，不符合生态保护要求的，县级以上地方人民政府应当组织分类整改或者采取措施逐步退出。

第二十四条 国家对长江干流和重要支流源头实行严格保护，设立国家公园等自然保护地，保护国家生态安全屏障。

第二十五条 国务院水行政主管部门加强长江流域河道、湖泊保护工作。长江流域县级以上地方人民政府负责划定河道、湖泊管理范围，并向社会公告，实行严格的河湖保护，禁止非法侵占河湖水域。

第二十六条 国家对长江流域河湖岸线实施特殊管制。国家长江流域协调机制统筹协调国务院自然资源、水行政、生态环境、住房和城乡建设、农业农村、交通运输、林业和草原等部门和长江流域省级人民政府划定河湖岸线保护范围，制定河湖岸线保护规划，严格控制岸线开发建设，促进岸线合理高效利用。

禁止在长江干支流岸线一公里范围内新建、扩建化工园区和化工项目。

禁止在长江干流岸线三公里范围内和重要支流岸线一公里范围内新建、改建、扩建尾矿库；但是以提升安全、生态环境保护水平为目的的改建除外。

第二十七条 国务院交通运输主管部门会同国务院自然资源、水行政、生态环境、农业农村、林业和草原主管部门在长江流域水生生物重要栖息地科学划定禁止航行区域和限制航行区域。

禁止船舶在划定的禁止航行区域内航行。因国家发展战略和国计民生需要，在水生生物重要栖息地禁止航行区域内航行的，应当由国务院交通运输主管部门商国务院农业农村主管部门同意，并应当采取必要措施，减少对重要水生生物的干扰。

严格限制在长江流域生态保护红线、自然保护地、水生生物重要栖息地水域实施航道整治工程；确需整治的，应当经科学论证，并依法办理相关手续。

第二十八条 国家建立长江流域河道采砂规划和许可制度。长江流域河道采砂应当依法取得国务院水行政主管部门有关流域管理机构或者县级以上地方人民政府水行政主管部门的许可。

国务院水行政主管部门有关流域管理机构和长江流域县级以上地方人民政府依法划定禁止采砂区和禁止采砂期，严格控制采砂区域、采砂总量和采砂区域内的采砂船舶数量。禁止在长江流域禁止采砂区和禁止采砂期从事采砂活动。

国务院水行政主管部门会同国务院有关部门组织长江流域有关地方人民政府及其有关部门开展长江流域河道非法采砂联合执法工作。

第三章 资 源 保 护

第二十九条 长江流域水资源保护与利用，应当根据流域综合规划，优先满足城乡居民生活用水，保障基本生态用水，并统筹农业、工业用水以及航运等需要。

第三十条 国务院水行政主管部门有关流域管理机构商长江流域省级人民政府依法制定跨省河流水量分配方案，报国务院或者国务院授权的部门批准后实施。制定长江流域跨省河流水量分配方案应当征求国务院有关部门的意见。长江流域省级人民政府水行政主管部门制定本行政区域的长江流域水量分配方案，报本级人民政府批准后实施。

国务院水行政主管部门有关流域管理机构或者长江流域县级以上地方人民政府水行政主管部门依据批准的水量分配方案，编制年度水量分配方案和调度计划，明确相关河段和控制断面流量水量、水位管控要求。

第三十一条 国家加强长江流域生态用水保障。国务院水行政主管部门会同国务院有关部门提出长江干流、重要支流和重要湖泊控制断面的生态流量管控指标。其他河湖生态流量管控指标由长江流域县级以上地方人民政府水行政主管部门会同本级人民政府有关部门确定。

国务院水行政主管部门有关流域管理机构应当将生态水量纳入年度水量调度计划，保证河湖基本生态用水需求，保障枯水期和鱼类产卵期生态流量、重要湖泊的水量和水位，保障长江河口咸淡水平衡。

长江干流、重要支流和重要湖泊上游的水利水电、航运枢纽等工程应当将生态用水调度纳入日常运行调度规程，建立常规生态调度机制，保证河湖生态流量；其下泄流量不符合生态流量泄放要求的，由县级以上人民政府水行政主管部门提出整改措施并监督实施。

第三十二条 国务院有关部门和长江流域地方各级人民政府应当采取措施，加快病险水库除险加固，推进堤防和蓄滞洪区建设，提升洪涝灾害防御工程标准，加强水工程联合调度，开展河道泥沙观测和河势调查，建立与经济社会发展相适应的防洪减灾工程和非工程体系，提高防御水旱灾害的整体能力。

第三十三条 国家对跨长江流域调水实行科学论证，加强控制和管理。实施跨长江流域调水应当优先保障调出区域及其下游区域的用水安全和生态安全，统筹调出区域和调入区域用水需求。

第三十四条 国家加强长江流域饮用水水源地保护。国务院水行政主管部门会同国务院有关部门制定长江流域饮用水水源地名录。长江流域省级人民政府水行政主管部门会同本级人民政府有关部门制定本行政区域的其他饮用水水源地名录。

长江流域省级人民政府组织划定饮用水水源保护区，加强饮用水水源保护，保障饮用水安全。

第三十五条 长江流域县级以上地方人民政府及其有关部门应当合理布局饮用水水源取水口，制定饮用水安全突发事件应急预案，加强饮用水备用应急水源建设，对饮用水水源的水环境质量进行实时监测。

第三十六条 丹江口库区及其上游所在地县级以上地方人民政府应当按照饮用水水源地安全保障区、水质影响控制区、水源涵养生态建设区管理要求，加强山水林田湖草整体保护，增强水源涵养能力，保障水质稳定达标。

第三十七条 国家加强长江流域地下水资源保护。长江流域县级以上地方人民政府及其有关部门应当定期调查评估地下水资源状况，监测地下水水量、水位、水环境质量，并采取相应风险防范措施，保障地下水资源安全。

第三十八条 国务院水行政主管部门会同国务院有关部门确定长江流域农业、工业用水效率目标，加强用水计量和监测设施建设；完善规划和建设项目水资源论证制度；加强对高耗水行业、重点用水单位的用水定额管理，严格控制高耗水项目建设。

第三十九条 国家统筹长江流域自然保护地体系建设。国务院和长江流域省级人民政府在长江流域重要典型生态系统的完整分布区、生态环境敏感区以及珍贵野生动植物天然集中分布区和重要栖息地、重要自然遗迹分布区等区域，依法设立国家公园、自然保护区、自然公园等自然保护地。

第四十条 国务院和长江流域省级人民政府应当依法在长江流域重要生态区、生态状况脆弱区划定公益林，实施严格管理。国家对长江流域天然林实施严格保护，科学划定天然林保护重点区域。

长江流域县级以上地方人民政府应当加强对长江流域草原资源的保护，对具有调节气候、涵养水源、保持水土、防风固沙等特殊作用的基本草原实施严格管理。

国务院林业和草原主管部门和长江流域省级人民政府林业和草原主管部门会同本级人民政府有关部门，根据不同生态区位、生态系统功能和生物多样性保护的需要，发布长江流域国家重要湿地、地方重要湿地名录及保护范围，加强对长江流域湿地的保护和管理，维护湿地生态功能和生物多样性。

第四十一条 国务院农业农村主管部门会同国务院有关部门和长江流域省级人民政府建立长江流域水生生物完整性指数评价体系，组织开展长江流域水生生物完整性评价，并将结果作为评估长江流域生态系统总体状况的重要依据。长江流域水生生物完整性指数应当与长江流域水环境质量标准相衔接。

第四十二条 国务院农业农村主管部门和长江流域县级以上地方人民政府应当制定长江流域珍贵、濒危水生野生动植物保护计划，对长江流域珍贵、濒危水生野生动植物实行重点保护。

国家鼓励有条件的单位开展对长江流域江豚、白鱀豚、白鲟、中华鲟、长江鲟、鲥、鲱、四川白甲鱼、川陕哲罗鲑、胭脂鱼、鳡、圆口铜鱼、多鳞白甲鱼、华鲮、鲈鲤和葛仙米、弧形藻、眼子菜、水菜花等水生野生动植物生境特征和种群动态的研究，建设人工繁育和科普教育基地，组织开展水生生物救护。

禁止在长江流域开放水域养殖、投放外来物种或者其他非本地物种种质资源。

第四章 水污染防治

第四十三条 国务院生态环境主管部门和长江流域地方各级人民政府应当采取有效措施，加大对长江流域的水污染防治、监管力度，预防、控制和减少水环境污染。

第四十四条 国务院生态环境主管部门负责制定长江流域水环境质量标准，对国家水环境质量标准中未作规定的项目可以补充规定；对国家水环境质量标准中已经规定的项目，可以作出更加严格的规定。制定长江流域水环境质量标准应当征求国务院有关部门和有关省级人民政府的意见。长江流域省级人民政府可以制定严于长江流域水环境质量标准的地方水环境质量标准，报国务院生态环境主管部门备案。

第四十五条 长江流域省级人民政府应当对没有国家水污染物排放标准的特色产业、特有污染物，或者国家有明确要求的特定水污染源或者水污染物，补充制定地方水污染物排放标准，报国务院生态环境主管部门备案。

有下列情形之一的，长江流域省级人民政府应当制定严于国家水污染物排放标准的地方水污染物排放标准，报国务院生态环境主管部门备案：

（一）产业密集、水环境问题突出的；

（二）现有水污染物排放标准不能满足所辖长江流域水环境质量要求的；

（三）流域或者区域水环境形势复杂，无法适用统一的水污染物排放标准的。

第四十六条 长江流域省级人民政府制定本行政区域的总磷污染控制方案，并组织实施。对磷矿、磷肥生产集中的长江干支流，有关省级人民政府应当制定更加严格的总磷排放管控要求，有效控制总磷排放总量。

磷矿开采加工、磷肥和含磷农药制造等企业，应当按照排污许可要求，采取有效措施控制总磷排放浓度和排放总量；对排污口和周边环境进行总磷监测，依法公开监测信息。

第四十七条 长江流域县级以上地方人民政府应当统筹长江流域城乡污水集中处理设施及配套管网建设，并保障其正常运行，提高城乡污水收集处理能力。

长江流域县级以上地方人民政府应当组织对本行政区域的江河、湖泊排污口开展排查整治，明确责任主体，实施分类管理。

在长江流域江河、湖泊新设、改设或者扩大排污口，应当按照国家有关规定报经有管辖权的生态环境主管部门或者长江流域生态环境监督管理机构同意。对未达到水质目标的水功能区，除污水集中处理设施排污口外，应当严格控制新设、改设或者扩大排污口。

第四十八条 国家加强长江流域农业面源污染防治。长江流域农业生产应当科学使用农业投入品，减少化肥、农药施用，推广有机肥使用，科学处置农用薄膜、农作物秸秆等农业废弃物。

第四十九条 禁止在长江流域河湖管理范围内倾倒、填埋、堆放、弃置、处理固体废物。长江流域县级以上地方人民政府应当加强对固体废物非法转移和倾倒的联防联控。

第五十条 长江流域县级以上地方人民政府应当组织对沿河湖垃圾填埋场、加油站、矿山、尾矿库、危险废物处置场、化工园区和化工项目等地下水重点污染源及周边地下水环境风险隐患开展调查评估，并采取相应风险防范和整治措施。

第五十一条 国家建立长江流域危险货物运输船舶污染责任保险与财务担保相结合机制。具体办法由国务院交通运输主管部门会同国务院有关部门制定。

禁止在长江流域水上运输剧毒化学品和国家规定禁止通过内河运输的其他危险化学品。长江流域县级以上地方人民政府交通运输主管部门会同本级人民政府有关部门加强对长江流域危险化学品运输的管控。

第五章　生态环境修复

第五十二条 国家对长江流域生态系统实行自然恢复为主、自然恢复与人工修复相结合的系统治理。国务院自然资源主管部门会同国务院有关部门编制长江流域生态环境修复规划，组织实施重大生态环境修复工程，统筹推进长江流域各项生态环境修复工作。

第五十三条 国家对长江流域重点水域实行严格捕捞管理。在长江流域水生生物保护区全面禁止生产性捕捞；在国家规定的期限内，长江干流和重要支流、大型通江湖泊、长江河口规定区域等重点水域全面禁止天然渔业资源的生产性捕捞。具体办法由国务院农业农村主管部门会同国务院有关部门制定。

国务院农业农村主管部门会同国务院有关部门和长江流域省级人民政府加强长江流域禁捕执法工作，严厉查处电鱼、毒鱼、炸鱼等破坏渔业资源和生态环境的捕捞行为。

长江流域县级以上地方人民政府应当按照国家有关规定做好长江流域重点水域退捕渔民的补偿、转产和社会保障工作。

长江流域其他水域禁捕、限捕管理办法由县级以上地方人民政府制定。

第五十四条 国务院水行政主管部门会同国务院有关部门制定并组织实施长江干流和重要支流的河湖水系连通修复方案，长江流域省级人民政府制定并组织实施本行政区域的长江流域河湖水系连通修复方案，逐步改善长江流域河湖连通状况，恢复河湖生态流量，维护河湖水系生态功能。

第五十五条 国家长江流域协调机制统筹协调国务院自然资源、水行政、生态环境、住房和城乡建设、农业农村、交通运输、林业和草原等部门和长江流域省级人民政府制定长江流域河湖岸线修复规范，确定岸线修复指标。

长江流域县级以上地方人民政府按照长江流域河湖岸线保护规划、修复规范和指标要求，制定并组织实施河湖岸线修复计划，保障自然岸线比例，恢复河湖岸线生态功能。

禁止违法利用、占用长江流域河湖岸线。

第五十六条 国务院有关部门会同长江流域有关省级人民政府加强对三峡库区、丹江口库区等重点库区消落区的生态环境保护和修复，因地制宜实施退耕还林还草还湿，禁止施用化肥、农药，科学调控水库水位，加强库区水土保持和地质灾害防治工作，保障消落区良好生态功能。

第五十七条 长江流域县级以上地方人民政府林业和草原主管部门负责组织实施长江流域森林、草原、湿地修复计划，科学推进森林、草原、湿地修复工作，加大退化天然林、草原和受损湿地修复力度。

第五十八条 国家加大对太湖、鄱阳湖、洞庭湖、巢湖、滇池等重点湖泊实施生态环境修复的支持力度。

长江流域县级以上地方人民政府应当组织开展富营养化湖泊的生态环境修复，采取调整产业布局规模、实施控制性水工程统一调度、生态补水、河湖连通等综合措施，改善和恢复湖泊生态系统的质量和功能；对氮磷浓度严重超标的湖泊，应当在影响湖泊水质的汇水区，采取措施削减化肥用量，禁止使用含磷洗涤剂，全面清理投饵、投肥养殖。

第五十九条 国务院林业和草原、农业农村主管部门应当对长江流域数量急剧下降或者极度濒危的野生动植物和受到严重破坏的栖息地、天然集中分布区、破碎化的典型生态系统制定修复方案和行动计划，修建迁地保护设施，建立野生动植物遗传资源基因库，进行抢救性修复。

在长江流域水生生物产卵场、索饵场、越冬场和洄游通道等重要栖息地应当实施生态环境修复和其他保护措施。对鱼类等水生生物洄游产生阻隔的涉水工程应当结合实际采取建设过鱼设施、河湖连通、生态调度、灌江纳苗、基因保存、增殖放流、人工繁育等多种措施，充分满足水生生物的生态需求。

第六十条 国务院水行政主管部门会同国务院有关部门和长江河口所在地人民政府按照陆海统筹、河海联动的要求，制定实施长江河口生态环境修复和其他保护措施方案，加强对水、沙、盐、潮滩、生物种群的综合监测，采取有效措施防止海水入侵和倒灌，维护长江河口良好生态功能。

第六十一条　长江流域水土流失重点预防区和重点治理区的县级以上地方人民政府应当采取措施，防治水土流失。生态保护红线范围内的水土流失地块，以自然恢复为主，按照规定有计划地实施退耕还林还草还湿；划入自然保护地核心保护区的永久基本农田，依法有序退出并予以补划。

禁止在长江流域水土流失严重、生态脆弱的区域开展可能造成水土流失的生产建设活动。确因国家发展战略和国计民生需要建设的，应当经科学论证，并依法办理审批手续。

长江流域县级以上地方人民政府应当对石漠化的土地因地制宜采取综合治理措施，修复生态系统，防止土地石漠化蔓延。

第六十二条　长江流域县级以上地方人民政府应当因地制宜采取消除地质灾害隐患、土地复垦、恢复植被、防治污染等措施，加快历史遗留矿山生态环境修复工作，并加强对在建和运行中矿山的监督管理，督促采矿权人切实履行矿山污染防治和生态环境修复责任。

第六十三条　长江流域中下游地区县级以上地方人民政府应当因地制宜在项目、资金、人才、管理等方面，对长江流域江河源头和上游地区实施生态环境修复和其他保护措施给予支持，提升长江流域生态脆弱区实施生态环境修复和其他保护措施的能力。

国家按照政策支持、企业和社会参与、市场化运作的原则，鼓励社会资本投入长江流域生态环境修复。

第六章　绿色发展

第六十四条　国务院有关部门和长江流域地方各级人民政府应当按照长江流域发展规划、国土空间规划的要求，调整产业结构，优化产业布局，推进长江流域绿色发展。

第六十五条　国务院和长江流域地方各级人民政府及其有关部门应当协同推进乡村振兴战略和新型城镇化战略的实施，统筹城乡基础设施建设和产业发展，建立健全全民覆盖、普惠共享、城乡一体的基本公共服务体系，促进长江流域城乡融合发展。

第六十六条 长江流域县级以上地方人民政府应当推动钢铁、石油、化工、有色金属、建材、船舶等产业升级改造，提升技术装备水平；推动造纸、制革、电镀、印染、有色金属、农药、氮肥、焦化、原料药制造等企业实施清洁化改造。企业应当通过技术创新减少资源消耗和污染物排放。

长江流域县级以上地方人民政府应当采取措施加快重点地区危险化学品生产企业搬迁改造。

第六十七条 国务院有关部门会同长江流域省级人民政府建立开发区绿色发展评估机制，并组织对各类开发区的资源能源节约集约利用、生态环境保护等情况开展定期评估。

长江流域县级以上地方人民政府应当根据评估结果对开发区产业产品、节能减排措施等进行优化调整。

第六十八条 国家鼓励和支持在长江流域实施重点行业和重点用水单位节水技术改造，提高水资源利用效率。

长江流域县级以上地方人民政府应当加强节水型城市和节水型园区建设，促进节水型行业产业和企业发展，并加快建设雨水自然积存、自然渗透、自然净化的海绵城市。

第六十九条 长江流域县级以上地方人民政府应当按照绿色发展的要求，统筹规划、建设与管理，提升城乡人居环境质量，建设美丽城镇和美丽乡村。

长江流域县级以上地方人民政府应当按照生态、环保、经济、实用的原则因地制宜组织实施厕所改造。

国务院有关部门和长江流域县级以上地方人民政府及其有关部门应当加强对城市新区、各类开发区等使用建筑材料的管理，鼓励使用节能环保、性能高的建筑材料，建设地下综合管廊和管网。

长江流域县级以上地方人民政府应当建设废弃土石渣综合利用

信息平台，加强对生产建设活动废弃土石渣收集、清运、集中堆放的管理，鼓励开展综合利用。

第七十条 长江流域县级以上地方人民政府应当编制并组织实施养殖水域滩涂规划，合理划定禁养区、限养区、养殖区，科学确定养殖规模和养殖密度；强化水产养殖投入品管理，指导和规范水产养殖、增殖活动。

第七十一条 国家加强长江流域综合立体交通体系建设，完善港口、航道等水运基础设施，推动交通设施互联互通，实现水陆有机衔接、江海直达联运，提升长江黄金水道功能。

第七十二条 长江流域县级以上地方人民政府应当统筹建设船舶污染物接收转运处置设施、船舶液化天然气加注站，制定港口岸电设施、船舶受电设施建设和改造计划，并组织实施。具备岸电使用条件的船舶靠港应当按照国家有关规定使用岸电，但使用清洁能源的除外。

第七十三条 国务院和长江流域县级以上地方人民政府对长江流域港口、航道和船舶升级改造，液化天然气动力船舶等清洁能源或者新能源动力船舶建造，港口绿色设计等按照规定给予资金支持或者政策扶持。

国务院和长江流域县级以上地方人民政府对长江流域港口岸电设施、船舶受电设施的改造和使用按照规定给予资金补贴、电价优惠等政策扶持。

第七十四条 长江流域地方各级人民政府加强对城乡居民绿色消费的宣传教育，并采取有效措施，支持、引导居民绿色消费。

长江流域地方各级人民政府按照系统推进、广泛参与、突出重点、分类施策的原则，采取回收押金、限制使用易污染不易降解塑料用品、绿色设计、发展公共交通等措施，提倡简约适度、绿色低碳的生活方式。

......

中华人民共和国黄河保护法（节录）

（2022 年 10 月 30 日第十三届全国人民代表大会常务
委员会第三十七次会议通过　2022 年 10 月 30 日中华人民
共和国主席令第 123 号公布　自 2023 年 4 月 1 日起施行）

......

第五章　水沙调控与防洪安全

第六十条　国家依据黄河流域综合规划、防洪规划，在黄河流域组织建设水沙调控和防洪减灾工程体系，完善水沙调控和防洪防凌调度机制，加强水文和气象监测预报预警、水沙观测和河势调查，实施重点水库和河段清淤疏浚、滩区放淤，提高河道行洪输沙能力，塑造河道主槽，维持河势稳定，保障防洪安全。

第六十一条　国家完善以骨干水库等重大水工程为主的水沙调控体系，采取联合调水调沙、泥沙综合处理利用等措施，提高拦沙输沙能力。纳入水沙调控体系的工程名录由国务院水行政主管部门制定。

国务院有关部门和黄河流域省级人民政府应当加强黄河干支流控制性水工程、标准化堤防、控制引导河水流向工程等防洪工程体系建设和管理，实施病险水库除险加固和山洪、泥石流灾害防治。

黄河流域管理机构及其所属管理机构和黄河流域县级以上地方人民政府应当加强防洪工程的运行管护，保障工程安全稳定运行。

第六十二条　国家实行黄河流域水沙统一调度制度。黄河流域管理机构应当组织实施黄河干支流水库群统一调度，编制水沙调控方案，确定重点水库水沙调控运用指标、运用方式、调控起止时间，下达调度指令。水沙调控应当采取措施尽量减少对水生生物及其栖息地的影响。

黄河流域县级以上地方人民政府、水库主管部门和管理单位应当执行黄河流域管理机构的调度指令。

第六十三条 国务院水行政主管部门组织编制黄河防御洪水方案，经国家防汛抗旱指挥机构审核后，报国务院批准。

黄河流域管理机构应当会同黄河流域省级人民政府根据批准的黄河防御洪水方案，编制黄河干流和重要支流、重要水工程的洪水调度方案，报国务院水行政主管部门批准并抄送国家防汛抗旱指挥机构和国务院应急管理部门，按照职责组织实施。

黄河流域县级以上地方人民政府组织编制和实施黄河其他支流、水工程的洪水调度方案，并报上一级人民政府防汛抗旱指挥机构和有关主管部门备案。

第六十四条 黄河流域管理机构制定年度防凌调度方案，报国务院水行政主管部门备案，按照职责组织实施。

黄河流域有防凌任务的县级以上地方人民政府应当把防御凌汛纳入本行政区域的防洪规划。

第六十五条 黄河防汛抗旱指挥机构负责指挥黄河流域防汛抗旱工作，其办事机构设在黄河流域管理机构，承担黄河防汛抗旱指挥机构的日常工作。

第六十六条 黄河流域管理机构应当会同黄河流域省级人民政府依据黄河流域防洪规划，制定黄河滩区名录，报国务院水行政主管部门批准。黄河流域省级人民政府应当有序安排滩区居民迁建，严格控制向滩区迁入常住人口，实施滩区综合提升治理工程。

黄河滩区土地利用、基础设施建设和生态保护与修复应当满足河道行洪需要，发挥滩区滞洪、沉沙功能。

在黄河滩区内，不得新规划城镇建设用地、设立新的村镇，已经规划和设立的，不得扩大范围；不得新划定永久基本农田，已经划定为永久基本农田、影响防洪安全的，应当逐步退出；不得新开垦荒地、新建生产堤，已建生产堤影响防洪安全的应当及时拆除，其他生产堤应当逐步拆除。

因黄河滩区自然行洪、蓄滞洪水等导致受淹造成损失的，按照国家有关规定予以补偿。

第六十七条 国家加强黄河流域河道、湖泊管理和保护。禁止在河道、湖泊管理范围内建设妨碍行洪的建筑物、构筑物以及从事影响河势稳定、危害河岸堤防安全和其他妨碍河道行洪的活动。禁止违法利用、占用河道、湖泊水域和岸线。河道、湖泊管理范围由黄河流域管理机构和有关县级以上地方人民政府依法科学划定并公布。

建设跨河、穿河、穿堤、临河的工程设施，应当符合防洪标准等要求，不得威胁堤防安全、影响河势稳定、擅自改变水域和滩地用途、降低行洪和调蓄能力、缩小水域面积；确实无法避免降低行洪和调蓄能力、缩小水域面积的，应当同时建设等效替代工程或者采取其他功能补救措施。

第六十八条 黄河流域河道治理，应当因地制宜采取河道清障、清淤疏浚、岸坡整治、堤防加固、水源涵养与水土保持、河湖管护等治理措施，加强悬河和游荡性河道整治，增强河道、湖泊、水库防御洪水能力。

国家支持黄河流域有关地方人民政府以稳定河势、规范流路、保障行洪能力为前提，统筹河道岸线保护修复、退耕还湿，建设集防洪、生态保护等功能于一体的绿色生态走廊。

第六十九条 国家实行黄河流域河道采砂规划和许可制度。黄河流域河道采砂应当依法取得采砂许可。

黄河流域管理机构和黄河流域县级以上地方人民政府依法划定禁采区，规定禁采期，并向社会公布。禁止在黄河流域禁采区和禁采期从事河道采砂活动。

第七十条　国务院有关部门应当会同黄河流域省级人民政府加强对龙羊峡、刘家峡、三门峡、小浪底、故县、陆浑、河口村等干支流骨干水库库区的管理，科学调控水库水位，加强库区水土保持、生态保护和地质灾害防治工作。

在三门峡、小浪底、故县、陆浑、河口村水库库区养殖，应当满足水沙调控和防洪要求，禁止采用网箱、围网和拦河拉网方式养殖。

第七十一条　黄河流域城市人民政府应当统筹城市防洪和排涝工作，加强城市防洪排涝设施建设和管理，完善城市洪涝灾害监测预警机制，健全城市防灾减灾体系，提升城市洪涝灾害防御和应对能力。

黄河流域城市人民政府及其有关部门应当加强洪涝灾害防御宣传教育和社会动员，定期组织开展应急演练，增强社会防范意识。

......

中华人民共和国青藏高原生态保护法（节录）

（2023 年 4 月 26 日第十四届全国人民代表大会常务委员会第二次会议通过　2023 年 4 月 26 日中华人民共和国主席令第 5 号公布　自 2023 年 9 月 1 日起施行）

......

第二章　生态安全布局

第十一条　国家统筹青藏高原生态安全布局，推进山水林田湖草沙冰综合治理、系统治理、源头治理，实施重要生态系统保护修复重大工程，优化以水源涵养、生物多样性保护、水土保持、防风固沙、生态系统碳汇等为主要生态功能的青藏高原生态安全屏障体系，提升生态系统质量和多样性、稳定性、持续性，增强生态产品供给能力和生态系统服务功能，建设国家生态安全屏障战略地。

......

第二十二条 青藏高原水资源开发利用，应当符合流域综合规划，坚持科学开发、合理利用，统筹各类用水需求，兼顾上下游、干支流、左右岸利益，充分发挥水资源的综合效益，保障用水安全和生态安全。

第二十三条 国家严格保护青藏高原大江大河源头等重要生态区位的天然草原，依法将维护国家生态安全、保障草原畜牧业健康发展发挥最基本、最重要作用的草原划为基本草原。青藏高原县级以上地方人民政府应当加强青藏高原草原保护，对基本草原实施更加严格的保护和管理，确保面积不减少、质量不下降、用途不改变。

国家加强青藏高原高寒草甸、草原生态保护修复。青藏高原县级以上地方人民政府应当优化草原围栏建设，采取有效措施保护草原原生植被，科学推进退化草原生态修复工作，实施黑土滩等退化草原综合治理。

......

第三十三条 在青藏高原设立探矿权、采矿权应当符合国土空间规划和矿产资源规划要求。依法禁止在长江、黄河、澜沧江、雅鲁藏布江、怒江等江河源头自然保护地内从事不符合生态保护管控要求的采砂、采矿活动。

在青藏高原从事矿产资源勘查、开采活动，探矿权人、采矿权人应当采用先进适用的工艺、设备和产品，选择环保、安全的勘探、开采技术和方法，避免或者减少对矿产资源和生态环境的破坏；禁止使用国家明令淘汰的工艺、设备和产品。在生态环境敏感区从事矿产资源勘查、开采活动，应当符合相关管控要求，采取避让、减缓和及时修复重建等保护措施，防止造成环境污染和生态破坏。

第三十四条 青藏高原县级以上地方人民政府应当因地制宜采取消除地质灾害隐患、土地复垦、恢复植被、防治污染等措施，加快历史遗留矿山生态修复工作，加强对在建和运行中矿山的监督管理，督促采矿权人依法履行矿山污染防治和生态修复责任。

在青藏高原开采矿产资源应当科学编制矿产资源开采方案和矿区生态修复方案。新建矿山应当严格按照绿色矿山建设标准规划设计、建设和运营管理。生产矿山应当实施绿色化升级改造，加强尾矿库运行管理，防范和化解环境和安全风险。

第四章 生态风险防控

第三十五条 国家建立健全青藏高原生态风险防控体系，采取有效措施提高自然灾害防治、气候变化应对等生态风险防控能力和水平，保障青藏高原生态安全。

第三十六条 国家加强青藏高原自然灾害调查评价和监测预警。

国务院有关部门和青藏高原县级以上地方人民政府及其有关部门应当加强对地震、雪崩、冰崩、山洪、山体崩塌、滑坡、泥石流、冰湖溃决、冻土消融、森林草原火灾、暴雨（雪）、干旱等自然灾害的调查评价和监测预警。

在地质灾害易发区进行工程建设时，应当按照有关规定进行地质灾害危险性评估，及时采取工程治理或者搬迁避让等措施。

第三十七条 国务院有关部门和青藏高原县级以上地方人民政府应当加强自然灾害综合治理，提高地震、山洪、冰湖溃决、地质灾害等自然灾害防御工程标准，建立与青藏高原生态保护相适应的自然灾害防治工程和非工程体系。

交通、水利、电力、市政、边境口岸等基础设施工程建设、运营单位应当依法承担自然灾害防治义务，采取综合治理措施，加强工程建设、运营期间的自然灾害防治，保障人民群众生命财产安全。

……

中华人民共和国河道管理条例（节录）

（1988 年 6 月 10 日中华人民共和国国务院令第 3 号发布　根据 2011 年 1 月 8 日《国务院关于废止和修改部分行政法规的决定》第一次修订　根据 2017 年 3 月 1 日《国务院关于修改和废止部分行政法规的决定》第二次修订　根据 2017 年 10 月 7 日《国务院关于修改部分行政法规的决定》第三次修订　根据 2018 年 3 月 19 日《国务院关于修改和废止部分行政法规的决定》第四次修订）

……

第二章　河道整治与建设

第十条　河道的整治与建设，应当服从流域综合规划，符合国家规定的防洪标准、通航标准和其他有关技术要求，维护堤防安全，保持河势稳定和行洪、航运通畅。

第十一条　修建开发水利、防治水害、整治河道的各类工程和跨河、穿河、穿堤、临河的桥梁、码头、道路、渡口、管道、缆线等建筑物及设施，建设单位必须按照河道管理权限，将工程建设方案报送河道主管机关审查同意。未经河道主管机关审查同意的，建设单位不得开工建设。

建设项目经批准后，建设单位应当将施工安排告知河道主管机关。

第十二条　修建桥梁、码头和其他设施，必须按照国家规定的防洪标准所确定的河宽进行，不得缩窄行洪通道。

桥梁和栈桥的梁底必须高于设计洪水位，并按照防洪和航运的要求，留有一定的超高。设计洪水位由河道主管机关根据防洪规划确定。

跨越河道的管道、线路的净空高度必须符合防洪和航运的要求。

第十三条　交通部门进行航道整治，应当符合防洪安全要求，并事先征求河道主管机关对有关设计和计划的意见。

水利部门进行河道整治，涉及航道的，应当兼顾航运的需要，并事先征求交通部门对有关设计和计划的意见。

在国家规定可以流放竹木的河流和重要的渔业水域进行河道、航道整治，建设单位应当兼顾竹木水运和渔业发展的需要，并事先将有关设计和计划送同级林业、渔业主管部门征求意见。

第十四条　堤防上已修建的涵闸、泵站和埋设的穿堤管道、缆线等建筑物及设施，河道主管机关应当定期检查，对不符合工程安全要求的，限期改建。

在堤防上新建前款所指建筑物及设施，应当服从河道主管机关的安全管理。

第十五条　确需利用堤顶或者戗台兼做公路的，须经县级以上地方人民政府河道主管机关批准。堤身和堤顶公路的管理和维护办法，由河道主管机关商交通部门制定。

第十六条　城镇建设和发展不得占用河道滩地。城镇规划的临河界限，由河道主管机关会同城镇规划等有关部门确定。沿河城镇在编制和审查城镇规划时，应当事先征求河道主管机关的意见。

第十七条　河道岸线的利用和建设，应当服从河道整治规划和航道整治规划。计划部门在审批利用河道岸线的建设项目时，应当事先征求河道主管机关的意见。

河道岸线的界限，由河道主管机关会同交通等有关部门报县级以上地方人民政府划定。

第十八条 河道清淤和加固堤防取土以及按照防洪规划进行河道整治需要占用的土地，由当地人民政府调剂解决。

因修建水库、整治河道所增加的可利用土地，属于国家所有，可以由县级以上人民政府用于移民安置和河道整治工程。

第十九条 省、自治区、直辖市以河道为边界的，在河道两岸外侧各 10 公里之内，以及跨省、自治区、直辖市的河道，未经有关各方达成协议或者国务院水利行政主管部门批准，禁止单方面修建排水、阻水、引水、蓄水工程以及河道整治工程。

第三章 河 道 保 护

第二十条 有堤防的河道，其管理范围为两岸堤防之间的水域、沙洲、滩地（包括可耕地）、行洪区，两岸堤防及护堤地。

无堤防的河道，其管理范围根据历史最高洪水位或者设计洪水位确定。

河道的具体管理范围，由县级以上地方人民政府负责划定。

第二十一条 在河道管理范围内，水域和土地的利用应当符合江河行洪、输水和航运的要求；滩地的利用，应当由河道主管机关会同土地管理等有关部门制定规划，报县级以上地方人民政府批准后实施。

第二十二条 禁止损毁堤防、护岸、闸坝等水工程建筑物和防汛设施、水文监测和测量设施、河岸地质监测设施以及通信照明等设施。

在防汛抢险期间，无关人员和车辆不得上堤。

因降雨雪等造成堤顶泥泞期间，禁止车辆通行，但防汛抢险车辆除外。

第二十三条 禁止非管理人员操作河道上的涵闸闸门，禁止任何组织和个人干扰河道管理单位的正常工作。

第二十四条 在河道管理范围内，禁止修建围堤、阻水渠道、阻水道路；种植高杆农作物、芦苇、杞柳、荻柴和树木（堤防防护林除外）；设置拦河渔具；弃置矿渣、石渣、煤灰、泥土、垃圾等。

在堤防和护堤地，禁止建房、放牧、开渠、打井、挖窖、葬坟、晒粮、存放物料、开采地下资源、进行考古发掘以及开展集市贸易活动。

第二十五条 在河道管理范围内进行下列活动，必须报经河道主管机关批准；涉及其他部门的，由河道主管机关会同有关部门批准：

（一）采砂、取土、淘金、弃置砂石或者淤泥；

（二）爆破、钻探、挖筑鱼塘；

（三）在河道滩地存放物料、修建厂房或者其他建筑设施；

（四）在河道滩地开采地下资源及进行考古发掘。

第二十六条 根据堤防的重要程度、堤基土质条件等，河道主管机关报经县级以上人民政府批准，可以在河道管理范围的相连地域划定堤防安全保护区。在堤防安全保护区内，禁止进行打井、钻探、爆破、挖筑鱼塘、采石、取土等危害堤防安全的活动。

第二十七条 禁止围湖造田。已经围垦的，应当按照国家规定的防洪标准进行治理，逐步退田还湖。湖泊的开发利用规划必须经河道主管机关审查同意。

禁止围垦河流，确需围垦的，必须经过科学论证，并经省级以上人民政府批准。

第二十八条 加强河道滩地、堤防和河岸的水土保持工作，防止水土流失、河道淤积。

第二十九条 江河的故道、旧堤、原有工程设施等，不得擅自填堵、占用或者拆毁。

第三十条 护堤护岸林木，由河道管理单位组织营造和管理，其他任何单位和个人不得侵占、砍伐或者破坏。

河道管理单位对护堤护岸林木进行抚育和更新性质的采伐及用于防汛抢险的采伐,根据国家有关规定免交育林基金。

第三十一条 在为保证堤岸安全需要限制航速的河段,河道主管机关应当会同交通部门设立限制航速的标志,通行的船舶不得超速行驶。

在汛期,船舶的行驶和停靠必须遵守防汛指挥部的规定。

第三十二条 山区河道有山体滑坡、崩岸、泥石流等自然灾害的河段,河道主管机关应当会同地质、交通等部门加强监测。在上述河段,禁止从事开山采石、采矿、开荒等危及山体稳定的活动。

第三十三条 在河道中流放竹木,不得影响行洪、航运和水工程安全,并服从当地河道主管机关的安全管理。

在汛期,河道主管机关有权对河道上的竹木和其他漂流物进行紧急处置。

第三十四条 向河道、湖泊排污的排污口的设置和扩大,排污单位在向环境保护部门申报之前,应当征得河道主管机关的同意。

第三十五条 在河道管理范围内,禁止堆放、倾倒、掩埋、排放污染水体的物体。禁止在河道内清洗装贮过油类或者有毒污染物的车辆、容器。

河道主管机关应当开展河道水质监测工作,协同环境保护部门对水污染防治实施监督管理。

第四章 河 道 清 障

第三十六条 对河道管理范围内的阻水障碍物,按照"谁设障,谁清除"的原则,由河道主管机关提出清障计划和实施方案,由防汛指挥部责令设障者在规定的期限内清除。逾期不清除的,由防汛指挥部组织强行清除,并由设障者负担全部清障费用。

第三十七条 对壅水、阻水严重的桥梁、引道、码头和其他跨河工程设施,根据国家规定的防洪标准,由河道主管机关提出意见并报经人民政府批准，责成原建设单位在规定的期限内改建或者拆除。汛期影响防洪安全的，必须服从防汛指挥部的紧急处理决定。

……

中华人民共和国水文条例（节录）

（2007 年 4 月 25 日中华人民共和国国务院令第 496 号
公布　根据 2013 年 7 月 18 日《国务院关于废止和修改部
分行政法规的决定》第一次修订　根据 2016 年 2 月 6 日
《国务院关于修改部分行政法规的决定》第二次修订　根
据 2017 年 3 月 1 日《国务院关于修改和废止部分行政法
规的决定》第三次修订）

……

第五章　设施与监测环境保护

第二十九条　国家依法保护水文监测设施。任何单位和个人不得侵占、毁坏、擅自移动或者擅自使用水文监测设施，不得干扰水文监测。

国家基本水文测站因不可抗力遭受破坏的，所在地人民政府和有关水行政主管部门应当采取措施，组织力量修复，确保其正常运行。

第三十条　未经批准，任何单位和个人不得迁移国家基本水文测站；因重大工程建设确需迁移的，建设单位应当在建设项目立项前，报请对该站有管理权限的水行政主管部门批准，所需费用由建设单位承担。

第三十一条　国家依法保护水文监测环境。县级人民政府应当按照国务院水行政主管部门确定的标准划定水文监测环境保护范围，并在保护范围边界设立地面标志。

任何单位和个人都有保护水文监测环境的义务。

第三十二条 禁止在水文监测环境保护范围内从事下列活动：

（一）种植高秆作物、堆放物料、修建建筑物、停靠船只；

（二）取土、挖砂、采石、淘金、爆破和倾倒废弃物；

（三）在监测断面取水、排污或者在过河设备、气象观测场、监测断面的上空架设线路；

（四）其他对水文监测有影响的活动。

第三十三条 在国家基本水文测站上下游建设影响水文监测的工程，建设单位应当采取相应措施，在征得对该站有管理权限的水行政主管部门同意后方可建设。因工程建设致使水文测站改建的，所需费用由建设单位承担。

第三十四条 在通航河道中或者桥上进行水文监测作业时，应当依法设置警示标志。

第三十五条 水文机构依法取得的无线电频率使用权和通信线路使用权受国家保护。任何单位和个人不得挤占、干扰水文机构使用的无线电频率，不得破坏水文机构使用的通信线路。

……

水库大坝安全管理条例（节录）

（1991 年 3 月 22 日中华人民共和国国务院令第 77 号发布　根据 2011 年 1 月 8 日《国务院关于废止和修改部分行政法规的决定》第一次修订　根据 2018 年 3 月 19 日《国务院关于修改和废止部分行政法规的决定》第二次修订）

……

第二章　大坝建设

第七条　兴建大坝必须符合由国务院水行政主管部门会同有关大坝主管部门制定的大坝安全技术标准。

第八条　兴建大坝必须进行工程设计。大坝的工程设计必须由具有相应资格证书的单位承担。

大坝的工程设计应当包括工程观测、通信、动力、照明、交通、消防等管理设施的设计。

第九条　大坝施工必须由具有相应资格证书的单位承担。大坝施工单位必须按照施工承包合同规定的设计文件、图纸要求和有关技术标准进行施工。

建设单位和设计单位应当派驻代表，对施工质量进行监督检查。质量不符合设计要求的，必须返工或者采取补救措施。

第十条　兴建大坝时，建设单位应当按照批准的设计，提请县级以上人民政府依照国家规定划定管理和保护范围，树立标志。

已建大坝尚未划定管理和保护范围的，大坝主管部门应当根据安全管理的需要，提请县级以上人民政府划定。

第十一条　大坝开工后，大坝主管部门应当组建大坝管理单位，由其按照工程基本建设验收规程参与质量检查以及大坝分部、分项验收和蓄水验收工作。

大坝竣工后，建设单位应当申请大坝主管部门组织验收。

第三章　大　坝　管　理

第十二条　大坝及其设施受国家保护，任何单位和个人不得侵占、毁坏。大坝管理单位应当加强大坝的安全保卫工作。

第十三条　禁止在大坝管理和保护范围内进行爆破、打井、采石、采矿、挖沙、取土、修坟等危害大坝安全的活动。

第十四条　非大坝管理人员不得操作大坝的泄洪闸门、输水闸门以及其他设施，大坝管理人员操作时应当遵守有关的规章制度。禁止任何单位和个人干扰大坝的正常管理工作。

第十五条　禁止在大坝的集水区域内乱伐林木、陡坡开荒等导致水库淤积的活动。禁止在库区内围垦和进行采石、取土等危及山体的活动。

第十六条　大坝坝顶确需兼做公路的，须经科学论证和县级以上地方人民政府大坝主管部门批准，并采取相应的安全维护措施。

第十七条　禁止在坝体修建码头、渠道、堆放杂物、晾晒粮草。在大坝管理和保护范围内修建码头、鱼塘的，须经大坝主管部门批准，并与坝脚和泄水、输水建筑物保持一定距离，不得影响大坝安全、工程管理和抢险工作。

第十八条　大坝主管部门应当配备具有相应业务水平的大坝安全管理人员。

大坝管理单位应当建立、健全安全管理规章制度。

第十九条　大坝管理单位必须按照有关技术标准，对大坝进行安全监测和检查；对监测资料应当及时整理分析，随时掌握大坝运行状况。发现异常现象和不安全因素时，大坝管理单位应当立即报告大坝主管部门，及时采取措施。

第二十条　大坝管理单位必须做好大坝的养护修理工作，保证大坝和闸门启闭设备完好。

第二十一条　大坝的运行，必须在保证安全的前提下，发挥综合效益。大坝管理单位应当根据批准的计划和大坝主管部门的指令进行水库的调度运用。

在汛期，综合利用的水库，其调度运用必须服从防汛指挥机构的统一指挥；以发电为主的水库，其汛限水位以上的防洪库容及其洪水调度运用，必须服从防汛指挥机构的统一指挥。

任何单位和个人不得非法干预水库的调度运用。

第二十二条　大坝主管部门应当建立大坝定期安全检查、鉴定制度。

汛前、汛后，以及暴风、暴雨、特大洪水或者强烈地震发生后，大坝主管部门应当组织对其所管辖的大坝的安全进行检查。

第二十三条　大坝主管部门对其所管辖的大坝应当按期注册登记，建立技术档案。大坝注册登记办法由国务院水行政主管部门会同有关主管部门制定。

第二十四条　大坝管理单位和有关部门应当做好防汛抢险物料的准备和气象水情预报，并保证水情传递、报警以及大坝管理单位与大坝主管部门、上级防汛指挥机构之间联系通畅。

第二十五条　大坝出现险情征兆时，大坝管理单位应当立即报告大坝主管部门和上级防汛指挥机构，并采取抢救措施；有垮坝危险时，应当采取一切措施向预计的垮坝淹没地区发出警报，做好转移工作。

第四章　险坝处理

第二十六条　对尚未达到设计洪水标准、抗震设防标准或者有严重质量缺陷的险坝，大坝主管部门应当组织有关单位进行分类，采取除险加固等措施，或者废弃重建。

在险坝加固前，大坝管理单位应当制定保坝应急措施；经论证必须改变原设计运行方式的，应当报请大坝主管部门审批。

第二十七条 大坝主管部门应当对其所管辖的需要加固的险坝制定加固计划，限期消除危险；有关人民政府应当优先安排所需资金和物料。

险坝加固必须由具有相应设计资格证书的单位作出加固设计，经审批后组织实施。险坝加固竣工后，由大坝主管部门组织验收。

第二十八条 大坝主管部门应当组织有关单位，对险坝可能出现的垮坝方式、淹没范围作出预估，并制定应急方案，报防汛指挥机构批准。

......

民用爆炸物品安全

民用爆炸物品安全管理条例（节录）

（2006年5月10日中华人民共和国国务院令第466号公布　根据2014年7月29日《国务院关于修改部分行政法规的决定》修订）

……

第二章　生　　产

第十条　设立民用爆炸物品生产企业，应当遵循统筹规划、合理布局的原则。

第十一条　申请从事民用爆炸物品生产的企业，应当具备下列条件：

（一）符合国家产业结构规划和产业技术标准；

（二）厂房和专用仓库的设计、结构、建筑材料、安全距离以及防火、防爆、防雷、防静电等安全设备、设施符合国家有关标准和规范；

（三）生产设备、工艺符合有关安全生产的技术标准和规程；

（四）有具备相应资格的专业技术人员、安全生产管理人员和生产岗位人员；

（五）有健全的安全管理制度、岗位安全责任制度；

（六）法律、行政法规规定的其他条件。

第十二条 申请从事民用爆炸物品生产的企业，应当向国务院民用爆炸物品行业主管部门提交申请书、可行性研究报告以及能够证明其符合本条例第十一条规定条件的有关材料。国务院民用爆炸物品行业主管部门应当自受理申请之日起 45 日内进行审查，对符合条件的，核发《民用爆炸物品生产许可证》；对不符合条件的，不予核发《民用爆炸物品生产许可证》，书面向申请人说明理由。

民用爆炸物品生产企业为调整生产能力及品种进行改建、扩建的，应当依照前款规定申请办理《民用爆炸物品生产许可证》。

民用爆炸物品生产企业持《民用爆炸物品生产许可证》到工商行政管理部门办理工商登记，并在办理工商登记后 3 日内，向所在地县级人民政府公安机关备案。

第十三条 取得《民用爆炸物品生产许可证》的企业应当在基本建设完成后，向省、自治区、直辖市人民政府民用爆炸物品行业主管部门申请安全生产许可。省、自治区、直辖市人民政府民用爆炸物品行业主管部门应当依照《安全生产许可证条例》的规定对其进行查验，对符合条件的，核发《民用爆炸物品安全生产许可证》。民用爆炸物品生产企业取得《民用爆炸物品安全生产许可证》后，方可生产民用爆炸物品。

第十四条 民用爆炸物品生产企业应当严格按照《民用爆炸物品生产许可证》核定的品种和产量进行生产，生产作业应当严格执行安全技术规程的规定。

第十五条 民用爆炸物品生产企业应当对民用爆炸物品做出警示标识、登记标识，对雷管编码打号。民用爆炸物品警示标识、登记标识和雷管编码规则，由国务院公安部门会同国务院民用爆炸物品行业主管部门规定。

第十六条 民用爆炸物品生产企业应当建立健全产品检验制

度，保证民用爆炸物品的质量符合相关标准。民用爆炸物品的包装，应当符合法律、行政法规的规定以及相关标准。

第十七条 试验或者试制民用爆炸物品，必须在专门场地或者专门的试验室进行。严禁在生产车间或者仓库内试验或者试制民用爆炸物品。

第三章 销售和购买

第十八条 申请从事民用爆炸物品销售的企业，应当具备下列条件：

（一）符合对民用爆炸物品销售企业规划的要求；

（二）销售场所和专用仓库符合国家有关标准和规范；

（三）有具备相应资格的安全管理人员、仓库管理人员；

（四）有健全的安全管理制度、岗位安全责任制度；

（五）法律、行政法规规定的其他条件。

第十九条 申请从事民用爆炸物品销售的企业，应当向所在地省、自治区、直辖市人民政府民用爆炸物品行业主管部门提交申请书、可行性研究报告以及能够证明其符合本条例第十八条规定条件的有关材料。省、自治区、直辖市人民政府民用爆炸物品行业主管部门应当自受理申请之日起 30 日内进行审查，并对申请单位的销售场所和专用仓库等经营设施进行查验，对符合条件的，核发《民用爆炸物品销售许可证》；对不符合条件的，不予核发《民用爆炸物品销售许可证》，书面向申请人说明理由。

民用爆炸物品销售企业持《民用爆炸物品销售许可证》到工商行政管理部门办理工商登记后，方可销售民用爆炸物品。

民用爆炸物品销售企业应当在办理工商登记后 3 日内，向所在地县级人民政府公安机关备案。

第二十条 民用爆炸物品生产企业凭《民用爆炸物品生产许可证》，可以销售本企业生产的民用爆炸物品。

民用爆炸物品生产企业销售本企业生产的民用爆炸物品，不得超出核定的品种、产量。

第二十一条　民用爆炸物品使用单位申请购买民用爆炸物品的，应当向所在地县级人民政府公安机关提出购买申请，并提交下列有关材料：

（一）工商营业执照或者事业单位法人证书；

（二）《爆破作业单位许可证》或者其他合法使用的证明；

（三）购买单位的名称、地址、银行账户；

（四）购买的品种、数量和用途说明。

受理申请的公安机关应当自受理申请之日起5日内对提交的有关材料进行审查，对符合条件的，核发《民用爆炸物品购买许可证》；对不符合条件的，不予核发《民用爆炸物品购买许可证》，书面向申请人说明理由。

《民用爆炸物品购买许可证》应当载明许可购买的品种、数量、购买单位以及许可的有效期限。

第二十二条　民用爆炸物品生产企业凭《民用爆炸物品生产许可证》购买属于民用爆炸物品的原料，民用爆炸物品销售企业凭《民用爆炸物品销售许可证》向民用爆炸物品生产企业购买民用爆炸物品，民用爆炸物品使用单位凭《民用爆炸物品购买许可证》购买民用爆炸物品，还应当提供经办人的身份证明。

销售民用爆炸物品的企业，应当查验前款规定的许可证和经办人的身份证明；对持《民用爆炸物品购买许可证》购买的，应当按照许可的品种、数量销售。

第二十三条　销售、购买民用爆炸物品，应当通过银行账户进行交易，不得使用现金或者实物进行交易。

销售民用爆炸物品的企业，应当将购买单位的许可证、银行账户转账凭证、经办人的身份证明复印件保存2年备查。

第二十四条　销售民用爆炸物品的企业，应当自民用爆炸物品买卖成交之日起 3 日内，将销售的品种、数量和购买单位向所在地省、自治区、直辖市人民政府民用爆炸物品行业主管部门和所在地县级人民政府公安机关备案。

购买民用爆炸物品的单位，应当自民用爆炸物品买卖成交之日起 3 日内，将购买的品种、数量向所在地县级人民政府公安机关备案。

第二十五条 进出口民用爆炸物品，应当经国务院民用爆炸物品行业主管部门审批。进出口民用爆炸物品审批办法，由国务院民用爆炸物品行业主管部门会同国务院公安部门、海关总署规定。

进出口单位应当将进出口的民用爆炸物品的品种、数量向收货地或者出境口岸所在地县级人民政府公安机关备案。

第四章 运 输

第二十六条 运输民用爆炸物品，收货单位应当向运达地县级人民政府公安机关提出申请，并提交包括下列内容的材料：

（一）民用爆炸物品生产企业、销售企业、使用单位以及进出口单位分别提供的《民用爆炸物品生产许可证》、《民用爆炸物品销售许可证》、《民用爆炸物品购买许可证》或者进出口批准证明；

（二）运输民用爆炸物品的品种、数量、包装材料和包装方式；

（三）运输民用爆炸物品的特性、出现险情的应急处置方法；

（四）运输时间、起始地点、运输路线、经停地点。

受理申请的公安机关应当自受理申请之日起 3 日内对提交的有关材料进行审查，对符合条件的，核发《民用爆炸物品运输许可证》；对不符合条件的，不予核发《民用爆炸物品运输许可证》，书面向申请人说明理由。

《民用爆炸物品运输许可证》应当载明收货单位、销售企业、承运人，一次性运输有效期限、起始地点、运输路线、经停地点、民用爆炸物品的品种、数量。

第二十七条　运输民用爆炸物品的，应当凭《民用爆炸物品运输许可证》，按照许可的品种、数量运输。

第二十八条　经由道路运输民用爆炸物品的，应当遵守下列规定：

（一）携带《民用爆炸物品运输许可证》；

（二）民用爆炸物品的装载符合国家有关标准和规范，车厢内不得载人；

（三）运输车辆安全技术状况应当符合国家有关安全技术标准的要求，并按照规定悬挂或者安装符合国家标准的易燃易爆危险物品警示标志；

（四）运输民用爆炸物品的车辆应当保持安全车速；

（五）按照规定的路线行驶，途中经停应当有专人看守，并远离建筑设施和人口稠密的地方，不得在许可以外的地点经停；

（六）按照安全操作规程装卸民用爆炸物品，并在装卸现场设置警戒，禁止无关人员进入；

（七）出现危险情况立即采取必要的应急处置措施，并报告当地公安机关。

第二十九条　民用爆炸物品运达目的地，收货单位应当进行验收后在《民用爆炸物品运输许可证》上签注，并在 3 日内将《民用爆炸物品运输许可证》交回发证机关核销。

第三十条　禁止携带民用爆炸物品搭乘公共交通工具或者进入公共场所。

禁止邮寄民用爆炸物品，禁止在托运的货物、行李、包裹、邮件中夹带民用爆炸物品。

第五章　爆　破　作　业

第三十一条　申请从事爆破作业的单位，应当具备下列条件：

（一）爆破作业属于合法的生产活动；

（二）有符合国家有关标准和规范的民用爆炸物品专用仓库；

（三）有具备相应资格的安全管理人员、仓库管理人员和具备国家规定执业资格的爆破作业人员；

（四）有健全的安全管理制度、岗位安全责任制度；

（五）有符合国家标准、行业标准的爆破作业专用设备；

（六）法律、行政法规规定的其他条件。

第三十二条 申请从事爆破作业的单位，应当按照国务院公安部门的规定，向有关人民政府公安机关提出申请，并提供能够证明其符合本条例第三十一条规定条件的有关材料。受理申请的公安机关应当自受理申请之日起 20 日内进行审查，对符合条件的，核发《爆破作业单位许可证》；对不符合条件的，不予核发《爆破作业单位许可证》，书面向申请人说明理由。

营业性爆破作业单位持《爆破作业单位许可证》到工商行政管理部门办理工商登记后，方可从事营业性爆破作业活动。

爆破作业单位应当在办理工商登记后 3 日内，向所在地县级人民政府公安机关备案。

第三十三条 爆破作业单位应当对本单位的爆破作业人员、安全管理人员、仓库管理人员进行专业技术培训。爆破作业人员应当经设区的市级人民政府公安机关考核合格，取得《爆破作业人员许可证》后，方可从事爆破作业。

第三十四条 爆破作业单位应当按照其资质等级承接爆破作业项目，爆破作业人员应当按照其资格等级从事爆破作业。爆破作业的分级管理办法由国务院公安部门规定。

第三十五条 在城市、风景名胜区和重要工程设施附近实施爆破作业的，应当向爆破作业所在地设区的市级人民政府公安机关提出申请，提交《爆破作业单位许可证》和具有相应资质的安全评估企业出具的爆破设计、施工方案评估报告。受理申请的公安机关应当自受理申请之日起 20 日内对提交的有关材料进行审查，对符合条件的，作出批准的决定；对不符合条件的，作出不予批准的决定，并书面向申请人说明理由。

实施前款规定的爆破作业，应当由具有相应资质的安全监理企业进行监理，由爆破作业所在地县级人民政府公安机关负责组织实施安全警戒。

第三十六条 爆破作业单位跨省、自治区、直辖市行政区域从事爆破作业的，应当事先将爆破作业项目的有关情况向爆破作业所在地县级人民政府公安机关报告。

第三十七条 爆破作业单位应当如实记载领取、发放民用爆炸物品的品种、数量、编号以及领取、发放人员姓名。领取民用爆炸物品的数量不得超过当班用量，作业后剩余的民用爆炸物品必须当班清退回库。

爆破作业单位应当将领取、发放民用爆炸物品的原始记录保存2年备查。

第三十八条 实施爆破作业，应当遵守国家有关标准和规范，在安全距离以外设置警示标志并安排警戒人员，防止无关人员进入；爆破作业结束后应当及时检查、排除未引爆的民用爆炸物品。

第三十九条 爆破作业单位不再使用民用爆炸物品时，应当将剩余的民用爆炸物品登记造册，报所在地县级人民政府公安机关组织监督销毁。

发现、拣拾无主民用爆炸物品的，应当立即报告当地公安机关。

第六章 储 存

第四十条 民用爆炸物品应当储存在专用仓库内，并按照国家规定设置技术防范设施。

第四十一条 储存民用爆炸物品应当遵守下列规定：

（一）建立出入库检查、登记制度，收存和发放民用爆炸物品必须进行登记，做到账目清楚，账物相符；

（二）储存的民用爆炸物品数量不得超过储存设计容量，对性质相抵触的民用爆炸物品必须分库储存，严禁在库房内存放其他物品；

（三）专用仓库应当指定专人管理、看护，严禁无关人员进入仓库区内，严禁在仓库区内吸烟和用火，严禁把其他容易引起燃烧、爆炸的物品带入仓库区内，严禁在库房内住宿和进行其他活动；

（四）民用爆炸物品丢失、被盗、被抢，应当立即报告当地公安机关。

第四十二条 在爆破作业现场临时存放民用爆炸物品的，应当具备临时存放民用爆炸物品的条件，并设专人管理、看护，不得在不具备安全存放条件的场所存放民用爆炸物品。

第四十三条 民用爆炸物品变质和过期失效的，应当及时清理出库，并予以销毁。销毁前应当登记造册，提出销毁实施方案，报省、自治区、直辖市人民政府民用爆炸物品行业主管部门、所在地县级人民政府公安机关组织监督销毁。

……

烟花爆竹安全管理条例（节录）

（2006 年 1 月 21 日中华人民共和国国务院令第 455 号公布　根据 2016 年 2 月 6 日《国务院关于修改部分行政法规的决定》修订）

……

第二章　生　产　安　全

第八条 生产烟花爆竹的企业，应当具备下列条件：

（一）符合当地产业结构规划；

（二）基本建设项目经过批准；

（三）选址符合城乡规划，并与周边建筑、设施保持必要的安全距离；

（四）厂房和仓库的设计、结构和材料以及防火、防爆、防雷、防静电等安全设备、设施符合国家有关标准和规范；

（五）生产设备、工艺符合安全标准；

（六）产品品种、规格、质量符合国家标准；

（七）有健全的安全生产责任制；

（八）有安全生产管理机构和专职安全生产管理人员；

（九）依法进行了安全评价；

（十）有事故应急救援预案、应急救援组织和人员，并配备必要的应急救援器材、设备；

（十一）法律、法规规定的其他条件。

第九条 生产烟花爆竹的企业，应当在投入生产前向所在地设区的市人民政府安全生产监督管理部门提出安全审查申请，并提交能够证明符合本条例第八条规定条件的有关材料。设区的市人民政府安全生产监督管理部门应当自收到材料之日起20日内提出安全审查初步意见，报省、自治区、直辖市人民政府安全生产监督管理部门审查。省、自治区、直辖市人民政府安全生产监督管理部门应当自受理申请之日起45日内进行安全审查，对符合条件的，核发《烟花爆竹安全生产许可证》；对不符合条件的，应当说明理由。

第十条 生产烟花爆竹的企业为扩大生产能力进行基本建设或者技术改造的，应当依照本条例的规定申请办理安全生产许可证。

生产烟花爆竹的企业，持《烟花爆竹安全生产许可证》到工商行政管理部门办理登记手续后，方可从事烟花爆竹生产活动。

第十一条 生产烟花爆竹的企业，应当按照安全生产许可证核定的产品种类进行生产，生产工序和生产作业应当执行有关国家标准和行业标准。

第十二条 生产烟花爆竹的企业，应当对生产作业人员进行安全生产知识教育，对从事药物混合、造粒、筛选、装药、筑药、压药、切引、搬运等危险工序的作业人员进行专业技术培训。从事危险工序的作业人员经设区的市人民政府安全生产监督管理部门考核合格，方可上岗作业。

第十三条 生产烟花爆竹使用的原料，应当符合国家标准的规定。生产烟花爆竹使用的原料，国家标准有用量限制的，不得超过规定的用量。不得使用国家标准规定禁止使用或者禁忌配伍的物质生产烟花爆竹。

第十四条 生产烟花爆竹的企业，应当按照国家标准的规定，在烟花爆竹产品上标注燃放说明，并在烟花爆竹包装物上印制易燃易爆危险物品警示标志。

第十五条 生产烟花爆竹的企业，应当对黑火药、烟火药、引火线的保管采取必要的安全技术措施，建立购买、领用、销售登记制度，防止黑火药、烟火药、引火线丢失。黑火药、烟火药、引火线丢失的，企业应当立即向当地安全生产监督管理部门和公安部门报告。

第三章　经营安全

第十六条 烟花爆竹的经营分为批发和零售。

从事烟花爆竹批发的企业和零售经营者的经营布点，应当经安全生产监督管理部门审批。

禁止在城市市区布设烟花爆竹批发场所；城市市区的烟花爆竹零售网点，应当按照严格控制的原则合理布设。

第十七条 从事烟花爆竹批发的企业，应当具备下列条件：

（一）具有企业法人条件；

（二）经营场所与周边建筑、设施保持必要的安全距离；

（三）有符合国家标准的经营场所和储存仓库；

（四）有保管员、仓库守护员；

（五）依法进行了安全评价；

（六）有事故应急救援预案、应急救援组织和人员，并配备必要的应急救援器材、设备；

（七）法律、法规规定的其他条件。

第十八条 烟花爆竹零售经营者，应当具备下列条件：

（一）主要负责人经过安全知识教育；

（二）实行专店或者专柜销售，设专人负责安全管理；

（三）经营场所配备必要的消防器材，张贴明显的安全警示标志；

（四）法律、法规规定的其他条件。

第十九条 申请从事烟花爆竹批发的企业，应当向所在地设区的市人民政府安全生产监督管理部门提出申请，并提供能够证明符合本条例第十七条规定条件的有关材料。受理申请的安全生产监督管理部门应当自受理申请之日起 30 日内对提交的有关材料和经营场所进行审查，对符合条件的，核发《烟花爆竹经营（批发）许可证》；对不符合条件的，应当说明理由。

申请从事烟花爆竹零售的经营者，应当向所在地县级人民政府安全生产监督管理部门提出申请，并提供能够证明符合本条例第十八条规定条件的有关材料。受理申请的安全生产监督管理部门应当自受理申请之日起 20 日内对提交的有关材料和经营场所进行审查，对符合条件的，核发《烟花爆竹经营（零售）许可证》；对不符合条件的，应当说明理由。

《烟花爆竹经营（零售）许可证》，应当载明经营负责人、经营场所地址、经营期限、烟花爆竹种类和限制存放量。

第二十条 从事烟花爆竹批发的企业，应当向生产烟花爆竹的企业采购烟花爆竹，向从事烟花爆竹零售的经营者供应烟花爆竹。

从事烟花爆竹零售的经营者，应当向从事烟花爆竹批发的企业采购烟花爆竹。

从事烟花爆竹批发的企业、零售经营者不得采购和销售非法生产、经营的烟花爆竹。

从事烟花爆竹批发的企业，不得向从事烟花爆竹零售的经营者供应按照国家标准规定应由专业燃放人员燃放的烟花爆竹。从事烟花爆竹零售的经营者，不得销售按照国家标准规定应由专业燃放人员燃放的烟花爆竹。

第二十一条 生产、经营黑火药、烟火药、引火线的企业，不得向未取得烟花爆竹安全生产许可的任何单位或者个人销售黑火药、烟火药和引火线。

第四章 运 输 安 全

第二十二条 经由道路运输烟花爆竹的，应当经公安部门许可。

经由铁路、水路、航空运输烟花爆竹的，依照铁路、水路、航空运输安全管理的有关法律、法规、规章的规定执行。

第二十三条 经由道路运输烟花爆竹的，托运人应当向运达地县级人民政府公安部门提出申请，并提交下列有关材料：

（一）承运人从事危险货物运输的资质证明；

（二）驾驶员、押运员从事危险货物运输的资格证明；

（三）危险货物运输车辆的道路运输证明；

（四）托运人从事烟花爆竹生产、经营的资质证明；

（五）烟花爆竹的购销合同及运输烟花爆竹的种类、规格、数量；

（六）烟花爆竹的产品质量和包装合格证明；

（七）运输车辆牌号、运输时间、起始地点、行驶路线、经停地点。

第二十四条 受理申请的公安部门应当自受理申请之日起 3 日内对提交的有关材料进行审查，对符合条件的，核发《烟花爆竹道路运输许可证》；对不符合条件的，应当说明理由。

《烟花爆竹道路运输许可证》应当载明托运人、承运人、一次性运输有效期限、起始地点、行驶路线、经停地点、烟花爆竹的种类、规格和数量。

第二十五条 经由道路运输烟花爆竹的，除应当遵守《中华人民共和国道路交通安全法》外，还应当遵守下列规定：

（一）随车携带《烟花爆竹道路运输许可证》；

（二）不得违反运输许可事项；

（三）运输车辆悬挂或者安装符合国家标准的易燃易爆危险物品警示标志；

（四）烟花爆竹的装载符合国家有关标准和规范；

（五）装载烟花爆竹的车厢不得载人；

（六）运输车辆限速行驶，途中经停必须有专人看守；

（七）出现危险情况立即采取必要的措施，并报告当地公安部门。

第二十六条 烟花爆竹运达目的地后，收货人应当在 3 日内将《烟花爆竹道路运输许可证》交回发证机关核销。

第二十七条 禁止携带烟花爆竹搭乘公共交通工具。

禁止邮寄烟花爆竹，禁止在托运的行李、包裹、邮件中夹带烟花爆竹。

第五章　燃　放　安　全

第二十八条 燃放烟花爆竹，应当遵守有关法律、法规和规章的规定。县级以上地方人民政府可以根据本行政区域的实际情况，确定限制或者禁止燃放烟花爆竹的时间、地点和种类。

第二十九条 各级人民政府和政府有关部门应当开展社会宣传

活动，教育公民遵守有关法律、法规和规章，安全燃放烟花爆竹。

广播、电视、报刊等新闻媒体，应当做好安全燃放烟花爆竹的宣传、教育工作。

未成年人的监护人应当对未成年人进行安全燃放烟花爆竹的教育。

第三十条 禁止在下列地点燃放烟花爆竹：

（一）文物保护单位；

（二）车站、码头、飞机场等交通枢纽以及铁路线路安全保护区内；

（三）易燃易爆物品生产、储存单位；

（四）输变电设施安全保护区内；

（五）医疗机构、幼儿园、中小学校、敬老院；

（六）山林、草原等重点防火区；

（七）县级以上地方人民政府规定的禁止燃放烟花爆竹的其他地点。

第三十一条 燃放烟花爆竹，应当按照燃放说明燃放，不得以危害公共安全和人身、财产安全的方式燃放烟花爆竹。

第三十二条 举办焰火晚会以及其他大型焰火燃放活动，应当按照举办的时间、地点、环境、活动性质、规模以及燃放烟花爆竹的种类、规格和数量，确定危险等级，实行分级管理。分级管理的具体办法，由国务院公安部门规定。

第三十三条 申请举办焰火晚会以及其他大型焰火燃放活动，主办单位应当按照分级管理的规定，向有关人民政府公安部门提出申请，并提交下列有关材料：

（一）举办焰火晚会以及其他大型焰火燃放活动的时间、地点、环境、活动性质、规模；

（二）燃放烟花爆竹的种类、规格、数量；

（三）燃放作业方案；

（四）燃放作业单位、作业人员符合行业标准规定条件的证明。

受理申请的公安部门应当自受理申请之日起 20 日内对提交的有关材料进行审查，对符合条件的，核发《焰火燃放许可证》；对不符合条件的，应当说明理由。

第三十四条 焰火晚会以及其他大型焰火燃放活动燃放作业单位和作业人员，应当按照焰火燃放安全规程和经许可的燃放作业方案进行燃放作业。

第三十五条 公安部门应当加强对危险等级较高的焰火晚会以及其他大型焰火燃放活动的监督检查。

……

石油天然气安全

中华人民共和国石油
天然气管道保护法（节录）

（2010 年 6 月 25 日第十一届全国人民代表大会常务委员会第十五次会议通过　2010 年 6 月 25 日中华人民共和国主席令第 30 号公布　自 2010 年 10 月 1 日起施行）

......

第三章　管道运行中的保护

第二十二条　管道企业应当建立、健全管道巡护制度，配备专门人员对管道线路进行日常巡护。管道巡护人员发现危害管道安全的情形或者隐患，应当按照规定及时处理和报告。

第二十三条　管道企业应当定期对管道进行检测、维修，确保其处于良好状态；对管道安全风险较大的区段和场所应当进行重点监测，采取有效措施防止管道事故的发生。

对不符合安全使用条件的管道，管道企业应当及时更新、改造或者停止使用。

第二十四条　管道企业应当配备管道保护所必需的人员和技术装备，研究开发和使用先进适用的管道保护技术，保证管道保护所必需的经费投入，并对在管道保护中做出突出贡献的单位和个人给予奖励。

第二十五条　管道企业发现管道存在安全隐患，应当及时排除。对管道存在的外部安全隐患，管道企业自身排除确有困难的，应当向县级以上地方人民政府主管管道保护工作的部门报告。接到报告的主管管道保护工作的部门应当及时协调排除或者报请人民政府及时组织排除安全隐患。

第二十六条　管道企业依法取得使用权的土地，任何单位和个人不得侵占。

为合理利用土地，在保障管道安全的条件下，管道企业可以与有关单位、个人约定，同意有关单位、个人种植浅根农作物。但是，因管道巡护、检测、维修造成的农作物损失，除另有约定外，管道企业不予赔偿。

第二十七条　管道企业对管道进行巡护、检测、维修等作业，管道沿线的有关单位、个人应当给予必要的便利。

因管道巡护、检测、维修等作业给土地使用权人或者其他单位、个人造成损失的，管道企业应当依法给予赔偿。

第二十八条　禁止下列危害管道安全的行为：

（一）擅自开启、关闭管道阀门；

（二）采用移动、切割、打孔、砸撬、拆卸等手段损坏管道；

（三）移动、毁损、涂改管道标志；

（四）在埋地管道上方巡查便道上行驶重型车辆；

（五）在地面管道线路、架空管道线路和管桥上行走或者放置重物。

第二十九条　禁止在本法第五十八条第一项所列管道附属设施的上方架设电力线路、通信线路或者在储气库构造区域范围内进行工程挖掘、工程钻探、采矿。

第三十条　在管道线路中心线两侧各五米地域范围内，禁止下列危害管道安全的行为：

（一）种植乔木、灌木、藤类、芦苇、竹子或者其他根系深达管道埋设部位可能损坏管道防腐层的深根植物；

（二）取土、采石、用火、堆放重物、排放腐蚀性物质、使用机械工具进行挖掘施工；

（三）挖塘、修渠、修晒场、修建水产养殖场、建温室、建家畜棚圈、建房以及修建其他建筑物、构筑物。

第三十一条 在管道线路中心线两侧和本法第五十八条第一项所列管道附属设施周边修建下列建筑物、构筑物的，建筑物、构筑物与管道线路和管道附属设施的距离应当符合国家技术规范的强制性要求：

（一）居民小区、学校、医院、娱乐场所、车站、商场等人口密集的建筑物；

（二）变电站、加油站、加气站、储油罐、储气罐等易燃易爆物品的生产、经营、存储场所。

前款规定的国家技术规范的强制性要求，应当按照保障管道及建筑物、构筑物安全和节约用地的原则确定。

第三十二条 在穿越河流的管道线路中心线两侧各五百米地域范围内，禁止抛锚、拖锚、挖砂、挖泥、采石、水下爆破。但是，在保障管道安全的条件下，为防洪和航道通畅而进行的养护疏浚作业除外。

第三十三条 在管道专用隧道中心线两侧各一千米地域范围内，除本条第二款规定的情形外，禁止采石、采矿、爆破。

在前款规定的地域范围内，因修建铁路、公路、水利工程等公共工程，确需实施采石、爆破作业的，应当经管道所在地县级人民政府主管管道保护工作的部门批准，并采取必要的安全防护措施，方可实施。

第三十四条 未经管道企业同意，其他单位不得使用管道专用伴行道路、管道水工防护设施、管道专用隧道等管道附属设施。

第三十五条 进行下列施工作业，施工单位应当向管道所在地县级人民政府主管管道保护工作的部门提出申请：

（一）穿跨越管道的施工作业；

（二）在管道线路中心线两侧各五米至五十米和本法第五十八条第一项所列管道附属设施周边一百米地域范围内，新建、改建、扩建铁路、公路、河渠，架设电力线路，埋设地下电缆、光缆，设置安全接地体、避雷接地体；

（三）在管道线路中心线两侧各二百米和本法第五十八条第一项所列管道附属设施周边五百米地域范围内，进行爆破、地震法勘探或者工程挖掘、工程钻探、采矿。

县级人民政府主管管道保护工作的部门接到申请后，应当组织施工单位与管道企业协商确定施工作业方案，并签订安全防护协议；协商不成的，主管管道保护工作的部门应当组织进行安全评审，作出是否批准作业的决定。

第三十六条 申请进行本法第三十三条第二款、第三十五条规定的施工作业，应当符合下列条件：

（一）具有符合管道安全和公共安全要求的施工作业方案；

（二）已制定事故应急预案；

（三）施工作业人员具备管道保护知识；

（四）具有保障安全施工作业的设备、设施。

第三十七条 进行本法第三十三条第二款、第三十五条规定的施工作业，应当在开工七日前书面通知管道企业。管道企业应当指派专门人员到现场进行管道保护安全指导。

第三十八条 管道企业在紧急情况下进行管道抢修作业，可以先行使用他人土地或者设施，但应当及时告知土地或者设施的所有权人或者使用权人。给土地或者设施的所有权人或者使用权人造成损失的，管道企业应当依法给予赔偿。

第三十九条 管道企业应当制定本企业管道事故应急预案，并报管道所在地县级人民政府主管管道保护工作的部门备案；配备抢险救援人员和设备，并定期进行管道事故应急救援演练。

发生管道事故，管道企业应当立即启动本企业管道事故应急预案，按照规定及时通报可能受到事故危害的单位和居民，采取有效措施消除或者减轻事故危害，并依照有关事故调查处理的法律、行政法规的规定，向事故发生地县级人民政府主管管道保护工作的部门、安全生产监督管理部门和其他有关部门报告。

接到报告的主管管道保护工作的部门应当按照规定及时上报事故情况，并根据管道事故的实际情况组织采取事故处置措施或者报请人民政府及时启动本行政区域管道事故应急预案，组织进行事故应急处置与救援。

第四十条 管道泄漏的石油和因管道抢修排放的石油造成环境污染的，管道企业应当及时治理。因第三人的行为致使管道泄漏造成环境污染的，管道企业有权向第三人追偿治理费用。

环境污染损害的赔偿责任，适用《中华人民共和国侵权责任法》和防治环境污染的法律的有关规定。

第四十一条 管道泄漏的石油和因管道抢修排放的石油，由管道企业回收、处理，任何单位和个人不得侵占、盗窃、哄抢。

第四十二条 管道停止运行、封存、报废的，管道企业应当采取必要的安全防护措施，并报县级以上地方人民政府主管管道保护工作的部门备案。

第四十三条 管道重点保护部位，需要由中国人民武装警察部队负责守卫的，依照《中华人民共和国人民武装警察法》和国务院、中央军事委员会的有关规定执行。

第四章　管道建设工程与其他建设工程相遇关系的处理

第四十四条 管道建设工程与其他建设工程的相遇关系，依照法律的规定处理；法律没有规定的，由建设工程双方按照下列原则协商处理，并为对方提供必要的便利：

（一）后开工的建设工程服从先开工或者已建成的建设工程；

（二）同时开工的建设工程，后批准的建设工程服从先批准的建设工程。

依照前款规定，后开工或者后批准的建设工程，应当符合先开工、已建成或者先批准的建设工程的安全防护要求；需要先开工、已建成或者先批准的建设工程改建、搬迁或者增加防护设施的，后开工或者后批准的建设工程一方应当承担由此增加的费用。

管道建设工程与其他建设工程相遇的，建设工程双方应当协商确定施工作业方案并签订安全防护协议，指派专门人员现场监督、指导对方施工。

第四十五条 经依法批准的管道建设工程，需要通过正在建设的其他建设工程的，其他工程建设单位应当按照管道建设工程的需要，预留管道通道或者预建管道通过设施，管道企业应当承担由此增加的费用。

经依法批准的其他建设工程，需要通过正在建设的管道建设工程的，管道建设单位应当按照其他建设工程的需要，预留通道或者预建相关设施，其他工程建设单位应当承担由此增加的费用。

第四十六条 管道建设工程通过矿产资源开采区域的，管道企业应当与矿产资源开采企业协商确定管道的安全防护方案，需要矿产资源开采企业按照管道安全防护要求预建防护设施或者采取其他防护措施的，管道企业应当承担由此增加的费用。

矿产资源开采企业未按照约定预建防护设施或者采取其他防护措施，造成地面塌陷、裂缝、沉降等地质灾害，致使管道需要改建、搬迁或者采取其他防护措施的，矿产资源开采企业应当承担由此增加的费用。

第四十七条 铁路、公路等建设工程修建防洪、分流等水工防护设施，可能影响管道保护的，应当事先通知管道企业并注意保护下游已建成的管道水工防护设施。

建设工程修建防洪、分流等水工防护设施，使下游已建成的管道水工防护设施的功能受到影响，需要新建、改建、扩建管道水工防护设施的，工程建设单位应当承担由此增加的费用。

第四十八条 县级以上地方人民政府水行政主管部门制定防洪、泄洪方案应当兼顾管道的保护。

需要在管道通过的区域泄洪的，县级以上地方人民政府水行政主管部门应当在泄洪方案确定后，及时将泄洪量和泄洪时间通知本级人民政府主管管道保护工作的部门和管道企业或者向社会公告。主管管道保护工作的部门和管道企业应当对管道采取防洪保护措施。

第四十九条 管道与航道相遇，确需在航道中修建管道防护设施的，应当进行通航标准技术论证，并经航道主管部门批准。管道防护设施完工后，应经航道主管部门验收。

进行前款规定的施工作业，应当在批准的施工区域内设置航标，航标的设置和维护费用由管道企业承担。

……

海洋石油安全管理细则（节录）

（2009 年 9 月 7 日国家安全生产监督管理总局令第 25 号公布 根据 2013 年 8 月 29 日《国家安全监管总局关于修改〈生产经营单位安全培训规定〉等 11 件规章的决定》第一次修订 根据 2015 年 5 月 26 日《国家安全监管总局关于废止和修改非煤矿矿山领域九部规章的决定》第二次修订）

……

第三章　生产作业的安全管理

第一节　基本要求

第十七条　在海洋石油生产作业中，作业者和承包者应当确保海洋石油生产、作业设施（以下简称设施）安全条件符合法律、法规、规章和相关国家标准、行业标准的要求，并建立完善的安全管理体系。设施主要负责人对设施的安全管理全面负责。

第十八条　按照设施不同区域的危险性，划分三个等级的危险区：

（一）0 类危险区，是指在正常操作条件下，连续出现达到引燃或者爆炸浓度的可燃性气体或者蒸气的区域；

（二）1 类危险区，是指在正常操作条件下，断续地或者周期性地出现达到引燃或者爆炸浓度的可燃性气体或者蒸气的区域；

（三）2 类危险区，是指在正常操作条件下，不可能出现达到引燃或者爆炸浓度的可燃性气体或者蒸气；但在不正常操作条件下，有可能出现达到引燃或者爆炸浓度的可燃性气体或者蒸气的区域。

设施的作业者或者承包者应当将危险区等级准确地标注在设施操作手册的附图上。对于通往危险区的通道口、门或者舱口，应当在其外部标注清晰可见的中英文"危险区域"、"禁止烟火"和"禁带火种"等标志。

第十九条　设施的作业者或者承包者应当建立动火、电工作业、受限空间作业、高空作业和舷（岛）外作业等审批制度。

从事前款规定的作业前，作业单位应当提出书面申请，说明作业的性质、地点、期限及采取的安全措施等，经设施负责人批准签发作业通知单后，方可进行作业。作业通知单应当包含作业内容、有关检测报告、作业要求、安全程序、个体防护用品、安全设备和作业通知单有效期限等内容。

作业单位接到作业通知单后，应当按通知单的要求采取有关措施，并制定详细的检查和作业程序。

作业期间，如果施工条件发生重大变化的，应当暂停施工并立即报告设施负责人，得到准予施工的指令后方可继续施工。

作业完成后，作业负责人应当在作业通知单上填写完成时间、工作质量和安全情况，并交付设施负责人保存。作业通知单的保存期限至少1年。

第二十条 设施上所有通往救生艇（筏）、直升机平台的应急撤离通道和通往消防设备的通道应当设置明显标志，并保持畅通。

第二十一条 设施上的各种设备应当符合下列规定：

（一）符合国家有关法律、法规、规章、标准的安全要求，有出厂合格证书或者检验合格证书；

（二）对裸露且危及人身安全的运转部分要安装防护罩或者其他安全保护装置；

（三）建立设备运转记录、设备缺陷和故障记录报告制度；

（四）制定设备安全操作规程和定期维护、保养、检验制度，制定设备的定人定岗管理制度；

（五）增加、拆除重要设备设施，或者改变其性能前，进行风险分析。属于改建、扩建项目的，按照有关规定向政府有关部门办理审批手续。

第二十二条 设施配备的救生艇、救助艇、救生筏、救生圈、救生衣、保温救生服及属具等救生设备，应当符合《国际海上人命安全公约》的规定，并经海油安办认可的发证检验机构检验合格。

海上石油设施配备救生设备的数量应当满足下列要求：

（一）配备的刚性全封闭机动耐火救生艇能够容纳自升式和固定式设施上的总人数，或者浮式设施上总人数的200%。无人驻守设施可以不配备刚性全封闭机动耐火救生艇。在设施建造、安装或者停产检修期间，通过风险分析，可以用救生筏代替救生艇；

（二）气胀式救生筏能够容纳设施上的总人数，其放置点应满足距水面高度的要求。无人驻守设施可以按定员 12 人考虑；

（三）至少配备并合理分布 8 个救生圈，其中 2 个带自亮浮灯，4 个带自亮浮灯和自发烟雾信号。每个带自亮浮灯和自发烟雾信号的救生圈配备 1 根可浮救生索，可浮救生索的长度为从救生圈的存放位置至最低天文潮位水面高度的 1.5 倍，并至少长 30 米。

（四）救生衣按总人数的 210% 配备，其中：住室内配备 100%，救生艇站配备 100%，平台甲板工作区内配备 10%，并可以配备一定数量的救生背心。在寒冷海区，每位工作人员配备一套保温救生服。对于无人驻守平台，在工作人员登平台时，根据作业海域水温情况，每人携带 1 件救生衣或者保温救生服。

滩海陆岸石油设施配备救生设备的数量应当满足下列要求：

（一）至少配备 4 个救生圈，每只救生圈上都拴有至少 30 米长的可浮救生索，其中 2 个带自亮浮灯，2 个带自发烟雾信号和自亮浮灯；

（二）每人至少配备 1 件救生衣，在工作场所配备一定数量的工作救生衣或者救生背心。在寒冷海区，每位人员配备 1 件保温救生服。

所有救生设备都应当标注该设施的名称，按规定合理存放，并在设施的总布置图上标明存放位置。特殊施工作业情况下，配备的救生设备达不到要求时，应当制定相应的安全措施并报海油安办有关分部审查同意。

第二十三条 设施上的消防设备应当符合下列规定：

（一）根据国家有关规定，针对设施可能发生的火灾性质和危险程度，分别装设水消防系统、泡沫灭火系统、气体灭火系统和干粉灭火系统等固定灭火设备和装置，并经发证检验机构认可。无人驻守的简易平台，可以不设置水消防等灭火设备和装置；

（二）设置自动和手动火灾、可燃和有毒有害气体探测报警系统，总控制室内设总的报警和控制系统；

（三）配备4套消防员装备，包括隔热防护服、消防靴和手套、头盔、正压式空气呼吸器、消防斧以及可以连续使用3个小时的手提式安全灯。根据平台性质和工作人数，经发证检验机构同意，可以适当减少配备数量；

（四）滩海陆岸石油设施现场管理单位至少配备2套消防员装备，包括消防头盔、防护服、消防靴、安全灯、消防斧等，至少配备3套带气瓶的正压式空气呼吸器和可移动式消防泵1台；

（五）所有的消防设备都存放在易于取用的位置，并定期检查，始终保持完好状态。检查应当有检查记录标签。

第二十四条 在设施的危险区内进行测试、测井、修井等作业的设备应当采用防爆型，室内有非防爆电气的活动房应当采用正压防爆型。

第二十五条 起重作业应当符合下列规定：

（一）操作人员持有特种作业人员资格证书，熟悉起重设备的操作规程，并按规程操作；

（二）起重设备明确标识安全起重负荷；若为活动吊臂，标识吊臂在不同角度时的安全起重负荷；

（三）按规定对起重设备进行维护保养，保证刹车、限位、起重负荷指示、报警等装置齐全、准确、灵活、可靠；

（四）起重机及吊物附件按规定定期检验，并记录在起重设备检验簿上。

设施的载人吊篮作业，除符合第一款规定的要求外，还应当符合下列规定：

（一）限定乘员人数；

（二）乘员按规定穿救生背心或者救生衣；

（三）只允许用于起吊人员及随身物品；

（四）指定专人维护和检查，定期组织检验机构对其进行检验；

（五）当风速超过 15 米/秒或者影响吊篮安全起放时，立即停止使用；

（六）起吊人员时，尽量将载人吊篮移至水面上方再升降，并尽可能减少回转角度。

第二十六条 高处及舷（岛）外作业应当符合下列规定：

（一）高处及舷（岛）外作业人员佩戴安全帽和安全带，舷（岛）外作业人员穿救生衣，并采取其他必要的安全措施；

（二）风速超过 15 米/秒等恶劣天气时，立即停止作业。

第二十七条 危险物品管理应当符合下列规定：

（一）设施上任何危险物品（包括爆炸品、压缩气体和液化气体、易燃液体、易燃固体、自燃物品和遇湿易燃物品、氧化剂和有机过氧化物、有毒品和腐蚀品等）必须存放在远离危险区和生活区的指定地点和容器内，并将存放地点标注在设施操作手册的附图上；个人不得私自存放危险物品；

（二）设有专人负责危险物品的管理，并建立和保存危险物品入库、消耗和使用的记录；

（三）在通往危险物品存放地点的通道口、舱口处，设有醒目的中英文"危险物品"标识。

第二十八条 直升机起降管理应当符合下列规定：

（一）指定直升机起降联络负责人，负责指挥和配合直升机起降工作；

（二）配备与直升机起降有关的应急设备和工具，并注明中英文"直升机应急工具"字样；

（三）设施与机场的往返距离所需油量超过直升机自身储存油量的，按有关规定配备安全有效的直升机加油用储油罐、燃油质量检验设备和加油设备；

（四）直升机与设施建立联络后，经设施主要负责人准许，方可起飞或者降落（紧急情况除外）；

（五）直升机机长或者机组人员提出降落要求的，起降联络负责人立即向直升机提供风速、风向、能见度、海况等数据和资料；

（六）无线电报务员一直保持监听来自直升机的无线电信号，直至其降落为止；

（七）机组人员开启舱门后，起降联络负责人方可指挥乘机人员上下直升机、装卸物品或者进行加油作业。

直升机起飞或者降落前，起降联络负责人应当组织做好下列准备工作：

（一）清除直升机甲板的障碍物和易燃物；

（二）检查直升机甲板安全设施是否处于完好状态，包括灯光、防滑网、消防设备和应急工具等；

（三）停止靠近直升机甲板的吊装作业和甲板 15 米范围内的明火作业；

（四）禁止无关人员靠近直升机甲板；

（五）守护船在设施附近起锚待命，消防人员做好准备；

（六）排放天然气、射孔或者试油作业时，若未采取可靠的安全措施，禁止直升机靠近设施。

第二十九条 劳动防护应当符合下列规定：

（一）设施上所有工作人员配备符合相关安全标准的劳动防护用品；

（二）设施上的工作场所按照国家有关规定和设计要求配备劳动防护设备，并定期进行检测；

（三）按照国家有关职业病防治的规定，定期对从事有毒有害作业的人员进行职业健康体检，对职业病患者进行康复治疗。

第三十条 医务室应当符合下列规定：

（一）在有人驻守的设施上，配备具有基础医疗抢救条件的医务室。作业人员超过 15 人的，配备专职医务人员；低于 15 人的，可以配备兼职医务人员；

（二）按照国家有关规定配备常用药品、急救药品和氧气、医疗器械、病床等；

（三）按照国家有关规定，制定有关疫情病情的报告、处理和卫生检验制度；

（四）按照国家有关规定，制定应急抢救程序。

第三十一条 滩海陆岸应急避难房应当符合下列规定：

（一）能够容纳全部生产作业人员；

（二）结构强度比滩海陆岸井台高一个安全等级；

（三）地面高出挡浪墙 1 米；

（四）采用基础稳定、结构可靠的固定式钢筋混凝土结构，或者采用可移动式钢结构；

（五）配备可以供避难人员 5 日所需的救生食品和饮用水；

（六）配备急救箱，至少装有 2 套救生衣、防水手电及配套电池、简单的医疗包扎用品和常用药品；

（七）配备应急通讯装置。

第三十二条 滩海陆岸值班车应当符合下列规定：

（一）接受滩海陆岸石油设施作业负责人的指挥，不得擅自进入或者离开；

（二）配备的通讯工具保证随时与滩海陆岸石油设施和陆岸基地通话；

（三）能够容纳所服务的滩海陆岸石油设施的全部人员，并配备 100%的救生衣；

（四）具有在应急救助和人员撤离等复杂情况下作业的能力；

（五）参加滩海陆岸石油设施上的营救演习。

第二节 守护船管理

第三十三条 承担设施守护任务的船舶（以下简称守护船）在

开始承担守护作业前，其所属单位应当向海油安办有关分部提交守护船登记表和守护船有关证书登记表，办理守护船登记手续。经海油安办有关分部审查合格后，予以登记，并签发守护船登记证明。守护船登记后，其原申报条件发生变化或者终止承担守护任务的，应当向原负责守护船登记的海油安办有关分部报告。

第三十四条　守护船应当在距离所守护设施 5 海里之内的海区执行守护任务，不得擅自离开。在守护船的守护能力范围内，多座被守护设施可以共用一条守护船。

第三十五条　守护船应当服从被守护设施负责人的指挥，能够接纳所守护设施全部人员，并配备可以供守护设施全部人员 1 日所需的救生食品和饮用水。

第三十六条　守护船应当符合下列规定：

（一）船舶证书齐全、有效；

（二）具备守护海区的适航能力；

（三）在船舶的两舷设有营救区，并尽可能远离推进器，营救区应当有醒目标志。营救区长度不小于载货甲板长度的 1/3，宽度不小于 3 米；

（四）甲板上设有露天空间，便于直升机绞车提升、平台吊篮下放等营救操作；

（五）营救区及甲板露天空间处于守护船船长视野之内，便于指挥操作和营救。

第三十七条　守护船应当配备能够满足应急救助和撤离人员需要的下列设备和器具：

（一）1 副吊装担架和 1 副铲式担架；

（二）2 副救助用长柄钩；

（三）至少 1 套抛绳器；

（四）4 只带自亮浮灯、逆向反光带和绳子的救生圈，绳子长度不少于 30 米；

（五）用于简易包扎和急救的医疗用品；

（六）营救区舷侧的落水人员攀登用网；

（七）1 艘符合《国际海上人命安全公约》要求的救助艇；

（八）至少 2 只探照灯，可以提供营救作业区及周围海区照明；

（九）至少配备两种通讯工具，保证守护船与被守护设施和陆岸基地随时通话。

第三十八条 守护船船员应当符合下列条件：

（一）具有船员服务簿和适任证书等有效证件；

（二）至少有 3 名船员从事落水人员营救工作；

（三）至少有 2 名船员可以操纵救助艇；

（四）至少有 2 名船员经过医疗急救培训，能够承担急救处置、包扎和人工呼吸等工作；

（五）定期参加营救演习。

第三十九条 守护船的登记证明有效期为 3 年，有效期满前 15 日内应当重新办理登记手续。

第三节　租用直升机管理

第四十条 作业者或者承包者应当对提供直升机的公司进行安全条件审查和监督。

第四十一条 直升机公司应当符合下列条件：

（一）直升机持有中国民用航空局颁发的飞机适航证，并具备有效的飞机登记证和无线电台执照；

（二）具有符合安全飞行条件的直升机，并达到该机型最低设备放行清单的标准；

（三）具有符合安全飞行条件的驾驶员、机务维护人员和技术检查人员；

（四）对直升机驾驶员进行夜航和救生训练，保证完成规定的训练小时数；

（五）需要应急救援时，备有可以调用的直升机；

（六）完善和落实飞行安全的各种规章制度，杜绝超气象条件和不按规定的航线和高度飞行。

第四十二条 直升机应当配备下列应急救助设备：

（一）直升机应急浮筒；

（二）携带可以供机上所有人员使用的海上救生衣（在水温低于10℃的海域应当配备保温救生服）、救生筏及救生包，并备有可以供直升机使用的救生绞车；

（三）直升机两侧有能够投弃的舱门或者具备足够的紧急逃生舱口。

第四十三条 在额定载荷条件下，直升机应当具有航行于飞行基地与海上石油设施之间的适航能力和夜航能力。

第四十四条 飞行作业前，直升机所属公司应当制定安全应急程序，并与作业者或者承包者编制的应急预案相协调。

第四十五条 直升机在飞行作业中必须配有2名驾驶员，并指定其中1人为责任机长；由中外籍驾驶员合作驾驶的直升机，2名驾驶员应当有相应的语言技能水平，能够直接交流对话。

第四十六条 作业者或者承包者及直升机所属公司必须确保飞行基地（或者备用机场）和海上石油设施上的直升机起降设备处于安全和适用状态。

第四十七条 作业者或者承包者及直升机所属公司，应当通过协商制订飞行条件与应急飞行、乘机安全、载物安全和飞行故障、飞行事故报告等制度。

第四节 电 气 管 理

第四十八条 设施应当制定电气设备检修前后的安全检查、日常运行检查、安全技术检查、定期安全检查等制度，建立健全电气设备的维修操作、电焊操作和手持电动工具操作等安全规程，并严格执行。

第四十九条 电气管理应当符合下列规定：

（一）按照国家规定配备和使用电工安全用具，并按规定定期检查和校验；

（二）遇停电、送电、倒闸、带电作业和临时用电等情况，按照有关作业许可制度进行审批。临时用电作业结束后，立即拆除增加的电气设备和线路；

（三）按照国家标准规定的颜色和图形，对电气设备和线路作出明显、准确的标识；

（四）电气设备作业期间，至少有1名电气作业经验丰富的监护人进行实时监护；

（五）电气设备按照铭牌上规定的额定参数（电压、电流、功率、频率等）运行，安装必要的过载、短路和漏电保护装置并定期校验。金属外壳（安全电压除外）有可靠的接地装置；

（六）在触电危险性较大的场所，手提灯、便携式电气设备、电动工具等设备工具按照国家标准的规定使用安全电压。确实无法使用安全电压的，经设施负责人批准，并采用有效的防触电措施；

（七）安装在不同等级危险区域的电气设备符合该等级的防爆类型。防爆电气设备上的部件不得任意拆除，必须保持电气设备的防爆性能；

（八）定期对电气设备和线路的绝缘电阻、耐压强度、泄漏电流等绝缘性能进行测定。长期停用的电气设备，在重新使用前应当进行检查，确认具备安全运行条件后方可使用；

（九）在带电体与人体、带电体与地面、带电体与带电体、带电体与其他设备之间，按照有关规范和标准的要求保持良好的绝缘性能和足够的安全距离；

（十）对生产和作业设施采取有效的防静电和防雷措施。

第五十条 设施必须配备必要的应急电源。应急电源应当符合下列规定：

（一）能够满足通讯、信号、照明、基本生存条件（包括生活区、救生艇、撤离通道、直升机甲板等）和其他动力（包括消防系统、井控系统、火灾及可燃和有毒有害气体检测报警系统、应急关断系统等）的电源要求；

（二）在主电源失电后，应急电源能够在 45 秒内自动安全启动供电；

（三）应急电源远离危险区和主电源。

第五节 井控管理

第五十一条 作业者或者承包者应当制定油（气）井井控安全措施和防井喷应急预案。

第五十二条 钻井作业应当符合下列规定：

（一）钻井装置在新井位就位前，作业者和承包者应收集和分析相应的地质资料。如有浅层气存在，安装分流系统等；

（二）钻井作业期间，在钻台上备有与钻杆相匹配的内防喷装置；

（三）下套管时，防喷器尺寸与所下套管尺寸相匹配，并备有与所下套管丝扣相匹配的循环接头；

（四）防喷器所用的橡胶密封件应当按厂商的技术要求进行维护和储存，不得将失效和技术条件不符的密封件安装到防喷器中；

（五）水龙头下部安装方钻杆上旋塞，方钻杆下部安装下旋塞，并配备开关旋塞的扳手。顶部驱动装置下部安装手动和自动内防喷器（考克）并配备开关防喷器的扳手；

（六）防喷器组由环形防喷器和闸板防喷器组成，闸板防喷器的闸板关闭尺寸与所使用钻杆或者管柱的尺寸相符。防喷器的额定工作压力，不得低于钻井设计压力，用于探井的不得低于 70MPa；

（七）防喷器及相应设备的安装、维护和试验，满足井控要求；

（八）经常对防喷系统进行安全检查。检查时，优先使用防喷系统安全检查表。

第五十三条 防喷器组控制系统的安装应当符合下列规定：

（一）1套液压控制系统的储能器液体压力保持 21MPa，储能器压力液体积为关闭全部防喷器并打开液动闸阀所需液体体积的 1.5 倍以上；

（二）除钻台安装 1 台控制盘（台）外，另 1 台辅助控制盘（台）安装在远离钻台、便于操作的位置；

（三）防喷器组配备与其额定工作压力相一致的防喷管汇、节流管汇和压井管汇；

（四）压井管汇和节流管汇的防喷管线上，分别安装 2 个控制阀。其中一个为手动，处于常开位置；另一个必须是远程控制；

（五）安装自动灌井液系统。

第五十四条 水下防喷器组应当符合下列规定：

（一）若有浅层气或者地质情况不清时，导管上安装分流系统；

（二）在表层套管和中间（技术）套管上安装 1 个或者 2 个环形防喷器、2 个双闸板防喷器，其中 1 副闸板为全封剪切闸板防喷器；

（三）安装 1 组水下储能器，便于就近迅速提供液压能，以尽快开关各防喷器及其闸门。同时，采用互为备用的双控制盒系统，当一个控制盒系统正在使用时，另一个控制盒系统保持良好的工作状态作为备用；

（四）如需修理或者更换防喷器组，必须保证井眼安全，尽量在下完套管固井后或者未钻穿水泥塞前进行。必要时，打 1 个水泥塞或者下桥塞后再进行修理或者更换；

（五）使用复合式钻柱的，装有可变闸板，以适应不同的钻具尺寸。

第五十五条 水上防喷器组应当符合下列基本规定：

（一）若有浅层气或者地质情况不清时，隔水（导）管上安装分流系统；

（二）表层套管上安装 1 个环形防喷器，1 个双闸板防喷器；大于 13″3/8 表层套管上可以只安装 1 个环形防喷器；

（三）中间（技术）套管上安装 1 个环形、1 个双闸板（或者 2 个单闸板）和 1 个剪切全封闭闸板防喷器；

（四）使用复合式钻柱的，装有可变闸板，以适应不同的钻具尺寸。

……

第五十七条　防喷器系统的试压，应当符合下列规定：

（一）所有的防喷器及管汇在进行高压试验之前，进行 2.1MPa 的低压试验；

（二）防喷器安装前或者更换主要配件后，进行整体压力试验；

（三）按照井控车间（基地）组装、现场安装、钻开油气层前及更换井控装置部件的次序进行防喷器试压。试压的间隔不超过 14 日；

（四）对于水上防喷器组，防喷器组在井控车间（基地）组装后，按额定工作压力进行试验。现场安装后，试验压力在不超过套管抗内压强度 80% 的前提下，环形防喷器的试验压力为额定工作压力的 70%，闸板防喷器和相应控制设备的试验压力为额定工作压力；

（五）对于水下防喷器组，水下防喷器和所有有关井控设备的试验压力为其额定工作压力的 70%。防喷器组在现场安装完成后，控制设备和防喷器闸板按照水上防喷器组试压的规定进行。

第五十八条　防喷器系统的检查与维护，应当符合下列规定：

（一）整套防喷器系统、隔水（导）管和配套设备，按照制造厂商推荐的程序进行检查和维护；

（二）在海况及气候条件允许的情况下，防喷器系统和隔水

（导）管至少每日外观检查一次，水下设备的检查可以通过水下电视等工具完成。

第五十九条 井液池液面和气体检测装置应当具备声光报警功能，其报警仪安装在钻台和综合录井室内；应当配备井液性能试验仪器。井液量应当符合下列规定：

（一）开钻前，计算井液材料最小需要量，落实紧急情况补充井液的储备计划；

（二）记录并保存井液材料（包括加重材料）的每日储存量。若储存量达不到所规定的最小数量时，停止钻井作业；

（三）作业时，当返出井液密度比进口井液密度小 $0.02g/cm^3$ 时，将环形空间井液循环到地面，并对井液性能进行气体或者液体侵入的检查和处理；

（四）起钻时，向井内灌注井液。当井内静止液面下降或者每起出 3 至 5 柱钻具之后应当灌满井液；

（五）从井内起出钻杆测试工具前，井液应当进行循环或者反循环。

第六十条 完井、试油和修井作业应当符合下列规定：

（一）配备与作业相适应的防喷器及其控制系统；

（二）按计划储备井液材料，其性能符合作业要求；

（三）井控要求参照钻井作业有关规定执行；

（四）滩海陆岸井控装置至少配备 1 套控制系统。

第六十一条 气井、自喷井、自溢井应当安装井下封隔器；在海床面 30 米以下，应当安装井下安全阀，并符合下列规定：

（一）定期进行水上控制的井下安全阀现场试验，试验间隔不得超过 6 个月。新安装或者重新安装的也应当进行试验；

（二）海床完井的单井、卫星井或者多井基盘上，每口井安装水下控制的井下安全阀；

（三）地面安全阀保持良好的工作状态；

（四）配备适用的井口测压防喷盒。

紧急关闭系统应当保持良好的工作状态。作业者应当妥善保存各种水下安全装置的安装和调试记录等资料。

第六十二条 进行电缆射孔、生产测井、钢丝作业时，在工具下井前，应当对防喷管汇进行压力试验。

第六十三条 钻开油气层前 100 米时，应当通过钻井循环通道和节流管汇做一次低泵冲泵压试验。

第六十四条 放喷管线应当使用专用管线。

在寒冷季节，应当对井控装备、防喷管汇、节流管汇、压力管汇和仪表等进行防冻保温。

第六节 硫化氢防护管理

第六十五条 钻遇未知含硫化氢地层时，应当提前采取防范措施；钻遇已知含硫化氢地层时，应当实施检测和控制。

硫化氢探测、报警系统应当符合下列规定：

（一）钻井装置上安装硫化氢报警系统。当空气中硫化氢的浓度超过 $15mg/m^3$（10ppm）时，系统即能以声光报警方式工作；固定式探头至少应当安装在喇叭口、钻台、振动筛、井液池、生活区、发电及配电房进风口等位置；

（二）至少配备探测范围 $0\sim30mg/m^3$（$0\sim20ppm$）和 $0\sim150mg/m^3$（$0\sim100ppm$）的便携式硫化氢探测器各 1 套；

（三）探测器件的灵敏度达到 $7.5mg/m^3$（5ppm）；

（四）储备足够数量的硫化氢检测样品，以便随时检测探头。

人员保护器具应当符合下列规定：

（一）通常情况下，钻井装置上配备 15~20 套正压式空气呼吸器。其中，生活区 6~9 套，钻台上 5~6 套，井液池附近（泥浆舱）2 套，录井房 2~3 套。钻进已知含硫化氢地层前，或者临时钻遇含硫化氢地层时，钻井装置上配备供全员使用的正压式空气呼吸器，并配备足够的备用气瓶；

（二）钻井装置上配备 1 台呼吸器空气压缩机；

（三）医务室配备处理硫化氢中毒的医疗用品、心肺复苏器和氧气瓶。

标志信号应当符合下列规定：

（一）在人员易于看见的位置，安装风向标、风速仪；

（二）当空气中含硫化氢浓度小于 15mg/m³（10ppm）时，挂标有硫化氢字样的绿牌；

（三）当空气中含硫化氢浓度处于 15～30mg/m³（10～20ppm）时，挂标有硫化氢字样的黄牌；

（四）当空气中含硫化氢浓度大于 30mg/m³（20ppm）时，挂标有硫化氢字样的红牌。

第六十六条　在可能含有硫化氢地层进行钻井作业时，应当采取下列硫化氢防护措施：

（一）在可能含有硫化氢地区的钻井设计中，标明含硫化氢地层及其深度，估算硫化氢的可能含量，以提醒有关作业人员注意，并制定必要的安全和应急措施；

（二）当空气中硫化氢浓度达到 15mg/m³（10ppm）时，及时通知所有平台人员注意，加密观察和测量硫化氢浓度的次数，检查并准备好正压式空气呼吸器；

（三）当空气中硫化氢浓度达到 30mg/m³（20ppm）时，在岗人员迅速取用正压式空气呼吸器，其他人员到达安全区。通知守护船在平台上风向海域起锚待命；

（四）当空气中含硫化氢浓度达到 150mg/m³（100ppm）时，组织所有人员撤离平台；

（五）使用适合于钻遇含硫化氢地层的井液，钻井液的 pH 值保持在 10 以上。净化剂、添加剂和防腐剂等有适当的储备。钻井液中脱出的硫化氢气体集中排放，有条件情况下，可以点火燃烧；

（六）钻遇含硫化氢地层，起钻时使用钻杆刮泥器。若将湿钻杆放在甲板上，必要时，作业人员佩戴正压式空气呼吸器。钻进中发现空气中含硫化氢浓度达到 $30mg/m^3$（20ppm）时，立即暂时停止钻进，并循环井液；

（七）在含硫化氢地层取芯，当取芯筒起出地面之前 10-20 个立柱，以及从岩芯筒取出岩芯时，操作人员戴好正压式空气呼吸器。运送含硫化氢岩芯时，采取相应包装措施密封岩芯，并标明岩芯含硫化氢字样。在井液录井中若发现有硫化氢显示时，及时向钻井监督报告；

（八）在预计含硫化氢地层进行中途测试时，测试时间尽量安排在白天，测试器具附近尽量减少操作人员。严禁采用常规的中途测试工具对深部含硫化氢的地层进行测试；

（九）钻穿含硫化氢地层后，增加工作区的监测频率，加强硫化氢监测；

（十）对于在含硫化氢地层进行试油，试油前召开安全会议，落实人员防护器具和人员急救程序及应急措施。在试油设备附近，人员减少到最低限度。

第六十七条 在可能含有硫化氢地层进行钻进作业时，其钻井设备、器具应当符合下列规定：

（一）钻井设备具备抗硫应力开裂的性能；

（二）管材具有在硫化氢环境中使用的性能，并按照国家有关标准的要求使用；

（三）对所使用作业设备、管材、生产流程及附件等，定期进行安全检查和检测检验。

第六十八条 完井和修井作业的硫化氢防护，参照钻井作业的有关要求执行。

第六十九条 在可能含有硫化氢地层进行生产作业时，应当采取下列硫化氢防护措施：

（一）生产设施上配备 6 套正压式空气呼吸器。在已知存在含硫油气生产设施上，全员配备正压式空气呼吸器，并配备一定数量的备用气瓶及 1 台呼吸器空气压缩机；

（二）生产设施上配备 2 至 3 套便携式硫化氢探测仪、1 套便携式比色指示管探测仪和 1 套便携式二氧化硫探测仪。在已知存在硫化氢的生产装置上，安装硫化氢报警装置；

（三）当空气中硫化氢达到 $15mg/m^3$（10ppm）或者二氧化硫达到 $5.4mg/m^3$（2ppm）时，作业人员佩戴正压式空气呼吸器；

（四）装置上配有用于处理硫化氢中毒的医疗用品、心肺复苏器和氧气瓶；

（五）在油气井投产前，采取有效措施，加强对硫化氢、二氧化硫和二氧化碳的防护；

（六）用于油气生产的设备、设施和管道等具有抗硫化氢腐蚀的性能。

第七节　系　物　管　理

第七十条　作业者和承包者应当加强系泊和起重作业过程中系物器具和被系器具的安全管理。

第七十一条　作业者和承包者应当制定系物器具和被系器具的安全管理责任制，明确各岗位和各工种责任制；应当制定系物器具和被系器具的使用管理规定，对系物器具和被系器具进行经常性维护、保养，保证正常使用。维护、保养应当作好记录，并由有关人员签字。

第七十二条　系物器具应当按照有关规定由海油安办认可的检验机构对其定期进行检验，并作出标记。作业者和承包者为满足特殊需要，自行加工制造系物器具和被系器具的，系物器具和被系器具必须经海油安办认可的检验机构检验合格后，方可投入使用。

第七十三条　箱件的使用，除了符合本细则第七十一条和第七十二条规定要求外，还应当满足下列要求：

（一）箱外有明显的尺寸、自重和额定安全载重标记；

（二）定期对其主要受力部位进行检验。

第七十四条 吊网的使用，除了符合第七十一条和第七十二条规定外，还应当符合下列要求：

（一）标有安全工作负荷标记；

（二）非金属网不得超过其使用范围和环境。

第七十五条 乘人吊篮必须专用，并标有额定载重和限乘人数的标记；应当按产品说明书的规定定期进行技术检验。

第七十六条 系物器具和被系器具有下列情形之一的，应当停止使用：

（一）已达到报废标准而未报废，或者已经报废的；

（二）未标明检验日期的；

（三）超过规定检验期限的。

第八节　危险物品管理

第七十七条 作业者、承包者应当建立放射性、爆炸性物品（以下简称危险物品）的领取和归还制度。危险物品的领取和归还应当遵守下列规定：

（一）领取人持有领取单领取相应的危险物品。领取单详细记载危险物品的种类和数量；

（二）领取和归还危险物品时，使用专用的工具。放射性源盛装在罐内，爆炸性物品存放在箱内；

（三）出入库的放射性源罐，配有浮标或者其他示位器具；

（四）危险物品出入库有记录，领取人和库管员在出入库单上签字；

（五）未用完的危险物品，及时归还。

第七十八条 危险物品的运输，应当符合下列规定：

（一）符合国家有关法律、法规、规章、标准的要求，并有专人押运；

（二）有可靠的安全措施和应急措施；

（三）符合有关运输手续，有明显的危险物品运输标识。

第七十九条 危险物品的使用，应当符合下列规定：

（一）作业前，按照有关规定申请使用许可证。取得使用许可证后，方可使用危险物品。使用有详细记录。使用后，及时将未使用完的危险物品回收入库；

（二）作业时，制定安全可靠的作业规程。有关作业人员熟悉并遵守作业规程；

（三）现场设有明显、清晰的危险标识，以防止非作业人员进入作业区；

（四）现场至少配备 1 台便携式放射性强度测量仪；

（五）按照国家有关标准的要求，对放射源与载源设备的性能进行检验。

第八十条 危险物品的存放，应当符合下列规定：

（一）存放场所远离生活区、人员密集区及危险区，并标有明显的"危险品"标识；

（二）采取有效的防火安全措施；

（三）不得将爆炸性物品中的炸药与雷管或者放射性物品存放在同一储存室内。

第八十一条 对失效的或者外壳泄漏试验不合格（超过 185Bq）的放射源，应当采取安全的方式妥善处置。

第八十二条 作业人员使用放射性物品的，应当采取下列防护措施：

（一）配有个人辐照剂量检测用具，并建立辐照剂量档案；

（二）每年至少进行一次体检，体检结果存档；

（三）发现作业人员受到放射性伤害的，立即调离其工作岗位，并按照有关规定进行治疗和康复；

（四）作业人员调动工作的，其辐照剂量档案和体检档案随工作岗位一起调动。

第九节　弃井管理

第八十三条　作业者或者承包者在进行弃井作业或者清除井口遗留物 30 日前，应当向海油安办有关分部报送下列材料：

（一）弃井作业或者清除井口遗留物安全风险评价报告；

（二）弃井或者清除井口遗留物施工方案、作业程序、时间安排、井液性能等。

海油安办有关分部应当对作业者或者承包者报送的材料进行审核；材料内容不符合技术要求的，通知作业者或者承包者进行完善。

第八十四条　弃井作业或者清除井口遗留物施工作业期间，海油安办有关分部认为必要时，进行现场监督。

施工作业完成后 15 日内，作业者或者承包者应当向海油安办有关分部提交下列资料：

（一）弃井或者清除井口遗留物作业完工图；

（二）弃井作业最终报告表。

第八十五条　对于永久性弃井的，应当符合下列要求：

（一）在裸露井眼井段，对油、气、水等渗透层进行全封，在其上部打至少 50 米水泥塞，以封隔油、气、水等渗透层，防止互窜或者流出海底。裸眼井段无油、气、水时，在最后一层套管的套管鞋以下和以上各打至少 30 米水泥塞；

（二）已下尾管的，在尾管顶部上下 30 米的井段各打至少 30 米水泥塞；

（三）已在套管或者尾管内进行了射孔试油作业的，对射孔层进行全封，在其上部打至少 50 米的水泥塞；

（四）已切割的每层套管内，保证切割处上下各有至少 20 米的水泥塞；

（五）表层套管内水泥塞长度至少有 45 米，且水泥塞顶面位于海底泥面下 4 米至 30 米之间。

对于临时弃井的，应当符合下列要求：

（一）在最深层套管柱的底部至少打 50 米水泥塞；

（二）在海底泥面以下 4 米的套管柱内至少打 30 米水泥塞。

第八十六条 永久弃井时，所有套管、井口装置或者桩应当按照国家有关规定实施清除作业。对保留在海底的水下井口装置或者井口帽，应当按照国家有关规定向海油安办有关分部进行报告。

第四章 安 全 培 训

第八十七条 作业者和承包者的主要负责人和安全生产管理人员应当具备相应的安全生产知识和管理能力，经海油安办考核合格。

第八十八条 作业者和承包者应当组织对海上石油作业人员进行安全生产培训。未经培训并取得培训合格证书的作业人员，不得上岗作业。

作业者和承包者应当建立海上石油作业人员的培训档案，加强对出海作业人员（包括在境外培训的人员）的培训证书的审查。未取得培训合格证书的，一律不得出海作业。

第八十九条 出海人员必须接受"海上石油作业安全救生"的专门培训，并取得培训合格证书。

安全培训的内容和时间应当符合下列要求：

（一）长期出海人员接受"海上石油作业安全救生"全部内容的培训，培训时间不少于 40 课时。每 5 年进行一次再培训；

（二）短期出海人员接受"海上石油作业安全救生"综合内容的培训，培训时间不少于 24 课时。每 3 年进行一次再培训；

（三）临时出海人员接受"海上石油作业安全救生"电化教学

的培训，培训时间不少于 4 课时。每 1 年进行一次再培训；

（四）不在设施上留宿的临时出海人员可以只接受作业者或者承包者现场安全教育；

（五）没有直升机平台或者已明确不使用直升机倒班的海上设施人员，可以免除"直升机遇险水下逃生"内容的培训；

（六）没有配备救生艇筏的海上设施作业人员，可以免除"救生艇筏操纵"的培训。

第九十条 海上油气生产设施兼职消防队员应当接受"油气消防"的培训，培训时间不少于 24 课时。每 4 年应当进行一次再培训。

第九十一条 从事钻井、完井、修井、测试作业的监督、经理、高级队长、领班，以及司钻、副司钻和井架工、安全监督等人员应当接受"井控技术"的培训，培训时间不少于 56 课时，并取得培训合格证书。每 4 年应当进行一次再培训。

第九十二条 稳性压载人员（含钻井平台、浮式生产储油装置的稳性压载、平台升降的技术人员）应当接受"稳性与压载技术"的培训，培训时间不少于 36 课时，并取得培训合格证书。每 4 年应当进行一次再培训。

第九十三条 在作业过程中已经出现或者可能出现硫化氢的场所从事钻井、完井、修井、测试、采油及储运作业的人员，应当进行"防硫化氢技术"的专门培训，培训时间不少于 16 课时，并取得培训合格证书。每 4 年应当进行一次再培训。

第九十四条 无线电技术操作人员应当按政府有关主管部门的要求进行培训，取得相应的资格证书。

第九十五条 属于特种作业人员范围的特种作业人员应当按照有关法律法规的要求进行专门培训，取得特种作业操作资格证书。

第九十六条 外方人员在国外合法注册和政府认可的培训机构取得的证书和证件，经中方作业者或者承包者确认后在中国继续有效。

第五章　应急管理

第九十七条　作业者和承包者应当按照有关法律、法规、规章和标准的要求，结合生产实际编制应急预案，并报海油安办有关分部备案。

作业者和承包者应当根据海洋石油作业的变化，及时对应急预案进行修改、补充和完善。

第九十八条　根据海洋石油作业的特点，作业者和承包者编制的应急预案应当包括下列内容：

（一）作业者和承包者的基本情况、危险特性、可以利用的应急救援设备；

（二）应急组织机构、职责划分、通讯联络；

（三）应急预案启动、应急响应、信息处理、应急状态中止、后续恢复等处置程序；

（四）应急演习与训练。

第九十九条　应急预案的应急范围包括井喷失控、火灾与爆炸、平台遇险、直升机失事、船舶海损、油（气）生产设施与管线破损和泄漏、有毒有害物品泄漏、放射性物品遗散、潜水作业事故；人员重伤、死亡、失踪及暴发性传染病、中毒；溢油事故、自然灾害以及其他紧急情况。

第一百条　除作业者和承包者编制的公司一级应急预案外，针对每个生产和作业设施应当结合工作实际，编制应急预案。应急预案包括主件和附件两个部分内容。

主件部分应当包括下列主要内容：

（一）生产或者作业设施名称、作业海区、编写者和编写日期；

（二）生产或者作业设施的应急组织机构、指挥系统、医疗机构及各级应急岗位人员职责；

（三）处置各类突发性事故或者险情的措施和联络报告程序；

（四）生产或者作业设施上所具有的通讯设备类型、能力以及应急通讯频率；

（五）应急组织、上级主管部门和有关部门的负责人通讯录，包括通讯地址、电话和传真等；

（六）与有关部门联络的应急工作联系程序图或者网络图；

（七）应急训练内容、频次和要求；

（八）其他需要明确的内容。

附件部分应当包括下列主要内容：

（一）生产或者作业设施的主要基础数据；

（二）生产或者作业设施所处自然环境的描述，包括：作业海区的气象资料，可能出现的灾害性天气（如台风等）；作业海区的海洋水文资料，水深、水温、海流的速度和方向、浪高等；生产或者作业设施与陆岸基地、附近港口码头及海区其他设施的位置简图；

（三）各种应急搜救设备及材料，包括应急设备及应急材料的名称、类型、数量、性能和存放地点等情况；

（四）生产或者作业设施配备的气象海况测定装置的规格和型号；

（五）其他有关资料。

第一百零一条 作业者和承包者应当组织生产和作业设施的相关人员定期开展应急预案的演练，演练期限不超过下列时间间隔的要求：

（一）消防演习：每倒班期一次。

（二）弃平台演习：每倒班期一次。

（三）井控演习：每倒班期一次。

（四）人员落水救助演习：每季度一次。

（五）硫化氢演习：钻遇含硫化氢地层前和对含硫化氢油气井进行试油或者修井作业前，必须组织一次防硫化氢演习；对含硫化氢油气井进行正常钻井、试油或者修井作业，每隔 7 日组织一次演习；含硫化氢油气井正常生产时，每倒班期组织一次演习。不含硫化氢的，每半年组织一次。

各类应急演练的记录文件应当至少保存 1 年。

第一百零二条 事故发生后，作业现场有关人员应当及时向所属作业者和承包者报告；接到报告后，应当立即启动相应的应急预案，组织开展救援活动，防止事故扩大，减少人员伤亡和财产损失。

第一百零三条 针对海洋石油作业过程中发生事故的特点，在实施应急救援过程中，作业者和承包者应当做好下列工作：

（一）立即组织现场疏散，保护作业人员安全；

（二）立即调集作业现场的应急力量进行救援，同时向有关方面发出求助信息，动员有关力量，保证应急队伍、设备、器材、物资及必要的后勤支持；

（三）制订现场救援方案并组织实施；

（四）确定警戒及防控区域，实行区域管制；

（五）采取相应的保护措施，防止事故扩大和引发次生灾害；

（六）迅速组织医疗救援力量，抢救受伤人员；

（七）尽力防止出现石油大面积泄漏和扩散。

第六章　事故报告和调查处理

第一百零四条 在海上石油天然气勘探、开发、生产、储运及油田废弃等作业中，发生下列生产安全事故，作业现场有关人员应当立即向所属作业者和承包者报告；作业者和承包者接到报告后，应当立即按规定向海油安办有关分部的地区监督处、当地政府和海事部门报告：

（一）井喷失控；

（二）火灾与爆炸；

（三）平台遇险（包括平台失控漂移、拖航遇险、被碰撞或者翻沉）；

（四）飞机事故；

（五）船舶海损（包括碰撞、搁浅、触礁、翻沉、断损）；

（六）油（气）生产设施与管线破损（包括单点系泊、电气管线、海底油气管线等的破损、泄漏、断裂）；

（七）有毒有害物品和气体泄漏或者遗散；

（八）急性中毒；

（九）潜水作业事故；

（十）大型溢油事故（溢油量大于 100 吨）；

（十一）其他造成人员伤亡或者直接经济损失的事故。

第一百零五条 海油安办有关分部的地区监督处接到事故报告后，应当立即上报海油安办有关分部。海油安办有关分部接到较大事故及以上的事故报告后，应当在 1 小时内上报国家安全生产监督管理总局。

飞机事故、船舶海损、大型溢油除报告海油安办外，还应当按规定报告有关政府主管部门。

第一百零六条 海洋石油的生产安全事故按照下列规定进行调查：

（一）没有人员伤亡的一般事故，海油安办有关分部可以委托作业者和承包者组织生产、技术、安全等有关人员及工会成员组成事故调查组进行调查；

（二）造成人员伤亡的一般事故，由海油安办有关分部牵头组织有关部门及工会成立事故调查组进行调查，并邀请人民检察院派人参加；

（三）造成较大事故，由海油安办牵头组织有关部门成立事故调查组进行调查，并邀请人民检察院派人参加；

（四）重大事故，由国家安全生产监督管理总局牵头组织有关部门成立事故调查组进行调查，并邀请人民检察院派人参加；

（五）特别重大事故，按照国务院有关规定执行。

飞机失事、船舶海损、放射性物品遗散和大型溢油等海洋石油生产安全事故依法由民航、海事、环保等有关部门组织调查处理。

第一百零七条　海洋石油的生产安全事故调查报告按照下列规定批复：

（一）一般事故的调查报告，在征得海油安办同意后，由海油安办有关分部批复；

（二）较大、重大事故的调查报告由国家安全生产监督管理总局批复；

（三）特别重大事故调查报告的批复按照国务院有关规定执行。

第一百零八条　作业者和承包者应当按照事故调查报告的批复，对负有责任的人员进行处理。

事故发生单位应当认真吸取事故教训，落实防范和整改措施，防止事故再次发生。

……

海洋石油安全生产规定（节录）

（2006 年 2 月 7 日国家安全生产监督管理总局令第 4 号公布　根据 2013 年 8 月 29 日《国家安全监管总局关于修改〈生产经营单位安全培训规定〉等 11 件规章的决定》第一次修订　根据 2015 年 5 月 26 日《国家安全监管总局关于废止和修改非煤矿矿山领域九部规章的决定》第二次修订）

……

第二章　安全生产保障

第五条　作业者和承包者应当遵守有关安全生产的法律、行政法规、部门规章、国家标准和行业标准，具备安全生产条件。

第六条 作业者应当加强对承包者的安全监督和管理，并在承包合同中约定各自的安全生产管理职责。

第七条 作业者和承包者的主要负责人对本单位的安全生产工作全面负责。

作业者和从事物探、钻井、测井、录井、试油、井下作业等活动的承包者及海洋石油生产设施的主要负责人、安全管理人员应当按照安全监管总局的规定，经过安全资格培训，具备相应的安全生产知识和管理能力，经考核合格取得安全资格证书。

第八条 作业者和承包者应当对从业人员进行安全生产教育和培训，保证从业人员具备必要的安全生产知识，熟悉有关的安全生产规章制度和安全操作规程，掌握本岗位的安全操作技能。

第九条 出海作业人员应当接受海洋石油作业安全救生培训，经考核合格后方可出海作业。

临时出海人员应接受必要的安全教育。

第十条 特种作业人员应当按照安全监管总局有关规定经专门的安全技术培训，考核合格取得特种作业操作资格证书后方可上岗作业。

第十一条 海洋石油建设项目在可行性研究阶段或者总体开发方案编制阶段应当进行安全预评价。

在设计阶段，海洋石油生产设施的重要设计文件及安全专篇，应当经海洋石油生产设施发证检验机构（以下简称发证检验机构）审查同意。发证检验机构应当在审查同意的设计文件、图纸上加盖印章。

第十二条 海洋石油生产设施应当由具有相应资质或者能力的专业单位施工，施工单位应当按照审查同意的设计方案或者图纸施工。

第十三条 海洋石油生产设施试生产前，应当经发证检验机构检验合格，取得最终检验证书或者临时检验证书，并制订试生产的安全措施，于试生产前45日报海油安办有关分部备案。

海油安办有关分部应对海洋石油生产设施的状况及安全措施的落实情况进行检查。

第十四条 海洋石油生产设施试生产正常后，应当由作业者或者承包者负责组织对其安全设施进行竣工验收，并形成书面报告备查。

经验收合格并办理安全生产许可证后，方可正式投入生产使用。

第十五条 作业者和承包者应当向作业人员如实告知作业现场和工作岗位存在的危险因素和职业危害因素，以及相应的防范措施和应急措施。

第十六条 作业者和承包者应当为作业人员提供符合国家标准或者行业标准的劳动防护用品，并监督、教育作业人员按照使用规则佩戴、使用。

第十七条 作业者和承包者应当制定海洋石油作业设施、生产设施及其专业设备的安全检查、维护保养制度，建立安全检查、维护保养档案，并指定专人负责。

第十八条 作业者和承包者应当加强防火防爆管理，按照有关规定划分和标明安全区与危险区；在危险区作业时，应当对作业程序和安全措施进行审查。

第十九条 作业者和承包者应当加强对易燃、易爆、有毒、腐蚀性等危险物品的管理，按国家有关规定进行装卸、运输、储存、使用和处置。

第二十条 海洋石油的专业设备应当由专业设备检验机构检验合格，方可投入使用。专业设备检验机构对检验结果负责。

第二十一条 海洋石油作业设施首次投入使用前或者变更作业区块前，应当制订作业计划和安全措施。

作业计划和安全措施应当在开始作业前 15 日报海油安办有关分部备案。

外国海洋石油作业设施进入中华人民共和国管辖海域前按照上述要求执行。

第二十二条 作业者和承包者应当建立守护船值班制度，在海洋石油生产设施和移动式钻井船（平台）周围应备有守护船值班。无人值守的生产设施和陆岸结构物除外。

第二十三条 作业者或者承包者在编制钻井、采油和井下作业等作业计划时，应当根据地质条件与海域环境确定安全可靠的井控程序和防硫化氢措施。

打开油（气）层前，作业者或者承包者应当确认井控和防硫化氢措施的落实情况。

第二十四条 作业者和承包者应当保存安全生产的相关资料，主要包括作业人员名册、工作日志、培训记录、事故和险情记录、安全设备维修记录、海况和气象情况等。

第二十五条 在海洋石油生产设施的设计、建造、安装以及生产的全过程中，实施发证检验制度。

海洋石油生产设施的发证检验包括建造检验、生产过程中的定期检验和临时检验。

第二十六条 发证检验工作由作业者委托具有资质的发证检验机构进行。

第二十七条 发证检验机构应当依照有关法律、行政法规、部门规章和国家标准、行业标准或者作业者选定的技术标准实施审查、检验，并对审查、检验结果负责。

作业者选定的技术标准不得低于国家标准和行业标准。

海油安办对发证检验机构实施的设计审查程序、检验程序进行监督。

第三章 安全生产监督管理

第二十八条 海油安办及其各分部对海洋石油安全生产履行以下监督管理职责：

（一）组织起草海洋石油安全生产法规、规章、标准；

（二）监督检查作业者和承包者安全生产条件、设备设施安全和劳动防护用品使用情况；

（三）监督检查作业者和承包者安全生产教育培训情况；负责作业者，从事物探、钻井、测井、录井、试油、井下作业等的承包者和海洋石油生产设施的主要负责人、安全管理人员和特种作业人员的安全培训考核工作；

（四）监督核查海洋石油建设项目生产设施安全竣工验收工作，负责安全生产许可证的发放工作。

（五）负责海洋石油生产设施发证检验、专业设备检测检验、安全评价和安全咨询等社会中介服务机构的资质审查；

（六）组织生产安全事故的调查处理；协调事故和险情的应急救援工作。

第二十九条 监督检查人员必须熟悉海洋石油安全法律法规和安全技术知识，能胜任海洋石油安全检查工作，经考核合格，取得相应的执法资格。

第三十条 海油安办及其各分部依法对作业者和承包者执行有关安全生产的法律、行政法规和国家标准或者行业标准的情况进行监督检查，行使以下职权：

（一）对作业者和承包者进行安全检查，调阅有关资料，向有关单位和人员了解情况；

（二）对检查中发现的安全生产违法行为，当场予以纠正或者要求限期改正；

（三）对检查中发现的事故隐患，应当责令立即排除；重大事故隐患排除前或者排除过程中无法保证安全的，应当责令从危险区域内撤出作业人员，责令暂时停产停业或者停止使用；重大事故隐患排除后，经审查同意，方可恢复生产和使用；

（四）对有根据认为不符合保障安全生产的国家标准或者行业标准的设施、设备、器材予以查封或者扣押，并应当在 15 日内依法作出处理决定。

第三十一条 监督检查人员进行监督检查时，应履行以下义务：

（一）忠于职守，坚持原则，秉公执法；

（二）执行监督检查任务时，必须出示有效的监督执法证件，使用统一的行政执法文书；

（三）遵守作业者和承包者的有关现场管理规定，不得影响正常生产活动；

（四）保守作业者和承包者的有关技术秘密和商业秘密。

第三十二条 监督检查人员在进行安全监督检查期间，作业者或者承包者应当免费提供必要的交通工具、防护用品等工作条件。

第三十三条 承担海洋石油生产设施发证检验、专业设备检测检验、安全评价和安全咨询的中介机构应当具备国家规定的资质。

第四章　应急预案与事故处理

第三十四条 作业者应当建立应急救援组织，配备专职或者兼职救援人员，或者与专业救援组织签订救援协议，并在实施作业前编制应急预案。

承包者在实施作业前应编制应急预案。

应急预案应当报海油安办有关分部和其他有关政府部门备案。

第三十五条 应急预案应当包括以下主要内容：作业者和承包者的基本情况、危险特性、可利用的应急救援设备；应急组织机构、职责划分、通讯联络；应急预案启动、应急响应、信息处理、应急状态中止、后续恢复等处置程序；应急演习与训练。

第三十六条　应急预案应充分考虑作业内容、作业海区的环境条件、作业设施的类型、自救能力和可以获得的外部支援等因素，应能够预防和处置各类突发性事故和可能引发事故的险情，并随实际情况的变化及时修改或者补充。

事故和险情包括以下情况：井喷失控、火灾与爆炸、平台遇险、飞机或者直升机失事、船舶海损、油（气）生产设施与管线破损/泄漏、有毒有害物质泄漏、放射性物质遗散、潜水作业事故；人员重伤、死亡、失踪及暴发性传染病、中毒；溢油事故、自然灾害以及其他紧急情况等。

第三十七条　当发生事故或者出现可能引发事故的险情时，作业者和承包者应当按应急预案的规定实施应急措施，防止事态扩大，减少人员伤亡和财产损失。

当发生应急预案中未规定的事件时，现场工作人员应当及时向主要负责人报告。主要负责人应当及时采取相应的措施。

第三十八条　事故和险情发生后，当事人、现场人员、作业者和承包者负责人、各分部和海油安办根据有关规定逐级上报。

第三十九条　海油安办及其有关分部、有关部门接到重大事故报告后，应当立即赶到事故现场，组织事故抢救、事故调查。

第四十条　无人员伤亡事故、轻伤、重伤事故由作业者和承包者负责人或其指定的人员组织生产、技术、安全等有关人员及工会代表参加的事故调查组进行调查。

其他事故的调查处理，按有关规定执行。

第四十一条　作业者应当建立事故统计和分析制度，定期对事故进行统计和分析。事故统计年报应当报海油安办有关分部、政府有关部门。

承包者在提供服务期间发生的事故由作业者负责统计。

……

劳动安全保护

中华人民共和国劳动法（节录）

（1994 年 7 月 5 日第八届全国人民代表大会常务委员会第八次会议通过 根据 2009 年 8 月 27 日第十一届全国人民代表大会常务委员会第十次会议《关于修改部分法律的决定》第一次修正 根据 2018 年 12 月 29 日第十三届全国人民代表大会常务委员会第七次会议《关于修改〈中华人民共和国劳动法〉等七部法律的决定》第二次修正）

......

第六章　劳动安全卫生

第五十二条　【劳动安全卫生制度的建立】用人单位必须建立、健全劳动安全卫生制度，严格执行国家劳动安全卫生规程和标准，对劳动者进行劳动安全卫生教育，防止劳动过程中的事故，减少职业危害。

第五十三条　【劳动安全卫生设施】劳动安全卫生设施必须符合国家规定的标准。

新建、改建、扩建工程的劳动安全卫生设施必须与主体工程同时设计、同时施工、同时投入生产和使用。

第五十四条　【用人单位的劳动保护义务】用人单位必须为劳动者提供符合国家规定的劳动安全卫生条件和必要的劳动防护用品，对从事有职业危害作业的劳动者应当定期进行健康检查。

第五十五条　【特种作业的上岗要求】从事特种作业的劳动者必须经过专门培训并取得特种作业资格。

第五十六条　【劳动者在安全生产中的权利和义务】劳动者在劳动过程中必须严格遵守安全操作规程。

劳动者对用人单位管理人员违章指挥、强令冒险作业，有权拒绝执行；对危害生命安全和身体健康的行为，有权提出批评、检举和控告。

第五十七条　【伤亡事故和职业病的统计、报告、处理】国家建立伤亡事故和职业病统计报告和处理制度。县级以上各级人民政府劳动行政部门、有关部门和用人单位应当依法对劳动者在劳动过程中发生的伤亡事故和劳动者的职业病状况，进行统计、报告和处理。

第七章　女职工和未成年工特殊保护

第五十八条　【女职工和未成年工的特殊劳动保护】国家对女职工和未成年工实行特殊劳动保护。

未成年工是指年满十六周岁未满十八周岁的劳动者。

第五十九条　【女职工禁忌劳动的范围】禁止安排女职工从事矿山井下、国家规定的第四级体力劳动强度的劳动和其他禁忌从事的劳动。

第六十条　【女职工经期的保护】不得安排女职工在经期从事高处、低温、冷水作业和国家规定的第三级体力劳动强度的劳动。

第六十一条　【女职工孕期的保护】不得安排女职工在怀孕期间从事国家规定的第三级体力劳动强度的劳动和孕期禁忌从事的劳

动。对怀孕七个月以上的女职工，不得安排其延长工作时间和夜班劳动。

第六十二条 **【女职工产期的保护】**女职工生育享受不少于九十天的产假。

第六十三条 **【女职工哺乳期的保护】**不得安排女职工在哺乳未满一周岁的婴儿期间从事国家规定的第三级体力劳动强度的劳动和哺乳期禁忌从事的其他劳动，不得安排其延长工作时间和夜班劳动。

第六十四条 **【未成年工禁忌劳动的范围】**不得安排未成年工从事矿山井下、有毒有害、国家规定的第四级体力劳动强度的劳动和其他禁忌从事的劳动。

第六十五条 **【未成年工定期健康检查】**用人单位应当对未成年工定期进行健康检查。

……

中华人民共和国职业病防治法（节录）

（2001 年 10 月 27 日第九届全国人民代表大会常务委员会第二十四次会议通过　根据 2011 年 12 月 31 日第十一届全国人民代表大会常务委员会第二十四次会议《关于修改〈中华人民共和国职业病防治法〉的决定》第一次修正　根据 2016 年 7 月 2 日第十二届全国人民代表大会常务委员会第二十一次会议《关于修改〈中华人民共和国节约能源法〉等六部法律的决定》第二次修正　根据 2017 年 11 月 4 日第十二届全国人民代表大会常务委员会第三十次会议《关于修改〈中华人民共和国会计法〉等十一部法律的决定》第三次修正　根据 2018 年 12 月 29 日第十三届全国人民代表大会常务委员会第七次会议《关于修改〈中华人民共和国劳动法〉等七部法律的决定》第四次修正）

……

第三章　劳动过程中的防护与管理

第二十条　用人单位应当采取下列职业病防治管理措施：

（一）设置或者指定职业卫生管理机构或者组织，配备专职或者兼职的职业卫生管理人员，负责本单位的职业病防治工作；

（二）制定职业病防治计划和实施方案；

（三）建立、健全职业卫生管理制度和操作规程；

（四）建立、健全职业卫生档案和劳动者健康监护档案；

（五）建立、健全工作场所职业病危害因素监测及评价制度；

（六）建立、健全职业病危害事故应急救援预案。

第二十一条　用人单位应当保障职业病防治所需的资金投入，不得挤占、挪用，并对因资金投入不足导致的后果承担责任。

第二十二条　用人单位必须采用有效的职业病防护设施，并为劳动者提供个人使用的职业病防护用品。

用人单位为劳动者个人提供的职业病防护用品必须符合防治职业病的要求；不符合要求的，不得使用。

第二十三条　用人单位应当优先采用有利于防治职业病和保护劳动者健康的新技术、新工艺、新设备、新材料，逐步替代职业病危害严重的技术、工艺、设备、材料。

第二十四条　产生职业病危害的用人单位，应当在醒目位置设置公告栏，公布有关职业病防治的规章制度、操作规程、职业病危害事故应急救援措施和工作场所职业病危害因素检测结果。

对产生严重职业病危害的作业岗位，应当在其醒目位置，设置警示标识和中文警示说明。警示说明应当载明产生职业病危害的种类、后果、预防以及应急救治措施等内容。

第二十五条　对可能发生急性职业损伤的有毒、有害工作场所，用人单位应当设置报警装置，配置现场急救用品、冲洗设备、应急撤离通道和必要的泄险区。

对放射工作场所和放射性同位素的运输、贮存，用人单位必须配置防护设备和报警装置，保证接触放射线的工作人员佩戴个人剂量计。

对职业病防护设备、应急救援设施和个人使用的职业病防护用品，用人单位应当进行经常性的维护、检修，定期检测其性能和效果，确保其处于正常状态，不得擅自拆除或者停止使用。

第二十六条　用人单位应当实施由专人负责的职业病危害因素日常监测，并确保监测系统处于正常运行状态。

用人单位应当按照国务院卫生行政部门的规定，定期对工作场所进行职业病危害因素检测、评价。检测、评价结果存入用人单位职业卫生档案，定期向所在地卫生行政部门报告并向劳动者公布。

职业病危害因素检测、评价由依法设立的取得国务院卫生行政部门或者设区的市级以上地方人民政府卫生行政部门按照职责分工给予资质认可的职业卫生技术服务机构进行。职业卫生技术服务机构所作检测、评价应当客观、真实。

发现工作场所职业病危害因素不符合国家职业卫生标准和卫生要求时，用人单位应当立即采取相应治理措施，仍然达不到国家职业卫生标准和卫生要求的，必须停止存在职业病危害因素的作业；职业病危害因素经治理后，符合国家职业卫生标准和卫生要求的，方可重新作业。

第二十七条 职业卫生技术服务机构依法从事职业病危害因素检测、评价工作，接受卫生行政部门的监督检查。卫生行政部门应当依法履行监督职责。

第二十八条 向用人单位提供可能产生职业病危害的设备的，应当提供中文说明书，并在设备的醒目位置设置警示标识和中文警示说明。警示说明应当载明设备性能、可能产生的职业病危害、安全操作和维护注意事项、职业病防护以及应急救治措施等内容。

第二十九条 向用人单位提供可能产生职业病危害的化学品、放射性同位素和含有放射性物质的材料的，应当提供中文说明书。说明书应当载明产品特性、主要成份、存在的有害因素、可能产生的危害后果、安全使用注意事项、职业病防护以及应急救治措施等内容。产品包装应当有醒目的警示标识和中文警示说明。贮存上述材料的场所应当在规定的部位设置危险物品标识或者放射性警示标识。

国内首次使用或者首次进口与职业病危害有关的化学材料，使用单位或者进口单位按照国家规定经国务院有关部门批准后，应当向国务院卫生行政部门报送该化学材料的毒性鉴定以及经有关部门登记注册或者批准进口的文件等资料。

进口放射性同位素、射线装置和含有放射性物质的物品的，按照国家有关规定办理。

第三十条 任何单位和个人不得生产、经营、进口和使用国家明令禁止使用的可能产生职业病危害的设备或者材料。

第三十一条 任何单位和个人不得将产生职业病危害的作业转移给不具备职业病防护条件的单位和个人。不具备职业病防护条件的单位和个人不得接受产生职业病危害的作业。

第三十二条 用人单位对采用的技术、工艺、设备、材料，应当知悉其产生的职业病危害，对有职业病危害的技术、工艺、设备、材料隐瞒其危害而采用的，对所造成的职业病危害后果承担责任。

第三十三条 用人单位与劳动者订立劳动合同（含聘用合同，下同）时，应当将工作过程中可能产生的职业病危害及其后果、职业病防护措施和待遇等如实告知劳动者，并在劳动合同中写明，不得隐瞒或者欺骗。

劳动者在已订立劳动合同期间因工作岗位或者工作内容变更，从事与所订立劳动合同中未告知的存在职业病危害的作业时，用人单位应当依照前款规定，向劳动者履行如实告知的义务，并协商变更原劳动合同相关条款。

用人单位违反前两款规定的，劳动者有权拒绝从事存在职业病危害的作业，用人单位不得因此解除与劳动者所订立的劳动合同。

第三十四条 用人单位的主要负责人和职业卫生管理人员应当接受职业卫生培训，遵守职业病防治法律、法规，依法组织本单位的职业病防治工作。

用人单位应当对劳动者进行上岗前的职业卫生培训和在岗期间的定期职业卫生培训，普及职业卫生知识，督促劳动者遵守职业病防治法律、法规、规章和操作规程，指导劳动者正确使用职业病防护设备和个人使用的职业病防护用品。

劳动者应当学习和掌握相关的职业卫生知识，增强职业病防范意识，遵守职业病防治法律、法规、规章和操作规程，正确使用、维护职业病防护设备和个人使用的职业病防护用品，发现职业病危害事故隐患应当及时报告。

劳动者不履行前款规定义务的，用人单位应当对其进行教育。

第三十五条 对从事接触职业病危害的作业的劳动者，用人单位应当按照国务院卫生行政部门的规定组织上岗前、在岗期间和离岗时的职业健康检查，并将检查结果书面告知劳动者。职业健康检查费用由用人单位承担。

用人单位不得安排未经上岗前职业健康检查的劳动者从事接触职业病危害的作业；不得安排有职业禁忌的劳动者从事其所禁忌的作业；对在职业健康检查中发现有与所从事的职业相关的健康损害的劳动者，应当调离原工作岗位，并妥善安置；对未进行离岗前职业健康检查的劳动者不得解除或者终止与其订立的劳动合同。

职业健康检查应当由取得《医疗机构执业许可证》的医疗卫生机构承担。卫生行政部门应当加强对职业健康检查工作的规范管理，具体管理办法由国务院卫生行政部门制定。

第三十六条 用人单位应当为劳动者建立职业健康监护档案，并按照规定的期限妥善保存。

职业健康监护档案应当包括劳动者的职业史、职业病危害接触史、职业健康检查结果和职业病诊疗等有关个人健康资料。

劳动者离开用人单位时，有权索取本人职业健康监护档案复印件，用人单位应当如实、无偿提供，并在所提供的复印件上签章。

第三十七条 发生或者可能发生急性职业病危害事故时，用人单位应当立即采取应急救援和控制措施，并及时报告所在地卫生行政部门和有关部门。卫生行政部门接到报告后，应当及时会同有关部门组织调查处理；必要时，可以采取临时控制措施。卫生行政部门应当组织做好医疗救治工作。

对遭受或者可能遭受急性职业病危害的劳动者，用人单位应当及时组织救治、进行健康检查和医学观察，所需费用由用人单位承担。

第三十八条 用人单位不得安排未成年工从事接触职业病危害的作业；不得安排孕期、哺乳期的女职工从事对本人和胎儿、婴儿有危害的作业。

第三十九条 劳动者享有下列职业卫生保护权利：

（一）获得职业卫生教育、培训；

（二）获得职业健康检查、职业病诊疗、康复等职业病防治服务；

（三）了解工作场所产生或者可能产生的职业病危害因素、危害后果和应当采取的职业病防护措施；

（四）要求用人单位提供符合防治职业病要求的职业病防护设施和个人使用的职业病防护用品，改善工作条件；

（五）对违反职业病防治法律、法规以及危及生命健康的行为提出批评、检举和控告；

（六）拒绝违章指挥和强令进行没有职业病防护措施的作业；

（七）参与用人单位职业卫生工作的民主管理，对职业病防治工作提出意见和建议。

用人单位应当保障劳动者行使前款所列权利。因劳动者依法行使正当权利而降低其工资、福利等待遇或者解除、终止与其订立的劳动合同的，其行为无效。

第四十条 工会组织应当督促并协助用人单位开展职业卫生宣传教育和培训，有权对用人单位的职业病防治工作提出意见和建议，依法代表劳动者与用人单位签订劳动安全卫生专项集体合同，与用人单位就劳动者反映的有关职业病防治的问题进行协调并督促解决。

工会组织对用人单位违反职业病防治法律、法规，侵犯劳动者合法权益的行为，有权要求纠正；产生严重职业病危害时，有权要求采取防护措施，或者向政府有关部门建议采取强制性措施；发生职业病危害事故时，有权参与事故调查处理；发现危及劳动者生命健康的情形时，有权向用人单位建议组织劳动者撤离危险现场，用人单位应当立即作出处理。

第四十一条　用人单位按照职业病防治要求，用于预防和治理职业病危害、工作场所卫生检测、健康监护和职业卫生培训等费用，按照国家有关规定，在生产成本中据实列支。

第四十二条　职业卫生监督管理部门应当按照职责分工，加强对用人单位落实职业病防护管理措施情况的监督检查，依法行使职权，承担责任。

……

中华人民共和国社会保险法（节录）

（2010 年 10 月 28 日第十一届全国人民代表大会常务委员会第十七次会议通过　根据 2018 年 12 月 29 日第十三届全国人民代表大会常务委员会第七次会议《关于修改〈中华人民共和国社会保险法〉的决定》修正）

……

第四章　工 伤 保 险

第三十三条　【参保范围和缴费】职工应当参加工伤保险，由用人单位缴纳工伤保险费，职工不缴纳工伤保险费。

第三十四条　【工伤保险费率】国家根据不同行业的工伤风险

程度确定行业的差别费率，并根据使用工伤保险基金、工伤发生率等情况在每个行业内确定费率档次。行业差别费率和行业内费率档次由国务院社会保险行政部门制定，报国务院批准后公布施行。

社会保险经办机构根据用人单位使用工伤保险基金、工伤发生率和所属行业费率档次等情况，确定用人单位缴费费率。

第三十五条 【工伤保险费缴费基数和费率】用人单位应当按照本单位职工工资总额，根据社会保险经办机构确定的费率缴纳工伤保险费。

第三十六条 【享受工伤保险待遇的条件】职工因工作原因受到事故伤害或者患职业病，且经工伤认定的，享受工伤保险待遇；其中，经劳动能力鉴定丧失劳动能力的，享受伤残待遇。

工伤认定和劳动能力鉴定应当简捷、方便。

第三十七条 【不认定工伤的情形】职工因下列情形之一导致本人在工作中伤亡的，不认定为工伤：

（一）故意犯罪；

（二）醉酒或者吸毒；

（三）自残或者自杀；

（四）法律、行政法规规定的其他情形。

第三十八条 【工伤保险基金负担的工伤保险待遇】因工伤发生的下列费用，按照国家规定从工伤保险基金中支付：

（一）治疗工伤的医疗费用和康复费用；

（二）住院伙食补助费；

（三）到统筹地区以外就医的交通食宿费；

（四）安装配置伤残辅助器具所需费用；

（五）生活不能自理的，经劳动能力鉴定委员会确认的生活护理费；

（六）一次性伤残补助金和一至四级伤残职工按月领取的伤残津贴；

（七）终止或者解除劳动合同时，应当享受的一次性医疗补助金；

（八）因工死亡的，其遗属领取的丧葬补助金、供养亲属抚恤金和因工死亡补助金；

（九）劳动能力鉴定费。

第三十九条 【用人单位负担的工伤保险待遇】 因工伤发生的下列费用，按照国家规定由用人单位支付：

（一）治疗工伤期间的工资福利；

（二）五级、六级伤残职工按月领取的伤残津贴；

（三）终止或者解除劳动合同时，应当享受的一次性伤残就业补助金。

第四十条 【伤残津贴和基本养老保险待遇的衔接】 工伤职工符合领取基本养老金条件的，停发伤残津贴，享受基本养老保险待遇。基本养老保险待遇低于伤残津贴的，从工伤保险基金中补足差额。

第四十一条 【未参保单位职工发生工伤时的待遇】 职工所在用人单位未依法缴纳工伤保险费，发生工伤事故的，由用人单位支付工伤保险待遇。用人单位不支付的，从工伤保险基金中先行支付。

从工伤保险基金中先行支付的工伤保险待遇应当由用人单位偿还。用人单位不偿还的，社会保险经办机构可以依照本法第六十三条的规定追偿。

第四十二条 【民事侵权责任和工伤保险责任竞合】 由于第三人的原因造成工伤，第三人不支付工伤医疗费用或者无法确定第三人的，由工伤保险基金先行支付。工伤保险基金先行支付后，有权向第三人追偿。

第四十三条 【停止享受工伤保险待遇的情形】 工伤职工有下列情形之一的，停止享受工伤保险待遇：

（一）丧失享受待遇条件的；

（二）拒不接受劳动能力鉴定的；

（三）拒绝治疗的。

……

工伤保险条例（节录）

（2003 年 4 月 27 日中华人民共和国国务院令第 375 号公布　根据 2010 年 12 月 20 日《国务院关于修改〈工伤保险条例〉的决定》修订）

……

第三章　工 伤 认 定

第十四条　**【应当认定工伤的情形】**职工有下列情形之一的，应当认定为工伤：

（一）在工作时间和工作场所内，因工作原因受到事故伤害的；

（二）工作时间前后在工作场所内，从事与工作有关的预备性或者收尾性工作受到事故伤害的；

（三）在工作时间和工作场所内，因履行工作职责受到暴力等意外伤害的；

（四）患职业病的；

（五）因工外出期间，由于工作原因受到伤害或者发生事故下落不明的；

（六）在上下班途中，受到非本人主要责任的交通事故或者城市轨道交通、客运轮渡、火车事故伤害的；

（七）法律、行政法规规定应当认定为工伤的其他情形。

第十五条 【视同工伤的情形及其保险待遇】职工有下列情形之一的，视同工伤：

（一）在工作时间和工作岗位，突发疾病死亡或者在48小时之内经抢救无效死亡的；

（二）在抢险救灾等维护国家利益、公共利益活动中受到伤害的；

（三）职工原在军队服役，因战、因公负伤致残，已取得革命伤残军人证，到用人单位后旧伤复发的。

职工有前款第（一）项、第（二）项情形的，按照本条例的有关规定享受工伤保险待遇；职工有前款第（三）项情形的，按照本条例的有关规定享受除一次性伤残补助金以外的工伤保险待遇。

第十六条 【不属于工伤的情形】职工符合本条例第十四条、第十五条的规定，但是有下列情形之一的，不得认定为工伤或者视同工伤：

（一）故意犯罪的；

（二）醉酒或者吸毒的；

（三）自残或者自杀的。

第十七条 【申请工伤认定的主体、时限及受理部门】职工发生事故伤害或者按照职业病防治法规定被诊断、鉴定为职业病，所在单位应当自事故伤害发生之日或者被诊断、鉴定为职业病之日起30日内，向统筹地区社会保险行政部门提出工伤认定申请。遇有特殊情况，经报社会保险行政部门同意，申请时限可以适当延长。

用人单位未按前款规定提出工伤认定申请的，工伤职工或者其近亲属、工会组织在事故伤害发生之日或者被诊断、鉴定为职业病之日起1年内，可以直接向用人单位所在地统筹地区社会保险行政部门提出工伤认定申请。

按照本条第一款规定应当由省级社会保险行政部门进行工伤认定的事项，根据属地原则由用人单位所在地的设区的市级社会保险行政部门办理。

用人单位未在本条第一款规定的时限内提交工伤认定申请，在此期间发生符合本条例规定的工伤待遇等有关费用由该用人单位负担。

第十八条 【申请材料】提出工伤认定申请应当提交下列材料：

（一）工伤认定申请表；

（二）与用人单位存在劳动关系（包括事实劳动关系）的证明材料；

（三）医疗诊断证明或者职业病诊断证明书（或者职业病诊断鉴定书）。

工伤认定申请表应当包括事故发生的时间、地点、原因以及职工伤害程度等基本情况。

工伤认定申请人提供材料不完整的，社会保险行政部门应当一次性书面告知工伤认定申请人需要补正的全部材料。申请人按照书面告知要求补正材料后，社会保险行政部门应当受理。

第十九条 【事故调查及举证责任】社会保险行政部门受理工伤认定申请后，根据审核需要可以对事故伤害进行调查核实，用人单位、职工、工会组织、医疗机构以及有关部门应当予以协助。职业病诊断和诊断争议的鉴定，依照职业病防治法的有关规定执行。对依法取得职业病诊断证明书或者职业病诊断鉴定书的，社会保险行政部门不再进行调查核实。

职工或者其近亲属认为是工伤，用人单位不认为是工伤的，由用人单位承担举证责任。

第二十条 【工伤认定的时限、回避】社会保险行政部门应当自受理工伤认定申请之日起60日内作出工伤认定的决定，并书面通知申请工伤认定的职工或者其近亲属和该职工所在单位。

社会保险行政部门对受理的事实清楚、权利义务明确的工伤认定申请，应当在 15 日内作出工伤认定的决定。

作出工伤认定决定需要以司法机关或者有关行政主管部门的结论为依据的，在司法机关或者有关行政主管部门尚未作出结论期间，作出工伤认定决定的时限中止。

社会保险行政部门工作人员与工伤认定申请人有利害关系的，应当回避。

第四章　劳动能力鉴定

第二十一条　【鉴定的条件】职工发生工伤，经治疗伤情相对稳定后存在残疾、影响劳动能力的，应当进行劳动能力鉴定。

第二十二条　【劳动能力鉴定等级】劳动能力鉴定是指劳动功能障碍程度和生活自理障碍程度的等级鉴定。

劳动功能障碍分为十个伤残等级，最重的为一级，最轻的为十级。

生活自理障碍分为三个等级：生活完全不能自理、生活大部分不能自理和生活部分不能自理。

劳动能力鉴定标准由国务院社会保险行政部门会同国务院卫生行政部门等部门制定。

第二十三条　【申请鉴定的主体、受理机构、申请材料】劳动能力鉴定由用人单位、工伤职工或者其近亲属向设区的市级劳动能力鉴定委员会提出申请，并提供工伤认定决定和职工工伤医疗的有关资料。

第二十四条　【鉴定委员会人员构成、专家库】省、自治区、直辖市劳动能力鉴定委员会和设区的市级劳动能力鉴定委员会分别由省、自治区、直辖市和设区的市级社会保险行政部门、卫生行政部门、工会组织、经办机构代表以及用人单位代表组成。

劳动能力鉴定委员会建立医疗卫生专家库。列入专家库的医疗卫生专业技术人员应当具备下列条件：

（一）具有医疗卫生高级专业技术职务任职资格；

（二）掌握劳动能力鉴定的相关知识；

（三）具有良好的职业品德。

第二十五条　【鉴定步骤、时限】设区的市级劳动能力鉴定委员会收到劳动能力鉴定申请后，应当从其建立的医疗卫生专家库中随机抽取 3 名或者 5 名相关专家组成专家组，由专家组提出鉴定意见。设区的市级劳动能力鉴定委员会根据专家组的鉴定意见作出工伤职工劳动能力鉴定结论；必要时，可以委托具备资格的医疗机构协助进行有关的诊断。

设区的市级劳动能力鉴定委员会应当自收到劳动能力鉴定申请之日起 60 日内作出劳动能力鉴定结论，必要时，作出劳动能力鉴定结论的期限可以延长 30 日。劳动能力鉴定结论应当及时送达申请鉴定的单位和个人。

第二十六条　【再次鉴定】申请鉴定的单位或者个人对设区的市级劳动能力鉴定委员会作出的鉴定结论不服的，可以在收到该鉴定结论之日起 15 日内向省、自治区、直辖市劳动能力鉴定委员会提出再次鉴定申请。省、自治区、直辖市劳动能力鉴定委员会作出的劳动能力鉴定结论为最终结论。

第二十七条　【鉴定工作原则、回避制度】劳动能力鉴定工作应当客观、公正。劳动能力鉴定委员会组成人员或者参加鉴定的专家与当事人有利害关系的，应当回避。

第二十八条　【复查鉴定】自劳动能力鉴定结论作出之日起 1 年后，工伤职工或者其近亲属、所在单位或者经办机构认为伤残情况发生变化的，可以申请劳动能力复查鉴定。

第二十九条　【再次鉴定和复查鉴定的时限】劳动能力鉴定委员会依照本条例第二十六条和第二十八条的规定进行再次鉴定和复查鉴定的期限，依照本条例第二十五条第二款的规定执行。

第五章　工伤保险待遇

第三十条　**【工伤职工的治疗】**职工因工作遭受事故伤害或者患职业病进行治疗，享受工伤医疗待遇。

职工治疗工伤应当在签订服务协议的医疗机构就医，情况紧急时可以先到就近的医疗机构急救。

治疗工伤所需费用符合工伤保险诊疗项目目录、工伤保险药品目录、工伤保险住院服务标准的，从工伤保险基金支付。工伤保险诊疗项目目录、工伤保险药品目录、工伤保险住院服务标准，由国务院社会保险行政部门会同国务院卫生行政部门、食品药品监督管理部门等部门规定。

职工住院治疗工伤的伙食补助费，以及经医疗机构出具证明，报经办机构同意，工伤职工到统筹地区以外就医所需的交通、食宿费用从工伤保险基金支付，基金支付的具体标准由统筹地区人民政府规定。

工伤职工治疗非工伤引发的疾病，不享受工伤医疗待遇，按照基本医疗保险办法处理。

工伤职工到签订服务协议的医疗机构进行工伤康复的费用，符合规定的，从工伤保险基金支付。

第三十一条　**【复议和诉讼期间不停止支付医疗费用】**社会保险行政部门作出认定为工伤的决定后发生行政复议、行政诉讼的，行政复议和行政诉讼期间不停止支付工伤职工治疗工伤的医疗费用。

第三十二条　**【配置辅助器具】**工伤职工因日常生活或者就业需要，经劳动能力鉴定委员会确认，可以安装假肢、矫形器、假眼、假牙和配置轮椅等辅助器具，所需费用按照国家规定的标准从工伤保险基金支付。

第三十三条　**【工伤治疗期间待遇】**职工因工作遭受事故伤害

或者患职业病需要暂停工作接受工伤医疗的，在停工留薪期内，原工资福利待遇不变，由所在单位按月支付。

停工留薪期一般不超过 12 个月。伤情严重或者情况特殊，经设区的市级劳动能力鉴定委员会确认，可以适当延长，但延长不得超过 12 个月。工伤职工评定伤残等级后，停发原待遇，按照本章的有关规定享受伤残待遇。工伤职工在停工留薪期满后仍需治疗的，继续享受工伤医疗待遇。

生活不能自理的工伤职工在停工留薪期需要护理的，由所在单位负责。

第三十四条　【生活护理费】 工伤职工已经评定伤残等级并经劳动能力鉴定委员会确认需要生活护理的，从工伤保险基金按月支付生活护理费。

生活护理费按照生活完全不能自理、生活大部分不能自理或者生活部分不能自理 3 个不同等级支付，其标准分别为统筹地区上年度职工月平均工资的 50%、40% 或者 30%。

第三十五条　【一至四级工伤待遇】 职工因工致残被鉴定为一级至四级伤残的，保留劳动关系，退出工作岗位，享受以下待遇：

（一）从工伤保险基金按伤残等级支付一次性伤残补助金，标准为：一级伤残为 27 个月的本人工资，二级伤残为 25 个月的本人工资，三级伤残为 23 个月的本人工资，四级伤残为 21 个月的本人工资；

（二）从工伤保险基金按月支付伤残津贴，标准为：一级伤残为本人工资的 90%，二级伤残为本人工资的 85%，三级伤残为本人工资的 80%，四级伤残为本人工资的 75%。伤残津贴实际金额低于当地最低工资标准的，由工伤保险基金补足差额；

（三）工伤职工达到退休年龄并办理退休手续后，停发伤残津贴，按照国家有关规定享受基本养老保险待遇。基本养老保险待遇低于伤残津贴的，由工伤保险基金补足差额。

职工因工致残被鉴定为一级至四级伤残的，由用人单位和职工个人以伤残津贴为基数，缴纳基本医疗保险费。

第三十六条 【五至六级工伤待遇】职工因工致残被鉴定为五级、六级伤残的，享受以下待遇：

（一）从工伤保险基金按伤残等级支付一次性伤残补助金，标准为：五级伤残为 18 个月的本人工资，六级伤残为 16 个月的本人工资；

（二）保留与用人单位的劳动关系，由用人单位安排适当工作。难以安排工作的，由用人单位按月发给伤残津贴，标准为：五级伤残为本人工资的 70%，六级伤残为本人工资的 60%，并由用人单位按照规定为其缴纳应缴纳的各项社会保险费。伤残津贴实际金额低于当地最低工资标准的，由用人单位补足差额。

经工伤职工本人提出，该职工可以与用人单位解除或者终止劳动关系，由工伤保险基金支付一次性工伤医疗补助金，由用人单位支付一次性伤残就业补助金。一次性工伤医疗补助金和一次性伤残就业补助金的具体标准由省、自治区、直辖市人民政府规定。

第三十七条 【七至十级工伤待遇】职工因工致残被鉴定为七级至十级伤残的，享受以下待遇：

（一）从工伤保险基金按伤残等级支付一次性伤残补助金，标准为：七级伤残为 13 个月的本人工资，八级伤残为 11 个月的本人工资，九级伤残为 9 个月的本人工资，十级伤残为 7 个月的本人工资；

（二）劳动、聘用合同期满终止，或者职工本人提出解除劳动、聘用合同的，由工伤保险基金支付一次性工伤医疗补助金，由用人单位支付一次性伤残就业补助金。一次性工伤医疗补助金和一次性伤残就业补助金的具体标准由省、自治区、直辖市人民政府规定。

第三十八条 【旧伤复发待遇】工伤职工工伤复发，确认需要治疗的，享受本条例第三十条、第三十二条和第三十三条规定的工伤待遇。

第三十九条 【工亡待遇】职工因工死亡，其近亲属按照下列规定从工伤保险基金领取丧葬补助金、供养亲属抚恤金和一次性工亡补助金：

（一）丧葬补助金为6个月的统筹地区上年度职工月平均工资；

（二）供养亲属抚恤金按照职工本人工资的一定比例发给由因工死亡职工生前提供主要生活来源、无劳动能力的亲属。标准为：配偶每月40%，其他亲属每人每月30%，孤寡老人或者孤儿每人每月在上述标准的基础上增加10%。核定的各供养亲属的抚恤金之和不应高于因工死亡职工生前的工资。供养亲属的具体范围由国务院社会保险行政部门规定；

（三）一次性工亡补助金标准为上一年度全国城镇居民人均可支配收入的20倍。

伤残职工在停工留薪期内因工伤导致死亡的，其近亲属享受本条第一款规定的待遇。

一级至四级伤残职工在停工留薪期满后死亡的，其近亲属可以享受本条第一款第（一）项、第（二）项规定的待遇。

第四十条 【工伤待遇调整】伤残津贴、供养亲属抚恤金、生活护理费由统筹地区社会保险行政部门根据职工平均工资和生活费用变化等情况适时调整。调整办法由省、自治区、直辖市人民政府规定。

第四十一条 【职工抢险救灾、因工外出下落不明时的处理】职工因工外出期间发生事故或者在抢险救灾中下落不明的，从事故发生当月起3个月内照发工资，从第4个月起停发工资，由工伤保险基金向其供养亲属按月支付供养亲属抚恤金。生活有困难的，可以预支一次性工亡补助金的50%。职工被人民法院宣告死亡的，按照本条例第三十九条职工因工死亡的规定处理。

第四十二条 【停止支付工伤保险待遇的情形】工伤职工有下

列情形之一的，停止享受工伤保险待遇：

（一）丧失享受待遇条件的；

（二）拒不接受劳动能力鉴定的；

（三）拒绝治疗的。

第四十三条 【用人单位分立合并等情况下的责任】用人单位分立、合并、转让的，承继单位应当承担原用人单位的工伤保险责任；原用人单位已经参加工伤保险的，承继单位应当到当地经办机构办理工伤保险变更登记。

用人单位实行承包经营的，工伤保险责任由职工劳动关系所在单位承担。

职工被借调期间受到工伤事故伤害的，由原用人单位承担工伤保险责任，但原用人单位与借调单位可以约定补偿办法。

企业破产的，在破产清算时依法拨付应当由单位支付的工伤保险待遇费用。

第四十四条 【派遣出境期间的工伤保险关系】职工被派遣出境工作，依据前往国家或者地区的法律应当参加当地工伤保险的，参加当地工伤保险，其国内工伤保险关系中止；不能参加当地工伤保险的，其国内工伤保险关系不中止。

第四十五条 【再次发生工伤的待遇】职工再次发生工伤，根据规定应当享受伤残津贴的，按照新认定的伤残等级享受伤残津贴待遇。

......

女职工劳动保护特别规定

（2012 年 4 月 18 日国务院第 200 次常务会议通过
2012 年 4 月 28 日中华人民共和国国务院令第 619 号公布
自公布之日起施行）

第一条 为了减少和解决女职工在劳动中因生理特点造成的特殊困难，保护女职工健康，制定本规定。

第二条 中华人民共和国境内的国家机关、企业、事业单位、社会团体、个体经济组织以及其他社会组织等用人单位及其女职工，适用本规定。

第三条 用人单位应当加强女职工劳动保护，采取措施改善女职工劳动安全卫生条件，对女职工进行劳动安全卫生知识培训。

第四条 用人单位应当遵守女职工禁忌从事的劳动范围的规定。用人单位应当将本单位属于女职工禁忌从事的劳动范围的岗位书面告知女职工。

女职工禁忌从事的劳动范围由本规定附录列示。国务院安全生产监督管理部门会同国务院人力资源社会保障行政部门、国务院卫生行政部门根据经济社会发展情况，对女职工禁忌从事的劳动范围进行调整。

第五条 用人单位不得因女职工怀孕、生育、哺乳降低其工资、予以辞退、与其解除劳动或者聘用合同。

第六条 女职工在孕期不能适应原劳动的，用人单位应当根据医疗机构的证明，予以减轻劳动量或者安排其他能够适应的劳动。

对怀孕 7 个月以上的女职工，用人单位不得延长劳动时间或者安排夜班劳动，并应当在劳动时间内安排一定的休息时间。

怀孕女职工在劳动时间内进行产前检查，所需时间计入劳动时间。

第七条 女职工生育享受 98 天产假，其中产前可以休假 15 天；难产的，增加产假 15 天；生育多胞胎的，每多生育 1 个婴儿，增加产假 15 天。

女职工怀孕未满 4 个月流产的，享受 15 天产假；怀孕满 4 个月流产的，享受 42 天产假。

第八条 女职工产假期间的生育津贴，对已经参加生育保险的，按照用人单位上年度职工月平均工资的标准由生育保险基金支付；对未参加生育保险的，按照女职工产假前工资的标准由用人单位支付。

女职工生育或者流产的医疗费用，按照生育保险规定的项目和标准，对已经参加生育保险的，由生育保险基金支付；对未参加生育保险的，由用人单位支付。

第九条 对哺乳未满 1 周岁婴儿的女职工，用人单位不得延长劳动时间或者安排夜班劳动。

用人单位应当在每天的劳动时间内为哺乳期女职工安排 1 小时哺乳时间；女职工生育多胞胎的，每多哺乳 1 个婴儿每天增加 1 小时哺乳时间。

第十条 女职工比较多的用人单位应当根据女职工的需要，建立女职工卫生室、孕妇休息室、哺乳室等设施，妥善解决女职工在生理卫生、哺乳方面的困难。

第十一条 在劳动场所，用人单位应当预防和制止对女职工的性骚扰。

第十二条 县级以上人民政府人力资源社会保障行政部门、安全生产监督管理部门按照各自职责负责对用人单位遵守本规定的情况进行监督检查。

工会、妇女组织依法对用人单位遵守本规定的情况进行监督。

第十三条 用人单位违反本规定第六条第二款、第七条、第九条第一款规定的，由县级以上人民政府人力资源社会保障行政部门责令限期改正，按照受侵害女职工每人 1000 元以上 5000 元以下的标准计算，处以罚款。

用人单位违反本规定附录第一条、第二条规定的，由县级以上人民政府安全生产监督管理部门责令限期改正，按照受侵害女职工每人 1000 元以上 5000 元以下的标准计算，处以罚款。用人单位违反本规定附录第三条、第四条规定的，由县级以上人民政府安全生产监督管理部门责令限期治理，处 5 万元以上 30 万元以下的罚款；情节严重的，责令停止有关作业，或者提请有关人民政府按照国务院规定的权限责令关闭。

第十四条 用人单位违反本规定，侵害女职工合法权益的，女职工可以依法投诉、举报、申诉，依法向劳动人事争议调解仲裁机构申请调解仲裁，对仲裁裁决不服的，依法向人民法院提起诉讼。

第十五条 用人单位违反本规定，侵害女职工合法权益，造成女职工损害的，依法给予赔偿；用人单位及其直接负责的主管人员和其他直接责任人员构成犯罪的，依法追究刑事责任。

第十六条 本规定自公布之日起施行。1988 年 7 月 21 日国务院发布的《女职工劳动保护规定》同时废止。

附录：女职工禁忌从事的劳动范围（略）

工作场所职业卫生管理规定（节录）

（2020 年 12 月 31 日国家卫生健康委员会令第 5 号公布　自 2021 年 2 月 1 日起施行）

……

第二章　用人单位的职责

第八条　职业病危害严重的用人单位，应当设置或者指定职业卫生管理机构或者组织，配备专职职业卫生管理人员。

其他存在职业病危害的用人单位，劳动者超过一百人的，应当设置或者指定职业卫生管理机构或者组织，配备专职职业卫生管理人员；劳动者在一百人以下的，应当配备专职或者兼职的职业卫生管理人员，负责本单位的职业病防治工作。

第九条　用人单位的主要负责人和职业卫生管理人员应当具备与本单位所从事的生产经营活动相适应的职业卫生知识和管理能力，并接受职业卫生培训。

对用人单位主要负责人、职业卫生管理人员的职业卫生培训，应当包括下列主要内容：

（一）职业卫生相关法律、法规、规章和国家职业卫生标准；

（二）职业病危害预防和控制的基本知识；

（三）职业卫生管理相关知识；

（四）国家卫生健康委规定的其他内容。

第十条　用人单位应当对劳动者进行上岗前的职业卫生培训和在岗期间的定期职业卫生培训，普及职业卫生知识，督促劳动者遵守职业病防治的法律、法规、规章、国家职业卫生标准和操作规程。

用人单位应当对职业病危害严重的岗位的劳动者，进行专门的职业卫生培训，经培训合格后方可上岗作业。

因变更工艺、技术、设备、材料，或者岗位调整导致劳动者接触的职业病危害因素发生变化的，用人单位应当重新对劳动者进行上岗前的职业卫生培训。

第十一条 存在职业病危害的用人单位应当制定职业病危害防治计划和实施方案，建立、健全下列职业卫生管理制度和操作规程：

（一）职业病危害防治责任制度；

（二）职业病危害警示与告知制度；

（三）职业病危害项目申报制度；

（四）职业病防治宣传教育培训制度；

（五）职业病防护设施维护检修制度；

（六）职业病防护用品管理制度；

（七）职业病危害监测及评价管理制度；

（八）建设项目职业病防护设施"三同时"管理制度；

（九）劳动者职业健康监护及其档案管理制度；

（十）职业病危害事故处置与报告制度；

（十一）职业病危害应急救援与管理制度；

（十二）岗位职业卫生操作规程；

（十三）法律、法规、规章规定的其他职业病防治制度。

第十二条 产生职业病危害的用人单位的工作场所应当符合下列基本要求：

（一）生产布局合理，有害作业与无害作业分开；

（二）工作场所与生活场所分开，工作场所不得住人；

（三）有与职业病防治工作相适应的有效防护设施；

（四）职业病危害因素的强度或者浓度符合国家职业卫生标准；

（五）有配套的更衣间、洗浴间、孕妇休息间等卫生设施；

（六）设备、工具、用具等设施符合保护劳动者生理、心理健康的要求；

（七）法律、法规、规章和国家职业卫生标准的其他规定。

第十三条 用人单位工作场所存在职业病目录所列职业病的危害因素的，应当按照《职业病危害项目申报办法》的规定，及时、如实向所在地卫生健康主管部门申报职业病危害项目，并接受卫生健康主管部门的监督检查。

第十四条 新建、改建、扩建的工程建设项目和技术改造、技术引进项目（以下统称建设项目）可能产生职业病危害的，建设单位应当按照国家有关建设项目职业病防护设施"三同时"监督管理的规定，进行职业病危害预评价、职业病防护设施设计、职业病危害控制效果评价及相应的评审，组织职业病防护设施验收。

第十五条 产生职业病危害的用人单位，应当在醒目位置设置公告栏，公布有关职业病防治的规章制度、操作规程、职业病危害事故应急救援措施和工作场所职业病危害因素检测结果。

存在或者产生职业病危害的工作场所、作业岗位、设备、设施，应当按照《工作场所职业病危害警示标识》（GBZ158）的规定，在醒目位置设置图形、警示线、警示语句等警示标识和中文警示说明。警示说明应当载明产生职业病危害的种类、后果、预防和应急处置措施等内容。

存在或者产生高毒物品的作业岗位，应当按照《高毒物品作业岗位职业病危害告知规范》（GBZ/T203）的规定，在醒目位置设置高毒物品告知卡，告知卡应当载明高毒物品的名称、理化特性、健康危害、防护措施及应急处理等告知内容与警示标识。

第十六条 用人单位应当为劳动者提供符合国家职业卫生标准的职业病防护用品，并督促、指导劳动者按照使用规则正确佩戴、使用，不得发放钱物替代发放职业病防护用品。

用人单位应当对职业病防护用品进行经常性的维护、保养，确保防护用品有效，不得使用不符合国家职业卫生标准或者已经失效的职业病防护用品。

第十七条 在可能发生急性职业损伤的有毒、有害工作场所，用人单位应当设置报警装置，配置现场急救用品、冲洗设备、应急撤离通道和必要的泄险区。

现场急救用品、冲洗设备等应当设在可能发生急性职业损伤的工作场所或者临近地点，并在醒目位置设置清晰的标识。

在可能突然泄漏或者逸出大量有害物质的密闭或者半密闭工作场所，除遵守本条第一款、第二款规定外，用人单位还应当安装事故通风装置以及与事故排风系统相连锁的泄漏报警装置。

生产、销售、使用、贮存放射性同位素和射线装置的场所，应当按照国家有关规定设置明显的放射性标志，其入口处应当按照国家有关安全和防护标准的要求，设置安全和防护设施以及必要的防护安全联锁、报警装置或者工作信号。放射性装置的生产调试和使用场所，应当具有防止误操作、防止工作人员受到意外照射的安全措施。用人单位必须配备与辐射类型和辐射水平相适应的防护用品和监测仪器，包括个人剂量测量报警、固定式和便携式辐射监测、表面污染监测、流出物监测等设备，并保证可能接触放射线的工作人员佩戴个人剂量计。

第十八条 用人单位应当对职业病防护设备、应急救援设施进行经常性的维护、检修和保养，定期检测其性能和效果，确保其处于正常状态，不得擅自拆除或者停止使用。

第十九条 存在职业病危害的用人单位，应当实施由专人负责的工作场所职业病危害因素日常监测，确保监测系统处于正常工作状态。

第二十条 职业病危害严重的用人单位，应当委托具有相应资质的职业卫生技术服务机构，每年至少进行一次职业病危害因素检测，每三年至少进行一次职业病危害现状评价。

职业病危害一般的用人单位，应当委托具有相应资质的职业卫生技术服务机构，每三年至少进行一次职业病危害因素检测。

检测、评价结果应当存入本单位职业卫生档案，并向卫生健康主管部门报告和劳动者公布。

第二十一条 存在职业病危害的用人单位发生职业病危害事故或者国家卫生健康委规定的其他情形的，应当及时委托具有相应资质的职业卫生技术服务机构进行职业病危害现状评价。

用人单位应当落实职业病危害现状评价报告中提出的建议和措施，并将职业病危害现状评价结果及整改情况存入本单位职业卫生档案。

第二十二条 用人单位在日常的职业病危害监测或者定期检测、现状评价过程中，发现工作场所职业病危害因素不符合国家职业卫生标准和卫生要求时，应当立即采取相应治理措施，确保其符合职业卫生环境和条件的要求；仍然达不到国家职业卫生标准和卫生要求的，必须停止存在职业病危害因素的作业；职业病危害因素经治理后，符合国家职业卫生标准和卫生要求的，方可重新作业。

第二十三条 向用人单位提供可能产生职业病危害的设备的，应当提供中文说明书，并在设备的醒目位置设置警示标识和中文警示说明。警示说明应当载明设备性能、可能产生的职业病危害、安全操作和维护注意事项、职业病防护措施等内容。

用人单位应当检查前款规定的事项，不得使用不符合要求的设备。

第二十四条 向用人单位提供可能产生职业病危害的化学品、放射性同位素和含有放射性物质的材料的，应当提供中文说明书。说明书应当载明产品特性、主要成份、存在的有害因素、可能产生的危害后果、安全使用注意事项、职业病防护和应急救治措施等内容。产品包装应当有醒目的警示标识和中文警示说明。贮存上述材料的场所应当在规定的部位设置危险物品标识或者放射性警示标识。

用人单位应当检查前款规定的事项，不得使用不符合要求的材料。

第二十五条 任何用人单位不得使用国家明令禁止使用的可能产生职业病危害的设备或者材料。

第二十六条 任何单位和个人不得将产生职业病危害的作业转移给不具备职业病防护条件的单位和个人。不具备职业病防护条件的单位和个人不得接受产生职业病危害的作业。

第二十七条 用人单位应当优先采用有利于防治职业病危害和保护劳动者健康的新技术、新工艺、新材料、新设备，逐步替代产生职业病危害的技术、工艺、材料、设备。

第二十八条 用人单位对采用的技术、工艺、材料、设备，应当知悉其可能产生的职业病危害，并采取相应的防护措施。对有职业病危害的技术、工艺、设备、材料，故意隐瞒其危害而采用的，用人单位对其所造成的职业病危害后果承担责任。

第二十九条 用人单位与劳动者订立劳动合同时，应当将工作过程中可能产生的职业病危害及其后果、职业病防护措施和待遇等如实告知劳动者，并在劳动合同中写明，不得隐瞒或者欺骗。

劳动者在履行劳动合同期间因工作岗位或者工作内容变更，从事与所订立劳动合同中未告知的存在职业病危害的作业时，用人单位应当依照前款规定，向劳动者履行如实告知的义务，并协商变更原劳动合同相关条款。

用人单位违反本条规定的，劳动者有权拒绝从事存在职业病危害的作业，用人单位不得因此解除与劳动者所订立的劳动合同。

第三十条 对从事接触职业病危害因素作业的劳动者，用人单位应当按照《用人单位职业健康监护监督管理办法》、《放射工作人员职业健康管理办法》、《职业健康监护技术规范》（GBZ188）、《放射工作人员职业健康监护技术规范》（GBZ235）等有关规定组织上岗前、在岗期间、离岗时的职业健康检查，并将检查结果书面如实告知劳动者。

职业健康检查费用由用人单位承担。

第三十一条 用人单位应当按照《用人单位职业健康监护监督管理办法》的规定，为劳动者建立职业健康监护档案，并按照规定的期限妥善保存。

职业健康监护档案应当包括劳动者的职业史、职业病危害接触史、职业健康检查结果、处理结果和职业病诊疗等有关个人健康资料。

劳动者离开用人单位时，有权索取本人职业健康监护档案复印件，用人单位应当如实、无偿提供，并在所提供的复印件上签章。

第三十二条 劳动者健康出现损害需要进行职业病诊断、鉴定的，用人单位应当如实提供职业病诊断、鉴定所需的劳动者职业史和职业病危害接触史、工作场所职业病危害因素检测结果和放射工作人员个人剂量监测结果等资料。

第三十三条 用人单位不得安排未成年工从事接触职业病危害的作业，不得安排有职业禁忌的劳动者从事其所禁忌的作业，不得安排孕期、哺乳期女职工从事对本人和胎儿、婴儿有危害的作业。

第三十四条 用人单位应当建立健全下列职业卫生档案资料：

（一）职业病防治责任制文件；

（二）职业卫生管理规章制度、操作规程；

（三）工作场所职业病危害因素种类清单、岗位分布以及作业人员接触情况等资料；

（四）职业病防护设施、应急救援设施基本信息，以及其配置、使用、维护、检修与更换等记录；

（五）工作场所职业病危害因素检测、评价报告与记录；

（六）职业病防护用品配备、发放、维护与更换等记录；

（七）主要负责人、职业卫生管理人员和职业病危害严重工作岗位的劳动者等相关人员职业卫生培训资料；

（八）职业病危害事故报告与应急处置记录；

（九）劳动者职业健康检查结果汇总资料，存在职业禁忌证、职业健康损害或者职业病的劳动者处理和安置情况记录；

（十）建设项目职业病防护设施"三同时"有关资料；

（十一）职业病危害项目申报等有关回执或者批复文件；

（十二）其他有关职业卫生管理的资料或者文件。

第三十五条 用人单位发生职业病危害事故，应当及时向所在地卫生健康主管部门和有关部门报告，并采取有效措施，减少或者消除职业病危害因素，防止事故扩大。对遭受或者可能遭受急性职业病危害的劳动者，用人单位应当及时组织救治、进行健康检查和医学观察，并承担所需费用。

用人单位不得故意破坏事故现场、毁灭有关证据，不得迟报、漏报、谎报或者瞒报职业病危害事故。

第三十六条 用人单位发现职业病病人或者疑似职业病病人时，应当按照国家规定及时向所在地卫生健康主管部门和有关部门报告。

第三十七条 用人单位在卫生健康主管部门行政执法人员依法履行监督检查职责时，应当予以配合，不得拒绝、阻挠。

第三章 监督管理

第三十八条 卫生健康主管部门应当依法对用人单位执行有关职业病防治的法律、法规、规章和国家职业卫生标准的情况进行监督检查，重点监督检查下列内容：

（一）设置或者指定职业卫生管理机构或者组织，配备专职或者兼职的职业卫生管理人员情况；

（二）职业卫生管理制度和操作规程的建立、落实及公布情况；

（三）主要负责人、职业卫生管理人员和职业病危害严重的工

作岗位的劳动者职业卫生培训情况;

（四）建设项目职业病防护设施"三同时"制度落实情况;

（五）工作场所职业病危害项目申报情况;

（六）工作场所职业病危害因素监测、检测、评价及结果报告和公布情况;

（七）职业病防护设施、应急救援设施的配置、维护、保养情况，以及职业病防护用品的发放、管理及劳动者佩戴使用情况;

（八）职业病危害因素及危害后果警示、告知情况;

（九）劳动者职业健康监护、放射工作人员个人剂量监测情况;

（十）职业病危害事故报告情况;

（十一）提供劳动者健康损害与职业史、职业病危害接触关系等相关资料的情况;

（十二）依法应当监督检查的其他情况。

第三十九条 卫生健康主管部门应当建立健全职业卫生监督检查制度，加强行政执法人员职业卫生知识的培训，提高行政执法人员的业务素质。

第四十条 卫生健康主管部门应当加强建设项目职业病防护设施"三同时"的监督管理，建立健全相关资料的档案管理制度。

第四十一条 卫生健康主管部门应当加强职业卫生技术服务机构的资质认可管理和技术服务工作的监督检查，督促职业卫生技术服务机构公平、公正、客观、科学地开展职业卫生技术服务。

第四十二条 卫生健康主管部门应当建立健全职业病危害防治信息统计分析制度，加强对用人单位职业病危害因素检测、评价结果、劳动者职业健康监护信息以及职业卫生监督检查信息等资料的统计、汇总和分析。

第四十三条 卫生健康主管部门应当按照有关规定，支持、配合有关部门和机构开展职业病的诊断、鉴定工作。

第四十四条 卫生健康主管部门行政执法人员依法履行监督检

查职责时，应当出示有效的执法证件。

行政执法人员应当忠于职守，秉公执法，严格遵守执法规范；涉及被检查单位的技术秘密、业务秘密以及个人隐私的，应当为其保密。

第四十五条 卫生健康主管部门履行监督检查职责时，有权采取下列措施：

（一）进入被检查单位及工作场所，进行职业病危害检测，了解情况，调查取证；

（二）查阅、复制被检查单位有关职业病危害防治的文件、资料，采集有关样品；

（三）责令违反职业病防治法律、法规的单位和个人停止违法行为；

（四）责令暂停导致职业病危害事故的作业，封存造成职业病危害事故或者可能导致职业病危害事故发生的材料和设备；

（五）组织控制职业病危害事故现场。

在职业病危害事故或者危害状态得到有效控制后，卫生健康主管部门应当及时解除前款第四项、第五项规定的控制措施。

第四十六条 发生职业病危害事故，卫生健康主管部门应当依照国家有关规定报告事故和组织事故的调查处理。

……

职业健康检查管理办法（节录）

（2015 年 3 月 26 日原国家卫生和计划生育委员会令第 5 号公布　根据 2019 年 2 月 28 日《国家卫生健康委关于修改〈职业健康检查管理办法〉等 4 件部门规章的决定》修订）

……

第三章　职业健康检查规范

第十一条　按照劳动者接触的职业病危害因素，职业健康检查分为以下六类：

（一）接触粉尘类；

（二）接触化学因素类；

（三）接触物理因素类；

（四）接触生物因素类；

（五）接触放射因素类；

（六）其他类（特殊作业等）。

以上每类中包含不同检查项目。职业健康检查机构应当在备案的检查类别和项目范围内开展相应的职业健康检查。

第十二条　职业健康检查机构开展职业健康检查应当与用人单位签订委托协议书，由用人单位统一组织劳动者进行职业健康检查；也可以由劳动者持单位介绍信进行职业健康检查。

第十三条　职业健康检查机构应当依据相关技术规范，结合用人单位提交的资料，明确用人单位应当检查的项目和周期。

第十四条　在职业健康检查中，用人单位应当如实提供以下职业健康检查所需的相关资料，并承担检查费用：

（一）用人单位的基本情况；

（二）工作场所职业病危害因素种类及其接触人员名册、岗位（或工种）、接触时间；

（三）工作场所职业病危害因素定期检测等相关资料。

第十五条 职业健康检查的项目、周期按照《职业健康监护技术规范》（GBZ 188）执行，放射工作人员职业健康检查按照《放射工作人员职业健康监护技术规范》（GBZ 235）等规定执行。

第十六条 职业健康检查机构可以在执业登记机关管辖区域内或者省级卫生健康主管部门指定区域内开展外出职业健康检查。外出职业健康检查进行医学影像学检查和实验室检测，必须保证检查质量并满足放射防护和生物安全的管理要求。

第十七条 职业健康检查机构应当在职业健康检查结束之日起30个工作日内将职业健康检查结果，包括劳动者个人职业健康检查报告和用人单位职业健康检查总结报告，书面告知用人单位，用人单位应当将劳动者个人职业健康检查结果及职业健康检查机构的建议等情况书面告知劳动者。

第十八条 职业健康检查机构发现疑似职业病病人时，应当告知劳动者本人并及时通知用人单位，同时向所在地卫生健康主管部门报告。发现职业禁忌的，应当及时告知用人单位和劳动者。

第十九条 职业健康检查机构要依托现有的信息平台，加强职业健康检查的统计报告工作，逐步实现信息的互联互通和共享。

第二十条 职业健康检查机构应当建立职业健康检查档案。职业健康检查档案保存时间应当自劳动者最后一次职业健康检查结束之日起不少于15年。

职业健康检查档案应当包括下列材料：

（一）职业健康检查委托协议书；

（二）用人单位提供的相关资料；

（三）出具的职业健康检查结果总结报告和告知材料；

（四）其他有关材料。

第四章　监　督　管　理

第二十一条　县级以上地方卫生健康主管部门应当加强对本辖区职业健康检查机构的监督管理。按照属地化管理原则，制定年度监督检查计划，做好职业健康检查机构的监督检查工作。监督检查主要内容包括：

（一）相关法律法规、标准的执行情况；

（二）按照备案的类别和项目开展职业健康检查工作的情况；

（三）外出职业健康检查工作情况；

（四）职业健康检查质量控制情况；

（五）职业健康检查结果、疑似职业病的报告与告知以及职业健康检查信息报告情况；

（六）职业健康检查档案管理情况等。

第二十二条　省级卫生健康主管部门应当对本辖区内的职业健康检查机构进行定期或者不定期抽查；设区的市级卫生健康主管部门每年应当至少组织一次对本辖区内职业健康检查机构的监督检查；县级卫生健康主管部门负责日常监督检查。

第二十三条　县级以上地方卫生健康主管部门监督检查时，有权查阅或者复制有关资料，职业健康检查机构应当予以配合。

第五章　法　律　责　任

第二十四条　无《医疗机构执业许可证》擅自开展职业健康检查的，由县级以上地方卫生健康主管部门依据《医疗机构管理条例》第四十四条的规定进行处理。

第二十五条　职业健康检查机构有下列行为之一的，由县级以上地方卫生健康主管部门责令改正，给予警告，可以并处 3 万元以下罚款：

（一）未按规定备案开展职业健康检查的；

（二）未按规定告知疑似职业病的；

（三）出具虚假证明文件的。

第二十六条 职业健康检查机构未按照规定报告疑似职业病的，由县级以上地方卫生健康主管部门依据《职业病防治法》第七十四条的规定进行处理。

第二十七条 职业健康检查机构有下列行为之一的，由县级以上地方卫生健康主管部门给予警告，责令限期改正；逾期不改的，处以三万元以下罚款：

（一）未指定主检医师或者指定的主检医师未取得职业病诊断资格的；

（二）未按要求建立职业健康检查档案的；

（三）未履行职业健康检查信息报告义务的；

（四）未按照相关职业健康监护技术规范规定开展工作的；

（五）违反本办法其他有关规定的。

第二十八条 职业健康检查机构未按规定参加实验室比对或者职业健康检查质量考核工作，或者参加质量考核不合格未按要求整改仍开展职业健康检查工作的，由县级以上地方卫生健康主管部门给予警告，责令限期改正；逾期不改的，处以三万元以下罚款。

第六章 附 则

第二十九条 本办法自 2015 年 5 月 1 日起施行。2002 年 3 月 28 日原卫生部公布的《职业健康监护管理办法》同时废止。

应急管理

中华人民共和国突发事件应对法

（2007 年 8 月 30 日第十届全国人民代表大会常务委员会第二十九次会议通过 2007 年 8 月 30 日中华人民共和国主席令第 69 号公布 自 2007 年 11 月 1 日起施行）

目 录

第一章 总 则

第一条 【立法目的】为了预防和减少突发事件的发生，控制、减轻和消除突发事件引起的严重社会危害，规范突发事件应对活动，保护人民生命财产安全，维护国家安全、公共安全、环境安全和社会秩序，制定本法。

第二条 【适用范围】突发事件的预防与应急准备、监测与预警、应急处置与救援、事后恢复与重建等应对活动，适用本法。

第三条 【突发事件含义及分级标准】本法所称突发事件，是指突然发生，造成或者可能造成严重社会危害，需要采取应急处置措施予以应对的自然灾害、事故灾难、公共卫生事件和社会安全事件。

按照社会危害程度、影响范围等因素，自然灾害、事故灾难、公共卫生事件分为特别重大、重大、较大和一般四级。法律、行政法规或者国务院另有规定的，从其规定。

突发事件的分级标准由国务院或者国务院确定的部门制定。

第四条 【应急管理体制】国家建立统一领导、综合协调、分类管理、分级负责、属地管理为主的应急管理体制。

第五条 【风险评估】突发事件应对工作实行预防为主、预防与应急相结合的原则。国家建立重大突发事件风险评估体系，对可能发生的突发事件进行综合性评估，减少重大突发事件的发生，最大限度地减轻重大突发事件的影响。

第六条 【社会动员机制】国家建立有效的社会动员机制，增强全民的公共安全和防范风险的意识，提高全社会的避险救助能力。

第七条 【负责机关】县级人民政府对本行政区域内突发事件的应对工作负责；涉及两个以上行政区域的，由有关行政区域共同的上一级人民政府负责，或者由各有关行政区域的上一级人民政府共同负责。

突发事件发生后，发生地县级人民政府应当立即采取措施控制事态发展，组织开展应急救援和处置工作，并立即向上一级人民政府报告，必要时可以越级上报。

突发事件发生地县级人民政府不能消除或者不能有效控制突发事件引起的严重社会危害的，应当及时向上级人民政府报告。上级人民政府应当及时采取措施，统一领导应急处置工作。

法律、行政法规规定由国务院有关部门对突发事件的应对工作负责的，从其规定；地方人民政府应当积极配合并提供必要的支持。

第八条　【应急管理机构】国务院在总理领导下研究、决定和部署特别重大突发事件的应对工作；根据实际需要，设立国家突发事件应急指挥机构，负责突发事件应对工作；必要时，国务院可以派出工作组指导有关工作。

县级以上地方各级人民政府设立由本级人民政府主要负责人、相关部门负责人、驻当地中国人民解放军和中国人民武装警察部队有关负责人组成的突发事件应急指挥机构，统一领导、协调本级人民政府各有关部门和下级人民政府开展突发事件应对工作；根据实际需要，设立相关类别突发事件应急指挥机构，组织、协调、指挥突发事件应对工作。

上级人民政府主管部门应当在各自职责范围内，指导、协助下级人民政府及其相应部门做好有关突发事件的应对工作。

第九条　【行政领导机关】国务院和县级以上地方各级人民政府是突发事件应对工作的行政领导机关，其办事机构及具体职责由国务院规定。

第十条　【及时公布决定、命令】有关人民政府及其部门作出的应对突发事件的决定、命令，应当及时公布。

第十一条　【合理措施原则】有关人民政府及其部门采取的应对突发事件的措施，应当与突发事件可能造成的社会危害的性质、程度和范围相适应；有多种措施可供选择的，应当选择有利于最大程度地保护公民、法人和其他组织权益的措施。

公民、法人和其他组织有义务参与突发事件应对工作。

第十二条　【财产征用】有关人民政府及其部门为应对突发事件，可以征用单位和个人的财产。被征用的财产在使用完毕或者突发事件应急处置工作结束后，应当及时返还。财产被征用或者征用后毁损、灭失的，应当给予补偿。

第十三条 【时效中止、程序中止】因采取突发事件应对措施，诉讼、行政复议、仲裁活动不能正常进行的，适用有关时效中止和程序中止的规定，但法律另有规定的除外。

第十四条 【武装力量参与应急】中国人民解放军、中国人民武装警察部队和民兵组织依照本法和其他有关法律、行政法规、军事法规的规定以及国务院、中央军事委员会的命令，参加突发事件的应急救援和处置工作。

第十五条 【国际交流与合作】中华人民共和国政府在突发事件的预防、监测与预警、应急处置与救援、事后恢复与重建等方面，同外国政府和有关国际组织开展合作与交流。

第十六条 【同级人大监督】县级以上人民政府作出应对突发事件的决定、命令，应当报本级人民代表大会常务委员会备案；突发事件应急处置工作结束后，应当向本级人民代表大会常务委员会作出专项工作报告。

第二章 预防与应急准备

第十七条 【应急预案体系】国家建立健全突发事件应急预案体系。

国务院制定国家突发事件总体应急预案，组织制定国家突发事件专项应急预案；国务院有关部门根据各自的职责和国务院相关应急预案，制定国家突发事件部门应急预案。

地方各级人民政府和县级以上地方各级人民政府有关部门根据有关法律、法规、规章、上级人民政府及其有关部门的应急预案以及本地区的实际情况，制定相应的突发事件应急预案。

应急预案制定机关应当根据实际需要和情势变化，适时修订应急预案。应急预案的制定、修订程序由国务院规定。

第十八条 【应急预案制定依据与内容】应急预案应当根据本法和其他有关法律、法规的规定，针对突发事件的性质、特点和可能造成的社会危害，具体规定突发事件应急管理工作的组织指挥体系与职责和突发事件的预防与预警机制、处置程序、应急保障措施以及事后恢复与重建措施等内容。

第十九条 【城乡规划】城乡规划应当符合预防、处置突发事件的需要，统筹安排应对突发事件所必需的设备和基础设施建设，合理确定应急避难场所。

第二十条 【安全防范】县级人民政府应当对本行政区域内容易引发自然灾害、事故灾难和公共卫生事件的危险源、危险区域进行调查、登记、风险评估，定期进行检查、监控，并责令有关单位采取安全防范措施。

省级和设区的市级人民政府应当对本行政区域内容易引发特别重大、重大突发事件的危险源、危险区域进行调查、登记、风险评估，组织进行检查、监控，并责令有关单位采取安全防范措施。

县级以上地方各级人民政府按照本法规定登记的危险源、危险区域，应当按照国家规定及时向社会公布。

第二十一条 【及时调解处理矛盾纠纷】县级人民政府及其有关部门、乡级人民政府、街道办事处、居民委员会、村民委员会应当及时调解处理可能引发社会安全事件的矛盾纠纷。

第二十二条 【安全管理】所有单位应当建立健全安全管理制度，定期检查本单位各项安全防范措施的落实情况，及时消除事故隐患；掌握并及时处理本单位存在的可能引发社会安全事件的问题，防止矛盾激化和事态扩大；对本单位可能发生的突发事件和采取安全防范措施的情况，应当按照规定及时向所在地人民政府或者人民政府有关部门报告。

第二十三条 【矿山、建筑施工单位和危险物品生产、经营、储运、使用单位的预防义务】矿山、建筑施工单位和易燃易爆物品、危险化学品、放射性物品等危险物品的生产、经营、储运、使用单位，应当制定具体应急预案，并对生产经营场所、有危险物品的建筑物、构筑物及周边环境开展隐患排查，及时采取措施消除隐患，防止发生突发事件。

第二十四条 【人员密集场所的经营单位或者管理单位的预防义务】公共交通工具、公共场所和其他人员密集场所的经营单位或者管理单位应当制定具体应急预案，为交通工具和有关场所配备报警装置和必要的应急救援设备、设施，注明其使用方法，并显著标明安全撤离的通道、路线，保证安全通道、出口的畅通。

有关单位应当定期检测、维护其报警装置和应急救援设备、设施，使其处于良好状态，确保正常使用。

第二十五条 【应急管理培训制度】县级以上人民政府应当建立健全突发事件应急管理培训制度，对人民政府及其有关部门负有处置突发事件职责的工作人员定期进行培训。

第二十六条 【应急救援队伍】县级以上人民政府应当整合应急资源，建立或者确定综合性应急救援队伍。人民政府有关部门可以根据实际需要设立专业应急救援队伍。

县级以上人民政府及其有关部门可以建立由成年志愿者组成的应急救援队伍。单位应当建立由本单位职工组成的专职或者兼职应急救援队伍。

县级以上人民政府应当加强专业应急救援队伍与非专业应急救援队伍的合作，联合培训、联合演练，提高合成应急、协同应急的能力。

第二十七条 【应急救援人员人身保险】国务院有关部门、县级以上地方各级人民政府及其有关部门、有关单位应当为专业应急救援人员购买人身意外伤害保险，配备必要的防护装备和器材，减少应急救援人员的人身风险。

第二十八条 【军队和民兵组织的专门训练】中国人民解放

军、中国人民武装警察部队和民兵组织应当有计划地组织开展应急救援的专门训练。

第二十九条 【应急知识宣传普及和应急演练】县级人民政府及其有关部门、乡级人民政府、街道办事处应当组织开展应急知识的宣传普及活动和必要的应急演练。

居民委员会、村民委员会、企业事业单位应当根据所在地人民政府的要求，结合各自的实际情况，开展有关突发事件应急知识的宣传普及活动和必要的应急演练。

新闻媒体应当无偿开展突发事件预防与应急、自救与互救知识的公益宣传。

第三十条 【学校的应急知识教育义务】各级各类学校应当把应急知识教育纳入教学内容，对学生进行应急知识教育，培养学生的安全意识和自救与互救能力。

教育主管部门应当对学校开展应急知识教育进行指导和监督。

第三十一条 【经费保障】国务院和县级以上地方各级人民政府应当采取财政措施，保障突发事件应对工作所需经费。

第三十二条 【应急物资储备保障】国家建立健全应急物资储备保障制度，完善重要应急物资的监管、生产、储备、调拨和紧急配送体系。

设区的市级以上人民政府和突发事件易发、多发地区的县级人民政府应当建立应急救援物资、生活必需品和应急处置装备的储备制度。

县级以上地方各级人民政府应当根据本地区的实际情况，与有关企业签订协议，保障应急救援物资、生活必需品和应急处置装备的生产、供给。

第三十三条 【应急通信保障】国家建立健全应急通信保障体系，完善公用通信网，建立有线与无线相结合、基础电信网络与机动通信系统相配套的应急通信系统，确保突发事件应对工作的通信畅通。

第三十四条　【鼓励捐赠】 国家鼓励公民、法人和其他组织为人民政府应对突发事件工作提供物资、资金、技术支持和捐赠。

第三十五条　【巨灾风险保险】 国家发展保险事业，建立国家财政支持的巨灾风险保险体系，并鼓励单位和公民参加保险。

第三十六条　【人才培养和研究开发】 国家鼓励、扶持具备相应条件的教学科研机构培养应急管理专门人才，鼓励、扶持教学科研机构和有关企业研究开发用于突发事件预防、监测、预警、应急处置与救援的新技术、新设备和新工具。

第三章　监测与预警

第三十七条　【突发事件信息系统】 国务院建立全国统一的突发事件信息系统。

县级以上地方各级人民政府应当建立或者确定本地区统一的突发事件信息系统，汇集、储存、分析、传输有关突发事件的信息，并与上级人民政府及其有关部门、下级人民政府及其有关部门、专业机构和监测网点的突发事件信息系统实现互联互通，加强跨部门、跨地区的信息交流与情报合作。

第三十八条　【突发事件信息收集】 县级以上人民政府及其有关部门、专业机构应当通过多种途径收集突发事件信息。

县级人民政府应当在居民委员会、村民委员会和有关单位建立专职或者兼职信息报告员制度。

获悉突发事件信息的公民、法人或者其他组织，应当立即向所在地人民政府、有关主管部门或者指定的专业机构报告。

第三十九条　【突发事件信息报送和报告】 地方各级人民政府应当按照国家有关规定向上级人民政府报送突发事件信息。县级以上人民政府有关主管部门应当向本级人民政府相关部门通报突发事件信息。专业机构、监测网点和信息报告员应当及时向所在地人民政府及其有关主管部门报告突发事件信息。

有关单位和人员报送、报告突发事件信息，应当做到及时、客观、真实，不得迟报、谎报、瞒报、漏报。

第四十条 【汇总分析突发事件隐患和预警信息】县级以上地方各级人民政府应当及时汇总分析突发事件隐患和预警信息，必要时组织相关部门、专业技术人员、专家学者进行会商，对发生突发事件的可能性及其可能造成的影响进行评估；认为可能发生重大或者特别重大突发事件的，应当立即向上级人民政府报告，并向上级人民政府有关部门、当地驻军和可能受到危害的毗邻或者相关地区的人民政府通报。

第四十一条 【突发事件监测】国家建立健全突发事件监测制度。

县级以上人民政府及其有关部门应当根据自然灾害、事故灾难和公共卫生事件的种类和特点，建立健全基础信息数据库，完善监测网络，划分监测区域，确定监测点，明确监测项目，提供必要的设备、设施，配备专职或者兼职人员，对可能发生的突发事件进行监测。

第四十二条 【突发事件预警】国家建立健全突发事件预警制度。

可以预警的自然灾害、事故灾难和公共卫生事件的预警级别，按照突发事件发生的紧急程度、发展态势和可能造成的危害程度分为一级、二级、三级和四级，分别用红色、橙色、黄色和蓝色标示，一级为最高级别。

预警级别的划分标准由国务院或者国务院确定的部门制定。

第四十三条 【发布预警】可以预警的自然灾害、事故灾难或者公共卫生事件即将发生或者发生的可能性增大时，县级以上地方各级人民政府应当根据有关法律、行政法规和国务院规定的权限和程序，发布相应级别的警报，决定并宣布有关地区进入预警期，同时向上一级人民政府报告，必要时可以越级上报，并向当地驻军和可能受到危害的毗邻或者相关地区的人民政府通报。

第四十四条 **【三、四级预警应当采取的措施】** 发布三级、四级警报，宣布进入预警期后，县级以上地方各级人民政府应当根据即将发生的突发事件的特点和可能造成的危害，采取下列措施：

（一）启动应急预案；

（二）责令有关部门、专业机构、监测网点和负有特定职责的人员及时收集、报告有关信息，向社会公布反映突发事件信息的渠道，加强对突发事件发生、发展情况的监测、预报和预警工作；

（三）组织有关部门和机构、专业技术人员、有关专家学者，随时对突发事件信息进行分析评估，预测发生突发事件可能性的大小、影响范围和强度以及可能发生的突发事件的级别；

（四）定时向社会发布与公众有关的突发事件预测信息和分析评估结果，并对相关信息的报道工作进行管理；

（五）及时按照有关规定向社会发布可能受到突发事件危害的警告，宣传避免、减轻危害的常识，公布咨询电话。

第四十五条 **【一、二级预警应当采取的措施】** 发布一级、二级警报，宣布进入预警期后，县级以上地方各级人民政府除采取本法第四十四条规定的措施外，还应当针对即将发生的突发事件的特点和可能造成的危害，采取下列一项或者多项措施：

（一）责令应急救援队伍、负有特定职责的人员进入待命状态，并动员后备人员做好参加应急救援和处置工作的准备；

（二）调集应急救援所需物资、设备、工具，准备应急设施和避难场所，并确保其处于良好状态、随时可以投入正常使用；

（三）加强对重点单位、重要部位和重要基础设施的安全保卫，维护社会治安秩序；

（四）采取必要措施，确保交通、通信、供水、排水、供电、供气、供热等公共设施的安全和正常运行；

（五）及时向社会发布有关采取特定措施避免或者减轻危害的建议、劝告；

（六）转移、疏散或者撤离易受突发事件危害的人员并予以妥善安置，转移重要财产；

（七）关闭或者限制使用易受突发事件危害的场所，控制或者限制容易导致危害扩大的公共场所的活动；

（八）法律、法规、规章规定的其他必要的防范性、保护性措施。

第四十六条 【社会安全事件报告制度】对即将发生或者已经发生的社会安全事件，县级以上地方各级人民政府及其有关主管部门应当按照规定向上一级人民政府及其有关主管部门报告，必要时可以越级上报。

第四十七条 【预警调整和解除】发布突发事件警报的人民政府应当根据事态的发展，按照有关规定适时调整预警级别并重新发布。

有事实证明不可能发生突发事件或者危险已经解除的，发布警报的人民政府应当立即宣布解除警报，终止预警期，并解除已经采取的有关措施。

第四章 应急处置与救援

第四十八条 【突发事件发生后政府应履行的职责】突发事件发生后，履行统一领导职责或者组织处置突发事件的人民政府应当针对其性质、特点和危害程度，立即组织有关部门，调动应急救援队伍和社会力量，依照本章的规定和有关法律、法规、规章的规定采取应急处置措施。

第四十九条 【应对自然灾害、事故灾难或者公共卫生事件的处置措施】自然灾害、事故灾难或者公共卫生事件发生后，履行统一领导职责的人民政府可以采取下列一项或者多项应急处置措施：

（一）组织营救和救治受害人员，疏散、撤离并妥善安置受到威胁的人员以及采取其他救助措施；

（二）迅速控制危险源，标明危险区域，封锁危险场所，划定警戒区，实行交通管制以及其他控制措施；

（三）立即抢修被损坏的交通、通信、供水、排水、供电、供气、供热等公共设施，向受到危害的人员提供避难场所和生活必需品，实施医疗救护和卫生防疫以及其他保障措施；

（四）禁止或者限制使用有关设备、设施，关闭或者限制使用有关场所，中止人员密集的活动或者可能导致危害扩大的生产经营活动以及采取其他保护措施；

（五）启用本级人民政府设置的财政预备费和储备的应急救援物资，必要时调用其他急需物资、设备、设施、工具；

（六）组织公民参加应急救援和处置工作，要求具有特定专长的人员提供服务；

（七）保障食品、饮用水、燃料等基本生活必需品的供应；

（八）依法从严惩处囤积居奇、哄抬物价、制假售假等扰乱市场秩序的行为，稳定市场价格，维护市场秩序；

（九）依法从严惩处哄抢财物、干扰破坏应急处置工作等扰乱社会秩序的行为，维护社会治安；

（十）采取防止发生次生、衍生事件的必要措施。

第五十条　【应对社会安全事件的处置措施】社会安全事件发生后，组织处置工作的人民政府应当立即组织有关部门并由公安机关针对事件的性质和特点，依照有关法律、行政法规和国家其他有关规定，采取下列一项或者多项应急处置措施：

（一）强制隔离使用器械相互对抗或者以暴力行为参与冲突的当事人，妥善解决现场纠纷和争端，控制事态发展；

（二）对特定区域内的建筑物、交通工具、设备、设施以及燃料、燃气、电力、水的供应进行控制；

（三）封锁有关场所、道路，查验现场人员的身份证件，限制有关公共场所内的活动；

（四）加强对易受冲击的核心机关和单位的警卫，在国家机关、军事机关、国家通讯社、广播电台、电视台、外国驻华使领馆等单位附近设置临时警戒线；

（五）法律、行政法规和国务院规定的其他必要措施。

严重危害社会治安秩序的事件发生时，公安机关应当立即依法出动警力，根据现场情况依法采取相应的强制性措施，尽快使社会秩序恢复正常。

第五十一条　【突发事件严重影响国民经济运行时的应急处置措施】 发生突发事件，严重影响国民经济正常运行时，国务院或者国务院授权的有关主管部门可以采取保障、控制等必要的应急措施，保障人民群众的基本生活需要，最大限度地减轻突发事件的影响。

第五十二条　【征用财产权、请求支援权及相应义务】 履行统一领导职责或者组织处置突发事件的人民政府，必要时可以向单位和个人征用应急救援所需设备、设施、场地、交通工具和其他物资，请求其他地方人民政府提供人力、物力、财力或者技术支援，要求生产、供应生活必需品和应急救援物资的企业组织生产、保证供给，要求提供医疗、交通等公共服务的组织提供相应的服务。

履行统一领导职责或者组织处置突发事件的人民政府，应当组织协调运输经营单位，优先运送处置突发事件所需物资、设备、工具、应急救援人员和受到突发事件危害的人员。

第五十三条　【发布相关信息的义务】 履行统一领导职责或者组织处置突发事件的人民政府，应当按照有关规定统一、准确、及时发布有关突发事件事态发展和应急处置工作的信息。

第五十四条　【禁止编造、传播虚假信息】 任何单位和个人不得编造、传播有关突发事件事态发展或者应急处置工作的虚假信息。

第五十五条 【相关组织的协助义务】突发事件发生地的居民委员会、村民委员会和其他组织应当按照当地人民政府的决定、命令，进行宣传动员，组织群众开展自救和互救，协助维护社会秩序。

第五十六条 【受突发事件影响或辐射突发事件的单位的应急处置措施】受到自然灾害危害或者发生事故灾难、公共卫生事件的单位，应当立即组织本单位应急救援队伍和工作人员营救受害人员，疏散、撤离、安置受到威胁的人员，控制危险源，标明危险区域，封锁危险场所，并采取其他防止危害扩大的必要措施，同时向所在地县级人民政府报告；对因本单位的问题引发的或者主体是本单位人员的社会安全事件，有关单位应当按照规定上报情况，并迅速派出负责人赶赴现场开展劝解、疏导工作。

突发事件发生地的其他单位应当服从人民政府发布的决定、命令，配合人民政府采取的应急处置措施，做好本单位的应急救援工作，并积极组织人员参加所在地的应急救援和处置工作。

第五十七条 【突发事件发生地的公民应当履行的义务】突发事件发生地的公民应当服从人民政府、居民委员会、村民委员会或者所属单位的指挥和安排，配合人民政府采取的应急处置措施，积极参加应急救援工作，协助维护社会秩序。

第五章 事后恢复与重建

第五十八条 【停止执行应急处置措施并继续实施必要措施】突发事件的威胁和危害得到控制或者消除后，履行统一领导职责或者组织处置突发事件的人民政府应当停止执行依照本法规定采取的应急处置措施，同时采取或者继续实施必要措施，防止发生自然灾害、事故灾难、公共卫生事件的次生、衍生事件或者重新引发社会安全事件。

第五十九条 【损失评估和组织恢复重建】突发事件应急处置工作结束后，履行统一领导职责的人民政府应当立即组织对突发事件造成的损失进行评估，组织受影响地区尽快恢复生产、生活、工作和社会秩序，制定恢复重建计划，并向上一级人民政府报告。

受突发事件影响地区的人民政府应当及时组织和协调公安、交通、铁路、民航、邮电、建设等有关部门恢复社会治安秩序，尽快修复被损坏的交通、通信、供水、排水、供电、供气、供热等公共设施。

第六十条 【支援恢复重建】受突发事件影响地区的人民政府开展恢复重建工作需要上一级人民政府支持的，可以向上一级人民政府提出请求。上一级人民政府应当根据受影响地区遭受的损失和实际情况，提供资金、物资支持和技术指导，组织其他地区提供资金、物资和人力支援。

第六十一条 【善后工作计划】国务院根据受突发事件影响地区遭受损失的情况，制定扶持该地区有关行业发展的优惠政策。

受突发事件影响地区的人民政府应当根据本地区遭受损失的情况，制定救助、补偿、抚慰、抚恤、安置等善后工作计划并组织实施，妥善解决因处置突发事件引发的矛盾和纠纷。

公民参加应急救援工作或者协助维护社会秩序期间，其在本单位的工资待遇和福利不变；表现突出、成绩显著的，由县级以上人民政府给予表彰或者奖励。

县级以上人民政府对在应急救援工作中伤亡的人员依法给予抚恤。

第六十二条 【查明原因并总结经验教训】履行统一领导职责的人民政府应当及时查明突发事件的发生经过和原因，总结突发事件应急处置工作的经验教训，制定改进措施，并向上一级人民政府提出报告。

第六章 法 律 责 任

第六十三条 【政府及其有关部门不履行法定职责的法律责

任】地方各级人民政府和县级以上各级人民政府有关部门违反本法规定，不履行法定职责的，由其上级行政机关或者监察机关责令改正；有下列情形之一的，根据情节对直接负责的主管人员和其他直接责任人员依法给予处分：

（一）未按规定采取预防措施，导致发生突发事件，或者未采取必要的防范措施，导致发生次生、衍生事件的；

（二）迟报、谎报、瞒报、漏报有关突发事件的信息，或者通报、报送、公布虚假信息，造成后果的；

（三）未按规定及时发布突发事件警报、采取预警期的措施，导致损害发生的；

（四）未按规定及时采取措施处置突发事件或者处置不当，造成后果的；

（五）不服从上级人民政府对突发事件应急处置工作的统一领导、指挥和协调的；

（六）未及时组织开展生产自救、恢复重建等善后工作的；

（七）截留、挪用、私分或者变相私分应急救援资金、物资的；

（八）不及时归还征用的单位和个人的财产，或者对被征用财产的单位和个人不按规定给予补偿的。

第六十四条　【突发事件发生地的单位不履行法定义务的法律责任】有关单位有下列情形之一的，由所在地履行统一领导职责的人民政府责令停产停业，暂扣或者吊销许可证或者营业执照，并处五万元以上二十万元以下的罚款；构成违反治安管理行为的，由公安机关依法给予处罚：

（一）未按规定采取预防措施，导致发生严重突发事件的；

（二）未及时消除已发现的可能引发突发事件的隐患，导致发生严重突发事件的；

（三）未做好应急设备、设施日常维护、检测工作，导致发生严重突发事件或者突发事件危害扩大的；

（四）突发事件发生后，不及时组织开展应急救援工作，造成严重后果的。

前款规定的行为，其他法律、行政法规规定由人民政府有关部门依法决定处罚的，从其规定。

第六十五条　【编造、传播虚假信息的法律责任】违反本法规定，编造并传播有关突发事件事态发展或者应急处置工作的虚假信息，或者明知是有关突发事件事态发展或者应急处置工作的虚假信息而进行传播的，责令改正，给予警告；造成严重后果的，依法暂停其业务活动或者吊销其执业许可证；负有直接责任的人员是国家工作人员的，还应当对其依法给予处分；构成违反治安管理行为的，由公安机关依法给予处罚。

第六十六条　【治安管理处罚】单位或者个人违反本法规定，不服从所在地人民政府及其有关部门发布的决定、命令或者不配合其依法采取的措施，构成违反治安管理行为的，由公安机关依法给予处罚。

第六十七条　【民事责任】单位或者个人违反本法规定，导致突发事件发生或者危害扩大，给他人人身、财产造成损害的，应当依法承担民事责任。

第六十八条　【刑事责任】违反本法规定，构成犯罪的，依法追究刑事责任。

第七章　附　　则

第六十九条　【紧急状态】发生特别重大突发事件，对人民生命财产安全、国家安全、公共安全、环境安全或者社会秩序构成重大威胁，采取本法和其他有关法律、法规、规章规定的应急处置措施不能消除或者有效控制、减轻其严重社会危害，需要进入紧急状态的，由全国人民代表大会常务委员会或者国务院依照宪法和其他有关法律规定的权限和程序决定。

紧急状态期间采取的非常措施，依照有关法律规定执行或者由全国人民代表大会常务委员会另行规定。

第七十条 【施行日期】本法自 2007 年 11 月 1 日起施行。

生产安全事故应急条例

（2018 年 12 月 5 日国务院第 33 次常务会议通过
2019 年 2 月 17 日中华人民共和国国务院令第 708 号公布
自 2019 年 4 月 1 日起施行）

第一章 总 则

第一条 为了规范生产安全事故应急工作，保障人民群众生命和财产安全，根据《中华人民共和国安全生产法》和《中华人民共和国突发事件应对法》，制定本条例。

第二条 本条例适用于生产安全事故应急工作；法律、行政法规另有规定的，适用其规定。

第三条 国务院统一领导全国的生产安全事故应急工作，县级以上地方人民政府统一领导本行政区域内的生产安全事故应急工作。生产安全事故应急工作涉及两个以上行政区域的，由有关行政区域共同的上一级人民政府负责，或者由各有关行政区域的上一级人民政府共同负责。

县级以上人民政府应急管理部门和其他对有关行业、领域的安全生产工作实施监督管理的部门（以下统称负有安全生产监督管理职责的部门）在各自职责范围内，做好有关行业、领域的生产安全事故应急工作。

县级以上人民政府应急管理部门指导、协调本级人民政府其他负有安全生产监督管理职责的部门和下级人民政府的生产安全事故应急工作。

乡、镇人民政府以及街道办事处等地方人民政府派出机关应当协助上级人民政府有关部门依法履行生产安全事故应急工作职责。

第四条 生产经营单位应当加强生产安全事故应急工作，建立、健全生产安全事故应急工作责任制，其主要负责人对本单位的生产安全事故应急工作全面负责。

第二章 应 急 准 备

第五条 县级以上人民政府及其负有安全生产监督管理职责的部门和乡、镇人民政府以及街道办事处等地方人民政府派出机关，应当针对可能发生的生产安全事故的特点和危害，进行风险辨识和评估，制定相应的生产安全事故应急救援预案，并依法向社会公布。

生产经营单位应当针对本单位可能发生的生产安全事故的特点和危害，进行风险辨识和评估，制定相应的生产安全事故应急救援预案，并向本单位从业人员公布。

第六条 生产安全事故应急救援预案应当符合有关法律、法规、规章和标准的规定，具有科学性、针对性和可操作性，明确规定应急组织体系、职责分工以及应急救援程序和措施。

有下列情形之一的，生产安全事故应急救援预案制定单位应当及时修订相关预案：

（一）制定预案所依据的法律、法规、规章、标准发生重大变化；

（二）应急指挥机构及其职责发生调整；

（三）安全生产面临的风险发生重大变化；

（四）重要应急资源发生重大变化；

（五）在预案演练或者应急救援中发现需要修订预案的重大问题；

（六）其他应当修订的情形。

第七条 县级以上人民政府负有安全生产监督管理职责的部门应当将其制定的生产安全事故应急救援预案报送本级人民政府备案；易燃易爆物品、危险化学品等危险物品的生产、经营、储存、运输单位，矿山、金属冶炼、城市轨道交通运营、建筑施工单位，以及宾馆、商场、娱乐场所、旅游景区等人员密集场所经营单位，应当将其制定的生产安全事故应急救援预案按照国家有关规定报送县级以上人民政府负有安全生产监督管理职责的部门备案，并依法向社会公布。

第八条 县级以上地方人民政府以及县级以上人民政府负有安全生产监督管理职责的部门，乡、镇人民政府以及街道办事处等地方人民政府派出机关，应当至少每2年组织1次生产安全事故应急救援预案演练。

易燃易爆物品、危险化学品等危险物品的生产、经营、储存、运输单位，矿山、金属冶炼、城市轨道交通运营、建筑施工单位，以及宾馆、商场、娱乐场所、旅游景区等人员密集场所经营单位，应当至少每半年组织1次生产安全事故应急救援预案演练，并将演练情况报送所在地县级以上地方人民政府负有安全生产监督管理职责的部门。

县级以上地方人民政府负有安全生产监督管理职责的部门应当对本行政区域内前款规定的重点生产经营单位的生产安全事故应急救援预案演练进行抽查；发现演练不符合要求的，应当责令限期改正。

第九条 县级以上人民政府应当加强对生产安全事故应急救援队伍建设的统一规划、组织和指导。

县级以上人民政府负有安全生产监督管理职责的部门根据生产安全事故应急工作的实际需要，在重点行业、领域单独建立或者依托有条件的生产经营单位、社会组织共同建立应急救援队伍。

国家鼓励和支持生产经营单位和其他社会力量建立提供社会化应急救援服务的应急救援队伍。

第十条 易燃易爆物品、危险化学品等危险物品的生产、经营、储存、运输单位，矿山、金属冶炼、城市轨道交通运营、建筑施工单位，以及宾馆、商场、娱乐场所、旅游景区等人员密集场所经营单位，应当建立应急救援队伍；其中，小型企业或者微型企业等规模较小的生产经营单位，可以不建立应急救援队伍，但应当指定兼职的应急救援人员，并且可以与邻近的应急救援队伍签订应急救援协议。

工业园区、开发区等产业聚集区域内的生产经营单位，可以联合建立应急救援队伍。

第十一条 应急救援队伍的应急救援人员应当具备必要的专业知识、技能、身体素质和心理素质。

应急救援队伍建立单位或者兼职应急救援人员所在单位应当按照国家有关规定对应急救援人员进行培训；应急救援人员经培训合格后，方可参加应急救援工作。

应急救援队伍应当配备必要的应急救援装备和物资，并定期组织训练。

第十二条 生产经营单位应当及时将本单位应急救援队伍建立情况按照国家有关规定报送县级以上人民政府负有安全生产监督管理职责的部门，并依法向社会公布。

县级以上人民政府负有安全生产监督管理职责的部门应当定期将本行业、本领域的应急救援队伍建立情况报送本级人民政府，并依法向社会公布。

第十三条 县级以上地方人民政府应当根据本行政区域内可能发生的生产安全事故的特点和危害，储备必要的应急救援装备和物资，并及时更新和补充。

易燃易爆物品、危险化学品等危险物品的生产、经营、储存、运输单位，矿山、金属冶炼、城市轨道交通运营、建筑施工单位，以及宾馆、商场、娱乐场所、旅游景区等人员密集场所经营单位，应当根据本单位可能发生的生产安全事故的特点和危害，配备必要的灭火、排水、通风以及危险物品稀释、掩埋、收集等应急救援器材、设备和物资，并进行经常性维护、保养，保证正常运转。

第十四条 下列单位应当建立应急值班制度，配备应急值班人员：

（一）县级以上人民政府及其负有安全生产监督管理职责的部门；

（二）危险物品的生产、经营、储存、运输单位以及矿山、金属冶炼、城市轨道交通运营、建筑施工单位；

（三）应急救援队伍。

规模较大、危险性较高的易燃易爆物品、危险化学品等危险物品的生产、经营、储存、运输单位应当成立应急处置技术组，实行24 小时应急值班。

第十五条 生产经营单位应当对从业人员进行应急教育和培训，保证从业人员具备必要的应急知识，掌握风险防范技能和事故应急措施。

第十六条 国务院负有安全生产监督管理职责的部门应当按照国家有关规定建立生产安全事故应急救援信息系统，并采取有效措施，实现数据互联互通、信息共享。

生产经营单位可以通过生产安全事故应急救援信息系统办理生产安全事故应急救援预案备案手续，报送应急救援预案演练情况和应急救援队伍建设情况；但依法需要保密的除外。

第三章　应　急　救　援

第十七条 发生生产安全事故后，生产经营单位应当立即启动生产安全事故应急救援预案，采取下列一项或者多项应急救援措施，并按照国家有关规定报告事故情况：

（一）迅速控制危险源，组织抢救遇险人员；

（二）根据事故危害程度，组织现场人员撤离或者采取可能的应急措施后撤离；

（三）及时通知可能受到事故影响的单位和人员；

（四）采取必要措施，防止事故危害扩大和次生、衍生灾害发生；

（五）根据需要请求邻近的应急救援队伍参加救援，并向参加救援的应急救援队伍提供相关技术资料、信息和处置方法；

（六）维护事故现场秩序，保护事故现场和相关证据；

（七）法律、法规规定的其他应急救援措施。

第十八条 有关地方人民政府及其部门接到生产安全事故报告后，应当按照国家有关规定上报事故情况，启动相应的生产安全事故应急救援预案，并按照应急救援预案的规定采取下列一项或者多项应急救援措施：

（一）组织抢救遇险人员，救治受伤人员，研判事故发展趋势以及可能造成的危害；

（二）通知可能受到事故影响的单位和人员，隔离事故现场，划定警戒区域，疏散受到威胁的人员，实施交通管制；

（三）采取必要措施，防止事故危害扩大和次生、衍生灾害发生，避免或者减少事故对环境造成的危害；

（四）依法发布调用和征用应急资源的决定；

（五）依法向应急救援队伍下达救援命令；

（六）维护事故现场秩序，组织安抚遇险人员和遇险遇难人员亲属；

（七）依法发布有关事故情况和应急救援工作的信息；

（八）法律、法规规定的其他应急救援措施。

有关地方人民政府不能有效控制生产安全事故的，应当及时向上级人民政府报告。上级人民政府应当及时采取措施，统一指挥应急救援。

第十九条 应急救援队伍接到有关人民政府及其部门的救援命令或者签有应急救援协议的生产经营单位的救援请求后，应当立即参加生产安全事故应急救援。

应急救援队伍根据救援命令参加生产安全事故应急救援所耗费用，由事故责任单位承担；事故责任单位无力承担的，由有关人民政府协调解决。

第二十条 发生生产安全事故后，有关人民政府认为有必要的，可以设立由本级人民政府及其有关部门负责人、应急救援专家、应急救援队伍负责人、事故发生单位负责人等人员组成的应急救援现场指挥部，并指定现场指挥部总指挥。

第二十一条 现场指挥部实行总指挥负责制，按照本级人民政府的授权组织制定并实施生产安全事故现场应急救援方案，协调、指挥有关单位和个人参加现场应急救援。

参加生产安全事故现场应急救援的单位和个人应当服从现场指挥部的统一指挥。

第二十二条 在生产安全事故应急救援过程中，发现可能直接危及应急救援人员生命安全的紧急情况时，现场指挥部或者统一指挥应急救援的人民政府应当立即采取相应措施消除隐患，降低或者化解风险，必要时可以暂时撤离应急救援人员。

第二十三条 生产安全事故发生地人民政府应当为应急救援人员提供必需的后勤保障，并组织通信、交通运输、医疗卫生、气象、水文、地质、电力、供水等单位协助应急救援。

第二十四条 现场指挥部或者统一指挥生产安全事故应急救援的人民政府及其有关部门应当完整、准确地记录应急救援的重要事项，妥善保存相关原始资料和证据。

第二十五条 生产安全事故的威胁和危害得到控制或者消除

后，有关人民政府应当决定停止执行依照本条例和有关法律、法规采取的全部或者部分应急救援措施。

第二十六条 有关人民政府及其部门根据生产安全事故应急救援需要依法调用和征用的财产，在使用完毕或者应急救援结束后，应当及时归还。财产被调用、征用或者调用、征用后毁损、灭失的，有关人民政府及其部门应当按照国家有关规定给予补偿。

第二十七条 按照国家有关规定成立的生产安全事故调查组应当对应急救援工作进行评估，并在事故调查报告中作出评估结论。

第二十八条 县级以上地方人民政府应当按照国家有关规定，对在生产安全事故应急救援中伤亡的人员及时给予救治和抚恤；符合烈士评定条件的，按照国家有关规定评定为烈士。

第四章 法律责任

第二十九条 地方各级人民政府和街道办事处等地方人民政府派出机关以及县级以上人民政府有关部门违反本条例规定的，由其上级行政机关责令改正；情节严重的，对直接负责的主管人员和其他直接责任人员依法给予处分。

第三十条 生产经营单位未制定生产安全事故应急救援预案、未定期组织应急救援预案演练、未对从业人员进行应急教育和培训，生产经营单位的主要负责人在本单位发生生产安全事故时不立即组织抢救的，由县级以上人民政府负有安全生产监督管理职责的部门依照《中华人民共和国安全生产法》有关规定追究法律责任。

第三十一条 生产经营单位未对应急救援器材、设备和物资进行经常性维护、保养，导致发生严重生产安全事故或者生产安全事故危害扩大，或者在本单位发生生产安全事故后未立即采取相应的应急救援措施，造成严重后果的，由县级以上人民政府负有安全生产监督管理职责的部门依照《中华人民共和国突发事件应对法》有关规定追究法律责任。

第三十二条　生产经营单位未将生产安全事故应急救援预案报送备案、未建立应急值班制度或者配备应急值班人员的，由县级以上人民政府负有安全生产监督管理职责的部门责令限期改正；逾期未改正的，处3万元以上5万元以下的罚款，对直接负责的主管人员和其他直接责任人员处1万元以上2万元以下的罚款。

第三十三条　违反本条例规定，构成违反治安管理行为的，由公安机关依法给予处罚；构成犯罪的，依法追究刑事责任。

第五章　附　　则

第三十四条　储存、使用易燃易爆物品、危险化学品等危险物品的科研机构、学校、医院等单位的安全事故应急工作，参照本条例有关规定执行。

第三十五条　本条例自2019年4月1日起施行。

生产安全事故应急预案管理办法（节录）

（2016年6月3日国家安全生产监督管理总局令第88号公布　根据2019年7月11日应急管理部《关于修改〈生产安全事故应急预案管理办法〉的决定》修订）

……

第四章　应急预案的实施

第三十条　各级人民政府应急管理部门、各类生产经营单位应当采取多种形式开展应急预案的宣传教育，普及生产安全事故避险、自救和互救知识，提高从业人员和社会公众的安全意识与应急处置技能。

第三十一条　各级人民政府应急管理部门应当将本部门应急预案的培训纳入安全生产培训工作计划，并组织实施本行政区域内重点生产经营单位的应急预案培训工作。

生产经营单位应当组织开展本单位的应急预案、应急知识、自救互救和避险逃生技能的培训活动，使有关人员了解应急预案内容，熟悉应急职责、应急处置程序和措施。

应急培训的时间、地点、内容、师资、参加人员和考核结果等情况应当如实记入本单位的安全生产教育和培训档案。

第三十二条　各级人民政府应急管理部门应当至少每两年组织一次应急预案演练，提高本部门、本地区生产安全事故应急处置能力。

第三十三条　生产经营单位应当制定本单位的应急预案演练计划，根据本单位的事故风险特点，每年至少组织一次综合应急预案演练或者专项应急预案演练，每半年至少组织一次现场处置方案演练。

易燃易爆物品、危险化学品等危险物品的生产、经营、储存、运输单位，矿山、金属冶炼、城市轨道交通运营、建筑施工单位，以及宾馆、商场、娱乐场所、旅游景区等人员密集场所经营单位，应当至少每半年组织一次生产安全事故应急预案演练，并将演练情况报送所在地县级以上地方人民政府负有安全生产监督管理职责的部门。

县级以上地方人民政府负有安全生产监督管理职责的部门应当对本行政区域内前款规定的重点生产经营单位的生产安全事故应急救援预案演练进行抽查；发现演练不符合要求的，应当责令限期改正。

第三十四条　应急预案演练结束后，应急预案演练组织单位应当对应急预案演练效果进行评估，撰写应急预案演练评估报告，分析存在的问题，并对应急预案提出修订意见。

第三十五条　应急预案编制单位应当建立应急预案定期评估制度，对预案内容的针对性和实用性进行分析，并对应急预案是否需要修订作出结论。

矿山、金属冶炼、建筑施工企业和易燃易爆物品、危险化学品等危险物品的生产、经营、储存、运输企业、使用危险化学品达到国家规定数量的化工企业、烟花爆竹生产、批发经营企业和中型规模以上的其他生产经营单位，应当每三年进行一次应急预案评估。

应急预案评估可以邀请相关专业机构或者有关专家、有实际应急救援工作经验的人员参加，必要时可以委托安全生产技术服务机构实施。

第三十六条　有下列情形之一的，应急预案应当及时修订并归档：

（一）依据的法律、法规、规章、标准及上位预案中的有关规定发生重大变化的；

（二）应急指挥机构及其职责发生调整的；

（三）安全生产面临的风险发生重大变化的；

（四）重要应急资源发生重大变化的；

（五）在应急演练和事故应急救援中发现需要修订预案的重大问题的；

（六）编制单位认为应当修订的其他情况。

第三十七条　应急预案修订涉及组织指挥体系与职责、应急处置程序、主要处置措施、应急响应分级等内容变更的，修订工作应当参照本办法规定的应急预案编制程序进行，并按照有关应急预案报备程序重新备案。

第三十八条　生产经营单位应当按照应急预案的规定，落实应急指挥体系、应急救援队伍、应急物资及装备，建立应急物资、装备配备及其使用档案，并对应急物资、装备进行定期检测和维护，使其处于适用状态。

第三十九条 生产经营单位发生事故时，应当第一时间启动应急响应，组织有关力量进行救援，并按照规定将事故信息及应急响应启动情况报告事故发生地县级以上人民政府应急管理部门和其他负有安全生产监督管理职责的部门。

第四十条 生产安全事故应急处置和应急救援结束后，事故发生单位应当对应急预案实施情况进行总结评估。

……

安全监管

国务院关于加强和规范
事中事后监管的指导意见（节录）

（2019 年 9 月 6 日　国发〔2019〕18 号）

……

二、夯实监管责任

（三）明确监管对象和范围。要严格按照法律法规和"三定"规定明确的监管职责和监管事项，依法对市场主体进行监管，做到监管全覆盖，杜绝监管盲区和真空。除法律法规另有规定外，各部门对负责审批或指导实施的行政许可事项，负责事中事后监管；实行相对集中行政许可权改革的，要加强审管衔接，把监管责任落到实处，确保事有人管、责有人负；对已经取消审批但仍需政府监管的事项，主管部门负责事中事后监管；对下放审批权的事项，要同时调整监管层级，确保审批监管权责统一；对审批改为备案的事项，主管部门要加强核查，对未经备案从事相关经营活动的市场主体依法予以查处；对没有专门执法力量的行业和领域，审批或主管部门可通过委托执法、联合执法等方式，会同相关综合执法部门查处违法违规行为，相关综合执法部门要积极予以支持。

（四）厘清监管事权。各部门要充分发挥在规则和标准制定、风险研判、统筹协调等方面的作用，指导本系统开展事中事后监管。对涉及面广、较为重大复杂的监管领域和监管事项，主责部门要发挥牵头作用，相关部门要协同配合，建立健全工作协调机制。省级人民政府要统筹制定本行政区域内监管计划任务，指导和督促省级部门、市县级人民政府加强和规范监管执法；垂直管理部门要统筹制定本系统监管计划任务，并加强与属地政府的协同配合。市县级人民政府要把主要精力放在加强公正监管上，维护良好的市场秩序。

三、健全监管规则和标准

（五）健全制度化监管规则。各部门要围绕服务企业发展，分领域制订全国统一、简明易行的监管规则和标准，并向社会公开，以科学合理的规则标准提升监管有效性，降低遵从和执法成本。对边界模糊、执行弹性大的监管规则和标准，要抓紧清理规范和修订完善。要结合权责清单编制，在国家"互联网+监管"系统监管事项目录清单基础上，全面梳理各级政府和部门职责范围内的监管事项，明确监管主体、监管对象、监管措施、设定依据、处理方式等内容，纳入国家"互联网+监管"系统统一管理并动态更新，提升监管规范化、标准化水平。强化竞争政策的基础性地位，落实并完善公平竞争审查制度，加快清理妨碍全国统一市场和公平竞争的各种规定和做法。

（六）加强标准体系建设。加快建立完善各领域国家标准和行业标准，明确市场主体应当执行的管理标准、技术标准、安全标准、产品标准，严格依照标准开展监管。精简整合强制性标准，重点加强安全、卫生、节能、环保等领域的标准建设，优化强制性标准底线。鼓励企业、社会团体制定高于强制性标准的标准，开展标准自我声明公开并承诺执行落实，推动有关产品、技术、质量、服务等标准与国际接轨互认。适应新经济新技术发展趋势，及时修订调整已有标准，加快新产业新业态标准的研究制定。加强质量认证体系建设，对涉及安全、健康、环保等方面的产品依法实施强制性认证。

四、创新和完善监管方式

（七）深入推进"互联网+监管"。依托国家"互联网+监管"系统，联通汇聚全国信用信息共享平台、国家企业信用信息公示系统等重要监管平台数据，以及各级政府部门、社会投诉举报、第三方平台等数据，加强监管信息归集共享，将政府履职过程中形成的行政检查、行政处罚、行政强制等信息以及司法判决、违法失信、抽查抽检等信息进行关联整合，并归集到相关市场主体名下。充分运用大数据等技术，加强对风险的跟踪预警。探索推行以远程监管、移动监管、预警防控为特征的非现场监管，提升监管精准化、智能化水平。

（八）提升信用监管效能。以统一社会信用代码为标识，依法依规建立权威、统一、可查询的市场主体信用记录。大力推行信用承诺制度，将信用承诺履行情况纳入信用记录。推进信用分级分类监管，依据企业信用情况，在监管方式、抽查比例和频次等方面采取差异化措施。规范认定并设立市场主体信用"黑名单"，建立企业信用与自然人信用挂钩机制，强化跨行业、跨领域、跨部门失信联合惩戒，对失信主体在行业准入、项目审批、获得信贷、发票领用、出口退税、出入境、高消费等方面依法予以限制。建立健全信用修复、异议申诉等机制。在保护涉及公共安全、国家秘密、商业秘密和个人隐私等信息的前提下，依法公开在行政管理中掌握的信用信息，为社会公众提供便捷高效的信用查询服务。

（九）全面实施"双随机、一公开"监管。在市场监管领域全面实行随机抽取检查对象、随机选派执法检查人员、抽查情况及查处结果及时向社会公开，除特殊行业、重点领域外，原则上所有日常涉企行政检查都应通过"双随机、一公开"的方式进行。不断完善"双随机、一公开"监管相关配套制度和工作机制，健全跨部门随机抽查事项清单，将更多事项纳入跨部门联合抽查范围。将随机抽查的比例频次、被抽查概率与抽查对象的信用等级、风险程度挂钩，对有不良信用记录、风险高的要加大抽查力度，对信用较好、风险较低的可适当减少抽查。抽查结果要分别通过国家企业信用信息公示系统、"信用中国"网站、国家"互联网+监管"系统等全面进行公示。

（十）对重点领域实行重点监管。对直接涉及公共安全和人民群众生命健康等特殊重点领域，依法依规实行全覆盖的重点监管，强化全过程质量管理，加强安全生产监管执法，严格落实生产、经营、使用、检测、监管等各环节质量和安全责任，守住质量和安全底线。对食品、药品、医疗器械、特种设备等重点产品，建立健全以产品编码管理为手段的追溯体系，形成来源可查、去向可追、责任可究的信息链条。地方各级政府可根据区域和行业风险特点，探索建立重点监管清单制度，严格控制重点监管事项数量，规范重点监管程序，并筛选确定重点监管的生产经营单位，实行跟踪监管、直接指导。

（十一）落实和完善包容审慎监管。对新技术、新产业、新业态、新模式，要按照鼓励创新原则，留足发展空间，同时坚守质量和安全底线，严禁简单封杀或放任不管。加强对新生事物发展规律研究，分类量身定制监管规则和标准。对看得准、有发展前景的，要引导其健康规范发展；对一时看不准的，设置一定的"观察期"，对出现的问题及时引导或处置；对潜在风险大、可能造成严重不良后果的，严格监管；对非法经营的，坚决依法予以查处。推进线上线下一体化监管，统一执法标准和尺度。

（十二）依法开展案件查办。对监管中发现的违法违规问题，综合运用行政强制、行政处罚、联合惩戒、移送司法机关处理等手段，依法进行惩处。对情节轻微、负面影响较小的苗头性问题，在坚持依法行政的同时，主要采取约谈、警告、责令改正等措施，及时予以纠正。对情节和后果严重的，要依法责令下架召回、停工停产或撤销吊销相关证照，涉及犯罪的要及时移送司法机关处理。建立完善违法严惩制度、惩罚性赔偿和巨额罚款制度、终身禁入机制，让严重违法者付出高昂成本。

五、构建协同监管格局

（十三）加强政府协同监管。加快转变传统监管方式，打破条块分割，打通准入、生产、流通、消费等监管环节，建立健全跨部门、跨区域执法联动响应和协作机制，实现违法线索互联、监管标准互通、处理结果互认。深化市场监管、生态环境保护、交通运输、农业、文化市场综合行政执法改革，在其他具备条件的领域也要积极推进综合行政执法改革，统筹配置行政处罚职能和执法资源，相对集中行政处罚权，整合精简执法队伍，推进行政执法权限和力量向基层乡镇街道延伸下沉，逐步实现基层一支队伍管执法，解决多头多层重复执法问题。

（十四）强化市场主体责任。建立完善市场主体首负责任制，促使市场主体在安全生产、质量管理、营销宣传、售后服务、诚信纳税等方面加强自我监督、履行法定义务。督促涉及公众健康和安全等的企业建立完善内控和风险防范机制，落实专人负责，强化员工安全教育，加强内部安全检查。规范企业信息披露，进一步加强年报公示，推行"自我声明＋信用管理"模式，推动企业开展标准自我声明和服务质量公开承诺。加快建立产品质量安全事故强制报告制度，切实保障公众知情权。

（十五）提升行业自治水平。推动行业协会商会建立健全行业经营自律规范、自律公约和职业道德准则，规范会员行为。鼓励行业协会商会参与制定国家标准、行业规划和政策法规，制定发布行业产品和服务标准。发挥行业协会商会在权益保护、纠纷处理、行业信用建设和信用监管等方面的作用，支持行业协会商会开展或参与公益诉讼、专业调解工作。规范行业协会商会收费、评奖、认证等行为。

（十六）发挥社会监督作用。建立"吹哨人"、内部举报人等制度，对举报严重违法违规行为和重大风险隐患的有功人员予以重奖和严格保护。畅通群众监督渠道，整合优化政府投诉举报平台功能，力争做到"一号响应"。依法规范牟利性"打假"和索赔行为。培育信用服务机构，鼓励开展信用评级和第三方评估。发挥会计、法律、资产评估、认证检验检测、公证、仲裁、税务等专业机构的监督作用，在监管执法中更多参考专业意见。强化舆论监督，持续曝光典型案件，震慑违法行为。

六、提升监管规范性和透明度

（十七）规范涉企行政检查和处罚。对涉企现场检查事项进行全面梳理论证，通过取消、整合、转为非现场检查等方式，压减重复或不必要的检查事项，着力解决涉企现场检查事项多、频次高、随意检查等问题。清理规范行政处罚事项，对重复处罚、标准不一、上位法已作调整的事项及时进行精简和规范。加强行政执法事项目录管理，从源头上减少不必要的执法事项。健全行政执法自由裁量基准制度，合理确定裁量范围、种类和幅度，严格限定裁量权的行使。禁止将罚没收入与行政执法机关利益挂钩。

（十八）全面推进监管执法公开。聚焦行政执法的源头、过程、结果等关键环节，严格落实行政执法公示、执法全过程记录、重大执法决定法制审核制度。建立统一的执法信息公示平台，按照"谁执法谁公示"原则，除涉及国家秘密、商业秘密、个人隐私等依法不予公开的信息外，行政执法职责、依据、程序、结果等都应对社会公开。对行政执法的启动、调查取证、审核决定、送达执行等全过程进行记录，做到全程留痕和可回溯管理。重大行政执法决定必须经过法制审核，未经法制审核或审核未通过的，不得作出决定。

（十九）健全尽职免责、失职问责办法。全面落实行政执法责任制和问责制，促进监管执法部门和工作人员履职尽责、廉洁自律、公平公正执法。对忠于职守、履职尽责的，要给予表扬和鼓励；对未履行、不当履行或违法履行监管职责的，严肃追责问责；涉嫌犯罪的，移送有关机关依法处理。加快完善各监管执法领域尽职免责办法，明确履职标准和评判界线，对严格依据法律法规履行监管职责、监管对象出现问题的，应结合动机态度、客观条件、程序方法、性质程度、后果影响以及挽回损失等情况进行综合分析，符合条件的要予以免责。

七、强化组织保障

（二十）认真抓好责任落实。各地区、各部门要认真贯彻落实党中央、国务院决策部署，按照本意见提出的各项措施和要求，落实和强化监管责任，科学配置监管资源，鼓励基层探索创新，细化实化监管措施，切实维护公平竞争秩序。将地方政府公正监管水平纳入中国营商环境评价指标体系。国务院办公厅负责对本意见落实工作的跟踪督促，确保各项任务和措施落实到位。

（二十一）加强法治保障。按照重大改革于法有据的要求，根据监管工作需要和经济社会发展变化，加快推进相关法律法规和规章立改废释工作，为事中事后监管提供健全的法治保障。加强监管执法与司法的衔接，建立监管部门、公安机关、检察机关间案情通报机制，完善案件移送标准和程序。

（二十二）加强监管能力建设。加快建设高素质、职业化、专业化的监管执法队伍，扎实做好技能提升工作，大力培养"一专多能"的监管执法人员。推进人财物等监管资源向基层下沉，保障基层经费和装备投入。推进执法装备标准化建设，提高现代科技手段在执法办案中的应用水平。

安全生产执法程序规定（节录）

（2016 年 7 月 15 日　安监总政法〔2016〕72 号）

......

第三章　安全生产行政许可程序

第十五条　安全生产监督管理部门应当将本部门依法实施的行

政许可事项、依据、条件、数量、程序、期限以及需要提交的全部材料的目录和申请书示范文本等进行公示。公示应当采取下列方式：

（一）在实施许可的办公场所设置公示栏、电子显示屏或者将公示信息资料集中在本部门专门场所供公众查阅；

（二）在联合办理、集中办理行政许可的场所公示；

（三）在本部门官方网站上公示。

第十六条　公民、法人或者其他组织依法申请安全生产行政许可的，应当依法向实施许可的安全生产监督管理部门提出。

第十七条　申请人申请安全生产行政许可，应当如实向实施许可的安全生产监督管理部门提交有关材料和反映真实情况，并对其申请材料实质内容的真实性负责。

第十八条　安全生产监督管理部门有多个内设机构办理安全生产行政许可事项的，应当确定一个机构统一受理申请人的申请，统一送达安全生产行政许可决定。

第十九条　申请人可以委托代理人代为提出安全生产行政许可申请，但依法应当由申请人本人申请的除外。

代理人代为提出申请的，应当出具载明委托事项和代理人权限的授权委托书，并出示能证明其身份的证件。

第二十条　公民、法人或者其他组织因安全生产行政许可行为取得的正当权益受法律保护。非因法定事由并经法定程序，安全生产监督管理部门不得撤销、变更、注销已经生效的行政许可决定。

安全生产监督管理部门不得增加法律、法规规定以外的其他行政许可条件。

第二十一条　安全生产监督管理部门实施安全生产行政许可，应当按照以下程序办理：

（一）申请。申请人向实施许可的安全生产监督管理部门提交申请书和法定的文件资料，也可以按规定通过信函、传真、互联网和电子邮件等方式提出安全生产行政许可申请；

（二）受理。实施许可的安全生产监督管理部门按照规定进行初步审查，对符合条件的申请予以受理并出具书面凭证；对申请文件、资料不齐全或者不符合要求的，应当当场告知或者在收到申请文件、资料之日起 5 个工作日内出具补正通知书，一次告知申请人需要补正的全部内容；对不符合条件的，不予受理并书面告知申请人理由；逾期不告知的，自收到申请材料之日起，即为受理；

（三）审查。实施许可的安全生产监督管理部门对申请材料进行书面审查，按照规定，需要征求有关部门意见的，应当书面征求有关部门意见，并得到书面回复；属于法定听证情形的，实施许可的安全生产监督管理部门应当举行听证；发现行政许可事项直接关系他人重大利益的，应当告知该利害关系人。需要到现场核查的，应当指派两名以上执法人员实施核查，并提交现场核查报告；

（四）作出决定。实施许可的安全生产监督管理部门应当在规定的时间内，作出许可或者不予许可的书面决定。对决定许可的，许可机关应当自作出决定之日起 10 个工作日内向申请人颁发、送达许可证件或者批准文件；对决定不予许可的，许可机关应当说明理由，并告知申请人享有的法定权利。

依照法律、法规规定实施安全生产行政许可，应当根据考试成绩、考核结果、检验、检测结果作出行政许可决定的，从其规定。

第二十二条　已经取得安全生产行政许可，因法定事由，有关许可事项需要变更的，应当按照有关规定向实施许可的安全生产监督管理部门提出变更申请，并提交相关文件、资料。实施许可的安全生产监督管理部门应当按照有关规定进行审查，办理变更手续。

第二十三条　需要申请安全生产行政许可延期的，应当在规定的期限内，向作出安全生产行政许可的安全生产监督管理部门提出延期申请，并提交延期申请书及规定的申请文件、资料。

提出安全生产许可延期申请时，可以同时提出变更申请，并按有关规定向作出安全生产行政许可的安全生产监督管理部门提交相关文件、资料。

作出安全生产行政许可的安全生产监督管理部门受理延期申请后，应当依照有关规定，对延期申请进行审查，作出是否准予延期的决定；作出安全生产行政许可的安全生产监管管理部门逾期未作出决定的，视为准予延期。

第二十四条 作出安全生产行政许可的安全生产监督管理部门或者其上级安全生产监督管理部门发现公民、法人或者其他组织属于吊销或者撤销法定情形的，应当依法吊销或者撤销该行政许可。

已经取得安全生产行政许可的公民、法人或者其他组织存在有效期届满未按规定提出申请延期、未被批准延期或者被依法吊销、撤销的，作出行政许可的安全生产监督管理部门应当依法注销该安全生产许可，并在新闻媒体或者本机关网站上发布公告。

第四章　安全生产行政处罚程序

第一节　简　易　程　序

第二十五条 安全生产违法事实确凿并有法定依据，对个人处以 50 元以下罚款、对生产经营单位处以 1 千元以下罚款或者警告的行政处罚的，安全生产执法人员可以当场作出行政处罚决定。

适用简易程序当场作出行政处罚决定的，应当遵循以下程序：

（一）安全生产执法人员不得少于两名，应当向当事人或者有关人员出示有效的执法证件，表明身份；

（二）行政处罚（当场）决定书，告知当事人作出行政处罚决定的事实、理由和依据；

（三）听取当事人的陈述和申辩，并制作当事人陈述申辩笔录；

（四）将行政处罚决定书当场交付当事人，并由当事人签字确认；

（五）及时报告行政处罚决定，并在5日内报所属安全生产监督管理部门备案。

安全生产执法人员对在边远、水上、交通不便地区，当事人向指定银行缴纳罚款确有困难，经当事人提出，可以当场收缴罚款，但应当出具省级人民政府财政部门统一制发的罚款收据，并自收缴罚款之日起2日内，交至所属安全生产监督管理部门；安全生产监督管理部门应当在2日内将罚款缴付指定的银行。

第二节 一般程序

第二十六条 一般程序适用于依据简易程序作出的行政处罚以外的其他行政处罚案件，遵循以下程序：

（一）立案。

对经初步调查认为生产经营单位涉嫌违反安全生产法律法规和规章的行为、依法应给予行政处罚、属于本部门管辖范围的，应当予以立案，并填写立案审批表。对确需立即查处的安全生产违法行为，可以先行调查取证，并在5日内补办立案手续。

（二）调查取证。

1. 进行案件调查取证时，安全生产执法人员不得少于两名，应当向当事人或者有关人员出示有效的执法证件，表明身份；

2. 向当事人或者有关人员询问时，应制作询问笔录；

3. 安全生产执法人员应当全面、客观、公正地进行调查，收集、调取与案件有关的原始凭证作为证据。调取原始凭证确有困难的，可以复制，复制件应当注明"经核对与原件无异"的字样、采集人、出具人、采集时间和原始凭证存放的单位及其处所，并由出具证据的生产经营单位盖章；个体经营且没有印章的生产经营单位，应当由该个体经营者签名。

4. 安全生产执法人员在收集证据时，可以采取抽样取证的方法；在证据可能灭失或者以后难以取得的情况下，经本部门负责人批准，可以先行登记保存，并应当在 7 日内依法作出处理决定。

5. 调查取证结束后，负责承办案件的安全生产执法人员拟定处理意见，编写案件调查报告，并交案件承办机构负责人审核，审核后报所在安全生产监督管理部门负责人审批。

（三）案件审理。

安全生产监督管理部门应当建立案件审理制度，对适用一般程序的安全生产行政处罚案件应当由内设的法制机构进行案件的合法性审查。

负责承办案件的安全生产执法人员应当根据审理意见，填写案件处理呈批表，连同有关证据材料一并报本部门负责人审批。

（四）行政处罚告知。

经审批，应当给予行政处罚的案件，安全生产监督管理部门在依法作出行政处罚决定之前，应当告知当事人作出行政处罚决定的事实、理由、依据、拟作出的行政处罚决定、当事人享有的陈述和申辩权利等，并向当事人送达《行政处罚告知书》。

（五）听证告知。

符合听证条件的，应当告知当事人有要求举行听证的权利，并向当事人送达《听证告知书》。

（六）听取当事人陈述申辩。

安全生产监督管理部门听取当事人陈述申辩，除法律法规规定可以采用的方式外，原则上应当形成书面证据证明，没有当事人书面材料的，安全生产执法人员应当制作当事人陈述申辩笔录。

（七）作出行政处罚决定的执行。

安全生产监督管理部门应当对案件调查结果进行审查，并根据不同情况，分别作出以下决定：

1. 依法应受行政处罚的违法行为的，根据情节轻重及具体情况，作出行政处罚决定；

2. 违法行为轻微，依法可以不予行政处罚的，不予行政处罚；违法事实不能成立，不得给予行政处罚；

3. 违法行为涉嫌犯罪的，移送司法机关处理。

对严重安全生产违法行为给予责令停产停业整顿、责令停产停业、责令停止建设、责令停止施工、吊销有关许可证、撤销有关执业资格或者岗位证书、5 万元以上罚款、没收违法所得 5 万元以上的行政处罚的，应当由安全生产监督管理部门的负责人集体讨论决定。

（八）行政处罚决定送达。

《行政处罚决定书》应当当场交付当事人；当事人不在场的，安全监督管理部门应当在 7 日内，依照《民事诉讼法》的有关规定，将《行政处罚决定书》送达当事人或者其他的法定受送达人。送达必须有送达回执，由受送达人在送达回执上注明收到日期，签名或者盖章。具体可以采用下列方式：

1. 送达应当直接送交受送达人。受送达人是个人的，本人不在时，交他的同住成年家属签收，并在《行政处罚决定书》送达回执的备注栏内注明与受送达人的关系；受送达人是法人或者其他组织的，应当由法人的法定代表人、其他组织的主要负责人或者该法人、组织负责收件的人签收；受送达人指定代收人或者委托代理人的，交代收人或者委托代理人签收并注明受当事人委托的情况；

2. 直接送达确有困难的，可以挂号邮寄送达，也可以委托当地安全监督管理部门代为送达，代为送达的安全监督管理部门收到文书后，应当及时交受送达人签收；

3. 当事人或者他的同住成年家属拒绝接收的，送达人可以邀请有关基层组织或者所在单位的代表到场，说明情况，在《行政处罚决定书》送达回执上记明拒收的事由和日期，由送达人、见证人签名或者盖章，将行政处罚决定书留在当事人的住所；也可以把《行政处罚决定书》留在受送达人的住所，并采用拍照、录像等方式记录送达过程，即视为送达；

4. 受送达人下落不明，或者用以上方式无法送达的，可以公告送达，自公告发布之日起经过 60 日，即视为送达。公告送达，应当在案卷中注明原因和经过；

5. 经受送达人同意，还可采用传真、电子邮件等能够确认其收悉的方式送达；

6. 法律、法规规定的其他送达方式。

（九）行政处罚决定的执行。

当事人应当在行政处罚决定的期限内，予以履行。当事人按时全部履行处罚决定的，安全生产监督管理部门应该保留相应的凭证；行政处罚部分履行的，应有相应的审批文书；当事人逾期不履行的，作出行政处罚决定的安全生产监督管理部门可按每日以罚款数额的 3% 加处罚款，但加处罚款的数额不得超出原罚款的数额；根据法律规定，将查封、扣押的设施、设备、器材拍卖所得价款抵缴罚款和申请人民法院强制执行等措施。

当事人对行政处罚决定不服，申请行政复议或者提起行政诉讼的，行政处罚不停止执行，法律、法规另有规定的除外。

（十）备案。

安全生产监督管理部门实施 5 万元以上罚款、没收违法所得 5 万元以上、责令停产停业、责令停止建设、责令停止施工、责令停产停业整顿、撤销有关资格、岗位证书或者吊销有关许可证的行政处罚的，按有关规定报上一级安全生产监督管理部门备案。

对上级安全生产监督管理部门交办的案件给予行政处罚的，由决定行政处罚的安全生产监督管理部门自作出行政处罚决定之日起 10 日内报上级安全生产监督管理部门备案。

（十一）结案。

行政处罚案件应当自立案之日起 30 日内作出行政处罚决定；由于客观原因不能完成的，经安全生产监督管理部门负责人同意，可以延长，但不得超过 90 日；特殊情况需进一步延长的，应当经上一级安全生产监督管理部门批准，可延长至 180 日。

案件执行完毕后，应填写结案审批表，经安全生产监督管理部门负责人批准后结案。

（十二）归档。

安全生产行政处罚案件结案后，应按安全生产执法文书的时间顺序和执法程序排序进行归档。

第三节 听证程序

第二十七条 当事人要求听证的，应当在安全生产监督管理部门告知后 3 日内以书面方式提出；逾期未提出申请的，视为放弃听证权利。

第二十八条 当事人提出听证要求后，安全生产监督管理部门应当在收到书面申请之日起 15 日内举行听证会，并在举行听证会的 7 日前，通知当事人举行听证的时间、地点。

当事人应当按期参加听证。当事人有正当理由要求延期的，经组织听证的安全生产监督管理部门负责人批准可以延期 1 次；当事人未按期参加听证，并且未事先说明理由的，视为放弃听证权利。

第二十九条 听证参加人由听证主持人、听证员、案件调查人员、当事人、书记员组成。

当事人可以委托 1 至 2 名代理人参加听证，并按规定提交委托书。

听证主持人、听证员、书记员应当由组织听证的安全生产监督管理部门负责人指定的非本案调查人员担任。

第三十条 除涉及国家秘密、商业秘密或者个人隐私外，听证应当公开举行。

第三十一条 听证按照下列程序进行：

（一）书记员宣布听证会场纪律、当事人的权利和义务。听证主持人宣布案由，核实听证参加人名单，询问当事人是否申请回避。当事人提出回避申请的，由听证主持人宣布暂停听证；

（二）案件调查人员提出当事人的违法事实、出示证据，说明拟作出的行政处罚的内容及法律依据；

（三）当事人或者其委托代理人对案件的事实、证据、适用的法律等进行陈述和申辩，提交新的证据材料；

（四）听证主持人就案件的有关问题向当事人、案件调查人员、证人询问；

（五）案件调查人员、当事人或者其委托代理人相互辩论与质证；

（六）当事人或者其委托代理人作最后陈述；

（七）听证主持人宣布听证结束。

听证笔录应当当场交当事人核对无误后签名或者盖章。

第三十二条 有下列情形之一的，应当中止听证：

（一）需要重新调查取证的；

（二）需要通知新证人到场作证的；

（三）因不可抗力无法继续进行听证的。

第三十三条 有下列情形之一的，应当终止听证：

（一）当事人撤回听证要求的；

（二）当事人无正当理由不按时参加听证，或者未经听证主持人允许提前退席的；

（三）拟作出的行政处罚决定已经变更，不适用听证程序的。

第三十四条 听证结束后，听证主持人应当依据听证情况，形成听证会报告书，提出处理意见并附听证笔录报送安全生产监督管理部门负责人。

第三十五条 听证结束后，安全生产监督管理部门依照本法第二十六条第七项的规定，作出决定。

第五章 安全生产行政强制程序

第三十六条 安全生产行政强制的种类：

（一）对有根据认为不符合保障安全生产的国家标准或者行业标准的设施、设备、器材以及违法生产、储存、使用、经营的危险物品予以查封或者扣押，对违法生产、储存、使用、经营危险物品的作业场所予以查封；

（二）临时查封易制毒化学品有关场所、扣押相关的证据材料和违法物品；

（三）查封违法生产、储存、使用、经营危险化学品的场所，扣押违法生产、储存、使用、经营的危险化学品以及用于违法生产、使用危险化学品的原材料、设备工具；

（四）通知有关部门、单位强制停止供电，停止供应民用爆炸物品；

（五）封存造成职业病危害事故或者可能导致职业病危害事故发生的材料和设备；

（六）加处罚款；

（七）法律、法规规定的其他安全生产行政强制。

第三十七条 安全生产行政强制应当在法律、法规规定的职权范围内实施。安全生产行政强制措施权不得委托。

安全生产行政强制应当由安全生产监督管理部门具备资格的执法人员实施，其他人员不得实施。

第三十八条 实施安全生产行政强制，应当向安全生产监督管理部门负责人报告并经批准；情况紧急，需要当场实施安全生产行政强制的，执法人员应当在 24 小时内向安全生产监督管理部门负责人报告，并补办批准手续。安全生产监督管理部门负责人认为不应当采取安全生产行政强制的,应当立即解除。

第三十九条 实施安全生产行政强制应当符合下列规定:

(一)应有两名以上安全生产执法人员到场实施,现场出示执法证件及相关决定;

(二)实施前应当通知当事人到场;

(三)当场告知当事人采取安全生产行政强制的理由、依据以及当事人依法享有的权利、救济途径;

(四)听取当事人的陈述和申辩;

(五)制作现场笔录;

(六)现场笔录由当事人和安全生产执法人员签名或者盖章,当事人拒绝的,在笔录中予以注明;

(七)当事人不到场的,邀请见证人到场,由见证人和执法人员在现场笔录上签名或者盖章;

(八)法律、法规规定的其他程序。

第四十条 安全生产监督管理部门依法对存在重大事故隐患的生产经营单位作出停产停业、停止施工、停止使用相关设施或者设备的决定,生产经营单位应当依法执行,及时消除事故隐患。生产经营单位拒不执行,有发生生产安全事故的现实危险的,在保证安全的前提下,经本部门主要负责人批准,安全生产监督管理部门可以采取通知有关单位停止供电、停止供应民用爆炸物品等措施,强制生产经营单位履行决定,通知应当采用书面形式。

安全生产监督管理部门依照前款规定采取停止供电、停止供应民用爆炸物品措施,除有危及生产安全的紧急情形外,停止供电措施应当提前二十四小时通知生产经营单位。

第四十一条 安全生产监督管理部门依法通知有关单位采取停止供电、停止供应民用爆炸物品等措施决定书的内容应当包括:

(一)生产经营单位名称、地址及法定代表人姓名;

(二)采取停止供电、停止供应民用爆炸物品等措施的理由、依据和期限；

（三）停止供电的区域范围；

（四）安全生产监督管理部门的名称、印章和日期。

对生产经营单位的通知除包含前款规定的内容外，还应当载明申请行政复议或者提起行政诉讼的途径。

第四十二条 生产经营单位依法履行行政决定、采取相应措施消除事故隐患的，经安全生产监督管理部门复核通过，安全生产监督管理部门应当及时作出解除停止供电、停止供应民用爆炸物品等措施并书面通知有关单位。

第四十三条 安全生产监督管理部门适用加处罚款情形的，按照下列规定执行：

（一）在《行政处罚决定书》中，告知加处罚款的标准；

（二）当事人在决定期限内不履行义务，依照《中华人民共和国行政强制法》规定，制作并向当事人送达缴纳罚款《催告书》；

（三）听取当事人陈述、申辩，并制作陈述申辩笔录；

（四）制作并送达《加处罚款决定书》。

第四十四条 当事人仍不履行罚款处罚决定，又不提起行政复议、行政诉讼的，安全生产监督管理部门按照下列规定，依法申请人民法院强制执行：

（一）依照《中华人民共和国行政强制法》第五十四条向当事人送达《催告书》，催促当事人履行有关缴纳罚款、履行行政决定等义务；

（二）缴纳罚款《催告书》送达10日后，由执法机关自提起行政复议、行政诉讼期限届满之日起3个月内向安全生产监督管理部门所在地基层人民法院申请强制执行；执行对象是不动产的，向不动产所在地有管辖权的人民法院申请强制执行，并提交下列材料：

1. 强制执行申请书；

2. 行政决定书及作出决定的事实、理由和依据；

3. 当事人的意见及行政机关催告情况；

4. 申请强制执行标的情况；

5. 法律、行政法规规定的其他材料。

强制执行申请书应当由安全生产监督管理部门负责人签名，加盖本部门的印章，并注明日期。

（三）依照《中华人民共和国行政强制法》第五十九条规定，因情况紧急，为保障公共安全，安全生产监督管理部门可以申请人民法院立即执行；

（四）安全生产监督管理部门对人民法院不予受理或者不予执行的裁定有异议的，可以自收到裁定之日起在 15 日内向上一级人民法院申请复议。

……

安全生产监管执法监督办法

（2018 年 3 月 5 日　安监总政法〔2018〕34 号）

第一条　为督促安全生产监督管理部门依法履行职责、严格规范公正文明执法，及时发现和纠正安全生产监管执法工作中存在的问题，根据《安全生产法》、《职业病防治法》等法律法规及国务院有关规定，制定本办法。

第二条　本办法所称安全生产监管执法行为（以下简称执法行为），是指安全生产监督管理部门（以下简称安全监管部门）依法履行安全生产、职业健康监督管理职责，按照有关法律、法规、规章对行政相对人实施监督检查、现场处理、行政处罚、行政强制、行政许可等行为。

本办法所称安全生产监管执法监督（以下简称执监督），是指安全监管部门对执法行为及相关活动的监督，包括上级安全监管部门对下级安全监管部门，安全监管部门对本部门内设机构、专门执法机构（执法总队、支队、大队等，下同）及其执法人员开展的监督。

第三条 安全监管部门开展执法监督工作，适用本办法。

安全监管部门对接受委托执法的乡镇人民政府、街道办事处、开发区管理机构等组织、机构开展执法监督工作，参照本办法执行。

第四条 执法监督工作遵循监督与促进相结合的原则，强化安全监管部门对内设机构、专门执法机构及其执法人员的监督，不断完善执法工作制度和机制，提升执法效能。

第五条 安全监管部门应指定一内设机构（以下简称执法监督机构）具体负责组织开展执法监督工作。

安全监管部门应当配备满足工作需要的执法监督人员，为执法监督机构履行职责提供必要的条件。

第六条 安全监管部门应当通过政府网站和办事大厅、服务窗口等，公布本部门执法监督电话、电子邮箱及通信地址，接受并按规定核查处理有关举报投诉。

第七条 安全监管部门通过综合监督、日常监督、专项监督等三种方式开展执法监督工作。

综合监督是指上级安全监管部门按照本办法规定的检查内容，对下级安全监管部门执法总体情况开展的执法监督。

日常监督是指安全监管部门对内设机构、专门执法机构及其执法人员日常执法情况开展的执法监督。

专项监督是指安全监管部门针对有关重要执法事项或者执法行为开展的执法监督。

第八条 综合监督主要对下级安全监管部门建立健全下列执法工作制度特别是其贯彻执行情况进行监督：

（一）执法依据公开制度。依照有关法律、法规、规章及"三定"规定，明确安全生产监管执法事项、设定依据、实施主体、履责方式等，公布并及时调整本部门主要执法职责及执法依据。

（二）年度监督检查计划制度。编制年度监督检查计划时，贯彻落实分类分级执法、安全生产与职业健康执法一体化和"双随机"抽查的要求。年度监督检查计划报本级人民政府批准并报上一级安全监管部门备案。根据安全生产大检查、专项治理有关安排部署，及时调整年度监督检查计划，按规定履行重新报批、备案程序。

（三）执法公示制度。按照规定的范围和时限，及时主动向社会公开有关执法情况以及行政许可、行政强制、行政处罚结果等信息。

（四）行政许可办理和监督检查制度。依照法定条件和程序实施行政许可。加强行政许可后的监督检查，依法查处有关违法行为。

（五）行政处罚全过程管理制度。规范现场检查、复查，规范调查取证，严格执行行政处罚听证、审核、集体讨论、备案等规定，规范行政处罚自由裁量，推行监督检查及行政处罚全过程记录，规范行政处罚的执行和结案。

（六）执法案卷评查制度。定期对本部门和下级安全监管部门的行政处罚、行政强制、行政许可等执法案卷开展检查、评分；评查结果在一定范围内通报，针对普遍性问题提出整改措施和要求。

（七）执法统计制度。按照规定的时限和要求，逐级报送行政执法统计数据，做好数据质量控制工作，加强统计数据的分析运用。

（八）执法人员管理制度。执法人员必须参加统一的培训考核，取得行政执法资格后，方可从事执法工作。执法人员主动出示执法证件，遵守执法礼仪规范。对执法辅助人员实行统一管理。

（九）行政执法评议考核和奖惩制度。落实行政执法责任制，按年度开展本部门内设机构、专门执法机构及其执法人员的行政执法评议。评议结果按规定纳入执法人员年度考核的范围，加强考核结果运用，落实奖惩措施。

（十）行政复议和行政应诉制度。发挥行政复议的层级监督作用，严格依法审查被申请人具体行政行为的合法性、合理性。完善行政应诉工作，安全监管部门负责人依法出庭应诉。积极履行人民法院生效裁判。

（十一）安全生产行政执法与刑事司法衔接制度。加强与司法机关的协作配合，执法中发现有关单位、人员涉嫌犯罪的，依法向司法机关移送案件，定期通报有关案件办理情况。

第九条 国家安全监管总局每3年至少开展一轮对省级安全监管部门的综合监督，省级安全监管部门每2年至少开展一轮对本地区设区的市级安全监管部门的综合监督。

国家安全监管总局对省级安全监管部门开展综合监督的，应当一并检查其督促指导本地区设区的市级安全监管部门开展执法监督工作的情况。省级安全监管部门对本地区设区的市级安全监管部门开展综合监督的，应当一并检查其督促指导本地区县级安全监管部门开展执法监督工作的情况。

设区的市级安全监管部门按照省级安全监管部门的规定，开展对本地区县级安全监管部门的综合监督。

第十条 开展综合监督前，应当根据实际检查的安全监管部门数量、地域分布等，制定详细的工作方案。

综合监督采用百分制评分，具体评分标准由开展综合监督的安全监管部门结合实际工作情况制定。

第十一条 综合监督结束后，应当将综合监督有关情况、主要成效、经验做法以及发现的主要问题和整改要求、对策措施等在一定范围内通报。

省级安全监管部门应当在综合监督结束后将工作情况报告国家安全监管总局执法监督机构。

第十二条 地方各级安全监管部门应当制定日常监督年度计划，经本部门负责人批准后组织实施。

日常监督重点对本部门内设机构、专门执法机构及其执法人员严格依照有关法律、法规、规章的要求和程序实施现场处理、行政处罚、行政强制，以及事故调查报告批复的有关处理落实情况等进行监督，确保执法行为的合法性、规范性。

第十三条 安全监管部门对有关机关交办、转办、移送的重要执法事项以及行政相对人、社会公众举报投诉集中反映的执法事项、执法行为，应当开展专项监督。

专项监督由执法监督机构报经安全监管部门负责人批准后开展，并自批准之日起30日内形成专项监督报告。需要延长期限的，应当经安全监管部门负责人批准。

第十四条 上级安全监管部门在综合监督、专项监督中发现下级安全监管部门执法行为存在《行政处罚法》、《行政强制法》、《行政许可法》等法律法规规定的违法、不当情形的，应当立即告知下级安全监管部门予以纠正。对存在严重问题的，应当制作《行政执法监督整改通知书》，责令下级安全监管部门依法改正、纠正。

上级安全监管部门在制作《行政执法监督整改通知书》前，应当将相关执法行为存在的违法、不当情形告知下级安全监管部门，听取其陈述和申辩，必要时可以聘请专家对执法行为涉及的技术问题进行论证。

下级安全监管部门应当自收到《行政执法监督整改通知书》之日起30日内，将整改落实情况书面报告上级安全监管部门。

安全监管部门在日常监督、专项监督中发现本部门执法行为存在《行政处罚法》、《行政强制法》、《行政许可法》等法律法规规定的违法、不当情形的，应当及时依法改正、纠正。

第十五条 执法行为存在有关违法、不当情形，应当追究行政执法责任的，按照《安全生产监管监察职责和行政执法责任追究的规定》（国家安全监管总局令第 24 号）等规定，追究有关安全监管部门及其机构、人员的行政执法责任。对有关人员应当给予行政处分等处理的，依照有关规定执行；涉嫌犯罪的，移交司法机关处理。

第十六条 各级安全监管部门对在执法监督工作中表现突出的单位和个人，应当按规定给予表彰和奖励。

第十七条 地方各级安全监管部门应当于每年 3 月底前将本部门上一年度执法监督工作情况报告上一级安全监管部门。

第十八条 各省级安全监管部门可以结合本地区实际，制定具体实施办法。

第十九条 本办法自印发之日起施行。

生产经营单位从业人员安全生产举报处理规定

（2020 年 9 月 16 日 应急〔2020〕69 号）

第一条 为了强化和落实生产经营单位安全生产主体责任，鼓励和支持生产经营单位从业人员对本单位安全生产工作中存在的问题进行举报和监督，严格保护其合法权益，根据《中华人民共和国安全生产法》和《国务院关于加强和规范事中事后监管的指导意见》（国发〔2019〕18 号）等有关法律法规和规范性文件，制定本规定。

第二条 本规定适用于生产经营单位从业人员对其所在单位的重大事故隐患、安全生产违法行为的举报以及处理。

前款所称重大事故隐患、安全生产违法行为，依照安全生产领域举报奖励有关规定进行认定。

第三条 应急管理部门（含煤矿安全监察机构，下同）应当明确负责处理生产经营单位从业人员安全生产举报事项的机构，并在官方网站公布处理举报事项机构的办公电话、微信公众号、电子邮件等联系方式，方便举报人及时掌握举报处理进度。

第四条　生产经营单位从业人员举报其所在单位的重大事故隐患、安全生产违法行为时，应当提供真实姓名以及真实有效的联系方式；否则，应急管理部门可以不予受理。

第五条　应急管理部门受理生产经营单位从业人员安全生产举报后，应当及时核查；对核查属实的，应当依法依规进行处理，并向举报人反馈核查、处理结果。

举报事项不属于本单位受理范围的，接到举报的应急管理部门应当告知举报人向有处理权的单位举报，或者将举报材料移送有处理权的单位，并采取适当方式告知举报人。

第六条　应急管理部门可以在危险化学品、矿山、烟花爆竹、金属冶炼、涉爆粉尘等重点行业、领域生产经营单位从业人员中选取信息员，建立专门联络机制，定期或者不定期与其联系，及时获取生产经营单位重大事故隐患、安全生产违法行为线索。

第七条　应急管理部门对受理的生产经营单位从业人员安全生产举报，以及信息员提供的线索，按照安全生产领域举报奖励有关规定核查属实的，应当给予举报人或者信息员现金奖励，奖励标准在安全生产领域举报奖励有关规定的基础上按照一定比例上浮，具体标准由各省级应急管理部门、财政部门根据本地实际情况确定。

因生产经营单位从业人员安全生产举报，或者信息员提供的线索直接避免了伤亡事故发生或者重大财产损失的，应急管理部门可以给予举报人或者信息员特殊奖励。

举报人领取现金奖励时，应当提供身份证件复印件以及签订的有效劳动合同等可以证明其生产经营单位从业人员身份的材料。

第八条　给予举报人和信息员的奖金列入本级预算，通过现有资金渠道安排，并接受审计和纪检监察机关的监督。

第九条　应急管理部门参与举报处理工作的人员应当严格遵守

保密纪律，妥善保管和使用举报材料，严格控制有关举报信息的知悉范围，依法保护举报人和信息员的合法权益，未经其同意，不得以任何方式泄露其姓名、身份、联系方式、举报内容、奖励等信息，违者视情节轻重依法给予处分；构成犯罪的，依法追究刑事责任。

第十条 生产经营单位应当保护举报人和信息员的合法权益，不得对举报人和信息员实施打击报复行为。

生产经营单位对举报人或者信息员实施打击报复行为的，除依法予以严肃处理外，应急管理部门还可以按规定对生产经营单位及其有关人员实施联合惩戒。

第十一条 应急管理部门应当定期对举报人和信息员进行回访，了解其奖励、合法权益保护等有关情况，听取其意见建议；对回访中发现的奖励不落实、奖励低于有关标准、打击报复举报人或者信息员等情况，应当及时依法依规进行处理。

第十二条 应急管理部门鼓励生产经营单位建立健全本单位的举报奖励机制，在有关场所醒目位置公示本单位法定代表人或者安全生产管理机构以及安全生产管理人员的电话、微信、电子邮件、微博等联系方式，受理本单位从业人员举报的安全生产问题。对查证属实的，生产经营单位应当进行自我纠正整改，同时可以对举报人给予相应奖励。

第十三条 举报人和信息员应当对其举报内容的真实性负责，不得捏造、歪曲事实，不得诬告、陷害他人和生产经营单位，不得故意诱导生产经营单位实施安全生产违法行为；否则，一经查实，依法追究法律责任。

第十四条 本规定自公布之日起施行。

【检察机关履职情况】

案件来源。2020 年 4 月 9 日，魏某认为处罚对象错误，不服人民法院准予强制执行县安监局处罚决定的行政裁定，包装公司及魏某不服人民法院准予强制执行县应急局加处罚款决定的行政裁定，向县人民检察院申请监督。

调查核实。受理案件后，县人民检察院重点开展了以下调查核实工作：一是调阅案卷材料，审查行政处罚及法院受理审查情况；二是向县应急局时任主要负责人、相关执法人员了解公司及魏某行政处罚、加处罚款执法和申请法院强制执行情况；三是到包装公司实地查看，了解公司生产经营状况；四是到公司驻地乡政府了解其协调延期缴纳的情况。检察机关经调查核实并向县人民法院审判人员了解情况，查明：包装公司发生安全事故时，原总经理于某已因股权纠纷、挪用资金等原因离开公司，由魏某实际负责；乡政府出具证明，企业法定代表人陈某证实，县应急局亦认可 2019 年 4 月 22 日经乡政府协调同意包装公司及魏某延期至 2019 年 7 月 31 日前缴纳、未出具书面意见的事实；包装公司在事故发生后已进行整改。

公开听证。县人民检察院多次与包装公司、县应急局沟通，争议双方对加处罚款是否适当、加处罚款决定是否应当撤销等存在重大分歧。为进一步查清案件事实，统一对法律适用的认识，推动行政争议实质性化解，县人民检察院邀请法律专家、人大代表等为听证员，组织对该案进行公开听证。听证员一致认为，对魏某的原行政处罚符合法律规定，处罚适当；对包装公司及魏某作出加处罚款明显不当，应予纠正。

监督意见。县人民检察院经审查：1. 对魏某的原行政处罚符合法律规定，处罚适当；县人民法院裁定准予强制执行加处罚款，认定事实与客观事实不符。向县人民法院发出检察建议，建议依法纠正对包装公司及魏某准予强制执行加处罚款的行政裁定。2. 县应急局实际已同意包装公司和魏某延期缴纳罚款，其在延期缴纳罚款期间对包装公司及魏某作出加处罚款决定明显不当。向县应急局发出检察建议，建议重新审查对公司及魏某作出的加处罚款决定，规范执法行为，同时建议县应急局依法加强对企业的安全生产监管，推动企业规范发展。3. 建议包装公司进一步加强内部管理，规范企业经营，重视安全生产，提高风险防范能力。

争议化解。收到检察建议后，县人民法院撤销了对包装公司及魏某的准予强制执行加处罚款行政裁定书；县应急局撤销了对包装公司及魏某的加处罚款决定，表示今后进一步规范执法行为。

【指导意义】

（一）行政相对人未就行政决定申请复议、提起诉讼，在行政非诉执行阶段向检察机关申请监督提出合法正当诉求的，检察机关可以立足法律监督职能依法开展行政争议实质性化解工作。行政机关申请人民法院强制执行行政决定，人民法院裁定准予强制执行，行政相对人认为行政决定及行政裁定违法，侵犯其正当权益，向人民检察院申请监督的，人民检察院应当受理。人民检察院办理行政非诉执行监督案件，可以通过调查核实、公开听证和提出检察建议等方式，查清案件事实，明晰权责，凝聚共识，推动行政机关与行政相对人之间的争议得到实质性处理，实现案结事了政和。

（二）人民检察院办理行政非诉执行监督案件，通过监督人民法院行政非诉执行活动，审查行政机关行政行为是否合法，强制执行是否侵犯相对人合法权益。中央全面依法治国委员会《关于加强综合治理从源头切实解决执行难问题的意见》提出，检察机关要加强对行政执行包括非诉执行活动的法律监督，推动依法执行、规范执行。人民检察院监督人民法院非诉执行活动，应当审查准予执行行政裁定认定事实是否清楚、适用法律是否正确，发现人民法院执行活动违反法律规定，行政机关违法行使职权或者不行使职权的，应当提出检察建议，促进人民法院公正司法、行政机关依法行政。

【相关规定】

《中华人民共和国行政诉讼法》第十一条

《中华人民共和国行政强制法》第四十二条

《中华人民共和国行政处罚法》（2017 年）第五十一条、第五十二条

《中华人民共和国安全生产法》第九十二条、第一百零九条

《人民检察院行政诉讼监督规则（试行）》第二十九条、第三十四条

《人民检察院检察建议工作规定》第九条

余某某等人重大劳动安全事故重大责任事故案①

【关键词】

重大劳动安全事故罪　重大责任事故罪　关联案件办理　追诉漏罪漏犯　检察建议

【要旨】

办理危害生产安全刑事案件，要根据案发原因及涉案人员的职责和行为，准确适用重大责任事故罪和重大劳动安全事故罪。要全面审查案件事实证据，依法追诉漏罪漏犯，准确认定责任主体和相关人员责任，并及时移交职务违法犯罪线索。针对事故中暴露出的相关单位安全管理漏洞和监管问题，要及时制发检察建议，督促落实整改。

---

① 最高人民检察院检例第 94 号。

【基本案情】

被告人余某某，男，湖北 A 化工集团股份有限公司（简称 A 化工集团）原董事长、当阳市 B 矸石发电有限责任公司（简称 B 矸石发电公司，该公司由 A 化工集团投资控股）原法定代表人。

被告人张某某，男，A 化工集团物资供应公司原副经理。

被告人双某某，男，B 矸石发电公司原总经理。

被告人赵某某，男，A 化工集团原副总经理、总工程师。

被告人叶某某，男，A 化工集团生产部原部长。

被告人赵玉某，男，B 矸石发电公司原常务副总经理兼总工程师。

被告人王某某，男，B 矸石发电公司原锅炉车间主任。

2015 年 6 月，B 矸石发电公司热电联产项目开工建设。施工中，余某某、双某某为了加快建设进度，在采购设备时，未按湖北省发展与改革委员会关于该项目须公开招投标的要求，自行组织邀请招标。张某某收受无生产资质的重庆某仪表有限公司（简称仪表公司）负责人李某某给予的 4000 元好处费及钓鱼竿等财物，向其采购了质量不合格的"一体焊接式长颈喷嘴"（简称喷嘴），安装在 2 号、3 号锅炉高压主蒸汽管道上。项目建成后，余某某、双某某擅自决定试生产。

2016 年 8 月 10 日凌晨，B 矸石发电公司锅炉车间当班员工巡检时发现集中控制室前楼板滴水、2 号锅炉高压主蒸汽管道保温层漏汽。赵玉某、王某某赶到现场，未发现滴水情况和泄漏点，未进一步探查。8 月 11 日 11 时许，锅炉运行人员发现事故喷嘴附近有泄漏声音且温度比平时高，赵玉某指示当班员工继续加强监控。13 时许，2 号锅炉主蒸汽管道蒸汽泄漏更加明显且伴随高频啸叫声。赵玉某、王某某未按《锅炉安全技术规程》《锅炉运行规程》等规定下达紧急停炉指令。13 时 50 分至 14 时 20 分，叶某某先后三次接到 B 矸石发电公司生产科副科长和 A 化工集团生产调度中心调度员电话报告"2 号锅炉主蒸汽管道有泄漏，请求停炉"。叶某某既未到现场处置，也未按规定下达停炉指令。14 时 30 分，叶某某向赵某某报告"蒸汽管道泄漏，电厂要求停炉"。赵某某未按规定下达停炉指令，亦未到现场处置。14 时 49 分，2 号锅炉高压主蒸汽管道上的喷嘴发生爆裂，致使大量高温蒸汽喷入事故区域，造成 22 人死亡、4 人受伤，直接经济损失 2313 万元。

【检察机关履职过程】

（一）介入侦查

事故发生后，当阳市公安局以涉嫌重大责任事故罪对余某某、双某某、张某某、赵玉某、王某某、赵某某、叶某某等人立案侦查并采取强制措施。当阳市人民检察院提前介入，参加公安机关案情研讨，从三个方面提出取证重点：一是查明事故企业在立项审批、设备采购、项目建设及招投标过程中是否存在违法违规行为；二是查明余某某等人对企业安全生产的管理职责；三是查明在事故过程中，余某某等人的履职情况及具体行为。当阳市公安局补充完善上述证据，侦查终结后，于 2017 年 1 月 23 日至 2 月 22 日对余某某等 7 人以涉嫌重大责任事故罪先后向当阳市人民检察院移送起诉。

（二）审查起诉

该事故涉及的系列案件共 11 件 14 人，除上述 7 人外，还包括湖北省特种设备检验检测研究院宜昌分院、当阳市发展与改革局、当阳市质监局工作人员涉嫌的渎职犯罪，A 化工集团有关人员涉嫌的帮助毁灭证据犯罪以及仪表公司涉嫌的生产、销售伪劣产品犯罪。当阳市人民检察院按照案件类型成立多个办案组，根据案件的难易程度调配力量，保证各办案组的审查起诉工作协调推进。由于不同罪名的案情存在密切关联，为使各办案组掌握全部案情，办案部门定期召开检察官联席会议，统一协调系列案件的办理。

当阳市人民检察院审查认为：本次事故发生的最主要原因是 B

矸石发电公司所采购的喷嘴系质量不合格的劣质产品，直接原因是主蒸汽管道蒸汽泄漏形成重大安全隐患时，相关管理人员没有按照操作规程及时停炉，作出正确处置。余某某、双某某作为 A 化工集团负责人和 B 矸石发电公司管理者，在热电联产项目设备采购过程中，未按审批内容公开招标，自行组织邀请招标，监督管理不到位，致使采购人员采购了质量不合格的喷嘴；张某某作为 A 化工集团电气设备采购负责人，收受投标人好处费，怠于履行职责，未严格审查投标单位是否具备相关生产资质，采购了无资质厂家生产的存在严重安全隐患的劣质产品，3 人的主要责任均在于未依法依规履职，致使 B 矸石发电公司的安全生产设施和条件不符合国家规定，从而导致本案事故的发生，涉嫌构成重大劳动安全事故罪。赵某某作为 A 化工集团副总经理、总工程师，叶某某作为该集团生产部部长，赵玉某作为 B 矸石发电公司的副总经理，王某某作为该公司锅炉车间主任，对 B 矸石发电公司的安全生产均负有直接管理职责，4 人在高压蒸汽管道出现漏汽、温度异常并伴随高频啸叫声的危险情况下，未按操作规程采取紧急停炉措施，导致重大伤亡事故发生，4 人的主要责任在于生产、作业过程中违反有关安全管理规定，涉嫌构成重大责任事故罪。

同时，当阳市人民检察院在办案中发现，赵某某在事故发生后同意 A 化工集团安全部部长孙某某（以帮助毁灭证据罪另案处理）将集团办公系统中储存的 13 万余份关于集团内部岗位职责的电子数据（该数据对查清公司高层管理人员在事故中的责任具有重要作用）删除，涉嫌帮助毁灭证据罪，遂依法予以追加起诉。

2017 年 5 月至 6 月，当阳市人民检察院先后以余某某、双某某、张某某涉嫌重大劳动安全事故罪，赵玉某、王某某、叶某某涉嫌重大责任事故罪，赵某某涉嫌重大责任事故罪、帮助毁灭证据罪向当阳市人民法院提起公诉。

（三）指控与证明犯罪

当阳市人民法院分别于 2017 年 6 月 20 日、7 月 4 日、7 月 20 日公开开庭审理上述案件。各被告人对公诉指控的犯罪事实及出示的证据均不持异议，当庭认罪。余某某的辩护人提出余某某不构成犯罪，理由是：（1）A 化工集团虽然是 B 矸石发电公司的控股股东，余某某是法定代表人，但只负责 B 矸石发电公司的投资和重大技改。B 矸石发电公司作为独立的企业法人实行总经理负责制，人员招聘任免、日常管理生产、设备采购均由 B 矸石发电公司自己负责。（2）该事故系多因一果，原因包括设计不符合标准规范要求、事故喷嘴是质量不合格的劣质产品，不能将设计方及不合格产品生产方的责任转嫁由 B 矸石发电公司承担。公诉人针对辩护意见答辩：（1）A 化工集团作为 B 矸石发电公司的控股股东，对 B 矸石发电公司实行人力资源、财务、物资采购、生产调度的"四统一"管理。余某某既是 A 化工集团的董事长，又是 B 矸石发电公司的法定代表人，是企业安全生产的第一责任人。其违规决定采取邀请招标的方式采购设备，致使 B 矸石发电公司采购了质量不合格的喷嘴。（2）本案事故发生的主要原因为喷嘴质量不合格，同时相关管理人员在生产、作业中违反安全管理规定，操作不当，各方都应当在自己职责范围内承担相应的法律责任，不能因为追究其中一方的责任就减轻或免除其他人的责任。因此，应以重大劳动安全事故罪追究余某某的刑事责任。

（四）处理结果

2018 年 8 月 21 日，当阳市人民法院以重大劳动安全事故罪分别判处被告人余某某、双某某、张某某有期徒刑五年、四年、五年；以重大责任事故罪、帮助毁灭证据罪分别判处被告人赵某某有期徒刑四年、六个月，数罪并罚决定执行四年三个月；以重大责任事故罪分别判处被告人叶某某、赵玉某、王某某有期徒刑四年、五年、四年。各被告人均未上诉，判决已生效。

（五）办理关联案件

一是依法惩处生产、销售不符合安全标准的产品犯罪。本案事故发生的最主要原因是安装在主蒸汽管道上的喷嘴质量不合格。2017年2月17日，当阳市公安局对喷嘴生产企业仪表公司负责人李某某以涉嫌生产、销售伪劣产品罪向当阳市人民检察院移送起诉。当阳市人民检察院经审查认为，李某某明知生产的喷嘴将被安装于高压蒸汽管道上，直接影响生产安全和他人人身、财产安全，但其为追求经济利益，在不具备生产高温高压设备资质和条件的情况下，通过查看书籍、网上查询的方法自行设计、制造了喷嘴，并伪造产品检测报告和合格证，销售给B矸石发电公司，其行为属于生产、销售不符合保障人身、财产安全国家标准、行业标准的产品，造成特别严重后果的情况。本案中的喷嘴既属于伪劣产品，也属于不符合安全标准的产品，李某某的行为同时构成生产、销售伪劣产品罪和生产、销售不符合安全标准的产品罪，根据刑法第149条第2款规定，应当依照处罚较重的生产、销售不符合安全标准的产品罪定罪处罚。5月22日，当阳市人民检察院以该罪对李某某提起公诉。同时，追加起诉了仪表公司为单位犯罪。后李某某及仪表公司被以生产、销售不符合安全标准的产品罪判处刑罚。

二是依法追究职务犯罪。当阳市人民检察院办理本案过程中，依照当时的法定权限深挖事故背后的国家工作人员职务犯罪。查明：当阳市发展和改革局原副局长杨某未落实省、市发展与改革委员会文件要求，未对B矸石发电公司设备采购招投标工作进行监管，致使该公司自行组织邀标，采购了质量严重不合格的喷嘴；当阳市质量技术监督局特监科原科长赵某怠于履行监管职责，未对B矸石发电公司特种设备的安装、使用进行监督检查；宜昌市特种设备检验检测研究院技术负责人韩某、压力管道室主任饶某、副主任洪某在对发生事故的高压主蒸汽管道安装安全质量监督检验工作中，未严格执行国家行业规范，对项目建设和管道安装过程中的违法违规问题没有监督纠正，致使存在严重质量缺陷和安全隐患的高压主蒸汽管道顺利通过监督检验并运行。2017 年 3 月至 5 月，当阳市人民检察院分别对 5 人以玩忽职守罪提起公诉（另，饶某还涉嫌构成挪用公款罪）。2018 年 8 月 21 日，当阳市人民法院分别以玩忽职守罪判处 5 人有期徒刑三年六个月至有期徒刑三年缓刑四年不等。后 5 人均提出上诉，宜昌市中级人民法院裁定驳回上诉，维持原判。判决已生效。

（六）制发检察建议

针对本案反映出的当阳市人民政府及有关职能部门怠于履行职责、相关工作人员责任意识不强、相关企业安全生产观念淡薄等问题，2017 年 8 月 16 日，当阳市人民检察院向当阳市人民政府及市发展和改革局、市质量技术监督局分别发出检察建议，提出组织相关部门联合执法、在全市范围内开展安全生产大检查、加强对全市重大项目工程建设和招投标工作的监督管理、加强对全市特种设备及相关人员的监督管理、加大对企业安全生产知识的宣传等有针对性的意见建议。被建议单位高度重视，通过开展重点行业领域专项整治活动、联合执法等措施，认真整改落实。检察建议促进当地政府有关部门加强了安全生产监管，相关企业提升了安全生产管理水平。

【指导意义】

（一）准确适用重大责任事故罪与重大劳动安全事故罪。两罪主体均为生产经营活动的从业者，法定最高刑均为七年以下有期徒刑。两罪的差异主要在于行为特征不同，重大责任事故罪是行为人"在生产、作业中违反有关安全管理的规定"；重大劳动安全事故罪是生产经营单位的"安全生产设施或者安全生产条件不符合国家规定"。实践中，安全生产事故发生的原因如果仅为生产、作业中违反有关安全管理的规定，或者仅为提供的安全生产设施或条件不符合国家规定，罪名较易确定；如果事故发生系上述两方面混合因素所致，两罪则会出现竞合，此时，应当根据相关涉案人员的工作职责和具体行为来认定其罪名。具体而言，对企业安全生产负有责任的人员，在生产、作业过程中违反安全管理规定的，应认定为重大责任事故罪；对企业安全生产设施或者安全生产条件不符合国家规定负有责任的人员，应认定为重大劳动安全事故罪；如果行为人的行为同时包括在生产、作业中违反有关安全管理的规定和提供安全生产设施或条件不符合国家规定，为全面评价其行为，应认定为重大责任事故罪。

（二）准确界定不同责任人员和责任单位的罪名，依法追诉漏罪漏犯，向相关部门移交职务违法犯罪线索。安全生产刑事案件，有的涉案人员较多，既有一线的直接责任人员，也有管理层的实际控制人，还有负责审批监管的国家工作人员；有的涉及罪名较广，包括生产、销售不符合安全标准的产品罪、玩忽职守罪、受贿罪、帮助毁灭证据罪等；除了自然人犯罪，有的还包括单位犯罪。检察机关办案中，要注重深挖线索，准确界定相关人员责任，发现漏罪漏犯要及时追诉。对负有监管职责的国家工作人员，涉嫌渎职犯罪或者违纪违法的，及时将线索移交相关部门处理。

（三）充分发挥检察建议作用，以办案促安全生产治理。安全生产事关企业健康发展，人民群众人身财产安全，社会和谐稳定。党的十九大报告指出，要"树立安全发展理念，弘扬生命至上、安全第一的思想，健全公共安全体系，完善安全生产责任制，坚决遏制重特大安全事故，提升防灾减灾救灾能力"。检察机关要认真贯彻落实，充分履行检察职能，在依法严厉打击危害企业安全生产犯罪的同时，针对办案中发现的安全生产方面的监管漏洞或怠于履行职责等问题，要积极主动作为，在充分了解有关部门职能范围的基础上，有针对性地制发检察建议，并持续跟踪落实情况，引导企业树牢安全发展理念，督促政府相关部门加强安全生产监管，实现以办案促进治理，为安全生产保驾护航。

【相关规定】

《中华人民共和国刑法》第一百三十四条、第一百三十五条、第一百四十六条、第一百四十九条、第三百零七条第二款、第三百九十七条

《最高人民法院、最高人民检察院关于办理危害生产安全刑事案件适用法律若干问题的解释》第一条、第三条

《最高人民法院关于进一步加强危害生产安全刑事案件审判工作的意见》

宋某某等人重大责任事故案①

【关键词】

事故调查报告　证据审查　责任划分　不起诉　追诉漏犯

【要旨】

对相关部门出具的安全生产事故调查报告，要综合全案证据进行审查，准确认定案件事实和相关人员责任。要正确区分相关涉案人员的责任和追责方式，发现漏犯及时追诉，对不符合起诉条件的，依法作出不起诉处理。

【基本案情】

被告人宋某某，男，山西 A 煤业公司（隶属于山西 B 煤业公司）原矿长。

被告人杨某，男，A 煤业公司原总工程师。

被不起诉人赵某某，男，A 煤业公司原工人。

---

① 最高人民检察院检例第 95 号。

2016 年 5 月，宋某某作为 A 煤业公司矿长，在 3 号煤层配采项目建设过程中，违反《关于加强煤炭建设项目管理的通知》（发改能源〔2006〕1039 号）要求，在没有施工单位和监理单位的情况下，即开始自行组织工人进行施工，并与周某某（以伪造公司印章罪另案处理）签订虚假的施工、监理合同以应付相关单位的验收。杨某作为该矿的总工程师，违反《煤矿安全规程》（国家安全监管总局令第 87 号）要求，未结合实际情况加强设计和制订安全措施，在 3 号煤层配采施工遇到旧巷时仍然采用常规设计，且部分设计数据与相关要求不符，导致旧巷扩刷工程对顶煤支护的力度不够。2017 年 3 月 9 日 3 时 50 分许，该矿施工人员赵某某带领 4 名工人在 3101 综采工作面运输顺槽和联络巷交岔口处清煤时，发生顶部支护板塌落事故，导致上覆煤层坍塌，造成 3 名工人死亡，赵某某及另一名工人受伤，直接经济损失 635.9 万元。

【检察机关履职过程】

（一）补充侦查

2017 年 5 月 5 日，长治市事故联合调查组认定宋某某、赵某某分别负事故的主要责任、直接责任，二人行为涉嫌重大责任事故罪，建议由公安机关依法处理，并建议对杨某等相关人员给予党政纪处分或行政处罚。2018 年 3 月 18 日，长治市公安局上党分局对赵某某、宋某某以涉嫌重大责任事故罪立案侦查，并于 5 月 31 日移送长治市上党区（案发时为长治县）人民检察院审查起诉。

上党区人民检察院审查认为，该案相关人员责任不明、部分事实不清，公安机关结合事故调查报告作出的一些结论性事实认定缺乏证据支撑。如调查报告和公安机关均认定赵某某在发现顶板漏煤的情况下未及时组织人员撤离，其涉嫌构成重大责任事故罪。检察机关审查发现，认定该事实的证据主要是工人冯某某的证言，但其说法前后不一，现有证据不足以认定该事实。为查清赵某某的责任，上党区人民检察院开展自行侦查，调查核实相关证人证言等证据。再如调查报告和公安机关均认定总工程师杨某"在运输顺槽遇到旧巷时仍然采用常规设计，未结合实际情况及时修改作业规程或补充安全技术措施"，但是公安机关移送的案卷材料中，没有杨某的设计图纸，也没有操作规程的相关规定。针对上述问题检察机关二次退回补充侦查，要求补充杨某的设计图纸、相关操作规程等证据材料；并就全案提出补充施工具体由谁指挥、宋某某和股东代表是否有过商议、安检站站长以及安检员职责等补查意见，以查清相关人员具体行为和责任。后公安机关补充完善了上述证据，查清了相关人员责任等案件事实。

（二）准确认定相关人员责任

上党区人民检察院经审查，认为事故发生的主要原因有：一是该矿违反规定自行施工，项目安全管理不到位；二是项目扩刷支护工程设计不符合行业标准要求。在分清主要和次要原因、直接和间接原因的基础上，上党区人民检察院对事故责任人进行了准确区分，作出相应处理。

第一，依法追究主要责任人宋某某的刑事责任。检察机关审查认为，《关于加强煤炭建设项目管理的通知》要求建设单位要按有关规定，通过招投标方式，结合煤矿建设施工的灾害特点，确定施工和监理单位。宋某某作为建设单位 A 煤业公司的矿长，是矿井安全生产第一责任人，负责全矿安全生产工作，为节约成本，其违反上述通知要求，在没有施工单位和监理单位（均要求具备相关资质）的情况下，弄虚作假应付验收，无资质情况下自行组织工人施工，长期危险作业，最终发生该起事故，其对事故的发生负主要责任。且事故发生后，其对事故的迟报负直接责任。遂对宋某某以重大责任事故罪向上党区人民法院提起公诉。

第二，依法对赵某某作出不起诉决定。事故调查报告认定赵某某对事故的发生负直接责任，认为赵某某在发现漏煤时未组织人员撤离而是继续清煤导致了事故的发生，公安机关对其以重大责任事故罪移送起诉。检察机关审查起诉过程中，经自行侦查，发现案发地点当时是否出现过顶板漏煤的情况存在疑点，赵某某、冯某某和其他案发前经过此处及上一班工人的证言，均不能印证现场存在漏煤的事实，不能证明赵某某对危害结果的发生有主观认识，无法确定赵某某的责任。因此，依据刑事诉讼法第 175 条第 4 款规定，对赵某某作出不起诉决定。

第三，依法追诉漏犯杨某。公安机关未对杨某移送起诉，检察机关认为，《煤矿安全规程》要求，在采煤工作面遇过断层、过老空区时应制定安全措施，采用锚杆、锚索等支护形式加强支护。杨某作为 A 煤业公司总工程师，负责全矿技术工作，其未按照上述规程要求，加强安全设计，履行岗位职责不到位，对事故的发生负主要责任。虽然事故调查报告建议"吊销其安全生产管理人员安全生产知识和管理能力考核合格证"，但行政处罚不能代替刑事处罚。因此，依法对杨某以涉嫌重大责任事故罪予以追诉。

（三）指控与证明犯罪

庭审中，被告人宋某某辩称，是 A 煤业公司矿委会集体决定煤矿自行组织工人施工的，并非其一个人的责任。公诉人答辩指出，虽然自行组织施工的决定是由矿委会作出的，但是宋某某作为矿长，是矿井安全生产的第一责任人，明知施工应当由有资质的施工单位进行且应在监理单位监理下施工，仍自行组织工人施工，且在工程日常施工过程中安全管理不到位，最终导致了该起事故的发生，其对事故的发生负主要责任，应当以重大责任事故罪追究其刑事责任。

（四）处理结果

2018 年 12 月 21 日，上党区人民法院作出一审判决，认定宋某某、杨某犯重大责任事故罪，考虑到二人均当庭认罪悔罪，如实供述自己的犯罪事实，具有坦白情节，且 A 煤业公司积极对被害方进行赔偿，分别判处二人有期徒刑三年，缓刑三年。二被告人均未提出上诉，判决已生效。

事故发生后，主管部门对 A 煤业公司作出责令停产整顿四个月、暂扣《安全生产许可证》、罚款 270 万元的行政处罚。对宋某某开除党籍，吊销矿长安全资格证，给予其终生不得担任矿长职务、处年收入 80% 罚款等处罚；对杨某给予吊销安全生产知识和管理能力考核合格证的处罚。对 A 煤业公司生产副矿长、安全副矿长等 5 人分别予以吊销安全生产知识和管理能力考核合格证、撤销职务、留党察看、罚款或解除合同等处理；对 B 煤业公司董事长、总经理、驻 A 煤业公司安检员等 9 人分别给予相应的党政纪处分及行政处罚；对长治市上党区原煤炭工业局总工程师、煤炭工业局驻 A 煤业公司原安检员等 10 人分别给予相应的党政纪处分。对时任长治县县委书记、县长等 4 人也给予相应的党政纪处分。

【指导意义】

（一）安全生产事故调查报告在刑事诉讼中可以作为证据使用，应结合全案证据进行审查。安全生产事故发生后，相关部门作出的事故调查报告，与收集调取的物证、书证、视听资料、电子数据等相关证据材料一并移送给司法机关后，调查报告和这些证据材料在刑事诉讼中可以作为证据使用。调查报告对事故原因、事故性质、责任认定、责任者处理等提出的具体意见和建议，是检察机关办案中是否追究相关人员刑事责任的重要参考，但不应直接作为定案的依据，检察机关应结合全案证据进行审查，准确认定案件事实和涉案人员责任。对于调查报告中未建议移送司法机关处理，侦查（调查）机关也未移送起诉的人员，检察机关审查后认为应当追究刑事责任的，要依法追诉。对于调查报告建议移送司法机关处理，侦查（调查）机关移送起诉的涉案人员，检察机关审查后认为证据不足或者不应当追究刑事责任的，应依法作出不起诉决定。

（二）通过补充侦查完善证据体系，查清涉案人员的具体行为和责任大小。危害生产安全刑事案件往往涉案人员较多，案发原因复杂，检察机关应当根据案件特点，从案发直接原因和间接原因、主要原因和次要原因、涉案人员岗位职责、履职过程、违反有关管理规定的具体表现和事故发生后的施救经过、违规行为与结果之间的因果关系等方面进行审查，证据有欠缺的，应当通过自行侦查或退回补充侦查，补充完善证据，准确区分和认定各涉案人员的责任，做到不枉不纵。

（三）准确区分责任，注重多层次、多手段惩治相关涉案人员。对涉案人员身份多样的案件，要按照各涉案人员在事故中有无主观过错、违反了哪方面职责和规定、具体行为表现及对事故发生所起的作用等，确定其是否需要承担刑事责任。对于不予追究刑事责任的涉案人员，相关部门也未进行处理的，发现需要追究党政纪责任，禁止其从事相关行业，或者应对其作出行政处罚的，要及时向有关部门移送线索，提出意见和建议。确保多层次的追责方式能起到惩戒犯罪、预防再犯、促进安全生产的作用。

【相关规定】

《中华人民共和国刑法》第一百三十四条第一款

《中华人民共和国刑事诉讼法》第一百七十一条、第一百七十五条

《人民检察院刑事诉讼规则》第三百五十六条、三百六十七条

《最高人民法院、最高人民检察院关于办理危害生产安全刑事案件适用法律若干问题的解释》第一条、第六条

《最高人民法院关于进一步加强危害生产安全刑事案件审判工作的意见》第四条、第六条、第八条

江苏省扬州市人民检察院诉高邮市某水产品加工厂拒不整改重大事故隐患民事公益诉讼案①

【关键词】

民事公益诉讼　安全生产　民事调解

【要旨】

针对生产经营单位长期存在安全生产重大事故隐患，但拒不执行要求立即整改的行政决定，在行政决定非诉强制执行难以及时有效消除和防范事故隐患的情况下，检察机关可以提起民事公益诉讼。诉讼过程中，涉案企业申请调解，且履行诉讼请求全部民事责任的，检察机关经过综合评估，确认整改完毕的，可以同意调解结案。

【基本案情】

液氨属于重点监管危险化学品，具有毒性、易燃、腐蚀性；与空气混合能形成爆炸性混合物，遇明火、高热能引起燃烧爆炸。2003年，高邮市某水产品加工厂（以下简称某水产厂）购得高邮市某肉联厂（始建于1970年左右）厂房及附属设施后，对高邮市某肉联厂原有的氨制冷设备设施进行简单的维修、改造，便投入生产经营。上述老旧制冷设备设施内含危险化学品液氨，与周围居民聚居区安全距离不足，存在氨泄漏引发事故的安全隐患。高邮市应急管理局（以下简称高邮应急局）于2019年5月现场检查发现上述问题后，至2021年期间，多次向某水产厂作出立即排除事故隐

---

① 参见《安全生产领域检察公益诉讼典型案例》，载最高人民检察院网站，https：//www.spp.gov.cn//xwfbh/dxal/202212/t20221216_595793.shtml，最后访问时间：2023年11月3日。

患、责令限期整改等行政决定、行政处罚（罚款）。某水产厂均未按照要求整改，且持续进行生产经营活动。

【调查和督促履职】

2021 年 9 月，高邮市人民检察院（以下简称高邮市院）通过江苏省安全生产检察监督与行政执法协作配合机制，梳理排查高邮应急局近年来行政执法信息时发现线索，遂开展初步调查，并同步向扬州市人民检察院（以下简称扬州市院）报告。

2021 年 10 月 11 日，扬州市院经评估研究，决定由高邮市院以民事公益诉讼立案，两级院一体化履职，通过现场勘验、无人机取证、查阅复制执法卷宗、函询行政机关提供情况、询问相关人员、走访了解、查询涉案企业及负责人不动产信息及金融账户等财产信息、查询近三年企业年度报告和纳税情况等，查明：某水产厂东侧和南侧是居民区，方圆 30 米范围内，约有 40 到 50 户居民；方圆 500 米范围内，约有 700 户居民。该厂用于生产经营的氨制冷设备设施老旧，缺乏液氨安全防范措施，主要表现为该厂周边防护距离不符合《氨制冷企业安全规范》（AQ7015-2018）规定，其中，氨机房距离周边民居住宅区约 6m，储氨桶距离居民住宅不足 5m。某水产厂在具有整改经济能力的情况下，自 2019 年 5 月至 2021 年 6 月间，拒不执行高邮应急局要求立即整改的数次行政决定、行政处罚。2021 年 10 月 22 日，高邮应急局委托专业机构评估认定：某水产厂氨制冷设备设施构成四级危险化学品重大危险源，存在可能发生氨泄漏导致中毒、火灾、爆炸等人员伤亡或重大社会影响事故的重大事故隐患。

2021 年 11 月 1 日，扬州市院认为，某水产厂拒不整改重大事故隐患的行为既违反了安全生产法律法规，又放任重大事故隐患持续危害人民群众生命和财产安全，损害社会公共利益；本案行政机关通过数次行政执法难以及时有效防范和消除上述侵害危险；鉴于案情重大，决定由扬州市院提办。11 月 23 日，扬州市院向某水产厂现场送达检察建议，建议其立即系统规范治理隐患；并告知拒不整改的涉诉风险。期间，检察机关先后 6 次通过走访、询问、磋商、圆桌会议等方式，推动某水产厂负责人转变拒不整改的思想认识。至 2021 年底，该厂仍未开展实质性整改。

【诉讼过程】

2022 年 1 月 4 日，扬州市院向扬州市中级人民法院（以下简称扬州中院）提起民事公益诉讼，诉请判令该厂立即依法治理隐患，彻底消除安全危险；并向社会公众公开赔礼道歉。

该案审理期间，某水产厂对扬州市院提交的所有证据均无异议，表示愿意立即整改，主动申请调解；并提交了载冷剂制冷工程改造合同、压力管道设计项目图纸、新制冷设备产品供销合同、技改工程进度安排等整改材料。2022 年 3 月 17 日，扬州市院会同扬州中院实地查看，确认某水产厂已经着手整改的事实，与该厂初步形成调解共识。2022 年 4 月 24 日，经扬州中院主持调解，扬州市院与某水产厂达成由该厂在 2022 年 5 月底前整改消除重大事故隐患安全危险并向社会公众赔礼道歉的调解协议。市中院将调解协议书面征求扬州市应急管理局意见，并依法公告，未收到任何异议；该院经审查认为，调解协议不违反法律规定，未损害社会公共利益，于 2022 年 6 月 16 日出具民事调解书予以确认。

调解协议达成后，检察机关持续督促高邮应急局、高邮市高邮镇人民政府跟进协议履行情况，至 2022 年 5 月，某水产厂投入 200 多万元资金，将原液氨制冷系统技改为安全稳定的卤代烃及其混合物（氟利昂 R507A）制冷系统。5 月 23 日，经委托专业机构再次评估，认定某水产厂重大生产安全隐患已消除。5 月 30 日，经 3 名安全生产专家书面及现场核查，一致认为之前的液氨重大危险源物质已安全处置，重大生产安全事故隐患已消除。2022 年 6 月 2 日，某水产厂在正义网公告致歉声明，公开赔礼道歉。

【典型意义】

　　针对长期存在安全隐患又拒不整改的企业，检察机关应当准确把握民事公益诉讼立案、起诉及结案的条件和标准。本案中，涉案企业经安全评价机构出具的《评估报告》，认定存在重大事故隐患，但在具备整改经济能力的情况下，拒不履行行政机关立即整改的行政决定、行政处罚等法定义务，持续超过 2 年时间，具有导致重大伤亡事故或者其他严重后果的现实危险，危害人民群众生命财产安全，且依靠行政决定非诉强制执行难以及时有效消除安全隐患的现实危险性。据此，检察机关可以对涉案企业提起安全生产民事公益诉讼，诉请判令消除危险及赔礼道歉；在被告自愿整改的前提下，同意案件调解结案，并监督被告采用技术改造消除重大事故隐患。

（二）相关文书[1]

煤矿安全监管行政执法文书

检查方案

一、被检查单位：_____

二、监管类型或方式：_____

三、检查时间：_____

四、煤矿概况：_____

_____

_____

五、检查地点：_____

六、检查的主要内容和分工见明细表（详见《检查分工明细表》）

七、其他事项：_____

_____

_____

附件：检查分工明细表

编制人（签名）：_____ 日期：_____

带队人（签名）：_____ 日期：_____

审批人（签名）：_____ 日期：_____

---

[1]　参见《国家矿山安全监察局关于印发煤矿安全监管监察执法文书样式和制作规范的通知》，载应急管理部网站，https://www.chinamine-safety.gov.cn/zfxxgk/fdzdgknr/tzgg/202112/t20211231_405996.shtml，最后访问时间：2023年11月3日。

附件:

检查分工明细表

检查事项	检查内容	检查主要资料及方法	检查地点	检查分工	调整情况

煤矿安全监管行政执法文书

现场检查记录

被检查单位：_____

检查时间：_____

采矿许可证证号：_____ 有效期：_____

安全生产许可证证号：_____ 有效期：_____

统一社会信用代码：_____

主要负责人：_____ 联系电话：_____

检查地点（路线）：_____

检查人（签名）：_____

记录人（签名）：_____ 陪同检查人员：_____

检查情况：_____

_____

_____

_____

_____

_____

_____

_____

_____

被检查单位意见：_____ 单位负责人签名：_____ 日期：_____

煤矿安全监管行政执法文书
现场处理决定书

A（B）煤安处〔　〕D号

_____：

　　本机关于____（时间）____现场检查时，发现你单位有下列违法违规行为，现作出以下现场处理决定：_____

_____

_____

_____

　　如果不服本决定，可在接到本决定书之日起 60 日内向_____人民政府或者_____申请行政复议，或者在 6 个月内依法向_____法院提起行政诉讼；复议、诉讼期间，不停止执行本决定。

　　现场执法人员（签名）：_____执法证号：_____

　　　　　　　　　　　　　_____执法证号：_____

　　被检查单位负责人（签名）：_____日期：_____

煤矿安全监管部门全称（印章）

年　　月　　日

备注：本文书一式两份，一份交被检查单位，一份存档。

煤矿安全监管行政执法文书
撤出作业人员指令书

A（B）煤安撤〔 〕D 号

_____：

　　本机关于_____年____月____日____时____分，在对你单位检查时，发现在_____有_____等威胁作业人员生命安全的紧急情况，根据《中华人民共和国安全生产法》第___条第___款第___项规定，现责令立即从_____危险区域内撤出作业人员。

　　此指令_____年_____月_____日_____时_____分现场已作出。

　　如果不服本指令，可在接到本指令书之日起 60 日内向_____人民政府或者_____申请行政复议，或者在 6 个月内依法向_____法院提起行政诉讼；复议、诉讼期间不停止执行本指令。

　　现场执法人员（签名）：_____执法证号：_____

　　　　　　　　　　　　　_____执法证号：_____

　　被检查单位负责人意见：_____签名：_____日期：_____

煤矿安全监管部门全称（印章）

年　　月　　日

备注：本文书一式两份，一份交被检查单位，一份存档。

煤矿安全监管行政执法文书
查封（扣押）决定书

A（B）煤安查（扣）〔 〕D 号

_____：

经查，你单位_____的行为涉嫌违反_____的规定，根据《中华人民共和国安全生产法》第____条第__款第__项和《中华人民共和国行政强制法》第_____条规定，本机关决定对你单位涉案场所（设施、物品）予以查封（扣押），详见《查封（扣押）物品清单》。

本机关将于三十日内（不包括检测、检验或者技术鉴定期限）对上述被查封（扣押）的场所（设施、物品）作出处理决定。此前，你单位不得使用、销毁或转移上述场所（设施、物品），并负有安全保障责任。

如果不服本决定，可在接到本决定书之日起 60 日内向_____人民政府或者_____申请行政复议，或者在 6 个月内依法向_____法院提起行政诉讼；复议、诉讼期间，不停止执行本决定。

附件：查封（扣押）物品清单

煤矿安全监管部门全称（印章）

年　　月　　日

备注：本文书一式两份，一份交被查封（扣押）单位，一份存档。

附件：

查封（扣押）物品清单

序号	名称	规格型号	生产厂家	出厂日期	单位	价格	数量	备注

场所地点：＿＿＿＿＿＿＿＿＿＿＿＿＿＿＿＿＿＿＿＿＿＿＿＿＿

上述设施、设备、器材经核无误。

被查封（扣押）单位负责人（签名）：＿＿＿＿＿＿＿＿＿＿ 日期：＿＿＿＿＿＿

行政执法人员（签名）：＿＿＿＿＿＿＿＿＿＿＿＿＿＿ 日期：＿＿＿＿＿＿

煤矿安全监管行政执法文书
行政处罚告知书

A（B）煤安告〔 〕D号

_____：

经查，你单位（个人）的以下行为_____

_____

违反了_____的规定，依据

_____的规定，拟对你单位（个人）作出_____的行

政处罚。

根据《中华人民共和国行政处罚法》第____条规定，你单位（个人）对上述拟作出的行政处罚有陈述、申辩的权利。

根据《中华人民共和国行政处罚法》第____条、第____条规定，你单位（个人）对上述拟作出的行政处罚有要求举行听证的权利。要求举行听证的，应当在收到本告知书之日起五个工作日内提出。逾期未提出的，视为放弃此权利。

受送达人（签名）：_____ 日　　期：_____

执法机关地址：_____ 邮政编码：_____

执法机关联系人：_____ 联系电话：_____

煤矿安全监管部门全称（印章）
年　　月　　日

备注：本文书一式两份，一份送拟处罚单位（个人），一份存档。

煤矿安全监管行政执法文书

行政执法决定法制审核意见书

编号：＿＿＿＿＿＿＿＿

案由：＿＿

行政相对人基本情况：＿＿＿＿＿＿＿＿＿＿＿＿＿＿＿＿＿＿＿＿＿＿＿＿＿＿＿＿＿＿＿＿＿＿

案情摘要：＿＿

作出决定依据：＿＿＿＿＿＿＿＿＿＿＿＿＿＿＿＿＿＿＿＿＿＿＿＿＿＿＿＿＿＿＿＿＿＿＿＿

＿＿

建议行政决定：＿＿＿＿＿＿＿＿＿＿＿＿＿＿＿＿＿＿＿＿＿＿＿＿＿＿＿＿＿＿＿＿＿＿＿＿＿

＿＿

法制审核意见：＿＿＿＿＿＿＿＿＿＿＿＿＿＿＿＿＿＿＿＿＿＿＿＿＿＿＿＿＿＿＿＿＿＿＿＿＿

＿＿

＿＿

＿＿

法制审核人员（签名）：＿＿＿＿＿＿＿＿＿＿＿＿＿＿＿＿＿＿　日期：＿＿＿＿＿＿＿＿＿＿＿

图书在版编目（CIP）数据

安全生产法律政策全书：含法律、法规、司法解释、典型案例及相关文书：2024年版／中国法制出版社编. —北京：中国法制出版社，2024.1

（法律政策全书系列）

ISBN 978-7-5216-4013-7

Ⅰ．①安⋯ Ⅱ．①中⋯ Ⅲ．①安全生产-安全法规-汇编-中国 Ⅳ．①D922.549

中国国家版本馆 CIP 数据核字（2023）第 232198 号

责任编辑：孙静　　　　　　　　　　　　　　封面设计：周黎明

安全生产法律政策全书：含法律、法规、司法解释、典型案例及相关文书：2024年版

ANQUAN SHENGCHAN FALÜ ZHENGCE QUANSHU：HAN FALÜ、FAGUI、SIFA JIESHI、DIANXING ANLI JI XIANGGUAN WENSHU：2024 NIAN BAN

编者/中国法制出版社

经销/新华书店

印刷/三河市国英印务有限公司

开本/880 毫米×1230 毫米　32 开　　　　　印张/ 23.75　字数/ 609 千

版次/2024 年 1 月第 1 版　　　　　　　　　2024 年 1 月第 1 次印刷

中国法制出版社出版

书号 ISBN 978-7-5216-4013-7　　　　　　　　　　　定价：76.00 元

北京市西城区西便门西里甲 16 号西便门办公区

邮政编码：100053　　　　　　　　　　传真：010-63141600

网址：http：//www.zgfzs.com　　　　　编辑部电话：010-63141787

市场营销部电话：010-63141612　　　　印务部电话：010-63141606